講　義
刑法総論

第 2 版

関　哲夫

成 文 堂

第2版はしがき

『講義 刑法総論』(2015年) 初版の刊行から約3年。刑法の一部改正があったとはいえ、第2版 (以下、「本書」という。) を刊行する機会に恵まれた幸運について、まずは成文堂・阿部成一社長に感謝申し上げなければなりません。

本書については、新たに刑法総論の基本書を出版する気持ちで作業をしてきました。とはいっても、読者としては、本書は初版をどのように変更したのかが気になることと思います。

内容面では、読者からの「期待可能性の説明を入れて欲しい」との要望を承け、期待可能性の項目を入れ、説明を加えました(第19講)。また、議論となっている「中立的行為による幇助」の項目を入れ、説明を加えました (第35講)。刑法の一部改正法(2013年・平成25年法律49号)により刑の一部執行猶予制度(27条の2以下) が導入されましたので、「刑の執行猶予」の説明を改訂しました(第39講)。そして、最近の重要判例を加えたのは、言うまでもありません。また、「今日の一言」の一部も差し換え、あるいは改訂しました。

形式面では、本書は、初版と同じく、構成要件論に立脚した類型思考法ではなく法律要件論に立脚した要件思考法を採り、また、「行為 (者) ―(法律)要件該当性―(行為の) 違法性―(行為者の) 有責性」の犯罪体系論を採っていますので、要件思考法をさらに徹底すべく、各項目について法律要件・成立要件を提示するようにしました。これにより紙数が増えるのを抑えるため、各講冒頭に掲げた「キーワード」を削りました。要件は「キーワード」の機能もはたしていると考えたからです。そして、初版の説明を見直し、できるだけ説明を圧縮しました。

また、用語面では、初版の要件思考法はそれなりに理解していただいたのではないかと考え、要件思考法をさらに徹底するために、できる限り「犯罪法律要件」「法律要件」「要件」の語を使うようにし、「構成要件」の語を使うのは必要な場合に限るようにしました。また、「違法性阻却」ではなく「正当化」の語を、「責任」ではなく「有責性」の語を使うようにしました。

なお、刑法総論の40個の重要項目を選定し、各項目について1回の講義で完結する講義スタイルを取り、話し口調で解説している点、当該項目の意義・問題性・成立要件・法効果及び本書の見解を説明するときには大きいフォントを、事例、学説の状況、判例を解説するときに小さいフォントを用いている点、事例、学説の状況、判例の状況に枠囲いを施している点、事例、判例にはさらに網かけを施している点、そして、項目によってはレジュメ方式

を取り入れている点は、本書においても変わりません。

　読者から、「刑法の条文に反して難解な漢字が使われている」点が指摘されましたので、一言説明しておきます。漢字は、ご存じのように、中国から輸入されたものですが、日本に定着した文字となり、日本の文化の一部となっていると考えます。立法者（立法に携わる権力者）が、「刑法の条文で使われている漢字が難しいので、分かりやすく、ひらがなや別の易しい漢字に直す」のは、一般の社会成員（市民）への配慮としては理解できます。しかし、漢字も日本の文化となっているのですから、ひらがなや易しい漢字に直すのは慎重であってほしいと思うのです。それは、時には「お節介」、「余計なお世話」になりかねないからです。私としては、その点に「余計なお世話」をするよりは、公文書等に使われている英語・カタカナ語を日本語に変換する「お世話」をして欲しいと思っています。日本語を活性化するために。難しい漢字をそのまま使うのか、それとも、易しい漢字やひらがなに直すのかは、基本的には、社会成員（市民）各人の選択に任せれば良いのであって、それが文化としての意味だと思うのです。私としては、「日本の文化」である漢字を大切にしたいと思っています。ただショクンが、「いやあ、難しい漢字には手を焼いていますよ」ということであれば、自ら易しい漢字やひらがなを選択して使えばいいのですから。

　本書が、初版と同様に、刑法を学習しておられる学生ショクン、大学院・法科大学院で志望実現に向けて勉強しておられる院生、また、刑事司法の現場に携わっておられる法曹実務家、さらには、刑法の問題、犯罪・犯罪者の問題に関心を寄せていらっしゃる多くのみなさんの手元に届いて、刑法、犯罪・犯罪者の問題を思索する際の一助となれば、こんな嬉しいことはありません。

　本書の刊行は、成文堂・阿部成一社長に大変お世話になりました。また、本書の編集作業は、初版と同じく、飯村晃弘編集部員が尽力してくださいました。ここに記して、心からの感謝の気持ちを表したいと思います。

2018 年 11 月 13 日
横濱にて

関　　哲　夫

目　次

第 2 版はしがき……………………………………………………… i

文献等の略語……………………………………………………… xxv

第 00 講　ガイダンス　　　　　　　　　　　　　　　1

1　犯罪の認定 ……………………………………………………… 1

  (1)　3 段階の認定法 ……………………………………………… 1

  (2)　法律要件の確定 ……………………………………………… 1

  (3)　要件・事実の往復運動 ……………………………………… 2

  (4)　生の事実の加工 ……………………………………………… 2

2　刑法総論・刑法各論 ………………………………………… 3

  (1)　刑法総論 ……………………………………………………… 3

  (2)　刑法各論 ……………………………………………………… 3

3　本　書 ………………………………………………………… 3

  (1)　形　式 ………………………………………………………… 4

  (2)　内　容 ………………………………………………………… 4

  (3)　使い方 ………………………………………………………… 5

  (4)　「今日の一言」 ……………………………………………… 7

第 01 講　刑法の意義・機能　　　　　　　　　　　8

1　意義・種類 …………………………………………………… 8

  (1)　意　義 ………………………………………………………… 8

  (2)　特別刑法 ……………………………………………………… 9

  (3)　地　位 ………………………………………………………… 9

2　特　質 ………………………………………………………… 10

  (1)　国家刑罰権 …………………………………………………… 10

  (2)　物理的強制力 ………………………………………………… 11

  (3)　社会管理手段 ………………………………………………… 12

3　機　能 ………………………………………………………… 13

  (1)　学説の状況 …………………………………………………… 13

  (2)　本書の立場 …………………………………………………… 15

4　機能間の関係 ………………………………………………… 17

  (1)　法益保護機能と刑罰権画定機能 …………………………… 17

  (2)　法益保護機能と社会管理 …………………………………… 17

  (3)　法益保護機能と行為準則維持機能 ………………………… 18

5　機能の限界 …………………………………………………… 18

  (1)　謙抑主義 ……………………………………………………… 18

（2）下位原則……………………………………………………………… 18

第02講　基本原則・その1〜罪刑法定原則〜　20

1　意義・沿革……………………………………………………………… 20
（1）意　義……………………………………………………………… 20
（2）沿　革……………………………………………………………… 20
2　基　盤………………………………………………………………… 21
（1）憲　法……………………………………………………………… 21
（2）思　想……………………………………………………………… 21
（3）憲法原理………………………………………………………… 22
3　側　面………………………………………………………………… 22
（1）法律主義………………………………………………………… 23
（2）事前法主義……………………………………………………… 23
（3）実体的適正主義………………………………………………… 23
4　問題点………………………………………………………………… 24
（1）法律主義………………………………………………………… 24
（2）類推解釈の禁止………………………………………………… 25
（3）事前法主義……………………………………………………… 27
（4）実体的適正主義………………………………………………… 28

第03講　基本原則・その2〜行為原則・侵害原則・責任原則〜　30

1　総　説………………………………………………………………… 30
2　行為原則……………………………………………………………… 30
（1）意　義……………………………………………………………… 30
（2）具体的要請……………………………………………………… 30
（3）変　容……………………………………………………………… 31
3　侵害原則……………………………………………………………… 32
（1）意　義……………………………………………………………… 32
（2）学説の状況……………………………………………………… 32
（3）本書の立場……………………………………………………… 34
4　責任原則……………………………………………………………… 35
（1）意　義……………………………………………………………… 35
（2）責任非難の限界………………………………………………… 35
（3）責任の本質……………………………………………………… 37

第04講　基本的視座　40

1　総　説………………………………………………………………… 40
2　客観主義対主観主義………………………………………………… 40

（1） 対立の内容 ……………………………………………………………… 40
（2） 論争の結果 ……………………………………………………………… 41
3 体系的思考対問題的思考 ………………………………………………… 42
（1） 体系的思考 ……………………………………………………………… 42
（2） 問題的思考 ……………………………………………………………… 42
（3） 論争の結果 ……………………………………………………………… 43
4 結果無価値論対行為無価値論 …………………………………………… 43
（1） 対立の内容 ……………………………………………………………… 43
（2） 論争の結果 ……………………………………………………………… 45
5 形式的犯罪理論対実質的犯罪理論 ……………………………………… 46
（1） 対立の内容 ……………………………………………………………… 46
（2） 論争の結果 ……………………………………………………………… 46
6 事前予防型刑法観対事後処理型刑法観 ………………………………… 47
（1） 対立の内容 ……………………………………………………………… 47
（2） 論争の結果 ……………………………………………………………… 48

第 05 講　学派の争い　　　　　　　　　　　　　　　　　　　　50

1 意　義 ……………………………………………………………………… 50
2 アンシャン・レジームの刑罰制度 ……………………………………… 50
3 古典学派 …………………………………………………………………… 51
4 近代学派 …………………………………………………………………… 52
5 両学派の歩み寄り ………………………………………………………… 53
（1） 両学派の比較 …………………………………………………………… 53
（2） 学派の争いのその後 …………………………………………………… 54
（3） 新たな人間像 …………………………………………………………… 56

第 06 講　犯罪体系論　　　　　　　　　　　　　　　　　　　　　59

1 刑法総論・刑法各論 ……………………………………………………… 59
2 意　義 ……………………………………………………………………… 59
3 学説の現状 ………………………………………………………………… 60
（1） 学説の状況 ……………………………………………………………… 60
（2） 裸の行為論 ……………………………………………………………… 60
（3） 構成要件該当性と違法性・有責性 …………………………………… 61
4 本書の立場 ………………………………………………………………… 62
（1） 犯罪・犯罪者の意義 …………………………………………………… 62
（2） 犯罪論体系 ……………………………………………………………… 63
（3） 本書の体系 ……………………………………………………………… 66
5 犯罪論体系の相対性 ……………………………………………………… 67

第07講　行為論　　　　　　　　　　　　　　　　　　　　68

1　総　説 ··· 68
　(1)　裸の行為論 ·· 68
　(2)　行為概念の機能 ····································· 68
2　学説の状況 ··· 69
　(1)　自然的行為論 ······································· 69
　(2)　目的的行為論 ······································· 69
　(3)　社会的行為論 ······································· 70
　(4)　人格的行為論 ······································· 70
　(5)　社会的人格行為論 ································· 71
　(6)　身体動静論 ··· 71
3　本書の立場 ··· 72
　(1)　行為者による行為 ································· 72
　(2)　行為の特性 ··· 72
　(3)　作為・不作為 ······································· 73
　(4)　外界の変動と社会的因果関係 ················· 73

第08講　法律要件論・その1〜法律要件論の提唱〜　　　76

1　総　説 ··· 76
2　構成要件論 ··· 76
　(1)　機　能 ·· 76
　(2)　現　状 ·· 77
　(3)　問題点 ·· 78
3　法律要件論 ··· 79
　(1)　意　義 ·· 79
　(2)　機　能 ·· 80
　(3)　種　類 ·· 81

第09講　法律要件論・その2〜法律要件論の内容〜　　　85

1　総　説 ··· 85
2　客観要件 ··· 85
　(1)　行為の時期 ··· 85
　(2)　行為の場所 ··· 85
　(3)　行為の客体 ··· 85
　(4)　行為の内容 ··· 86
　(5)　行為の結果 ··· 87
　(6)　その他 ·· 88

vii

	3	主観要件 ……………………………………………………	88
		(1) 意　義 …………………………………………………	88
		(2) 一般要件 ……………………………………………	88
		(3) 特別要件 ……………………………………………	89
		(4) 行為の主体 …………………………………………	90

第10講　犯罪・犯罪者の種類　　　　　　　　　　　　　95

1　総　説 …………………………………………………… 95
2　行為段階による分類 …………………………………… 95
　(1) 行為段階 ……………………………………………… 95
　(2) 予備罪 ………………………………………………… 95
　(3) 陰謀罪 ………………………………………………… 96
　(4) 未遂犯 ………………………………………………… 97
　(5) 既遂犯 ………………………………………………… 98
3　関与形態による分類 …………………………………… 98
　(1) 関与形態 ……………………………………………… 98
　(2) 正　犯 ………………………………………………… 99
　(3) 共　犯 ………………………………………………… 99
4　結果による分類 ………………………………………… 100
　(1) 学説の分類 …………………………………………… 100
　(2) 本書の分類 …………………………………………… 101
5　犯罪終了による分類 …………………………………… 102
　(1) 即成犯 ………………………………………………… 102
　(2) 状態犯 ………………………………………………… 102
　(3) 継続犯 ………………………………………………… 102
6　常習性による分類 ……………………………………… 103

第11講　不作為犯論　　　　　　　　　　　　　　　　105

1　総　説 …………………………………………………… 105
　(1) 作為犯・不作為犯 …………………………………… 105
　(2) 種　類 ………………………………………………… 106
　(3) 不真正不作為犯の問題性 …………………………… 107
　(4) 成立要件 ……………………………………………… 108
2　実行行為性 ……………………………………………… 108
　(1) 作為義務 ……………………………………………… 108
　(2) 作為可能性 …………………………………………… 112
　(3) 結果発生の危険性 …………………………………… 114
3　因果関係 ………………………………………………… 115

viii

　　(1)　問題性……………………………………………………………… 115
　　(2)　刑法的因果関係………………………………………………… 116
　4　問題点 ……………………………………………………………… 116
　　(1)　作為義務の認定………………………………………………… 116
　　(2)　保障人的地位・保障人的義務……………………………… 117
　　(3)　結果回避可能性………………………………………………… 117
　　(4)　既発危険の利用意思…………………………………………… 118
　5　判例の状況 ……………………………………………………… 118
　　(1)　放火罪…………………………………………………………… 118
　　(2)　殺人罪…………………………………………………………… 120
　　(3)　遺棄罪…………………………………………………………… 121

第 12 講　因果関係論　　　　　　　　　　　　　　　122

　1　総　説 …………………………………………………………… 122
　　(1)　意　義…………………………………………………………… 122
　　(2)　学説の状況……………………………………………………… 122
　　(3)　本書の立場……………………………………………………… 123
　2　社会的因果関係 ………………………………………………… 123
　　(1)　意　義…………………………………………………………… 123
　　(2)　判断資料………………………………………………………… 124
　　(3)　相当性…………………………………………………………… 125
　　(4)　具体的認定……………………………………………………… 125
　3　刑法的因果関係 ………………………………………………… 126
　　(1)　意　義…………………………………………………………… 126
　　(2)　内　容…………………………………………………………… 126
　　(3)　具体的認定……………………………………………………… 128
　　(4)　注意点…………………………………………………………… 129
　　(5)　問題点…………………………………………………………… 130
　4　判例の状況 ……………………………………………………… 133
　　(1)　序　説…………………………………………………………… 133
　　(2)　判断軸…………………………………………………………… 133
　　(3)　特　徴…………………………………………………………… 136

第 13 講　違法性論　　　　　　　　　　　　　　　　137

　1　総　説 …………………………………………………………… 137
　2　主観的違法性論・客観的違法性論 ………………………… 137
　　(1)　内　容…………………………………………………………… 137
　　(2)　客観的違法性論………………………………………………… 137

3 形式的違法性論・実質的違法性論	……………………………	138
(1) 内　容	………………………………………	138
(2) 形式的違法性・実質的違法性	…………………………	139
4 結果無価値論・行為無価値論	………………………………	139
(1) 内　容	………………………………………	139
(2) 学説の状況	………………………………………	140
(3) 対立点	………………………………………	140
(4) 違法性は客観的に	………………………………	141
5 正当化の一般原理	………………………………………	142
(1) 意　義	………………………………………	142
(2) 学説の状況	………………………………………	142
(3) 本書の立場	………………………………………	143

第14講　正当行為論　　　　　　　　　　　　　　147

1 総　説	………………………………………	147
2 法令行為	………………………………………	147
(1) 意　義	………………………………………	147
(2) 類　型	………………………………………	148
3 労働争議行為	………………………………………	149
(1) 意　義	………………………………………	149
(2) 正当化要件	………………………………………	149
(3) 問題点	………………………………………	150
4 正当業務行為	………………………………………	151
(1) 意　義	………………………………………	151
(2) 正当化要件	………………………………………	152
(3) 問題点	………………………………………	152
5 自損行為	………………………………………	153
6 治療行為	………………………………………	154
(1) 意　義	………………………………………	154
(2) 正当化根拠	………………………………………	154
(3) 正当化要件	………………………………………	155
(4) 問題点	………………………………………	156
7 安楽死	………………………………………	157
(1) 意義・類型	………………………………………	157
(2) 許容要件	………………………………………	158
(3) 判例の状況	………………………………………	159
8 尊厳死	………………………………………	160
(1) 意　義	………………………………………	160

(2) 許容要件	160
(3) 判例の状況	161

第 15 講　被害者の承諾論　162

1 意義・法効果	162
(1) 意　義	162
(2) 法効果	162
2 正当化の根拠・要件	163
(1) 正当化根拠	163
(2) 正当化要件	164
(3) 承諾の認識の要否	165
3 推定的承諾	165
(1) 意　義	165
(2) 正当化要件	166
(3) 類　型	167
4 問題点	168
(1) 承諾の限界	168
(2) 錯誤による承諾	169
(3) 危険の引き受け	172

第 16 講　正当防衛論　176

1 総　説	176
(1) 緊急行為の意義	176
(2) 正当防衛の意義	176
(3) 正当化根拠	177
2 成立要件	179
(1) 正当防衛状況	179
(2) 権利防衛	182
(3) 正当防衛行為	183
(4) 問題点	185
3 対物防衛	187
(1) 意　義	187
(2) 学説の状況	188
(3) 本書の立場	188
4 防衛意思	189
(1) 要　否	189
(2) 内　容	191
(3) 偶然防衛	192

5　防衛行為と第三者 ………………………………………………… 196
　　　(1)　攻撃者が第三者の物を利用 ……………………………………… 196
　　　(2)　反撃者が第三者の物を利用 ……………………………………… 197
　　　(3)　反撃行為の結果が第三者に生じた ……………………………… 198
　　6　自招侵害 …………………………………………………………… 200
　　　(1)　意　義 ……………………………………………………………… 200
　　　(2)　学説の状況 ………………………………………………………… 200
　　　(3)　本書の立場 ………………………………………………………… 201
　　7　過剰防衛 …………………………………………………………… 202
　　　(1)　意　義 ……………………………………………………………… 202
　　　(2)　過剰性の判断 ……………………………………………………… 204
　　　(3)　法的性質 …………………………………………………………… 204
　　　(4)　過剰性の認識による分類 ………………………………………… 205
　　8　誤想防衛 …………………………………………………………… 206
　　　(1)　意　義 ……………………………………………………………… 206
　　　(2)　典型的誤想防衛 …………………………………………………… 206
　　　(3)　誤想過剰防衛 ……………………………………………………… 207
　　9　盗犯等防止法における特則 ……………………………………… 209
　　　(1)　1条1項 …………………………………………………………… 209
　　　(2)　1条2項 …………………………………………………………… 210

第17講　緊急避難論　　　　　　　　　　　　　　　　　　　　211

　　1　総　説 ……………………………………………………………… 211
　　　(1)　意　義 ……………………………………………………………… 211
　　　(2)　法的性質 …………………………………………………………… 212
　　2　成立要件 …………………………………………………………… 216
　　　(1)　緊急避難状況 ……………………………………………………… 216
　　　(2)　危難回避 …………………………………………………………… 217
　　　(3)　緊急避難行為 ……………………………………………………… 217
　　3　避難意思 …………………………………………………………… 219
　　　(1)　学説・判例の状況 ………………………………………………… 219
　　　(2)　本書の立場 ………………………………………………………… 220
　　4　避難行為の相当性 ………………………………………………… 220
　　5　自招危難 …………………………………………………………… 221
　　　(1)　意　義 ……………………………………………………………… 221
　　　(2)　学説の状況 ………………………………………………………… 221
　　　(3)　判例の状況 ………………………………………………………… 222
　　　(4)　本書の立場 ………………………………………………………… 223

6　特別義務者 ……………………………………………………… 224
　　7　過剰避難 ………………………………………………………… 224
　　　(1)　意　義 ……………………………………………………… 224
　　　(2)　法的性質 …………………………………………………… 225
　　　(3)　過剰性の認識による分類 ………………………………… 225
　　8　誤想避難 ………………………………………………………… 226
　　　(1)　意　義 ……………………………………………………… 226
　　　(2)　本書の立場 ………………………………………………… 226

第18講　自救行為論・義務衝突論　　228

　　1　自救行為論 ……………………………………………………… 228
　　　(1)　意義・性質 ………………………………………………… 228
　　　(2)　正当化根拠 ………………………………………………… 228
　　　(3)　成立要件 …………………………………………………… 229
　　　(4)　過剰自救行為・誤想自救行為、誤想過剰自救行為 …… 230
　　　(5)　判例の状況 ………………………………………………… 230
　　2　義務衝突論 ……………………………………………………… 231
　　　(1)　意　義 ……………………………………………………… 231
　　　(2)　類　型 ……………………………………………………… 232
　　　(3)　緊急避難との相違 ………………………………………… 232
　　　(4)　成立要件 …………………………………………………… 233
　　　(5)　義務の価値の衡量 ………………………………………… 233

第19講　責任の本質論　　234

　　1　意義・特質 ……………………………………………………… 234
　　　(1)　意　義 ……………………………………………………… 234
　　　(2)　特　質 ……………………………………………………… 234
　　　(3)　有責性の判断 ……………………………………………… 235
　　2　責任原則 ………………………………………………………… 235
　　　(1)　意　義 ……………………………………………………… 235
　　　(2)　責任原則の貫徹 …………………………………………… 235
　　3　有責性評価の局面 ……………………………………………… 236
　　　(1)　序　説 ……………………………………………………… 236
　　　(2)　責任本質論 ………………………………………………… 236
　　　(3)　責任要素論 ………………………………………………… 237
　　　(4)　責任対象論 ………………………………………………… 239
　　　(5)　責任要件 …………………………………………………… 241
　　4　責任能力 ………………………………………………………… 241

(1)	有責行為能力か刑罰適応能力か	241
(2)	責任前提か責任要素か	242
(3)	生物学的要素か心理学的要素か	243

5 心神喪失者・心神耗弱者 244
  (1) 意　義 244
  (2) 生物学的要素 245
  (3) 心理学的要素 246
6 刑事未成年者 247
7 期待可能性 247
  (1) 意　義 247
  (2) 体系的地位 249
  (3) 判断基準 249
  (4) 期待可能性の錯誤 250

第20講　原因において自由な行為論　　252

1 意義・問題点 252
  (1) 意　義 252
  (2) 問題点 252
2 学説の状況 253
  (1) 原因行為説 253
  (2) 結果行為説 254
3 判例の状況 255
  (1) 故意による原自行為 255
  (2) 過失による原自行為 256
  (3) 心神耗弱状態における原自行為 256
4 本書の立場 257
  (1) 実行行為・現実的危険性 257
  (2) 同時存在の原則 257
5 実行後不自由行為 258
  (1) 問題点 258
  (2) 学説の状況 258
  (3) 判例の状況 259
  (4) 本書の立場 259

第21講　故意論　　261

1 意義・機能 261
  (1) 意　義 261
  (2) 機　能 261

(3)　体系的地位 ……………………………………………………… 261
　2　対　象 ……………………………………………………………… 263
　　(1)　序　説 ……………………………………………………………… 263
　　(2)　注意点 ……………………………………………………………… 264
　3　内　容 ……………………………………………………………… 266
　　(1)　学説の状況 ………………………………………………………… 266
　　(2)　判例の状況 ………………………………………………………… 268
　　(3)　本書の立場 ………………………………………………………… 269
　4　種　類 ……………………………………………………………… 270
　　(1)　確定故意・不確定故意 …………………………………………… 270
　　(2)　既遂故意・未遂故意 ……………………………………………… 271
　　(3)　侵害故意・危険故意 ……………………………………………… 271
　　(4)　条件付故意 ………………………………………………………… 271
　　(5)　事前の故意・事後の故意 ………………………………………… 272

第22講　事実の錯誤論　　　　　　　　　　　　　　　　273

　1　意義・類型 ………………………………………………………… 273
　　(1)　意　義 ……………………………………………………………… 273
　　(2)　類　型 ……………………………………………………………… 273
　2　考え方 ……………………………………………………………… 274
　　(1)　学説・判例の状況 ………………………………………………… 274
　　(2)　本書の立場 ………………………………………………………… 275
　3　抽象的事実の錯誤 ………………………………………………… 276
　　(1)　学説・判例の帰結 ………………………………………………… 276
　　(2)　本書の帰結 ………………………………………………………… 277
　　(3)　法律要件の重なり ………………………………………………… 277
　4　具体的事実の錯誤 ………………………………………………… 279
　　(1)　学説・判例の帰結 ………………………………………………… 279
　　(2)　本書の帰結 ………………………………………………………… 280
　5　因果関係の錯誤 …………………………………………………… 283
　　(1)　意義・類型 ………………………………………………………… 283
　　(2)　因果経路の錯誤 …………………………………………………… 283
　　(3)　因果経時の錯誤 …………………………………………………… 284

第23講　違法性の錯誤論　　　　　　　　　　　　　　　　288

　1　意　義 ……………………………………………………………… 288
　2　考え方 ……………………………………………………………… 289
　　(1)　学説の状況 ………………………………………………………… 289

(2)　判例の状況‥‥‥‥‥‥‥‥‥‥‥‥‥‥‥‥‥‥‥‥‥‥‥‥‥‥ 291
　　(3)　本書の立場‥‥‥‥‥‥‥‥‥‥‥‥‥‥‥‥‥‥‥‥‥‥‥‥‥‥ 292
　3　違法性の錯誤‥‥‥‥‥‥‥‥‥‥‥‥‥‥‥‥‥‥‥‥‥‥‥‥‥‥‥‥ 293
　　(1)　態　　様‥‥‥‥‥‥‥‥‥‥‥‥‥‥‥‥‥‥‥‥‥‥‥‥‥‥‥‥ 293
　　(2)　判断基準‥‥‥‥‥‥‥‥‥‥‥‥‥‥‥‥‥‥‥‥‥‥‥‥‥‥‥‥ 294
　4　事実の錯誤と違法性の錯誤との区別‥‥‥‥‥‥‥‥‥‥‥‥ 295
　　(1)　問題点‥‥‥‥‥‥‥‥‥‥‥‥‥‥‥‥‥‥‥‥‥‥‥‥‥‥‥‥ 295
　　(2)　判例の状況‥‥‥‥‥‥‥‥‥‥‥‥‥‥‥‥‥‥‥‥‥‥‥‥‥‥ 295
　　(3)　価値判断が強く要請される要件の錯誤‥‥‥‥‥‥‥‥ 298
　　(4)　正当化事由の錯誤‥‥‥‥‥‥‥‥‥‥‥‥‥‥‥‥‥‥‥‥‥ 299
　　(5)　作為義務の錯誤‥‥‥‥‥‥‥‥‥‥‥‥‥‥‥‥‥‥‥‥‥‥ 300

第24講　過失犯論　　　　　　　　　　　　　　　　　　　　302

　1　意　　義‥‥‥‥‥‥‥‥‥‥‥‥‥‥‥‥‥‥‥‥‥‥‥‥‥‥‥‥‥‥ 302
　　(1)　特別の規定‥‥‥‥‥‥‥‥‥‥‥‥‥‥‥‥‥‥‥‥‥‥‥‥‥ 302
　　(2)　問題性‥‥‥‥‥‥‥‥‥‥‥‥‥‥‥‥‥‥‥‥‥‥‥‥‥‥‥‥ 302
　2　過失構造論‥‥‥‥‥‥‥‥‥‥‥‥‥‥‥‥‥‥‥‥‥‥‥‥‥‥‥‥ 303
　　(1)　問題性‥‥‥‥‥‥‥‥‥‥‥‥‥‥‥‥‥‥‥‥‥‥‥‥‥‥‥‥ 303
　　(2)　新旧過失論争‥‥‥‥‥‥‥‥‥‥‥‥‥‥‥‥‥‥‥‥‥‥‥ 304
　　(3)　本書の立場‥‥‥‥‥‥‥‥‥‥‥‥‥‥‥‥‥‥‥‥‥‥‥‥ 306
　3　予見可能性‥‥‥‥‥‥‥‥‥‥‥‥‥‥‥‥‥‥‥‥‥‥‥‥‥‥‥‥ 307
　　(1)　対　　象‥‥‥‥‥‥‥‥‥‥‥‥‥‥‥‥‥‥‥‥‥‥‥‥‥‥‥‥ 307
　　(2)　判断基準‥‥‥‥‥‥‥‥‥‥‥‥‥‥‥‥‥‥‥‥‥‥‥‥‥‥‥‥ 310
　4　信頼の原則‥‥‥‥‥‥‥‥‥‥‥‥‥‥‥‥‥‥‥‥‥‥‥‥‥‥‥‥ 310
　　(1)　意　　義‥‥‥‥‥‥‥‥‥‥‥‥‥‥‥‥‥‥‥‥‥‥‥‥‥‥‥‥ 310
　　(2)　他の法理との関係‥‥‥‥‥‥‥‥‥‥‥‥‥‥‥‥‥‥‥‥ 311
　　(3)　適用範囲‥‥‥‥‥‥‥‥‥‥‥‥‥‥‥‥‥‥‥‥‥‥‥‥‥‥‥ 311
　　(4)　適用要件‥‥‥‥‥‥‥‥‥‥‥‥‥‥‥‥‥‥‥‥‥‥‥‥‥‥‥ 312
　　(5)　問題点‥‥‥‥‥‥‥‥‥‥‥‥‥‥‥‥‥‥‥‥‥‥‥‥‥‥‥‥ 312
　　(6)　判例の状況‥‥‥‥‥‥‥‥‥‥‥‥‥‥‥‥‥‥‥‥‥‥‥‥‥ 313
　5　種　　類‥‥‥‥‥‥‥‥‥‥‥‥‥‥‥‥‥‥‥‥‥‥‥‥‥‥‥‥‥‥ 314
　　(1)　認識ある過失・認識なき過失‥‥‥‥‥‥‥‥‥‥‥‥ 314
　　(2)　通常過失・業務上過失‥‥‥‥‥‥‥‥‥‥‥‥‥‥‥‥ 315
　　(3)　通常過失・重過失‥‥‥‥‥‥‥‥‥‥‥‥‥‥‥‥‥‥‥ 315
　6　過失の競合‥‥‥‥‥‥‥‥‥‥‥‥‥‥‥‥‥‥‥‥‥‥‥‥‥‥‥‥ 316
　　(1)　同一行為者内‥‥‥‥‥‥‥‥‥‥‥‥‥‥‥‥‥‥‥‥‥‥ 316
　　(2)　複数行為者間‥‥‥‥‥‥‥‥‥‥‥‥‥‥‥‥‥‥‥‥‥‥ 317
　7　監督過失・管理過失‥‥‥‥‥‥‥‥‥‥‥‥‥‥‥‥‥‥‥‥‥ 317

(1)	意義・問題性	317
(2)	新旧過失論と監督過失	319
(3)	問題点	319

第25講　結果的加重犯論　　324

1	意　義	324
2	過失の要否	324
(1)	問題性	324
(2)	学説・判例の状況	325
(3)	本書の立場	325
3	加重結果について故意がある場合	325
(1)	問題性	325
(2)	学説・判例の状況	326
(3)	本書の立場	326
4	結果的加重犯と共同正犯・共犯	327

第26講　未遂犯論　　328

1	総　説	328
(1)	意　義	328
(2)	処罰根拠	329
(3)	成立要件・法効果	329
(4)	問題類型	330
2	実行の着手	331
(1)	学説の状況	331
(2)	判例の状況	333
(3)	本書の立場	335
3	実行の終了	338
4	問題点	338
(1)	実行行為の単複	338
(2)	結果発生と実行行為の終了	338
(3)	実行行為の終了、既遂、犯罪の完了	339
(4)	未遂故意・既遂故意	339

第27講　不能犯論　　341

1	意　義	341
2	不能犯と未遂犯の区別	341
(1)	学説の状況	341
(2)	判例の状況	343

（4）　本書の立場 ……………………………………………………… 345

　3　事実の欠缺 ……………………………………………………… 346
　　（1）　意　義 ………………………………………………………… 346
　　（2）　要　否 ………………………………………………………… 347
　　（3）　本書の立場 ……………………………………………………… 347

　4　危険性判断の視点 ……………………………………………… 348
　　（1）　判断資料 ……………………………………………………… 348
　　（2）　判断基準 ……………………………………………………… 348
　　（3）　判断時点 ……………………………………………………… 348
　　（4）　危険性の帰属 ………………………………………………… 349

第28講　中止犯論　　　　　　　　　　　　　　　350

　1　意義・問題性 …………………………………………………… 350
　　（1）　意　義 ………………………………………………………… 350
　　（2）　問題性 ………………………………………………………… 350

　2　法的性質 ………………………………………………………… 350
　　（1）　学説の状況 …………………………………………………… 350
　　（2）　本書の立場 …………………………………………………… 352

　3　成立要件 ………………………………………………………… 354
　　（1）　中止行為 ……………………………………………………… 354
　　（2）　危険性の減少・消滅 ………………………………………… 357
　　（3）　任意性 ………………………………………………………… 359

　4　法効果 …………………………………………………………… 362

　5　予備・陰謀の中止 ……………………………………………… 362
　　（1）　問題性 ………………………………………………………… 362
　　（2）　学説・判例の状況 …………………………………………… 363
　　（3）　本書の立場 …………………………………………………… 364

第29講　間接正犯論　　　　　　　　　　　　　　　366

　1　意義・問題性 …………………………………………………… 366

　2　アプローチ ……………………………………………………… 366
　　（1）　「制限的正犯概念＋極端従属形式」の処罰の間隙を
　　　　　埋めるアプローチ ……………………………………………… 366
　　（2）　間接正犯の正犯性を積極的に根拠づけるアプローチ………… 367
　　（3）　間接正犯を共犯に解消するアプローチ……………………… 367
　　（4）　本書の立場……………………………………………………… 367

　3　間接正犯の正犯性 ……………………………………………… 368
　　（1）　正犯の概念…………………………………………………… 368

(2)　学説の状況‥‥‥‥‥‥‥‥‥‥‥‥‥‥‥‥‥‥‥‥‥‥‥ 369
　　(3)　本書の立場‥‥‥‥‥‥‥‥‥‥‥‥‥‥‥‥‥‥‥‥‥‥‥ 369
　4　成立要件 ‥‥‥‥‥‥‥‥‥‥‥‥‥‥‥‥‥‥‥‥‥‥‥‥‥‥ 370
　　(1)　客観要件‥‥‥‥‥‥‥‥‥‥‥‥‥‥‥‥‥‥‥‥‥‥‥‥ 370
　　(2)　主観要件‥‥‥‥‥‥‥‥‥‥‥‥‥‥‥‥‥‥‥‥‥‥‥‥ 371
　　(3)　注意点‥‥‥‥‥‥‥‥‥‥‥‥‥‥‥‥‥‥‥‥‥‥‥‥‥ 371
　5　問題類型 ‥‥‥‥‥‥‥‥‥‥‥‥‥‥‥‥‥‥‥‥‥‥‥‥‥‥ 371
　　(1)　故意なき者の利用‥‥‥‥‥‥‥‥‥‥‥‥‥‥‥‥‥‥‥‥ 371
　　(2)　故意ある者の利用‥‥‥‥‥‥‥‥‥‥‥‥‥‥‥‥‥‥‥‥ 372
　　(3)　適法行為の利用‥‥‥‥‥‥‥‥‥‥‥‥‥‥‥‥‥‥‥‥‥ 374
　　(4)　責任なき者の利用‥‥‥‥‥‥‥‥‥‥‥‥‥‥‥‥‥‥‥‥ 376
　6　実行の着手 ‥‥‥‥‥‥‥‥‥‥‥‥‥‥‥‥‥‥‥‥‥‥‥‥‥ 377
　　(1)　学説・判例の状況‥‥‥‥‥‥‥‥‥‥‥‥‥‥‥‥‥‥‥‥ 377
　　(2)　本書の立場‥‥‥‥‥‥‥‥‥‥‥‥‥‥‥‥‥‥‥‥‥‥‥ 379
　7　自手犯 ‥‥‥‥‥‥‥‥‥‥‥‥‥‥‥‥‥‥‥‥‥‥‥‥‥‥‥ 379
　　(1)　意　義‥‥‥‥‥‥‥‥‥‥‥‥‥‥‥‥‥‥‥‥‥‥‥‥‥ 379
　　(2)　種　類‥‥‥‥‥‥‥‥‥‥‥‥‥‥‥‥‥‥‥‥‥‥‥‥‥ 379

第30講　共同正犯・共犯の基礎論　　　　　　　　　　　　381

　1　総　説 ‥‥‥‥‥‥‥‥‥‥‥‥‥‥‥‥‥‥‥‥‥‥‥‥‥‥‥ 381
　　(1)　共犯の意義‥‥‥‥‥‥‥‥‥‥‥‥‥‥‥‥‥‥‥‥‥‥‥ 381
　　(2)　任意的共犯への対応‥‥‥‥‥‥‥‥‥‥‥‥‥‥‥‥‥‥‥ 382
　2　必要的共犯 ‥‥‥‥‥‥‥‥‥‥‥‥‥‥‥‥‥‥‥‥‥‥‥‥‥ 382
　　(1)　事実的対向犯‥‥‥‥‥‥‥‥‥‥‥‥‥‥‥‥‥‥‥‥‥‥ 382
　　(2)　片面的対向犯‥‥‥‥‥‥‥‥‥‥‥‥‥‥‥‥‥‥‥‥‥‥ 383
　　(3)　集合犯‥‥‥‥‥‥‥‥‥‥‥‥‥‥‥‥‥‥‥‥‥‥‥‥‥ 385
　3　正犯と共犯の区別 ‥‥‥‥‥‥‥‥‥‥‥‥‥‥‥‥‥‥‥‥‥‥ 385
　　(1)　学説の状況‥‥‥‥‥‥‥‥‥‥‥‥‥‥‥‥‥‥‥‥‥‥‥ 385
　　(2)　本書の立場‥‥‥‥‥‥‥‥‥‥‥‥‥‥‥‥‥‥‥‥‥‥‥ 386
　4　共同正犯・共犯の本質 ‥‥‥‥‥‥‥‥‥‥‥‥‥‥‥‥‥‥‥‥ 387
　　(1)　学説の状況‥‥‥‥‥‥‥‥‥‥‥‥‥‥‥‥‥‥‥‥‥‥‥ 387
　　(2)　本書の立場‥‥‥‥‥‥‥‥‥‥‥‥‥‥‥‥‥‥‥‥‥‥‥ 389
　5　独立性・従属性 ‥‥‥‥‥‥‥‥‥‥‥‥‥‥‥‥‥‥‥‥‥‥‥ 390
　　(1)　問題性‥‥‥‥‥‥‥‥‥‥‥‥‥‥‥‥‥‥‥‥‥‥‥‥‥ 390
　　(2)　従属性の有無‥‥‥‥‥‥‥‥‥‥‥‥‥‥‥‥‥‥‥‥‥‥ 391
　　(3)　従属性の程度‥‥‥‥‥‥‥‥‥‥‥‥‥‥‥‥‥‥‥‥‥‥ 392
　6　処罰根拠 ‥‥‥‥‥‥‥‥‥‥‥‥‥‥‥‥‥‥‥‥‥‥‥‥‥‥ 393
　　(1)　射程範囲‥‥‥‥‥‥‥‥‥‥‥‥‥‥‥‥‥‥‥‥‥‥‥‥ 393

xix

（2）　処罰根拠‥‥‥‥‥‥‥‥‥‥‥‥‥‥‥‥‥‥‥‥‥‥ 393
（3）　問題点‥‥‥‥‥‥‥‥‥‥‥‥‥‥‥‥‥‥‥‥‥‥‥ 395
7　60条について‥‥‥‥‥‥‥‥‥‥‥‥‥‥‥‥‥‥‥‥‥ 399
（1）　問題性‥‥‥‥‥‥‥‥‥‥‥‥‥‥‥‥‥‥‥‥‥‥ 399
（2）　処罰拡張・処罰加重‥‥‥‥‥‥‥‥‥‥‥‥‥‥‥‥ 399

第31講　共同正犯論 　　　　　　　　　　　　　　　400

1　意義・要件‥‥‥‥‥‥‥‥‥‥‥‥‥‥‥‥‥‥‥‥‥ 400
（1）　意　義‥‥‥‥‥‥‥‥‥‥‥‥‥‥‥‥‥‥‥‥‥‥ 400
（2）　成立要件‥‥‥‥‥‥‥‥‥‥‥‥‥‥‥‥‥‥‥‥‥ 400
2　実行共同正犯‥‥‥‥‥‥‥‥‥‥‥‥‥‥‥‥‥‥‥‥ 402
（1）　一部実行全部責任の法理‥‥‥‥‥‥‥‥‥‥‥‥‥ 402
（2）　成立要件‥‥‥‥‥‥‥‥‥‥‥‥‥‥‥‥‥‥‥‥‥ 403
3　共謀共同正犯‥‥‥‥‥‥‥‥‥‥‥‥‥‥‥‥‥‥‥‥ 404
（1）　意　義‥‥‥‥‥‥‥‥‥‥‥‥‥‥‥‥‥‥‥‥‥‥ 404
（2）　共謀共同正犯の理論‥‥‥‥‥‥‥‥‥‥‥‥‥‥‥ 404
（3）　成立要件‥‥‥‥‥‥‥‥‥‥‥‥‥‥‥‥‥‥‥‥‥ 409
4　見張り‥‥‥‥‥‥‥‥‥‥‥‥‥‥‥‥‥‥‥‥‥‥‥ 410
（1）　問題性‥‥‥‥‥‥‥‥‥‥‥‥‥‥‥‥‥‥‥‥‥‥ 410
（2）　判例・学説の状況‥‥‥‥‥‥‥‥‥‥‥‥‥‥‥‥ 411
（3）　本書の立場‥‥‥‥‥‥‥‥‥‥‥‥‥‥‥‥‥‥‥‥ 411

第32講　承継的共同正犯論 　　　　　　　　　　　　　412

1　意　義‥‥‥‥‥‥‥‥‥‥‥‥‥‥‥‥‥‥‥‥‥‥‥ 412
2　学説の状況‥‥‥‥‥‥‥‥‥‥‥‥‥‥‥‥‥‥‥‥‥ 412
3　判例の状況‥‥‥‥‥‥‥‥‥‥‥‥‥‥‥‥‥‥‥‥‥ 415
（1）　殺人罪‥‥‥‥‥‥‥‥‥‥‥‥‥‥‥‥‥‥‥‥‥‥ 415
（2）　傷害致死罪・傷害罪‥‥‥‥‥‥‥‥‥‥‥‥‥‥‥ 415
（3）　強制性交等致傷罪‥‥‥‥‥‥‥‥‥‥‥‥‥‥‥‥ 416
（4）　監禁罪‥‥‥‥‥‥‥‥‥‥‥‥‥‥‥‥‥‥‥‥‥‥ 417
（5）　強盗致傷罪‥‥‥‥‥‥‥‥‥‥‥‥‥‥‥‥‥‥‥‥ 417
（6）　強盗罪‥‥‥‥‥‥‥‥‥‥‥‥‥‥‥‥‥‥‥‥‥‥ 418
（7）　恐喝罪‥‥‥‥‥‥‥‥‥‥‥‥‥‥‥‥‥‥‥‥‥‥ 418
（8）　詐欺罪‥‥‥‥‥‥‥‥‥‥‥‥‥‥‥‥‥‥‥‥‥‥ 419
（9）　そのほか‥‥‥‥‥‥‥‥‥‥‥‥‥‥‥‥‥‥‥‥‥ 419
4　本書の立場‥‥‥‥‥‥‥‥‥‥‥‥‥‥‥‥‥‥‥‥‥ 419
5　承継的共同正犯と同時犯‥‥‥‥‥‥‥‥‥‥‥‥‥‥‥ 420
（1）　問題性‥‥‥‥‥‥‥‥‥‥‥‥‥‥‥‥‥‥‥‥‥‥ 420

(2) 学説の状況……………………………………………………………… 420

(3) 判例の状況……………………………………………………………… 420

(4) 本書の立場……………………………………………………………… 421

第33講　共同正犯と中止・離脱論　　　　　422

1　意義・問題性 ……………………………………………………………… 422

(1) 意　義 ………………………………………………………………… 422

(2) 中止と離脱の関係…………………………………………………… 422

2　共同正犯と中止 ………………………………………………………… 423

(1) 中止犯の法的性格…………………………………………………… 423

(2) 中止犯の要件………………………………………………………… 424

3　共同正犯と離脱 ………………………………………………………… 424

(1) 意義・問題性………………………………………………………… 424

(2) 着手前の離脱………………………………………………………… 424

(3) 着手後の離脱………………………………………………………… 427

第34講　共同正犯の諸問題　　　　　429

1　過失犯の共同正犯 ……………………………………………………… 429

(1) 問題性………………………………………………………………… 429

(2) 学説の状況…………………………………………………………… 429

(3) 判例の状況…………………………………………………………… 430

(4) 本書の立場…………………………………………………………… 431

2　結果的加重犯の共同正犯 ……………………………………………… 432

(1) 問題性………………………………………………………………… 432

(2) 学説の状況…………………………………………………………… 432

(3) 判例の状況…………………………………………………………… 433

(4) 本書の立場…………………………………………………………… 433

3　片面的共同正犯 ………………………………………………………… 434

(1) 問題性………………………………………………………………… 434

(2) 学説の状況…………………………………………………………… 435

(3) 判例の状況…………………………………………………………… 435

(4) 本書の立場…………………………………………………………… 436

4　不作為と共同正犯 ……………………………………………………… 436

(1) 問題性………………………………………………………………… 436

(2) 不作為犯に対する共同正犯………………………………………… 437

(3) 作為犯に対する不作為による共同正犯…………………………… 437

5　正当防衛と共同正犯 …………………………………………………… 438

(1) 問題性………………………………………………………………… 438

xxi

(2) 正当防衛の相対化 ……………………………………………… 438
(3) 過剰防衛の相対化 ……………………………………………… 440

第35講 共犯論 443

1 意義・本質 …………………………………………………………… 443
(1) 意 義 …………………………………………………………… 443
(2) 本 質 …………………………………………………………… 443
2 教唆犯 ……………………………………………………………… 443
(1) 意 義 …………………………………………………………… 443
(2) 成立要件 ……………………………………………………… 444
(3) 法効果 ………………………………………………………… 445
(4) 問題類型 ……………………………………………………… 445
3 従 犯 ……………………………………………………………… 450
(1) 意 義 …………………………………………………………… 450
(2) 成立要件 ……………………………………………………… 451
(3) 法効果 ………………………………………………………… 453
(4) 問題類型 ……………………………………………………… 453

第36講 間接正犯・共同正犯・共犯の錯誤論 460

1 問題性 ……………………………………………………………… 460
2 間接正犯の錯誤 …………………………………………………… 460
(1) 間接正犯の意思で教唆を実現 ……………………………… 460
(2) 教唆の意思で間接正犯を実現 ……………………………… 461
(3) 被利用者が途中で情を知ったが犯行を継続 ……………… 461
3 共同正犯の錯誤 …………………………………………………… 462
(1) 具体的事実の錯誤 …………………………………………… 462
(2) 抽象的事実の錯誤 …………………………………………… 463
4 教唆犯の錯誤 ……………………………………………………… 465
(1) 具体的事実の錯誤 …………………………………………… 465
(2) 抽象的事実の錯誤 …………………………………………… 466
5 従犯の錯誤 ………………………………………………………… 469
(1) 具体的事実の錯誤 …………………………………………… 469
(2) 抽象的事実の錯誤 …………………………………………… 470

第37講 共同正犯・共犯と身分論 472

1 問題性 ……………………………………………………………… 472
2 身分の意義・種類 ………………………………………………… 472
(1) 意 義 …………………………………………………………… 472

(2)　種　類 …………………………………………………… 473
　3　身分の範囲 ……………………………………………… 474
　(1)　営利目的 …………………………………………… 474
　(2)　事後強盗罪 ………………………………………… 475
　4　学説の状況 ……………………………………………… 477
　(1)　65 条 1 項・2 項 …………………………………… 477
　(2)　65 条 1 項の「共犯」 ……………………………… 479
　5　問題類型 ………………………………………………… 479
　(1)　構成身分犯 ………………………………………… 479
　(2)　加減身分犯 ………………………………………… 480
　(3)　身分の競合 ………………………………………… 483
　(4)　消極身分 …………………………………………… 484

第 38 講　罪数論　　488

　1　総　説 …………………………………………………… 488
　(1)　問題性 ……………………………………………… 488
　(2)　基　準 ……………………………………………… 488
　(3)　体　系 ……………………………………………… 489
　2　本来的一罪 ……………………………………………… 490
　(1)　単純一罪 …………………………………………… 490
　(2)　集合犯 ……………………………………………… 491
　(3)　包括一罪 …………………………………………… 491
　(4)　法条競合 …………………………………………… 493
　(5)　広義の吸収一罪 …………………………………… 494
　3　科刑上一罪 ……………………………………………… 495
　(1)　観念的競合 ………………………………………… 495
　(2)　牽連犯 ……………………………………………… 498
　(3)　かすがい現象 ……………………………………… 499
　4　併合罪 …………………………………………………… 500
　(1)　意　義 ……………………………………………… 500
　(2)　類　型 ……………………………………………… 501
　(3)　法効果 ……………………………………………… 501
　(4)　併合罪の刑の執行 ………………………………… 502
　5　判　例 …………………………………………………… 503
　(1)　併合罪ではなく観念的競合 ……………………… 503
　(2)　観念的競合ではなく併合罪 ……………………… 503
　(3)　牽連犯ではなく併合罪 …………………………… 504
　(4)　包括一罪ではなく併合罪 ………………………… 504

(5)　併合罪ではなく包括一罪‥‥‥‥‥‥‥‥‥‥‥‥‥‥‥‥ 505

第39講　刑罰論　　　　　　　　　　　　　　　　　　506

　1　刑罰の意義 ‥‥‥‥‥‥‥‥‥‥‥‥‥‥‥‥‥‥‥‥‥‥ 506
　　(1)　意　義‥‥‥‥‥‥‥‥‥‥‥‥‥‥‥‥‥‥‥‥‥‥ 506
　　(2)　国家刑罰権‥‥‥‥‥‥‥‥‥‥‥‥‥‥‥‥‥‥‥‥ 506
　2　刑罰の本質 ‥‥‥‥‥‥‥‥‥‥‥‥‥‥‥‥‥‥‥‥‥‥ 506
　　(1)　理論状況‥‥‥‥‥‥‥‥‥‥‥‥‥‥‥‥‥‥‥‥‥ 506
　　(2)　学説の状況‥‥‥‥‥‥‥‥‥‥‥‥‥‥‥‥‥‥‥‥ 508
　3　刑罰の種類と制裁 ‥‥‥‥‥‥‥‥‥‥‥‥‥‥‥‥‥‥‥ 509
　　(1)　種　類‥‥‥‥‥‥‥‥‥‥‥‥‥‥‥‥‥‥‥‥‥‥ 509
　　(2)　刑法の刑罰‥‥‥‥‥‥‥‥‥‥‥‥‥‥‥‥‥‥‥‥ 509
　　(3)　刑罰以外の制裁‥‥‥‥‥‥‥‥‥‥‥‥‥‥‥‥‥‥ 510
　4　死刑の存廃論 ‥‥‥‥‥‥‥‥‥‥‥‥‥‥‥‥‥‥‥‥‥ 511
　　(1)　死刑犯罪‥‥‥‥‥‥‥‥‥‥‥‥‥‥‥‥‥‥‥‥‥ 511
　　(2)　死刑存廃の対立‥‥‥‥‥‥‥‥‥‥‥‥‥‥‥‥‥‥ 512
　　(3)　判例の死刑選択判断‥‥‥‥‥‥‥‥‥‥‥‥‥‥‥‥ 514
　　(4)　本書の立場‥‥‥‥‥‥‥‥‥‥‥‥‥‥‥‥‥‥‥‥ 515
　5　刑の適用 ‥‥‥‥‥‥‥‥‥‥‥‥‥‥‥‥‥‥‥‥‥‥‥ 515
　　(1)　刑罰の段階的類型‥‥‥‥‥‥‥‥‥‥‥‥‥‥‥‥‥ 515
　　(2)　刑の軽重‥‥‥‥‥‥‥‥‥‥‥‥‥‥‥‥‥‥‥‥‥ 515
　　(3)　法定刑の加重・減軽‥‥‥‥‥‥‥‥‥‥‥‥‥‥‥‥ 516
　　(4)　累犯の加重‥‥‥‥‥‥‥‥‥‥‥‥‥‥‥‥‥‥‥‥ 516
　　(5)　常習犯の加重‥‥‥‥‥‥‥‥‥‥‥‥‥‥‥‥‥‥‥ 517
　　(6)　自首・首服・自白による減軽‥‥‥‥‥‥‥‥‥‥‥‥ 517
　　(7)　酌量減軽‥‥‥‥‥‥‥‥‥‥‥‥‥‥‥‥‥‥‥‥‥ 518
　　(8)　刑の加減例‥‥‥‥‥‥‥‥‥‥‥‥‥‥‥‥‥‥‥‥ 519
　6　刑の執行 ‥‥‥‥‥‥‥‥‥‥‥‥‥‥‥‥‥‥‥‥‥‥‥ 519
　　(1)　死刑の執行‥‥‥‥‥‥‥‥‥‥‥‥‥‥‥‥‥‥‥‥ 519
　　(2)　自由刑の執行‥‥‥‥‥‥‥‥‥‥‥‥‥‥‥‥‥‥‥ 520
　　(3)　財産刑の執行‥‥‥‥‥‥‥‥‥‥‥‥‥‥‥‥‥‥‥ 521
　7　刑の執行猶予 ‥‥‥‥‥‥‥‥‥‥‥‥‥‥‥‥‥‥‥‥‥ 521
　　(1)　意義・目的‥‥‥‥‥‥‥‥‥‥‥‥‥‥‥‥‥‥‥‥ 521
　　(2)　刑の全部執行猶予（25条以下）‥‥‥‥‥‥‥‥‥‥‥ 522
　　(3)　刑の一部執行猶予（27条の2以下）‥‥‥‥‥‥‥‥‥ 524
　8　仮釈放 ‥‥‥‥‥‥‥‥‥‥‥‥‥‥‥‥‥‥‥‥‥‥‥‥ 526
　　(1)　意義・目的‥‥‥‥‥‥‥‥‥‥‥‥‥‥‥‥‥‥‥‥ 526
　　(2)　要　件‥‥‥‥‥‥‥‥‥‥‥‥‥‥‥‥‥‥‥‥‥‥ 526

xxiv

 (3) 仮出場 ……………………………………………………… 527
 9 刑の消滅 ……………………………………………………… 527
 (1) 犯人の死亡、法人の消滅 ……………………………… 527
 (2) 恩 赦 ……………………………………………………… 527
 (3) 時 効 ……………………………………………………… 528

第40講　刑法の適用範囲　　　　　　　　　　　　　　531

 1 時間的適用範囲 ………………………………………………… 531
 (1) 時間的範囲 ……………………………………………… 531
 (2) 事前法主義 ……………………………………………… 531
 (3) 限時法 …………………………………………………… 534
 2 場所的適用範囲 ………………………………………………… 535
 (1) 基本原則 ………………………………………………… 535
 (2) 補充原則 ………………………………………………… 535
 (3) 外国判決の効力 ………………………………………… 537
 3 人的適用範囲 …………………………………………………… 538
 (1) 原 則 …………………………………………………… 538
 (2) 例 外 …………………………………………………… 538

 事項索引 ………………………………………………………… 541
 判例索引 ………………………………………………………… 554

■文献等の略語■

◇裁判例

大審院判決	大判
最高裁判所大法廷判決	最大判
最高裁判所小法廷判決	最判
最高裁判所小法廷決定	最決
○○高等裁判所判決	○○高判
○○高等裁判所決定	○○高決
○○地方裁判所判決	○○地判
○○地方裁判所決定	○○地決
○○簡易裁判所判決	○○簡判

◇裁判例掲載誌

大審院刑事判決録	刑録
大審院刑事判例集	刑集
法律新聞	法律新聞
最高裁判所刑事判例集	刑集
最高裁判所裁判集　刑事	裁判集刑
高等裁判所刑事判例集	高刑集
下級裁判所刑事判例集	下刑集
刑事裁判月報	刑裁月報
裁判所時報	裁判所時報
高等裁判所刑事裁判特報	高裁刑事裁判特報
高等裁判所刑事判決特報	高裁刑事判決特報
東京高等裁判所刑事判決時報	東高時報
刑事裁判資料	刑裁資料
判例時報	判時
判例タイムズ	判タ

◇法律雑誌

刑事法ジャーナル（成文堂）	刑事法ジャーナル
現代刑事法（現代法律出版）	現代刑事
ジュリスト（有斐閣）	ジュリ
判例時報（日本評論社）	判時
判例タイムズ（判例タイムズ社）	判タ
法学教室（有斐閣）	法教
法学セミナー（日本評論社）	法セ
法律時報（日本評論社）	法時

◇刑法総論

青柳文雄『刑法通論Ⅰ総論』（泉文堂・1965 年）	青柳
浅田和茂『刑法総論』（補正版）（成文堂・2007 年）	浅田

安星全勝『刑法総論』（成文堂・2010 年）	安星
阿部純二『刑法総論』（日本評論社・1997 年）	阿部
井田 良『講義刑法学・総論』（第 2 版）（有斐閣・2018 年）	井田
板倉 宏『刑法総論』（補訂版）（勁草書房・2007 年）	倉
伊東研祐『刑法講義総論』（日本評論社・2010 年）	伊東
植松 正『刑法概論 I 総論』（再訂版）（勁草書房・1974 年）	松
内田文昭『改訂刑法 I （総論）』（補正版）（青林書院・1997 年）	内田
大越義久『刑法総論』（第 5 版）（有斐閣・2012 年）	大越
大嶋一泰『刑法総論講義案第 1 分冊』（全訂新版）（信山社・1999 年）	大嶋・1
『刑法総論講義案第 2 分冊』（全訂新版）（信山社・2000 年）	大嶋・2
『刑法総論講義案第 3 分冊』（信山社・2002 年）	大嶋・3
『刑法総論講義案第 4 分冊』（信山社・2003 年）	大嶋・4
大塚 仁『刑法概説（総論）』（第 4 版）（有斐閣・2008 年）	大塚仁
大塚裕史『刑法総論の思考方法』（第 4 版）（早稲田経営出版・2012 年）	大塚裕史
大場茂馬『刑法総論上巻』（復刻版）（信山社・1994 年）	大場・上
『刑法総論下巻』（復刻版）（信山社・1994 年）	大場・下
大谷 實『刑法講義総論』（新版第 4 版）（成文堂・2012 年）	大谷
岡野光雄『刑法要説総論』（第 2 版）（成文堂・2009 年）	岡野
小野清一郎『新訂刑法講義総論』（第 14 版）（有斐閣・1955 年）	小野
香川達夫『刑法講義（総論）』（第 3 版）（成文堂・1995 年）	香川
柏木千秋『刑法総論』（有斐閣・1982 年）	柏木
川端 博『刑法総論講義』（第 3 版）（成文堂・2013 年）	川端
吉川経夫『改訂刑法総論』（3 訂補正版）（法律文化社・1996 年）	吉川
木村亀二（阿部純二増補）『刑法総論』（有斐閣・1978 年）	木村亀二
木村光江『刑法』（第 4 版）（東大出版会・2018 年）	木村光江
草野豹一郎『刑法要論』（有斐閣・1956 年）	草野
江家義男『刑法（総論)』（千倉書房・1952 年）	江家
小林憲太郎『刑法総論』（新世社・2014 年）	小林憲太郎
小林 充（植村立郎監修／園原敏彦改訂）『刑法』（第 4 版）（立花書房・2015 年）	
	小林充
小松 進『刑法総論』（不磨書房・2003 年）	小松
裁判所職員総合研修所『刑法総論講義案』（4 訂版）（司法協会・2016 年）	裁総研
斎藤金作『刑法総論』（改訂版）（有斐閣・1955 年）	斎藤金作
斎藤信治『刑法総論』（第 6 版）（有斐閣・2008 年）	斎藤信治
斉藤信宰『新版刑法講義（総論）』（成文堂・2007 年）	斉藤信宰
齋野彦弥『刑法総論』（新世社・2007 年）	齋野
佐伯千仭『刑法講義（総論）』（4 訂版）（有斐閣・1981 年）	佐伯千仭
佐伯仁志『刑法総論の考え方・楽しみ方』（有斐閣・2013 年）	佐伯仁志
佐久間修『刑法総論』（成文堂・2009 年）	佐久間
設楽裕文『刑法』（学陽書房・2003 年）	設楽
下村康正『犯罪論の基本的思想』（成文堂・1960 年）	下村・正
『続・犯罪論の基本的思想』（成文堂・1965 年）	下村・続

荘子邦雄『刑法総論』（第 3 版）（青林書院・1996 年）		荘子
鈴木茂嗣『刑法総論』（第 2 版）（成文堂・2011 年）		鈴木
曽根威彦『刑法総論』（第 4 版）（弘文堂・2008 年）		曽根
高橋則夫『刑法総論』（第 4 版）（成文堂・2018 年）		高橋
瀧川幸辰『犯罪論序説』（改訂版）（有斐閣・1947 年）		瀧川
立石二六『刑法総論』（第 4 版）（成文堂・2015 年）		立石
団藤重光『刑法綱要総論』（第 3 版）（創文社・1990 年）		団藤
内藤　謙『刑法講義総論（上）』（有斐閣・1983 年）		内藤・上
『刑法講義総論（中）』（有斐閣・1986 年）		内藤・中
『刑法講義総論（下）Ⅰ』（有斐閣・1991 年）		内藤・下Ⅰ
『刑法講義総論（下）Ⅱ』（有斐閣・2002 年）		内藤・下Ⅱ
中　義勝『講述犯罪総論』（有斐閣・1980 年）		中
中野次雄『刑法総論概要』（第 3 版補訂版）（成文堂・1997 年）		中野
中山研一『刑法総論』（成文堂・1982 年）		中山
西田典之『刑法総論』（第 2 版）（弘文堂・2010 年）		西田
西原春夫『刑法総論上巻』（改訂版）（成文堂・1993 年）		西原・上
『刑法総論下巻』（改訂準備版）（成文堂・1993 年）		西原・下
野村　稔『刑法総論』（補訂版）（成文堂・1998 年）		野村
萩原　滋『刑法概要〔総論〕』（第 3 版）（成文堂・2014 年）		萩原
橋本正博『刑法総論』（新世社・2015 年）		橋本
林　幹人『刑法総論』（第 2 版）（東大出版会・2008 年）		林
日高義博『刑法総論』（成文堂・2015 年）		日高
平野龍一『刑法総論Ⅰ』（有斐閣・1972 年）		平野・Ⅰ
『刑法総論Ⅱ』（有斐閣・1975 年）		平野・Ⅱ
平場安治『刑法総論講義』（有信堂・1952 年）		平場
福田　平『全訂刑法総論』（第 5 版）（有斐閣・2011 年）		福田
藤木英雄『刑法講義総論』（弘文堂・1975 年）		藤木
船山泰範『刑法学講話〔総論〕』（成文堂・2010 年）		船山
堀内捷三『刑法総論』（第 2 版）（有斐閣・2004 年）		堀内
前田雅英『刑法総論講義』（第 6 版）（東大出版会・2015 年）		前田
牧野英一『重訂日本刑法上巻』（増補第 68 版）（有斐閣・1942 年）		牧野
町野　朔『刑法総論講義案Ⅰ』（第 2 版）（信山社・1995 年）		町野
松原芳博『刑法総論』（第 2 版）（日本評論社・2017 年）		松原
松宮孝明『刑法総論講義』（第 5 版補訂版）（成文堂・2018 年）		松宮
松村　格『日本刑法総論教科書』（八千代出版・2005 年）		松村
三原憲三（＝津田重憲）『刑法総論講義』（第 5 版）（成文堂・2009 年）		三原
宮本英脩『刑法大綱』（弘文堂・1935 年）		宮本
泉二新熊『日本刑法論総論』（有斐閣・1927 年）		泉二
森下　忠『刑法総論』（悠々社・1993 年）		森下
山口　厚『刑法総論』（第 3 版）（有斐閣・2016 年）		山口
山中敬一『刑法総論』（第 3 版）（成文堂・2015 年）		山中

◇刑法各論

青柳文雄『刑法通論Ⅱ各論』（泉文堂・1963 年）　　　　　　　　　　　青柳・各論

朝倉京一『刑法各論』（酒井書店・1994 年）　　　　　　　　　　　　　朝倉・各論

井田　良『講義刑法学・各論』（有斐閣・2016 年）　　　　　　　　　　井田・各論

板倉　宏『刑法各論』（勁草書房・2004 年）　　　　　　　　　　　　　板倉・各論

伊東研祐『刑法講義各論』（日本評論社・2011 年）　　　　　　　　　　伊東・各論

植松　正『刑法概論Ⅱ各論』（再訂版）（勁草書房・1975 年）　　　　　植松・各論

内田文昭『刑法各論』（第 3 版）（青林書院・1996 年）　　　　　　　　内田・各論

大越義久『刑法各論』（第 4 版）（有斐閣・2012 年）　　　　　　　　　大越・各論

大塚　仁『刑法概説（各論）』（第 3 版増補版）（有斐閣・2005 年）　　大塚仁・各論

大塚裕史『刑法各論の思考方法』（第 3 版）（早稲田経営出版・2010 年）大塚裕史・各論

大場茂馬『刑法各論上巻』（第 11 版）（信山社・1922 年）　　　　　　大場・各論上

　　　　　『刑法各論下巻』（第 8 版）（信山社・1914 年）　　　　　　大場・各論下

大谷　實『刑法講義各論』（新版第 4 版補訂版）（成文堂・2015 年）　　大谷・各論

岡野光雄『刑法要説各論』（第 5 版）（成文堂・2009 年）　　　　　　　岡野・各論

小野清一郎『新訂刑法講義各論』（第 3 版）（有斐閣・1950 年）　　　　小野・各論

香川達夫『刑法講義（各論）』（第 3 版）（成文堂・1996 年）　　　　　香川・各論

柏木千秋『刑法各論』（有斐閣・1965 年）　　　　　　　　　　　　　　柏木・各論

川端　博『刑法各論講義』（第 2 版）（成文堂・2010 年）　　　　　　　川端・各論

吉川経夫『刑法各論』（法律文化社・1982 年）　　　　　　　　　　　　吉川・各論

木村亀二『刑法各論』（復刊版）（法文社・1957 年）　　　　　　　　　木村亀二・各論

草野豹一郎『刑法要論』（有斐閣・1956 年）　　　　　　　　　　　　　草野・各論

江家義男『刑法各論』（増補版）（青林書院・1963 年）　　　　　　　　江家・各論

斎藤金作『刑法各論』（全訂版）（有斐閣・1969 年）　　　　　　　　　斎藤金作・各論

斎藤信治『刑法各論』（第 4 版）（有斐閣・2014 年）　　　　　　　　　斎藤信治・各論

齊藤誠二『刑法講義各論Ⅰ』（新訂版）（多賀出版・1979 年）　　　　　斎藤誠二・各論

斉藤信宰『新版刑法講義（各論）』（成文堂・2007 年）　　　　　　　　斉藤信宰・各論

佐伯千仭『刑法各論』（訂正版）（有信堂・1981 年）　　　　　　　　　佐伯千仭・各論

佐久間修『刑法各論』（第 2 版）（成文堂・2012 年）　　　　　　　　　佐久間・各論

澤登俊雄『刑法概論』（法律文化社・1976 年）　　　　　　　　　　　　澤登・各論

下村康正『刑法各論』（北樹出版・1981 年）　　　　　　　　　　　　　下村・各論

須之内克彦『刑法概説各論』（第 2 版）（成文堂・2014 年）　　　　　　須之内・各論

曽根威彦『刑法各論』（第 5 版）（弘文堂・2012 年）　　　　　　　　　曽根・各論

高橋則夫『刑法各論』（第 3 版）（成文堂・2018 年）　　　　　　　　　高橋・各論

瀧川幸辰『刑法各論』（増補版）（世界思想社・1951 年）　　　　　　　瀧川・各論

団藤重光『刑法綱要各論』（第 3 版）（創文社・1990 年）　　　　　　　団藤・各論

中　義勝『刑法各論』（有斐閣・1975 年）　　　　　　　　　　　　　　中・各論

中森喜彦『刑法各論』（第 4 版）（有斐閣・2015 年）　　　　　　　　　中森・各論

中山研一『刑法各論』（成文堂・1984 年）　　　　　　　　　　　　　　中山・各論

夏目文雄『刑法提要各論上巻』（法律文化社・1960 年）　　　　　　　　夏目・各論上

　　　　　『刑法提要各論下巻』（法律文化社・1961 年）　　　　　　　夏目・各論下

西田典之（橋爪隆補訂）『刑法各論』（第 7 版）（弘文堂・2018 年）　　西田・各論

西原春夫『犯罪各論』（訂補準備版）（成文堂・1991 年）　　　　西原・各論
萩原　滋『刑法概要〔各論〕』（第 4 版）（成文堂・2014 年）　　萩原・各論
橋本正博『刑法各論』（新世社・2017 年）　　　　　　　　　　橋本・各論
林　幹人『刑法各論』（第 2 版）（東大出版会・2007 年）　　　　林・各論
平出　禾『刑法各論』（再版）（酒井書店・1985 年）　　　　　　平出・各論
平川宗信『刑法各論』（有斐閣・1995 年）　　　　　　　　　　平川・各論
平野龍一『刑法概説』（有斐閣・1977 年）　　　　　　　　　　平野・各論
福田　平『全訂刑法各論』（第 3 版増補版）（有斐閣・2002 年）　福田・各論
藤木英雄『刑法講義各論』（弘文堂・1976 年）　　　　　　　　藤木・各論
堀内捷三『刑法各論』（有斐閣・2003 年）　　　　　　　　　　堀内・各論
前田雅英『刑法各論講義』（第 6 版）（東大出版会・2015 年）　　前田・各論
牧野英一『重訂日本刑法下巻』（有斐閣・1938 年）　　　　　　牧野・各論
町野　朔『刑法各論の現在』（有斐閣・1996 年）　　　　　　　町野・各論
松原芳博『刑法各論』（日本評論社・2016 年）　　　　　　　　松原・各論
松宮孝明『刑法各論講義』（第 5 版）（成文堂・2018 年）　　　　松宮・各論
三原憲三『新版刑法各論』（成文堂・2009 年）　　　　　　　　三原・各論
宮内　裕『新訂刑法各論講義』（有信堂・1960 年）　　　　　　宮内・各論
宮本英脩『刑法大綱』（覆刻版）（成文堂・1984 年）　　　　　　宮本・各論
泉二新熊『日本刑法論各論』（増補第 42 版）（有斐閣・1917 年）　泉二・各論
山口　厚『刑法各論』（第 2 版）（有斐閣・2010 年）　　　　　　山口・各論
山中敬一『刑法各論』（第 3 版）（成文堂・2015 年）　　　　　　山中・各論
吉田常次郎『日本刑法』（中大出版局・1959 年）　　　　　　　吉田・各論

◇判例評釈

『最高裁判所判例解説刑事篇○年度』（法曹会・各年）
『○年度重要判例解説』（有斐閣・各年）
西原春夫ほか編『判例刑法研究』1 ～ 8（有斐閣・1980 ～ 1981 年）
芝原邦爾編『刑法の基本判例』（有斐閣・1988 年）
松原芳博編『刑法の判例』総論・各論（成文堂・2011 年）
西田典之ほか『判例刑法』総論・各論（第 7 版）（有斐閣・2018 年）
小林充＝植村立郎編『刑事事実認定重要判決 50 選』上巻・下巻（第 2 版）（立花書房・
　　2013 年）
山口厚＝佐伯仁志編『刑法判例百選』I総論・II各論（第 7 版）（有斐閣・2014 年）
　　　　　　　　　　　　　　　　　　　　　　　　　　　　　　百選I・百選II

◇注釈書・コンメンタール・講座等

日本刑法学会編『刑事法講座』第 1 巻～第 7 巻（有斐閣・1952 ～ 1954 年）
日本刑法学会編『刑法講座』第 1 巻～第 6 巻（有斐閣・1963 ～ 1964 年）
団藤重光編『注釈刑法』(1) ～ (6)（有斐閣・1964 ～ 1969 年）
　　　　　補巻『注釈刑法』(1)・(2)（有斐閣・1974 年、1976 年）
中　義勝編『論争刑法』（世界思想社・1976 年）
中山研一ほか編『現代刑法講座』第 1 巻～第 7 巻（成文堂・1977 ～ 1982 年）

石原一彦ほか編『現代刑罰法大系』第1巻～第7巻（日本評論社・1977～1982年）

芝原邦爾ほか編『刑法理論の現代的展開』総論Ⅰ・総論Ⅱ・各論（日本評論社・1988
　～1996年）

小野清一郎ほか『刑法』（第3版増補）（有斐閣・1989年）

阿部純二＝川端博編『基本問題セミナー刑法』1総論・2各論（一粒社・1992年）

小林充＝香城敏麿編『刑事事実認定』上巻・下巻（判例タイムズ社・1992年）

阿部純二ほか編『刑法基本講座』第1巻～第6巻（法学書院・1992～1994年）

植松正ほか『現代刑法論争』Ⅰ・Ⅱ（第2版）（勁草書房・1997年）

中山研一ほか『レヴィジオン刑法』1～3（成文堂・1997～2009年）

大塚仁ほか編『大コンメンタール刑法』第1巻～第13巻（第2版）（青林書院・1999
　～2006年）

木谷　明編『刑事事実認定の基本問題』（第2版）（成文堂・2000年）

川端　博ほか『徹底討論刑法理論の展望』（成文堂・2000年）

山口　厚ほか『理論刑法学の最前線』（岩波書店・2001年）

川端　博ほか編『裁判例コンメンタール刑法』第1巻～第3巻（立花書房・2006年）

西田典之ほか編『刑法の争点』（有斐閣・2007年）

前田雅英編集代表『条解刑法』（第2版）（弘文堂・2007年）

小林充＝植村立郎編『刑事事実認定重要判決50選』上巻・下巻（補訂版）（立花書房・
　2007年）

川端　博ほか編『理論刑法学の探究』①～⑩（成文堂・2008～2017年）

浅田和茂＝井田良編『新基本法コンメンタール刑法』（日本評論社・2012年）

西田典之ほか編『注釈刑法』第1巻～（有斐閣・2011年～）

大塚仁ほか編『大コンメンタール刑法』第1巻～（第3版）（青林書院・2013年～）

第00講　ガイダンス

1　犯罪の認定

⑴　3段階の認定法

　犯罪の認定は、通常、①行為者の行為は、ある犯罪の成立要件を充足するか〔行為・行為者の**要件該当性**〕、②その行為は違法であるか〔行為の**違法性**〕、③その行為者は有責であるか〔行為者の**有責性**〕を軸になされます。

> **【事例01】** Xは、病院のベッドの上で寝ている患者Aをナイフで刺突し死亡させた。

　この事例で、Xの罪責を出すには、まず行為・行為者の法律要件該当性を確認する必要があります。そのためには、第1に、一定の犯罪の法律要件の意義・内容を確定する〔**法律要件の確定**〕、第2に、事実をその法律要件にあてはめる〔**事実の当てはめ**〕、そして、第3に、要件該当性の結論を出す〔**結論**〕という3段階の判断が要求されます。

⑵　法律要件の確定

> **【事例02】** Xは、末期ガンで病院のベッドの上で寝ているA（約15分後にはガンによる死亡が確実であったので、最期は静かにベッドに寝かされていた）への恨みをはらすためにナイフで刺突し死亡させた。

　この事例で、「余命わずか15分余りの人は殺人罪の客体たりうるか」が争点となりえます。これを解決するには、殺人罪の客体である「人」の意義を確定しておかなければなりません。さらに、「Aは、Xが刺殺しなくとも約15分後には死亡するから、A死亡結果はXの行為に帰責できないのではないか」も争点にすることができます。これを解決するには、実行行為と結果との間の因果関係の意義・判断方法を確定しておかなければなりません。

> **【事例03】** Xは、妻Yが出産するA子を殺害するため、産院のベッドの上で出産中のYの身体から頭だけを出したA子をナイフで刺突し死亡させた。

　この事例で、母体Yから身体の一部を露出したA子は殺人罪の客体たる「人」に当たるかが問われます。この問題に答えるには、人の意義に関してその始期（出生時期）を確定しておく必要があります。

2 第00講 ガイダンス

> 【事例 04】 X は、脳死状態で病院のベッドの上で横たわっている A（心肺機能が
> わずかに残っている）をナイフで刺突し死亡させた。

　この事例で、脳死状態の A は殺人罪の客体たる「人」に当たるかが問われます。この問題に答えるには、人の意義に関してその終期（死亡時期）を確定しておく必要があります。

　このように、犯罪を認定するには、前提となる法律要件とその意義を確定しておく必要があり、刑法解釈学は法律要件を確定するのが任務といえます。

(3) 要件・事実の往復運動

　犯罪認定における法律要件の確定、事実の当てはめ、そして要件該当性の判断は、別個独立に行われるのではなく、相互に往復運動を繰り返しながら行われます。本書がこの過程を三段論法で説明するのを躊躇するわけは、この点にあります。**事例 04** の場合、「人の終期はどの時点か」という問題が存在することを意識できるからこそ、「脳死状態の A は『人』に当たるか」を争点として摘出できるのです。

(4) 生の事実の加工

　法律要件の確定と事実の当てはめの作業が、**思考の往復運動**により同時的になされるということは、また生の事実の加工も、事実の当てはめの作業と同時的になされることを意味します。言い換えると、事実の当てはめの作業は、法律要件の意義・内容を横目で睨みながら事実を加工してなされるのであって、**事実認定の作業**もまた思考の往復運動によってなされるのです。

> 【事例 05】 X は、A に殴る蹴るの暴行を加えて重傷を負わせた後、A の苦しむ
> 様子、顔色等から容態が悪化していくのを認識し、もしかしたら A は死
> ぬかもしれないと思ったものの、自分の犯行の発覚を恐れ、放置してお
> いたため、A は約 3 時間後に内臓損傷等のためその場で死亡した。

　この事例で、X につき「重傷の A を放置しておいた」不作為による殺人罪（199 条）の成否を検討することになるのですが、法的作為義務の存在を前提にして、殺意（殺人の故意）の有無が争点となります。殺意を認定するには、故意の意義・内容を確定しておく必要があります。認容説（判例・通説）に立った場合でも、X が、「もしかしたら A は死ぬかもしれないと思った」こと、それでも発覚を恐れて「放置した」ことは、「A が死んでも構わない」、「A が死ぬかどうかはどうでもよい」という心理状態であったので未必の殺意が認められるのか、それとも、X は、「犯行が発覚すること」を避けたい一心であったからこそ「A を放置した」のであって、「A が死ぬことを認容していた」

わけではないので未必の殺意が認められないのかが問われているのです。こうした微妙な事実認定を強いられる場合、事例における具体的事実を精査し、認定していくことが大切です。

講義では、法律要件確定を中心に説明していきますので、事実の当てはめ、罪責の結論はあまり説明する機会がないかもしれません。しかし、ショクンは、法曹実務家になったつもりで、これらの作業を常に意識してほしい。

2　刑法総論・刑法各論

刑法典の「第1編　総則」と「第2編　罪（各則）」に対応して、刑法解釈学は刑法総論と刑法各論に分けられます。

⑴　刑法総論

刑法総論は、刑法の基本原則、すべての犯罪・犯罪者に共通する一般的な成立要件及び刑罰の一般原則を考察する研究分野で、犯罪・犯罪者の一般的概念を検討し、いわば犯罪・犯罪者の概念を横断的に考察する領域です。

⑵　刑法各論

これに対し、**刑法各論**は、各犯罪の成立要件、犯罪相互の関係、各犯罪者の成立要件を考察する研究分野で、犯罪・犯罪者の各別の概念を検討し、いわば犯罪・犯罪者の概念を縦断的に考察する領域です。

3　本　書

⑴　形　式

①　**講義スタイル**　　刑法総論の基本書の多くは、「構成要件該当性・違法性・有責性」などの一定の犯罪論体系に従って章・節・項などに分けて論述されます。しかし、本書は、各項目について1回の講義で完結するスタイルを取っています。それは、刑法総論について修得すべき内容と授業で講義する内容との距離を縮めたいからです。

また、「刑法総論」のような4単位の科目は、通常、30回を基本としていますので、本来であれば、30項目にするのが適当かもしれませんが、30項目に限定できませんでした。本書は、刑法総論の重要項目のほかに、前提知識として修得しておいてほしい項目、授業で扱えないが学習しておいてほし

い項目、授業外の学習に期待したい項目などを加え、40項目を選定しています。

さらに、本書は、あえて話し口調で叙述しています。それは、ショクンが講義を聴いているように読み進めていくことで、基本書と授業との距離が縮まることを期待したからです。

② **ゴシック体**　本書は、ゴシック体を多用しています。それらは、刑法総論における基本的な原則や語句だけでなく、学説やポイント（要点）となる語句、重要な判例、スローガン（標語）などです。

③ **大・小のフォント**　本書は、大きいフォント（13Q）と小さいフォント（12Q）を用いています。大きいフォントは、基本的な内容を解説するとき、具体的には、問題項目の意義・問題性・要件・法効果及び本書の立場を解説するときに、小さいフォントは、事例を提示するときや、学説の状況、参考判例を解説するときに用いています。

④ **枠囲い**　本書は、事例や学説の状況を示すときに、小さいフォントを用いて枠囲いを施しています。

⑤ **網かけ**　本書は、重要な判例について、小さいフォントを用いると同時に、網かけを施しています。最近は、法科大学院の授業で判例の重要性が増しており、それに呼応するように、学部の授業でも判例の重要性が増しています。残念なことですが、それと反比例するように、学説が軽視される傾向にあるようです。判例と学説との関係やそれぞれの役割については、研究者と実務家がもっと検討し、議論すべきなのかもしれません。

⑵　内　容

① **本書の体系**　本書は、「行為（・行為者）―要件該当性―違法性―有責性」という犯罪論体系を取っています。この体系には、違和感を感じるかもしれません。しかし、その違和感は、ショクンが本書を読み進め、本書の体系の趣旨を理解していく中で解消されるものと期待しています。

むしろ、懸念されるのは、項目ごとに解説していくスタイルを取ると、犯罪論の体系的思考が排除されてしまい、体系書としての性格が薄まってしまうのではないかということです。本書は、この懸念を払拭するために、まず、犯罪体系論を1つの独立した項目として取り上げ、学説の状況をやや詳しく

解説し、犯罪論体系の意味を理解してもらうとともに、本書がどのような犯罪論体系を採っているかを明らかにしています。さらに、各項目が犯罪論体系のどこに位置するかを意識できるように解説しました。

　　②　**解説の順序**　　本書は、各項目について、その意義・問題性・要件・法効果を基本軸として解説し、また、学説の状況、判例の状況を紹介し、必ず本書の立場を明らかにしています。そのようにしたのは、1つには、ショクンに、当該項目の基本軸となる意義・要件・法効果をしっかり修得してもらいたいこと、さらにもう1つには、ショクンが、当該問題項目について、本書の立場を含めて学説・判例などの見解を相対化し、それらを参考にして自分の見解を固め、論述問題・事例問題に解答するときや、討論会などで意見を述べるときに、自分の見解の内容だけでなくその根拠をも提示できるようになってもらいたいからです。

⑶　**使い方**

　本書は、刑法総論をこれから勉強していこうとするショクン、具体的には、刑法の初学者、一般の方、「刑法総論」を履修する学部学生を対象としていると同時に、さらに、刑法総論の学習が進んでいるショクン、具体的には、刑法総論を履修し終わった学生、各論点をもう少し考察したい学生、法科大学院生や受験生を対象としており、実に欲張った内容となっています。本書がいささか厚くなったのは、そのせいです。

　　①　**刑法の勉強を始めようというショクンへ**　　まず、大きいフォントのところ、特に、当該項目の意義・要件・法効果を集中して読んでほしい。具体的には、論述問題・事例問題に解答するように、討論で意見を述べるようにする意識で。他の基本書とは、記述の内容・順序が異なることがありますが、その点は最初は気にしない。

　また、学説の状況、判例の状況、「本書の立場」を参考にして、とりあえずの「私見」を決めてほしい。その際に、ショクンは、通説や判例の見解を選んで「私見」とするでしょうが、それでも結構。大切なのは、1つの見解を選択し、その根拠を1つ、2つは書けるように、説明できるようにすることです。賢明なショクンは、刑法の勉強を深めていけば、おそらく通説・判例の見解に満足できず、「私見」を変化させていくでしょうし、論述問題・

事例問題に応じて「私見」を使い分けていくでしょうから。

そして、当該項目について、どのような論点・争点が議論されているかを把握しておくこと。論点・争点については、「要件」のところにも出てくるのですが、そこで出てくる論点・争点は、むしろ「要件」の意義に関する論争です。そうではなく、当該項目の延長線上に生じる論点・争点を把握しておくのが、今後の学習のために有益です。

② **刑法の勉強が進んでいるショクンへ**　まず、大きいフォントのところを読み進めていき、その際に、ゴシック体の重要語句の意義・要件・法効果を意識して読み、それらが既に自分の知識として頭に入っているかを確認してほしい。但し、別の基本書で勉強してきたショクンは、解説の順序だけでなく、意義・要件・法効果の内容が本書のそれと異なるかもしれません。その場合には、自分の知識を一部ないし全部改定して「定番」の表現を確定しておくこと、また、ショクンにとって「分かりやすい」表現を選んで確定しておくことが大切です。ここでも、論述問題・事例問題に解答するように、討論で意見を述べるようにする意識で。

次に、当該項目について「私見」を固めておく。具体的には、当該項目について、学説の状況、判例の状況に目を通して、再度、「私見」の内容と根拠を固めてほしい。最近は、判例の考え方、そうでないときには通説の考え方を基本に答案を書く傾向が強まっているのですが、その場合でも、「私見」の内容と1つ、2つの根拠を簡潔に書けるように頭に入れてほしい。さらに、論述問題・事例問題に応じて、私見を使い分けていく柔軟性を身につけてくれれば最高です。

さらに、当該項目に関連した論点・争点を把握し、その論点・争点のもつ意義、問題性、私見の内容・根拠を書けるように、説明できるようにしてほしい。

以上の作業は、犯罪認定における法律要件の確定の作業です。この作業は、一般に、「規範の確定」といわれるようです。しかし、本書は、「規範」の語はできるだけ避けたいと考えていますし、犯罪認定では思考の往復運動がなされていることを考慮して、この第1段階の作業は「規準の確定」と呼んでいます。いずれにしても、枠囲いで示した事例を検討して、罪責を出してほ

しい。そうすることによって、自分の知識を確認し、固めることができます
し、犯罪認定における法律要件の確定、事実の当てはめ、そして法律要件該
当性の結論が相互に思考の往復運動を繰り返しながら行われることを体験で
きるはずです。

(4)　「今日の一言」

　その日の「講義」の終わりに、「今日の一言」を載せています。それらは
いずれも、私がこれまでに作りためてきたものの一部です。

　研究に飽いて怠惰になったとき、将来に不安を感じたとき、仕事に疲れて
放り出したくなったとき、あるいは、自分の仕事に迷いが生じたとき、さら
には、自分の考えに自信が持てなくなったとき、逆に、傲慢な気持ちになっ
たときに、これらの言葉を思い起こして、気持ちを新たにし、悩みや迷いを
吹っ切り、投げやりな気持ちを押さえたりしてきました。いわばリセットの
ためのスイッチのようなものです。これらは、本に出てきた格言、先人たち
の研ぎ澄まされた珠玉の言葉、友人・知人のなにげない言葉などに触発され
て作ったものもありますし、そうした言葉が熟成し、発酵して、新たな表現
となって浮かんできたものもあります。

今日の一言

20 歳のキミが
健康にすごして 90 歳まで生きたとして
(90 年 − 20 年) × 365 日 × 24 時間 × 60 分
キミに残された時間は
日にちで　25,550 日　時間で　613,200 時間　分にして　36,792,000 分
つまり　生まれた瞬間から　キミは　死に向かって歩みを進めているのだ
だからこそ　この今がいとおしい

第01講　刑法の意義・機能

1　意義・種類

(1)　意　義

① **刑法の意義**　およそすべての学問がそうであるように、刑法解釈学の学問対象である刑法の意義をあらかじめ確定しておく必要があります。それは、刑法の範囲を画定することですが、刑法典の「第1編　総則」は「他の法令の罪」にも適用されます（8条）ので、重要です。

　刑法とは、どのような行為が犯罪とされ、どのような行為者が犯罪者とされるのか、犯罪につき犯罪者に対してどのような種類の刑罰がどの程度科されるのかを規定した法律をいいます。言い換えれば、**法律要件**を充足する**犯罪**について、法効果として**犯罪者**に科される**刑罰**（ないし保安処分）を規定した国家法規範の総体、あるいはそれを構成している個々の条文を意味します。これを**実質的意義の刑法**といいます。

　刑法というと、ショクンは、「刑法」（1907年・明治40年法律45号）という法典を思い浮かべるでしょうが、この法律は立法政策上の便宜により単独の法典として制定されたもので、これを**形式的意義の刑法**といいます。

② **刑法の範囲**　　実質的意義の刑法は、刑法典に限りません。現在は、刑法典以外の**特別刑法**の方が多くなっています。

　例えば、日常生活での迷惑行為を処罰する「軽犯罪法」（1948年・昭和23年法律39号）、公害に関する一定の行為を犯罪として処罰する「人の健康に係る公害犯罪の処罰に関する法律」（1970年・昭和45年法律142号）、いわゆるハイ・ジャック行為を処罰する「航空機の強取等の処罰に関する法律」（1970年・昭和45年法律68号）、自動車運転の事故に係る行為を処罰する「自動車の運転により人を死傷させた行為等を処罰する法律」（2013年・平成25年法律86号）などがそれです。また、刑事訴訟手続について規定した「刑事訴訟法」（1948年・昭和23年法律131号）にも、さらに、刑法と一見無縁と思われるような「会社法」（2005年・平成17年法律86号）にも、犯罪・犯罪者と刑罰を規定した条文が存在します。

　なお、実質的意義の刑法とともに、刑事裁判手続に関する法律〔刑事手続法〕（例：刑事訴訟法）、犯罪者の処遇に関する法律〔犯罪者処遇法〕（例：刑事

収容施設法など）を併せて**刑事法**（最広義の刑法）といいます。

(2) 特別刑法

　実質的意義の刑法から形式的意義の刑法（刑法典）を除外したものを**広義の特別刑法**といいますが、それらは、通常、次のように分けられます。

---

①　**特別刑法（狭義）**　自然犯的性格の強い犯罪行為であって立法の便宜等の理由で単行法として制定・施行された刑罰法規 [1]

②　**行政刑法**　各種行政取締りのために刑罰という手段を用いている刑罰法規 [2]

③　**経済刑法**　経済関係の統制・取締りを目的として刑罰という手段を用いている刑罰法規 [3]

④　**労働刑法**　労働関係の統制・取締りを目的として刑罰という手段を用いている刑罰法規 [4]

⑤　**環境刑法**　生活環境の保全・改善を目的として刑罰という手段を用いている刑罰法規 [5]

　こうした分類は、論者により、時代により、社会により変動する相対的なもので、これからも新たな刑法分野、刑法研究分野が形成される可能性がありますし、ショクンが新たな分野を作り出すかもしれません [6]。

(3) 地　位

　刑法は、犯罪・犯罪者に関する法律要件・法効果という実体内容について規定した**実体法**であり、**実体刑法**と呼ぶことがあります。また、刑法は、一般に、刑罰権の主体である国家と犯罪の主体である個人・団体との関係を規定した法として**公法**に分類されますが、今日、この分類は意味を失っています [7]。さらに、刑法は、国家の司法的機能遂行への奉仕を主眼とした裁判規

---

1) 例えば、軽犯罪法、暴力団員による不当な行為の防止等に関する法律、盗犯等ノ防止及処分ニ関スル法律、航空機の強取等の処罰に関する法律、暴力行為等処罰ニ関スル法律、破壊活動防止法など。

2) 例えば、道路交通法、銃砲刀剣類所持等取締法、覚せい剤取締法、麻薬及び向精神薬取締法など。

3) 例えば、金融商品取引法、独占禁止法、無限連鎖講取締法、特定商取引に関する法律、所得税法・消費税法等の各種税法、特許法等の知的所有権の保護に関する法律など。

4) 例えば、労働基準法、労働関係調整法、労働組合法、国家公務員法・地方公務員など。

5) 例えば、人の健康に係る公害犯罪の処罰に関する法律、大気汚染防止法など。

6) 例えば、インターネットにおける情報の安全確保・違法行為取締を目的として刑罰という手段を借用している刑罰法規の領域では、情報刑法、サイバー刑法などの名称で呼ばれる研究分野が生成しつつあります。

7) 刑法は、国家刑罰権を背景に、私人間の利益紛争を強制的に解決することを企図した法であり、その核心は私人間の利益紛争の解決にあると考えるならば、刑法は私法的側面ももっており、刑

10　第01講　刑法の意義と機能

範としての性格の強い**司法法**[8] です。

2　特　質

　刑法は、①国家刑罰権を背景に、②刑罰という厳しい物理的強制力に支えられた、③社会管理の一手段であると特徴づけることができます[9]。

(1)　国家刑罰権

　刑法は**国家刑罰権**を背景にした法である点に最大の特徴があります。国家は、統一された権力機構として、個人や私的団体が実力行使によって紛争を解決することを原則として禁止し、法的な救済手続を優先させるべきことを要請しています〔**法的手続優先主義**〕。これは、法的安定性を優先させる**法治国原理**の一表現であり、その前提には、国家は物理的強制力を合法的に独占している唯一の機構であるという実態が存在しています。

　では、なぜ国家が物理的強制力を合法的に独占することが正統化されるのでしょうか。これには、いくつかの視座からの説明が可能です。

　公共性の視座があります。社会で生じる紛争は、社会成員（個人・団体）間の紛争という様相で出現しますが、その実態は利害関係の衝突であり、価値観の対立、ひいてはイデオロギーの対立でもあります。そうした衝突を社会成員が実力でもって解決することは、新たな衝突を招来する危険があるため、平和的な調整策によって他の成員の利益と折り合いをつけざるをえません。このような調整策の模索が繰り返されていく中で、それは次第に洗練され、多くの社会成員に承認され、一般的規準としての妥当性を獲得していくとともに、この一般的規準に違反する者に制裁を科して欲しいという要請も強まってきます。その場合、この一般的規準の実現・貫徹を、特定の社会的・経済的権力からある程度独立した、公共性を有する権力機関に委ねた方が、公正な適用が担保されて合理的と考えられます。こうして、公共性により、国家権力による物理的強制力の合法的独占が正統化されるというわけです。

　法は私法でもあることになります。

8) これに対するのが、立法法・行政法です。

9) 刑法については、行為規範・裁判規範、行為規範・制裁規範、行為規範・制裁規範・裁判規範などに分析するのが支配的見解です。高橋則夫『規範論と刑法解釈論』（2007年）、増田豊『規範論による責任刑法の再構築』（2009年）、山中敬一『犯罪論の機能と構造』（2010年）参照。しかし、本書は、刑法を規範構造で説明するのは無用であり、意味がないと考えています。

また、**経済性**の視座があります。一般に、強制力の行使はできる限り集約し、単一の集権的な権力機関に委ねる方が効率的かつ経済的です。しかも、紛争の処理は公的で第三者的な機関によってなされる方が冷静で公正な処理が期待できますし、社会成員の受容性も高まり、紛争処理の効率と効果を高めることにもつながります。これに対し、分権的な複数の権力諸機関による処理は非効率で不経済ですし、特にそれが私的な個人や団体によるときは、特定の価値観や利害と結びつく傾向があるため、処理の受容性を減殺し、反って新たな紛争を招きかねません。そこで、社会管理の効率性・経済性からいって、物理的強制力の行使はできるだけ公的な権力機関に集約的に委ねた方が合理的だということになります。こうして、経済性により、国家権力による物理的強制力の合法的独占が正統化されるというわけです。

階級性の視座をあげることもできます。18世紀の市民革命によって、ブルジョワ市民階級は、自らの階級的意思を政治的に確保・実現する国家装置を獲得しました。集権化され単一化された近代の国家権力は、ブルジョア市民階級の階級的利害を実現し確保する権力機構にほかなりません。その権力機構を担保するのが、物理的強制力の合法的独占です。国家権力が分権的に散在することは、階級的利害の実現にとって桎梏となり、支配階級にとって堪え難い事態です。他方、確かに近代市民国家の国家権力は、ブルジョア市民階級が支配する経済的な社会機構から相対的に独立した機構として存在せざるをえません。というのは、近代市民国家の国家権力は、現に特定の階級的利害を実現する機構として存在していながら、それでもそれと完全に癒着した形で存在することができないからです。言い換えると、特定の階級的利害は公共的な利害（公共の福祉）により粉飾されて初めて、また階級的支配意思は国家的・公共的意思の衣をまとって初めて、政治的意思として公的資格を獲得するのです。こうして、階級性により、国家権力による物理的強制力の合法的独占が正統化されるというわけです。

近代市民国家は、物理的強制力を個人や私的団体から剥奪し、これを国家権力の専権的独占物として行使するために、それを統一的法体系のもとに整備し、合法化しました。この点は、社会契約など、ほかの視座からも説明が可能ですが、ここでは、刑法が統一的な国家権力に担保された国家刑罰権を背景にしている事実を押さえてください。

(2) 物理的強制力

刑法は、刑罰という厳しい**物理的強制力**に支えられた法である点に特徴があります。この物理的強制力は、物理的強制と法的強制の2つの要素からなっています。

① 現行刑法は、主な**物理的強制**の処分、つまり刑罰として、死刑、懲役、

12　第01講　刑法の意義と機能

禁錮、罰金（代替手段として労役場留置）、拘留、科料及び没収を定めています。国家権力は、犯罪者から財産を奪い、自由を奪い、場合によっては強制的に労役を科す権限ももっています。しかも、日本の刑法は、激しい賛否の議論はありますが、「地球よりも貴い」とされる人の生命を合法的に奪うこと[10]さえも認めているのです。

　②　**法的強制**とは、刑法の実効性を担保するために、適用対象者の意思に関係なく、その抵抗を強制的に排除してまでも行使することのできる法的な強制作用を意味します。近代国家は法治国家を標榜していますので、法的な制度・手続を法律によって定式化しています。憲法31条は、このことを**法定手続の保障**として憲法的要請であることを明らかにしています。

(3)　社会管理手段

　刑法は、**社会管理の一手段**である点に特徴があります。現実の社会生活には、様々な不利益処分・利益処分（不利益処分として免職・減俸、退学・停学、非難・仲間外れなど、利益処分として昇進・褒賞金、賞品・賞状授与などの表彰、厚遇など）が存在しますが、それらは、結局のところ、社会関係・経済関係を維持し、社会を存続させるための社会管理の一手段といえます。

　①　**類　別**　社会管理の手段は、次のように分類できます。

⑦　公的手段＝その実施主体が公的な機関であるもの 　　私的手段＝その実施主体が私的な機関であるもの
⑦　制度的手段＝その実施主体・客体・内容・手続などが法制度として確定しているもの 　　非制度的手段＝その実施主体・客体・内容・手続などが法制度として確定していないもの
⑦　強制的手段＝その要素として強制が必須となっているもの 　　任意的手段＝その要素として強制が必須となっていないもの
㋔　有形的手段＝それが有形的・物理的手段を内容とするもの 　　無形的手段＝それが無形的・心理的作用を内容とするもの
㋕　積極的手段＝一定の望ましい状態の積極的な形成・促進を意図したもの 　　消極的手段＝一定の望ましくない状態の解消・阻止を意図したもの

---

10)「国家に個人の生命を奪う権限があるのか。」この問題は、死刑存廃論として議論されています。死刑存廃の議論については、第39講参照。

> ㋕　事前的手段＝一定の状態の発生前に発動されるもの
> 　　事後的手段＝一定の状態の発生後に発動されるもの

　刑法は**公的手段**で、**制度的手段**で、**強制的手段**で、**有形的手段**で、**消極的手段**で、かつ、**事後的手段**です。

　②　**本書の立場**　刑法を**社会管理の一手段**とする本書の見解に対し、それは刑法を社会統制の一手段と解する立場[11]とどう違うのかという疑問が生じるかもしれません。

　社会統制とは、社会的な役割期待の実現から逸脱しようとする傾向を抑止するために、それに有効な制裁を加え、社会成員の行動を一定の社会的役割に統合させ、それによって社会システムの安定を図ろうとする過程、つまり、社会的な逸脱行動を統制し社会システムの再均衡化を図ろうとする過程を意味します。この概念は、現代社会学の基本概念の１つで、行為者が自己の社会的な役割遂行に必要な諸志向を習得することを意味する社会化の概念とともに、社会システム存立のための機能的要件をなしています。現代社会学では、もともと社会化・社会統制の概念は、社会統合・社会秩序の概念と深く結びついて使用されてきており、刑法を社会統制の一手段と解する立場も、刑法の機能を秩序維持機能に求める立場と親和的です。

　本書が、刑法を社会管理の一手段として規定するのは、刑法が現代の管理国家・管理社会に組み込まれていることを象徴的に表現したいからです。**現代の国家は、現実の社会から独立した権力機構として社会を管理している。**この点に、国家権力と刑法との関係の要点がありますし、罪刑法定原則の存在意義があるのです。

3　機　能

(1)　学説の状況

　刑法はどのような機能を果たすべきなのでしょうか[12]。

---

11)　碧海純一『法と社会――新しい法学入門』（中公新書・1967 年）を読むことを薦めます。

12)　ここで問題にしている刑法の機能は、刑法が現実の社会において果たすべき働き・役割、いわば Sollen としての機能であって、刑法が現実に果たしている働き・役割という、いわば Sein としての機能ではありませんし、無自覚的・無意識的な二次的・副次的機能でもありません。刑法

14　　第 01 講　刑法の意義と機能

①　**規制的機能**　まず、刑法は、**規制的機能**を有するとされます。すなわち、刑法は、一定の行為を犯罪とし、これに対して科される刑罰を規定することによって、その行為が刑法上負の価値をもっているという評価を明らかにする〔評価規範としての価値表示機能〕とともに、その評価を前提に、その犯罪行為を行わないように意思決定せよと命令・禁止する〔決定規範としての命令・禁止機能〕というのです。

この見解は、刑法の果たすべき機能は何かという問いに対して、刑法規範の形式論理で答え、観念的な規範論理にとどまっており、充分ではありません。むしろ、刑法が果たすべき本質的機能にまで深く分け入って考察する必要があります。

②　**秩序維持機能**　また、刑法は、一定の行為を犯罪とし、これに対して科されるべき刑罰を規定して国民に予告し警告することによって犯罪の発生を防止し、もって社会の安寧秩序を維持する**秩序維持機能**を有するとされます。確かに、犯罪を根拠に犯罪者を処罰することによって社会の秩序は維持・回復されており、刑法が社会秩序維持機能を果たしていることは否定できません。

しかし、秩序維持機能は、法一般に共通する一般的機能と解すべきで、この見解は刑法の本質的機能の核心を突いているとはいえません。

③　**行為準則維持機能**　さらに、刑法は、一定の行為を犯罪とし、これに科される刑罰を規定し、犯罪と刑罰とを予告することによって、社会成員（個人・団体）が社会において遵守すべき行為の準則を明らかにする**行為準則維持機能**を有するとされます。社会的な行為準則とは、一般に、社会成員が日常生活において最低限遵守すべき重要な社会的行為ルールであると解されています。

では、なぜ社会には遵守すべき最低限の社会的行為ルールが必要で、なぜ刑罰をもってそれを強制しなければならないのでしょうか。この問いを繰り返していくと、行為準則維持機能を提示するだけでは、刑法が独自に果たす

の機能論については、平野龍一『刑法の機能的考察』（1984 年）、原田保『刑法における超個人的法益の保護』（1991 年）、松沢伸『機能主義的刑法学の理論』（2001 年）、大野真義『刑法の機能と限界』（2002 年）、関哲夫『刑法解釈の研究』（2006 年）207 頁以下参照。

べき本質的機能を解明するには不充分で、核心を突いているとはいえないことが明らかになります。

結局のところ、刑法は、社会的な行為準則の維持それ自体を本質的な機能としているわけではなく、むしろ、その深奥に存在する本質的機能を果たし、一定の目標を達成しようとしているのです。

④　**一般予防・特別予防**　刑法は、犯罪、それを行った犯罪者、及びその者に科される刑罰を規定することによって、市民及び潜在的犯罪者に警告し、犯罪を予防する**一般予防機能**を果たしています。他方、刑法は、犯罪を行った者に刑罰を科すことによってその者が再び犯罪を行わないように**特別予防機能**を果たしています。

しかし、刑法の本質的機能に一般予防機能という刑事政策的な観点を導入することは、結局のところ、「その人を他者のために活用する」ことを認めるもので、人間の尊厳に抵触するおそれがあります。また、刑法の本質的機能に特別予防機能という刑事政策的な観点を導入することは、結局のところ、近代学派がそうであったように、刑罰を社会的に危険な犯罪者を教育・治療するための手段とするもので、必要悪としての刑罰の本質を隠蔽することになります。

(2)　**本書の立場**

①　**法益保護機能**　刑法が果たすべき本質的機能、しかも目的的に果たすべき一次的機能は、**法益保護機能**にあります。刑法は、一定の行為を犯罪とし、その犯罪を行った犯罪者に科すべき刑罰を規定することによって、また実際にその犯罪を行った犯罪者に刑罰を科すことによって、法益を保護する機能を果たしているのです。

刑法の法益保護機能については、次の点に注意する必要があります。まず、法益とは（刑）法によって保護に値する・社会生活上の利益を意味しており、「**生活利益×法的要保護性＝法益**」という構造の概念です[13]。現実の社会生活には、様々な生活利益が存在していますが、そうした利益が法益となるには、まず、社会成員個人により**個人的要保護性**が認められ、次に、多くの社会成

---

13) 法益概念については、伊東研祐『法益概念史研究』（1984 年）、内藤謙『刑法理論の史的展開』（2007 年）67 頁以下。

員により**社会的要保護性**が認められる必要があります。さらに、その利益が刑罰という強力な手段をもって保護するに適しており、保護する必要性があることが、(刑)法によって承認されること、つまり、要保護性の(刑)法的承認を得る必要があります。こうした関門を通過したとき、生活利益(社会的・利益)は**法的要保護性**が認められ、**法益（法的利益）**となるのです。

　次に、刑法の法益保護機能が事後的で間接的であることに注意してほしい。刑法は、法益が侵害・危殆化される前に法益を直接に保護する方策ではなく、現実に法益を侵害・危殆化する行為がなされたときに、そうした行為をした行為者を処罰するという方法で法益を保護しているのです。社会成員の権利・自由を可能的最大限に保障するには、刑法の発動は事後的かつ間接的であることが望ましいからであり、これは、基本的人権の保障という趣旨の反映、謙抑主義の発現でもあります。

　②　**刑罰権画定機能**　　刑法は、一定の行為を犯罪とし、犯罪を行った犯罪者に対して科すべき刑罰を規定することによって、国家刑罰権の内容と発動範囲を明確に画定する**刑罰権画定機能**を果たしています。

　現実の社会から独立した公的権力機構である国家が刑罰を用いて行う社会管理の範囲と限界を明確に画定しておかないと、現実の社会にとって不確定要素が多くなり、社会成員は自らの行為について不安を抱き、社会活動・経済活動が萎縮・停滞することになります。

　他方、現代の国家は、民主主義を原理とし、代表民主制を採用しており、政治制度上、議会の定める法律は社会成員の全体意思に由来し、全体意思を反映するものであるという擬制の上に制度設計がなされています。しかし、現実の立法は多数の社会的諸力・経済的諸力の利害が衝突する過程ですし、そうした過程を経て制定された法律は多数の部分意思の衝突による政治的妥協の産物です。ですから、法律は全体意思の反映であると考えるのは擬制ですし、無邪気な楽観論といわざるをえません。そうであるからこそ、国家刑罰権の発動を制度化し合法化する刑法は、国家刑罰権の内容と発動の範囲を明確に規定しておく必要があるのです。

　立法機関は、どのような行為を犯罪とし、その犯罪を行った行為者のうちどのような行為者を犯罪者とし、犯罪につき犯罪者に対してどのような種類

の刑罰をどの程度科すべきかを、自らが定める法律に明確に規定しておくことによって、国家刑罰権が行使される範囲を画定し、司法機関・行政機関を統制しています。この統制機能が充分に実現されてこそ権力分立制の真価は発揮されます。ですから、刑法は国家刑罰権の内容と発動範囲を明確に定めておく必要があるのです。

さらに、社会成員の立場からすれば、国家刑罰権の内容と発動範囲を明確に定めておくことは、自分たちの人権を保障することにもなります。刑法は、国家刑罰権の発動範囲をあらかじめ明確に規定しておき、国家権力による恣意的な処罰から、行為者を含む社会成員の人権を保障する機能を果たさなければならないのです。

4 機能間の関係

(1) 法益保護機能と刑罰権画定機能

法益保護機能は、刑法によってもたらされる正の面に着目した構成的機能であるのに対し、刑罰権画定機能は、刑法によって生じる負の面に着目した制約的機能です。両機能は、いわば構成と制約の関係にあり、矛盾することはないようにも思えます。しかし、刑法が法益保護機能を強化して刑罰権の発動範囲を拡大しようとすれば、それだけ刑罰権画定機能は弛緩し、社会成員の権利・自由は制約されてしまいます。法益保護機能と刑罰権画定機能の矛盾は、刑法の具体的適用場面において調整されなければならず、その際の指導原理が**謙抑主義**です。謙抑主義とは、刑法の発動は、たとえそれが社会成員の生活利益を保護することになっても、できる限り抑制し、別の控え目な社会管理手段を用いるようにすべきであるとする原則をいいます。

(2) 法益保護機能と社会管理

刑法は国家権力による社会管理の一手段ですが、社会管理は法益保護機能を果たすことを通じて実現されます。

刑法の法益保護機能は、立法段階では、一般に、一定の犯罪が行われたときにはその犯罪者に一定の刑罰を科すという宣明形態によって果たされており、発信人は立法機関、名宛人は社会成員（又は潜在的犯罪者）です。次に、法益保護機能は、適用段階では、実際に 一定の犯罪が行われたことを根拠

18   第01講 刑法の意義と機能

に具体的な犯罪者に一定の刑罰を科すという適用形態によって果たされており、発信人は司法機関、名宛人は個別具体的な犯罪者です。

(3) 法益保護機能と行為準則維持機能

　刑法が一定の行為を禁止し、一定の行為を命令する規定形式を採っているため、最低限遵守すべき重要な行為準則を維持すること〔行為準則維持機能〕が刑法の本質的機能であるとの見解が主張されるのも無理ありません。

　しかし、刑法の本質的機能の核心はそこにあるのではありません。刑法は、社会的な行為準則を維持することそれ自体を目的としているのではなく、その根底にある、より本質的な機能として、社会成員の重要な生活利益を保護・保全しようとしているのです。この重要な生活利益は、社会において社会成員が生活し、共存するための基盤ですし、各人の自己実現を保障する条件なのです。

5　機能の限界

(1) 謙抑主義

　刑法は、刑罰という物理的強制力により、社会成員の身体・自由・財産、場合によっては生命という重要な利益を強制的に剥奪します。社会成員の重要な利益を剥奪してでなければ社会成員の重要な利益の保護を図ることができないのは、矛盾といえます。この点を捉えて、刑法は**必要がもたらした悪しき最後の手段、最後の必要悪**ともいわれます。ですから、刑法の発動は、たとえそれが社会成員の生活利益を保護することになっても、できる限り抑制し、別の控え目な社会管理手段を用いるようにすべきであり、これが先に説明した**謙抑主義**です。しかし、謙抑主義を強調するだけでは、具体的事案において、刑法の発動が合理的かつ適正であるのかを判断することは難しい。そこで、謙抑主義の下位原則が必要となります。

(2) 下位原則

　① **必要性の原則**　まず、社会成員の一定の生活利益を保護するために、刑法のような、国家刑罰権を背景に刑罰という厳しい物理的強制力の発動を前提にした社会管理手段を用いることが必要であるという事由が存在しなければなりません。これを**必要性の原則**といいます。これは、刑法の法益保護

機能という積極面に着目して要請されるもので、これに反する刑法の発動は、国家権力及び国家刑罰権の濫用であり、憲法 31 条・36 条に違反する可能性があります。

② **代替策不存在の原則**　刑法は、刑罰という物理的強制力によって、社会成員の身体・自由・財産、場合によっては生命という重要な利益を強制的に剥奪するものですから、刑法以外の控えめな社会管理手段（例えば、民事上の損害賠償や行政処分、社会的な非難等々）では十分な効果が期待できない場合に、刑罰という手段を用いるべきです。これを**代替策不存在の原則**といいます。**刑法は必要がもたらした悪しき最後の手段**であり、他の控え目な社会管理手段によっても同様な効果が期待しうるのに、あえて刑法を発動して刑罰を科するのは、コスト・ベネフィットの観点からも合理性が認められません。

③ **適応性の原則**　一般に、国家権力の発動は、それが強権的であればあるほど、現実の社会関係に副作用をもたらし、弊害を生じる危険があります。まして、それが、刑法のように、国家刑罰権を背景に刑罰という厳しい物理的強制力の発動である場合はなおさらです。刑罰権の発動が多くの副作用をもたらし、社会成員の間に反感を醸成するとき、社会成員は、次第に、刑法は自分達を抑圧・弾圧する手段とみなすでしょう。ですから、刑法の発動が必要性の原則を充たし、かつ、代替策不存在の原則に適合した場合であっても、それでもなお、刑罰権の発動が多くの弊害を伴うのであれば、それは、刑法に社会的適応性がないことを意味しますので控えるべきです。これを**適応性の原則**といいます。

　刑法においても、一般の国家政策と同じように、**可能的最小犠牲による可能的最大効率の原則**が妥当するはずです。謙抑主義は、バロック音楽における通奏低音のように、刑法の基本原則の根底に横たわる理念として、刑法の目的論的解釈を指導しているのです。

今日の一言

以春風接人　　以秋霜慎己

第 02 講　基本原則・その 1 ～罪刑法定原則～

1　意義・沿革

(1)　意　義

　罪刑法定原則[1] とは、どのような行為が犯罪とされ、その犯罪につき犯罪者に対してどのような種類の刑罰がどの程度科されるべきかを、行為が行われる前にあらかじめ法律をもって明確かつ適正に定めておかない限り、その行為を根拠に犯罪者を処罰することはできないという原則をいいます。

　罪刑法定原則には、① 内容面として、**犯罪・犯罪者と刑罰について規定せよ**、② 手続面として、**法律によって規定せよ**、③ 時間面として、**行為が行われる前に規定せよ**、そして、④ 態様面として、**明確かつ適正に規定せよ**という 4 つの要素が盛り込まれています。

(2)　沿　革

　罪刑法定原則は、成文法主義を採る大陸法系の原則で、主権者である国民が制定した法律こそが市民の自由を保障してくれるという思想が背景にあります。これに対し、判例法主義の英米法系においては、裁判所（陪審制度を念頭においてほしい）こそが国家権力の行使に対して市民の自由を保障してくれるという思想が背景にあります。しかし、いずれも、国家刑罰権の行使を明文の規定をもって統制する趣旨であり、罪刑法定原則の主旨は先例拘束主義の英米法系にも妥当します。

> ①　**外国の歴史**　マグナ・カルタ（イギリス・1215 年）39 条（罪刑法定原則の源泉）／アメリカ合衆国憲法 1 条 9 節 3 項（1788 年）（遡及処罰法の禁止）、修正 5 条（1791 年）（適正手続の保障）／フランス人権宣言（人および市民の権利宣言）（1789 年）8 条（実質的な保障原理、遡及処罰の禁止）

---

[1] 罪刑法定原則については、瀧川春雄『罪刑法定主義』（1952 年）、萩原滋『罪刑法定主義と刑法の解釈』（1998 年）、碧海純一『新版法哲学概論』（全訂第 2 版補正版・2000 年）73 頁以下、中山研一『判例変更と遡及禁止』（2003 年）、内藤謙『刑法理論の史的展開』（2007 年）、大野真義『罪刑法定主義』（新訂第 2 版・2014 年）参照。

> ② **日本の歴史** 旧刑法（1880年・明治13年頒布、1882年・明治15年施行）2条（罪刑法定の宣明）、3条1項（刑罰法規不遡及の原則）／大日本帝国憲法（1889年・明治22年）23条（憲法原則としての罪刑法定原則）／刑法（1907年・明治40年公布、1908年・明治41年施行）は罪刑法定原則に関する規定なし／日本国憲法（1946年・昭和21年公布）31条（罪刑法定原則）、39条1文前段[2]（刑罰法規不遡及の原則）、73条6号、94条／改正刑法草案（1974年・昭和49年）1条（罪刑法定原則）、2条1項（遡及処罰の禁止・事後法の禁止）

2 基 盤

(1) 憲 法

　罪刑法定原則は近代国家における基本原則であり、この原則を承認していることが近代国家の資格ともいえます。ですから、憲法に罪刑法定原則の規定があるのは当然ですが、刑法にないとしても、異とするに足りません。

　この原則の実定法上の根拠として、憲法31条（法定手続の保障）、39条1文前段（刑罰法規不遡及の原則）、73条6号（法律の委任による政令への罰則規定）、94条（地方公共団体による法律の範囲内の条例制定権）をあげることができます。

(2) 思 想

　罪刑法定原則は、**事前の適正な法律なければ、犯罪・犯罪者も刑罰もなし**と表現できます[3]。罪刑法定原則は、司法機関や行政機関を統制する原理であるだけでなく、立法機関をも制約する原理として構成されているのです。

　罪刑法定原則は、国家刑罰権の適正な発動範囲をあらかじめ法律で明確に定めておくことによって、国家による人権への不当な干渉や侵害を防止し、もって国家刑罰権の発動の合法性・正統性を担保したいという政策的意図をもっており、具体的には、国民主権を理念とする**民主主義**と、個人の尊厳を理念とする**自由主義**の思想に担われています。

　① **民主主義** 刑法は、国家刑罰権を背景に社会生活関係に干渉し、合法

---

2) 条名は、○条、本文・但書、前段・後段、○文の順序で示すのが慣例となっていますが、分かりやすさの点からいって、むしろ、○条、○文、本文・但書、前段・後段の順序で示す方が適当です。

3) フォイエルバッハ（1775〜1833年）は、これを「Nulla poena sine lege, nullum crimen sine lege（Keine Strafe ohne Gesetz, kein Verbrechen ohne Gesetz）（法律なければ刑罰なし、法律なければ犯罪なし）」と標語化しました。

的かつ強制的に社会成員の生命・身体・自由・財産等を剥奪する権限と範囲を定めています。その内容は、国民自身が直接これを決定するのが理想です〔直接民主制〕。というのは、**国民主権主義**のもと国家刑罰権のありようを最終的に決定するのは、主権者たる国民のはずだからです。

　しかし、近代国家は、議会制民主主義の下、国民の信託に基づいて、国民の代表者で構成された議会において決定する間接民主制を採用しています。これは、国民の全体意思の実現という点で一定の限界があり、法律は、幾つかの部分意思を犠牲にした政治的妥協の産物であり、それが国民の全体意思を直截に反映したものと考えるのは一種の擬制であり、楽観的な見方といわざるをえません。だからこそ、国家刑罰権を背景に厳しい物理的強制力に支えられている刑法は、その内容についてあらかじめ法律によって明確に規定しておく必要があるのです。

　また、現代の民主主義国家においては、**権力分立制**のもと、刑罰法規を制定する立法機関とそれを適用する司法機関・行政機関とが分離・独立しています。立法機関は、合法的な国家刑罰権の正統性の範囲を画定することにより、司法機関・行政機関を統制し拘束します。逆に言えば、司法機関・行政機関は、明確に画定された国家刑罰権の根拠があってこそ自らの行為を合法化・正統化することができるのです。

　②　**自由主義**　社会成員の観点からすれば、国家刑罰権の内容と範囲はあらかじめ明確にしておいてほしいと望むのは当然です。国家権力が、どのような場合に、どの程度、刑罰という物理的強制力をもって社会生活関係に介入し、社会成員を処罰しうるのかが不明確であるのは、それだけで社会成員の権利・自由を侵害しているといってもよいからです。

⑶　憲法原理

　罪刑法定原則は、刑法の内容が憲法の原理に適合した適正なものであることを要請しており、その限りで、立法機関をも拘束する原理といえます。この点を実体的に保障するため、憲法は、個人の尊重 (13条)、基本的人権の保障 (11条) を規定し、さらにそれを制度的に保障するため、国民の自由・権利保持義務 (12条)、公務員の憲法尊重擁護義務 (99条)、そして、裁判所の合憲審査権 (81条) を規定しています。

3　側　面

　罪刑法定原則は、①内容、②手続、③時間及び④態様の４つの面において機能しています。このうち、①内容は、まさに刑法の意義そのものに関わり

ます。以下では、それ以外の3つの面を説明します。

(1) 法律主義

罪刑法定原則は、「法律によって規定せよ」と形式的な手続保障を要請しています。**法律主義**は、どのような行為が犯罪とされ、その犯罪につき犯罪者に対してどのような種類の刑罰がどの程度科されるかは、国民を代表する議員で構成された唯一の立法機関である議会において制定された「法律」によって定められなければならないとするものです。

憲法は、「何人も、法律の定める手続によらなければ、その生命若しくは自由を奪はれ、又はその他の刑罰を科せられない。」(31条)と規定し、法律主義を明らかにしています。国家刑罰権は議会制民主主義における適正手続の保障を通じて画定され、合法化されなければならず、犯罪・犯罪者と刑罰に関する重要な法律である刑法は、間接的ではあっても国民が自ら決定できる手続を確保しておくべきことを要請しているのです。

法律主義の具体的な内容として、慣習法は刑法の直接の法源とすることは許されないという**慣習刑法の禁止**、及び、被告人に不利益な類推解釈は許されないという**類推解釈の禁止**が生じます。

(2) 事前法主義

罪刑法定原則は、「行為が行われる前に規定せよ」と時間的効力を制限しています。**事前法主義**は、どのような行為が犯罪とされ、その犯罪につき犯罪者に対してどのような種類の刑罰をどの程度科すかは、行為が行われる前にあらかじめ規定しておかなければならないとするもので、刑法は施行以降の行為に適用される**追及効**を原則とします。

憲法は、「何人も、実行の時に適法であった行為 …… については、刑事上の責任を問はれない。」(39条1文前段)と規定し、事前法主義を明らかにしています。したがって、行為の後に施行された刑罰法規によって施行前の行為につき行為者を罰する遡及効は、原則として許されないのです。これを**事後法の禁止、遡及処罰の禁止**といいます。

(3) 実体的適正主義

罪刑法定原則は、「明確かつ適正に規定せよ」と実体保障を要請しています。**実体的適正主義**は、形式的に、犯罪・犯罪者と刑罰に関する法律が存在すれば罪刑法定原則の要請が充たされるわけではなく、実質的に、その刑罰法規の内容が明確で適正でなければならないことを要請しているのです。

24　第 02 講　基本原則・その 1 〜罪刑法定原則〜

　この点を明らかにしたのが、アメリカで生まれた**実体的デュー・プロセス理論**です[4]。アメリカ合衆国憲法修正 5 条は、「何人も、……法の適正な手続によらなければ、その生命、自由又は財産を奪われない」と規定し、さらに、同法修正 14 条は、「いかなる州も、法の適正な手続によらないで、何人からも生命、自由又は財産を奪ってはならない。」と規定し、法の適正手続の保障を憲法の要請としています。この修正条項を継承した日本国憲法 31 条は、単に「法律の定める手続」という文言ですが、これは「法律の定める適正な手続」という趣旨を含んだ規定であると解されているのです。

　実体的適正主義の具体的な内容として、**刑罰法規の明確性、刑罰法規の適正性**が生じます。

4　問題点

(1)　法律主義

　法律主義によれば、明文の刑罰法規もないのに、慣習を直接の根拠にして処罰することは許されません〔**慣習刑法の禁止**〕。しかし、法律主義は、刑法の条文を解釈する手がかりとして慣習を考慮すること、その意味で、慣習を間接的な根拠とする作業までも禁止するものではありません。

　①　**命令と罰則**　行政機関は政令制定権を有します（憲法 73 条 6 号）が、政令・命令などにそれ自体独立して罰則を設けることは許されません。但し、法律によって、具体的かつ個別的な委任〔特定委任〕がなされている場合には、政令に罰則を設けることができます（憲法 73 条 6 号但し書）し、法律による特定委任の要件を充たしている限り、政令よりも下位の命令に罰則規定を委任することもできます（国家行政組織法 12 条 3 項・13 条 2 項）。

　特定委任としてどこまで政令・命令に委任することが許されるのでしょうか。国家公務員法 102 条 1 項の定める政治的違反行為の内容を人事院規則に委任したことは憲法の許容する限度を超えるものではないとする判例[5]がありますが、具体的に禁止される政治的行為の範囲を規則に委ねてしまう点で疑問です。

---

[4]　実体的デュー・プロセスの理論については、芝原邦爾『刑法の社会的機能』（1973 年）、萩原滋『実体的デュー・プロセスの理論の研究』（1991 年）参照。

[5]　最大判昭和 49・11・06 刑集 28・9・393、国家公務員政党機関誌配布事件・最判平成 24・12・07 刑集 66・12・1337、判時 2174・21、判タ 1385・94、国家公務員政党機関誌配布事件・最判平成 24・12・07 刑集 66・12・1722、判時 2174・32、判タ 1385・106。

②　**条例と罰則**　条例には、一定の範囲で罰則を設けることが認められて
います（憲法 94 条、地方自治法 4 条 3 項）。この点について、判例（**最大判昭和
37・05・30** 刑集 16・5・577）・通説は、条例は地方議会が制定する自主立法で
あり、また地方議会の議員は自治体構成員が直接選挙で選任するものである
から、条例は実質的には国会の定める法律に準じて考えることができ、憲法
31 条に反しないと解しています。

(2)　類推解釈の禁止

刑法の解釈において、被告人に不利益な類推解釈は許されないが、拡張解
釈は被告人に利益・不利益を問わず許されます。**類推解釈**は、明文の規定の
ない事項について事後法を創造するもので、司法機関・行政機関による新た
な立法といえます。それは、一般の社会成員の予測可能性を奪い、不意打ち
により社会成員の権利・自由を侵害するため許されないのです[6]。

①　**解釈の限界**　では、許されない類推解釈と許される拡張解釈との区別
はどのようになされるのでしょうか。

類推解釈は、「各本条の予想する法的な犯罪定型の範囲」を超えて解釈す
ること、「法律が本来予想している範囲を超えて、類似した事項にまでの適
用を認めるもの」、あるいは「問題となる行為が、罰則による処罰の対象に
含まれないことを認めつつ、それにもかかわらず、処罰の対象となっている
行為と害悪性・当罰性において同等であることを理由に、処罰の対象とする
もの」として、類推解釈と拡張解釈との性質の相違を強調する見解[7]が支配
的です。これに対し、類推解釈も拡張解釈も法文言の固有の概念範囲を広げ
る点で同質であり、両者に推論形式の違いはないとする見解[8]も主張されて
います。

こうした考え方の違いはありますが、刑法の解釈に限界があることは承認されており、
議論の焦点は、その限界をどのような規準をもって画するかに移っています。学説では、

---

6)　伊東研祐「刑法の解釈」阿部純二ほか編『刑法基本講座第 1 巻』（1992 年）54 頁以下、萩原滋『罪
　刑法定主義と刑法解釈』（1998 年）226 頁以下、関哲夫『刑法解釈の研究』（2006 年）263 頁以下参照。
7)　団藤・58 頁、大塚仁・65 頁、山口・14 頁。
8)　植松・75 頁以下、阿部純二「刑法の解釈」中山研一ほか編『現代刑法講座第 1 巻』（1977 年）
　114 頁以下参照。

26　第 02 講　基本原則・その 1 〜罪刑法定原則〜

まず、「各本条の予想する法的な犯罪定型の範囲」、「法律が本来予想している範囲」[9] を規準とする見解がありますが、これは問いに答えているとはいえません。また、「一般人の予測可能性」[10] の範囲を規準とする見解がありますが、被害者一般、潜在的被害者一般、加害者一般、潜在的加害者一般など、一般人の概念も多義的であり、規準とするには曖昧にすぎます。さらに、「実質的正当性（処罰の必要性）と法文の通常の語義からの距離との相関関係」という相関関係で判断する見解[11] も主張されていますが、これが「通常の語義」を超えて処罰することを「処罰の必要性」によって正当化する見解だとすると、罪刑法定原則の趣旨を没却させるものです。

　②　**本書の立場**　本書は、**言葉の可能な意味**の範囲内にあるか否かが解釈の限界を画すると考えます[12]。第 1 に、刑法は言葉で規定されており、「初めに言葉ありき」を意識して解釈すべきです。刑法の文言は社会的現実を切り取る「鋏」といえますし、その言葉の意味は、社会的現実に基盤をもつ社会的意味が軸となります。第 2 に、法律は主権者たる国民が制定したものという擬制の上に存在しており、刑法の文言は、それに国民が付与する語義に基づいて解釈するのは当然です。さらに第 3 に、一般の社会成員は、法律に使われている言葉を手がかりに自らの行為を律していると考えられるので、その語義は、当該文言の言語学的な語義を基本として解釈すべきです。

　なお、判例において、許されない類推解釈かどうかが問題となった事案には、電気窃盗事件、ガソリンカー事件、人事院規則事件、火焔瓶事件、フォトコピー事件、クロスボー事件、テレフォンカード事件、ハードディスク事件など多数存在します[13]。ショクンは、

---

9)　団藤・58 頁、大塚仁・66 頁。

10)　西原・上・42 頁、町野・73 頁、大谷・68 頁。一般人の予測可能性の範囲と言葉の可能な意味の範囲とを併用する見解（高橋・37 頁）もありますが、一般人の予測可能性と言葉の可能な意味とが異なることがあるので、両者を並列させるのは適当ではありません。

11)　前田・60 頁。

12)　木村亀二・21 頁、内藤・上・32 頁以下、松宮・24 頁、松原・31 頁。

13)　**大判明治 36・05・21** 刑録 9・874（**電気**が旧刑法 366 条における窃盗罪の客体である「財物」に当たる）、**大判昭和 15・08・22** 刑集 19・540（**ガソリンカー**が刑法 129 条にいう「汽車」に当たる）、**最判昭和 30・03・01** 刑集 9・3・381（**人事院規則** 14-7 第 5 項第 1 号にいう「特定の候補者」に「立候補しようとする特定人」を含むと解することは、「用語の普通の意義」からいって無理であり、「刑罰法令につき類推拡張解釈をとることは、あきらかに不当」）、**最大判昭和 31・06・27** 刑集 10・6・921（**火焔瓶**が爆発物取締罰則 3 条にいう「爆発物」に当たらない）、**最判昭和 51・04・30** 刑集 30・3・453〔百選Ⅱ・87〕（**フォトコピー**が刑法 155 条にいう「文書」に当たる）、**最判平成 8・02・08** 刑集 50・2・221〔百選Ⅰ・1〕（**クロスボー**でカルガモ目がけて矢を射かけたが命中せず、カモを捕獲できなかった行為につき、「(旧) 鳥獣保護及狩猟ニ関スル法律」1 条ノ 4 第 3 項、昭和 53 年 (旧) 環境庁告示の禁止する「捕獲」に当たる）、**最決平成 3・04・05**

これらの事件の判決原文にあたって、裁判官の言語感覚、法感覚を点検してみてください。

(3) 事前法主義

　事前法主義は、3つの内容を含んでいます。第1は**事後違法の禁止**で、行為時に適法であった行為を事後の法律で違法として処罰することは許されません。これは、事後法の禁止の典型的内容であり、憲法39条が明確に禁止しています。第2は**事後罰則の禁止**で、行為時に違法とされてはいたが罰則規定がなかった行為を事後の法律により罰則規定を設けて処罰することは許されません[14]。さらに第3は**事後重罰の禁止**で、行為時に違法とされ罰則規定もあったが、規定されていた刑罰よりも重い刑罰を事後の法律で定めて処罰することは許されません。

　① **刑法6条と事前法主義**　刑法6条は、行為時法（旧法）と裁判時法（新法）を比較して軽い方の法律を適用することを定めていますので、行為時法よりも軽い裁判時法についてはその遡及適用を認めていることになります。これは、事前法主義に反するように見えますが、実質的には、罪刑法定原則の思想的基盤である自由主義の思想に適合すると考えられます。

　本条にいう「**刑の変更**」には、主刑・附加刑の変更だけでなく労役場留置の期間の変更も含むとするのが通説です。執行猶予や保護観察の条件に関する規定の変更、刑の時効・公訴時効の期間の変更なども、行為者に不利益をもたらす刑罰に関連した変更である点で違いはないので、「刑の変更」に当たると解すべきです。

　② **不利益判例の遡及適用**　判例が被告人に不利益に変更された場合、遡及処罰の禁止の趣旨を尊重して、変更された判例の解釈を遡及的に適用するのは禁止されるとする見解[15]が多数説です。この見解は、判例は法令に関する有権的解釈であること、国民は「判例のように解釈された成文法」を行為

　　刑集45・4・171（**テレフォンカード**が刑法162条にいう「有価証券」に当たる。現在では、テレフォンカードは支払用カードの電磁的記録（刑法163条の2以下））、**最決平成13・07・16**刑集55・5・317（猥褻画像データを蔵置した**ハードディスク**が刑法175条にいう「わいせつ物」に当たる）。

14）売春防止法3条・5条は、売春行為それ自体を違法としていますが、売春行為の主体を罰する処罰規定を設けていません。

15）西原・上・41頁、団藤・50頁、大塚仁・65頁、大谷・60頁、山中・74頁。なお、中山研一『判例変更と遡及禁止』（2003年）参照。

28 第02講 基本原則・その1〜罪刑法定原則〜

準則としていること、判例のように解釈された成文法が社会的事実として拘束力を有していること、法源性を肯定しないと、判例の不利益変更によって国民の予測可能性が侵害されることになることを根拠とします。

しかし、判例は司法機関による有権的解釈にすぎず、立法機関の定めた成文法ではありませんし、そもそも判例に刑法の法源性を認めることは、法理論的にも無理があります。判例も、不利益に変更した判例を遡及適用して被告人を有罪とすることは憲法39条に反しないとしています[16]。判例の解釈変更は、違法性の意識の可能性、期待可能性の問題として処理すべきです。むしろ、この問題の核心は、不利益判例の遡及適用にあるのではなく、当該刑罰法規について裁判所（裁判官）による法解釈の大幅な変更にあるのです。

(4) 実体的適正主義

実体的適正主義は、刑罰法規の明確性と刑罰法規の適正性を含んでいます。

① **刑罰法規の明確性** 刑罰法規は、できる限り具体的かつ明確に定められていなければなりません。というのは、社会成員に犯罪・犯罪者と刑罰に関する情報を精確に提供することによってその予測可能性を担保するとともに、国家刑罰権の適用範囲を明確に画定することによって権力者の恣意的な刑罰権運用を統制することは、自由主義の理念に適うからです。不明確な刑法は、罪刑法定原則に反し無効となります。その意味で、期間・金額等の定めのない**絶対的不確定刑**は許されません[17]。

刑罰法規の明確・不明確を判断する規準はあるのでしょうか。その規準を設定するのは難しいのですが、当該法文言につきその可能な意味の範囲を読み取ることができるかどうかを規準とすべきです。その意味で、当該法文言に対して国民が付与する語義が基本となります。この点、判例は、通常の判断能力を有する一般の社会成員の理解において、具体的場合に当該行為がその適用を受けるものであるかどうかの判断を可能ならしめるような規準をその法文言から読みとることができるかによるとします[18]。

---

16) 最判平成8・11・18刑集50・10・745、判時15887・148、判タ926・153。

17) 長期・短期、多額・寡額を定めた**相対的不確定刑**は許されるとされています。例えば、少年法52条、改正刑法草案59条3項。

18) 徳島市公安条例事件・最大判昭和50・09・10刑集29・8・489、税関検査事件・最大判昭和59・12・12民集38・12・1308、福岡県青少年保護育成条例事件・最大判昭和60・10・23刑集39・8・

② **刑罰法規の適正性** 刑罰法規は、その内容が適正でなければなりません。具体的には、刑罰法規は、処罰に値する犯罪につき犯罪者を処罰する必要性があるという**処罰の必要性**と、刑罰が犯罪・犯罪者と均衡を保っているという**処罰の均衡性**[19]とによって担保されていなければなりません。

しかし、その判断は主観的な価値判断の入る余地が大きいため、また、明確な規準を設定することが困難であるため、容易ではありません。でも、個人の価値観に基づく相違があるからこそ、その相異・相違を克服して刑罰法規の適正について判断することに意味があるのです。

今日の一言

人に短所なく　　　モノに無駄なし

---

413 参照。

19) 判例は、一般論として、実体的適正主義のうちの罪刑均衡の原則を承認しています。**最大判昭和 49・11・06 刑集 28・9・393**（「およそ刑罰は、国権の作用による最も峻厳な制裁であるから、特に基本的人権に関連する事項につき罰則を設けるには、慎重な考慮を必要とすることはいうまでもなく、刑罰規定が罪刑の均衡その他種々の観点からして著しく不合理なものであつて、とうてい許容し難いものであるときは、違憲の判断を受けなければならないのである。そして、刑罰規定は、保護法益の性質、行為の態様・結果、刑罰を必要とする理由、刑罰を法定することによりもたらされる積極的・消極的な効果・影響などの諸々の要因を考慮しつつ、国民の法意識の反映として、国民の代表機関である国会により、歴史的、現実的な社会的基盤に立つて具体的に決定されるものであり、その法定刑は、違反行為が帯びる違法性の大小を考慮して定められるべきものである。」）。

第03講　基本原則・その2
～行為原則・侵害原則・責任原則～

1　総　説

　国家は、刑罰権を合法的に独占し、犯罪・犯罪者及び刑罰について法律で規定し、制度化しています。他方、近代国家の刑法は、国家刑罰権を制約し、その適正な発動を担保するために、行為原則、罪刑法定原則、侵害原則及び責任原則という4つの基本原則を確立しています。そして、これらの基本原則の根底には**謙抑主義**が横たわっています。

　ここでは、行為原則、侵害原則及び責任原則について説明します。

2　行為原則

(1)　意　義

　行為原則とは、犯罪につき犯罪者を処罰するには、その根拠として行為が存在しなければならないとする原則をいい、**行為なければ犯罪・犯罪者も刑罰もなし**と表現できます。

(2)　具体的要請

　行為原則は、2つの具体的要請を内容としています。

　①　**外部性**　　第1は行為の**外部性**で、国家刑罰権の発動が認められるためには、少なくとも外部的な行為が存在しなければならないことを要請します。これは、一般に、**思想は税を免ぜられる**と表現され、**身体性**ともいわれます。すなわち、行為者の内面にあって未だ外部的行為に発現していない単なる思想・意思・感情等を処罰の根拠にはできないのです。

　憲法は、思想・良心・信教の自由を保障し（19条・20条）、その思想・信条を理由に国民を差別してはならないと定めています（14条）。すなわち、国家刑罰権発動の最低限必要な条件として、行為がなければならず、思想・信条などその人の内面の主観要素を根拠に処罰することは許されないのです。

　②　**社会侵害性**　　行為原則の第2の具体的要請は行為の**社会侵害性**で、国家刑罰権の発動が認められるためには、行為に社会侵害性がなければなら

ないことを要請します。ショクンは、**罪を憎んで人を憎まず**という諺を思い浮かべるかもしれません。ですから、処罰されるべき根拠は行為者の危険な反社会的性格であり、行為は行為者の危険な性格を捕捉するための徴表的意味しかないとする主観主義(徴表主義)は、明らかに行為原則に反し、憲法19条・20条に抵触するのです。

(3) 変 容

　行為原則は、絶えず変容の危機にさらされています。変容の第1は、特定の思想・信条を国家・社会にとって危険思想とみなし、また、一定の人格・性格を危険人格とみなして、危険思想・危険人格を持つ人に危険人物の烙印を押すとともに、そうした危険人物に接近する者さえも処罰の対象にしようとするもので、**直球型治安刑法**といいます。しかし、そのような法律は憲法違反であることがあまりにも明白であるため、為政者がそのような法律を露骨に制定することは稀です。

　変容の第2は、文言上は外部的な行為を処罰の対象としているため、一見、行為原則に抵触していないように見えますが、実際は、外部に現れた行為をきっかけに、特定の思想・信条や一定の人格・性格を処罰の対象にしようとするもので、**変化球型治安刑法**といいます。そのような法律はその本質を看破することが難しいので、その適用を点検していく必要があります。

　変容の第3は、既遂段階よりも未遂段階、さらには準備段階、唆し・煽りの段階の行為を処罰の対象にしようとするもの[1]で、**剛速球型治安刑法**といいます。これは、広い意味での行為を処罰の対象にしており、一見すると行為原則に反しないように見えますが、処罰の前段階化・早期化によって危険概念を稀薄化し、刑法を危険刑法化し、外部的な行為を単なる名目にして特定の思想・信条や一定の人格・性格を広く処罰の対象にする危険があります。

　権力機関（権力者）が自らの権力範囲を拡張し、処罰範囲を広く確保して裁量の余地を広く保持しようとするのは、権力機関・権力者の変わらぬ性癖で、それは歴史が証明するところです。現代社会では、行為原則の変容を社会成員が歓迎しているかのような状況が作り出されている点に特徴があります。それほどに、行為原則の変容は巧妙になされ、社会秩序の維持のため、市民の安全を確保するためという名目でなされるので、注意を要します。

---

1) これは、抽象的危険犯の増加、法益保護の早期化、処罰時点の前倒しなどといわれ、いわゆる危険社会（Risikogesellschaft）における刑法の特徴として指摘されるところです。U.Beck, Risikogesellschaft.Auf dem Weg in eine andere Moderne, 1986〔ウルリヒ・ベック／東廉＝伊藤美登里訳『危険社会』(1998年)〕、金尚均『危険社会と刑法』(2001年)参照。

32 第03講 基本原則・その2〜行為原則・侵害原則・責任原則〜

3 侵害原則

(1) 意 義

侵害原則とは、行為が犯罪として処罰される根拠となるためには、行為が他人の生活利益を侵害・危殆化する害悪性を有していなければならないことをいい、通常、**社会侵害性なければ犯罪なし**と表現されます。それでは、刑罰をもって防圧する必要のある害悪性とはいかなる実体をいうのでしょうか[2]。

(2) 学説の状況

犯罪のもつ害悪性について、いくつかの見解が主張されています。

> 犯罪の害悪性は、全法秩序の見地において、行為が国家的に承認された共同社会生活の目的に反し、またその目的達成に不適当であること、換言すれば、公の秩序・善良の風俗に反することにあるとするのが**公序良俗違反説**[3]です。これによると、行為が国家的に承認された共同社会生活の目的達成のための適当な（相当な）手段であるときには、その害悪性が否定されます。この見解は、行為の害悪性について、正当な目的達成のための相当な手段という規準を設定し、正当な目的と相当な手段という2つの要素の相関関係、つまり**目的・手段の関連性**を考慮します。これら2つの要素にどのような内容を盛り込むかが、この見解の試金石となるのですが、この見解はこの点を明確にしていません。

公序良俗違反説は、時代により、社会により、人により異なりうる社会生活の目的に関し、事案に即した柔軟な判断を可能にする利点を有していますが、それは同時に、多くのものを包摂しうる一般条項となっていることを意味します。刑法が法効果として厳しい制裁（刑罰）を科すことを念頭におくならば、より分析を深めて明確な規準を提示すべきでしょう。

> 犯罪の害悪性は、実質的に、法秩序の基礎にある社会規範に違反することにあるとするのが**社会規範違反説**[4]です。この見解は、行為の害悪性の有無について、社会生活の中で歴史的に形成された社会倫理的秩序の枠内にあるかという規準を設定し、行為がそうした枠内にあるときには害悪性が認められないとします。社会倫理的な秩序をどのように解するかがこの見解の試金石となります。

---

2) 侵害原則については、梅崎進哉『刑法における因果論と侵害原理』（2001年）、アルビン・エーザー／甲斐克則編訳『「侵害原理」と法益論における被害者の役割』（2014年）を読むことをお勧めします。

3) 木村亀二・245〜246頁。

4) 団藤・188頁、大塚仁・356頁。

社会規範違反説においても、この点が必ずしも明確になっていません。も
し社会倫理的な秩序を公の秩序・善良の風俗と同義と解するならば、公序
良俗違反説と同様の問題点を抱えることになります。他方、社会倫理的な秩
序を社会成員の日常生活の一般経験則に引きつけて理解し、社会成員の健全
な社会通念によれば日常生活における常軌を逸していないことと解するなら
ば、行為準則違反説に接近することになります。

犯罪の害悪性は、実質的に、社会倫理規範に違反する法益侵害の行為にある
とするのが**規範違反法益侵害説**[5] です。この見解は、行為の害悪性の有無につ
いて、歴史的に形成された社会倫理的秩序の枠内にある法益侵害行為であるか
という規準を設定し、その枠内にある法益侵害行為は社会的相当行為として違
法ではないとします。この見解は、社会倫理規範違反と法益侵害性とを結合さ
せるのですが、社会倫理的秩序をどのように解するかがこの見解の試金石とな
る点は、先の社会規範違反説と同様です。

規範違反法益侵害説においても、この点が必ずしも明確になっていません。
社会倫理的秩序を公序良俗と同義と解するならば、公序良俗違反説と同様の
問題点を抱えることになりますし、社会倫理的秩序を社会成員の健全な社会
通念による常軌性と解するならば、次に述べる行為準則違反説に接近するこ
とになります。

犯罪の害悪性は、社会成員が社会的現実生活の中で歴史的に相互承認して形
成してきた行為準則に反することにあるとするのが**行為準則違反説**[6] です。こ
の見解は、行為の害悪性について、日常生活において最低限遵守すべき行為準
則に適合しているかという規準を設定し[7]、行為が行為準則に適合するときに
は害悪性を認めません。しかも、行為準則は、公序良俗違反説や社会規範違反
説の見解におけると異なり、社会倫理的な色彩が払拭されており、スポーツ・ルー
ルに近い性質を有するとされています。この見解は、刑法は一定の行為を犯罪
とし、これにつき行為者に科すべき刑罰を規定することによって、社会成員が
日常生活において最低限遵守すべき行為準則を明らかにしていると考えており、
刑法の本質的機能を行為基準維持機能に求めます。

確かに、社会成員は、刑法に規定された内容を行為準則として行動してい

---

5) 大谷・230頁、佐久間・163頁。
6) 藤木・78頁。
7)「社会的な行為準則」というと、新過失論における「基準行為」を思い浮かべるかもしれません。
　そのとおり、この考え方は、新過失論の考え方に通じます。

ます。しかし、刑法は、そうした規制の方法を用いることによって、一定の目標、すなわち、社会的現実生活に存在する生活利益（法益）を保護することを目指しており、そこに刑法の本質的機能の核心があります。

(3) 本書の立場

① **社会侵害性と法益保護機能**　ショクンは、犯罪の害悪性の問題が、実は刑法の果たすべき本質的機能の問題と表裏の関係にあることに気づいたでしょう。犯罪の害悪性の実体は、刑法によって保護されるべき社会生活上の利益を侵害・危殆化する点にあり、これを**社会侵害性**といいます。

一般に、行為は、それが社会侵害性を帳消しにしてしまうような**社会有益性**を有するとき、すなわち、それが侵害・危殆化した利益の要保護性を上回る要保護性の利益、場合によっては同等の要保護性の利益を保全するとき、行為に害悪性は認められません。これを**法益の優越的要保護性の原理**（略して、**優越的要保護性**）といいます。個々の事案の具体的事情の下で、複数の利益が両立し得ない状況で衝突しているとき、保全された利益の要保護性が、侵害・危殆化された利益の要保護性を超えるとき、あるいは、少なくともそれと同等であるとき、その法益侵害・危殆化行為は社会侵害性が否定されるのです。

② **社会侵害的行為**　本書のように、犯罪の害悪性の実体を法益の侵害に求める立場にとっては、まさに法益概念が重要となります。

法益は刑法によって保護するに値する生活利益であり、それは**生活利益**と**法的要保護性**の2つの要素からなっています。現実の社会生活の中には多くの生活利益が存在していますが、ある生活利益が法益となるには、私的承認による**個人的要保護性**、社会的承認による**社会的要保護性**、そして、（刑）法的承認による**法的要保護性**という3つの階梯を上っていく必要があり、個人的要保護性・社会的要保護性は法的要保護性の基盤です。行為は、法的要保護性を認められた法益を侵害・危殆化する場合に犯罪とされるのですが、犯罪は、現実の社会生活の基盤たる生活利益を侵害するという意味で社会侵害的なのです。これは、**社会侵害性なければ犯罪なし**と表現でき、これを要請するのが**社会侵害性の原理**です。

ただ、法益の概念をきわめて抽象的・一般的に構成し、例えば、社会成員のもつ道徳観、社会倫理秩序あるいは安全感も法益であると解するならば、

公序良俗違反説や社会規範違反説と同じ問題点を抱えることになります。法益は捕捉可能な具体的利益として、社会功利的に構成すべきです。

4　責任原則

(1)　意　義

　責任原則とは、刑罰法規の定める社会侵害的な行為を根拠に行為者に刑罰を科すには、行為者に、刑罰による法的非難を加えることができる主観的な事情が存在しなければならないことをいい、通常、**責任なければ刑罰なし、責任非難なければ処罰なし**と表現されます。

　刑法は、責任原則に関する規定を 38 条以下においていますが、その基盤は憲法にあり、憲法 13 条、36 条は、責任原則が憲法上の要請であることを明らかにしています。しかも、憲法 31 条は実体的適正主義をも含意しており、法律の定める手続にも責任原則が妥当すべきことを要請しているのです。

　①　**個人責任**　責任原則は、行為・結果について行為者を刑法的に非難するには、行為・結果と行為者の間に個人的連関がなければならないことを要求しており、これを**個人責任**といいます。行為・結果と行為者の個人的結びつきが認められなければ、行為者を刑法的に非難することはできません。他人が行った行為やその結果について行為者を刑法的に非難することは許されないのです。

　②　**主観責任**　また、責任原則は、行為・結果について行為者を刑法的に非難するには、行為・結果の外部要素と行為者の内部要素との間に主観的連関がなければならないことを要求しており、これを**主観責任**といいます。行為者にとって主観的にその行為・結果が回避不可能であるため、行為・結果の外部要素と行為者の内部要素との主観的な結びつきが認められないときには、行為者を刑法的に非難することは許されないのです。

(2)　責任非難の限界

　刑法における責任は、社会侵害的な行為について、刑罰をもって行為者に加えられる**刑法的非難**ですし、国家権力による**公的非難**ですし、法律の定める条件・手続に従ってなされる**制度的非難**です。ですから、刑法における責任は、社会における非難（社会的非難）とは別次元のものです。しかし、そう

はいっても、刑法における責任は、社会成員の刑法への正統性意識に裏打ちされたものでなければなりません。

① **非難可能性**　刑法における責任は、**非難可能性**を要求します。例えば、重篤な精神障害者のように刑法的非難の意味を理解できない行為者など、自らの責任を感得する意識・能力を欠如した行為者を非難し処罰しても、見せしめの意味はあるかもしれませんが、刑法的にはまったく意味がないどころか、かえって有害です。また、同じ家族・団体・組織・グループに属していることを理由に非難し処罰する連帯責任・連座責任も、刑罰を科された者の反感を醸成するだけで、団体・組織への弾圧の手段となりかねず、およそ合理的とはいえません[8]。

② **非難必要性**　次に、刑法における責任は、**非難必要性**を要求します。きわめて軽微な反法行為・加害行為を行なったにすぎず、別に社会的制裁を受けている行為者や、家族などの親密圏に属する者の間での不注意による傷害行為の行為者など、刑罰をもって法的に非難する必要のない行為者を処罰するならば、行為者やその家族は国家の杓子定規な処理に反感を抱くでしょうし、他の社会成員も、刑法のあまりに形式的・機械的な対応に冷酷さ・冷淡さを感じて反発することでしょう。

③ **非難均衡性**　さらに、刑法における責任は、**非難均衡性**を要求します。妥当な刑法的非難の程度をはるかに超える激烈な刑罰が科されるならば、行為者は、自分は見せしめの道具にされたと憤りを感じるでしょうし、他の社会成員も、刑法が恣意的な社会管理の道具となっていると考えることでしょう。また、想像力豊かな社会成員であれば、国家は刑法に過剰な役割を担わせて刑罰を濫用していると考えるに違いありません。逆に、あまりにも寛大な刑罰であったり、そもそも刑罰が科せられなかったならば、行為者は小躍りするでしょうが、社会成員は、背後に何か不正が隠されているに違いないと不信感を募らせるでしょう。これでは、社会成員の刑法への正統性意識は揺らぎ、社会成員の刑法への信頼は揺らぐことになります。

このように、責任原則は、刑法的非難に値する行為について、刑法的非難

---

8) これは、集会・結社の自由の権利（憲法 21 条 1 項）を侵害するものといえます。

が可能な行為者を、刑法的非難を必要とする場合に、刑法的非難の質量と均衡するように処罰するものでなければならないことを要求するのです。

(3) 責任の本質

① 学説の状況

ⓐ **道義的責任論** [9]
　○**理性的人間像**——人間は自由意思を有する理性的な存在
　⇒責任の本質——人間は自由意思を有する理性的存在で、人間の行為は自由意思の所産であり、自由意思を有する人間がその自由意思に基づいてあえて犯罪行為を選択したことについて行為者に加えられる道義的非難

ⓑ **新道義的責任論** [10]
　○**主体的人間像**——人間は素質と環境による制約の下にありながらも自らの行動を主体的に決定する自由を持つ存在
　⇒責任の本質——人間は素質と環境によって重大な制約を受けながらも主体的に行動する自由を持ち、また、素質と環境さえもある程度支配・変革していくことができる主体的な存在である。人間の行為は人格の主体的現実化の所産であり、自らの主体的努力によって自己の人格を形成することができるにもかかわらず、犯罪行為を行うような人格態度を形成したことについて、行為者に対して加えられる規範的・倫理的非難

ⓒ **社会的責任論** [11]
　○**自然科学的人間像**——人間は素質と環境によって決定されている宿命的な存在
　⇒責任の本質——人間は素質と環境によって宿命づけられた決定論的な存在であり、人間の行為は内在的な生物学的因子と外在的な社会学的因子との所産であり、社会に対して犯罪行為を行うような危険な性格を有することについて、社会的見地から一定の社会防衛処分を受忍すべき行為者の地位

ⓓ **新社会的責任論** [12]
　○**規範心理的人間像**——人間は何らかの法則性に従いながらも、行為と結果を左右し得る因子の一つである規範意識を持った存在

---

9) 古典学派（旧派）の基本的な考えです。
10) 団藤・38頁。
11) 近代学派（新派）の基本的な考えです。

38 　第 03 講　基本原則・その 2 〜行為原則・侵害原則・責任原則〜

⇒責任の本質——人間は何らかの法則性に従って行動する存在であり、人間の行為は諸因子の複合作用による法則的な所産であるが、人間の意思・意欲は、一定の法則性に従いながらも行為・結果を左右し得る因子の一つであり、犯罪行為を行ったことについて、行為者の規範意識に対して加えられる社会的非難

ⓔ　**可罰的責任論** [13]
○**相対自由的人間像**——人間は素質と環境による制約を受けながらも、自らの自由な選択に従って行動できる存在
⇒責任の本質——人間は素質と環境によって支配されながらも、その支配された限度においても自分の自由な選択に従って行動することができ、また、素質と環境さえもある程度支配・変革していくことができる自由な存在である。人間の行為は行為者の生来的危険性など素質の必然的所産とする社会的責任論は妥当ではないし、他方、完全な自由意思を前提とした道義的責任論も修正されるべきであり、道徳・倫理とは別次元の刑法上の非難可能性

　② **本書の立場**　どのような人間像を前提にするかは、それが責任原則の内容を規定するものなので重要です。何ものにも制約されず、すべてを思いのままに自由に支配・決定していくことのできる人間像は観念の世界のもので現実のものではありません。刑法における人間像は、社会成員が個人的に理想とする人間像とは別次元のものですし、国家が理想的な国民像として押し付けてくる人間像であってはなりません。刑法において前提とすべきは、現実の、社会的生活関係の中で社会成員が相互に了解し得る人間像でなければならないのです。

　その点で、留意すべき点があります。第 1 に、現実の社会は公的な政治機構としての国家権力から独立した存在であり、そこに生活する人間は社会的存在として国家から独立しています。第 2 に、国家による社会管理は社会成員による刑法への正統性意識に裏打ちされていなければならず、刑法における人間像も、社会成員が相互に了解できるものでなければなりません。第 3 に、犯罪は社会侵害的な行為であり、その基盤は社会的な現実生活のうちに

12）平野・Ⅰ・60 頁。
13）通説です。

存しており、人間像もまた社会的な基盤を有する必要があります。つまり、刑法における人間像は、**社会的人間像**でなければならないのです。

　人間の行為は、自然・社会・記号の有意味な環境による制約の下にある多様な諸因子の複合の産物です。その限りで、人間の行為は、やはり一定の法則に従っていることは否定できません。しかし、行為を媒介とした他者・社会との関係を通して、人間は、自然・社会・記号という客観的な環境を自らの意識によって有意味に加工することもできます。と同時に、有意味な環境は、人間が社会的存在である限り、常に外に向かって開かれており、行為を媒介とした他者・社会との関係を通して変化していきます。そして、人間が客観的な環境を自らの意識によって主観化し主体化する過程のうちに、自らの責任を感得する契機が存在しているのです。その人間の意識は紛れもなく社会意識であり、そこにこそ、社会的人間が他者・社会・国家からの責任非難を受け容れる契機が存在しているのです。

今日の一言

今日は　貴い一生のほんの1日かもしれない
でも　この大切な1日は　起床の心構えで決まる

第 04 講　基本的視座

1　総　説

　刑法解釈学は、法文の解釈を通じて刑法の意味内容を明らかにする学問ですが、そこには、「導きの星」ともいえる基本的視座が存在します。

　今日の講義は、学派の争いにおける「客観主義対主観主義」、戦後提起された「体系的思考対問題的思考」、近時の対立軸である「結果無価値論対行為無価値論」、「形式的犯罪理論対実質的犯罪理論」、そして、新たな対立軸である「事前予防型刑法観対事後処理型刑法観」について話しましょう。

2　客観主義対主観主義

(1)　対立の内容

　刑法解釈学において、犯罪・犯罪者と刑罰に関する基本的理解をめぐる論争が、ドイツでは 1890 年代から 1910 年代にかけて、日本では 1910 年前後から 1940 年代にかけてありました。これは**学派の争い**[1]といわれますが、このような刑法の基本的認識に関する議論は二度と行われないかもしれません。それは刑法解釈学にとって不幸なことですから、望みはしませんが。

　客観主義は、犯罪を構成する事実を外界に生じた具体的な行為・結果という客観事実に求めようとするもので、古典学派（旧派）の視座です。

①	**理性的人間像・意思自由論**（人間は自由意思を有する理性的な存在である）	
②	**客観主義・現実主義**（犯罪行為については、自由意思の発現として客観面に現実化した具体的な行為・結果が重視されるべきである）	
③	**行為主義**（科刑の対象は行為者が行った現実の行為及びその結果である）	

---

1)　例えば、**古典学派**は、刑法の解釈では厳格解釈の重視、不能犯では客観的危険性の重視、未遂・既遂では未遂・既遂の峻別、期待可能性では行為者標準説、過失犯では主観的注意義務、共犯の本質では犯罪共同説、共犯の従属性では共犯従属性説を主張する傾向にあります。これに対し、**近代学派**は、刑法の解釈では自由法論、不能犯では主観的危険性の重視、未遂・既遂では未遂・既遂の同視、期待可能性では一般人標準説、過失犯では客観的注意義務、共犯の本質では行為共同説、共犯の従属性では共犯独立性説を主張する傾向にあります。

④ **道義的責任論**（責任は、自由意思によりあえて違法行為を行うよう意思決定し、選択したことに対する道義的な非難である）

⑤ **意思決定能力**（責任能力は、道義的な非難の前提として自由に意思決定をなしうる能力である）

⑥ **応報刑論**（刑罰は、道義的責任ある犯罪行為に対して加えられる国家社会秩序からの害悪的反動である）

⑦ **一般予防論**（刑罰は、それが法律に規定され、現実に科せられることによって、社会一般人を戒め、犯罪から遠ざける機能を有する）

⑧ **二元主義**（刑罰は責任非難を前提とし、保安処分は危険性を前提とするもので、両概念はその性質が異なる）

これに対し、**主観主義**は、犯罪を構成する事実を行為者の反社会的な性格・動機という主観事実に求めようとするもので、近代学派（新派）の視座です。

① **自然科学的人間像・意思決定論**（人間は素質と環境によって宿命づけられた存在である）

② **主観主義・徴表主義**（犯罪行為については、行為者の主観面に存在し、犯罪行為に徴表された反社会的で危険な性格・動機が重視されるべきである）

③ **行為者主義**（科刑の対象は、犯罪行為を行った危険な性格を有する行為者である）

④ **社会的責任論**（責任は、反社会的で危険な性格を有する者が社会防衛のための刑罰を受忍すべき地位である）

⑤ **刑罰適応能力**（責任能力は、社会防衛処分としての刑罰によって教育・改善しうる能力である）

⑥ **目的刑論**（刑罰は、行為者の反社会的性格を改善・教育し、社会復帰を実現するための手段である）

⑦ **特別予防論**（刑罰は、個々の犯罪者を教育・改善し、犯罪者の再犯を防止する機能を有する）

⑧ **一元主義**（刑罰も保安処分も行為者の危険性を前提とし、行為者の教育・改善を目的とする点で同質である）

(2) 論争の結果

主観主義を主張する近代学派に対して、それは罪刑法定原則を掘り崩し、自由主義を浸食してしまうという批判がなされ、現在では、古典学派の客観主義の知見を基調に犯罪理論が構築されています。ただ、例えば、行為者の危険性に着目した保安処分の導入が議論され、短期自由刑を制限して罰金刑が拡充され、執行猶予・仮釈放の制度が導入されており、近代学派の知見が

42　第04講　基本的視座

一部導入されています。また、意思自由の問題について、非決定論から相対的意思自由論が、決定論から柔らかな決定論が主張されているのは、両学派の歩み寄りともいえます。

3　体系的思考対問題的思考

(1)　体系的思考

　　日本の刑法解釈学は、ドイツの理論刑法学の影響を受けており、**体系的思考**の傾向を強くもち、理論的精緻性や体系的整合性を重視する傾向があります。構成要件該当性・違法性・有責性、行為・違法性・有責性、あるいは行為・構成要件該当性・違法性・有責性という犯罪論体系は、外部から内部へ、客観から主観へ、抽象・一般・類型から具体・特別・個別へという犯罪認定を担保するものです。これには、分析的で精緻な判断こそが公正な犯罪認定に資するという信念が横たわっており、感情的・直感的な犯罪認定を抑制して理性的・分析的な犯罪認定をし、他の国家機関からの干渉を排除し、犯罪を取り巻く社会状況や世論によって犯罪の認定がゆがめられないよう、冷静な判断を保障するために構築された人間の英知なのです。体系的思考は、解釈者（裁判官）に対して刑法解釈の枠組みや限界を意識させるとともに、社会成員に対して処罰の予測可能性を提供するという利点をもっているのです。

(2)　問題的思考

　　しかし、体系的思考にも留意すべき点があります。第1に、体系的思考は、主観的価値判断である法解釈の本質を隠蔽する手段と化す危険があります。第2に、体系的思考は、抽象的・観念的・形式的な性質を強くもっているため、社会の現実生活から遊離した思考を採り、現実の具体的状況に必ずしも相応しない結論で満足する傾向があります。

　　体系的思考の欠陥を克服する方法として提唱されたのが**問題的思考**[2]であり、この提唱者は、次のように主張しました。刑法解釈学の存在意義は現実に生起した具体的問題について妥当な結論を導き出すことにあり、犯罪体系論に拘泥して体系的思考に偏りすぎるのは「体系のための体系」の弊に陥るものである、犯罪理論の体系はそれ自体に意味はないし、それ自体が目的なのではなく、具体的な事件の社会的意味を明らかにし、具体的な結論のもたらす社会的な影響を予測することによって、妥当かつ合理的な結論を探求することこそが肝要である、そのためには、犯罪理論体系に矛盾することがあっても妥当な結論を導き出さなければならない場合もある、と。

(3) 論争の結果

　問題的思考は、体系的思考の弱点を指摘し、傾聴に値する問題提起をしました。それほどに、日本の刑法学は体系的思考の傾向が強かったということでもあります。しかし、問題的思考はアドホックで分裂的な思考方法を採る傾向があり、便宜的な結論を容認しかねないという批判が加えられました。結局、体系的思考を完全に否定し去り、問題的思考を貫徹すべきであるという見解は、支配的とはなりませんでした。むしろ、体系的思考を基盤としながら、問題的思考を必要に応じて採り入れていこうというのが、現在の支配的な見解です。

　本書も、そうした支配的な見解の中にあります。ただ、次の点は指摘しておきたい。犯罪論体系は完結した閉鎖的なものではなく、常に社会的現実に開かれ、他の体系論へも開かれた開放的な存在であり、またそうでなければなりません。刑法解釈は、犯罪理論を基礎にしながらも、法解釈に横たわる価値判断・価値体系を明らかにするとともに、それを絶えず批判的に検討する視座を内にもっている必要があります。犯罪論体系が現代の犯罪問題を解決できる体系であり続けたいなら、問題的思考を「取水口」にして体系的思考を常に変革していく必要があります。その理想の姿を追い求めていくことは、本書の課題でもあります。

4　結果無価値論対行為無価値論

(1)　対立の内容

　この対立は、違法性の実質を何に求めるのかをめぐる争いですが、しかし、結局、刑法の果たすべき本質的機能を問うことにもなっています[3]。

---

2) 平野龍一『刑法の基礎』(1966年) 93頁以下、平野龍一『刑法の機能的考察』(1984年) 1頁以下参照。

3) 結果無価値論・行為無価値論については、中義勝編『論争刑法』(1976年) 19頁以下、吉田宣之『違法性の本質と行為無価値』(1992年)、振津隆行『刑事不法論の研究』(1996年)、内藤謙『刑法理論の史的展開』(2007年) 169頁以下参照。

44　第04講　基本的視座

　　結果無価値論は、違法性の実質を法益の侵害・危殆化という結果（実害結果・危険結果）の無価値に求めます。すなわち、法益論的アプローチを採る**法益侵害説**を前提に、違法性の実質を法益の侵害・危殆化に求め、当該行為は法益を侵害ないし危殆化したがゆえに違法の評価が下されると説明します。そこでは、当該行為の法益侵害・危殆化の質量が重視され、かりに行為の態様が考慮されることがあっても、それがもつ法益侵害の一般的危険性の観点から考慮されるにすぎません。そして、この見解は、刑法の本質的機能について、社会に生活する人間の生活利益を保護するという**法益保護機能**にあるとし、また、実質的違法性の裏面としての正当化の一般原理については、**法益衡量説・利益衡量説**を基本とします。

　　これに対し、**行為無価値論**は、違法性の実質を行為の反倫理性・反規範性という行為の無価値に求めます。すなわち、規範論的アプローチを採る**規範違反説**を前提に、違法性の実質を行為の規範違反性に求め、当該行為はその目的・態様等からみて社会規範・行為準則に違反するので違法の評価が下されると説明します。そこでは、当該行為の規範違反の質・量が重視され、かりに法益の侵害・危殆化が考慮されることがあっても、それがもつ社会倫理規範違反の観点から考慮されるにすぎません。そして、この見解は、刑法の本質的機能について、犯罪として許されない行為とそれ以外の行為とを示すことによって社会構成員の行動を規制する**規制的機能、秩序維持機能**あるいは**行為準則維持機能**にあるとし、また、実質的違法性の裏面としての正当化の一般原理については、目的説あるいは**社会的相当性説**を基本とします。

　ドイツでは、純粋な行為無価値論を主張したヴェルツェル（Welzel）が、「行為は一定の行為者の作品（Werk）としてのみ違法なのである」、「違法性は、常に一定の行為者に関係づけられた行為の否認である。不法は、行為者関係的な『人的』行為不法である」として、人的不法概念（personaler Unrechtsbegriff）を主張しました。違法な行為を規定するのは人的行為無価値であり、これこそが、刑法上のすべての犯罪に共通する一般的無価値であると主張したのです。そこでは、主観要素として目的性が重視され、行為者の目標設定、心構えあるいは義務が重要とされたのに対し、法益の侵害・危殆化を意味する事態無価値（結果無価値）は、多数の犯罪における非独立的な要素として、人的に違法な行為の部分要素にすぎず、事態無価値が欠けても行為無価値は残ると主張しました。この純粋行為無価値論においては、刑法の任務は基本的な社会倫理的心情（行為）価値の保護にあり、法益保護は基本

的な社会倫理的行為価値の保護による反射的効果にすぎないとされました。

(2) 論争の結果

① **刑法総論の論点** 結果無価値論と行為無価値論は、例えば、目的犯における目的、表現犯における心理状態、傾向犯における主観的傾向、故意・過失、不作為犯における既発危険の利用意思などの主観的違法要素をめぐって、また、正当防衛における防衛意思、緊急避難における避難意思、治療行為における治療目的、安楽死の要件としての死苦緩和目的、被害者の承諾における承諾の認識などの主観的正当化要素をめぐって議論されます。錯誤論では具体的符合説と法定的符合説の対立として、過失犯論では伝統的過失論と新過失論・新新過失論の争いとして、未遂犯論では客観的危険・具体的危険をめぐる争いとして顕在化します。さらに、中止犯の法的性格の理解にも影響を与えますし、共同正犯・共犯の処罰根拠論における因果共犯論と不法共犯論の争いも、結果無価値論・行為無価値論に関連しています。

② **刑法各論の論点** 例えば、公務執行妨害罪における職務行為の適法性、偽証罪における陳述の虚偽性、放火罪における焼損概念、傷害罪における被傷者の承諾、遺棄罪における遺棄行為の危険性、脅迫罪における害悪告知、監禁罪における被監禁者の認識、住居侵入罪の保護法益、領得罪における不法領得の意思等をめぐる争いに結果無価値論・行為無価値論の対立が影響を与えています。

日本の学説において、社会倫理秩序・社会倫理規範を重視して実質的違法性の反倫理性を強調する見解は影をひそめており、現在は、むしろ、刑法の究極の任務は法益保護にあるとしつつ、刑法の本質的機能としては規制的機能、秩序維持機能あるいは行為準則維持機能を主張し、違法性の実質についても、倫理的色彩を払拭した社会ルール違反、社会的行為準則違反を強調する傾向にあります。こうした日本のいわゆる行為無価値論は、むしろ総合的行為無価値論ですが、慣例に従って、行為無価値論と称しておきます。

行為無価値論によると、違法性の実質は、法益の侵害・危殆化という結果無価値と、行為態様・主観要素等の反規範性という行為無価値との総合にあり、通常、「国家・社会的倫理規範に違反して、法益に侵害または脅威を与

46　第04講　基本的視座

えること」[4]、「社会倫理規範に違反する法益侵害行為」・「社会的相当性を逸脱して法益侵害・危険を惹起すること」[5] と定義されます〔規範違反説〕。つまり、この立場は、規範論的アプローチを採り、刑法の本質的機能は歴史的に形成された社会的倫理規範や社会的行為準則を維持すること〔規制的機能〕にあるとするのです。そして、行為態様・主観要素等は、法益の侵害・危殆化、あるいは規範違反性に独自の意味づけを与える要素と考えられ、正当化の一般原理について目的説・社会倫理説・社会的相当性説を支持します。

　結果無価値論・行為無価値論の視座は、社会において刑法はどのような役割を果たすべきか、刑法はどこまで市民の生活に干渉すべきかという問いへの答えを示唆しているのです。

5　形式的犯罪理論対実質的犯罪理論

(1)　対立の内容

　近時の議論を特徴づける１つとして、従来の類型的・形式的な犯罪理論に代わって、実質的・価値的な犯罪理論の浸透をあげることができます[6]。

> **形式的犯罪理論**は、犯罪の認定にあたって形式的合理性を優先させます。形式的合理性の具体的な基準・考慮事情は論者によって異なりますが、刑罰法規の文言の文理的意味から導き出される形式的な枠・型を重視し、具体的問題についてその枠・型の範囲内における実質的妥当性を探求しようとする傾向があります。

> これに対し、**実質的犯罪理論**は、犯罪の認定にあたって実質的合理性を優先させます。実質的合理性の具体的な基準・考慮事情は論者によって異なりますが、刑罰法規の文言の文理的意味にとらわれない実質的な価値判断を重視し、具体的問題について形式的な枠・型を超えて実質的妥当性を探求しようとする傾向があります。

(2)　論争の結果

　形式的犯罪理論対実質的犯罪理論の対立が端的に表れる項目として、例えば、罪刑法定原則における類推解釈の禁止の射程範囲の問題があります。形

---

4) 大塚仁・356 頁。
5) 大谷・230 頁、高橋・262 頁、佐久間・163 頁。
6) 大谷・83 頁、前田・22 頁、前田雅英『現代社会と実質的犯罪論』(1992 年) 21 頁以下、大谷實＝前田雅英・『エキサイティング刑法総論』(1999 年) 12 頁以下参照。

式的犯罪理論は、例えば、各本条の予想する法的な犯罪定型・犯罪類型という構成要件的枠組み[7]、あるいは、法文の言葉の可能な意味の範囲や行為の時点で社会に通用している言葉の言語学的意味[8]という文理的な枠組みを基準にするなど、基本的には形式的合理性を担保する文理解釈を重視する傾向にあります。これに対し、実質的犯罪理論は、例えば、一般人の予測可能性の枠組みを基準にする立場[9]、あるいは、法文の言葉の本来的意味からの距離と処罰の必要性との比較衡量によって許される解釈の範囲を画定する立場[10]がありますが、いずれも、基本的には実質的合理性を担保する実質的解釈を重視する傾向にあります。

形式的犯罪理論対実質的犯罪理論の争いは、ほかに、実行行為の概念、正犯の概念、共謀共同正犯の肯否などをめぐって顕在化します。

6 事前予防型刑法観対事後処理型刑法観

(1) 対立の内容

事前予防型刑法観対事後処理型刑法観の対立は、事前に犯罪を予防する事前予防法として刑法を機能させるのか、それとも犯罪の後に事後的にそれを処理する事後処理法として刑法を機能させるかの対立です。この対立は、刑法の規範論や機能論、刑罰の機能論、実質的違法論などの論点の底流に流れる対立軸となっています。

現在の日本の学説は、刑法は社会的現実生活における人間の生活利益（法益）を保護するために存在している〔法益保護機能〕ことを認めたうえで、法益の侵害・危殆化をどのように抑止していくべきかに問題関心が移っています。

---

7) 団藤・58頁。
8) 内藤・上・32頁、曽根・18頁、林・51頁、松宮・24頁。
9) 大谷・68頁、町野・73頁参照。ここでいう「一般人の予測可能性」は、「言葉の可能な意味の範囲」とは異なることに注意してほしい。
10) 前田・61頁。

48 第 04 講　基本的視座

> **事前予防型刑法観**によると、刑法の本質的機能は法益の保護にあるが、その法益保護機能は社会成員の行為を統制・管理することによってしか果たすことができない[11]ので、社会成員がその行為をしようとする時点で、その行為が違法か違法でないかを明確に予告しておき、それを事前に予防することを通して果たされるべきであり、法益の侵害・危殆化という法的に無価値な事態を事前に確定しておくことが実質的違法性判断の中心課題となると主張します。この立場は、まさしく規範的違法観ともいえる行為無価値論に親和的であり、**刑法は事前予防法である**という刑法観に立っていますし、**大きな政府**を志向する刑法観に親近性があるといえます。

> これに対し、**事後処理型刑法観**によると、刑法の本質的機能は法益の保護にあるが、その法益保護機能は、法益を侵害・危殆化する行為が行われ、法的に無価値な事態が発生したことを確認し、それを事後的に処理することを通して果たされるべきであり、法益の侵害・危殆化という法的に無価値な事態を事後に確定することが実質的違法性判断の中心課題となると主張します。この立場は、まさしく物的違法観による結果無価値論に親和的であり、**刑法は事後処理法である**という刑法観に立っていますし、**小さな政府**を志向する刑法観に親近性があるといえます。

(2)　論争の結果

　例えば、刑法の行為規範としての面を強調し、刑法は一般の社会成員を名宛人とする行為準則を定めた規範であると解するならば、事前予防法としての刑法観に近づくのに対し、刑法の制裁規範・裁判規範としての面を強調し、刑法は裁判所（裁判官）を名宛人とする制裁準則・裁判準則を定めた規範であると解するならば、事後処理法としての刑法観に近づきます。

　現代社会は**危険社会**といわれます[12]。科学技術の高度化・専門化、社会制度の複雑化・多層化、経済活動の集約化・分業化が進展し、危険はますます高度化・累積化・不可視化している一方で、共同体は解体が進んで、危険を管理・統制する力を失っています。他方、人間関係は稀薄化し、個々の社会成員が孤塁化しているため、社会成員は安全感・安心感を渇望し、危険の除去・管理を法的な規制、特に刑事制裁に委ねることに躊躇を感じないというより、むしろそれを期待し、希望している傾向があります。そのため、刑法

---

11) 井田・7頁、井田良『刑法総論の理論構造』（2005年）8頁以下。

12) ウルリヒ・ベック／東廉＝伊藤美登里訳『危険社会』（1998年）、金尚均『危険社会と刑法』（2001年）5頁以下、265頁以下。

の分野において、法益の稀薄化による処罰の拡散が生じています。具体的には、⑦単純行為犯処罰規定（実体的な個別法益ではなく法制度・法手続それ自体を保護法益とし、それに違背する単純な違反行為を処罰する規定）[13]、④予備・陰謀処罰規定（現実的危険性を有する実行行為よりも前の段階の準備行為・謀議行為を処罰する規定）[14]、⑰抽象的危険犯処罰規定（保護法益の危殆化の有無・程度を立証する必要のない抽象的危険犯を処罰する規定）[15]、㋑未遂・既遂同視規定（未遂犯を既遂犯と同じように処罰する規定）[16]、㋘共犯独立処罰規定（犯罪を教唆したり、幇助したりする行為を独立に処罰する規定）[17]などが多く見られるようになっているのです。

刑法は、事後処理型刑法から事前予防型刑法へと移行しつつあり、刑法典だけではこの現象は分かりません。それは、事後処理型刑法に代わって事前予防型刑法、いわゆる**予防刑法**を設計しようとするものですが、社会成員の自由・権利を「担保」にした構想であることを留意する必要があります。

今日の一言

法律は　すべての人に平等ではない
知るものには武器ともなるが
知らないものには弾圧の手段ともなる
だから　知らなければならない
弾圧されないために
武器とするために

---

13) 例えば、犯罪による収益の移転防止に関する法律25条以下、大麻取締法26条や、酒税法50条の2、58条1項12号などの各種届出義務違反罪、あるいは質屋営業法5条、30条など各種無許可営業罪など、特別刑法の分野に多く見られます。

14) 刑法典では78条（内乱予備・陰謀罪）、93条（私戦予備・陰謀罪）、201条（殺人予備罪）など、特別刑法では破壊活動防止法39条、40条、郵便法86条2項、組織的な犯罪の処罰及び犯罪収益の規制等に関する法律6条の2など。

15) 刑法典では108条（現住建造物等放火罪）、109条1項（他人所有の非現住建造物等放火罪）、230条（名誉毀損罪）など、特別刑法では人の健康に係る公害犯罪の処罰に関する法律2条、3条、大麻取締法24条1項、24条の2第1項、覚せい剤取締法41条1項、41条の2第1項など。

16) 特別刑法では鳥獣の保護及び狩猟の適正化に関する法律83条2項、84条2項、消費税法64条2項、盗犯等ノ防止及処分ニ関スル法律2条など。

17) 刑法典では202条前段（自殺関与罪）、特別刑法では国家公務員法110条17号、98条2項前段、地方公務員法61条4号、62条など。

第 05 講　学派の争い

1　意　義

学派の争いとは、犯罪・犯罪者と刑罰に関する基本的な理解をめぐる古典学派（旧派）と近代学派（新派）の論争をいいます[1]。

学派の争い	ドイツ	日　本
時　期	1890 年代〜1910 年代	1910 年前後〜1940 年代
古典学派（旧派） （客観主義）	フォイエルバッハ ビンディング	大場茂馬　瀧川幸辰 小野清一郎
近代学派（新派） （主観主義）	リスト　フェリー	牧野英一　宮本英脩 木村亀二

2　アンシャン・レジームの刑罰制度

18 世紀に誕生した近代市民社会に思想的基盤を提供したのは近代市民社会の理論であり、その一環として、近代市民社会の刑法理論も誕生しました。その理論は、近代以前のアンシャン・レジーム（旧体制）の刑罰制度を批判し、改革しようとしたのです。

アンシャン・レジームの刑罰制度は、次のような特徴をもっていました。

> ①　**法と宗教・道徳の不可分〔干渉性〕**　例えば、瀆神罪のような宗教的権威への反逆や大逆罪のような政治的権威への反抗は神への反逆であり、神から授権された王の権威（王権神授説）への反抗であるとして、厳しく処罰されました。法と宗教・道徳が不可分に結合していたため、国家は、個人の私生活、内面にまで厳しく干渉しようとする傾向、つまり、法がきわめて干渉的な性格を有していたのです。
>
> ②　**身分による差別的処罰〔身分性〕**　同じ行為であっても、行為者の社会的

[1) 学派の争いについては、大塚仁『刑法における新・旧両派の理論』（1957 年）、山口邦夫『19 世紀ドイツ刑法学研究』（1979 年）、八木國之『新派刑法学の現代的展開』（1984 年）、中義勝『刑法における人間』（1984 年）、吉川経夫ほか編著『刑法理論史の研究』（1994 年）、中山研一『刑法の基本思想』（増補版・2003 年）、西原春夫『刑法の根底にあるもの』（増補版・2003 年）、内藤謙『刑法理論の史的展開』（2007 年）参照。

身分によって処罰の有無・程度に差がありました。例えば、奴隷は「人」では
なく主人の「財産（物）」とみなされていたことに象徴されるように、人の身分
・地位によって法効果に差があり、身分によって処罰に不平等があったのです。

　③　**罪刑専断主義〔恣意性〕**　絶対主義王政の晩期には、議会は王と契約を結
ぶことで王権を制約することがなされました。しかし、どういう行為が犯罪と
され、行為者がどのように処罰されるかが刑法に明確に定められていなかった
ため、王の名の下に裁判を行う裁判官は、刑法の適用を事件ごとにある程度自
由に決めることができました。つまり、刑法は、王権ないし政治権力の恣意的
な運用に委ねられていたのです。

　④　**苛烈な刑罰〔苛酷性〕**　「刑罰は、厳しいほど犯罪は抑止できる」という
神話は、現代社会においても、多くの人が信奉しているようです。当時も、そ
うした考えの下極端な威嚇主義が採られ、刑罰も死刑・身体刑が中心でした。
例えば、火炙り、釜茹でなどの生命刑や、四肢切断、焼印などの身体刑をはじ
め非人道的で残虐な刑罰が多用されていたのです。

3　古典学派

　18世紀の中頃以降、西欧国家において、近代市民社会の思想的基盤となっ
た近代思想を取り込んだ刑法理論が展開されるようになります。**古典学派**(旧
派) の誕生です。もっとも、古典学派には異なる2つの傾向があり、一般に、
前期古典学派と後期古典学派に分けられます[2]。

　ⓐ**前期古典学派**　時期は18世紀後半から19世紀初頭、市民革命・近代市民
社会の誕生及び成立期資本主義社会の構造を反映するものでした。この学派が前
提とする人間像は、合理的な予測能力を有する平等、同質的な理性的人間像で、
個人の合理的予測可能性に基づく自由な活動の保障による予定調和が企図されて
いました。その法的表現が、私的自治、契約自由の原則で、国家権力の介入をで
きるだけ排除する夜警国家が構想されていました。

　この学派に思想的基盤を提供したのが、啓蒙主義哲学と個人主義的自由主義で
あり、モンテスキュー（『法の精神』〔1748年〕）やルソー（『社会契約論』〔1762年〕）
の思想です。そこでは、市民階級の台頭を背景にして、国家の介入を極力排除し、
個人の自由・平等の保障を目指し、国家の任務は、個人の市民的自由の確保、市
民社会の最小限度の秩序維持に制限され、人権保障のために国家権力に明確な限
界を設定することが意識されていました。

---

2)　前期古典学派・後期古典学派は、時期による分類ではなく主張内容による分類です。

3)　ベッカリーア／風早八十二＝五十嵐二葉訳『犯罪と刑罰』（1959年）、ベッカリーア／小谷眞男
　訳『犯罪と刑罰』（2011年）。

この学派の特色は、個人主義的な自由主義、個人本位主義の刑法理論、不干渉主義と要約でき、具体的には、罪刑法定原則の確立、刑法と道徳・宗教の峻別、非犯罪化志向、犯罪と刑罰の均衡の要請、客観主義刑法理論、一般予防的目的刑論の特徴を有していました。

　人物としては、社会契約論、罪刑法定原則、客観主義、非犯罪化、死刑その他の残虐な刑罰の禁止を主張した **C.Beccaria**（イタリア・1738 ～ 1794 年：『犯罪と刑罰』〔1764 年〕[3]）や、社会契約論、権利侵害説、瀆神罪の廃止、心理強制説、罪刑法定原則（法律なければ刑罰無し、法律なければ犯罪無し）を主張し、「近代刑法学の父」といわれる **A.v.Feuerbach**（ドイツ・1775 ～ 1833 年）をあげることができます。

　ⓑ**後期古典学派**　　時期は 1840 年代以降、市民階級とユンカー（土地貴族）という社会の二重構造を反映するものでした。この学派が前提とする人間像は、前期古典学派と同じく、理性的人間像ですが、社会の二重構造を反映するように、国家主義的・権威主義的側面と自由主義的側面とをもった国家自由主義の考え方が強くなり、国家の任務は、人倫的共同体として、民族精神を維持し、国家の道義的優越性を確保することによって、個人の自由を確保し、市民社会の秩序を維持することにあると考えられました。そのため、国家の積極的な役割の奨励と個人の自由な活動の保障との相克が顕在化することになります。

　この学派の特色は、国家主義的な自由主義と要約でき、具体的には、刑法と道徳・道義の同一化、形而上学的な自由意思論、道義的責任論、絶対的応報刑論、干渉主義、犯罪と刑罰の均衡、客観主義的な犯罪理論の特徴を有し、前期古典学派の見解との連続性と離反性とを兼ね備えていました。

　人物としては、同害報復の法理（タリオ）〔絶対的応報刑論〕を主張した **Ⅰ.Kant**（ドイツ・1724 ～ 1804 年）、弁証法の論理による絶対的・等価的応報刑論、人倫的国家観を唱えた **W.F.Hegel**（ドイツ・1770 ～ 1831 年）、規範論を展開した **K.Binding**（ドイツ・1841 ～ 1920 年）、限定的な自由意思論、応報刑により社会秩序の維持を主張し、構成要件論を確立し、客観主義犯罪理論体系の基礎を確立した **E.Beling**（ドイツ・1866 ～ 1932）をあげることができます。

4　近代学派

　19 世紀後半以降の資本主義経済の発達は、大量の労働者層を発生させ、都市への人口流入、貧富の差、失業など経済的・社会的な矛盾を生じさせ、また、急激な経済社会の変動は、ホームレス、アルコール中毒者、売春婦などを大量に生み出しました。こうした人達は、当時、社会の不適応者であり犯罪者予備軍とみなされました。

こうした状況を目の当たりにして、刑法学者・犯罪学者は、犯罪に対して同害報復として刑罰を科すだけでは犯罪予防のために有効でないこと、それどころか、刑務所内で他の犯罪者と交わることによって犯罪性が強化される場合があり、短期自由刑は有害であることなどを主張し、古典学派の考え方では現実の犯罪状況に対応できないと批判しました。**近代学派**（新派）の誕生です。

この学派が前提とする人間像は、素質と環境に決定された宿命的人間としての自然科学的人間像であり、その思想的基盤を提供したのが自然科学的な実証主義です。そこでは、法治国家から社会国家への転換が構想され、経済的・社会的矛盾を解消するために国家による社会政策・刑事政策を拡充し、国家機能の拡大・強化を図ることが構想されていました。

> こうした国家像に思想的基盤を提供したのが社会自由主義であり、これは、理性的合理主義・自由主義の傾向を有し、罪刑法定原則の維持を主張し、客観主義的な犯罪理論を主張する一方で、社会主義・国家主義の傾向による干渉主義、国家機能の拡充、積極的な社会政策・刑事政策の推進、社会防衛論を提唱するものでした。
>
> 人物としては、生来性犯罪人を唱え、「イタリア人類学派の始祖」といわれるC.Lombroso（イタリア・1835～1909年）、犯罪の三原因説（人類学的・社会学的・物理学的原因）、決定論、社会的責任論を主張し、「フェリー草案」（1921年）で有名な E.Ferri（イタリア・1856～1929年）、犯罪原因論（社会的・個人的原因）、犯罪者類型論、性格責任論、目的刑論・特別予防論、罪刑法定原則の維持、客観主義、中止犯における政策説を主張し、「社会政策は最善かつ最強の刑事政策」、「罰せられるべきは行為ではなく行為者」、「刑法典は犯罪者のマグナ・カルタ」、「刑法は刑事政策が超えられない柵」、「後戻りのための黄金の橋」などの名言を残した F.v.Liszt（ドイツ・1851～1919年）をあげることができます。

5 両学派の歩み寄り

(1) 両学派の比較

学　派	古　典　学　派	近　代　学　派
人間像	理性的人間像 （「自由意思を有する理性的人間」）	自然科学的人間像 （「素質と環境に決定された宿命的人間」）
意思の自由	意思自由論	意思決定論
犯罪	自由意思の産物	素質と環境の産物
犯罪の成立	客観主義	主観主義

科刑の対象	行為主義	行為者主義
刑法の解釈	形式的・論理的解釈 ⇒罪刑法定原則の重視	実質的・目的論的解釈 ⇒自由法論（罪刑法定原則の軽視）
実行行為	現実主義 （具体的行為の現実的な意味）	徴表主義 （行為者主観の持つ意味）
不能犯	定型説／絶対的・相対的不能説 ／具体的危険説	純主観説／抽象的危険説
実行の着手	行為の結果発生の危険性	犯罪意思、犯意の飛躍的表動
未遂と既遂	未遂と既遂の峻別	未遂と既遂の同一視
責任の本質	道義的責任論 （「道義的な非難可能性」）	社会的責任論 （「刑罰を受忍すべき法的な地位」）
責任の基礎	行為責任⇒行為主義	行為者責任⇒行為者主義
責任の対象	意思責任	性格責任
故意責任	意思的要素の重視（認容説・意思説）	認識的要素の重視（表象説・認識説）
事実の錯誤	法定的符合説・具体的符合説	抽象的符合説
責任能力	是非弁別能力・統御能力	刑罰適応能力
期待可能性	行為者標準説	平均人標準説
過　失	主観的注意義務違反	客観的注意義務違反
犯罪の共同	犯罪共同説	行為共同説
共犯の従属性	共犯従属性説	共犯独立性説
過失の共同正犯	犯罪共同説の立場から原則として否定	行為共同説の立場から原則として肯定
刑罰の本質	応報刑⇒贖罪刑	目的刑⇒教育刑・改善刑
刑罰の目的	絶対主義（相対主義も）	相対主義
刑罰の機能	一般予防	特別予防
刑の量定	回顧的	展望的
罪数の標準	結果・法益、法律要件などが基準	行為者の危険性を徴表する主観が基準

⑵　学派の争いのその後

①　**近代学派の知見**　学派の争いは、戦後、古典学派の勝利で決着しました。日本国憲法の制定によって基本的人権の保障が規定され、基本的人権の保障と罪刑法定原則との理論的関連性が意識され、近代学派の問題性が指摘されたからです。

そうはいっても、例えば、刑罰と保安処分について、刑罰は行為者の有責

性を根拠とするのに対し、保安処分は行為者の犯罪反復の危険性に着目するものであるとして**二元主義**が採られていますが、保安処分も一部導入されています[4]。また、短期自由刑を抑制して罰金刑を多用し、執行猶予（25条以下）・仮釈放（28条以下）の制度が用いられ、未遂犯に関する刑の任意的減軽（43条本文）、再犯加重（57条）が導入されていることからも明らかなように、現行刑法は近代学派の知見を一部採り入れています。

② **両学派の歩み寄り**　刑罰の本質について、古典学派は**応報刑論**であり、**回顧的思考法**が採られます。これに対し、近代学派は**目的刑（教育刑）論**であり、**展望的思考法**が採られます。

今日、古典学派の立場から、**絶対的応報刑論**が主張されることは稀です。刑罰は応報を基本とするが、犯罪者が将来再び犯罪に陥ることを予防する**特別予防**のために、あるいは、一般の社会成員が犯罪に陥ることを防止する**一般予防**のために存在するという**相対的応報刑論**が有力となっています。

他方、近代学派からは、犯罪行為に対する刑罰を予告することによって威嚇し、犯罪行為をする可能性のある一般市民にそれを止めさせるように感銘力を与えるとする**消極的一般予防論**〔威嚇刑論〕が主張される傾向にあります。さらに、一般市民に対し、法秩序が現に存在・存続しているという信頼を抱かせ、その信頼を強化していくために、犯罪者に刑罰を科し、社会統合を強化するという**積極的一般予防論**〔統合的一般予防論〕も主張されています。

いずれにしても、現在の学説は、基本とする立脚点・出発点に相違はありますが、古典学派と近代学派の優れた点を取り込む統合的・折衷的な見解が有力となっており、両学派の歩み寄りが見られるのです[5]。

4）例えば、売春防止法における補導処分（売春防止法17条1項）、保護観察（更生保護法48条、売春防止法26条）、更生緊急保護（更生保護法85・86条）、精神障害者の入院措置（精神保健福祉法29条以下）、破壊的団体の規制処分（破壊活動防止法7条以下）、観察処分・再発防止処分（無差別大量殺人団体規制法5条以下）、心身喪失者等への医療・観察・指導等の処遇（心神喪失者等医療観察法81条以下）などがあります。

5）例えば、応報刑論に立ちながらも、正当な応報の枠内で一般予防・特別予防を追求する統合主義（Hippel）や予防的併合説（Roxin）、また、刑罰の法定の段階では応報、刑罰の量定の段階では法の確証、刑罰の執行の段階では教育・改善というように、刑罰の段階に応じて目的を振り分けていく分配説（M.E.Meyer）も、両学派の歩み寄りの1つといえます。

56   第05講　学派の争い

(3)　新たな人間像

　古典学派は自由意思を有する理性的人間像〔合理的人間像〕を、近代学派は素質と環境に決定された自然科学的人間像〔宿命的人間像〕を前提としましたが、現在、こうした観念的・抽象的な人間像は支持されていません[6]。

　　主体的人間像は、人間は素質と環境によって制約を受けながらも、自ら自由に決定する能力を有するとする**相対的意思自由論**を前提にしています。すなわち、人間は素質と環境の下にありながらも、ある程度の行動の自由を有し、素質と環境をある程度支配・改変することができる、まさに「決定されつつ決定する」人間像です。この見解は、人間行動の法則性を肯定しますが、人間行動が細部に至るまで決定されているわけではなく、そこに人格の主体性が機能する余地があると考えるのです。

　　また、**規範的人間像**は、人間は因果法則によって支配され、その行為も因果的に決定されているけれども、それは自己の生理的な層ではなく、自己の規範心理の層によって決定されているにすぎないとします。すなわち、**柔らかな決定論**を前提にして、自己の規範心理の層によって決定されているという意味で人間の自由を語ることができるというのです。この見解は、人間行動の法則性を承認しますが、自らの規範心理の層によって決定されている限りで自由の意識を認めるのです。

　　さらに、**意味的人間像**は、人間は因果法則によって支配され、その行為も因果的に決定されているけれども、人間の意思は意味・価値によって決定されている限りで自由であると主張します。この見解は、人間行動は因果的決定の層においては決定されているけれども、人間は意味・価値に従って意思を決定する能力をもっており、その限りで人間の意思の自由を認めることができると主張するのです。

　　他方、そもそも人間の意思が自由であるか否かは証明することは困難であり、経験科学の領域において実証することは不可能であるという**不可知論**も主張されています。この考え方は2つに分かれ、第1の傾向は、意思の自由は肯定も否定もできないので、非決定論とも決定論とも決められず、意思自由の問題は仮象問題にすぎないとするものです。これによれば、意思は自由であるとか決定されているとかのいずれかを前提にしなければ刑法理論を構築できないわけではなく、刑法理論と意思自由論との間にはそのような論理必然はないとし、意思自由をめぐる問題を留保したうえで、責任刑法を維持する責任論を探究するのです。「意思自由の問題はよく分からないので、それはちょっと脇に置いておいて刑法の責任を論じる」というわけです。第2の傾向は、意思自由は経験科学的に実証できないけれども、行為者の他行為可能性の存在を推定すること

---

6)　中義勝『刑法における人間』(1984年)、西原春夫『刑法の根底にあるもの』(増補版・2003年)。

により刑法の責任を基礎づけようとするものです。これによれば、行為者の他行為可能性の存在を前提にして「責任なければ刑罰なし」という消極的意味における責任を基礎づけることが必要であって、責任刑法の保障的機能を担保するためには意思自由を擬制する必要があるとします。「意思自由の問題は解明できないけれども、行為者は別の行為をやろうと思えばできたと考えられるので自由な意思があったと推定して刑法の責任を論じる」というわけです。確かに、意思自由は経験科学的に実証できていません。しかし、だからといって不可知論に基づいて意思自由を擬制するのは、「自由かどうか分からないけれども、責任は負ってもらう」と考えるものであり、厳しい刑罰を前提とした刑事責任を正統化するには薄弱です。

　ショクンは、「あんなことをしなければよかった」と反省し、「あれをしてあげたら、喜んでくれた、よかった」と喜びを感じることがあるでしょう。このような感情は、他行為可能性、選択可能性があったからこそ湧き上がるものです。また、人生を振り返って、「あのときが自分の人生の別れ道だった」と思うことがありますが、それは、現に選択の余地があったからこその思いです。現実には、選択の幅、選択の余地は広くないのかもしれませんが、**決定されつつ決定できる**というのが日々実感するところです。

　経験科学が進歩すれば、そうした感情も実は素質と環境に決定されていることが解明されるのかもしれません。しかし、素質、より具体的にいえば、自分の性格・人格も自分の意識的な行動を通して少しずつ変えていくことができ、自分の環境・状況も自分の希望する方向に少しずつでも改変していくことができるのであれば、素質と環境のもたらす結果に対して「自分が決定し選択した結果である」と考えるのは当然ということになります。

　主体的人間像は、素質と環境に支配されつつそれをも改変していく人間の主体性に焦点を当て、規範心理的人間像は、意味・規範心理の層に決定されている人間心理に焦点を当て、また、意味的人間像は、意味・価値に従って自らの意思を決定しうる人間の意思力に焦点を当てています。人間心理のどの層に焦点を当てるかに違いはありますが、それらの考えが前提とする人間像に大きな隔たりはなく、いずれも決定されつつ決定できるという人間像が前提とされていると考えることができます。但し、現在の科学をもってしても、人間の意思の解明はいまだ充分でなく、人間像を確定できる段階にはな

いのかもしれません。しかし、それらの人間像は排斥しあうものではなく、人間心理のどの層に焦点を当てるかに違いがあるだけで、その層に応じてそれぞれの人間像が妥当するという見解が共有されるかもしれません。

今日の一言

法律に「革命」を求めても　無駄です
「革命」は　常に法律の外にあるのだから
むしろ　法律はきわめて保守的な存在であることを意識して
解釈してほしい
刑法も

第06講 犯罪体系論

1 刑法総論・刑法各論

刑法解釈学は、一般に、刑法総論と刑法各論に分けられます。

刑法総論は、個々の犯罪・犯罪者と刑罰に共通する一般的な性質、成立要件を解明する学問で、その対象は刑法典の「第1編 総則」で、その内容は、刑法の基本原則、犯罪・犯罪者と刑罰の基礎理論、個々の犯罪・犯罪者、刑罰に共通する一般的な性質、一般的な法律要件（成立要件）とともに、刑罰の種類・内容・適用及び刑法の適用範囲などを明らかにします。刑法総論は、横断的関係において犯罪・犯罪者、刑罰等を考察する学問といえます。

これに対し、**刑法各論**は、個々の犯罪・犯罪者に特有の個別的な性質、成立要件を明らかにする学問で、その対象は刑法典の「第2編 罪」で、その内容は、個々の犯罪・犯罪者に固有の概念・成立要件・法律効果とともに、個々の犯罪・犯罪者の特質や相互関係を念頭におきながら、個々の犯罪の処罰範囲や個々の犯罪者の処罰の可否などを明らかにします。刑法各論は、縦断的関係において犯罪・犯罪者、刑罰等を考察する学問といえます。

2 意 義

犯罪論は犯罪・犯罪者を解明する学問で、具体的には、犯罪・犯罪者の成立要件を明らかにし、それを一定の原理に基づいて体系的に整序する学問です[1]。ショクンは、犯罪論、特に刑法総論は非常に理屈っぽい内容だなあという感想を抱くに違いありません。私自身も、学生時代、そう感じましたから。それは、刑法を勉強する際の障害となりますが、それを乗り越えないと、刑法のおもしろさは味わえません。

---

1) 犯罪論体系については、小野清一郎『犯罪構成要件の理論』（1953年）、内田文昭『犯罪概念と犯罪論の体系』（1990年）、西原春夫『犯罪実行行為論』（1998年）28頁以下、岡本勝『犯罪論と刑罰思想』（2000年）、松宮孝明『刑事立法と犯罪体系』（2003年）、関哲夫『刑法解釈の研究』（2006年）266頁以下参照。

60　第06講　犯罪体系論

　なぜ犯罪論には体系が存在するのでしょうか。その理由はいくつか考えられます。まず第1に、**認定論**における理由があります。犯罪・犯罪者の認定は直観的・感情的ではなく分析的・理性的でなければなりませんが、それを実現するには、形式から実質へ、一般から個別へ、抽象から具体へ、外部から内部へ、客観から主観へという認定を担保する体系が必要です。第2に、刑法の**基本原則**との関連性があります。刑法には、行為原則、罪刑法定原則、侵害原則及び責任原則という基本原則が存在しますが、これらを犯罪論体系の各段階において実現するために体系が必要なのです。

3　学説の現状

(1)　学説の状況

> ⓐ　行為——違法性（不法）——有責性
> ⓑ　行為——構成要件該当性——違法性——有責性
> ⓒ　構成要件該当性——違法性——有責性

　これらの学説[2]を見て、ショクンは、「行為」と「構成要件該当性」の有無に違いがあることに気づいたでしょうが、現在の犯罪論体系の最大公約数として、「犯罪とは、構成要件に該当する、違法で、有責な行為である」という定義が定着しています。これが定着したのは戦後であって、構成要件を基軸にした犯罪論体系は、数ある体系論のうちの1つにすぎませんし、それ自体、時代の要請による歴史的所産です。

(2)　裸の行為論

> 　「行為に独立の体系的地位を与える必要があるか」の問いに、「No（必要ない）」と答える**不要説**（上記ⓒ説）によると、行為はあくまでも刑法的評価の対象として検討されるべきで、構成要件該当性という刑法的評価を離れ、その評価の前に自然的行為そのものを考察の対象として行為・非行為を区別しても意味がないし、罪刑法定原則の要請からいっても疑問があるとします。
> 　これに対し、先の問いに「Yes（必要である）」と答える**必要説**（上記ⓐ・ⓑ説）は、**裸の行為論**といわれます。これによると、確かに刑法的評価の対象となるのは構成要件に該当する行為であるが、構成要件該当性という刑法的評価の対象と

---

2)　ほかに、「構成要件該当性—違法性—有責性—当罰性」や、「行為—構成要件該当性—違法性—有責性—可罰性」とする見解もあります。

なる行為とそれ以外の非行為とを、刑法的評価に入る前に峻別し、単なる意思・思想を刑法的評価の対象から除外しておくことは、行為原則を担保する理論的意味だけでなく、人権保障にとっても実践的意味があるとします。

(3) 構成要件該当性と違法性・有責性

行為類型説は、構成要件は有責性からはもちろん、違法性からも独立した形式的・価値中立的な行為類型であるとします[3]。これによると、構成要件は、犯罪を輪郭づける観念形象であり、あくまでも違法行為の1つの類型・形式にすぎない、したがって、構成要件該当性は形式的・一般的・類型的な事実判断にすぎず、違法性・有責性の推定機能を有するものではなく、実質的・具体的・非類型的な価値判断である違法性・有責性とは異質のものである、またそうであるからこそ、構成要件該当性は罪刑法定原則の要請に応えうるのであるとします。この見解に対しては、立法者がある行為を犯罪として刑法に規定したのは、それが刑罰をもって処罰すべき実質を備えた行為であるという評価がなされたからであって、違法性から遊離した形式的・価値中立的な構成要件を観念することには無理があるとの批判が加えられます。

違法行為類型説は、構成要件は違法行為を類型化したものであり、違法性と**一定の関係**が認められるとします。この関係をめぐって、推定根拠説、実在根拠説、さらに消極的構成要件要素論があります。**推定根拠説**は、構成要件は違法行為の推定根拠であり、構成要件該当性は原則として違法性を推定させるけれども、具体的事案では、例外的に違法性が阻却される場合があるとします[4]。これによると、構成要件該当性は、その行為の違法性を事実上・理論上推定させることになる、したがって、構成要件に該当する場合は原則として違法であり、ただ例外的に違法性阻却事由が存在する場合は違法でなくなるのであって、構成要件該当性と違法性阻却事由の存在とは原則・例外の関係にあるとします。この説に対しては、違法性を「違法でない行為の確認」という消極的判断へと陥落させてしまい、違法性判断を空洞化させ、違法論を形骸化させてしまう、違法性の有無は捕捉できても、その程度を捕捉することが困難になってしまう、この説がいう構成要件の違法性推定機能の中味が曖昧で、理論的に不徹底であるという批判が加えられます。さらに、**実在根拠説**は、構成要件は違法行為の実在根拠であり、構成要件該当性は同時に規範違反としての違法性を内容としたものであるから、独立の概念要素をなすものではなく、違法性の内部で論ずれば足りるとします[5]。これによると、例えば、規範的構成要件要素（例：猥褻性）、作為義務（不作為犯）などで明らかなように、構成要件該当性は違法性の判断を抜きにしてその内容・範囲を確定することはできない、確かに構成要件該当性の判断は理論的には違法性の判断に先行してなされるが、現実の判断では、構成要件該当性の判断と違法性の判断は相互同時的に一体としてなされる、した

---

3) 内田文昭『刑法概要上巻』（1995年）152頁以下、曽根・60頁など。
4) 平野・I・99頁、福田・69頁、内藤・上・192頁以下、中山・214頁、山口・32頁、堀内・50頁、山中・128頁、松宮・55頁、松原・48頁など。

がって、構成要件該当性は違法性と独立した要素ではなく違法性の判断に吸収されるべきであるとします。この説に対しては、構成要件は少なくとも法益を侵害・危殆化する違法行為の観念的な原則類型である、したがって、構成要件該当性の判断は形式的・定型的であるのに対し、違法性の判断は法益衝突状況の法的処理を意図した実質的・具体的な判断であり、両者は性質が異なるので厳に区別されるべきであるとの批判が加えられます。そして、**消極的構成要件要素論**は、構成要件は違法行為と同時に違法性阻却事由不存在の実在根拠でもあり、違法性阻却事由は消極的な意味で構成要件要素であるとします[6]。これによると、違法性阻却事由の存在は消極的な構成要件要素なので、例えば、正当防衛が成立するときは、初めから構成要件該当性が認められないことになります。この説においては、構成要件該当性が違法性を吸収することになるため、犯罪論体系は構成要件該当性（類型的不法）と有責性の2段階構成になります。この説に対しては、実在根拠説に対するのと同じく、構成要件該当性と違法性との判断の異質性を無視するもので妥当でないという批判が加えられます。

　違法有責行為類型説は、構成要件は違法行為のみならず有責行為をも類型化したものであるとします。これによると、構成要件該当性は、原則として違法性だけでなく有責性も推定させ、例外的に特別の違法性阻却事由・責任阻却事由が存在しない限り犯罪を構成することになります。この説にあっても、構成要件要素は違法要素であると同時に責任要素でもあるとする立場[7]と、構成要件要素は違法要素か責任要素かのいずれかとして構成要件要素となっているとする立場[8]があります。この説に対しては、有責性は構成要件該当性のある違法な行為について問題とされるのであって、構成要件が有責行為類型でもあるとするのは論理的に無理がある、主観要素の導入によって構成要件該当性の判断が主観化し、主観・客観の総体的評価に陥ることになるため、構成要件の罪刑法定原則の機能が空洞化してしまうという批判が加えられます。

4　本書の立場

(1)　犯罪・犯罪者の意義

　支配的見解は、「犯罪とは、構成要件に該当する、違法で、有責な行為である」としますが、この定義は2つの点で問題があります。第1に、この定義では有責性が犯罪行為の属性となっている点、第2に、この定義が犯罪概念を基軸にし、犯罪者の概念が欠落している点が問題です。

---

5)　西原・上・77頁、157頁、野村・80頁、立石・54頁など。

6)　中・93頁。なお、井田・99頁、382頁。

7)　大塚仁・122頁、藤木・74頁、香川・91頁、大谷・111頁、板倉・86頁、町野・117頁、高橋・87頁など。

8)　前田・34頁、西田・70頁、佐久間・52頁など。

犯罪の概念から有責性を除外すると、それは「刑罰法令に触れる行為」（少年法3条1項2号）を行った触法少年の概念に矛盾するし、責任原則に抵触するという異論が出されるかもしれません。しかし、触法少年に係る「触法行為」や、犯罪少年に係る「罪」（少年法3条1項1号）に関し、有責性が必要かについては議論があり、学説・判例でも見解が分かれています。また、責任原則は犯罪にではなく犯罪者について要求されるのであり、犯罪の概念に有責性を盛り込むのは誤解を招くもとです。

(2) 犯罪論体系

本書は、構成要件ではなく**法律要件**（**要件**）の語を用います。型・枠のイメージが固着した構成要件の概念からは決別すべきですし、刑法もまた法律の1つとして、他の法分野と同じく法律要件・法効果の思考法を採るのがよいと考えるからです。それは、刑法においても**要件**及び**要件事実**の認定の主旨を明確にするためだけでなく、刑事訴訟手続で用いられる訴因等の概念との連続性を確保するためでもあります（>_<）。

本書は、構成要件論の果たした歴史的役割を否定するものではありません。戦後、新しい憲法の下で、構成要件論が刑法解釈学の基軸となったのは、構成要件の概念に定型的・類型的思考による人権保障機能を期待したからで、構成要件論が歴史的に重要な役割を担ったのは事実です。しかし、構成要件それ自体があたかも罪刑法定原則の人権保障・厳格解釈の要請に応えられるかのような幻想を振りまいてきたのも事実です。その幻想は払拭されるべきで、構成要件の概念は思い切って「尊厳死」させるべきです。

犯罪とは、刑法の定める法律要件を充足する、有責な行為者による、違法な行為です。そして、**犯罪者とは、刑法の定める法律要件を充足する、違法な行為を行った、有責な行為者**です。

① **行　為**　第1に、犯罪は人による行為でなければなりません。行為は、刑法では、何らかの社会的意味を有する身体の動静を意味します〔社会的行為論〕。犯罪がまず行為でなければならないのは、行為原則による要請があるからで、行為のみが国家刑罰権による処罰根拠となるのです。逆に言えば、行為者の内面にあって未だ外部的な行為として発現していない単なる思想や感情・意思そのものを処罰の根拠にすることは許されません〔**行為なければ**

犯罪なし〕し、行為の社会侵害性ではなく行為者の社会的危険性を処罰の根拠にすることも許されません〔**社会侵害性なければ犯罪なし**〕。行為には作為と不作為がありますが、不作為が処罰根拠となるのは、行為者の単なる内面を処罰の根拠にするからではなく、不作為もまた社会侵害的な行為だからです。

② **要件該当性** 第2に、行為は刑法の定める違法法律要件を充足する犯罪でなければなりませんし、行為者は刑法の定める責任法律要件を充足する犯罪者でなければなりません。これを**法律要件該当性**、単に**要件該当性**といいます。刑法の定める法律要件には**違法法律要件(違法要件)**と**責任法律要件(責任要件)**がありますが、行為が犯罪行為となるには違法法律要件を、行為者が犯罪行為者となるには責任法律要件を充足しなければならないのです。

しかし、法律要件は、刑法に明規されているものもあれば、明規されておらず解釈により導き出されるもの〔**書かれざる法律要件**〕もあります。法律要件該当性の段階では、罪刑法定原則の人権保障機能が担保されるのですが、それを担保しているのは、法律要件ではなく、法律要件を規定している法文言なのです[9]。

なお、法律要件を充たす場合は「該当」よりも「充足」の方が適切ですが、ショクンが違和感を覚えないように「該当性」の語を用います。法律要件該当性(要件該当性)は、形式的・一般的な法律要件を充足する意味であり、「法律要件該当性 + (行為の) 違法性 + (行為者の) 有責性」という犯罪・犯罪者に関する成立要件を完全に充足したことを意味するものではありません。

支配的見解によると、構成要件は、刑法が規定する犯罪類型を構成する諸要素 (構成要件要素) を統合する概念であり、一般に、犯罪行為の一定の類型・枠とされます。しかし、犯罪に血液・酵素のような型・枠があると考えるのは幻想です。しかも、構成要件は、あたかもそれ自体が人権保障機能を果たしているかのような誤解を与えていますし、そもそも特殊法技術的な類型概念・枠概念であるため、刑法を理解するうえで障害となっています。

③ **(行為の) 違法性** 第3に、行為は違法でなければなりません。行為の

---

9) 西原春夫『犯罪実行行為論』(1998年) 28頁以下、関哲夫『刑法解釈の研究』(2006年) 266頁以下参照。

違法性は、形式的・一般的な違法法律要件該当性を前提とした行為関係的な実質的無価値判断です。その実体は、刑法によって保護されるべき社会生活上の利益を侵害・危殆化したことにあり、これを**社会侵害性**といいます。

違法性は犯罪成立のために刑法が要求している要件の１つですが、法律要件そのものとは区別する必要があります。違法性の実質は行為の社会侵害性にあり、行為は、それが侵害・危殆化した利益の要保護性を上回る要保護性の利益、場合によっては同等の要保護性の利益を保全するとき、社会侵害性が否定されます。これを**法益の優越的要保護性の原理**（略して、**優越的要保護性**）といいます。個々の事案の具体的事情の下で、より高い要保護性の法益を保全するために低い要保護性の利益、場合によっては同等の要保護性の利益を侵害するものであるとき、その法益侵害行為は社会侵害性を有しないがゆえに違法でないことになるのです。

違法法律要件該当性は犯罪を積極的に基礎づけるものですが、それが認められるとき、事実上、その行為は実質的違法性を具備していることが多いため、違法性の判断は、形式的・一般的な違法性を排除する具体的な正当化事由が存在しないことを確認することにより、実質的違法性の有無・程度を確定することになります。

④　**（行為者の）有責性**　第４に、行為者は有責でなければなりません。行為者の**有責性**は、形式的・一般的な責任法律要件該当性を前提とした行為者関係的な実質的無価値判断です。その実体は、刑法の定める社会侵害的な行為を行ったことにつき刑法的非難を加えることのできる主観的な契機が行為者に存したことにあり、これを（刑法的）**非難可能性**といいます。

支配的見解は、「有責な行為」と表現し、有責性が行為の属性であるかのように説明します。これもまた、刑法の理解の妨げとなっています。有責性は、犯罪を根拠として行為者を刑法的に非難できるかを問うもので、行為の属性ではなく行為者の属性です。

責任法律要件該当性は犯罪者を積極的に基礎づけるものですが、それが認められるとき、事実上、その行為者は実質的有責性を具備していることが多いため、有責性の判断は、形式的・一般的な有責性を排除する具体的な有責性阻却事由が存在しないことを確認することにより、実質的有責性の有無・

程度を確定することになります。

(3) 本書の体系

要　素	判断内容／要点	検討項目	基本原則
行　為	犯罪は、行為でなければならない （犯罪は行為として外界に発現したものでなければならない） ○思想・信条は罰せられない	行為論	行為原則
法律要件 該当性	行為・行為者は、刑法の規定する法律要件を充足するものでなければならない ○法益保護機能と人権保障機能との相克	法律要件論	罪刑法定原則
（行為の） 違法性	行為は、違法でなければならない ○要件該当性を前提として、利益の衝突・葛藤を処理するために刑法が介入することの合理性・妥当性	違法論	侵害原則
（行為者の） 有責性	行為者は、有責でなければならない ○要件該当性を前提として、違法な行為につき、行為者を刑法的に非難することの合理性・妥当性	責任論	責任原則

　犯罪論体系は、直観的・感情的でなく分析的・理性的な認定を可能にするための道具であり、かつ、刑法の基本原則を担保し、安定的な認定を可能にするための手段にすぎません。そのような要請を満たすものであれば、犯罪論体系は使い勝手の良いのが望ましい。

　① **認定の順序**　本書の体系によれば、**行為者**による**行為**の存在を前提にして、要件該当性〔法律要件論〕、（行為の）違法性〔違法論〕、（行為者の）有責性〔責任論〕の順序で判断していくことになります。**要件該当性**は、形式的・一般的・要件思考的な判断であるのに対し、行為の**違法性**は実質的・個別的・具体的かつ客観的・外部的な判断であり、行為者の**有責性**は実質的・個別的・具体的かつ主観的・内部的な判断です。

　② **基本原則との関係**　体系は、刑法の基本原則を担保するための認定機序を提供しています。行為（・行為者）では行為原則を、要件該当性では罪刑法定原則を、行為の違法性では侵害原則を、そして、行為者の有責性では責任原則を担保するものであり、それらの基本原則を段階的に実現する体系となっているのです。

5　犯罪論体系の相対性

　犯罪論体系は、本書のそれも含めて、唯一絶対的なものなど存在しません。現に、戦前は、犯罪の主観要件（責任：責任能力と責任条件（故意・過失））と客観要件（行為の危険性と違法性）とに分けて論じる体系[10]が有力でした。他方、外国においては、例えば、英米刑法学では、犯罪の客観的・外部的要素である違法行為を意味する actus reus（体素）と主観的・内部的要素である責任（故意・過失）を意味する mens rea（心素）とで構成する体系が採られています。また、中国刑法学のように、犯罪主体（刑事責任年齢・責任能力）・犯罪主観方面（故意・過失）・犯罪客体（保護社会関係）・犯罪客観方面（危害行為・危害結果・因果関係）に分ける体系[11]も存在しています。

　犯罪を複数の要素に分解すると、犯罪の全一体としての特徴を見失いかねません[12]。まさに「木を見て森を見ず」とならないためには、犯罪・犯罪者を全一体として把握し、総量規制的な認定を可能にする要件も必要かもしれません。こうした問題意識は、戦前では、犯罪の一般要件として行為・違法・有責のほかに可罰類型性を要求する体系[13]に見られましたし、戦後では、行為・違法性・有責性のほかに可罰性・当罰性を要件とする体系[14]に見られます。

　犯罪論体系も、一つの政策的・解釈的な価値判断にすぎません。今後、日本の刑法学がどのような犯罪論体系を採るべきかは、同時代的に、ショクンが決断すべき問題でもあります。

今日の一言

おのれを律することができる人を
人は　自由人と呼ぶ

---

10)　平井彦三郎『刑法論綱総論』（第3版・1933年）197頁以下、牧野英一『重訂日本刑法上巻』（1937年）77頁以下、吉田常次郎『日本刑法』（第5版・1941年）74頁以下参照。

11)　王充「行為論と犯罪論の関係に関する一考察」國士舘法学36号（2004年）78頁以下参照。

12)　W.Gallas,Zum gegenwaertigen Stand der Lehre vom Verbrechen,ZStW 67（1955）,S 1ff.（翻訳として、齋藤金作訳「ガラス犯罪論の研究」早稲田大学比較法研究所紀要第12号〔1960年〕）。

13)　宮本英脩『刑法学粋』（1931年）349頁以下参照。

14)　大野平吉『概説犯罪総論上巻』（補訂版・1994年）143頁以下、中野・56頁以下、板倉・65頁以下、高橋・65頁参照。

68

第07講 行為論

1 総説

(1) 裸の行為論

犯罪とは、刑法の定める法律要件に該当する、有責な行為者による、違法な行為であり、犯罪者とは、刑法の定める法律要件に該当する、違法な行為を行った、有責行為者です。

本書は、(行為者による) 行為・要件該当性・(行為の) 違法性・(行為者の) 有責性という体系を採って、裸の行為論を採用しています[1]。この点、刑法典も、「法令又は正当な業務による行為」(35条)、「やむを得ずにした行為」(36条1項・37条1項) という文言によって、犯罪が「行為」であることを明らかにしています。また、「心神喪失者の行為」・「14歳に満たない者の行為」(39条1項・41条)、「心神耗弱者の行為」(39条2項) という表現を使って、犯罪は有責な行為者による行為でなければならないことも明らかにしています。さらに、「外国において確定裁判を受けた者であっても、同一の行為について更に処罰することを妨げない」(5条本文) と規定し、犯罪行為を根拠に犯罪者を処罰することを明らかにしています。

(2) 行為概念の機能

行為概念は3つの基本的機能をはたしているとされます。まず、行為でないものを刑法的評価の対象からあらかじめ除外する実践的意味の**限界づけ機能**を、また、すべての犯罪行為や犯罪要素を行為という上位概念に包摂する論理的意味の**包摂機能**を、さらに、犯罪 (・犯罪者) の要素に関わる刑法的評価を一つに結び合わせる思考的意味の**連結機能**です。

---

1) 行為論については、平場安治『刑法における行為概念の研究』(1966年)、米田泰邦『行為論と刑法理論』(1986年)、松村格『刑法学方法論の研究』(1991年) 1頁以下、井田良『犯罪論の現在と目的的行為論』(1995年)、福田平『目的的行為論と犯罪理論』(復刊版・1999年) 41頁以下、生田勝義『行為原理と刑事違法論』(2002年)、福田平『刑法解釈学の諸問題』(2007年) 2頁以下、仲道祐樹『行為論と刑法理論』(2013年) 参照。

2　学説の状況

　刑法における行為の概念をめぐっては、学説が対立しています。以下、行為概念に主観要素を要求しているか、要求している場合に、その内容はどのようなものか、また客観要素として何を要求しているかに注目してください。

(1)　自然的行為論

　人の意思が身体の動静及び外界の変動を因果的に惹起することに着目する**自然的行為論** [2] は、因果的行為論ともいわれ、行為とは人の意思に基づく身体の動静及びそれに基づく一定の結果を含む因果経過をいうとします。この説は、行為の構成要素として、①有意性（内部的要素として、意思に基づくものであること）と、②身体性（外部的要素として、人間の感覚で知覚しうる身体の動静であること）を要求し、反射運動、睡眠中の身体の動き、無意識の動作、抗拒不能な絶対強制下の身体運動など、意思に基づかない身体活動は行為ではないとする点に特徴があります。この説によると、意思は、故意・過失の区別をせずに何らかの意思で足り、具体的な意思内容は有責性の段階で考慮されるとします。

　自然的行為論に対しては、例えば、転轍手が遮断機を降ろし忘れた、失念して届出義務を懈怠したような、認識なき過失不作為犯である忘却犯は、有意性を認めることができないため行為性が否定されてしまう、不作為は物理的には無であり因果性を欠いているため、物理的な意味での身体性を認めるのは困難であるなどの批判が提起されます [3]。

(2)　目的的行為論

　行為を目的定立的な意思に支配された実在的な意味の統一体という行為の特性に着目する**目的的行為論** [4] は、行為とは目的に支配された身体運動をいうとし、目的性こそが行為の中核的要素であるとします。この説は、行為の構成要素として、①目的性（内部的要素として、目的に支配されていること）と、②身体性（外部的要素として、目的的に統制された身体の運動であること）を要求し、忘却犯はもちろん、反射運動、睡眠中の身体の動き、無意識の動作、抗拒不能な絶対強

---

2) 従来の通説です。植松・95頁以下、藤木・70頁、90頁以下、山口・43頁、板倉・184頁、川端・139頁、松原・45頁など。

3) そこで、不作為は「無」ではなく「法的に期待された一定の挙動をしないこと」と解することによって、不作為を刑法上の行為に包摂する見解が主張されることになります。

4) 1930年代に、ドイツのヴェルツェル（H.Welzel）によって唱えられた説です。福田・60頁。目的的行為論については、福田平『目的的行為論と犯罪理論』(1961年)、ハンス・ヴェルツェル／福田平＝大塚仁訳『目的的行為論序説』(1962年)、井田良『犯罪論の現在と目的的行為論』(1995年) 1頁以下。

70　第07講　行為論

制下の身体運動など、目的的な支配・操縦のないものは行為ではないとする点に特徴があります。この説によると、具体的な目的的な意思内容が重要であり、しかも、目的、故意・過失などの主観要素は責任段階から法律要件段階へと移されることになります。

　目的的行為論に対しては、過失の場合、犯罪結果は非目的的に惹起されるので目的性を認めることは困難で、この説では行為とできないのではないかという疑問が提起され、また、不作為の場合、物理的な意味での身体性は認められないし、結果を目的的に支配・操縦することができないので、この説による限り、不作為を行為に包摂できないとの批判が提起されます。

(3) 社会的行為論

　社会的観点から把握された社会存在的な行為概念、社会現象としての行為概念を探究しようとする**社会的行為論**は、行為とは社会的に意味のある（有意的な）身体の動静を意味するとします。ただ、この説にも、一方で、ⓐ行為から有意性を排除し、何らかの社会的に意味のある人の態度と解する見解[5]があり、この見解によると、例えば、忘却犯はもちろん、反射運動、睡眠中の身体の動き、無意識の動作、抗拒不能な絶対強制下の身体運動なども行為に含まれることになります。他方、ⓑ行為概念に有意性を要求し、意思による支配可能な、何らかの社会的意味を持った運動又は静止とする見解[6]もあり、この見解によると、例えば、反射運動、睡眠中の身体の動き、無意識の動作、抗拒不能な絶対強制下の身体運動などは行為ではないことになります。

(4) 人格的行為論

　行為の背後にある主体的な人格態度の体系に着目する**人格的行為論**[7]は、行為とは行為者人格の主体的現実化としての身体の動静をいうとし、人格の主体的現実化こそが行為の中核的な要素であるとします。この説は、行為の構成要素として、①主体性（行為者自身がその自由意思に基づいてその行為を自ら律していること）と、②その現実化（外部的に発現された行為者人格の現れ）を要求しており、例えば、反射運動、抗拒不能な絶対強制下の身体運動などは行為ではないが、睡眠中の身体の動き、無意識の動作は行為とされる場合があります。もちろん、過失や不作為、忘却犯も行為に含まれることになります。

　人格的行為論に対しては、「人格」の意味は多義的で明確でない、また、

---

5) 内藤・上・164頁、町野・123頁、山中・153頁、浅田・106頁、松宮・54頁、米田泰邦『行為論と刑法理論』（1986年）67頁以下。

6) 西原・上・87頁、内田・63頁、大谷・92頁、曽根・50頁、野村・120頁、高橋・80頁。

7) 団藤・104頁以下。

違法論では行為者ごとに違法性を相対化する人的違法論と結びつき、責任論では責任の基礎を個々の行為のみならずその背後にある人格に求める人格的責任論と結びついてしまうなど、強い批判が加えられます。

(5) 社会的人格行為論

人格的行為論と社会的行為論とを統合する**社会的人格行為論**[8] は、行為とは行為者人格の主体的な発現としての有意性に基づく身体的動静であり、一般人の認識的判断によってその社会的意味が認められるものとし、行為者人格の主体的な発現としての身体の動静と、社会的に意味のある身体の動静とを結合します。この説は、行為の①主観標識として、有意性（行為者の身体の動静が行為者によって主体的に展開されたものであることをうかがわせるに足る心理状態）を、② 客観標識として、社会的存在性（われわれの社会生活の実際面において経験的に認識される意味的存在であること）を要求する点に特徴があります。

社会的人格行為論に対しては、人格的行為論に加えられた批判がそのまま妥当するし、また、行為者人格と意思、さらに社会意味的存在の要素も加味されて、行為概念が重層的要素の統合概念となっているが、はたしてそのような統合は可能か、また意味があるかという疑問が提起されます。

(6) 身体動静論

行為概念から有意性と社会的意味という価値的要素とを完全に排除する**身体動静論**[9] は、行為とは人の身体の動静を意味するとします。この説は、身体性の要素だけで行為概念を規定するので、例えば、作為・不作為、過失はもちろん、反射運動、睡眠中の身体の動き、無意識の動作、抗拒不能な絶対強制下の身体運動、忘却犯など、およそ人の積極的・消極的な動作を行為とする点に特徴があります。この説によると、行為論は単に内心にとどまるものは処罰しないことを宣言するにすぎないものとなり、処罰範囲の限定は、各法律要件該当の実行行為といえるかによってなされることになります。

身体動静論に対しては、まったく意識のない動作や睡眠中の身体の動きも（要件的故意を認めないときには）実行行為になるし、抗拒不能な絶対強制下の身体運動も行為者が結果の認識・認容をしているときには実行行為とされることになるが、それは妥当でないという批判が提起されます。

---

8) 大塚仁・104 頁、佐久間・36 頁。
9) 平野・Ⅰ・113 頁、西田・82 頁、前田・76 頁。

72　第07講　行為論

3　本書の立場

(1)　行為者による行為

　刑法における行為は、まずもってその主体が人であることを要求します。行為の概念には広狭2つの意義があり、狭義の行為とは何らかの社会的意味を有する身体の動静をいうのに対し、広義の行為とは狭義の行為によってもたらされた外界の変動（危険結果・実害結果）をも含んだ意味です。

　ただ、最近は、狭義の行為にのみ「行為」の語を使い、結果をも含めたいときは「行為及び結果」ということが多くなりました。

(2)　行為の特性

　①　**社会的事象**　行為原則は、行為は外部に現れた存在でなければならないという外部性（身体性）と、行為は社会侵害的でなければならないという社会侵害性を要求しますが、それは、具体的な国家刑罰権が発動されるのに必要な前提条件であり、近代国家に求められる憲法上の基本要請でもあります。ですから、行為の概念は、法律要件から独立し、それを先導するものである必要があるのです。

　刑法的評価の対象となる行為・結果は前刑法的な社会事実に属する事象であり、人の身体の動静及びそれによる外界の変動は、まずもって社会的文脈において捕捉されなければなりません。判例も、観念的競合（54条1項前段）に関し、「一個の行為とは、法的評価をはなれ構成要件的観点を捨象した自然的観察のもとで、行為者の動態が社会的見解上一個のものとの評価をうける場合をいう」[10] とし、社会事象としての行為の概念を前提としています。

　②　**意思的要素**　行為が法律要件を充足するという刑法的評価を受けるためには、それ以前に、評価の対象となる行為概念が所与のものとして確定されていなければなりません。その場合、行為概念に意思的要素を要求し、行為論でいきなり主観要素の評価をするのは、それが刑法的評価ではなく社会的評価であるとはいえ、犯罪認定として適当ではありません。意思的要素は、むしろ行為者の有責性で考慮されるべきで、行為概念に意思的要素は不要です。しかし、判例で、意思的要素を要求するものがあります。例えば、被告

---

10)　最大判昭和49・05・29刑集28・4・151、判時739・38、判タ309・244〔百選Ⅰ・103〕。

人は覚せい剤の慢性中毒の後遺症として被害妄想にとらわれていたが、ある夜、浅眠状態において、黒い男が突如室内に侵入し、被告人を殺そうとして首を締め付けてくる夢を見て、その男の首を絞めたところ、男は実はそばに寝ていた妻であり、妻を絞殺してしまったという事案について、一審判決[11]は、任意の意思を欠く行動はその責任能力の有無を論ずるまでもなく行為そのものに該当しないとして、被告人に無罪を言い渡しました。

　本書の立場と異なり、行為概念に意思的要素を要求し、例えば、反射的な身体運動、睡眠中の身体動作、無意識下の行動、抗拒不能な絶対強制下の身体運動など、意思に基づかない身体の動静や意思による支配可能性がない挙動は行為ではないとする見解も有力です。しかし、この見解に立ちつつ、対物防衛の問題において、違法性判断の対象は人間の行為に限られ、正当防衛における「不正の侵害」は人間の行為に限られるとする見解（人的客観的違法性論）を主張するとき、意思支配可能性のない挙動や意思に基づかない身体の動静を「不正の侵害」とすることはできないでしょう。この見解の問題点は、原因において自由な行為や間接正犯における実行行為・実行の着手の認定においても生じます。

(3)　作為・不作為

　行為は、その態様によって、作為と不作為に区別されます。この区別は重要です。**作為**とは、一定の結果発生を前提として、結果発生に至る因果経過に直接に介入し、その結果発生に至る因果関係を創設するに相応しい積極的な身体動作をすることをいい、作為によって実現される犯罪を**作為犯**といいます。これに対し、**不作為**とは、一定の結果不発生を前提として、その結果不発生に至る因果経過に直接に介入せず、結果不発生に至る因果関係を創設するに相応しい積極的な身体動作をしないことをいい、不作為によって実現される犯罪を**不作為犯**といいます。

(4)　外界の変動と社会的因果関係

　①　**外界の変動**　刑法でいう**外界の変動**とは、身体の動静の作用結果としての外界への影響を意味し、社会的文脈における社会事象としての結果のことをいいます。保護法益との関係でいえば、外界の変動とは、現実の社会生活の中に存在する生活利益の侵害・危殆化、つまり侵害結果・危険結果を意味します。行為論において外界の変動を問題にするのは、社会的意味におけ

---

11)　大阪地判昭和37・07・24下刑集4・7=8・696。これに対し、控訴審（大阪高判昭和39・09・29〔判例集不登載〕）は、被告人の挙動は行為ではあるが責任能力がないとしました。

74　第07講　行為論

る行為を判断するには、社会的文脈において、外界に対し身体の動静が及ぼした影響を考察する必要があるからです。

　支配的見解は、刑法上の因果関係の判断は事実的因果関係としての条件関係の存在を前提にし、それを法的因果関係としての相当性の観点から妥当な範囲に限定する相当因果関係説を採っており、条件関係も相当因果関係も法律要件該当性において判断します[12]。条件関係が必要な理由について、支配的見解は、刑法上の因果関係の判断は事実的かつ類型的な判断であり、刑法上の因果関係を論ずる前に、実行行為と結果との間に存在論的・事実的基礎として条件関係が必要である[13]と説明します。しかし、支配的見解は、刑法上の因果関係の事実的基盤としてなぜ条件関係が必要なのか、また、そもそも条件関係が存在論的・事実的基盤なのか説得的な論証をしていません。「一定の先行事実（行為）がなかったならば、一定の後行事実（結果）はなかったであろう」という条件関係は、現に存在した複数の先行条件から取捨選択して認定している点で、また、現に存在した先行条件を仮定的に取り除いて判断している点でも、事実的・存在論的因果関係というよりは仮定的・論理的因果関係というべきでしょう。ですから、条件関係は相当因果関係の不可欠の存在論的・事実的基盤であるとする論理必然性はありません。ただ、条件関係は、その行為がその結果を発生させるための因果的条件の1つであったことを確認するのに有用ですし、多くの行為の中から結果と条件関係のある行為を探し出す道具としても有効であるのは間違いありません。しかし、条件関係の有効性はそれにとどまっています。

　②　**社会的因果関係**　行為・結果は、何らかの社会的意味を有する身体の動静（狭義の行為）及びそれによる外界の変動であり、現実の社会に存する社会的事象です。したがって、行為論では、行為とともに結果をも考察する必要があるのです。

　このように、行為論においては、社会的文脈における行為・結果を考察すべきで、社会的意味での行為と結果との因果関係を考察するのもまた当然で、これを**社会的因果関係**といいます。

　本書によれば、刑法上の因果関係は、社会的因果関係を前提とした刑法的因果関係です。刑法解釈学は社会的事実を対象とした法的判断であり、犯罪論体系は社会的事実を基盤とした刑法体系的判断をする学問でなければならず、刑法的因果関係も社会的基盤に裏打ちされた社会的因果関係を前提とし

---

12)　条件関係は行為論において判断されるとする見解として、内藤・上・247頁、曽根・51頁以下。客観的帰属論から同旨なのは高橋・112頁。

13)　内藤・上・164頁、247頁、大谷・209頁、井田良『刑法総論の理論構造』（2005年）48頁、高橋・118頁。

た刑法的因果関係でなければならないからです。この点は、第12講で話しましょう。

今日の一言

今このとき　キミが行うこと
それが　明日の世界を作っていく

第 08 講　法律要件論・その 1
〜法律要件論の提唱〜

1　総　説

　犯罪は、刑法の定める法律要件を充足する、有責な行為者による、違法な行為です。ですから、犯罪の実体要件として、行為者の行為、（違法）要件該当性、行為の違法性が必要です。他方、犯罪者は、刑法の定める法律要件を充足する、違法な行為を行った、有責な行為者です。ですから、犯罪者の実体要件として、行為者の行為、（責任）要件該当性、行為者の有責性が必要ということになります。すなわち、犯罪・犯罪者の実体要件として、① **行為者**による**行為**、② **要件該当性**、③ 行為の**違法性**、④ 行為者の**有責性**が必要ということになります。

2　構成要件論

(1)　機　能

　構成要件 (Tatbestand) [1] は、次のような機能を果たしているといわれます。

　構成要件は、個々の刑罰法規に規定された犯罪行為の類型を明らかにし、処罰される行為と処罰されない行為とを区別して処罰の限界を明確にし、国家機関（行政機関・司法機関）の判断を拘束して社会成員の人権を保障する**人権保障機能**を果たしているといわれます。

　構成要件は、処罰される行為をさらに類型化し、殺人罪、強盗罪、窃盗罪、放火罪など各犯罪類型を区分し、「罪となるべき事実」（刑訴法 335 条 1 項）を提示する**犯罪個別化機能**を果たしているといわれます。

　構成要件は、故意の認識内容を直接的に規制するとともに、過失の認識すべき内容を間接的に規制する機能を果たし、故意・過失の認識の対象となる（客観的な）犯罪事実を提示することによって、故意・過失に必要な犯罪事実

---

1) 構成要件論については、小野清一郎『犯罪構成要件の理論』（1953 年）、上野達彦『犯罪構成要件と犯罪の確定』（1989 年）、内田文昭『犯罪構成要件該当性の理論』（1992 年）、西原春夫『犯罪実行行為論』（1998 年）28 頁以下、西原・上・147 頁以下参照。

2 構成要件論　77

の範囲を画定する**故意・過失規制機能**を有し、「故意・過失なければ責任なし」
の責任原則を担保するといわれます。

(2)　現　状

① **ドイツ**　**観念的指導形象説**によると、構成要件とは各本条の犯罪類型か
ら抽象され、論理的に各本条の犯罪類型に先行し、かつ、各本条の犯罪類型の
客観面・主観面を規制する観念上の指導形象であるとされます[2]。**認識根拠説**
によると、構成要件とは犯罪類型の客観的・記述的要素であり、構成要件該当
性は違法性にとって重要な認識根拠であるとされ、構成要件該当性と違法性の
接近が図られました[3]。さらに、**実在根拠説**によると、構成要件とは処罰に値
する違法行為類型（可罰的違法類型）であるとされ、認識根拠説よりもさらに違
法性との接近が図られました[4]。そして、**違法行為類型説**によると、構成要件
とは禁止の素材を対象化した違法行為類型であるとされ、認識根拠説よりもさ
らに構成要件該当性と違法性を接近させ、しかも、違法性の概念について人的
違法論、行為無価値論が採られました[5]。

② **日本**　ドイツの構成要件論の影響を受けて、日本でも、いくつかの見解
が主張されました。**違法行為類型説**によると、構成要件該当性は通常違法性を
推定させる機能をもつのですが、結果無価値論的アプローチを採るならば、構
成要件は法益を侵害・危殆化する行為を類型化したものとなり、主観的構成要
件要素を完全に否定する[6]か、部分的にのみ肯定する[7]ことになります。この
説では、構成要件の人権保障機能や故意・過失規制機能は重視されますが、構
成要件該当性の段階で故意犯と過失犯を区別することが難しいので、構成要件
の犯罪個別化機能は充分に発揮されないことになります。これに対し、行為無
価値論的アプローチを採るならば、構成要件は法規範、社会倫理規範に違反す
る法益の侵害・危殆化の行為を類型化したものとなり[8]、主観的構成要件要素
を広く認めるため、構成要件の人権保障機能や故意規制機能が弱体ないし消失
する危険性が高まることになります。この説では、構成要件段階で故意犯と過
失犯を区別することができるので、構成要件の犯罪個別化機能は充分に発揮さ

---

2) 類型説とも呼ばれるベーリングの見解（Beling, Die Lehre vom Verbrechen, 1906 ; Beling, die
　Lehre vom Tatbestand, 1930）です。
3) M.E. マイヤーの見解（M.E.Meyer, Rechtsnormen und Kulturnormen, 1903 ; M.E.Meyer, Der
　allgemeine Teil der deutschen Strafrechts, 1915）です。
4) メッガーの見解（Metzger, Strafrecht, ein Studienbuch, 5. Aufl., 1954, S. 86ff.）です。
5) ヴェルツェルの見解（Welzel, Das deutsche Strafrecht, 11. Aufl., 1969, S. 59ff.）です。
6) 内藤・上・216 頁以下、中山・239 頁以下、浅田・124 頁以下。
7) 平野・I・124 頁（目的犯の目的、未遂犯の故意を主観的構成要件要素かつ主観的違法要素とし
　ます）、松宮・63 頁、松原・109 頁以下。
8) 藤木・71 頁、中・86 頁、西原・上・157 頁、福田・69 頁、井田・98 頁。

れることになります。次に、**違法有責行為類型説**[9] によると、構成要件該当性は通常違法性と有責性を推定させる機能をもつことになりますが、主観的構成要件要素を広く容認するので、構成要件の故意・過失規制機能は消失し、そのため人権保障機能が弱体化しますが、構成要件の犯罪個別化機能は発揮されることになります。そして、**行為類型説**[10] によると、構成要件には違法な行為と違法でない行為とが均等に包摂されており、構成要件は犯罪を輪郭づける観念的形象にすぎないとされます。ここでは、故意・過失は主観的構成要件要素とされるのですが、それは、例えば、殺人罪でいえば「殺人の故意」のような違法性に色づけを与える主観的違法要素ではなく、「殺す意思」というような社会生活上の常識的な意味での要素とされます。この説では、故意規制機能も犯罪個別化機能も発揮され、人権保障機能も強力に発揮されるのですが、構成要件該当性の違法性（有責性）推定機能はないことになります。

(3) 問題点

① **人権保障機能**　通説によると、**構成要件**とは刑罰法規そのものではなく、刑罰法規を解釈し、その意味を確定することにより明らかにされる個々の犯罪行為の観念的類型を意味します。そして、この構成要件は、個々の刑罰法規に規定された犯罪類型に当てはまらない行為を処罰範囲から除外し、人権保障機能が認められるとします。

罪刑法定原則は厳格解釈（類推解釈の禁止）を要請しますが、これは、刑罰法規の解釈に関する要請です。構成要件は間接的に人権保障機能を果たしていますが、直接に人権保障機能を果たしているのは、刑罰法規及びそこで用いられている文言です。この点が充分に認識されていないせいでしょうか、法文言へのこだわりが強くない刑法学者・裁判官がいるのは残念です。

② **違法性・有責性の推定機能**　通説によると、構成要件は違法行為・有責行為の類型ですので、構成要件該当性は違法性・有責性を推定させることになります。しかし、それは事実上の推定にすぎず、それに刑法上重要な意味をもたせるのは適当ではありません。構成要件該当性（本書でいう法律要件該当性）が認められたとしても、違法性阻却・減少事由や有責性阻却・減少事由が存在しないかを改めて認定する必要があるのです。また、通説は、構成要件該当性と違法性阻却・有責性阻却は原則・例外の関係であると解してい

---

9) 団藤・136頁、大塚仁・122頁、香川・91頁、大谷・97頁、前田・18頁、86頁、佐久間・45頁。
10) 内田・84頁、曽根・59頁。

ます。これは間違ってはいませんが、例外がいったん肯定されると、認定の順序はともかく、原則事情と例外事情があたかも同等のように扱われるようになるのが法的判断の特徴です。実際の刑事事件では、違法性阻却事由・有責性阻却事由が存在することは多くありませんが、その存否を判断し、違法性の阻却・減少、有責性の阻却・減少を判断する必要があるのです。

③　**類型の概念**　「違法・有責な行為の法的定型が構成要件にほかならない」[11]、「構成要件、すなわち、刑法各則の個々の刑罰法規から解釈により導かれる犯罪の類型」[12] という論述に見られるように、構成要件は犯罪の類型と解されています。類型はカチッとした枠・型を連想させるので、「型に当てはまらない以上、犯罪とはなりえない」という説明には説得力があります。ですから、構成要件は人権保障機能を発揮していると考えたくなります。しかし、殺人罪（199条）、強盗罪（236条）にどのような型があるというのでしょうか。犯罪（・犯罪者）に和菓子の木型、血液型や酵母菌の型のようなものが存在するはずもありません。それは説明のための観念像であって、そのようなものに罪刑法定原則の人権保障機能を担わせるのは楽観的にすぎます。

構成要件に類型のイメージを付着させたため、逆に、構成要件の人権保障機能について楽観的な幻想が生じ、刑罰法規の文言に厳しい視線が向けられなくなったのではないかと考えますし、例えば、錯誤論において類型的思考・定型的判断による処理が重視されてきたために、ある種の混乱が生じているのではないかとさえ思います[13]。

3　法律要件論

⑴　意　義

①　**法律要件の意義**　広義の**法律要件**は、刑罰法規の定める犯罪・犯罪者の成否に関わる積極要件・消極要件のすべてを意味し、これには、行為の違法性、行為者の有責性を積極的に根拠づけるものと、それらを消極的に消滅・減少させるものとがあります。そのうち、行為の違法性、行為者の有責性を

11）団藤・118頁。

12）井田・94頁。

13）この点は、罪刑法定原則における厳格解釈（第02講）、錯誤論（第22講）を参照。

80 第08講 法律要件論・その1〜法律要件論の提唱〜

積極的に根拠づけるのが**狭義の法律要件**であり、「法律要件」といった場合には通常これを指します。

本書は、構成要件ではなく**法律要件**の語を使います。しかし、刑法解釈学において構成要件論が果たした歴史的役割を否定するものではありません。ただ、犯罪・犯罪者の概念において存在するのは、構成要件という犯罪類型ではなく法律要件という成立要件です。構成要件概念に付着した類型の観念を放擲し、類型思考法ではなく要件思考法を採るべきである、罪刑法定原則の人権保障機能は構成要件ではなく法文言が果たしている、法律要件の概念を明確にし、刑事訴訟手続で用いられる訴因等の概念との連続性を考慮する必要がある、法律要件・法効果の構造を基本とし、他の法分野との異同を顕在化させるのが有益である、そもそも誤解を招きやすい用語は避けるべきで、平易で、使い勝手のよい用語を使うべきであるなどを考慮し、本書は法律要件の語を用います。

② **法律要件・法律要件該当性・法律要件該当事実**　犯罪・犯罪者は、まずもって刑法の定める法律要件を充足しなければなりません。法律要件は、刑罰法規の法文言を解釈して導き出された犯罪・犯罪者に係る成立要件であり、法効果として具体的刑罰権が発生するのに必要な実体法上の成立要件です。

犯罪・犯罪者の認定において、法律要件の段階では、評価規準としての**法律要件**、評価対象としての**法律要件該当事実**（**要件事実**）、そして、評価結果としての**法律要件該当性**（**要件該当性**）を区別する必要があります。

(2)　**機　能**

① **人権保障機能**　法律要件それ自体は、構成要件の概念がそうであるように、人権保障機能を果たしておらず、それを果たしているのは刑罰法規の文言です。確かに法律要件の解釈及び要件該当性の認定を厳格に行うことは人権保障に役立ちます。しかし、それは、法律要件それ自体が果たしているものではなく、法文言の解釈、法律要件の摘出及び法律要件への事実の当てはめなどの法解釈の作業において果たされるものです[14]。

② **犯罪個別化機能**　法律要件には、犯罪に関わる違法法律要件と、犯罪

---

14) 西原春夫『犯罪実行行為論』（1998年）28頁以下、65頁以下参照。

者に関わる責任法律要件があります。**違法法律要件**は個別の犯罪に固有の要件であり、各犯罪の違法性に係る特性及び各犯罪間の異同を明らかにすることにより、違法として処罰されるべき行為をさらに類別し、殺人罪、強盗罪、窃盗罪、放火罪などの各犯罪を分類する機能を果たし、「罪となるべき事実」（刑訴法335条1項）を具体的に提示する機能を果たします。

③ **犯罪者個別化機能** **責任法律要件**は、個別の犯罪者に固有の要件であり、各犯罪者の有責性に係る特性及び各犯罪者間の異同を明らかにすることにより、刑事責任があるものとして処罰されるべき行為者をさらに類別し、殺人罪、強盗罪、窃盗罪、放火罪などの各犯罪を行った犯罪者を区別する機能を果たします。刑法の条文において、再犯（56条・57条）、三犯以上の累犯（59条）、常習者（186条1項）など犯罪者に関する規定は多くありません。そのためもあって、学説では、犯罪者個別化機能についての認識は深まっていません。むしろ、「犯罪とは、構成要件に該当する、違法で、有責な行為である」という通説の定義からも明らかなように、犯罪にだけ目が向けられ、犯罪者への視点が置き去りにされているのが現状です。

④ **故意・過失規制機能** 法律要件、特に違法法律要件は、故意については認識対象となる客観要件事実を直接提示し、過失についてはこれを間接的に提示し、故意・過失に必要な犯罪事実の範囲を画定することによって、故意・過失の認識対象としての客観要件事実を提示する機能を果たします。これは、**故意・過失がなければ責任がない**という責任原則を担保する機能といえます。

⑶ **種 類**

行為の違法性及び行為者の有責性を積極的に根拠づける法律要件は、例えば、「殺人罪（199条）の法律要件は云々」というときのように、各犯罪・各犯罪者を認定するための法律要件全体を指すこともありますし、例えば、「殺人罪に必要な故意という法律要件は云々」というときのように、特定の犯罪に係る個別の法律要件を指すこともあります。

① **積極要件・消極要件** **積極要件**は、それが充足されると、多くの場合、行為の違法性及び行為者の有責性が事実上推定されるものをいい、法律要件という場合、通常これを指します。これに対し、**消極要件**は、それが充足さ

れると、行為の違法性及び行為者の有責性が消滅・減弱するものをいいます[15]。行為の違法性に係る消極要件には、例えば、正当行為（35条）、正当防衛（36条）、名誉毀損の真実性証明（230条の2）などの**正当化事由**や、同意殺人罪（202条後段）、死者の名誉毀損罪（230条2項）などの**違法性減少事由**があります。他方、行為者の有責性に係る消極要件には、例えば、心神喪失者（39条1項）、刑事未成年者（41条）などの**有責性阻却事由**や、心神耗弱者（39条2項）、過失犯（38条1項但書）などの**有責性減少事由**があります。また、緊急避難（37条）、中止犯（43条但書）などの、違法性・有責性の消滅・減弱の双方に関わる**違法性・有責性消滅・減少事由**もあります。

　また、行為の違法性及び行為者の有責性に係る消極要件には、**法定事由**もあれば、例えば、被害者の承諾などの正当化事由、期待可能性の不存在などの有責性阻却事由のように、**超法規的事由**もあります。

　なお、違法性・有責性に直接関わる要件ではありませんが、例えば、事前収賄罪における公務員になったこと（197条2項）、破産罪における破産宣告が確定したこと（破産265条・266条）など、具体的刑罰権の発生がほかの客観要件に条件づけられている場合があり、**客観的処罰条件**といいます。また、違法性・有責性の消滅・減少に直接関わる要件ではありませんが、例えば、親族相盗例などの親族間の犯罪（244条1項・255条・257条1項）など、行為者の特別な人間関係を考慮して具体的刑罰権の発動を控える場合があり、**一身的処罰阻却事由**（人的処罰阻却事由）といいます。

　②　**一般要件・特別要件**　**一般要件**は、例えば、実行行為、結果、因果関係など、各犯罪に共通する一般的な法律要件や、故意・過失など、各犯罪者に共通する一般的な法律要件であり、主に刑法総論の考察対象となります。これに対し、**特別要件**は、例えば、殺人罪における「人」、窃盗罪における「他人の財物」など、各犯罪に固有の法律要件や、収賄罪における「公務員」など、各犯罪者に固有の法律要件であり、主に刑法各論の考察対象となります。

　この区別は、結局は、立法政策上の経済性、概念上の有益性、説明上の便

---

15) ショクンは、「消極的構成要件要素の理論」を想起するかもしれません。この理論は、違法性阻却事由は構成要件要素の消極要素であり、この要素を充足する場合には、構成要件該当性そのものが否定されるとする理論です。

宜性などによってなされているにすぎません。一般要件は、多くの犯罪・犯罪者に共通する法律要件ですので、立法政策上総則に規定するのが経済的ですし、刑法総論で論じるのが有益であるのに対し、特別要件は、特定の犯罪・犯罪者に固有の法律要件ですので、立法政策上各則に規定するのが経済的ですし、刑法各論で論じるのが便宜であるというにすぎません。

③　**基本要件・拡張要件**　**基本要件**は、例えば、既遂犯、実害犯、単独正犯など犯罪の基幹部分に関わる法律要件、及び、故意犯、完全責任能力者など犯罪者の基幹部分に関わる法律要件であり、各犯罪、各犯罪者の基盤となる典型的な法律要件です。これに対し、**拡張要件**は、例えば、未遂犯、予備罪・陰謀罪、危険犯、共犯など犯罪の基本要件を拡張し、また、過失犯、限定責任能力者など犯罪者の基本要件を拡張して得られた法律要件です。拡張要件は、基幹的な法律要件を拡張して処罰範囲を拡げた法律要件であり、例外的ですから、明文の処罰規定 [16] が必要となります。

④　**客観要件・主観要件**　**客観要件**は、例えば、実行行為、結果、因果関係、行為客体、行為状況など、行為の外形的・客観的な面に関わる法律要件であり、その大部分は行為の違法要件です。これに対し、**主観要件**は、例えば、故意・過失や、行為主体、目的犯の目的など、行為者の内面的・主観的な面に関わる法律要件であり、大部分は行為者の責任要件です。

⑤　**違法要件・責任要件**　**違法要件**は、例えば、実行行為、結果、因果関係など、違法性の内実である法益の侵害・危殆化の有無・程度に影響を与える行為関係的な法律要件です。行為の外面に関わる客観要素は行為の違法性に関わることがほとんどですから、客観要件の大部分は違法要件です。これに対し、**責任要件**は、例えば、行為の主体、故意・過失、目的犯の目的など、有責性の内実である法的非難可能性の有無・程度に影響を与える行為者関係的な法律要件です。行為者の内面に関わる主観要素は行為者の法的非難可能性に関わることがほとんどですから、主観要件の大部分は責任要件です。

⑥　**そのほかの分類**　記述要件は、例えば、殺人罪（199条）にいう「人」・「殺す」など、事実的な認識活動で確定できる要件をいい、一般に記述的構成要件要素といわれます。これに対し、規範要件は、例えば、猥褻物頒布等罪（175条）に

---

16) 例えば、刑法38条1項但書、39条2項、44条、60条以下など。

いう「わいせつ」など、規範的・評価的な価値判断によってはじめてその内容・範囲が確定できる要件をいい、一般に規範的構成要件要素といわれます。しかし、規範的・評価的な価値判断を要せず、認識活動だけで確定できる法律要件など存在しません。例えば、記述要件とされる「人」にしても、解釈と決断を要する点で他の要件と変わりません。ただ規範的・評価的な価値判断の程度に差があるので、注意喚起のためにそのような分類を用いることには意味があるのかもしれませんが、それは誤解を招くだけで無用です。

完結要件は、刑法の定める要件が完結していて閉鎖的なもの、犯罪・犯罪者に関するすべての要件を余すところなく示しているので補充を要しないものをいい、一般に閉ざされた構成要件といわれます。これに対し、開放要件は、刑法の定める要件が完結しておらず開放的なもの、犯罪・犯罪者に関する一部の要件しか示していないので補充を要するものをいい、開かれた構成要件といわれ、例えば、過失犯、（不真正）不作為犯などがあげられます。しかし、法律要件は、程度の差こそあれ、法解釈を通じて確定される点でいずれの法律要件も変わりません。今は完結とされていても、後々、新たな要件が付加されて開放とされる可能性さえあるのです。したがって、この分類は、誤解を招きやすいので本書では用いません。

◇**法律要件と違法性・有責性**

	犯罪	犯罪者
法律要件〔積極要件〕	行為の法律要件	行為者の法律要件
	⇒法律要件・要件該当性・要件事実の認定	
阻却事由・減少事由〔消極要件〕	**違法性阻却事由・違法性減少事由**の不存在 ⇒実質的な違法性の確定	**有責性阻却事由・有責性減少事由**の不存在 ⇒実質的な有責性の確定
処罰条件	客観的処罰阻却事由の不存在 ⇒客観的な処罰条件の存在	一身的処罰阻却事由の不存在 ⇒主観的な処罰条件の存在

今日の一言

緊張することを　恥じてはいけない

緊張は　それが君にとって大切なことだという証しなのだから

緊張する自分を　見つめ　抱きしめ

さあ　前に進もう

この大切なことを楽しむために

第09講　法律要件論・その2
～法律要件論の内容～

1　総　説

◇客観要件	①	どのような時期に	〔行為の時期〕
	②	どのような場所で	〔行為の場所〕
	③	どのような客体に	〔行為の客体〕
	④	どのような内容の行為を行い	〔行為の内容〕
	⑤	どのような結果を	
		惹起しなければならないのか	〔行為の結果・因果関係〕
◇主観要件	⑥	どのような人が	〔行為の主体〕
	⑦	どのような目的で	〔行為の目的〕
	⑧	どのような意識で	〔故意・過失〕
		行わなければならないのか	

2　客観要件

(1)　行為の時期

　刑罰法規の中には、犯罪行為の時期を特定しているものがあり、これを**時期犯（状況犯）**といいます。例えば、中立命令違反罪（94条）では「外国が交戦している際に」、公務執行妨害罪（95条1項）では「公務員が職務を執行するに当たり」、消火妨害罪（114条）では「火災の際に」、不退去罪（130条後段）では「要求を受けた」ときなどがそれです。

(2)　行為の場所

　刑罰法規の中には、犯罪行為の場所を特定しているものがあり、これを**場所犯**といいます。例えば、道路交通法において、運転者等に救護義務・報告義務(道交法72条1項、罰則は117条1項・119条1項10号)が発生する交通事故は「道路」（同法2条1項1号）において生じる必要があります。

(3)　行為の客体

　刑罰法規の中には、行為の客体を特定しているものが多くあります。例えば、暴行罪（208条）では「人の身体」、殺人罪（199条）では「人」、公務執行

妨害罪（95条1項）では「公務員」などがそれです。しかし、例えば、「暴行罪における暴行とは、人の身体に対する不法な有形力の行使である」と定義されることからも明らかなように、各犯罪行為に行為客体が包含されて定義されるのが一般的です。

　注意してほしいのは、第1に、行為客体は法益と混同してはなりません。行為客体は犯罪行為が向けられる対象であり、通常、刑罰法規に定められており[1]、また解釈によって比較的容易に導き出すことができます。例えば、窃盗罪（235条）の場合、窃取行為の客体は「他人の占有する他人の財物」とされています。これに対し、保護法益は、多くの場合、刑罰法規に明示されていません。そのため、広くは立法目的に近い内容のものから、狭くは物的客体に至るまで、広狭様々な法益概念が主張されます。例えば、窃盗罪（235条）などの奪取罪の保護法益について、「所有権などの個人の本権だ」〔純粋本権説〕、「いや違う、他人が事実上所持している占有状態そのものだ」〔純粋占有説〕、「いや、そうした極端な考え方は妥当でなく、平穏な占有状態だ」〔平穏占有説〕など、激しい議論が交わされているのです。第2に、犯罪の中には行為客体と保護法益が一致するものもあれば、一致しないものもあります。例えば、傷害罪（204条）・暴行罪（208条）では、行為客体も保護法益も「人の身体」ですが、公務執行妨害罪（95条1項）では、行為客体は「公務員」で、保護法益は「公務員の職務（の執行）」であり、一致していません。

(4)　行為の内容

　刑罰法規のほとんどは行為の内容を特定しています。例えば、殺人罪（199条）では「殺す」、窃盗罪（235条）では「窃取する」などです。それらの行為は、法律要件に該当する要件事実であり、通常、**実行行為**といいます。

　実行行為は、作為と不作為に区別できます。**作為**とは、一定の結果発生を前提として、結果発生に至る因果経過に直接に介入し、その結果発生に至る因果関係を創設するに相応しい積極的な身体動作をすることをいい、作為によって実現される犯罪を**作為犯**といいます。これに対し、**不作為**とは、一定の結果不発生を前提として、その結果不発生に至る因果経過に直接介入せず、

---

1) 例えば、単純逃走罪（97条）のように、行為客体が存在しない犯罪もあります。

結果不発生に至る因果関係を創設するに相応しい積極的な身体動作をしないことをいい、不作為によって実現される犯罪を**不作為犯**といいます。

(5) 行為の結果

多くの犯罪は、結果を必要とします。結果は外界に生じる事実的変動ですが、これには、行為客体に生じる結果と保護法益に生じる結果があります。

注意すべきは、第1に、行為客体に生じる結果と保護法益に生じる結果は厳密に区別する必要があります。例えば、傷害罪（204条）・暴行罪（208条）での「人の身体」のように、行為客体と保護法益とが一致するものもありますが、公務執行妨害罪（95条1項）のように、行為客体（「公務員」）と保護法益（「公務員の職務（の執行）」）とが一致しないものもあります。また、公務執行妨害罪における「職務執行中の公務員」のように、行為時期と行為客体が特定され、行為客体に生じる結果と保護法益に生じる結果とが近接している場合は、犯罪の認定はそれほど難しくありません。しかし、現住建造物等放火罪（108条）のように、行為客体（「現住建造物等」）と保護法益（「不特定・多数人の生命・身体・財産」）が一致していない場合、犯罪認定は難しくなります。

第2に、保護法益に生じる結果は、犯罪被害者とは異なることに注意してください。犯罪被害者は犯罪行為によって害を被る人をいい、例えば、殺人罪の被害者は、狭くは被殺者であり、やや広くはその家族・親族、さらには友人・知人までも含めることができるかもしれません。いずれにしても、狭い意味の犯罪被害者は、公的機関による救済制度[2]の対象となりますし、刑事訴訟手続において告訴権（刑訴法230条）などの権利が認められ、意見陳述（刑訴法292条の2）、公判記録の閲覧・謄写（犯罪被害者等保護法3条・4条）[3]などが認められます。他方、保護法益に生じる結果（実害結果・危険結果）を要する犯罪では、実行行為と結果との間に因果関係が必要となります。

---

2) 「犯罪被害者等給付金の支給等による犯罪被害者等の支援に関する法律」（1980年・昭和55年法律第36号。通称、「犯罪被害者等給付金支給法」）、「犯罪被害者等基本法」（2004年・平成16年法律161号）を見てください。

3) 「犯罪被害者等保護法」は通称名であり、正式名は、「犯罪被害者等の権利利益の保護を図るための刑事手続に付随する措置に関する法律」（2000年・平成12年法律第75号）です。法律には、通称名（略称）と正式名がありますので、注意して下さい。

(6) その他

　行為の時期・場所・客体・内容・結果のいずれにも属さない客観要件として、**客観的処罰条件**があります[4]。例えば、公務員になろうとする者が将来担当すべき職務につき請託を受けて金品を収受した場合、支配的見解によると、収受時点で既に事前収賄罪（197条2項）が成立し、ただ刑事政策的理由により「公務員となった」時点まで処罰を控えているにすぎないとされるのですが、これを客観的処罰条件というのです。

　しかし、支配的見解のように、収受時点で既に犯罪・犯罪者に関するすべての法律要件が充足され、違法性・有責性も具備されていると解することには疑問があります。「公務員となった」という要件は外部事情に関わるものですが、実行行為との間に因果関係があるわけではなく、いわば犯罪結果（実害結果・危険結果）が現実に顕在化したことを確定するための**結果要件**です。

3　主観要件

(1) 意　義

　主観要件は、犯罪行為者の内面・主観、主としてその有責性に関わるもので、一般要件と特別要件に分けることができます。

(2) 一般要件

　一般要件の典型は、故意・過失です。刑法は、**故意**を「罪を犯す意思」（38条1項本文）と規定し、故意犯処罰の原則を採っています。故意は、犯罪事実（客観要件を充足する事実）を認識し、行為を行う動機としてその犯罪事実の発生を受容する意思をいいます。刑法は、過失犯を例外として処罰することにしており、**過失**は不注意により犯罪事実を認識しないこと、あるいは、認識はしたが、行為を行う動機としてその犯罪事実の発生を受容する意思を有しないことをいいます。

---

4) 客観的処罰条件については、松原芳博『犯罪概念と可罰性』（1997年）参照。
5) 中山・242頁、内藤・上・221頁、浅田・127頁、山口・97頁。
6) 内田・166頁、西田・90頁、前田・157頁、曽根・65頁。
7) 西原・上・169頁、井田・103頁。
8) 団藤・134頁、藤木・211頁、福田・85頁、200頁以下、大塚仁・134頁、457頁以下、大谷・117頁以下、332頁以下。

> 　故意・過失を犯罪論体系のどこに位置づけるかについては争いがあります。故意・過失は行為者の非難すべき心理状態を意味し、本来は、責任の条件・形式としてもっぱら責任要素にすぎないとする**責任要素説**[5]、故意・過失は基本的に責任要素であるが、犯罪個別化機能を有しかつ違法性に特に影響するものでないという意味で法律要件要素であるとする**主観的法律要件要素・責任要素説**[6]、故意・過失は、法益侵害の危険性（行為の危険性）の有無・程度あるいは社会倫理規範違反（規範違反性）の有無・程度に影響を与えるので、違法要素であるとともに法律要件要素でもあるとする**主観的法律要件要素・主観的違法要素説**[7]、さらに、故意・過失は責任要素であるが、社会倫理規範違反（規範違反性）の有無・程度に影響を与えるので違法要素であるとともに要件要素でもあるとする**主観的法律要件要素・主観的違法要素・責任要素説**[8] が主張されています。

　本書によれば、故意・過失は行為者の責任の形式・種類であり、その本来の体系的地位は有責性にあります。主観要件はそれ自体で、客観的な法益の侵害・危殆化に影響を与えるものではなく、客観要件による検証を経ないとその危険に対する意味が明らかとなりません。例えば、Xは、実弾が装填されたピストルだと誤信して、Aに向けてそのピストルを構えて引き金を引いたが、実は実弾は装填されていなかった場合、被害者Aの生命への客観的な危険性は、「実弾が入っている」というXの認識や殺意によって決定されるのではなく、「実は○○という事情があったため実弾が装填されていなかった」という客観事情による検証を経なければ確定できないのです。

(3)　特別要件

　犯罪につき犯罪者とされるには、故意のほかに一定の目的が必要な犯罪を**目的犯**といい、例えば、強制執行妨害罪（96条の2）での「強制執行を免れる目的」、偽造罪（148条以下）での「行使の目的」、電磁的記録不正作出・供用罪（161条の2）での「人の事務を誤らせる目的」などがそれです。

> 　通貨偽造罪（148条1項）でいえば、行使目的は後の行使行為を目的とするもので、通貨偽造という客観的な行為を超過する要素なので、主観的違法要素かつ主観的法律要件要素でもあるとするのが支配的見解[9] です。

　偽造行為の時点で、内面にとどまっている行使目的が偽造行為の客観的危険性を規定しているわけではありません。通貨偽造の行為それ自体は、その

---

9) 一般に主観的違法要素の存在を否定しながらも、目的犯の目的を主観的違法要素とするのは、平野・I・125頁、西田・89頁、前田・26頁、山口・98頁、松原・109頁です。

90 第09講 法律要件論・その2～法律要件論の内容～

行使目的の有無にかかわらず、客観的に危険な行為であり、違法な行為といわざるをえず、行使目的は通貨偽造罪の成立を根拠づける主観要件ですが、違法要件ではなく責任要件です。

　故意のほかに、行為者の一定の心理状態の表出とみられる行為を必要とする犯罪を**表現犯**といい、その心理状態は犯罪の主観要件であるとされます。例えば、偽証罪（169条）の「虚偽の陳述」は自己の記憶内容に反する陳述とする主観説によると、「記憶内容に反する」という心理状態は、故意とは別の主観的違法要素かつ主観的法律要件要素であるとします。しかし、「記憶内容に反する」ことの認識は故意を超過していませんし、意味を付与する認識要素として故意に含まれると解することも可能なので、主観説においても、行為者の一定の心理過程・心理状態をあえて主観要件とする必要はないことになります。他方、「虚偽の陳述」は陳述内容が客観的な真実に反することとする客観説では、陳述の虚偽性の認識は故意に包摂されることになります。しかも、「記憶内容に反する」ことの心理過程・心理状態は行為の法益侵害性・危険性とは無関係ですので、行為者の一定の心理過程・心理状態は犯罪の主観要件として不要であり、表現犯の種別は不要です。

　さらに、行為者の内心の一定の心情・傾向の表出としての行為を必要とする犯罪を**傾向犯**といい、その一定の心情・傾向が犯罪の主観要件であるとされます。例えば、公然猥褻罪（174条）・強制猥褻罪（176条）の「猥褻の傾向」（「性欲を満足させる意図・心理傾向」）[10]や、侮辱罪（231条）の「侮辱・軽蔑の心理傾向」があげられます。しかし、内心の一定の心情・傾向は、行為の法益侵害性・危険性に直接影響を与えるものではないので、傾向犯の種別も不要です[11]。

(4)　行為の主体

　「……した者」という表現により、自然人（個人）であれば犯罪行為の主体となりうるのですが、中には、行為主体を特定している犯罪があります。

---

10) 最判昭和45・01・29刑集24・1・1、判時583・88、判タ244・230〔百選II・14〕参照。

11) 強制猥褻罪につき、**最大判平成29・11・29**刑集71・9・467は、判例を変更し、「行為者の性的意図を一律に強制わいせつ罪の成立要件とすることは相当でなく、昭和45年判例の解釈は変更されるべきである」としました。なお、領得罪における不法領得の意思が論じられ、主観的法律要件要素とする見解（通説・判例）、非難可能性に関する責任要素とする見解（内藤・上・222頁）が主張されていますが、本書は、不法領得の意思不要説が妥当であると考えます。

3 主観要件　91

①　**身分犯**　行為主体が一定の身分ある者に限定されている犯罪を**身分犯**といいます。身分とは、通説・判例 [12] によると、一定の犯罪行為に関する行為者の人的関係である特殊の地位・状態をいい、例えば、男女の性別、内外国人の別、親族関係、公務員等の資格などがあげられます。

確かに、例えば、通貨偽造罪（148条1項）では「行使の目的を有する行為者」、不退去罪（130条後段）では「退去要求を受けた行為者」のように、行為の時期、場所、客体、目的等の要件は行為の主体を限定しているとも解されますが、これらを身分とすると、一定の時期、場所、目的その他何らかの要件によって行為・行為者が限定されている場合には、すべて身分になってしまいますし、「一定の法律要件を欠く」状態さえも身分となりかねません。身分概念をもっと純化すべきです。

身分とは、一定の犯罪行為に関する行為者の社会関係における継続的な人的関係である特殊の地位・資格をいいます。身分には一定の継続性が必要であり、目的などの主観心理的な要素は含まれません。また、身分は、行為者の有責性にのみ影響を与える身分と、行為の違法性にも影響を与える身分とがありますが、違法身分・責任身分は必ずしも身分の連帯性・個別性と連動しているわけではありませんし、65条1項は違法身分、同条2項は責任身分に関する規定であると解する必然性もありません。

身分には、行為者に一定の身分があることによって初めて犯罪を構成する**構成身分**（真正身分）があり、この犯罪を**構成身分犯**（真正身分犯）[13] といいます。これに対し、行為者に一定の身分があることによって刑が加重・減軽される**加減身分**（不真正身分）があり、この犯罪を**加減身分犯**（不真正身分犯）[14] といいます。

②　**法人**　法律上、権利・義務の主体としての資格を**権利能力**といい、権

---

12) 大判明治44・03・16刑録17・405、最判昭和27・09・19刑集6・8・1083。

13) 例えば、秘密漏示罪（「医師」〔134条〕）、偽証罪（「宣誓した証人」〔169条〕）、収賄罪（「公務員」〔197条以下〕）、背任罪（「他人のためにその事務を処理する者」〔247条〕）、横領罪（「他人の物の占有者」〔252条〕）などがあげられます。

14) 例えば、特別公務員職権濫用罪（194条←逮捕監禁罪）、業務上過失致死傷罪（211条←過失致死傷罪）、業務上堕胎罪（214条←同意堕胎罪）、保護責任者遺棄罪（218条←単純遺棄罪）、業務上横領罪（253条←単純横領罪）、特別背任罪（会社法960条←背任罪）などがあげられます。

92 第09講 法律要件論・その2〜法律要件論の内容〜

利能力を認められた存在を人（自然人・法人）といいます。法人は、自然人（個人）以外で、法律上の権利・義務の主体とされているものをいいます[15]。

　支配的見解は、刑法典において犯罪者となるのは自然人（個人）だけであって、法人はなれないというのです。しかし、社会的現実生活において、企業等の法人の経済活動・社会活動の重要度は増しており、法人の社会的地位やその影響力も増大しています。それに伴い、法人に対する法規制の必要性、法人の有害・危険な行為を刑罰法規によって規制する必要性が増大していることは誰も否定しないでしょう。そこで、法人自体を処罰する明文の刑罰法規が設けられるようになり、特別刑法、特に行政刑法の分野では、法人に刑罰、特に罰金刑を科す規定が多くなっています。現在、法人を処罰する刑罰法規で最も多いのは、自然人である従業者の行った違反行為につき、当該従業者とともにその業務主である法人・自然人をも処罰する**両罰規定**[16] です。ほかに、自然人である従業者の行った違反行為につき当該従業者とともにその業務主である法人・自然人、さらに、その法人の代表者・中間管理職をも処罰する**三罰規定**[17] も見られます。

　法人処罰規定に関しては、従業者の違反行為について、なぜ法人（事業者を含む）が処罰されるのかについて、行政取締目的から、従業者の違法行為についての責任が無過失的に法人に転嫁されるとする**無過失責任説**、法律上、従業者の違法行為について法人の過失が擬制されて処罰されるとする**過失擬制説**、あるいは、法律上、違法行為を行った従業者に対する選任・監督上の注意義務を怠ったことについて法人自身の過失が推定されているとする**過失推定説**[18]、さらには、法律上、違法行為を行った従業者に対する法人の選任・監督上の過失を根拠とする**純過**

---

15) 法人処罰の理論については、板倉宏『企業犯罪の理論と現実』（1975年）、川崎友巳『企業の刑事責任』（2005年）、樋口亮介『法人処罰と刑法理論』（2009年）1頁以下、151頁以下、伊東研祐『組織体刑事責任論』（2012年）、西田典之『共犯理論の展開』（2010年）400頁以下参照。

16) 例えば、私的独占の禁止及び公正取引の確保に関する法律（独占禁止法）95条、金融商品取引法207条、著作権法124条、売春防止法14条、未成年者飲酒禁止法4条などがあります。

17) 例えば、独占禁止法95条の2・3、労働基準法121条があります。さらに、自然人である従業員の行った違反行為につき、その業務主である法人だけを処罰する「代罰規定（転嫁罰規定）」もありうるのですが、現在、この規定は存在しません。

18) 判例（最大判昭和32・11・27刑集11・12・3113）・通説です。法人は、過失の不存在を証明しないと、刑事上の過失責任を問われることになります。

失説 [19] が主張されています。行為者に故意・過失がある場合に限ってこれを処罰することができるという責任原則を堅持するならば、純過失説が妥当です [20]。

特別刑法の分野では、法人に刑罰、特に罰金刑を科す規定が見られますが、それでも、法人の犯罪能力は認められないのでしょうか。

法人の犯罪能力否定説 [21] は、法人自体は意思も肉体もない観念的・擬制的な存在であるから、刑法的評価の対象となるべき行為を自ら行うことができる行為能力はない、刑事責任の本質は違法な行為・結果に対する倫理的非難にあるから、固有の意思・肉体を有しない観念的・擬制的存在である法人は倫理的実践の主体となりえないし、刑事責任の主体となりえない、現行刑法の刑罰制度は自然人（個人）を念頭においた刑罰（自由刑・生命刑）制度となっており、法人処罰には適合しない、法人に刑罰を科すことは、責任のない法人構成員（多くの場合は株主）をも処罰することになり不当である、例えば、法人に罰金刑を科した場合、その負担は、結局、法人構成員に転嫁されることになるが、それは責任のない法人構成員を処罰するものであり不当である、特別刑法等に見られる法人処罰の規定（両罰規定・三罰規定）は、法人の犯罪能力を認めたものではなく、行政取締目的という政策的見地から法人に受刑能力を認めたものにすぎないか、少なくとも保安処分的な制裁処分にすぎないなどを根拠とします。

これに対し、**法人の犯罪能力肯定説**は、法人はその機関である自然人・代表者を通じて法人としての意思を決定し行動するのであり、法人の組織活動を担う機関たる自然人・代表者の意思・行為は法人自体の意思・行為と考えることができるので行為能力を有する、刑事責任の本質は違法な行為・結果に対する倫理的非難を含む法的・社会的非難にあり、法人が機関たる自然人・代表者とは異なる社会的実体を有し、別個の社会的評価を受けている以上、法人に対し、自然人・代表者とは異なる法的・社会的非難をすることには意味があるし、合理的である、刑法が犯罪に対し自由刑・生命刑のみを法定している場合には法人を処罰することはできないが、法定刑に罰金・科料・没収がある場合には法人を処罰することは可能であるし、法人の解散、営業停止などの制裁を有効に

---

19) 神山敏雄「両罰規定と事業主の刑事責任」法セ277号（1974年）85頁、三井誠「法人処罰における法人の行為と過失」刑法雑誌23巻1=2号（1979年）131頁参照。

20) 法人の刑事責任を問うには、従業者の故意・過失に基づく違反行為が存在することが前提となっているので、その限りで、従業者たる行為者の違反行為の存在と法人の処罰とは連動していますが、従業者の違反行為が必ずしも犯罪として成立することは要しません。しかし、今日、違反行為をした従業者の処罰の有無・程度と、法人の処罰の有無・程度とを切り離した立法がなされており、違反行為をした従業者に対する罰金刑の上限と法人（事業者）に対する罰金刑の上限との連動を切り離す両罰規定（例：独占禁止法95条）が制定されています。

21) 植松・118頁、団藤・126頁、福田・74頁、松宮・59頁。

用いることによって法人の責任を追及することが可能である、法人を処罰することは、結局、法人構成員に損害の負担をさせることになるが、しかし、それは責任のない法人構成員が処罰されることを意味するものではなく、単に間接的に不利益を被るにすぎない、法人の意思は機関の決定を通じて集団的に決定されており、その結果は法人自体に帰属するのであるから、個人としての行為者だけを処罰しようとすれば、法人のために個人を犠牲にすることを容認し、法人自体もそれに何の痛痒も感じない事態を放置することになり、法人自体の違法行為を抑止できないなどを根拠とします。

　法人処罰の規定について、判例・通説は**過失推定説**を採っていますが、従業者の違法行為について、その選任・監督上の注意義務を怠った過失を法人自体に推定するということは、法人自体に違法行為について主観要件が存在することを認めていることにほかなりません。また、法人処罰の規定について、「それは、法人の犯罪能力を認めたものではなく、行政取締の政策的見地から受刑能力を認めたものにすぎない」との説明がなされますが、犯罪能力を否定しながら受刑能力だけを認めるのは、「あなたは犯罪を犯す能力はないので犯罪者にはなりえないが、刑罰は科す」と説明するようなもので、便宜的にすぎる説明といえます。他方、法人処罰の規定について、それは倫理的色彩の薄い行政取締法規だからであって、行政取締目的達成のために行政取締法規に違反する行政犯（法定犯）に限って法人の犯罪能力を肯定しているにすぎないとする**一部肯定説**[22]も主張されています。しかし、この見解が典型的な刑罰法規と行政取締法規を倫理的色彩の濃淡で区別する点には疑問がありますし、また、刑事犯（自然犯）と行政犯（法定犯）の曖昧な区別を前提とするものであって、違法性の意識（の可能性）について自然犯・法定犯区別説が既に過去の説となっている理論状況においては、きわめて説得力を欠きます。

今日の一言

正道　孤独ならず

必ずや　友あり　同志あり

---

22) 大塚仁・138頁、福田・75頁、西原・上・91頁、佐久間・59頁。

第 10 講　犯罪・犯罪者の種類

1　総　説

犯罪・犯罪者について、本書では、以下の分類を使って説明していきます。

1) 行為段階：予備罪・陰謀罪・未遂犯・既遂犯
2) 関与形態：単独正犯・共同正犯・共犯（任意的共犯・必要的共犯）
3) 犯罪結果：結果犯（実害犯・危険犯〔具体的危険犯・抽象的危険犯〕）・挙動犯（単純行為犯）
4) 犯罪終了：即成犯・状態犯・継続犯
5) 常 習 性：普通累犯・常習累犯

2　行為段階による分類

(1)　行為段階

犯罪を経時的な段階により単純化すると、まず、ある動機により犯罪を行う**決意**がなされ、次に、犯罪行為の**準備**や他人との**謀議**が行われ、さらに、犯罪行為が**実行**され、そして、犯罪**結果**が惹起されるというように推移していきます。多くの犯罪は、犯罪の実行行為段階から処罰の範囲に入るのですが、中には予備段階・陰謀段階から処罰されるものもあります。

(2)　予備罪

刑罰法規の中には、特定の犯罪行為・犯罪結果の実現を意図して行われる準備行為を犯罪としているものがあり、そのうち陰謀罪を除いたものを**予備罪**といいます。予備罪は、基本となる法律要件を拡張した拡張法律要件に係る犯罪であり、一定の重大犯罪に限って処罰されています。

　①　**従属予備罪・独立予備罪**　予備行為の後の本犯行為が犯罪として処罰され、そのための準備行為が犯罪とされている場合の、その予備罪を**従属予備罪**（非独立予備罪）といい、内乱予備罪（78条）、外患予備罪（88条）、放火予備罪（113条）、通貨偽造等準備罪（153条）、支払用カード電磁的記録不正作出準備罪（163条の4）、殺人予備罪（201条）、身の代金目的拐取等予備罪（228条の3）、強盗予備罪（237条）などがあります。これに対し、予備行為の後の本犯行為が犯罪として処罰

96 第 10 講 犯罪・犯罪者の種類

されておらず、そのための準備行為のみが犯罪とされている場合の、その予備罪を**独立予備罪**といい、刑法典ではわずかに私戦予備罪（93 条）があるだけです。この区別は、予備の中止の問題で重要となります。

② **自己予備罪・他人予備罪**　行為者が自ら本犯を実現するために準備行為を行うことが犯罪となっている場合の、その予備罪を**自己予備罪**というのに対し、他人に本犯を実現させるために準備行為を行うことが犯罪となっている場合の、その予備罪を**他人予備罪**といいます。問題は、当該刑罰法規は自己予備罪のみを処罰しているのか、それとも他人予備罪をも含めて処罰しているのかです。「第○条の罪を犯す目的で、その予備をした者」という規定形式[1]の場合、自己予備罪のみを処罰していると解釈することができますが、そうした規定形式を取っていない場合[2]に、他人予備罪をも処罰しているかが問題となるのです。

(3) **陰謀罪**

　刑罰法規の中には、特定の犯罪行為・犯罪結果の実現を意図して行われる準備行為のうち、複数の者が特定の犯罪行為を実現しようと相談する謀議行為を処罰しているものがあり、**陰謀罪**といいます。陰謀罪もまた、予備罪と同様、特定の犯罪を実現するための謀議行為が犯罪となっているので、基本となる法律要件を拡張した犯罪であり、一定の重大な国家法益に対する犯罪に限って処罰されています。

① **従属陰謀罪・独立陰謀罪**　謀議行為の後の本犯行為が犯罪として処罰され、そのための謀議行為が犯罪とされている場合の、その陰謀罪を**従属陰謀罪**（非独立陰謀罪）といい、内乱陰謀罪（78 条）、外患陰謀罪（88 条）があります。これに対し、謀議行為の後の本犯行為が犯罪として処罰されておらず、そのための陰謀行為のみが犯罪とされている場合の、その陰謀罪を**独立陰謀罪**といい、刑法典ではわずかに私戦陰謀罪（93 条）があるだけです。

② **自己陰謀罪・他人陰謀罪**　行為者らが自ら本犯を実現するために謀議行

---

1) この規定形式を取っているのは、私戦予備罪（93 条）、放火予備罪（113 条）、殺人予備罪（201 条）、身の代金目的拐取等予備罪（228 条の 3）、強盗予備罪（237 条）です。
2) これに当たるのは、内乱予備罪（78 条）、外患予備罪（88 条）、通貨偽造等準備罪（153 条）、支払用カード電磁的記録不正作出準備罪（163 条の 4）です。

為を行うことが犯罪となっている場合の、その陰謀罪を**自己陰謀罪**というのに対し、他人に本犯を実現させるために謀議行為を行うことが犯罪となっている場合の、その陰謀罪を**他人陰謀罪**といいます。当該刑罰法規は自己陰謀罪のみを犯罪として処罰しているのか、それとも他人陰謀罪をも含めて犯罪として処罰しているのかが問題となります。ただ、「第○条の罪を犯す目的で、その陰謀をした者」という規定形式は存在しませんし、性質上、他人に犯罪を実現させるための謀議行為も排除されないとの解釈が支配的ですので、この問題は顕在化していません。しかも、共謀共同正犯肯定説が支配的ですから、この問題が顕在化することはないかもしれません。

⑷　**未遂犯**

　特定の犯罪行為に着手したが、犯罪を完成させるに至らなかった場合を**未遂犯**といいます（43条本文）。未遂犯はいわば未完成犯罪であり、実行の着手によって予備罪・陰謀罪と区別され、既遂結果の不発生、既遂結果との因果関係の不存在によって既遂犯と区別されます。

犯罪の種類		実行行為	結　果		
			抽象的危険	具体的危険	実　害
挙動犯（単純行為犯）		実行行為			
危険犯（結果犯①）	**抽象的危険犯**	実行行為―抽象的危険結果			
	具体的危険犯	実行行為―――――――具体的危険結果			
実害犯（結果犯②）		実行行為―――――――――――――実害結果			

　未遂犯の内容は当該犯罪の性質によって異なります。**実害犯**の場合、実行の着手の存在を前提に、犯罪結果である法益侵害が惹起されなかったとき、あるいは法益侵害が発生しても実行行為との間に因果関係がないとき、未遂犯となります。また、**具体的危険犯**の場合、実行の着手の存在を前提に、犯罪結果である法益侵害の具体的危険が惹起されなかったとき、あるいは法益侵害の具体的危険が発生しても実行行為との間に因果関係がないとき、未遂犯となります。すなわち、実行の着手、実行行為及び未遂犯の内容は、同じ実質犯である実害犯と危険犯とで異なり、同じ危険犯である具体的危険犯と抽象的危険犯とで異なるのです。

98 第10講 犯罪・犯罪者の種類

　未遂犯は、既遂犯を基本としつつ、その法律要件を前段階へと拡張した犯罪です。したがって、予備罪・陰謀罪の場合と同様、事後処理法である刑法の本質を事前予防法的な管理法へと変質させる危険があります。

　未遂犯のうち、未遂に至った原因が意外の障害によるものを**狭義の未遂犯**、**障害未遂犯**といい、未遂に至った原因が「自己の意思により犯罪を中止した」(43条但書) ものを**中止犯**、**中止未遂犯**といいます。

　また未遂犯のうち、未完成に至った行為が犯罪結果発生の危険性をおよそ有しない未遂犯を**不能犯**、**不能未遂犯**といい、未遂犯の法律要件さえも充足しないので犯罪を構成しません。これに対し、未完成に至った行為が犯罪結果発生の危険性を有する未遂犯を**障害未遂犯**、**未遂犯**(狭義) といい、未遂犯の法律要件を充足しているので**可能未遂犯**ともいい、処罰規定の存在を前提に処罰されます。

(5) **既遂犯**

　既遂犯は、当該犯罪の基本要件のすべてを充足するものをいい、形式犯においては実行行為が完全に行われること、実害犯においては実害結果の発生があり、因果関係も存在すること、危険犯においては危険結果の発生があり、因果関係も存在することが必要です。

3　関与形態による分類

(1) **関与形態**

　犯罪への関与形態により、正犯と共犯 (狭義) に分類されます。ここで、正犯と共犯との区別について、現在の学説状況をごく大雑把に整理しておきます。学説では、正犯・共犯の区別について2つの傾向が存在します。

> 　形式類型的な思考方法を尊重し、形式的な基本法律要件を軸にして正犯・共犯を考察する**形式論的アプローチ**を採る形式的犯罪理論があり、正犯につき「基本法律要件を充足する実行行為」の分担という形式類型論的な要素を重視する点に特徴があります。

> 　これに対し、実質価値的な思考方法を尊重し、実質的な基本法律要件を軸にして正犯・共犯を考察する**実質論的アプローチ**を採る実質的犯罪理論があり、正犯につき犯罪実現の「主導的な役割」「重要な役割」の遂行という実質範疇論的な要素を重視する点に特徴があります。

(2) 正 犯

　正犯とは、形式的には、犯罪の基本法律要件を充足する者[3] をいい、実質的に解すれば、犯罪の実現について中心的で主導的な役割を果たし中核的な責任非難を受けるべき者をいいます。

　正犯は、関与形態の直接性・間接性により直接正犯と間接正犯に分けられます。**直接正犯**とは行為者が自らの身体活動によって直接に犯罪の基本要件を充足する事実を実現する場合及びその者をいい、**間接正犯**とは行為者が他人を自己の手足のように一方的に利用して犯罪の基本法律要件を充足する事実を実現する場合及びその者をいいます。

　また、正犯は、関与者の人数により単独正犯と共同正犯とに分けられます。**単独正犯**とは犯罪の基本法律要件を充足する者が一人である場合及びその者をいい、**共同正犯**とは犯罪の基本法律要件を充足する者が複数である場合及びそれらの者をいいます。共同正犯については、その正犯性を肯定して正犯とするか、正犯性を否定して共犯とするか、それとも共犯であるとともに正犯でもあるとするかが問われますが、この点は共同正犯、特に共謀共同正犯論の行方を左右することになります。

　なお、直接正犯・間接正犯と単独正犯・共同正犯を組み合わせると、単独の直接正犯[4]、単独の間接正犯、共同の直接正犯[5]、共同の間接正犯があることになります。

(3) 共 犯

　共犯には、最広義・広義・狭義の３類型があります。**最広義の共犯**は、２人以上の者が関与して犯罪を実現するすべての形態及びそれらの者をいいます。

　刑法典には、「２人以上共同して犯罪を実行」（60条）する**共同正犯**、「人を教唆して犯罪を実行させ」（61条）る**教唆犯**、「正犯を幇助」（62条）する**従犯**が規定されていますが、これら刑法総則に規定された共犯が**広義の共犯**であり、**任**

---

3) 基本書などでは、正犯・共犯は、当該関与形態の犯罪行為者を指す場合もあれば、当該関与形態の犯罪行為を指す場合もあり、この点は初学者を戸惑わせる原因となっています。本書では、当該関与形態の犯罪行為者を指すときは、正犯者・共犯者の用語を使うようにします。

4) これは、単独正犯そのものです。

5) これは、実行共同正犯です。

100　第10講　犯罪・犯罪者の種類

意的共犯、総則の共犯ともいいます。このうち、教唆犯・従犯を**狭義の共犯**といいます。支配的見解は、共同正犯は正犯であると解するので、共犯といった場合、通常、狭義の共犯を指します。本書も、共犯といった場合、狭義の共犯を意味することにし、共同正犯を含めるときは「共同正犯・共犯」とします。

　これに対し、各則の条文が2人以上の者の関与を予定して規定しているものを**必要的共犯、各則の共犯**といいます。必要的共犯には、2人以上の互いに向き合った行為の存在が要件となっている**対向犯** [6]、犯罪の成立上、同一目標に向けられた多衆の共同行為が要件となっている**集合犯** [7] があります。

4　結果による分類

⑴　学説の分類

　犯罪結果は、行為客体に生じる結果と保護法益に生じる結果を区別する必要があります。支配的見解は、一定の結果の発生を法律要件として規定している犯罪を**結果犯**、結果の発生を必要とせず、行為者の一定の身体動作のみが法律要件の内容となっている犯罪を**挙動犯**（単純行為犯）としています。他方、当該犯罪が成立するために法益の侵害・危殆化が必要な犯罪を**実質犯**、法益侵害の抽象的危険さえも必要としない犯罪を**形式犯**としています。

　しかし、支配的見解における結果犯・挙動犯と実質犯・形式犯の関係が分かりづらく、学生時代、戸惑いました。そこで、学説の中には、結果犯・挙動犯を、行為の終了と結果の発生との間における時間的間隔の有無を基準にした分類に変更する見解や、結果犯・挙動犯は行為客体に生じる結果を基準にした分類、実質犯・形式犯は保護法益に生じる結果を基準にした分類というように区分する見解も主張されています。

　結果の概念として重要なのは、保護法益に生じる結果です。しかも、形式犯といえども、法益侵害に対する何らかの危険が必要だと考えるべきで、およそすべての犯罪は実質犯としての性格を有しているともいえるのです。他方、分類は、説明のため、理解のための道具にすぎませんので、できるだけ少なく、単純で分かりやすいものにすべきです。

6）これには、対向する行為者の双方を同一法定刑で処罰する双面的同一刑対向犯（例：重婚罪〔184条〕）、対向する行為者の双方を異なる法定刑で処罰する双面的同一刑対向犯（例：賄賂罪〔197条以下〕）と、対向する行為者の一方のみを処罰する片面的対向犯（例：猥褻文書頒布罪〔175条〕）があります。

7）集合犯には、内乱罪（77条）、騒乱罪（106条）があります。

(2) **本書の分類**

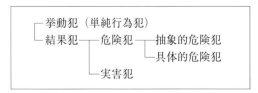

① **結果犯**は、犯罪が成立するには一定の実行行為が行われるだけでなく、法益の侵害・危殆化という一定の結果の発生を必要とする犯罪をいいます。

結果犯のうちの**実害犯**とは、例えば、殺人罪（199条）、窃盗罪（235条）などのように、一定の法益を現実に侵害したこと（実害結果）が犯罪の要件となっているものをいいます。実害犯の特別な形態として、一定の故意に基づく犯罪行為（基本犯）からより重い結果（加重結果）が発生した場合に、その基本犯と加重結果とを一個の犯罪としてまとめ、基本犯よりも重く処罰している犯罪があり、**結果的加重犯**といいます。例えば、傷害致死罪（205条）、逮捕等致死傷罪（221条）などです。結果的加重犯は、「よって人を〇〇させた者は」という規定形式が採られるのが一般的ですが、そのような規定形式が採られていないのに結果的加重犯も含まれると解されている条文（例：204条）がありますし、逆に、結果的加重犯の規定形式が採られているのに故意犯形態が含まれると解されている条文（例：240条後段）もありますので、注意が必要です。

結果犯のうち**危険犯**とは、一定の法益を侵害する危険を生じさせたこと（危険結果）が犯罪の要件となっているものをいいます。これには、要求される危険の質量に応じて**具体的危険犯**と**抽象的危険犯**があり、放火罪でいうと、具体的危険犯に当たるのが自己所有の非現住建造物等放火罪（109条2項）、抽象的危険犯に当たるのが現住建造物等放火罪（108条）、他人所有の非現住建造物等放火罪（109条1項）です。

② **挙動犯**は、犯罪が成立するには法益の侵害・危殆化の発生を必要とせず、一定の命令・禁止に違反する実行行為が行われることが要件となっている犯罪をいい、**単純行為犯**ともいいます。例えば、単純逃走罪（97条：「逃走の行為」）、偽証罪（169条：「偽証の行為」）、住居侵入罪（130条：「住居等への侵入行為・不退去行為」）、暴行罪（208条：「不法な有形力行使の行為」）などです[8]。しかし、

---
8) 挙動犯には、行為客体が存在しないために行為客体における事実的変動を要しないもの（例：単

102　第10講　犯罪・犯罪者の種類

挙動犯も、法益の侵害・危殆化について何らの結果も必要ないというわけではなく、実行行為と犯罪結果とが不即不離の関係にあるため、通常、実行行為により結果（多くは危険結果）の発生が認められる犯罪なのです。

5　犯罪終了による分類

(1)　即成犯

　即成犯とは、法益の侵害・危殆化という結果発生により犯罪が完成し既遂となると同時に、犯罪は終了し、その後に法益の侵害・危殆化の状態が存在していても、それは犯罪の継続とみなされないものをいいます。要するに、結果発生と同時に既遂となって犯罪は終了し、その後の法益の侵害・危殆化の状態は法的に問題とならないものをいい、放火罪（108条以下）、殺人罪（199条）、傷害罪（204条）などです。

(2)　状態犯

　状態犯とは、法益の侵害・危殆化という結果発生により犯罪が完成して既遂となると同時に、犯罪は終了し、その後に行為者の関与する法益の侵害・危殆化の状態が存在していても、それは新たな犯罪事実として評価されないものをいいます。要するに、結果発生と同時に既遂となって犯罪は終了し、既遂の状態が継続してはいるけれども法的に問題とならないものをいい、単純逃走罪（97条）、窃盗罪（235条）、単純横領罪（252条）などです。状態犯では、不可罰的事後行為（共罰的事後行為）に注意してください。

(3)　継続犯

　継続犯とは、法益の侵害・危殆化という結果の発生により犯罪が完成して既遂となるが、法益侵害・危殆化の状態を維持させる実行行為が継続する限り、犯罪は継続しているものをいいます。要するに、結果発生と同時に既遂となるが、違法状態が継続する限り犯罪は継続しているとされるものをいい、不退去罪（130条）、猥褻物所持罪（175条）、不保護罪（218条）、逮捕・監禁罪（220条）などです。継続犯については、継続する犯罪行為の途中から加担した者も共同正犯・共犯となること、継続中に刑の変更があったときは新法が適用

純逃走罪、偽証罪など）、及び、行為客体は存在するが犯罪の成立に行為客体における事実的変動を要しないもの（例：住居侵入罪、暴行罪など）があります。

されて 6 条の適用はないこと、犯罪行為が継続している間は「急迫不正の侵害」が存在すること、犯罪行為の開始によって既遂となるので、行為継続中、終始故意を有する必要はないことに注意するように。

なお、即成犯・状態犯・継続犯の分類においては、当該犯罪の保護法益をどのように解するかが大きく影響します。例えば、略取・誘拐罪（224 条以下）の保護法益を、被拐取者の自由と解すれば本罪は継続犯になるし、人的保護関係と解すれば状態犯になります。

6　常習性による分類

　行為者の一定の特質を犯罪者の積極要件として規定している刑罰法規は多くありません。責任能力者であれば、原則として犯罪行為者となりうるので、特別の要件（事情）が認められる行為者は、むしろ例外的に刑を減軽・免除するという規定形式が採られるのが通常だからです。

　しかし、刑法は、行為者の刑が加重される場合として累犯を規定しています。**広義の累犯**は、何度か犯罪（前犯）を犯して裁判にかけられ、確定裁判を経て後、刑を科せられた者が、刑の執行を終えた日から一定の期間内にさらに犯罪（後犯）を犯した場合のその後犯を指します。この場合、2 度目の犯罪を**再犯**と、3 度目の犯罪を**三犯**と、4 度目の犯罪を**四犯**といい、それらをまとめて**累犯**といい、それらのうち、一定の要件（56 条 1 項）を充足することによって刑が加重されるものを**狭義の累犯**といいます。

　行為責任を原則とする刑法において、前犯について刑の執行を終えて一応の贖罪を果たしたにもかかわらず、さらに犯罪を行ったということで、後犯について刑を加重する根拠はどこにあるのでしょうか。支配的見解は、前犯について刑を科されたにもかかわらず犯罪を繰り返した行為者は、より強い責任非難が加えられるべきなので刑が加重されるのだと説明します[9]。つまり、「懲りない奴だから、刑を重くするのだ」というわけです。

　以上のような累犯を**普通累犯**ということがあり、刑法総則（56 条以下）にその要件・効果が規定されています。これに対し、広義の累犯のうち、一定

---

9) 植松・428 頁、団藤・523 頁、西原・下・498 頁、大谷・537 頁、川端・703 頁、高橋・559 頁、松宮・171 頁。ほかに、佐伯千仭・417 頁、大塚仁・539 頁、伊東・412 頁参照。

104　第10講　犯罪・犯罪者の種類

の犯罪を反復累行する習癖を有する常習性が犯罪者の要件となっているものを**常習犯**（常習累犯）といい、その犯罪者を**常習犯人**（常習累犯者）といいます。刑法は、常習犯について、一般的な総則規定を設けておらず、刑法各則の規定[10]あるいは特別刑法の規定[11]で対応しています。

　これらの累犯・常習犯については、犯罪行為者の属性というよりは犯罪行為の属性であり、違法性に影響を与える要素（違法要素）と解すべきであるという見解[12]が主張されています。しかし、行為責任の原則を前提とする限り、そのように主張することは無理です。行為者が同じ種類・態様の賭博行為を繰り返したことにつき、それは、悪しき習癖をもった意思を結節点とする行為者の意思属性と解すべきです。判例・多数説は、常習犯についても、累犯加重の規定を適用することができるとしています[13]。常習犯を単なる犯罪行為の類型と解するならば別ですが、これを犯罪行為者の属性と解するときは、同種行為を反復した行為者に対して、常習犯による加重と累犯の加重を重複して行うのは疑問です。

今日の一言

成し遂げる強い決意があれば
不可能も
可能になる

　1958 年 2 月、ドイツ・ミュンヘンのリーム空港で起きた飛行機事故は、マンチェスター・ユナイテッドの選手 8 人が犠牲になり、「ミュンヘンの悲劇」と呼ばれた。J. セイン機長は、「翼の除氷を怠った」として事故の責任を問われたが、事故原因は別にあると確信して、原因究明のために妻とともに奔走する。そして、「スラッシュ」が原因であることを突き止め、11 年後にようやく、彼の濡れ衣が晴れた。そのとき、セイン機長が、娘に贈った言葉。

---

10) 例えば、常習賭博罪（186 条 1 項）があります。
11) 例えば、常習窃盗・強盗罪（盗犯等ノ防止ニ関スル法律 2 条～ 4 条）、常習傷害・暴行・脅迫・器物損壊罪（暴力行為等処罰ニ関スル法律 1 条ノ 3）、常習面会強請・強談威迫罪（同法 2 条 2 項）、常習買収・利益誘導罪（公職選挙法 222 条 2 項）があります。
12) 平野・Ⅰ・108 頁、372 頁。なお、曽根・142 頁、松原・200 頁参照。
13) 最決昭和 44・06・05 刑集 23・7・935、最決昭和 44・09・26 刑集 23・9・1154、大塚仁・544 頁、大谷・539 頁など。

第11講　不作為犯論

1　総　説

(1)　作為犯・不作為犯

　行為は、社会的な意味において、外部に現れた存在〔外部性・身体性〕、外界に変動をもたらした存在〔社会侵害性〕、さらに、結果を帰属できる存在〔因果性〕として捕捉される社会事象です。そのうち、**作為**とは一定の結果発生に至る因果の進行に直接介入し、結果発生に至る因果関係を創設するに相応しい積極的な身体動作をすることをいい、これによって実現された犯罪を**作為犯**といいます。これに対し、**不作為**とは一定の結果不発生に至る因果の進行に直接介入せず、結果不発生に至る因果関係を創設するに相応しい積極的な身体動作をしないことをいい、これによって実現された犯罪を**不作為犯**といいます[1]。

　注意してほしいのは、第1に、作為・不作為は身体の動・静と一致しません。例えば、「テニスをする」という動は、身体の鍛錬という観点からは作為ですが、子どもの世話をするという観点からは不作為です。第2に、作為・不作為は、一定の観点（規準）を導入してはじめて区別できます。この点、「一定の身体的動静・身体運動」という観点を導入して区別する見解[2]がありますが、区別の基準として充分ではありません。むしろ、「結果の発生・不発生に至る因果の進行」という観点を導入すべきです。第3に、作為犯・不作為犯は犯罪の実現形態に付けられる類別名であって、犯罪それ自体の名称ではありません。例えば、殺人罪（199条）、不退去罪（130条後段）は、作為によっても不作為によっても犯すことができるのです。第4に、作為犯の場合、犯罪結果を惹起する作為をしない限り罰せられないので行動の自由への制約は

---

1) 不作為犯論については、堀内捷三『不作為犯論』(1978年)、日高義博『不真正不作為犯の理論』(1979年)、平山幹子『不作為犯と正犯原理』(2005年)、西田典之　『共犯理論の展開』(2010年) 160頁以下、岩間康夫『構造物責任と不作為犯論』(2010年)、吉田敏雄『不真正不作為犯の体系と構造』(2010年) 参照。

2) 例えば、大塚仁・129頁、大谷・111頁、裸の行為論を採る立場から曽根・51頁など参照。

106　第11講　不作為犯論

小さいですが、不作為犯の場合は、犯罪結果を阻止する作為をしない限り罰せられるので行動の自由への制約は大きいといえます。

⑵　種　類

　犯罪の成立にとって重要なのは、法益の侵害・危殆化という結果ですので、作為犯・不作為犯の区別も、結果発生へと至る因果経過を軸に考えるべきです。例えば、殺人罪（199条）において、射殺行為のように、死亡結果発生に至る因果関係を創設するに相応しい積極的な身体動作をすることによって犯罪結果を実現するのが作為犯ですが、母親Ｘが殺意をもって自分の乳児Ａに授乳しないで餓死させるというように、死亡結果不発生に至る因果関係を創設するに相応しい積極的な身体動作をしないことによって犯罪結果を実現するのが不作為犯です。他方、例えば、不退去罪（130条後段）で、退去要求を受けてもその場に居座る行為のように、滞留結果不発生に至る因果関係を創設するに相応しい積極的な身体動作をしないことによって犯罪結果を実現するのが不作為犯ですが、家屋外に通じる橋を壊す、ドアに鍵をかける行為のように、滞留結果発生に至る因果関係を創設するに相応しい積極的な身体動作をすることによって犯罪結果を実現するのが作為犯です。

　通説は、「真正・不真正」の語を用いるのですが、それは、通説が刑罰法規の規定形式にこだわり、行為規範の構造論に固執するがゆえといえます。「真正・不真正」は誤解を招く用語であり、用いるべきではありません。

　通説は、不作為犯には2類型があり、**真正不作為犯**とは、法律要件に該当する行為が不作為の形式で規定されているものを不作為によって実現する犯罪をいい、多衆不解散罪（107条）、不退去罪（130条後段）、不保護罪（218条後段）などがあるのに対し、**不真正不作為犯**とは、法律要件が作為の形式で定められているものを不作為によって実現する犯罪をいい、不作為による殺人罪（199条）、不作為による放火罪（108条以下）などがそれであるとします。そして、例えば、199条（殺人罪）について、先の乳児殺害事例で、ⓐ母親ＸはＡへの授乳義務があるにもかかわらず、不作為によって「授乳せよ」という命令規範に違反し、その結果、Ａ死亡を惹起し、間接的に「人を殺すな」という同条の禁止規範に違反している、ⓑ199条は「人の生命を尊重せよ」という規範内容であり、それは「人を殺すな」という禁止規範と「人の生命を救助せよ」という命令規範の双方を含んでいる、あるいは、ⓒ199条は「殺す結果を発生させるな」とい

う禁止規範であるが、それへの違反行為には作為と不作為の両形態があるなど
と説明します。

通説の説明は、類推解釈の禁止への抵触を回避するためとはいえ、刑罰法
規の規定形式、行為規範（禁止規範・命令規範）の構造、目的規範の内容の相
互関係を混乱させるものですし、刑法の法益保護機能を軽視するものといえ
ます。行為規範の構造を重視するなら、作為犯にも真正作為犯・不真正作為
犯の区別があってしかるべきです[3]が、通説はその区別を採用しません。

(3) 不真正不作為犯の問題性

通説のように、法律要件が作為で実現されることを予定している条文に規
定外の不作為形態を包摂させるのは、**類推解釈の禁止**に抵触しないのでしょ
うか。本書によれば、例えば、殺人罪（199条）は、故意に人の死亡結果を惹
起する犯罪ですが、それは作為によっても不作為によっても実現されます。
したがって、不作為犯を199条に包摂して犯罪として処罰したとしても、類
推解釈の禁止に抵触するものではありません。ただ、そうした疑問は、刑法
学者も抱かざるをえない疑問ですし、一般の社会成員にとっては当然の疑問
でしょうから、立法手当をするのが適切です[4]。

（不真正）不作為犯の処罰は、罪刑法定原則の要請する**刑罰法規の明確性**に
抵触しないのでしょうか。刑罰法規の明確性によれば、立法者は、刑罰法規
をできるだけ明確に規定する責務があるので、不作為犯についても明確な処
罰規定を設けるべく、一般的な総則規定とともに、場合によっては各犯罪に
つき不作為犯を処罰する各則の規定を設けるのが望ましいといえます。但し、
条文の煩雑さ、法文言の複雑さを調整する必要はあるとは思いますが。

類推解釈の禁止、刑罰法規の明確性に関する疑問が解消したとしても、不
作為犯の処罰範囲を明確にする努力が必要です。これは、不作為犯の成立要
件を明確にすべきことを要請するのですが、その場合、不作為犯の処罰は行
動の自由への制約が大きいことを念頭におく必要があります。

---

3) 西原・上・295頁以下、曽根・201頁参照。「不真正作為犯」概念は存在しないとするのは高橋・
149頁。
4) （不真正）不作為犯の一般的な総則規定を設けた改正刑法草案12条が参考となります。

108　第11講　不作為犯論

(4)　成立要件

　不作為犯の成立要件も、基本的には通常の作為犯の場合と同様であり、客観要件として、刑罰法規の規定する行為の時期・場所・客体・内容・結果・因果関係などが充足され、主観要件として、行為の主体、故意・過失、目的などが充足されなければなりません。ただ、不作為犯の場合には、行為主体が作為義務を負う者に限定されますので、注意を要します。

　ここで、不作為犯の成立要件をまとめておくと、以下のようになります。

○**客観要件**　①不作為に実行行為性が認められること〔実行行為性〕
　　　　　　　　⑦法的な作為義務があること〔作為義務〕
　　　　　　　　⑦作為の可能性があること〔作為可能性〕
　　　　　　　　⑦結果発生の現実的危険性があること〔結果発生の危険性〕
　　　　　　　②不作為の実行行為と犯罪結果の間に因果関係が存在すること〔因果関係〕
○**主観要件**　③故意又は過失があること〔故意・過失〕

2　実行行為性

(1)　作為義務

　①　**体系的地位**　　作為義務の体系的地位については、従来、作為義務に違反して初めてその不作為は違法といえるので違法要素であるとする**違法要素説**が支配的でした。この見解は、法律要件の価値化・実質化を極力排除しようとする点に特徴があります。しかし、不作為の法律要件該当性が広く認められるため、法律要件該当性の違法推定機能が失われ、法律要件の違法行為類型としての性質を消失させてしまう問題点を抱えていました。近時は、犯罪結果の発生を防止すべき法律上の作為義務を負う者の不作為であって初めて当該犯罪の法律要件該当性が肯定されるので、作為義務は法律要件要素であるとする**法律要件要素説**（保障人説）[5]が支配的です。

　②　**発生事由**　　刑法の本質的機能は法益保護にあるので、作為義務の発生事由についても、法益保護の観点から結果発生を防止すべき地位を軸に検

---

5) 保障人説は、犯罪結果の発生を防止すべき法律上の義務を負っている者を「保障人」と呼び、犯罪結果の発生を防止すべき法律上の義務を負う地位を「保障人的地位」と呼び、そして、犯罪結果の発生を防止すべき法律上の義務そのものを「保障人的義務（作為義務）」と呼びます。

討すべきです。

　まず、**法令**として、例えば、多衆不解散罪（107条）では「権限のある公務員から解散の命令を3回以上受けた」こと、不退去罪（130条後段）では「（退去）要求を受けた」ことが、刑法上作為義務を発生させます。また、親権者の子に対する監護義務（民法820条）では、民法が、親権者を子の第一次的な身上監護義務者に指定し、親権者に対してその子の身体に関する監督・保護・育成を要求しているので、刑法上の作為義務の発生事由となりえます[6]。

　また、**契約**として、例えば、幼児の保育契約を締結した場合、保育園経営者・保育士は、預かった幼児の生命・身体などの法益を保護・保育・保全する契約上の債務（義務）を負担することになるので、刑法上の作為義務の発生事由となりえます。

　ただ、法令・契約上の義務は、それが当該刑罰法規の保護法益の保護・保全に直接役立つ質量を有していなければ、刑法上の作為義務を根拠づけるものとはならず、その実質的な基盤は現実の具体的状況にあります[7]。また、特に双務契約の場合、契約当事者双方が債権・債務を負担する関係にあるため、刑法の実質的観点から慎重に吟味する必要があります。その意味で、法令・契約上の義務は刑法上の作為義務を根拠づける端緒にすぎません。

　事実上の**引き受け行為**から刑法上の作為義務が生じることがあります。例えば、走行中、負傷した被害者を発見した運転者が、その被害者を病院に搬送すべく自車に引き入れたときなどです。通説が作為義務の発生事由としてあげる事務管理（民法697条）については、事実上の引き受け行為と同じく、作為義務の発生事由として慎重に吟味する必要があります。

　作為義務は当該犯罪を基礎づけるに足りる質量を有していなければなりませんので、引き受け行為は、当該犯罪の作為義務を根拠づけるに相応しい積極性がなければなりません。例えば、朝起きたら自家の玄関に嬰児が置き去りにされていた場合のように、被害者が自分の手元にいわば「漂着してきた」

---

6) もちろん、その前提には、「親（親権者）が子を保護すべきである」という社会観念が現に存在しているのです。

7) 例えば、道路交通法上の救護義務（117条・72条1項）のような行政刑罰法規上の作為義務が直ちに殺人罪・（保護責任者）遺棄致死罪等の刑法上の犯罪を基礎づけるものではないということです。

場合は、積極性がないため引き受け行為があったと認めることはできません[8]。他方、引き受け行為は、必ずしも排他性（他者による保護・救助の可能性を排除・遮断している状況）や依存性（当該法益の保護・保全がその者にのみ依存している状況）がなくとも、これを肯定することができます。作為義務の発生事由として重要なのは、事実上の引き受け行為であって、排他性・依存性ではないからです。

先行行為自体は、作為義務の発生事由とはなりません。例えば、不注意な自動車運転により歩行者を負傷させた者がそのまま逃走した場合、特別法上の危険運転致傷罪あるいは過失運転致傷罪、及び道路交通法上の救護義務違反罪・報告義務違反罪が成立することはありますが、その過失の先行行為を根拠にして単純遺棄罪、保護責任者遺棄罪・不保護罪、殺人罪を認めるのは二重処罰に当たります。

本書は、作為義務の発生事由として、法令・契約と事実上の引き受け行為を考慮します。しかし、前者は形式事由にとどまっており、現実の具体的状況による検証を要します。例えば、自分の幼子 A が急な重病になった場合、その親 X（親権者）は監護すべき義務（民法 820 条）があるとしても、X が、非難できない正当な事情のために A の近くにいなかったときは、殺人罪、（保護責任者）遺棄罪等を基礎づける作為義務は認められません[9]。刑法上の作為義務を根拠づけているのは、現実の具体的状況なのです。

作為義務の発生事由について、**形式説**に属する**形式三分説**[10] は、法令（例：民法 820 条、民法 877 条、警職法 3 条）、契約（例：育児・看護契約に基づく保護義務）・事務管理（例：病人を自宅に引き取った者の保護義務）、条理・慣習（例：先行行為、所有者・管理者、財産上の取引、慣習上の義務）の 3 つの事由に根拠を求めます。しかし、この説については、法令・契約上の義務だけでは直接に刑法上の作為義務を根拠づける

---

8) この積極性は、作為による引き受けでなければならないという意味ではありません。例えば、知人が頼むようにして嬰児を預けようとするので、行為者としては拒絶したかったが、強く拒絶することもなく預かった場合にも、積極的な引き受け行為があったと認められるのです。

9) この場合、「X には、作為の可能性が無いから作為義務そのものがない」とするのではなく、「X には作為義務はあるけれども、作為の可能性が無いから作為義務違反がない」と解することも可能です。しかし、X に作為を要求するのがおよそ困難である現実の具体的状況を考慮するのであれば、「X には作為義務が認められない」とするのが妥当でしょう。

10) 大谷・137 頁以下、川端・239 頁以下、曽根・203 頁以下、佐久間・78 頁など多数説。

ことはできない、一般的な条理・慣習は作為義務の発生事由としては曖昧で無限定にすぎ、受け皿的な事由として恣意的に援用される危険があるなどの疑問があります。

　他方、**実質一元説**に属する**先行行為説**[11]は、作為義務の発生事由を先行行為という単一の実質事由に求めます。この説については、作為と不作為の同価値性は不作為そのものについて問題とすべきであって、先行行為で埋め合わせることはできない、先行行為を作為義務の根拠にするのは二重処罰となる、原因設定行為を要求すると、事実上の引き受けがあっても不真正不作為犯が認められない場合が生じてしまい妥当でない[12]などの疑問があります。実質一元説に属する**事実上の引き受け説**[13]も、作為義務の発生を事実上の引き受けという単一の実質事由に求め、その具体的要件として、⑦法益の維持・存続を図る行為（結果条件行為：密着性・依存性）の開始、⑦法益の維持・存続を図る行為の反覆・継続性、⑦法益保護についての排他性の確保（因果の流れを掌中に収めていること）を要求します。しかし、作為義務が認められる場合がきわめて限定されており、妥当な結論を導くことができないなどの問題点があります。

　さらに、**実質多元説**に属する**機能的二分説**[14]は、作為義務の発生を法益保護型と危険源管理監督型の２つの類型に求めます。しかし、この説については、作為義務、特に危険源管理監督型義務の発生事由について、この説は何も語っておらず、作為義務を機能的に類型化したからといって作為義務の発生事由を摘出したことにはならず、結局のところ「作為義務を有する者は作為義務を負う」とする同語反復になっている、説明のための類型化を示したにすぎず、作為義務の発生事由を十分に分析しきれていないなどの疑問があります。同じく実質多元説に属する**排他的支配領域性説**[15]も、作為義務の発生を、意思に基づく排他的支配の獲得と支配領域性の存在の２つに求めます。しかし、排他的支配を自らの意思で設定したとき常に作為義務が生じるとするのは妥当でない、規範的要素により作為義務の範囲に理論的限定を付そうとすることは事実上困難であるし、作為義務の限界を曖昧なものにしてしまうなどの

---

11) 日高義博『不真正不作為犯の理論』（1979 年）107 頁以下、日高義博「不作為犯 1 〜 3・完」法教 110 号（1989 年）42 頁以下、111 号（1989 年）45 頁以下、112 号（1990 年）64 頁以下参照。
12) 例えば、X は、轢き逃げの被害者 A を発見し病院へ搬送するため自車に乗せたが、同人は日頃から恨みを抱いている A だと知り、病院へ搬送せずに走行を続けたため A が死亡した場合、この説だと、X には作為義務が認められないことになるので妥当でないというわけです。
13) 具体的依存説とも呼ばれる。堀内捷三「不作為犯論」中山研一ほか編『現代刑法講座第 1 巻』（1977 年）297 頁以下、堀内捷三『不作為犯論』（1978 年）249 頁以下、浅田・159 頁参照。
14) 義務二分説とも呼ばれ、ドイツの多数説です。町野・133 頁、高橋・162 頁。なお、山中・244 頁、松宮・94 頁参照。
15) 西田典之「不作為犯論」『刑法理論の現代的展開・総論 I』（1988 年）73 頁以下、西田・125 頁参照。

112　第11講　不作為犯論

問題を抱えています。また、同じく実質多元説である**結果原因支配説**[16) は、作為義務の発生を、危険源の支配と法益の脆弱性の支配の2つに求めます。しかし、行為者の保護法益との密接性や依存性を重視することは、必ずしも引き受けを要求することに結びつくわけではない、単に引き受けただけを根拠に作為義務を肯定すると、最初から保護を行わなければ刑事責任を負わないのに、親切心から保護を始めると刑事責任を負わされてしまう結果になり不合理であるなどの問題点を指摘できます。さらに同じく実質多元説である**危険創出・排他的支配説**[17) も、作為義務の発生を、法益に対する排他的支配と自己の行為による危険創出の2つに求めます。しかし、「積極的に法益に危険を与える行為をしない限り処罰されることはない」という自由主義に基礎をおく刑法の原則は、行為関係的な原則として実行行為には妥当するが、それよりも前の作為義務を発生させる行為には妥当しない、危険創出という先行行為を根拠に作為義務を認めることは二重処罰の禁止に抵触するおそれがあるなどの問題を抱えています。

　他面、**形式・実質総合説**に分類できる**総合考量説**[18) は、法令・契約等の形式事由と、引き受け行為・排他的支配・危険創出行為などの実質事由とを総合的に考量して作為義務の有無を判断します。事案に即した帰結が可能となるため、判例でも受け入れ易い見解ですし、受験界でも推奨されている見解と思われます。しかし、この説については、具体的な諸事情の総合考量は判断方法（基底）論にすぎず、むしろ作為義務存否の判断基準論を展開すべきである、この説は、結局のところ、判断者への白紙委任の方法論にすぎない、事案を類型化したからといって作為義務の発生事由を摘出したことにならないなど疑問の多い判断方法といえます。

(2)　作為可能性

　① **意義・体系的地位**　　不作為犯が成立するには、作為可能性が前提となります。**作為可能性**とは、結果発生を防止する作為をすることが事実上可能であることを意味し、結果回避可能性[19)・作為容易性とは異なります。

　作為義務違反は、形式事由である法令・契約、実質事由である事実上の引き受け行為をもとに認定された作為義務の存在を前提にして、広範な具体的事情を考慮しながら具体的行為者を基準に判断されます。そして、作為可能

---

16)　山口・90頁以下参照。
17)　佐伯仁志「保障人的地位の発生根拠について」『香川達夫博士古稀祝賀・刑事法学の課題と展望』
　　（1996年）95頁以下、佐伯仁志・89頁以下参照。
18)　前田・97頁以下、井田・157頁、木村光江・36頁参照。
19)　結果回避可能性がない場合というのは、当該具体的状況においては結果不発生に至る因果関係を創設するに相応しい作為をおよそ想定することができないことを意味するもので、これは不作為犯における不能犯（裏返された不能犯）の問題といえます。

性は、作為義務違反の判断の一環として、現実の具体的事情のもとで具体的行為者を基準に認定される責任要件としての法律要件です。

> 学説では、作為可能性は、ⓐこれがなければ、行為者に結果防止を期待しえないから作為義務は認められないし、作為義務違反もありえないので、作為義務の前提となる法律要件要素であるとする**法律要件要素説**[20]、ⓑ作為可能性は、具体的な事実的可能性を問題とするもので、不作為の違法性に関する要素であるとする**違法要素説**[21]、また、ⓒ作為可能性は、作為義務とは別個の不作為の作為との同価値性ないし実行行為性を担保する法律要件要素であるとする**法律要件的同価値要素説**[22]、さらに、ⓓ作為可能性は、その基準が個人の能力であるので責任要素（しかも、例外的に法律要件要素）であるとする**責任要素説**[23] があります。

② **判断基準**　作為可能性は作為義務違反を認定する要件の１つであり、しかも、作為義務違反は広範な具体的事情を基礎にして、具体的な行為者を基準に、作為が事実上可能であったか否かを判断するものですから、責任要件として**行為者基準説**が妥当です[24]。

> これに対し、作為可能性の判断基準について、**一般人基準説**（通説）[25] は、一般人にとって作為が可能であれば、行為者にとって不可能であっても作為義務やその違反を肯定できるとします。しかし、これはいわば国家・社会からの期待を基準にするもので、妥当ではありません。

③ **作為容易性**　「可能ではないが容易である」場合はありえませんし、「可能ではないし容易でもない」場合は刑法上問題となりません。結局、「可能であるが容易ではない」場合と、「可能であるし容易でもある」場合とが問題となります。

　本書によれば、作為可能性と作為容易性は同一延長線上に位置する同質の可能性の程度概念です。ただ、作為可能性について一般人基準説を採るなら

20）通説です。

21）内藤・上・234頁、曽根・205頁。

22）日高義博『不真正不作為犯の理論』（第2版・1983年）156頁。

23）山口・95頁。

24）ただし、当該作為可能性を消失させる事情のうち、例えば、親が重病のわが子に定期的に投薬すべき時間に、意図的に泥酔して投薬できない事情を作出したような場合など、行為者が有責的に作為不可能性を招来したときは別です。

25）通説は、法律要件該当性の判断は一般的・類型的判断であるから、一般人を基準とした客観的判断であるべきだとします。これは、法律要件的過失を判断する場合に、注意義務違反につき一般人を基準にするのとパラレルです。

114 第11講 不作為犯論

ば、作為容易性について行為者基準説を採ることも考えられますが、本書の
ように、作為可能性について行為者基準説を採るときは、作為容易性を作為
可能性と別に判断する必要はないことになります。

> 学説では、不作為犯の成立要件として、作為可能性のほかに作為容易性を要求す
> る見解があります[26]。また、不作為の実行行為性を基礎づけるのは社会通念である
> から、不作為者にとって容易でなくても一般人にとって可能である限り作為義務は認
> められ、作為容易性は作為義務違反の程度、すなわち不作為の違法性・有責性の問
> 題として考慮すれば足りるとする見解もあります[27]。

(3) 結果発生の危険性

① 作為との同価値性　作為との同価値性は、不作為犯の認定を慎重に
し、要件該当性を精査すべきことを要請するものとして考慮に値しますが、
このような一般条項的な要件を用いると、かえって「まず結論ありき」を追
認することになりかねません。同価値性は、**不作為の実行行為性**に解消され
るべきです[28]。

> 学説では、(不真正)不作為犯につき作為との同価値性を要求する見解が支配的で
> す。この同価値性については、作為義務(保障人的義務)を限定する原理であるとす
> る見解[29]、作為義務とは別に、不作為が当該法律要件の予定する法益侵害の現実的
> 危険性を有すること、つまり実行行為性を限定する原理であるとする見解[30]が主張
> されています。

② 不作為犯の未遂　不作為に犯罪の実行行為性が認められ、かつ、未
遂犯として処罰されるためには、作為犯の場合と同様、結果(実害犯では実害
結果、具体的危険犯では具体的危険結果、抽象的危険犯では抽象的危険結果発生)発生
の現実的危険性が必要です。

結果発生の現実的危険性は、作為義務違反とは別次元の要素です。特に法
令・契約という形式事由の場合、それは作為義務発生の端緒にすぎず、法
令・契約の違反が直ちに作為義務違反になるとは限りませんし、まして作為
義務違反によって直ちに結果発生の現実的危険性が発生するわけではありま

---

26) 平野・Ⅰ・154頁、内藤・上・234頁。なお、林・150頁参照。
27) 大塚仁・152頁、大谷・139頁。
28) 山中・238頁、高橋・167頁。
29) 平野・Ⅰ・154頁、福田・90頁、西田・119頁、曽根・204頁。
30) 大塚仁・156頁、大谷・140頁、川端・234頁、前田・91頁、斎藤信治・78頁、佐久間・79頁。

せん。例えば、餓死させる意図で自分の幼子を自宅の部屋のベッドに縛りつけ、部屋に鍵をかけて親が外出した場合、その時点で作為義務違反は認められますが、それで直ちに殺人罪に必要な死亡結果の現実的危険性が発生しているわけではないのです。

3　因果関係

(1)　問題性

①　**社会的因果関係・刑法的因果関係**　　因果関係の詳細は次の第12講〔因果関係論〕に譲りますが、不作為犯においても、不作為の実行行為と犯罪結果との間に因果関係が必要なのは、作為犯の場合と同様です。すなわち、不作為犯においても、①社会的行為論の立場から、まず前提として、一定の結果不発生に至る因果関係を創設するに相応しい積極的な身体動作である作為を想定したうえで、判明したすべての事情を基礎にして、事態を一般的に観察したとき、一般社会成員の知識・経験則上、作為義務を負う行為者（保障人）の不作為からその結果が発生するのが相当であるかが判断され〔純客観的相当因果関係説〕、相当であれば**社会的因果関係**が肯定されます。社会的因果関係が存在することを前提に、次に、②科学知見を基にして、作為義務を負う行為者（保障人）の不作為と犯罪結果という時間的に相前後する事象の間に、科学的因果法則に合致した個別具体的な合法則的連関が存在するかが判断され〔合法則的因果関係論〕、それが存すると認められれば**刑法的因果関係**が肯定されるのです。

②　**不作為の因果性**　　そうはいっても、不作為の因果関係には作為の因果関係とは異なる特殊性があります。というのは、一定の結果発生に至る因果の進行に直接介入し、結果発生に至る因果関係を創設するに相応しい積極的な身体動作をすることを意味する作為の場合、作為そのものが結果発生の危険性を有しているので、その因果関係の判断においては、その作為の危険性が結果に現実化したのかを確認すれば足ります。ところが、一定の結果不発生に至る因果の進行に直接介入せず、結果不発生に至る因果関係を創設するに相応しい積極的な身体動作をしないことを意味する不作為の場合、不作為そのものは結果発生の危険性を有しているわけではないので、その因果関

係の判断においては、科学知見を基にして、保障人が作為によって消滅・減少させるべき危険性が、同人の作為義務違反の不作為によりそのまま結果に現実化したのかを確認するものとなるからです。

(2) 刑法的因果関係

すなわち、不作為の因果関係の判断においては、科学的因果法則を基にしたとき、想定された作為をすることにより消滅・減少させられるべき結果発生の危険性が、その作為義務を負う行為者（保障人）の作為義務違反の不作為により、そのまま結果へと現実化したといえるのであれば、実行行為の危険の現実化として刑法上の因果関係が認められるのです。危険の現実化の判断は、不作為犯においては、通常、作為義務を負う行為者（保障人）がなすべき作為をしていたならば、科学的因果法則に合致するほどに結果回避が確実であったと認められるかの判断に集約され、それが認められるときには、刑法的因果関係が肯定されることになるのです。

> **最決平成元・12・15**（刑集 43・13・879、判時 1337・149、判タ 718・77〔百選 I・4〕）は、「被害者の女性が被告人らによって注射された覚せい剤により錯乱状態に陥った……時点において、直ちに被告人が救急医療を要請していれば、……十中八九同女の救命が可能であった」のであり、「同女の救命は合理的な疑いを超える程度に確実であったと認められる」から、被害者を放置した不作為と死亡結果との間には「刑法上の因果関係がある」としました。この判例における不作為の因果関係に関する判断、すなわち、「結果回避可能性が合理的な疑いを超える程度に確実であれば、刑法上の因果関係を認めることができる」という認定は、学説によっても支持されています。

4　問題点

(1)　作為義務の認定

作為義務は刑法的な作為義務であり、道徳上・倫理上の義務とは住む世界が違いますし、特定の犯罪との関係で要求される行為者関係的な義務です。例えば、ある者がある家屋の火災等の際に公務員からの援助要請に応じなかったことが1つの条件となって当該家屋が全焼した場合、その者が軽犯罪法上の変事非協力の罪（軽犯罪法1条8号）に問われるとしても、それで直ちに不作為による現住建造物放火罪（108条）の作為義務が根拠づけられるわけではありません。また、道路交通法上の救護義務違反（道交法72条1項・117条）が、

直ちに不作為による殺人罪（199条）や（保護責任者）遺棄致死罪（219条）の作為義務を根拠づけるわけではないのです。

(2) 保障人的地位・保障人的義務

> 保障人的地位と保障人的義務（作為義務）との関係について、**区分説**[31]は、保障人的地位は保障人的義務の前提要素であり、類型的な保障人的地位の判断と個別具体的な保障人的義務の判断とは区別すべきである、保障人的地位は行為の類型的違法性を推定させる法律要件要素であり、保障人的義務は正に不作為の違法性を根拠づける違法要素であるなどを根拠に、保障人的地位は法律要件要素であり、保障人的義務（作為義務）は違法要素であるとします。

作為義務は、犯罪結果の発生を防止する作為をなすべき義務なので、行為の違法性に関わる要件です。しかも、作為義務は、作為義務を負う保障人的地位にある保障人の不作為だけが特定の犯罪の法律要件を充足することになるので、行為主体を限定する要件でもあります。すなわち、作為義務が行為の主体として要件化されたのが保障人的地位であり、保障人的地位と保障人的義務は一体不可分ですから、**結合説**[32]が妥当です。

作為義務の認識は、一般に、それを根拠づける事実的基盤の認識を通じて、作為義務そのものの認識へと至ります。したがって、作為義務の錯誤においては、作為義務の発生に係る事実的基盤に関する錯誤と作為義務そのものに関する錯誤とを区別することが肝要です。

(3) 結果回避可能性

不作為犯は、**結果回避可能性**を前提とします。例えば、交通事故で重傷を負った被害者を事実上引き受けたが、直ちに救急措置や救護措置を施しても、病院に急搬送して治療を受けさせても、およそ救命が不可能な場合〔交通事故死事例〕、結果回避可能性がないことになります。

> 結果回避可能性は、当該結果不発生に至る因果関係を創設して結果発生を回避することが可能であることを意味します。学説では、結果回避可能性は、行為者が事実上因果経過を支配しうる立場にあったことを前提に、不作為が作為と同じ程度の

---

31) 福田・94頁、内藤・上・230頁、岡野・85頁、川端・242頁、曽根・203頁、林・152頁、伊東・95頁。

32) 大塚仁・151頁、大谷・134頁、前田・96頁、佐久間・77頁、堀内・59頁、山中・248頁、浅田・155頁。

118 第11講 不作為犯論

原因力を有することを基礎づける要素であるとし、因果関係の問題にするのが支配的見解です。

　不作為犯は、一定の作為がなされていれば結果発生を回避できたのに、それをしなかったため結果が発生してしまったことを前提にしていますので、作為と同じような、結果発生に至る積極的な意味での危険性や因果力は問題となりえず、むしろ、**裏返された負の危険性や因果力**が問題となるにすぎません。およそ結果回避可能性がない場合には、そもそも結果不発生に至る因果関係を創設するに相応しい作為を想定できず、当該不作為にはおよそ実行行為としての結果発生の危険性が認められないことを意味するのですから、**不能犯**の余地があります。

(4) 既発危険の利用意思

　既発危険の利用意思とは、例えば、不作為による放火罪について、何らかの原因で生じた発火状態の危険性を積極的に利用しようとする意思のように、既に生じている危険を積極的に利用する意思をいいます。

> **必要説**[33] は、ただ漫然と結果発生を予期しつつ事態を放置していただけでは不作為を可罰的とするだけの違法性がない、主観要件を厳格に絞って処罰範囲を限定するのは妥当な解釈方法であるなどを根拠に、不作為犯の成立には既発危険の利用意思が必要であるとします。

　必要説によると、例えば「犯跡隠滅の意思」・「保険金詐取の意思」という悪しき意思によって不作為犯の成立範囲が拡張されかねず、心情刑法に陥るおそれがある、作為犯で要求されていない主観要件を不作為犯に要求するのは合理的でないなどの批判が加えられており、既発危険の利用意思は不要であるとする**不要説**が有力です。本書によれば、「悪しき意思に囚われた刑法」から脱するためにも、既発危険の利用意思という主観要件は不要です。

5　判例の状況

(1) 放火罪

【01】養父殺害事件・大判大正7・12・18（刑録24・1558）
　被告人Xは、養父Aと口論となりAを殺害した後、口論の時にAが投げた燃え

---

33) 団藤・152頁、藤木・134頁参照。不作為犯を目的犯化するものでしょう。

さしの薪で家の傍らにあった小屋の藁に火がつき家に燃え移りそうな状況であった
が、Ａ殺害を隠蔽しようと思ってそのまま立ち去った事案につき、「之を消止むべき
法律上の義務を有し且容易に之を消止め得る地位に在る者が其既発の火力を利用す
る意思を以て鎮火に必要なる手段を執らざるときは此不作為も亦法律に所謂火を放
つの行為に該当する」として、不作為による非現住建造物放火罪（109条2項）を肯
定しました。

　本判決は、不作為犯成立の根拠事情として、①Ｘはその家屋の占有者・
所有者であり、同人の支配領域から火災が生じている、②発火につき、Ｘに
も間接的な意味での原因性が認められる、③Ｘは容易に消火できた、④Ｘ
には既発火力を利用する意思があったなどを考慮しました。

【02】**神棚蝋燭事件・大判昭和13・03・11**（刑集17・237）
　独居の被告人Ｘが、神棚に灯明をあげて礼拝した後、外出しようとして神棚を見
ると、ろうそくが神符の方へ傾いているのに気づいたが、保険金が取れるだろうと思っ
てそのまま外出したところ、火が神符に燃え移り家屋が全焼した事案につき、「自己
の故意に帰すべからざる原因に依り火が自己の家屋に燃焼することあるべき危険ある
場合其の危険の発生を防止すること可能なるに拘らず其の危険を利用する意思を以
て消火に必要なる措置を執らず因て家屋に延焼せしめたるときも亦法律に所謂火を
放つの行為を為したるものに該当する」として、不作為による非現住建造物放火罪(109
条）を認めました。

　本判決は、不作為犯成立の根拠事情として、①Ｘの過失の先行行為が存
在する、②Ｘ所有の家屋であった、③危険発生防止の可能性があった、④
既発危険の利用意思があったなどを考慮しました。

【03】**残業職員火鉢事件・最判昭和33・09・09**（刑集12・13・2882〔百選Ⅰ・5〕）
　深夜、会社で残業をしていた従業員Ｘが、脚の間に火鉢を置いて仕事をしていたが、
眠気をもよおし、別室で仮眠を取って戻ってみると、火鉢の火が机上の書類等に燃
え移っていたが、自己の失策の発覚をおそれてそのまま逃走した事案につき、「被告
人は自己の過失により右原符、木机等の物件が焼燬されつつあるのを現場において
目撃しながら、その既発の火力により右建物が焼燬せられるべきことを認容する意思
をもつてあえて被告人の義務である必要かつ容易な消火措置をとらない不作為により
建物についての放火行為をなし、よつてこれを焼燬したものである」として、現住建
造物放火罪（108条）を認めました。

　本判決は、不作為犯成立の根拠事情として、①Ｘは残業職員として建物
におり、事務室を占有する者であった、②Ｘは自己の重大な過失の先行行

120 第11講 不作為犯論

為によって危険状態を招来した、③消火措置は容易であった、④建物焼燬を認容する意思（故意）があったなどを考慮したといえます。

【03】の判決では、既発危険の利用意思にあえて言及していませんので、先の【01】【02】の判決との整合性が問われます。学説では、最高裁は既発危険の利用意思について不要説に転じたとの評価が一般的ですが、判例を整合的に理解する観点からは疑問です。むしろ、判例は、作為義務を積極的に根拠づける客観状況が存在するときには利用意思を考慮せず、作為義務を根拠づける客観状況が薄弱であるときには利用意思を考慮して、不作為犯成立を根拠づけていると評することができます。

(2) 殺人罪

【04】養育義務者殺人事件・大判大正4・02・10（刑録21・90）

生後2週間の幼児を貰い受けて5か月ほど養育していた被告人が、その間、食物をろくに与えないでその幼児を死亡させた事案につき、「法律に因ると将契約に因るとを問はず、養育の義務を負ふ者が殺害意思を以て故らに被養育者の生存に必要なる食物を給与せずして之を死に致したるときは、殺人犯にして刑法第199条に該当し、単に其義務に違背して食物を給与せず因て之を死に致したるときは、生存に必要なる保護を為さざるものにして、刑法第218条第219条に該当す。要は殺意の有無に依り之を区別すべきもの」としました。

本判決が、作為義務の根拠として法律・契約に触れ、殺人罪と遺棄（致死）罪との区別を、作為義務ではなく主観的な故意で行っている点に注目してください。

【05】シャクティパット事件・最決平成17・07・04（刑集59・6・403、判時1906・174、判タ1188・239〔百選I・6〕）

重篤な患者の親族から患者に対する「シャクティ治療」を依頼された被告人Xが、入院中の患者Aを病院から運び出させたうえ、未必的な殺意をもって、Aの生命を維持するために必要な医療措置を受けさせないまま放置して死亡させた事案につき、「被告人は、自己の責めに帰すべき事由により患者の生命に具体的な危険を生じさせた上、患者が運び込まれたホテルにおいて、被告人を信奉する患者の親族から、重篤な患者に対する手当てを全面的にゆだねられた立場にあったものと認められる。その際、被告人は、患者の重篤な状態を認識し、これを自らが救命できるとする根拠はなかったのであるから、直ちに患者の生命を維持するために必要な医療措置を受けさせる義務を負っていたものというべきである。それにもかかわらず、未必的な殺意をもって、上記医療措置を受けさせないまま放置して患者を死亡させた被告人

には、不作為による殺人罪が成立し、殺意のない患者の親族との間では保護責任者遺棄致死罪の限度で共同正犯となると解するのが相当である」とし、最高裁として初めて不作為による殺人罪を認めました。

本決定が、被告人による積極的な引き受け行為を重視して、不作為による殺人罪を根拠づける法的作為義務を認定している点に注目してほしい。

(3) 遺棄罪

【06】遺棄逃走事件・最判昭和34・07・24（刑集13・8・1163、判時197・29）
　過失により歩行者Aに重傷を負わせた被告人Xが、Aを自車に引き入れて現場を離れ、降雪中の薄暗い車道上まで運び、「医者を呼んで来てやる」旨を申し欺いてAを自車から下ろして放置したまま立ち去った事案につき、「刑法218条にいう遺棄には単なる置去りをも包含す」と解すべく、本件Xの行為は「正に『病者ヲ遺棄シタルトキ』に該当する」ものとして、保護責任者遺棄罪の成立を認めました。

【07】覚醒剤少女死亡事件・最決平成元・12・15（刑集43・13・879、判時1337・49、判タ718・77〔百選Ⅰ・4〕）
　被告人Xが、少女Aに覚せい剤を注射して間もなくAが急性症状を発し数時間後に心不全により死亡した事案につき、原判決が、「右錯乱状態に陥った時点で直ちに救急医療を要請しておれば速やかに適切な医療を受けさせることができ、救命の可能性が高い事情（判文参照）にあったときは、被告人は病者である右少女の保護責任ある者としてその生存に必要な保護をなさず、よって同人を死に致したものというべきである」と判示したところ、最高裁は、「原判決の認定によれば、被害者の女性が被告人らによって注射された覚せい剤により錯乱状態に陥った午前零時半ころの時点において、直ちに被告人が救急医療を要請していれば、同女が年若く（当時13年）、生命力が旺盛で、特段の疾病がなかったことなどから、十中八九同女の救命が可能であった」のであり、「被告人がこのような措置をとることなく漫然同女をホテル客室に放置した行為と午前2時15分ころから午前4時ころまでの間に同女が同室で覚せい剤による急性心不全のため死亡した結果との間には、刑法上の因果関係がある」として、保護責任者遺棄致死罪の成立を認めました。

今日の一言

続けること
そのためには
誘惑を払いのける信念　同じことを繰り返す忍耐力
そして油断のない心身の管理が必要となる
だからこそ　続けることが大事なんだ
それが　成果を生みだす源泉だから

第12講 因果関係論

1 総 説

(1) 意 義

　因果関係とは、実行行為と犯罪結果との間に必要とされる一定の連関です[1]。挙動犯の場合、行為の遂行により直ちに結果が発生したり、犯罪の成立が認められたりするため、改めて因果関係の判断を要しない場合が多いのですが、**結果犯**（**実害犯・危険犯**）の場合、実行行為と結果との間に客観的な因果連関が存在しなければ、当該犯罪の法律要件該当性は認められず、既遂犯とはなりません。

(2) 学説の状況

　過去には、責任論において妥当な処罰範囲を画することができるので因果関係は不要であるとする**因果関係不要説**が主張されましたが、現在では、**因果関係必要説**が支配的です。

　因果関係を犯罪論体系のどこに置くかについては議論があります。

> 　行為論の一環として検討すべきであるとする**行為説**[2]によると、刑法は人の行為を規制するが、因果関係が肯定されることは結果をその行為に帰属させることを意味し、刑法的評価の対象である行為・結果を確定する機能をもっており、しかも、因果関係の判断においては、刑法的評価にとって重要な人間の行為を発見するために、条件関係の公式（「その行為がなかったならばその結果は生じなかったであろう」）に対応する思惟形式が用いられるとします。
>
> 　また、法律要件該当性の一環として検討すべきであるとする**法律要件説**[3]によると、因果関係は法律要件的結果が実行行為による結果であることを確認し、実行行為と

---

1) 因果関係論については、岡野光雄『刑法における因果関係の理論』（1977 年）、山中敬一『刑法における客観的帰属の理論』（1997 年）、林陽一『刑法における因果関係理論』（2000 年）、梅崎進哉『刑法における因果関係と侵害原理』（2001 年）、小林憲太郎『因果関係と客観的帰属』（2003 年）、辰井聡子『因果関係論』（2006 年）、吉岡一男『因果関係と刑事責任』（2006 年）、髙山守『因果論の超克』（2010 年）、曽根威彦『刑法における結果帰属の理論』（2012 年）参照。

2) この説は、条件説（あるいは原因説）を採るのがほとんどです。岡野・60 頁。

3) 通説ですが、その中味については、相当因果関係説、客観的帰属論、あるいは最近では、「危険の現実化」説など見解が分かれます。

法律要件的結果との間に必要とされる帰属関係を、事実判断を前提にして類型的・定型的判断によって確定するものであり、まず条件関係の判断を行い、次に、その条件関係を一般人の経験則によって絞り込む相当因果関係の判断を行い、行為の法律要件該当性を確定するとします。

　他方、因果関係は、まず行為論で論じ、次に法律要件該当性の一環として検討すべきであるとする**行為・法律要件説**[4]によれば、因果関係は、結果も含む行為概念の中で結果の事実的帰属を確定し、それを刑法的な評価の対象にして、行為への規範的な結果帰属を確定するものであるから、まず行為論で、発生結果が当該行為によることを条件関係で確認し、次に、要件該当性において、相当因果関係、客観的帰属論あるいは危険の現実化をもとに判断されるとします。

(3)　本書の立場

　①　**社会的因果関係・刑法的因果関係**　刑法の解釈は、社会的事実を対象とした法的評価です。因果関係に関する法的判断も、行為の段階で**社会的因果関係**を判断し、それを基礎にして、要件該当性の段階で**刑法的因果関係**を確定する2段階の判断構造を取ります。

　②　**条件関係について**　「一定の先行事実（行為）がなかったならば、一定の後行事実（結果）はなかったであろう」という条件関係について、学説では、これは、刑法的の因果関係を判断する前提として事実的・存在論的な基盤を確認するために必要であるとするのが支配的見解です。

　しかし、条件関係は現に存在した複数の先行事実を仮定的に取り除いて判断するもので、仮定的・論理的な性格をもっています。確かに、条件関係は、当該行為が当該結果を発生させた条件の1つであることを確認するのに有益ですし、特に社会的因果関係を判断する補助道具として有効ですが、刑法的因果関係判断の不可欠の前提とする必然性はありません。

2　社会的因果関係

(1)　意　義

　刑法における因果関係も社会的因果関係を基礎にした刑法的判断である以上、まず行為の段階で社会的因果関係を判断し、それを基礎にして刑法的因

---

4) 行為の段階で条件関係の判断をし、法律要件該当性あるいは違法性の段階で相当因果関係の判断をするのは、野村・127頁、曽根・69頁、行為の段階で（合法則的）条件関係の判断をし、法律要件該当性の段階で客観的帰属論の判断をするのは、高橋・118頁以下。

124　第 12 講　因果関係論

果関係を確定します。**社会的因果関係**の判断においては、行為・結果の社会
的意味の観点から、事態を一般的に観察して、一般社会成員の知識・経験則
上、一定の先行事実（行為）から一定の後行事実（結果）が発生するのが通常
であると考えられるとき、社会的な意味での因果関係が認められます。その
ような判断をする趣旨は、社会的意味をもった行為、及びその行為に帰属し
うる社会的意味をもった結果を選び出し、次の刑法的因果関係の判断対象を
画定することにあります。

(2)　**判断資料**

　社会的因果関係の判断は、①相当性を判断するための**判断資料**〔判断基底〕
を選び出す作業と、②相当性そのものを確定する**相当性判断**〔通常性判断〕
の 2 段階でなされます。

> 　相当性の判断資料については、行為当時、行為者が認識していた事情及び認識で
> きた事情とする**主観説**〔主観的相当因果関係説〕[5] がありますが、客観的な帰属関
> 係を確定すべき因果関係の存否が、行為者の主観によって左右されており妥当でな
> いと批判され、既に過去の学説となっています。そこで、行為当時、客観的に存在し
> たすべての事情及び行為後に生じた事情のうち、行為当時、一般人が予見可能な事
> 情とする**客観説**〔客観的相当因果関係説〕[6] が有力です。しかし、因果過程の進行
> において同じに評価されるべき行為当時の事情と行為後の事情とを区別するのは理
> 論的に一貫しない、一般人すらも知り得ない行為当時の特殊な事情を判断の基礎に
> するのは、行為者にとっては酷になりすぎるなどの批判が加えられます。また、行為
> 当時、一般人が認識できた事情及び行為者が特に認識していた事情とする**折衷説**〔折
> 衷的相当因果関係説〕[7] も有力です。しかし、客観的な帰属関係を確定すべき因果
> 関係の存否が行為者の主観によって左右されており、人によって因果関係があったり
> なかったりすることになる、一般人の認識事情・認識可能事情と行為者の認識事情
> とがずれる場合にどちらの事情を考慮するのかについて、その基準・根拠が明確で
> ないし、客観事情に合わせるのであれば、それは事後に判明した事情を考慮してい
> ることになり、理論的に不徹底であるなどの批判が可能です。

　本書によれば、相当性の判断資料を制限するのは、現実から目をそむける
もので、妥当ではありません。また、因果の進行過程において同等の意味を

---

5)　辰井聡子『因果関係論』(2006 年) 117 頁以下。

6)　中野・110 頁、平野・Ⅰ・142 頁、内藤・上・279 頁、中山・180 頁、曽根・74 頁、浅田・135 頁、
　堀内・73 頁、林・135 頁、萩原・53 頁、松宮・78 頁、松原・75 頁。

7)　通説的地位にあります。西原・上・113 頁、福田・105 頁、大塚仁・229 頁、内田・150 頁、大谷・
　207 頁、川端・164 頁、立石・77 頁、野村・130 頁、佐久間・100 頁。

有する行為時の事情と行為後の事情とに差を設けるのは、意図的に視野狭窄を作出するもので、およそ一貫性に欠けます。行為時の事情と行為後の事情とを区別することなく、判明したすべての事情を判断資料として考慮すべきです〔**純客観的相当因果関係説**〕。

(3) 相当性

相当因果関係における相当性には、**広義の相当性**（危険行為の相当性）と**狭義の相当性**（因果経過の相当性）があり、前者は、行為時に特殊事情が存在したために結果が発生した事案に有効であり、後者は、行為後に特殊事情が介在したために結果が発生した事案に有効であるといわれます。しかし、広義の相当性は、実行行為の危険性、あるいは、実害犯の未遂処罰や危険犯の既遂処罰の根拠となる危険性のいずれかに解消されるものですし、狭義の相当性は、社会的因果関係・刑法的因果関係の内容をなすものですので、あえて用いる必要はないでしょう。

> 相当性の内容について、ⓐ社会経験的に見て定型的な関連性を要求する立場に立って、かなり**高度な蓋然性**を要求し、積極的な認定により因果経過の相当性を判断すべきとする見解があります。しかし、高度な蓋然性まで要求するのは過重な要求であり、ⓑ**より低い可能性**で足りるとする立場に立って、きわめて偶然的な結果や異常な因果経過を排除する消去法的な認定により因果経過の相当性を判断すべきとする見解が有力となっています。

(4) 具体的認定

社会的因果関係は、事後に判明した事情を含めすべての事情を判断資料にし、事態を一般的に観察して、一般社会成員の知識・経験則上、一定の先行事実（行為）から一定の後行事実（結果）が発生するのが通常であると認められる場合に、社会的意味での因果関係を認めるものです。学説では、折衷説及び客観説のように、行為後の介在事情について、行為当時、一般人が予見できた事情を判断資料とする事前判断に固執する見解が有力ですが、これだと、行為のもつ危険性の判断はできても、行為の危険性が犯罪結果へと実現していく**危険の現実化**の過程を精確に捕捉することはできません。

すべての事情を判断の基礎資料に取り込み、しかも行為から結果発生に至るまでの過程を「一こま一こま」の継続思考で判断すると、因果経過はすべて必然的なものとなり、条件説を採ったのと変わらないという批判がよくな

126 第12講 因果関係論

されます。しかし、条件説と結論が同じだから妥当でないという批判に説得力があるとは思われません。また、もしそれが、因果関係の範囲が広がりすぎて妥当でないというのであれば、それは、次の刑法的因果関係の判断によって克服されるはずです。

3 刑法的因果関係

(1) 意 義

　法的判断は、科学主義に裏打ちされていなければ、結論に揺るぎない説得力をもたせることはできません。科学主義に基づかない処罰は、「犠牲の羊(スケープゴート)」を生みだすもので、非科学的な迷妄に陥るものです。社会的因果関係は、一般社会成員が社会生活を送る際の行動規準となっており、また、社会的非難の基盤ともなっています。しかし、それは、時として、迷信・誤解・無知に基づくことがあり、処罰感情が先行するなど、非科学的な要素が混入しやすい[8]。他方、科学は日進月歩であって、科学知見そのものも変化していきます。**刑法的因果関係**は、社会的因果関係に科学の光を当て、一般社会成員の知識・経験則を科学的なものに鋳造し直し、社会的因果関係を刑法的評価と一致させる鋳型ともいえます。

(2) 内 容

　刑法的因果関係は、科学主義に基づき、科学的な因果法則に適合した客観的連関が存することを確認するための法的な概念道具です。具体的には、時間的に相前後する事象の間に、科学知見に基づいて合法則的な連関があるかどうかを確認する概念であり、これを**合法則的因果関係論**[9]といいます。

---

8)「科学的にはAが原因なのであり、Bが原因だというのは非科学的な迷信である。しかし、行為当時、多くの人が『Bが原因だ』と考えていたから、結果はBに帰属すべきである」という言辞にどれほどの説得力があるというのでしょうか。犯罪・犯罪者の認定に関わる判断であるのに。

9) これは、合法則的条件の理論(Lehre von der gesetzmäßigen Bedingung)にきわめて近いといえます。合法則的条件の理論は、「ある行為に時間的に後続する外界における変動が、我々に周知の自然法則によれば当該行為と必然的に結びついているので構成要件該結果として立ち現れるという意味で、当該行為と接続していたかどうか」(Jescheck ／ Weigend, Lehrbuch des Strafrechts, A.T.,5.Bd.,1996,S.283) という公式を用い、① 個々の事案に適用しうる自然科学的な一般的な因果法則が存在するかどうかを確認し(因果法則の確認)、② 当該の具体的事象にその一般的な因果法則が当てはまって因果関係が存在するかどうかを確認する(具体的因果関係

3 刑法的因果関係　127

①　**結果原因の解析**　まず、社会的因果関係において確認された社会的意味における結果について、それをもたらした具体的原因を科学的観点から解析します。例えば、A 死亡について、死亡の場所はどこで、死亡時刻はいつで、その原因は何か、その原因となった凶器は何か、その凶器はどのような形状・特質があり、どのような使われ方をしたのか、死をもたらした行為はどのような態様で、どのような強度で、どのような経過をたどってなされたのか、A 死亡結果の惹起に影響した要因はほかに無いかなどを解析します。その際、結果は抽象的にではなく、個別・具体的に把握されなければなりませんし、一旦、本件行為者の意図・目的も行為も考慮の外におき、当該結果をもたらした諸要因を科学的観点から解析するのです。

②　**行為の危険性の確定**　次に、社会的因果関係において確認された社会的意味における行為者の行為について、その危険性の具体的な質量を科学的な観点から確定します。これは、ほとんど実行行為の危険性と重なりますが、実行行為で要求される危険性は、ある程度一般的な危険性で足りるのに対し、ここで確定すべき危険性は、科学的に検討され、特定され、質的にも量的にも精密に確定された危険性です。例えば、A 死亡結果の発生について、既に特定された要因を念頭におきながら、行為者 X は、いつ、どこで、どのような凶器を使って、どのような強度で、被害者のどの身体部位を殴打し、刺突したのかなど、X の行為は A 死亡の結果を惹起する死因となるべき態様のものなのかなどを確定していくのです。

③　**科学法則の適用**　結果発生の原因を解析し、また、行為者の行為の危険性を確定したら、次に、前者と後者との間で思考の往復運動をしながら、行為者の行為の危険性と結果発生の原因との間に科学的な因果法則における合法則性が認められるかを判断します。これは、行為者の行為から見れば、実行行為の危険の現実化を確認する作業といえますし、発生結果から見れば、結果の行為への帰属を確認する作業といえます。

　実際の裁判で行われている科学鑑定等は正にこうした作業であり、そのための手続は既に用意されています [10]。しかし、残念ながら、現在の判例にお

───────────────────

の認定）という 2 段階の認定作業をします。

10)　科学鑑定の重要性を説いた文献として、矢澤曻治編『再審と科学鑑定』（2014 年）をお勧めします。

128　第12講　因果関係論

ける因果関係の判断は科学主義の観点から充分とはいえません。

(3)　具体的認定

①　**作為犯**　作為は、一定の結果発生に至る因果の進行に直接介入し、結果発生に至る因果関係を創設するに相応しい積極的な身体動作をすることを意味しており、作為そのものが結果発生の危険性を有しています。したがって、作為の刑法的因果関係の判断においては、作為と犯罪結果という時間的に相前後する事象の間に、科学的因果法則に合致した個別具体的な合法則的連関が存在しており、したがって、その作為の危険性が結果に現実化したといえることを確認することになります。

②　**不作為犯**　これに対し、不作為は、一定の結果不発生に至る因果の進行に直接介入せず、結果不発生に至る因果関係を創設するに相応しい積極的な身体動作をしないことを意味しており、不作為そのものは結果発生の危険性を有しているわけではありません。したがって、不作為の刑法的因果関係の判断においては、作為義務を負う行為者（保障人）の不作為と犯罪結果という時間的に相前後する事象の間に、科学的因果法則に合致した個別具体的な合法則的連関が存在しており、したがって、保障人が作為によって消滅・減少させるべき危険性が、同人の作為義務違反の不作為によりそのまま結果に現実化したといえることを確認するものとなります。

すなわち、不作為の因果関係には作為の因果関係とは異なる特殊性があります。不作為の場合、まず、㋐一定の結果不発生に至る因果関係を創設するに相応しい積極的な身体動作である作為を想定せざるを得ないのです。また、㋑不作為そのものは結果発生の危険性を有しているわけではないので、刑法的因果関係の判断においては、科学知見を基にして、作為義務を負う行為者（保障人）の不作為と犯罪結果という時間的に相前後する事象の間に、科学的因果法則に合致した個別具体的な合法則的連関が存在しなければならないのです。そして、㋒この具体的な判断としては、科学的因果法則を基にしたとき、想定された作為をすることにより消滅・減少させられるべき結果発生の危険性が、その作為義務を遵守すべき行為者（保障人）の不作為により、そのまま結果へと現実化したといえなければならないのです。

いずれにしても、作為の想定、作為義務、及び結果回避可能性の判断にお

いて、既に因果関係の判断が入り込んでいるといえます。

(4) 注意点

① **新たな科学知見と因果関係**　行為時に未だ認知されていなかった科学知見が裁判時に発見・認知された場合、因果関係の判断に影響するのでしょうか。刑罰法規の行為規範性を重視する立場は、行為時に存在した科学知見を基準に因果関係を判断すべきであり、そうでないと行為者には不意打ちになってしまうと主張します。しかし、刑法解釈学が科学の進歩に目をつむるならば、それは「無知の学問」となってしまいます。因果関係は行為と結果との客観的な結びつきを科学的に検証する概念道具なのですから、新たな科学知見が発見されたとき、それに従って判断するのは当然です。新たな科学知見によって判断された結論が行為者にとって予想外であったときは、それは有責性の問題として処理すればよいのです。

② **経験則と科学法則**　合法則的因果関係論における因果関係の規準は、自然科学法則に基づく因果法則です。それは、一般社会成員の経験的知識に基づく経験則と一致することが多いでしょうが、最終的規準はあくまでも科学的因果法則です。社会的因果関係の判断は仮設的判断にとどまっており、刑法的因果関係の判断である合法則的因果関係論による検証・修正を免れることはできないからです。

③ **因果関係の競合**　科学知見を基盤とする合法則的因果関係論に立つと、1つの結果に対して、科学的な因果力に強弱に差がある複数の行為や、強弱に差がない複数の行為が競合する場合が存在することになります。それは、科学的な判断においては不可避であり、そうした事態を処理するのは因果関係論ではなく、違法論や責任論であり、正犯・共犯論です。

　一般に、学説・判例では、過失正犯行為の背後に過失正犯行為は存在しうる（例：監督過失）が、共同正犯の場合を除いて、故意正犯行為の背後に故意正犯行為は存在しえないと解されています。というのは、正犯を背後から促進する行為を正犯として処罰する特別な規定[11]や、正犯の同時存在を認める同時犯の例外規定[12]が妥当する場合を除いて、原則として「故意正犯の背後

---

11) 例えば、看守者等による逃走援助罪（101 条）。
12) 例えば、同時傷害の特例（207 条）。

130　第12講　因果関係論

の故意正犯」は認められないと解されているからです。支配的見解は、制限的正犯概念を前提に同様の結論を採っており、それは遡及禁止論を採るか否かに関係ありません。**遡及禁止論**は、先行行為者の行為の後に、第三者、被害者、行為者自身の有責な故意行為が介在して結果が発生した場合、結果は介在者の行為に帰属し、それ以前の先行行為者の行為にまで遡及して帰属させることは禁止されるという理論であり、その狙いは、正犯の背後の正犯を排除し、条件説や客観的相当因果関係説で認められる広い因果関係を限定することにあります。しかし、この理論は、有るか無いかの因果関係の判断に恣意的な中断思考を導入するもので、疑問があります。

(5)　問題点

①　**結果回避可能性**　そもそも犯罪結果の回避可能性が存在するからこそ、結果惹起につき行為者を刑法的に非難することができるのであり、回避不可能な結果の惹起を根拠に刑法的非難を加えることは許されないはずです。**結果回避可能性**は、故意犯にあっては、現実になされた実行行為を取り除いたとしても、別の原因によって同様の結果が発生したと考えられる代替的原因 [13) の問題として、不作為犯にあっては作為義務や不作為の因果関係の問題として、過失犯にあっては注意義務（特に結果回避義務）や過失行為の因果関係の問題 [14) として議論されています。

本書によれば、作為犯の場合に当該作為を行わなかったとしても、また、不作為犯の場合に当該不作為を放棄して期待された作為を行ったとしても、さらにまた、過失犯の場合に不注意な過失実行行為を行わないで注意義務遵守の行為を行ったとしても、犯罪結果が発生してしまうということは、結果回避可能性がないのであり、それは、当該行為には、現実の具体的状況における実行行為としての危険性が欠如しているがゆえに**不能犯**か、当該実行行為の危険の現実化としての因果力が欠如しているがゆえに**因果関係不存在**かのいずれかのはずです。いずれであるかは、当該犯罪の罪質〔実害犯、抽象

---

13)　代替的原因の問題については、択一競合の事例と、仮定的因果経過の事例を素材に議論されています。山中・264頁以下、山口・55頁以下参照。

14)　過失犯における結果回避可能性についての参考判例として、京踏切事件・大判昭和4・04・11法律新聞3006・15、バックミラー事件・福岡高裁那覇支部判昭和61・02・06判時1184・158、最判平成4・07・10判時1430・145、判タ795・96、最判平成15・01・24判時1806・157参照。

的・具体的危険犯、挙動犯〕によります。

② **疫学的因果関係**　疫学的因果関係とは、物質の詳細な作用機序が科学的に解明されていない場合に、統計学的手法を用い、大量観察の手法により結果発生の蓋然性を証明することによって認められる因果関係をいいます。そこでは、㋐原因因子が当該結果発生前の一定期間前に作用するものであること、㋑原因因子の作用程度が増大するほど結果の発生率も高まる関係が存在すること、㋒原因因子の分布消長により流行の特性を矛盾なく説明できること、㋓原因因子の作用メカニズムを生物学的に矛盾なく説明できること、という**疫学4条件**によって疫学的因果関係が証明されれば、厳格な証明による（合法則的）条件関係が肯定できるとされます。

しかし、疫学的因果関係は、統計学的手法によって原因因子（行為）と発病結果（結果）との結びつきを判断する手法であって、得られた結論も統計的手法による推測に基づく結論という性格が強いものです。その判断手法は、損害・被害の補填・補償を主眼とする民事裁判では適切かもしれませんが、厳格な証明を基礎にして犯罪・犯罪者を認定する刑事裁判で用いるべきではありません[15]。

③ **客観的帰属論**　大阪南港事件・最決平成2・11・20（刑集44・8・837、判時1368・153、判タ744・84〔百選Ⅰ・10〕）をきっかけに、相当因果関係説に対して、行為後の介在事情の事案につき有効な判断規準を示していないという疑問が提起され、**相当因果関係説の危機**とまでいわれました[16]。相当因果関係説が、行為後の介在事情について、行為時の一般人の予見可能性によって判断資料を取捨選択する手法に強い疑問が提起されたのです[17]。

---

15) 千葉大チフス事件・最決昭和57・05・25判時1046・15、判タ470・50も、原判決は「疫学的証明があればすなわち裁判上の証明があったとしているのではなく」、「疫学的な証明のほかに病理学的な証明などを用いることによって合理的な疑いをこえる確実なものとして事実を認定している」としています。

16) 大谷直人『最高裁判所判例解説刑事篇・平成2年度』（1992年）232頁以下、大谷直人『最高裁時の判例・平成元年～平成14年Ⅳ刑事法編』（2004年）25頁以下参照。

17) 相当因果関係説が行為時の一般人の予見可能性に固執するならば、それは、因果過程の経過を精査しない跳躍理論になってしまいますし、結果を処罰条件にする理論へと至ってしまいます。

132 第12講 因果関係論

> これに代わって注目されたのが、**客観的帰属論**です。この理論は、まず因果関係論においては、行為と結果との間に事実的な合法則的条件関係の存在を確定し、次に、それを前提にして客観的帰属論により、事前判断として、行為が法的に許されない危険を生み出したという危険創出連関〔危険的判断〕が認められ、事後判断として、その危険が法律要件該当結果を実現したという危険実現連関〔規範的判断〕が認められる場合、行為の危険と結果が当該法律要件の規範的保護の射程範囲〔保護目的・保護範囲〕にあるとき、当該結果は行為者の「作品（Werk、work）」として客観的に帰属できるとするものです。この理論の特徴は、事実的判断としての因果関係論と規範的判断としての客観的帰属論とを区別し、事実的危険と規範的危険を類型化することによって結果帰属の基準を明確にしようとする点にあります[18]。

　客観的帰属論は、危険創出連関では、行為が事前に、法的に許されない危険を生み出したことを問題とし、危険実現連関では、規範の保護目的・保護範囲を考慮して規範的・評価的判断を前面に出す理論といえます。そのため、客観的な帰属連関を確定すべき因果関係の判断にはなじまない要素が取り込まれています。しかも、この理論は、因果関係論にとどまらず、実行行為論、違法性論、過失犯論、共犯論などをも射程に入れた理論であり、それだけに融通無碍の柔軟な理論となっています。他方、この理論でいう危険創出連関は、本書の合法則的因果関係論において、行為の危険性を確定する作業に既に組み込まれていますし、危険実現連関は、結果発生の具体的原因を特定化する作業や、科学法則を適用する作業に既に包含されています。むしろ、この理論の提示する複雑な類型は、結論を説明する「後付けの説明概念」としては有効ですが、実務では機能しないおそれがありますし、この理論の理論的限界の証左といえるかもしれません[19]。

---

18) 山中・286頁以下、395頁以下、松宮・80頁以下、高橋・129頁以下など。客観的帰属論の詳細については、山中敬一『刑法における因果関係と帰属』（1984年）、山中敬一『刑法における客観的帰属の理論』（1997年）参照。

19) 客観的帰属論は、説明概念としては有効ですが、判断規準としては機能しないのではないかという疑問があるのです。

4 判例の状況

(1) 序　説

　判例は条件説を基調にしているが、相当因果関係説に近いものも散見されるというのが一般的理解です。特に**結果的加重犯**について、行為当時に被害者に特殊な疾患があったため死亡結果が発生した傷害致死罪（205条）の事案につき、判例が、「たまたま被害者の身体に高度の病変があったため、これとあいまって死亡の結果を生じた場合であっても、右暴行による致死の罪の成立を妨げない」として因果関係を肯定しているからです[20]。

> 　相当因果関係説へと傾斜したと評されたのが、**米兵轢き逃げ事件・最決昭和42・10・24**（刑集21・08・1116、判時501・104、判タ214・198〔百選Ⅰ・9〕）で、被告人が、過失によって自転車に自車を衝突させて被害者を跳ね、自車の屋根に跳ね上げ意識を喪失させたところ、同乗者が、走行中の自動車の屋根から被害者の身体を逆さまに引きずりおろし、アスファルト舗装道路上に転落させて死亡させたというもので、行為後に第三者の故意行為が介在した事案です。最高裁は、「同乗者が進行中の自動車の屋根の上から被害者をさかさまに引きずり降ろし、アスファルト舗装道路上に転落させるというがごときことは、経験上、普通、予想しえられるところではなく、ことに、本件においては、被害者の死因となった頭部の傷害が最初の被告人の自動車との衝突の際に生じたものか、同乗者が被害者を自動車の屋根から引きずり降ろし路上に転落させた際に生じたものか確定しがたいというのであって、このような場合に被告人の前記過失行為から被害者の前記死の結果の発生することが、われわれの経験則上当然予想しえられるところであるとは到底いえない」として、被告人の衝突行為と被害者死亡との因果関係を否定しました。

(2) 判断軸

　判例が因果関係についてどのような考え方を採っているかを見究めるには、詳細な分析が必要です。行為後の介在事情の事案について、判例は、**危険の現実化**という基本軸のもと、各事案について4つの判断軸を1つ又は2つ用いて判断し、事案の具体的状況に応じて使い分けています。

---

20) 最判昭和46・06・17刑集25・4・567、判タ265・206、判時636・91（心臓疾患）〔百選Ⅰ・8〕参照。傷害致死の事案について、さらに最判昭和22・11・14刑集1・1・6（肋膜疾患）、最判昭和25・03・31刑集4・3・469（脳梅毒）、最判昭和32・02・26刑集11・2・906（特異体質）、最決昭和32・03・14刑集11・3・1075（脳疾患）、最決昭和36・11・21刑集15・10・1731（心臓病）、最決昭和49・07・05刑集28・5・194（心不全）など、いずれも因果関係を肯定しています。

134　第12講　因果関係論

　①　**結果惹起の危険性**の軸は、被告人の行為それ自体が犯罪結果を惹起しうる危険性を有するので、介在事情によって因果関係が切断されることはないという判断軸です。例えば、**柔道整復師事件・最決昭和 63・05・11**（刑集 42・5・807、判時 1277・159、判タ 668・134）は、「被告人の行為は、それ自体が被害者の病状を悪化させ、ひいては死亡の結果をも引き起こしかねない危険性を有していた」のであるから、「被害者側にも落度があつたことは否定できないとしても、被告人の行為と被害者の死亡との間には因果関係がある」とし、**夜間潜水講習事件・最決平成 4・12・17**（刑集 46・9・683、判時 1451・160、判タ 814・128〔百選Ⅰ・12〕）は、「受講生らの動向に注意することなく不用意に移動して受講生らのそばから離れ、同人らを見失うに至った」被告人の行為は、それ自体が、被害者をして「でき死させる結果を引き起こしかねない危険性を持つもの」であり、「被告人の行為と被害者の死亡との間の因果関係を肯定するに妨げない」とし、また、**被害者不養生事件・最決平成 16・02・17**（刑集 58・2・169、判時 1854・158、判タ 1148・188）は、被告人らの行為により被害者の受けた傷害は、「それ自体死亡の結果をもたらし得る身体の損傷」であって、「被害者が医師の指示に従わず安静に努めなかったために治療の効果が上がらなかったという事情が介在していたとしても、被告人らの暴行による傷害と被害者の死亡との間には因果関係がある」とし、**高速道路停車追突事件・最決平成 16・10・19**（刑集 58・7・645、判時 1879・150、判タ 1169・151）は、「被告人 X の本件過失行為は、それ自体において後続車の追突等による人身事故につながる重大な危険性を有していた」としているのです[21]。

　②　**結果原因の形成**の軸は、行為者の行為が結果惹起の決定的原因となった要因を作り出したことを重視する判断軸です。例えば、**熊誤射事件・最決昭和 53・03・22**（刑集 32・2・381、判時 885・172、判タ 362・216〔百選Ⅰ・14〕）は、原審判決が、「被告人の過失による傷害の結果が発生し、致死の結果が生じない時点で、被告人の殺人の故意による実行行為が開始され、既に生じていた傷害のほか、新たな傷害が加えられて死亡の結果を生じた」と認定した点を肯認しており、**池転倒死事件・最決昭和 59・07・06**（刑集 38・8・2793、判時 1128・149、判タ 537・134）は、原審判決が、「被告人らの暴行が本件傷害の成因となつた蓋然性を否定できず、致死との因果関係を認めることができる」と判示した点を是認しており、**大阪南港事件・最決平成 2・11・20**（刑集 44・8・837、判時 1368・153、判タ 744・84〔百選Ⅰ・10〕）は、「犯人の暴行により被害者の死因となった傷害が形成された場合には、仮にその後第三者により加えられた暴行によって死期が早められたとしても、犯人の暴行と被害者の死亡との間の因果関係を肯定する」ことができとしているのです。

　③　**介在事情の誘発**の軸は、行為後の介在事情が被告人の行為によって直接に誘

---

21)　**トランク内死亡事件・最決平成 18・03・27** 刑集 60・3・382、判時 1930・172、判タ 1209・98〔百選Ⅰ・11〕は、「被害者の死亡原因が直接的には追突事故を起こした第三者の甚だしい過失行

発された場合には、被告人の行為の危険性が重大でなくとも、また介在事情の危険性が重大であっても、因果関係を認めることができるという判断軸です。例えば、**夜間潜水講習事件・最決平成 4・12・17**〔前掲〕は、「被告人を見失った後の指導補助者及び被害者に適切を欠く行動があったことは否定できないが、それは被告人の右行為から誘発されたものであって、被告人の行為と被害者の死亡との間の因果関係を肯定するに妨げないというべきである」ともしていますし、**高速道路進入事件・最決平成 15・07・16**（刑集 57・7・950、判時 1837・159、判タ 1134・183〔百選 I・13〕）は、「Aが高速道路に進入して死亡したのは、X らの暴行に起因するものと評価することができるから、X らの暴行と A の死亡との間の因果関係を肯定した原判決は、正当として是認することができる」とし、先の**高速道路停車追突事件・最決平成 16・10・19**〔前掲〕は、本件事故は、「少なからぬ他人の行動等が介在して発生したものであるが、それらは被告人の上記過失行為及びこれと密接に関連してされた一連の暴行等に誘発されたもの」であり、「そうすると、被告人の過失行為と被害者らの死傷との間には因果関係がある」ともしているのです。

④　**経験則上の予測可能性**の軸は、行為後の介在事情が経験則上一般に予想しうるものである場合は、被告人の危険な行為の射程範囲内の事情として考慮し、そうでない場合は除外するという判断軸です。例えば、**桜木町駅事件・最決昭和 35・04・15**（刑集 14・5・591）は、「特定の過失に起因して特定の結果が発生した場合に、これを一般的に観察して、その過失によつてその結果が発生する虞のあることが実験則上予測される場合においては、たとえ、その間に他の過失が同時に多数競合し或は時の前後に従つて累加的に重なり、又は他の何らかの条件が介在し、しかもその条件が結果発生に対して直接且つ優勢なものであり、問題とされる過失が間接且つ劣勢なものであつたとしても、これによつて因果関係は中断されず、右過失と結果との間にはなお法律上の因果関係ありといわなければならない」とし、**米兵轢き逃げ事件・最決昭和 42・10・24**〔前掲〕は、「同乗者が進行中の自動車の屋根の上から被害者をさかさまに引きずり降ろし、アスファルト舗装道路上に転落させるというがごときことは、経験上、普通、予想しえられるところではなく、ことに、本件においては、被害者の死因となつた頭部の傷害が最初の被告人の自動車との衝突の際に生じたものか、同乗者が被害者を自動車の屋根から引きずり降ろし路上に転落させた際に生じたものか確定しがたいというのであつて、このような場合に被告人の前記過失行為から被害者の前記死の結果の発生することが、われわれの経験則上当然予想し

為にあるとしても、道路上で停車中の普通乗用自動車後部のトランク内に被害者を監禁した本件監禁行為と被害者の死亡との間の因果関係を肯定することができる」とし、**日本航空機ニアミス事件・最決平成 22・10・26** 刑集 64・7・1019、判時 2105・141、判タ 1340・96 は、被告人が便名を間違えて降下指示を出したことは「両機が接触、衝突するなどの事態を引き起こす高度の危険性を有していた」のであり、「本件ニアミスは、言い間違いによる本件降下指示の危険性が現実化したもの」としています。

えられるところであるとは到底いえない」としているのです。この軸については、一般に、特殊な軸であって、危険の現実化説を採る現在の判例においては、もはや考慮に値しないものであるという評価が定着しているようです。しかし、実行行為の危険性が現実化する射程範囲を画する軸として「経験則上の予測可能性」を用いる余地はなお残されていることを考慮すると、この軸はなおも生命力を有していると考えられます。

(3) 特 徴

　近時、**危険の現実化**が喧伝され、判例はこの考え方を基本にしていると評する刑法学者が多い[22]ですし、法科大学院の授業でも「判例は危険の現実化説である」と説明されているようです。結果の行為への客観的な帰属を確定すべき因果関係の判断において、実行行為の有する危険性が犯罪結果に現実化したといえるかを確認すべきは当然で、この点を学説がこれまで充分に検討してこなかったにすぎません。

　ただ、危険の現実化といっても、それは結果論にすぎませんので、危険の現実化を検証する具体的な下位基準や判断軸が必要です。判例における先の4つの判断軸〔①結果惹起の危険性、②結果原因の形成、③介在事情の誘発、④経験則上の予測可能性〕、特に①から③の判断軸は、判決文において頻繁に使われ、判例の判断を特徴づけるものとなっています。

　科学主義を標榜し、科学知見を基盤とする合法則的因果関係論を採る本書の立場からすると、判例の判断軸は、本来の意味での「危険の現実化」を検証する下位基準・判断軸として充分ではありません。というのは、判例のそれは、依然として実行行為の危険性の判断、それも行為時の危険性判断にとどまっており、本来の意味での危険の現実化を確認する作業とはなっていないからです。

今日の一言

みずから労して暮らすは
自由の大本なり

---

22) 山口・59頁以下、大谷・221頁以下、井田・142頁以下参照。

第13講　違法性論

1　総　説

　違法性の本質については、「刑罰法規は誰に向けられているか」をめぐって主観的違法性論と客観的違法性論の対立が、「違法性の基盤を何に求めるか」をめぐって形式的違法性論と実質的違法性論の対立が、また、「実質的違法性の判断対象を何に求めるか」をめぐって結果無価値論と行為無価値論の対立があります[1]。そして、違法性の本質をめぐる争いの根底には、刑法の本質的機能に関する対立が潜在しています。

2　主観的違法性論・客観的違法性論

(1)　内　容

　これは、「刑罰法規は誰に向けられているか」をめぐる対立です。

> 　この問いに対して、「命令・禁令に従うことができる者にだけ向けられている」と答えるのが**主観的違法性論**[2]で、刑罰法規は命令・禁令に従うことができる者、すなわち責任能力者にだけ向けられており、そのような者だけが違法な行為を行うことができるとします。この説によると、責任能力のある者の行為だけが違法性の判断対象となるので、違法性と有責性の射程範囲は一致することになります。
>
> 　先の問いに対して、「すべての人、ひいては森羅万象すべての事象に向けられている」と答えるのが**客観的違法性論**で、刑罰法規はすべての人、あらゆる事象に向けられているので、違法性にとって行為者の主観的な能力は問題とならないとします。この説によると、違法性は、行為者の責任能力、故意・過失と全く関係なく客観的に判断されるので、違法性と有責性の射程範囲は異なることになります。

(2)　客観的違法性論

　犯罪への評価である違法性は客観的になされ、犯罪者への評価である有責

---

1) 違法性論については、川端博『違法性の理論』(1990年)、吉田宣之『違法性の本質と行為無価値』(1992年)、曽根威彦『刑事違法論の研究』(1994年)、生田勝義『行為原理と刑事違法論』(2002年)、齊藤信宰『刑法における違法性の研究』(2003年)、振津隆行『刑事不法論の展開』(2004年)、日高義博『違法性の基礎理論』(2005年) 参照。

2) 宮本・69頁、竹田直平『法規犯とその違反』(1961年) 242頁など

138　第13講　違法性論

性は主観的になされるという考え方は、一般に、**違法性は客観的に、有責性は主観的に**と表現されます。これは広く承認されており、客観的違法性論が基本となっています。

　しかし、客観的違法性論の内部で、違法性判断の射程範囲はあらゆる事象に拡張されるのか、それとも、人間の行為に限られるのかをめぐって激しい対立があります。この対立は、特に正当防衛における対物防衛の問題で顕在化します。

> 　違法性判断の対象は、自然現象・動物など森羅万象あらゆる事象における被害も含まれるとするのが、**物的客観的違法性論**で、違法性の判断は刑罰法規にとって許容しがたい法益の侵害・危殆化をいい、人間の行為に限定する必然性はない、刑罰法規にとって許容しがたい事態を違法と評するとき、それには**違法な行為**と**違法な状態**とが存在する、違法な状態を包摂しても、有責性の判断によって処罰の対象は有責な行為者に絞られることになるので問題はないなどを根拠とします。
>
> 　物的客観的違法性論を採ると「不正」(36条)と「危難」(37条)の区別が曖昧になってしまうと批判し、違法性判断の対象は人間の行為に限られるとするのが**人的客観的違法性論**で、自然現象・動物に向かって「おまえのやったことは違法だ」と言っても意味がない、犯罪の成否を判断する一環として違法な行為だけが問題なのであり、違法な状態は問題とならない、違法性・有責性においては、人間の行為を違法と評価し、その行為を行った人間の有責性を判断することが求められているなどを根拠とします。

3　形式的違法性論・実質的違法性論

(1)　内　容

　これは、「違法性の基盤を何に求めるか」をめぐる対立です。

> 　この問いに対して、「実定刑罰法規に求める」と答えるのが**形式的違法性論**で、「他人の物を盗むのが違法であるのは、刑法235条に違反するからだ」と答えるにとどまります。この説によると、違法性は、行為が形式的に実定刑罰法規に違反していることが要点となるため、違法性には有無しかないことになります。

> 　先の問いに対して、「実定刑罰法規の依って立つ実質的な基盤に求める」と答えるのが**実質的違法性論**で、「他人の物を盗むのが違法であるのは、刑法235条の基礎にある実質的基盤に違反し、それを侵害・危殆化するからだ」と答えるのです。この説によると、違法性は、行為が実定刑罰法規を支えている実質的な基盤を侵害・危殆化していることが要点となるため、違法性には有無だけでなく程度・量もあることになります。

(2) 形式的違法性・実質的違法性

　「他人の物を盗むのが違法なのは、刑法235条に違反するからだ」と説明されたら、賢明なショクンは、「では、刑法235条はなぜ他人の物を盗むことを違法とし処罰しているのですか」と問いたくなるはずです。この点、形式的違法性論は形式的問答に終始し、「なぜ」という問いに応えるものとなっていません。結局は、違法性判断の実質的基盤が問われることになり、現在では、実質的違法性論が基調となっています。しかし、形式的違法性の概念は意味がないわけではなく、あたかも家畜の移動を制限する柵のように、国家刑罰権の発動を刑罰法規の規定する範囲に制限する重要な機能を果たしており、形式的犯罪理論が主張されるゆえんです。

　他方、実質的違法性の概念は、形式的な実定刑罰法規の基礎にある実質的基盤を提供すると同時に、違法性に有無・質量があることを明らかにし[3]、各刑罰法規は処罰に値するだけの質量を要求しているという意味で、可罰的違法性・可罰的有責性の概念を提供してくれます。また、実質的違法性は違法性の実質的原理を提供するので、その裏面として、正当化（違法性阻却）の一般原理を明らかにし、超法規的正当化事由の存在を明らかにしてくれます。

4　結果無価値論・行為無価値論

(1) 内　容

　これは、実質的違法性の概念を前提にしたとき、「実質的違法性の判断対象を何に求めるか」をめぐる対立です。

　この問いに対して、「行為の結果、すなわち法益の侵害・危殆化に求める」と答えるのが**結果無価値論**で、結果を志向する法益論的アプローチを採る法益侵害説を基本にします。この見解は、違法性の実質を法益の侵害・危殆化という結果無価値に求め、当該行為が法益を侵害・危殆化したので違法なのだと説明します。この見解によると、当該行為の法益侵害・危殆化の質・量が重視され、行為の態様もそれがもつ法益侵害の一般的危険性の観点から考慮されます。この説が刑法の本質的機能を法益保護機能に求めるのは論理必然で、正当化の一般原理について法益衡量説・

---

3) 違法性の質について、例えば、姦通のように、民法では違法ですが、刑法では違法でないということがありますし、違法性の量について、例えば、千円の窃盗と1億円の窃盗では違法性に差があるということがあります。

利益衡量説を基調とすることになります。

　先の問いに対して、「行為それ自体、すなわち行為態様、行為者主観に求める」と答えるのが**行為無価値論**で、行為・行為意思を志向する規範論的アプローチを採る規範違反説を基本にします。この見解は、違法性の実質を行為の規範違反性という行為無価値に求め、当該行為がその目的・態様等からみて社会規範・社会的行為準則に違反したので違法なのだと説明します。この見解によると、当該行為の規範違反の質・量が重視され、法益の侵害・危殆化もそれがもつ規範違反の一般的危険性の観点から考慮されます。この説は、刑法の本質的機能を規制的機能、秩序維持機能あるいは行為準則維持機能に求める傾向があり、正当化の一般原理について社会的相当性説・目的説・社会倫理説を採用します。

(2)　学説の状況

　現在、刑法の究極の任務は法益保護にあるとしながらも、刑法の本質的機能としては規制的機能、秩序維持機能あるいは行為準則維持機能を主張し、実質的違法性の概念についても、倫理的色彩を払拭した社会規範違反、社会ルール違反、社会的行為準則違反を強調する折衷的な見解が主張されています。これは、むしろ**二元的無価値論、総合的行為無価値論**と呼ぶべきですが、通例に従って**行為無価値論**と呼んでおきます。

結果無価値論	（折衷的）**行為無価値論**	**純粋行為無価値論**
法益保護機能	規制的機能・法益保護機能	社会倫理機能

(3)　対立点

　結果無価値論と行為無価値論の、刑法総論における主な対立点をあげます。

実質的違法性	結果無価値論	行為無価値論
違法性の本質 （判断考慮要素）	**法益の侵害・危殆化** （行為態様は法益侵害の危険性の観点から考慮）	**行為態様・目的等の規範違反** （行為態様は社会倫理規範の観点から考慮）
本質的機能	**法益保護機能**	**社会倫理機能・規制的機能**
実質的違法性 正当化の一般原理 判断志向	**法益侵害説** 法益衡量説、優越的利益説 法益論的アプローチ	**規範違反説** 社会的相当性説、目的説 規範論的アプローチ

主観的違法要素	否定する傾向	肯定する傾向
目的犯の目的	否定説（肯定説）	肯定説
表現犯の心理	否定説	肯定説
傾向犯の心理	否定説	肯定説（否定説）
未遂犯の故意	否定説（着手未遂は肯定、実行未遂は否定）	肯定説
既遂犯の故意	否定説	肯定説
主観的正当化要素	否定説	肯定説
過失犯	旧過失論（予見可能性が中心）	新過失論（新・新過失論）（結果回避義務が中心）
未遂犯・不能犯	客観的危険説・具体的危険説	抽象的危険説・具体的危険説
共同正犯・共犯	因果共犯論・惹起説	不法共犯論・責任共犯論
可罰的違法性	法益侵害の軽微性	法益侵害の軽微性＋社会的相当性からの逸脱の軽微性

⑷　違法性は客観的に

　客観的違法性論に立って**違法性は客観的に**を承認するにもかかわらず、違法性の判断に主観要素（目的、故意、行為の態様など）を持ち込むのは客観的違法性論の立場と矛盾しないのでしょうか。

　　結果無価値論によると、違法性判断の客観性は、法益の侵害・危殆化という結果無価値を徹底し、主観要素をできるだけ排除することによって担保されるとします。したがって、違法性判断の基準も対象も客観的であるべきで、主観要素を考慮するのは客観的違法性論に矛盾し、妥当でないとします。
　　行為無価値論によると、**違法性は客観的に**は、判断基準が客観的であるべきことを要請するものであって、たとえ主観要素が考慮されても、その判断基準が客観的である限り、客観的違法性論と矛盾するものではないとします。また、結果無価値論・行為無価値論は実質的違法性の判断対象に関わる問題であって、行為無価値論を採用したからといって、責任能力までも違法性判断の対象としているわけではないので、客観的違法性論と矛盾するものではないとします。

　刑法の本質的機能として法益保護機能を考え、違法性判断の客観性を担保しようとするのであれば、その判断基準も判断資料も客観的なものに限定されるべきでしょう。

　【事例】学生Ａは、出欠に厳しい教授Ｓを殺害しようと考え、授業中に、ごく小さなピストルで秘かにＳを狙って引き金を引こうとした〔Ｓ教授殺害事件〕。

　ショクンに質問。この事例の場合、ＡのＳへの殺意（故意）は、Ｓの生命（法

142 第13講 違法性論

益）に対する危険性に影響を与えていますか。では、Aは認識していないの
ですが、ピストルに弾丸が入っていなかったとしたらどうですか。また、弾
丸は入っているのですが、Aの意図とは異なり、銃口はSにではなくSの
頭上の天井に向いていたらどうですか。

　さて、行為者の主観要素と行為の危険性との関係について本書の見解を説
明しておきます。Aの認識・意図、行為態様は、客観的な事実・状況によっ
て検証されない限り、法益への客観的危険性を確定できません。法益の侵害・
危殆化を決定するのは、行為者の主観面ではなく行為の客観面だからです。

5　正当化の一般原理

(1)　意　義

　法律要件は犯罪・犯罪者の成立を積極的に根拠づける要件ですので、法律
要件該当性が認められると、多くの場合、行為は違法で、行為者は有責であ
ると推定されます。しかし、これは事実上の推定にとどまっており、事実上
の違法性推定を破ることを**正当化**（**違法性阻却**）といい、そうした事態を招く
事情を**正当化事由**といいます。

　では、こうした事情が存在すると、なぜ行為は正当化されるのか。この質
問に答えるのが、**正当化の一般原理**です。これは、あらゆる正当化事由に共
通する一般原理を提供し、超法規的正当化事由の存在を明らかにするととも
に、その解釈の規準を提供してくれます。

(2)　学説の状況

　違法性の実質を法益の侵害・危殆化に求める結果無価値論的アプローチを基本に、
利益衡量説から**優越的利益説**[4] が主張されます。この説によると、法益が衝突する
場合に、行為が価値の小さい法益を犠牲にして価値の大きい法益を保護・保全する
ときは正当化されます。この説は、法益そのものを比較衡量するだけでなく、法益に
対する危険の程度、保全された法益と侵害される法益の量的範囲、法益侵害の必要
性の程度、行為の態様・方法のもつ法益侵害の危険性の程度も衡量します。この説
に対しては、どちらの法益の価値が大きいかはっきりしない場合が多い、基準が明確
でないので比較衡量に困難が伴うなどの批判が加えられます。

　違法性の実質を社会的相当性を逸脱した法益の侵害・危殆化に求める行為無価値

---

4)　佐伯千伈・197頁、平野・Ⅱ・215頁、中山・264頁、内藤・中・313頁以下、内田・191頁、曽根・
　100頁、浅田・178頁。総合考量説を採るのは前田・326頁。多元的な原理を強調するのは松宮・105頁。

論的アプローチを基本に、規範違反説から**社会的相当性説**[5] が主張されます。この説によると、法益を侵害・危殆化する行為であっても、それが社会生活において歴史的に形成された社会倫理秩序の枠内にあり、個々の生活領域において日常性・通常性を有しているため、健全な社会通念・社会秩序によって許容される社会的相当行為であるときは、正当化されます。この説に対しては、社会的相当性・社会倫理秩序の概念が包括的・抽象的・多義的であるため具体的な判断基準となりえない、この説では、結局は、社会倫理秩序が基準となっているので、法益保護という刑法の究極の任務と合致しないなどの批判が可能です。

　違法性の実質を国家的に承認された共同生活の目的への違反に求める行為無価値論的アプローチを基本に、目的違反説から**目的説**[6] が主張されます。この説によると、行為が、国家的に規律された共同生活の目的達成のための相当な手段であるときは正当化されます。この説に対しては、行為の目的・相当な手段の意味が曖昧であり、同語反復の答えでしかない、行為の目的を行為者の主観的な動機・目的と解すると、違法性判断に主観的なものを取り込むことになるなどの批判がなされます。

(3)　本書の立場

　①　**優越的要保護性説**　法はできうる限り法益の平和的共存を図ろうとしており、これを**法益の平和的共存の理念**〔**法益共存の思想**〕といいます。法益は、社会成員の自由な自己実現を可能にする外的な諸条件、個人の尊厳の実現・確保に奉仕する外的な諸条件です。そして、法益の平和的共存の理念は、社会成員に対して、法益の平和的共存を図り、複数の法益が共存できないような衝突状況・葛藤状況をできるだけ作出しないように要請します。他方、法益を侵害・危殆化するとき、その行為は違法性判断の射程内に入り、責任非難の契機となるのであり、実質的違法性の外延、責任非難の契機は、法益の侵害・危殆化によって画されます。しかし、あらゆる法益侵害・危殆化の行為が違法と判断されるわけではありません。個々の事案の具体的状況の下で複数の法益が共存しえない状況で衝突している場合、行為が、より高い要保護性の法益を保護・保全するために低い要保護性の法益、場合によっては同等の要保護性の法益を侵害・危殆化するとき、その行為は正当化されるのです。つまり、正当化の一般原理を定式化するならば、法益の**優越的要保護**

5）福田・147頁、西原・上・159頁、藤木・118頁、大谷・242頁、伊東・172頁、佐久間・163頁。　社会倫理説（大塚仁・377頁）もこの説に含めることができます。
6）木村亀二・252頁。

性の原理であり、これを基軸とする説を**優越的要保護性説**といいます。

　優越的要保護性説は、刑法の本質的機能として法益保護機能を基本とし、違法性の実質につき法益論的アプローチを採り、法益侵害説を基本とします。また、正当化の一般原理を探究し、正当化の判断にあたって利益衡量的思考方法を採ります。そして、法益概念について、中核となる利益の概念と、これに対して付与される法的要保護性の概念とを峻別します。

　②　**正当化の一般原理**　ショクンの中には、そもそもあらゆる正当化事由を統括する一般原理など存在するのかという疑問を抱く人がいるかもしれません。学説では、正当化の一般原理の存在を承認し、すべての正当化事由に共通する一般原理を探究しようとする**一元説**が有力です。

　確かに、正当化の一般原理は、あらゆる事態を説明できる有効性・有用性をもっていますが、それだけに、その原理は抽象的で、給付能力が減殺される弱点を抱えています[7]。

　③　**社会的価値秩序原理**　そこで、法益の優越的要保護性の判断を精確に行うために、社会的現実生活において機能している個別の価値秩序原理である**社会的価値秩序原理**を摘出する必要があります。社会的価値秩序原理は、法益論的アプローチから類型化された社会現実生活に内在する価値原理であり、法益の優越的要保護性の原理という法的世界と、社会的現実生活という現実世界とを架橋し、正当化の判断が社会の現実生活の価値変動に柔軟に対応するのを担保する原理です。しかも、社会的価値秩序原理は、正当化の一般原理と個々の正当化事由との結節点であり、個々の正当化事由のもつ個性を明らかにするもので、法益の優越的要保護性の原理は、社会的価値秩序原理を介して初めて、その実相を表現できるのです。

>　⑦　**要保護性放棄の原理**は、**自己決定の自由尊重の思想**を基礎にしています。刑法の任務は各人の自由な自己実現を可能にする外的諸条件の創出・確保にありますが、個人の自己実現は自由の所産であり代理できません。それゆえ、法益主体が自己の利益を侵害する行為に承諾を与えた被害者の承諾は、法益主体が自己の法益を法的保護の外に置いたという消極的意味にとどまらず、自由な意思決定によって自己

7）正当化の原理について多元的な原理を強調する松宮・105頁参照。

実現の一端を遂行したという積極的意味をも有する限りで、刑罰による公的保護の必要性の契機を脱落させてしまうのです[8]。

④ **関連性の原理**は、**必要性の思想**を基礎にしています。これは、行為の目的としての利益保全行為と手段としての利益侵害行為との関連性を問うものであり、その関連性が欠如するとき、真の意味での利益衝突は存在しません。例えば、自分の乳児に授乳しないで殺害しようとしている母親がいる場合、その母親を射殺する行為は、乳児の生命と母親の生命とが共存しえない状況で衝突しているわけではないので、乳児のための正当防衛にはなりません。

⑤ **正当利益の原理**は、**正不譲歩の思想**を基礎にしています。刑法の立場からすれば、可能な限り法益の平和的共存を図りたいのですが、攻撃者が正当な理由もなく急迫の侵害をしかけた場合、正当利益は不正利益に譲歩する必要はなく、被攻撃者は退避義務を負わないので、不正利益は不正の限度において法的要保護性が減弱することになります。これは、**正は不正に譲歩する必要はない**と表現され、主として不正対正の利益衝突の場面で機能します[9]。

④ **優越的利益の原理**は、**利益衡量の思想**を基礎にしています。正当利益と正当利益とが両立し得ない状況で衝突している場合、いずれも不譲歩の利益であるため、通常、利益の一般的価値順位において高位にある利益が優越的要保護性が認められます。つまり、法益のもつ一般的価値が比較衡量において大きく機能する場合であり、正対正の利益衝突である緊急避難において中心的役割を果たします。しかし、この原理も、衝突利益の量的側面との関係で、その果たすべき役割が相対化せざるをえません。

④ **均衡性の原理**は、**法益共存の思想**を基礎にしています。刑法の立場からすれば、正当利益であると不正利益であるとを問わず、可能な限り法益の平和的共存を図りたいのですが、利益衝突状況・利益葛藤状況においては一方の法益を犠牲にすることを忍受せざるをえません。均衡性の原理は、正対正、不正対正のいずれの利益衝突場面でも機能するのですが、正対正の場合にはいずれも不譲歩の利益であるため、均衡性の原理は**法益権衡性**（**害権衡性**）として厳格に機能するのに対し、不正対正の場合には一方だけが不譲歩の利益であるため、均衡性の原理は**相当性**として比較的緩やかに機能することになります。均衡性の原理は、**可能的最小利益犠牲に**

---

8) これを「法益欠缺の原理」「利益欠如の原理」「利益不存在の原則」と表現する論者もいますが、利益そのものが消失してしまうような誤解を与えるもので、不適切です。被害者の承諾（同意）によって消失するのは、利益そのものではなく、利益に付着する法的要保護性だからです。

9) これを法確証の利益（正確証の利益）とし、衡量の天秤に載せる論者がいます。しかし、この利益がどれくらいの質量をもつ利益なのか明らかではありませんし、論者によってその射程範囲が異なるだけでなく、「それを言っちゃあ、おしめえよ」といえるほど強力な性質をもった利益概念となっています。翻って、そもそも法確証の利益は質量を含むことができる概念なのか疑問が

146　第13講　違法性論

よる**可能的最大利益保全**と表現できます[10]。
　㋕　**社会推進の原理**は、超人格的価値尊重の思想を基礎にしています。個々の事案の具体的事情のもとにおける当面の具体的・微視的な法益を衡量するだけでは、当該行為やそれに関わる法益のもつ社会的意味関連を明らかにすることはできません。そこで、一方で、憲法を頂点とする全法体系において宣明されている超人格的理念・価値との関連において、当該行為やそれに関わる法益のもつ社会的意味連関を明らかにするとともに、他方で、行為の自由な展開によってもたらされる新しい超人格的理念・価値の創造との関連において当該行為のもつ社会展望的意味連関を明らかにするために、この原理が必要なのです。

　正当化事由には、以下のようなものがあります。

正当化事由	一般的（常態的）正当化事由	緊急的正当化事由	
法定的正当化事由	**法令行為**（35条前段）**正当業務行為**（35条後段）	**正当防衛**（36条）**緊急避難**（37条）	可罰的違法性阻却事由
超法規的正当化事由	**被害者の（明示的）承諾****被害者の推定的承諾**	**自救行為****義務の衝突**	
	可罰的違法性阻却事由		

今日の一言

社会通念、社会常識、社会的相当性が説得力をもつのは
キミの良識の社会性・常識性に訴えかける言葉でありながら
その言葉に含意されている内容が人によって違うからなんだ
だから　注意して欲しい
それを使う人は　どのような意味で使っているのか
それを聞いた人は　どのような意味の言葉として受け止めているのか
でも　その言葉を使うのは止めた方がいい
思考の停止を招きかねない言葉だから
議論の終結を宣言しかねない言葉だから

　あります。法確証の利益は正当利益の原理として再構成されるべきです。
10)　これを必要最小限度性とするのは、山口・135頁。

第14講　正当行為論

1　総　説

　刑法典は、現代用語化の前は格調高く、「声に出して読みたい日本文」でした。法律もその国の文化だとすると、法文言を大切にしてほしいですね。

　それはさておき、刑法35条前段は**法令行為**、同条後段は**正当業務行為**（業務行為）を規定しています。本条は、成文法規上の常態的・一般的な正当化事由として法令行為・正当業務行為のみを規定したのか、あらゆる常態的・一般的な正当化事由を規定したのか、議論があります。後者だとすると、本条は正当化の一般原理を宣明した受け皿的な条文ということになります。

　「当該行為は、刑法35条に規定されている正当化事由に当たるものではないが、許容されるべきだ」と主張するよりも、「当該行為は、刑法35条に規定されている正当化事由に当たるので、許容されるのは当然だ」と主張し、明文の根拠規定を援用する方が説得的ですし、裁判官・裁判員を納得させやすいでしょう。

　本条の規定する一般正当行為[1]には、法令行為、労働争議行為、正当業務行為、自損行為、治療行為、安楽死・尊厳死などがあります。

2　法令行為

(1)　意　義

　法令行為とは、法律、命令その他直接の明文規定に基づいて、権利又は義務として行われる行為をいいます。これが正当化されるのは、形式的には、正に成文法規がその正当性を根拠づけているからですが、実質的には、一定の要件の充足や手続の履践を条件として、当該規定が保護しようとする法益の要保護性が優越するので正当化されるのです。

---

1) 正当行為論については、曽根威彦『刑法における正当化の理論』（1980年）参照。

148　第 14 講　正当行為論

(2) 類　型

①　法令によりこれを行うことが一定の公務員の職権・権限とされている**職務行為**があり、例えば、刑の執行（11 ～ 13 条・16 条、刑訴法 457 条以下）、司法警察職員の被疑者・被告人の勾引（刑訴法 58 条）・勾留（同法 60 条）・逮捕（同法 199 条）、捜索（同法 102 条）などがあげられます。

法令行為は、直接法令に基づいてなされる直接法令行為と、法令上の権限を有する上官の命令に基づいて行われる行為のように、間接的に法令に基づいてなされる間接法令行為[2]に分類されます。成文法規の許容範囲を超える公務員の行為は、（特別）公務員職権濫用罪（193 条）の余地があります[3]。また、違法拘束命令のような、上官の違法な命令に基づいて行われる行為については、期待不可能性による有責性阻却説（通説）のほか、違法性阻却説、法律の錯誤説も主張されています。

②　法令によりこれを行うことが一定の者の権利・義務とされている**権利・義務行為**があり、例えば、私人による現行犯人逮捕（刑訴法 213 条）[4]、親権者の子に対する懲戒行為（民法 822 条）、教師の児童・生徒に対する懲戒行為（学校教育法 11 条）などがあげられます。

③　一定の政策的理由に基づき法令により正当化されている**政策的理由に基づく行為**があり、例えば、競馬法による勝馬投票券、自転車競技法による勝車投票券、当せん金附証票法による当せん金附証票、スポーツ振興投票の実施等に関する法律（TOTO 法）による合致投票券の売買などがあげられます。これらの行為は、賭博罪（185 条・186 条）・富籤罪（187 条）の要件該当性が認められても、財政政策的な理由により正当化されることになります[5]。

---

2) 例えば、治安出動時における自衛官の武器使用（自衛隊法 89 条 2 項）。
3) 最判昭和 30・10・14 刑集 9・11・2173、判時 63・3〔百選 II・60〕参照。
4) 最判昭和 50・04・03 刑集 29・4・132。
5) いわゆるギャンブルの問題です。賭博行為・富籤発売行為等のギャンブルを許容する経済的・財政政策的な理由が、本来それらを禁止していた理由を消失させるほどに優越するのかについては疑問があり、「厳重な公的管理のもとでやっているから」と言われても、その疑問を払拭することはできません。「ギャンブル（賭博）はけしからん行為なので罰するが、経済的・財政政策的に必要なので公認させてもらいます。国民の皆さん、大いに賭博をしてください」という論理は、およそ筋が通っていると思えないからです。なお、「特定複合観光施設区域の整備の推進に関する法律」（2016 年・平成 28 年法律 115 号）9 条以下参照。

④　理論的には当然に正当化されるのですが、法令が注意的に正当化事由であることを明規し、併せてその要件・手続・範囲などを規定して適切な執行を期している行為があり、例えば、堕胎罪（212条以下）に関し母体保護法14条による優生手術・人口妊娠中絶が、死体損壊罪（190条）に関し死体解剖保存法による死体の解剖（2条）が、殺人罪（199条）・死体損壊罪に関し臓器移植法6条による臓器の摘出などがあります。

3　労働争議行為

(1)　意　義

　労働争議行為とは、労働者がその主張・要求を貫徹することを目的として行う同盟罷業（ストライキ）・怠業（サボタージュ）・作業所閉鎖（ピケッティング）などの行為で、業務の正常な運営を阻害するものをいいます（労働関係調整法7条）。憲法28条は、勤労者の団結権・団体交渉権・団体行動権の行使を保障しており、労働組合法1条2項は、労働組合の団体交渉その他の行為であって、労働者の地位を向上させる目的を達成するためにした正当な行為については、刑法35条の適用があることを認めています。したがって、労働争議行為は、それが労働者の権利行使として正当な範囲内にある限り、住居侵入罪（130条）、傷害罪（204条）、暴行罪（208条）、逮捕・監禁罪（220条）、脅迫罪（222条）、威力業務妨害罪（234条）、器物損壊罪（261条）などの要件該当性が認められたとしても正当化されることになります。

(2)　正当化要件

　労働争議行為が正当化されるには、目的の正当性と手段の相当性が必要とされています。

　①　**目的の正当性**とは、その目的が労働者の経済的地位向上を主たる目的とすることをいいます（労働組合法1条1項）。労働者の経済的地位向上に直接関係しない政治的主張・運動を主たる目的としたいわゆる政治ストについて、判例は違法であるとします[6]。しかし、多数説は、政治的な目的が、労働者の経済的地位の向上という主たる目的達成を目指しての付随的・副次的な目

---

6)　都教組事件・最大判昭和44・04・02刑集23・5・305、全農林事件・最大判昭和48・04・25刑集27・4・547参照。

150 第14講 正当行為論

的である限り違法でないとします。

② **手段の相当性**について、労働組合法は、「いかなる場合においても、暴力の行使は、労働組合の正当な行為と解釈されてはならない。」(1条2項但書)と規定しています。しかし、例えば、団体交渉はときに監禁行為を伴い、ピケッティングは有形力行使を、職場占拠は建造物への侵入行為・不退去行為を、ビラ貼りは建造物の汚損行為を伴うことがありますし、軽犯罪法 (1条33号)・屋外広告物法 (34条) 違反も伴います。しかし、これらの行為を犯罪として禁止すると、労働争議権を保障した意味がなくなってしまいます。ですから、一切の有形力行使を「暴力」として許さないとするのは妥当でなく、暴行罪 (208条) における暴行よりも強度のものを要求すべきです。その際、正当な争議行為の範囲内か、緊急行為成立の余地はないか、可罰的違法性は認められるか、期待可能性はあるかなどを具体的に検討すべきです。

> 労働争議行為の正当化の判断において、規範論的アプローチを採る**社会的相当性説・目的説**は、その目的の正当性、手段の相当性を考慮し、それが社会的相当性を有するかを判断します。しかし、労働基本権というのは、一般市民的な利益を犠牲にすることがあってもなお、労働者に争議行為を行うことを許容した権利です。その視点を欠いたまま、目的の正当性、手段の相当性を判断するとしたら、労働基本権を保障した意義を無にしかねません。
>
> これに対し、法益論的アプローチを採る**利益衡量説** (法益衡量説) は、争議行為によって侵害・危殆化される一般的な市民的権利と、争議行為によって保護・保全される労働者の社会的地位・労働権とを比較衡量します。この説では、一般市民的諸権利に関わる市民法原理と労働者の労働基本権に関わる社会法原理との衡量がなされることになります。

(3) 問題点

① **公務員等の争議行為** 公務員 (非現業公務員) は、同盟罷業、怠業、その他の争議行為を禁止されています (国公法98条2項、地公法37条1項)。ただ、争議行為それ自体に罰則規定はなく、その共謀・唆し・あおり・企ての行為を罰しています (国公法110条1項17号、地公法61条4号)。これは、「本体を罰するのは憲法の趣旨からいってもまずいので、周辺行為を罰しよう」という、きわめて異例の処罰規定です。しかも、公務員について争議行為を一律禁止するのは、労働基本権に対する無理解を示すもので、憲法に違反します。

特定独立行政法人及び国有林野事業を行う国の経営する企業の組合及び職

員も、争議権が否定されています（特定独立行政法人等の労働関係に関する法律17条）。ここでは、争議行為の共謀・唆し・あおりの行為を独立に処罰する一般的な罰則規定はありませんが、解雇事由になります（同法18条）し、特定独立行政法人等の業務を停廃させる行為を個別に処罰する規定を設けて対応しています[7]。

② **判例の2つの傾向**　判例には、大きく2つの傾向があります。

> 第1は、罰則適用に消極的な判例で、これを代表するのが**東京中郵事件・最大判昭和41・10・26**（刑集20・8・901）です。この判決は、公共企業体等職員について、労働基本権尊重の立場から国営企業及び特定独立行政法人の労働関係に関する法律17・18条違反の争議行為にも労働組合法1条2項の適用があり、正当な争議行為であれば郵便法79条1項による処罰はないとします。この傾向を顕著に示すのが**二重の絞り論**[8]であり、地方公務員法61条4号について、争議行為自体が違法性の強いものであること、争議行為に通常随伴して行われる範囲を超えるような違法性の強いあおり行為等に限って処罰の対象にすべきであること、という二重に絞りをかけて可罰性の認定をしました。
>
> この判例も、公務員の争議行為への罰則適用に積極的な第2の判例によってくつがえされます。その契機となったのが**全農林事件・最大判昭和48・04・25**（刑集27・4・547）[9]であり、非現業公務員について、勤労者をも含めた国民全体の共同利益からの制約を根拠とし、刑罰による争議行為を一律禁止するのは合憲としたうえで、勤労者の組織的集団行動としての争議行為に際して行われた犯罪法律要件該当行為につき、刑法上の正当化を判断するにあたっては、その行為が争議行為に際して行われたという事実をも含めて、当該行為の具体的状況その他諸般の事情を考慮に容れ、それが法秩序全体の見地から許容されるべきものであるかを判定しなければならないとし、旧国鉄労働組合員らの争議行為の際における信号所侵入行為等は刑法上違法性を欠くものではないとしました。

4　正当業務行為

(1)　意　義

　正当業務行為とは、法令に直接の明文規定は無いが、社会生活上の事務として反復・継続して行うか、又はその意思をもって行う事務であって、正当

7）例えば、郵便法79条1項。

8）都教組事件・最大判昭和44・04・02刑集23・5・305、仙台全司法事件・最大判昭和44・04・02刑集23・5・685。

9）また、名古屋中郵事件・最大判昭和52・05・04刑集31・3・182参照。

152　第 14 講　正当行為論

なものをいいます。業務は必ずしも職業として行われる必要はなく、アマチュアのスポーツ競技も、一定のルールを遵守して行われる限り正当業務行為として正当化されます。

(2)　正当化要件

　業務行為が正当業務行為として正当化されるには、①当該業務そのものが正当なものと認められることのほかに、②当該具体的な行為が当該業務の一定のルール、要件、手続等を遵守しているため、業務の正当な範囲内の行為と認められることが必要です。

　正当業務行為は、特にスポーツ（プロ・アマ）を念頭において考えると分かりやすいのですが、要点は、業務行為それ自体が業務の正当な範囲内の行為であるかにあり、憲法の保障する基本的人権（自己決定権、幸福追求権、表現の自由など）を念頭におきながら、業務の危険の程度、適用ルール、危険防止の措置等を考慮し、正当化の一般原理に照らして判断されます。

(3)　問題点

　　刑事事件の弁護人の**弁護活動**が名誉毀損行為などとして問題となることがあります。**丸正事件・最決昭和 51・03・23**（刑集 30・2・229、判時 807・8、判タ 335・146）は、「名誉毀損罪などの構成要件にあたる行為をした場合であつても、それが自己が弁護人となつた刑事被告人の利益を擁護するためにした正当な弁護活動であると認められるときは、刑法 35 条の適用を受け、罰せられない」けれども、「刑法 35 条の適用を受けるためには、その行為が弁護活動のために行われたものであるだけでは足りず、行為の具体的状況その他諸般の事情を考慮して、それが法秩序全体の見地から許容されるべきものと認められなければならないのであり、かつ、右の判断をするにあたつては、それが法令上の根拠をもつ職務活動であるかどうか、弁護目的の達成との間にどのような関連性をもつか、弁護を受ける刑事被告人自身がこれを行つた場合に刑法上の違法性阻却を認めるべきかどうかという諸点を考慮に入れるのが相当である」としました。
　　また、新聞記者等の**取材活動**が刑罰法規との関係で問題となることがあります。新聞記者の取材活動が国家公務員の秘密漏示を唆したとして罪（111 条・109 条 12 号）に問われた**外務省秘密漏洩事件・最決昭和 53・05・31**（刑集 32・3・457、判時 887・17、判タ 363・96〔百選Ⅰ・18〕）[10] は、「報道機関の国政に関

---

10)　この事件は、現在議論のある特定秘密保護法と関連させて考察すると、多くの教訓を得ることができます。澤地久枝『密約──外務省機密漏洩事件』（岩波現代文庫・2006 年）を読むことをお勧めします。

する取材行為は、国家秘密の探知という点で公務員の守秘義務と対立拮抗する
ものであり、時としては誘導・唆誘的性質を伴うものであるから、報道機関が
取材の目的で公務員に対し秘密を漏示するようにそそのかしたからといつて、
そのことだけで、直ちに当該行為の違法性が推定されるものと解するのは相当
ではなく、報道機関が公務員に対し根気強く執拗に説得ないし要請を続けるこ
とは、それが真に報道の目的からでたものであり、その手段・方法が法秩序全
体の精神に照らし相当なものとして社会観念上是認されるものである限りは、
実質的に違法性を欠き正当な業務行為というべきである」とし、取材活動が正
当化されるための一般的基準を示しました。

　さらに、宗教者の**宗教活動**が問題となることがあります。教会牧師が建造物
侵入等事件の犯人とされた高校生を教会に匿ったとして犯人蔵匿罪（103条）に
問われた**牧師蔵匿事件・神戸簡判昭和50・02・20**（刑裁月報7・2・104、判時
768・3、判タ318・219）は、その行為が正当な牧会活動の範囲に属したかどうかは、
社会共同生活の秩序と社会正義の理念に照らし、具体的実質的に評価決定すべ
きものであつて、それが具体的諸事情に照らし、目的において相当な範囲にと
どまり、手段方法において相当であるかぎり、正当な業務行為として違法性を
阻却する」が、「具体的牧会活動が目的においで相当な範囲にとどまつたか否か
は、それが専ら自己を頼つて来た個人の魂への配慮としてなされたものである
か否かによつて決すべきものであり、その手段方法の相当性は、右憲法上の要
請を踏まえた上で、その行為の性質上必要と認められる学問上慣習上の諸条件
を遵守し、かつ相当の範囲を超えなかつたか否か、それらのためには法益の均衡、
行為の緊急性および補充性等の諸事情を比較検討することによつて具体的綜合
的に判定すべき」としました。

5　自損行為

　自損行為とは、自殺行為、自傷行為、自己の財産を自ら毀損する行為など、
法益主体が自ら自己の法益を毀損する行為をいいます。自損行為は自己決定
権の行使であり、法益の法的要保護性を消失させるため、原則として違法性
を有しません。この点は、例えば、殺人罪（199条）・傷害罪（204条）の規定
における「人」は「他人」の意味であり、自殺行為・自傷行為は原則として
処罰されないという解釈として具体化されています。しかし、自損行為に他
人が関与するとき[11]や他の法益を侵害・危殆化するとき[12]には、違法となる

---

11) 例えば、202条（自殺関与・同意殺人罪）。

12) 例えば、自己所有建造物等への放火に関する109条2項、110条2項、自己堕胎を罰する212条、

154 第14講 正当行為論

ことがあり、自己決定権の行使にも限界があることになります。

6 治療行為

(1) 意 義

治療行為とは、手術のように、治療のために医学上一般に承認された方法によって、人の身体に医学的侵襲措置を施す行為をいいます[13]。

> 治療行為の法的性格について、治療行為は疾病を治療・軽減するものとして医学上一般に承認されているので、医学的適応性があり、かつ医療技術上正当な行為である限り、傷害罪の実行行為には当たらず、傷害罪の法律要件には該当しないとする**法律要件該当性阻却説**と、治療行為も身体の完全性を侵害して行われる以上は傷害罪の法律要件に該当するが、医学的適応性があり、かつ医療技術上正当な行為である限り、傷害罪の違法性が阻却され、正当化されるとする**正当化説**（通説）とが対立しています。

治療行為の正当性は具体的な行為状況を仔細に検討して判断されるので、正当化説が妥当です。

(2) 正当化根拠

> 治療行為の正当化根拠については、**被害者の承諾の法理**を根拠にし、被害者の承諾及びそれを実現する行為は社会的相当性を有し、歴史的に形成された国家・社会的倫理秩序の範囲内にあるものとして許容されるとする見解[14]、**社会的相当性の原則**を根拠とし、治療行為が治療の目的で、医学上一般に承認された方法によってなされるときには、歴史的に形成された国家・社会的倫理秩序によって社会的相当性を有する行為として許容されるとする見解[15]、及び、**優越的利益の保護と患者の自己決定権**を根拠とし、治療に伴って侵害・危殆化される利益と、治療によって維持・保全される利益との比較衡量によって導かれる治療行為の社会的有用性と患者の側の同意に表れた自己決定意思の尊重の要請によって正当化されるとする見解[16]が主張されています。

自己所有物の損壊行為に関する262条など。

13) これに対し、医療行為とは、治療行為だけでなく臨床研究・臨床試験、メディカル・サービスをも含む広い概念です。治療行為・医療行為論については、大野眞義編『現代医療と医事法制』（1993年）、佐々木養二『医療と刑法』（1994年）、小林公夫『治療行為の正当化原理』（2007年）、米田泰邦『医療者の刑事処罰』（2012年）参照。

14) 大塚仁・423頁、大谷・260頁。

15) 福田・177頁、西原・上・264頁、佐久間・185頁。

16) 内藤・中・530頁、曽根・121頁、西田・197頁、山口・176頁、町野朔『患者の自己決定権と法』（1986年）163頁。

治療行為は、一定の要件の充足を前提にして、増進・維持される患者の利益（生命・身体）の要保護性が、一時的に侵害・危殆化される患者の利益の要保護性よりも優越することにより正当化されます〔優越的要保護性説〕。ただ、両方の利益はいずれも同一主体に帰属しているので、本人の自己決定権が重要となります。

(3) 正当化要件

①　医学的適応性・医術的正当性に則って行われていれば、治療行為に違法性は認められないし、緊急を要する場合は緊急避難によって正当化され、場合によっては被害者の推定的承諾や代諾によっても正当化されうるので、患者の承諾は必ずしも必要でないという見解もあります。しかし、治療行為においては、増進・維持される利益も侵害・危殆化される利益もいずれも同一主体に属し、治療を受けるかどうかを最終的に決定するのは本人自身ですから、十分な情報提供に基づく**患者の承諾**が必要です。患者の承諾のない**専断的治療行為**は、緊急避難の法理等で正当化されない限り違法です。

この点、憲法13条を根拠に**インフォームド・コンセント**[17]の考え方が一般化しており、患者の自己決定権に基づき、医師は、医的侵襲の内容、成功率、危険性、副作用、予後の状況等について患者に情報提供すべきです。

②　当該治療行為が病者の生命・健康の増進・維持にとって**医学的適応性**があること、すなわち、当該治療行為に患者の生命・身体の健康の増進・維持などの客観利益が存することが必要です。但し、隆鼻術、豊胸術、各種エステ等のように患者にとって主観利益は存するのですが、必ずしも客観利益が存しない、その意味で医学的適応性が特に認められない行為については、患者の自己決定に基づく承諾が重要となります。

③　治療行為が医学上一般に承認された医療技術に則ってなされる**医術的正当性**があること、すなわち、治療行為が医学上一般に承認された医学準則（lege artis）に則っていることが必要です。医学界で確立していない新規療法を医学的根拠も適正手続もなしに施すことは許されませんし、かりに医学的

---

17) インフォームド・コンセント（Informed Consent）は、一般に「説明と同意」と訳されます。この語の本来の意味は、「充分な情報を提供された後の承諾」ですから、「情報受領後同意」と訳すべきです。

156 第14講 正当行為論

根拠がありかつ適正手続を踏んだものであっても、新規療法は人体実験・臨床実験の面があるので、被験者（患者）との関係で微妙な問題を生じます。

治療行為の正当化の要件について、**治療行為の主体**は医師であることは必ずしも必要ありません。治療行為の核心は、治療行為の主体にあるのではなく、治療行為が医学上の規準に合致する正当なものであるかにあるからです[18]。また、違法性の判断に**治療の目的**のような主観的目的は考慮すべきではありません（不要説）。例えば、美容整形・性転換手術[19]あるいは医学的実験目的のための侵襲行為のように治療目的が無い場合であっても、直ちに違法とされるのではなく、被害者の承諾（自己決定権）など他の要件も考慮して判断されるのです。

(4) 問題点

① 通常の被害者の承諾では、少なくとも客観利益は存在せず、法益主体にとって専ら主観利益が存在するか、主観利益も存在せず単なる自己決定の自由が存在するにすぎない場合が一般的です。これに対し、**治療行為における患者の承諾**では、基本的に患者の生命・身体の健康に関する客観利益が存在し、それが医的侵襲に伴う害を上回る優越的な要保護性が認められることが前提となっています。この点に、治療行為につき緊急避難・（推定的）承諾が認められる余地が存在するのです。また、治療の範囲を超えるような患者の無謀な選択行為に医師は拘束されるものではなく、その限りで、**医学的後見**（メディカル・パターナリズム）が考慮されます。

② 情報受領後同意（インフォームド・コンセント）の趣旨に反する治療行為は**専断的治療行為**となります。民事ですが、**エホバの証人輸血拒否事件・最判平成12・02・29**（民集54・2・582）は、「患者が、輸血を受けることは自己の宗教上の信念に反するとして、輸血を拒否するとの明確な意思を有している場合、このような意思決定をする権利は、人格権の一内容として尊重されなければならない」として、医療における患者の主体性（自己決定）の尊重

---

18) 医師資格のない者の無免許治療行為は、医師法上の無免許医業の罪（17条・31条1項1号）にはなりますが、直ちに刑法上の傷害罪等の犯罪になるわけではありません。手塚治虫原作『ブラック・ジャック』におけるブラック・ジャックの手術・治療行為を例にあげることができます。

19) 性転換手術が問題となったブルーボーイ事件・東京高判昭和35・11・11高刑集23・4・759は、性転換手術の睾丸全摘出手術が旧優生保護法28条違反の罪を構成することを肯定しています。

を明らかにしています。ただ、専断的治療行為が直ちに傷害罪等の犯罪となるかについては、慎重な検討を要します。専断的治療行為は、それが特に医学的適応性・医術的正当性を有しているときには、患者の生命・身体の健康を害したというよりも、人格権の一内容としての意思決定を侵害しており、そのような行為を正面から処罰する規定は存在しないからです。

　③　なお、治療行為の領域では、行為につきいくつかの制約が存在します。まず、**治療行為による制約**、具体的には、医学的適応性・医術的正当性を充たす治療行為でなければならない制約があります。ですから、治療行為の範囲を超えた新規治療・実験治療を患者が自ら選択しても、医師はそれに拘束されませんし、著しい危険を伴う新規治療・実験治療を医師が患者に施すことにも制約があります。次に、**刑法による制約**、具体的には、患者に生命放棄の意思が存在したとしても、それに関与する行為を許さない刑法202条による制約があり、生命法益の尊貴性を考慮したものです。ですから、患者の生命の終結に直結する行為を行うことには一定の制約があることになります。そして、**医学的後見**（メディカル・パターナリズム）**による制約**があり、これは、「疑わしきは患者の利益のために」の原則による制約です。患者の生命・身体の健康のために、たとえある時点では、患者の治療拒否の意思決定と矛盾することがあっても、医学的な観点から患者のためにその意思決定の尊重を一時留保して治療行為を施すことが許される場合があるのです。これは、患者に対し、治療拒否の意思決定の再考を促す時間的余裕を与えることで、本来的な意味での自己決定を担保しようというものです。

7　安楽死

(1)　意義・類型

　安楽死（安死術・オイタナジー）[20]とは、死期が差し迫っている患者の肉体的苦痛を緩和・除去して安らかに死を迎えさせる措置をいいます。

---

20) 安楽死・尊厳死論については、中山研一『安楽死と尊厳死』（2000年）、甲斐克則『安楽死と刑法』（2003年）、甲斐克則『尊厳死と刑法』（2004年）参照。

> ① **純粋安楽死**：生命の短縮を伴わず、死苦を除去・緩和するだけの措置・行為
> ② **間接的安楽死**：死苦の緩和・除去のための麻酔薬の使用などの行為・措置が
> その副作用のため患者の生命をいくらか短縮し死期を早める措置・行為
> ③ **消極的安楽死**：安らかな死を迎えさせるために、生命延長の積極的措置をと
> らず延命措置を中止することが死期をいくらか早める措置・行為
> ④ **積極的安楽死**：作為により直接に生命を奪うことによって死苦を終わらせる措
> 置・行為

　①類型は純粋な治療行為で、当然に正当化されます。②類型は、適法な治療行為の要件を備えている限りで正当化されます。③類型は、健康の回復にまったく役に立たず死苦を長引かせるにすぎない人工延命措置を患者自身が拒否しているとき、それでも医師がそれを執るべき義務はありませんので正当化されます。この類型は、治療行為の中止であり、尊厳死の問題として議論されます。④類型は最も議論があり、安楽死の中心問題です。

(2) 許容要件

　積極的安楽死について、学説では、人の生命の絶対的価値を考慮し、また生存の価値なき生命の毀滅への「なだれ現象」を憂慮して、安楽死は違法であり、その不処罰は責任論において解決すべきであるとする**安楽死違法論**[21]も主張されていますが、**安楽死適法論**が支配的です。

　積極的安楽死の許容要件について、本書は、次のように考えます。

　① **死期の切迫**　患者が現代医学の知識・技術からみて不治の傷病に冒され、その死が避けられず、かつその死期が差し迫っていることが必要です。

　② **肉体的苦痛**　患者に激しい肉体的苦痛が存在することが必要です。ただ、最近は、「Pain Clinic（苦痛除去療法）」の技術が進歩し、苦痛を除去する療法が開発されており、この要件の意義は低下しています。それに伴い、尊厳死の問題が重要になっています。

　③ **明示の意思表示**　患者の自由な意思決定に基づく明示の意思表示が必要です。死期が差し迫っており、激しい肉体的苦痛の中で患者が苦しんでいる最期のときに、患者自身が、自由な意思決定により安楽死を選択したとき、肉体的苦痛の激しいわずかな短い生命という利益を犠牲にして、肉体的苦痛

---

21) 内藤・中・537頁以下、曽根・127頁など。

のない安楽な死を迎える利益に優越的な要保護性が認められることになります。これは、最期の死の迎え方についての自己決定、私事性（プライバシー）の問題でもあります。

④　**補充性**　患者の肉体的苦痛を除去・緩和するために方法を尽くし、他に代替手段がないことが必要です。安楽死は、死期の迫った最期の段階における終局的選択ですので、他に代替手段があるときには認められません。

(3)　判例の状況

【01】名古屋高判昭和37・12・22（高刑集15・9・674、判時324・11、判タ144・175）　脳溢血で倒れた父親Aが、次第に衰弱が激しくなり、上下肢を少しでも動かすと激痛を訴えるようになり、またしばしば「しやくり」の発作などで息も絶えんばかりに悶え苦しみ、「早く死にたい」「殺してくれ」などと叫ぶのを耳にし、苦悶の様子を見るにつけ、息子Xは、子として堪えられない気持ちになり、また、医師からももはや施す術もない旨を告げられたので、父の願いを容れ病苦から免れさせるのが最後の孝養と考え、牛乳に有機燐殺虫剤を混入し、情を知らない母が父の求めにより同人に右牛乳を飲ませたため、同人を有機燐中毒により死亡させるに至り、尊属殺人罪（旧200条）で起訴された事案につき、嘱託殺人により懲役1年・執行猶予3年を言い渡しましたが、その際、「所論のように行為の違法性を阻却すべき場合の一として、いわゆる安楽死を認めるべきか否かについては、論議の存するところであるが、それはなんといつても、人為的に至尊なるべき人命を絶つのであるから、つぎのような厳しい要件のもとにのみ、これを是認しうるにとどまるであろう。①病者が現代医学の知識と技術からみて不治の病に冒され、しかもその死が目前に迫つていること、②病者の苦痛が甚しく、何人も真にこれを見るに忍びない程度のものなること、③もつぱら病者の死苦の緩和の目的でなされたこと、④病者の意識がなお明瞭であつて意思を表明できる場合には、本人の真摯な嘱託又は承諾のあること、⑤医師の手によることを本則とし、これにより得ない場合には医師によりえないと首肯するに足る特別な事情があること、⑥その方法が倫理的にも妥当なものとして認容しうるものなること。これらの要件がすべて充たされるのでなければ、安楽死としてその行為の違法性までも否定しうるものではない」としました。本判決は、本件で医師の手により得ない事情（⑤）もなく、牛乳に毒薬を混入して飲ませるという倫理的に認容し難い方法（⑥）によって殺害したもので、安楽死には当たらず正当化されないとしました。

【02】東海大安楽死事件・横浜地判平成7・03・28（判時1530・28、判タ877・148〔百選I・20〕）　大学付属病院に勤務する医師Xが、治癒不可能な癌に罹患して入院していた患者Aが余命数日という末期状態にあったとき、その苦しそうな息づかいを見た妻Bや息子Cから、「やるだけのことはやったので楽にさせて

160　第 14 講　正当行為論

欲しい」と頼まれ、点滴を外すなど治療の中止を行い、さらに「楽にさせて欲しい」と頼まれて、苦しそうな息づかいを抑えるため呼吸抑制の作用のある薬剤を注射し、それでもなお苦しそうな息づかいが治まらず、息子 C から「今日中に家につれて帰りたい」などと頼まれたため、患者 A に息を引き取らせることを決意して、心停止の作用のある塩化カリウム等を注射して死亡させたとして、最後の直接に死を惹起した行為が殺人罪で起訴された事案につき、殺人罪により懲役 2 年・執行猶予 2 年を言い渡しましたが、その際、①患者に耐えがたい激しい肉体的苦痛が存在すること、②患者について死が避けられず、かつその死期が迫っていること、③肉体的苦痛を除去・緩和するために方法を尽くし他に代替手段がないこと、④生命の短縮を承諾する患者の明示の意思表示があることの要件を示しました。

8　尊厳死

(1)　意　義

　尊厳死（death with dignity）とは、回復の可能性がなく死期が迫っている末期状態の患者が、最期のときに、自由な意思決定に基づき、自然の尊厳ある死を迎えることをいいます。これは、医療の現場では、生命維持治療の中止という形で現れ、不作為による安楽死［消極的安楽死］と重なります。

(2)　許容要件

　①　**回復不可能な傷病**　患者が、現代医学の知識・技術からみて、回復不可能な傷病に冒されていることが必要です。

　②　**末期状態**　患者が、現代医学の知識・技術からみて、死が避けられない末期状態にあることが必要です。

　③　**明示の意思表示**　治療行為の中止を求める患者の自由な意思に基づく明示の意思表示が必要です。回復の可能性もなく、末期状態にある最期のときに、患者自身が、自由な意思決定により尊厳死を選択したときには、尊厳のない短い生命という利益を犠牲にして、尊厳ある死を迎える利益に優越的な要保護性が認められることになります。これは、最期の死の迎え方についての自己決定、私事性（プライバシー）の問題でもあります。

(3) 判例の状況

【01】東海大安楽死事件・横浜地判平成7・03・28（判時1530・28、判タ877・148〔百選Ⅰ・20〕）　本判決は治療行為中止（消極的安楽死）の要件についても判示しており、①患者が治癒不可能な病気に冒され、回復の見込みがなく死が避けられない末期状態にあること、②治療行為の中止を求める患者の意思表示が中止行為の時点で存在することが原則であるが、家族の意思表示から患者の意思を推定することも許される、③治療行為の中止を行うことのできる措置はすべてが対象となるが、中止の許容性は死期の切迫の程度、当該措置の中止による死期への影響の程度等を考慮して、医学的な見地から決定されるとしています。

【02】川崎協同病院事件・最決平成21・12・07（刑集63・11・1899、判時2066・159、判タ1316・147〔百選Ⅰ・21〕）　外来で被告人の診察を受けていた喘息患者Aが気管支喘息重積発作により心肺停止となってK病院に運び込まれたものの、重度の低酸素性脳損傷による昏睡状態を脱することができず、重度の気道感染症と敗血症も合併していたところ、被告人は、Aに自然の死を迎えさせるためとして気管内チューブを抜管し、その後に発現した苦悶様呼吸を鎮静化させるために、鎮静剤のセルシン及びドルミカムを投与し、さらに筋弛緩剤であるミオブロックを投与し、Aはその日のうちに死亡したことについて、被告人が抜管とミオブロック投与によりAを窒息死させた行為につき殺人罪に問われた事案につき、原審判決が、「本件医療中止行為は法的には許容されないものであって、殺人罪の成立が認められる」として、被告人に殺人罪につき懲役1年6月・執行猶予3年を言い渡したのに対し、「本件気管内チューブの抜管は、被害者の回復をあきらめた家族からの要請に基づき行われたものであるが、その要請は上記の状況から認められるとおり被害者の病状等について適切な情報が伝えられた上でされたものではなく、上記抜管行為が被害者の推定的意思に基づくということもできない。以上によれば、上記抜管行為は、法律上許容される治療中止には当たらないというべきである」として、上告を棄却しました。

今日の一言

人生を安楽に過ごしたいのなら
群れて生きる人々の中にいなさい
人生を自分のものとしたいなら
群れから外れる勇気を持ちなさい
群れから外されることに耐える強さを持ちなさい

162

第15講　被害者の承諾論

1　意義・法効果

(1)　意　義

　被害者の承諾（同意）とは、例えば、献血者が献血のための針注入と採血に同意する場合のように、法益主体が自己の法益を侵害・危殆化する行為に対して承諾を与えること及びその承諾をいい、**欲する者に対して侵害はない、承諾者に不法はなされない**と表現されます[1]。

(2)　法効果

　　①　**要件該当性・違法性に影響しない承諾**　被害者の承諾があっても、承諾に基づく行為の要件該当性・違法性が否定されない犯罪があり、例えば、13歳未満の男女への強制猥褻罪（176条後段）[2]、13歳未満の者への強制性交等罪（177条2文）、未成年者への拐取罪（224条）、未成年者に対する準詐欺罪（248条）、国家的・社会的法益に対する罪[3]をあげることができます。

　　②　**要件該当性・違法性を消失させる承諾**　被害者の承諾があることによって、犯罪の要件該当性・違法性が消失してしまう犯罪があり、例えば、住居侵入罪（130条前段）、信書開封罪（133条）、秘密漏示罪（134条）、13歳以上の男女への強制猥褻罪（176条前段）、13歳以上の者への強制性交等罪（177条1文）、横領罪（252条）、窃盗罪（235条）[4]をあげることができます。

　　③　**軽い犯罪の要件該当性・違法性へと移転させる承諾**　被害者の承諾があ

---

1) 被害者の承諾論については、曽根威彦『刑法における正当化の理論』（1980年）105頁以下、塩谷毅『被害者の承諾と自己答責性』（2004年）、須之内克彦『刑法における被害者の同意』（2004年）、小林憲太郎『刑法的帰責』（2007年）、佐藤陽子『被害者の承諾』（2011年）参照。

2) 児童ポルノ製造罪（児童買春、児童ポルノに係る行為等の処罰及び児童の保護等に関する法律7条3項）も、被害児童の承諾によって行為の犯罪性が消失することはありません。名古屋高裁金沢支部判平成17・06・09刑集60・2・232参照。

3) 例えば、留置場の男性看守が被拘禁者である女性と性的関係を持ったとして特別公務員暴行陵虐罪（195条）に問われた事案につき、**東京高判平成15・01・29**判時1835・157は、本罪の第一次的保護法益は「公務執行の適正とこれに対する国民の信頼」であり、したがって、「現実にその相手方が承諾したか否か」を問わないとしています。

4) 例えば、未成年者略取誘拐罪（224条）のように、保護法益の内容、承諾能力の有無によっては、この類型に入れることができるものもあります。

ることによって、別の軽い犯罪の要件該当性・違法性へと転移する犯罪があり、例えば、殺人罪（199条）に対する自殺関与罪・同意殺人罪（202条）、不同意堕胎罪（215条）に対する同意堕胎罪（213条）をあげることができます。

被害者の承諾を、法律要件該当性阻却事由としての「合意」（Einverstandnis）と、正当化事由としての「同意」（Einwilligung）に分ける見解も主張されています。しかし、被害者の承諾は犯罪性、特に行為の違法性を消失・低減させることが多く、承諾の有効・無効は具体的事案の諸事情を考慮して検討する必要があるので、行為の法律要件該当性は肯定したうえで、その正当化を検討する方が思考経済からも合理的です[5]。

2　正当化の根拠・要件

(1)　正当化根拠

法益主体が自由な意思決定により自己の法益を侵害・危殆化する行為に承諾を与えたとき、私事性・自己実現の一環として、当該利益の法的要保護性が消失します。それは、**自己決定の自由尊重の理念**が前提にあり、法益共存の思想から派生する**要保護性放棄の原理**が作用するからです。

> 被害者の承諾の正当化根拠について、**社会的相当性アプローチ**を採る見解は、個人法益の主体の承諾があっても、その承諾に基づく行為が社会倫理的観点から許容されないときは正当化されないとします。これは、個人の自己決定に対して社会的相当性の観点から制限を加えるもので、行為無価値論です。このうち、**目的説**[6]は、被害者の承諾は法が個人に認めている法益の処分権の保護という国家的に承認された共同生活の目的を達成するために適当な手段であるときは正当化されるとします。**社会的相当性説**[7]は、被害者の承諾による行為が正当化されるには、承諾可能な法益についての有効な承諾のもと、これに基づく行為自体が社会的に相当なものであることを要するとします。
>
> **自己決定処分アプローチ**を採る見解は、個人法益の主体が処分可能な法益の侵害に承諾を与えたときは、原則として法益ないしその要保護性が失われ、正当化されるとします。これは、法益主体の自己決定に基づく処分可能性を貫徹

---

5) 但し、条文が「正当な理由がないのに」（105条の2、130条、133条、134条）、「不法に」（220条）という法文言を用いている場合は、法律要件該当性のところで検討する余地があります。

6) 木村亀二・252頁。

7) 福田・181頁、大塚仁・421頁、最決昭和55・11・13刑集34・6・396、判時991・53、判タ433・93〔百選Ⅰ・22〕。なお、高橋・329頁（リーガル・モラリズム）。

164　第15講　被害者の承諾論

するもので、結果無価値論です。このうち、**保護法益欠如説**[8]は、法益主体が承諾により自由な意思決定に基づく処分行為として自己の法益を放棄したのであるから、法的に保護されるべき法益が存在しなくなる〔法益不存在の原則〕とします。さらに、**自己決定優越説**[9]は、承諾によって実現される自己決定の自由という人格的自律の利益が、行為によって侵害される固有の意味での法益に優越するので、承諾に基づく行為は正当化される〔優越的利益の原則〕とします。

(2)　正当化要件

① 　法益に対する処分権限を有すること
② 　有効な承諾が存在すること
③ 　承諾の範囲内の行為であること

　① **処分権限**　被害者の承諾が有効であるには、個人が法益主体として**抽象的処分権限**を有する個人法益に関するものであること、及び、個人が当該法益につき**具体的処分権限**を有することが必要です。国家法益・社会法益に対する罪については、それが同時に個人法益をも包含しているときは、その個人法益の範囲において個人の承諾が有効となる余地があります。

　② **有効な承諾**　被害者の承諾が有効であるには、承諾能力（承諾の内容・意味・結果を理解できる能力）を有する者の、任意かつ真意の承諾でなければなりません。承諾能力のない幼児や精神障害者の承諾は法効果がありません[10]し、承諾の内容・意味・結果に誤解のある承諾は無効です。また、承諾は行為時に、あるいは遅くとも結果発生前には存在しなければならず、事前の承諾も、行為時あるいは結果発生前になお有効なものとして存在している必要があります。刑法では、事後承諾は法効果をもたないのです。

　③ **承諾の範囲**　承諾に基づく侵害・危殆化の行為は、承諾の範囲内であることが必要です。例えば、居間への立入りを許された行為者が寝室に立ち入った場合、承諾の範囲を超える行為なので違法です。承諾の範囲には、侵害・危殆化の行為の性質・意味、侵害・危殆化の行為の範囲だけでなく、侵

---

8) 平野・II・249頁、内藤・中・587頁、中山・306頁、西原・上・269頁、大谷・253頁、西田・187頁、林・159頁、山口・162頁、佐久間・194頁、井田・347頁、松原・121頁。なお、前田・243頁。
9) 曽根・125頁。
10) 大判昭和9・08・27刑集13・1086（5歳11か月の幼児）、最決昭和27・02・21刑集6・2・275（通常の意思能力もなく自殺の何たるかを理解しない被害者）。

害・危殆化の行為から生じる結果も含まれていなければなりません。

(3) 承諾の認識の要否

法益主体が自由な意思決定による処分行為として自己の法益を侵害・危殆化する行為に承諾を与えたとき、刑法はその利益を保護する契機を喪失し、当該利益の法的要保護性は消失します。この法効果は、刑法の目的に相応した**自己決定の自由尊重の理念**に基づくもので、いわば法益主体（承諾者）と刑法との関係において生じるものです。したがって、行為者がその承諾を認識しているか否かによって左右される性質のものではありません。**認識不要説**〔意思方向説〕[11] が妥当であり、**偶然承諾**については正当化により犯罪不成立となります。偶然防衛・偶然避難と同じように、未遂犯の成立を認めることも可能ですが、被害者の承諾の存在を客観的に認定でき[12]、しかも、なされた行為、生じた結果が承諾の範囲内にあるのに、未遂犯の成立を認めるとしたら、それは、「君は、悪しき犯罪意思で行為し、被害者に承諾があることを充分に調べなかった不注意もあるので、故意の未遂犯で処罰する」、「君は、被害者の承諾のない状態で行為した可能性も否定できないので、未遂犯で処罰する」とするもので、およそ妥当とはいえません[13]。

3 推定的承諾

(1) 意 義

被害者の推定的承諾とは、侵害・危殆化の行為に対する承諾権者の現実の承諾はないけれども、行為当時、承諾権者が事態を認識していたならば承諾を与えたであろうと推定されること及びその承諾をいいます。**自己決定の自**

---

11) 平野・Ⅱ・250頁、内藤・中・594頁、中山・307頁、大谷・257頁、曽根・126頁、西田・192頁、浅田・208頁、山口・168頁、松宮・127頁、松原・131頁。これに対し、認識必要説〔意思表示説〕を採るのは、福田・181頁、大塚仁・420頁、高橋・331頁、井田・355頁。

12) 被害者の承諾は、明示的にせよ黙示的にせよ、法的要保護性を放棄する意思が少なくとも外部的に知られることが必要ですが、それは事実認定の問題です。東京高判昭和58・08・10判時1104・147参照。

13) **偶然承諾**について、正当化説を採るのは、承諾の認識不要説から内藤・中・596頁、中山・313頁、大谷・257頁（大谷説が無罪説を採るのは奇妙です）、既遂犯説を採るのは、承諾の認識必要説から木村・286頁、福田・181頁、大塚仁・420頁、未遂犯説を採るのは、承諾の認識不要説から平野・Ⅱ・250頁、山口・168頁、松宮・127頁、認識必要説から高橋・331頁、井田・355頁。

166 第15講 被害者の承諾論

由尊重の理念を重視する立場からは、被害者の推定的承諾も、被害者の個人的意思方向に合致するかを考究すべきで、**承諾法理説**が妥当です。

> 被害者の推定的承諾に基づく行為の正当化根拠について、学説では、事態に対する客観的・合理的判断を強調し、社会的相当性の見地から被害者の承諾の存在を推定できるかどうかを問題とする**社会的相当性説**[14]、許された危険の観点から、客観的・合理的な推定と考えられるのなら誤った判断も許されるとする**許された危険説**[15]、被害者の現実の承諾の延長線上で考え、現実の承諾が無くとも被害者の個人的意思方向に合致するかどうかを問題とする**承諾法理説**[16]、さらに、緊急避難に準じた取扱いとして是認されるかどうかを問題とする**準緊急避難説**[17]が主張されています。

(2) 正当化要件

① 法益に対する処分権限を有すること
② 承諾権者の現実の承諾を得ることが事実上困難であること
③ 被害者の承諾を推定しうること
④ 推定的承諾の範囲内の行為であること

① **処分権限** 被害者の推定的承諾も、個人が法益主体として抽象的処分権限を有する個人法益に関するものであること、及び、個人が具体的処分権限を有することが必要です。

② **承諾の困難性** 被害者の承諾は、承諾権者の現実の承諾が存在するのが原則ですから、それを得ることが事実上困難であることが必要です。これは、法益主体の自己決定を担保し、その実現を貫徹させるためです。

③ **承諾の推定** 行為時に被害者の承諾が推定されることが必要です。推定的承諾は、被害者の個人的意思方向を基準として、現実の承諾を補完するものですから、**主観説**が妥当です。

> 客観的・合理的な一般人を基準として承諾を推定する**客観説**もありますが、国家的・社会的倫理規範の視点を混入させるもので、妥当ではありません。確

---

14) 福田・184 頁、大塚仁・422 頁、大谷・258 頁。

15) 須之内克彦『刑法における被害者の同意』(2004 年) 91 頁、町野朔『患者の自己決定権と法』(1986 年) 200 頁以下。

16) 平野・Ⅱ・255 頁、内藤・中・619 頁、曽根・127 頁、堀内・187 頁、山口・180 頁、松原・143 頁。なお、浅田・212 頁参照。

17) 前田・246 頁。

かに被害者の真意を測りかねるとき、社会観念により合理的意思を推測することが必要な場合があるでしょうが、そのような場合であっても、被害者もまたそうした社会観念を共有しているという前提があるからこそ、そのような合理的意思の推測が許容されるのだということを看過してはなりません。

④ **推定的承諾の範囲** 行為が推定的承諾により正当化されるには、その行為が、推定的承諾の範囲内のものである必要があります。例えば、居住者留守のマンション上階の部屋から、破れた排水管の水が滴り落ちてくるので、階下の居住者が、無断で留守の上階の部屋に立ち入り、その排水管の破損を応急的に修繕する行為〔排水管修繕事例〕は、推定的承諾の範囲内の行為といえますが、さらに居住者の冷蔵庫の中の物を飲食するのは推定的承諾の範囲内とはいえません (^_^)[18]。

(3) 類 型

被害者の承諾を推定しうる場合として、①例えば、交通事故に居合わせた医師が意識不明の負傷者に救急治療を施す行為のように、専ら被害者の利益のためにする行為があります。これは**事務管理型**といい、保全利益と侵害利益との利益衝突が被害者自身の中で完結しているので、被害者の推定的承諾が認められて正当化されやすい。また、②例えば、先の排水管修繕事例における階下の行為者の行為のように、被害者・行為者のためにする行為があります。これは**利益保全型**といい、保全利益と侵害利益との利益衝突が被害者自身の中で生じているだけでなく、行為者（第三者）の法益をも保全する形態であるため、被害者の推定的承諾が認められて正当化されやすい。さらに、③例えば、近所への買い物のために短時間知人の自転車を無断で借りる行為のように行為者のためにする行為、あるいは、急病になった家族を病院に搬送するために知人の車を無断で使う行為のように第三者のためにする行為があります。これは**利益侵害型**といい、被害者が被害圏に一方的に引き込まれる形態であるため、被害者の推定的承諾が認められるのは限られることになります。

---

18) もしかしたら、上階の居住者は、「修繕、ごくろうさまでした」ということで、冷蔵庫内の飲食物を飲食することに承諾を与えると推定できるかもしれません。

168　第15講　被害者の承諾論

4　問題点

(1)　承諾の限界

　被害者の承諾に限界はあるのでしょうか。傷害行為を素材に検討してみます。生命を毀滅しかねない重大な傷害に承諾を与える自己決定は悲惨な自己決定であり、国家にとって、社会にとって望ましいものではありませんが、それを国家・社会の後見的保護によって制限し、しかも犯罪として処罰しようとするのは余計なお世話かもしれません。確かに、被害者が承諾を与えたとき、それが生命に関するものであろうと身体に関するものであろうと、原則として、その法的要保護性は消失するはずです。ただ、それが生命に関する承諾であるとき、究極の法益に関わる自己決定であるだけに、個人の尊厳を毀損する危険をはらんでいることは否定できません。ましてや、生命の自己毀滅に他人が関わるとき、承諾の内容・意味を理解しうる承諾権者の意思が他者によって干渉され、自由な承諾意思が歪められる危険さえあります。生命の毀滅が一旦生じてしまったら、もはや取り返しがつきません。そこで、法は、後見的保護の観点から自己決定権の行使に干渉しようとする積極的な趣旨からではなく、個人の尊厳を毀損する事態の発生を避けたいという消極的な趣旨から、まずは生命を優先させる立場[19]を採ったのであり、自殺関与・同意殺人罪の規定（202条）も、いわば**推定違法**を規定したのです。

> 　被害者の承諾に基づく傷害行為について、**社会的相当性説**は、法益主体の承諾に基づく傷害行為が社会倫理的観点から許容されない限り正当化されないとします。この説は、公序良俗（健全な国民感情・法秩序全体の精神）を基準にして、傷害行為が社会的相当性の範囲内にあるかを判断します[20]。この説では、社会的相当性のない行為の典型として、違法目的のための承諾があげられます[21]が、公序良俗等の概念が曖昧であるため判断規準として機能するか疑問があるばかりでなく、例えば、「違法目的のために承諾を与えた」という、身体法益と関係のない事由を根拠に傷害罪で処罰するものであり、理論的に問題があります。

---

19)　これは、「疑わしきは生命の利益に」の一つの表れで、202条の規定は、この命題の一つの法的表現と解する余地があるのです。

20)　福田・184頁、大塚仁・421頁、西原・上・277頁、佐久間・197頁、伊東・223頁。

21)　この見解は、承諾の動機・目的、身体傷害の手段・方法、損傷の部位・程度など諸般の事情を総合的に判断する総合判断説を採ります。これが端的に表れたのが、**最決昭和55・11・13刑集34・6・396**、判時991・53、判タ433・93〔百選Ⅰ・22〕です。

また、この説によると、保険金を騙取しそれを家族に残すために自分の殺害を嘱託した者を殺した被嘱託者（行為者）は、違法な詐欺目的に加担したので嘱託殺人罪ではなく普通殺人罪が成立することになり、問題です。

自己決定処分説は、身体法益について法益主体がその侵害に承諾を与えたときは、法益ないしその要保護性が欠如し、原則として正当化されるとするもので、法益主体の自己決定に基づく処分可能性を貫徹するものです。この説のうち、承諾に基づく傷害行為に限界を設けない**無制限説**[22]は、傷害行為が有効な承諾に基づく限り、傷害罪の犯罪性は欠如し不可罰であるとするもので、個人の自己決定権の行使に限界を設けるべきでない、同意殺人罪（202条後段）に対応する規定が同意傷害には存在しない、同意傷害を傷害罪の規定で処罰すると同意殺人罪よりも刑が重くなるなどを根拠にします。これに対し、承諾に基づく傷害行為に限界を設ける**制限説**は、刑法が同意殺人の未遂規定（203条）を設けているのは、生命に危険を及ぼす重大な傷害は承諾があってもこれを禁じる趣旨であるとする**重大傷害説**[23]を主張します。

重大な傷害行為について自己決定権の行使が何故制限されるのでしょうか。行為が自己決定の自由の実現によっても補うことができない重大な生命侵害の危険が存在するので制限されるとする見解があります[24]。この見解は、生命侵害それ自体と生命侵害の危険を伴う重い傷害との間の質的差異を無視するもので、妥当ではありません。また、自己決定権の主体を破壊するような重大な傷害をもたらす場合には、国家による後見的保護（パターナリズム）の観点から制限されるとする見解もあります[25]。この見解は、自己決定権の基盤である生命を侵害しかねない重大な傷害に承諾を与える自己決定は保護されないと考えているのですが、その論理の飛躍を国家の後見的保護で補填しようとしても無理です。

(2) 錯誤による承諾

> **【事例01】** Xは、追死の意思があるかのように装って、A女に自殺意思を生じさせ、同人を自殺させた〔偽装心中事例〕。

---

22) 前田・349頁、浅田・206頁、須之内克彦『刑法における被害者の同意』（2004年）9頁。

23) 中野・162頁、平野・Ⅱ・254頁、内藤・中・601頁、中山・313頁、大谷・254頁、曽根・124頁、西田・189頁、堀内・181頁、高橋・329頁、山口・175頁。

24) 曽根・125頁。

25) 井田・351頁、高橋・329頁。

170 第15講 被害者の承諾論

> **【事例 02】** Ｘが強盗目的でＡ宅に赴き、「今晩は」と声を掛けたら、家人
> Ａが「お入り」と答えたのに応じて、Ａの住居に立ち入った〔強盗
> 目的事例〕。

> **【事例 03】** 医師Ｘが、胃潰瘍の患者Ａに対し、「あなたは進行性の胃がん
> に罹っているから、患部を早く切除しないと重大な結果になる」と
> 申し欺き、承諾を得て胃潰瘍の胃の一部を切除した〔胃切除事例〕。

> **【事例 04】** Ｘが、Ａに対し、「あなたの娘さんに緊急に角膜移植をしない
> と失明してしまいます」と申し欺いて承諾させ、Ａの右眼角膜を摘
> 出する手術をし、それを必要としている第三者に移植した〔角膜摘
> 出事例〕。

当該処罰規定の保護法益に直接関係する錯誤か否かを基準とする**法益関係
的錯誤説**は、刑法の法益保護機能に相応し、基本的に妥当ですが、利益は現
実の具体的な行為事情のもとでその要保護性を現実化させる点を充分に分析
し切れていません。法益関係的錯誤の判断においても、利益に関する錯誤と
要保護性に関する錯誤とを区別し、双方について誤信がない場合にその錯誤
は法益関係的錯誤ではないことになるのです。

事例 01 で、Ａ女はＸの追死の点について誤信がありますが、自分の死の
意味・内容・結果について明確に認識しており、自己の生命利益そのものに
ついてもその要保護性についても、錯誤はありません。したがって、Ａ女
の自殺意思は有効であり、Ｘには自殺関与罪が成立するにとどまります。**事
例 02** では、狭義の住居における住居侵入罪の保護法益は、他人を立ち入ら
せるか否かの意思決定の自由ですが、Ａは、Ｘの立入りを許諾することに
よってその法的要保護性を消失させており、立入許諾は有効です。しかも、
強盗目的のＸが立入り後に行うであろう強盗行為は、住居侵入罪の規定（130
条前段）の射程範囲外の行為であり、強盗行為がなされて後に、遡及して本
罪の成立を認めることは許されません[26]。**事例 03** では、医師Ｘは潰瘍の胃
を進行性がんの胃と誤信させてＡに胃の一部の切除を承諾させているので、

---

26) **事例 02** では、法益（利益・要保護性）関係的錯誤かだけでなく、住居侵入罪処罰規定の射程範
囲も考慮する必要があります。これに対し、法益関係的錯誤説を支持する論者が、なぜこの事例
に「法益の（相対的）価値についての錯誤」「承諾した事態についての法益侵害性の内容について
錯誤」の考え方を適用してＡの許諾意思を無効としないのか理解できません。

Aの胃の一部という利益それ自体について錯誤はありませんが、当該利益の要保護性（潰瘍の胃・進行性がんの胃）について錯誤があるのでAの承諾は無効であり、Xには傷害罪が成立します。**事例04**では、Aは、自分の角膜という処分利益が自分の娘に移植されると誤解しており、利益の要保護性を規定する行為状況を誤解しているので、Aの承諾は無効であり、Xには傷害罪が成立することになります。

> **重大錯誤説**は、真実を知っていたならば承諾しなかったであろうといえるほどに錯誤が承諾の意思決定に重大な影響を与え、その結果、意思決定が真意に沿わない不本意なものといえる場合には、その承諾は無効であり、行為を正当化することはできないとするもので、通説・判例[27]の立場です。この説によると、**事例01**では、Xの追死はA女の自殺意思の形成にとって決定的に重要であり、その点を欺いた以上、A女の自殺意思は重大な瑕疵があり無効であり、Xには殺人罪（間接正犯）が成立します。**事例02**では、Aの立入り許諾意思は真実を知っていればなされなかったはずなので、許諾意思は無効であり、Xには住居侵入罪が成立します[28]。**事例03**では、欺かれた「進行性胃がん」はAの承諾意思にとって決定的な影響を与えているので、承諾は無効であり、医師Xには傷害罪が成立することになります。そして、**事例04**では、Aの角膜摘出の承諾には重大な動機の錯誤があるので、承諾は無効であり、Xには傷害罪が成立します。
> 　**法益関係的錯誤説**[29]は、近時有力となりつつあり、当該処罰規定の保護する法益に直接関係する錯誤かで承諾の有効性を判断する点に特徴があります。この説によると、**事例01**では、動機の錯誤であり、A女の自殺意思は有効であって、Xには自殺関与罪が成立するにすぎません。**事例02**では、Xを立ち入らせるか否かの意思決定の自由について何の誤解もないので、Aの許諾意思は有効であり、Xに住居侵入罪は成立しません。**事例03**では、Aが処分する「胃の一部」という法益自体の価値について錯誤があるので法益関係的錯誤であり、承諾は無効であるため、医師Xには傷害罪が成立することになります[30]。**事例04**では、Aは自分の角膜の法益の価値は低いと誤認させられており、法益の価値について錯誤があるので、Aの承諾は法益関係的錯誤として無効であり、Xに

---

27) 大塚仁・419頁以下、大谷・255頁、最判昭和33・11・21刑集12・15・3519、判時268・143、判タ169・28〔百選Ⅱ・1〕。
28) 最大判昭和24・07・22刑集3・8・1363。
29) 平野・Ⅱ・257頁、内藤・中・591頁、中山・312頁、曽根・126頁、西田・193頁、堀内・184頁、川端・328頁、山中・218頁、高橋・335頁、山口・170頁、佐伯仁志・219頁、松原・133頁。なお、松宮・126頁。
30) 西田・193頁、高橋・336頁。

172 第15講 被害者の承諾論

は傷害罪が成立します[31]。

(3) 危険の引き受け

① **意　義**　被害者に、要件該当結果に対する承諾はないけれども、行為の危険性に対する認識・承諾がある、いわゆる**危険の引き受け**の場合、結果を惹起した当該危険な行為を行った行為者の罪責はどうなるのでしょうか。

② **学説の状況**

　純粋同意説[32] は、危険の引き受けを自己決定権そのものが保護法益である場合と、自己決定権の客体が保護法益である場合とに分け、後者の場合、被害者の承諾は正当化するが、危険の引き受けが認められるには、結果それ自体を積極的に意欲することまでは必要ないが、少なくとも結果発生を回避するつもりがないことが必要であるとします。また、**準同意説**[33] は、危険の引き受けの場合、被害者が、たとえ結果発生の可能性が低く抽象的なものであっても、それを認識・認容しているにも拘らず、被害者自身の自発的かつ任意の意思によりその危険に同意したといえる場合には、被害者の法益の要保護性が欠如し、犯罪の要件該当性が否定されるとします。

　私的自治論は、市民社会における市民の私的自治の自由を根拠に市民的行為の自由により正当化されるとする見解で、そのうち、**自己危殆化自由説**[34] は、自己決定権の内容として、自己の利益を危険にさらす行為であっても何らかの理由によりそれを望む場合には、それが許される自由が与えられるべきであり、そうでないと、それを行う市民の自由が制限されてしまうとします。また、**部分社会の特別規範説**[35] は、自律した規則を有する独立性ある部分社会に妥当する規則体系として、例えば、医療上の準則、危険なスポーツにおける安全確保のためのルールのように、当該生活領域において承認されたルールの体系（特別規範）が存在するが、一定の部分社会に固有の紛争については当該部分社会内部に妥当する特別規範を妥当させて防止するしかないという意味で、部分社会の自律的存在が認められるとします。

　許された危険論は、許された危険の法理を使って危険の引き受けの正当化を説明しようとするもので、そのうち、**社会的相当性説**[36] は、危険の引き受けは

---

31) 西田・194頁。なお、佐伯仁志・216頁以下。

32) 佐伯仁志「違法論における自律と自己決定」刑法雑誌41巻2号（2001年）186頁。

33) 林・173頁、前田・292頁、西田・190頁。

34) 山口厚「『危険の引き受け』論再考」『齋藤誠二先生古稀記念・刑事法学の現実と展開』（2003年・信山社）89頁。なお、松原・140頁。

35) 小林憲太郎『刑法的帰責』（2007年）273頁。

36) 福田・183頁、大谷・256頁、佐久間・201頁。

それ自体で行為を正当化することはできないが、社会的相当性のある行為と認められる限り、刑法35条の正当行為により正当化されるとします。

自己答責性論は、被害者の自己答責性の考え方を危険の引き受けに援用する見解で、そのうち、**自己答責性説**[37]は、危険の引き受けのように、被害者が特別な態様で行為者と結果発生に向けて協働した場合、行為者は、正犯者（被害者）による法律要件該当性のない過失的な自損行為への過失的な共犯にすぎないので、共犯者たる行為者（加害者）は不可罰であるとします。不可罰であるための要件として、被害者が、法律要件的結果が生じうることを一度でも表象し、それでも任意に危険に近づいてゆくという意味での危険の認識があること、被害者に自己答責能力（弁別能力と制御能力）が存在すること、そして、被害者が、行為者と同程度あるいはそれ以上に結果発生に対して積極的な態度を取ったことが必要であるとします。自己答責性論に立つ**自己法益保護義務違反説**[38]は、自らの責任において危険の発生を予測し、予防のための方策を講じることで危険を回避することができ、かつそのようにすべき自己法益保護義務が生じる場合には、国家的な保護は与えられず、社会構成員が自らその危険・結果を引き受けて対処しなければならず、被害者は自己法益保護義務に違反するがゆえに、加害者は不可罰となるとします。

行為の危険性否定論は、危険への同意により行為の危険性ないし相当因果関係が規範的に否定されるとする見解で、そのうち、**危険同意説**[39]は、死の危険の引き受けの場合、法益主体は死亡結果には同意していないが、その危険には同意しているので、過失犯の法律要件である相当因果関係、あるいは客観的帰属の要件をなす「行為の危険性」が規範的評価において否定されるがゆえに不処罰であるとします。

過失犯論は、危険の引き受けの場合、過失犯における注意義務、特に予見可能性が否定されるとするもので、そのうち、**注意義務否定説**[40]は、法益主体が自己の法益に対する危険を認識している場合、予見可能性がある場合、あるいは、法益主体自ら危険を回避するのが一般人の経験則上通常であると認められる場合、信頼の相当性によって過失犯における客観的な予見可能性が否定され注意義務がないので、行為者の過失が否定されるとします。

準間接正犯論は、間接正犯の構造を援用して行為者の可罰性を否定する見解で、例えば、**危険支配説**は、行為者が被害者の圧倒的な支配下にあるなどの事

37）塩谷毅「危険の引受け」西田典之ほか編『刑法の争点』（2007年）78頁、高橋・339頁。

38）伊東研祐「現代社会における刑法解釈論の機能と視座」刑法雑誌40巻2号（2001年）180頁。

39）山口厚「被害者による危険の引受と過失犯処罰」研修599号（1998年）3頁。

40）曽根・180頁、浅田・210頁、山口・184頁。また、大山弘＝松宮孝明「もぎたて判例紹介」法セ503号（1996年）74頁、曽根威彦『刑事違法論の研究』（1998年）151頁参照。

情が存在するため、実質的にみて被害者自身が危険領域において絶対的な支配者だといえる場合には、犯罪結果は被害者に帰属されるがゆえに、行為者は過失責任を負わないとするのです。

③ 判例の状況

　先駆的な判例は、**坂東三津五郎事件・最決昭和 55・04・18**（刑集 34・3・149）で、調理師がとらふぐの肝臓を調理して客に提供して食せしめたため同人をふぐ中毒死させた事案につき、「原判決が、近時解明されてきたふぐの毒性、京都府におけるふぐ取扱いについての規制、府の行政指導に基づくふぐ料理組合における講習等その判示する諸事情に徴し、京都府のふぐ処理士資格をもつ被告人には本件とらふぐの肝料理を提供することによつて客がふぐ中毒症状を起こすことにつき予見可能性があつた旨判断したのは相当」であるとして、業務上過失致死罪の成立を肯定しました。

　危険の引き受けが正面から検討される契機となった**ダートトライアル事件・千葉地判平成 7・12・13**（判時 1565・144〔百選 I・59〕）は、ダートトライアル初心者であり、運転技術が未熟な被告人が、7 年程度の経験のある被害者の依頼に応じて同乗させて練習走行に入ったが、途中で車体を暴走させ、車両前部をコース端の丸太防護柵に激突させ、被害者を死亡させた事案につき、「本件事故の原因となった被告人の運転方法及びこれによる被害者の死亡の結果は、同乗した被害者が引き受けていた危険の現実化というべき事態であり、また、社会的相当性を欠くものではないといえるから、被告人の本件走行は違法性が阻却される」として、業務上過失致死罪の成立を否定しました[41]。

　④　**本書の立場**　被害者に結果発生について承諾がない以上、危険の引き受けを承諾論でカバーするのは無理です。また、市民社会における市民の私的自治の自由を根拠にして正当化されるとするのも、一種の放任行為の考え方を援用するもので、妥当ではありません。許された危険論も、実害結果発生までもカバーすることはできないはずです。さらに行為の危険性否定論は、納得できる点がありますが、発生結果の帰属までも否定するのは無理です。この点、ダートトライアル事件・千葉地裁判決は、同乗した上級者はダートトライアル走行の危険性についての知識を有し、運転者が暴走、転倒等の一定の危険を冒すことを上級者は予見していた、また、運転者への助言を通じて一定限度でその危険を制御する機会も有していたことを根拠に、運転者が

41）ドイツでは、1923 年のメーメル河事件・ライヒ裁判所 1923 年 1 月 3 日判決、1959 年のスクーター事件・ライヒ裁判所 1959 年 7 月 13 日判決が知られています。

その予見の範囲内にある運転方法を執ることを容認した上で、それに伴う死亡の危険も含む危険を自己の危険として引き受けたとして、その危険が現実化した事態につき正当化を認めました。

　危険の引き受けに基づく行為は原則として可罰的であり、複数の原理を用いることでようやく正当化しうるにすぎません。㋐被害者が、犯罪結果の発生がありうること認識し、それにも拘わらず、自らの任意の意思で危険場へ赴いていったこと〔危険場への自発的進入〕、㋑被害者が行為者に対して圧倒的に優勢な立場にあり、行為者への指導・助言等を通じて一定程度その危険を統制・制御しうる機会を有していたこと〔危険場の支配性〕、さらに、㋒被害者が、行為者と同程度以上に結果発生につき主導的・積極的な行動をとったこと〔結果発生への主導性〕が存在するとき、実質的にみて、被害者が自ら危険場における危険性を引き受けたといえるとともに、危険場において自らも危険な行為を行ったと評価しうるので、それに伴う発生結果につき正当化することができるのです。正当化できないときは、行為者の行為には過失犯成立の余地があります。

今日の一言

苦いけれど　良い助言をしてくれる人
この人を得ることも
才能である

第16講　正当防衛論

1　総説

(1)　緊急行為の意義

緊急行為とは、法益の侵害・危殆化の切迫した緊急状況の下でなされる法益保全行為をいい、一般に、**緊急は法をもたない**と表現されます。これには、法定的緊急行為（正当防衛〔36条〕・緊急避難〔37条〕、盗犯等ノ防止及処分ニ関スル法律1条1項）と超法規的緊急行為（自救行為、義務の衝突など）があります。

法は、原則として私人による実力行使を禁止し、国家機関による正規の救済手続を履践するよう要請しており、法治国家の原則は**法的救済優先の原理**として表れます。しかし、私人による実力行使を一切禁じたのでは、緊急状況下で正当な法益が侵害・危殆化されるのを拱手傍観しなければならないことになり、力の強い者、厚顔な者がはびこってしまいます。そこで、例外的な場合に限定してですが、私人による実力行使が許容されます。正当防衛・緊急避難も、「……の行為は、罰しない」という消去法的な規定形式を採ってその旨を明らかにしています。

(2)　正当防衛の意義

<基本構造>

正当防衛とは、急迫不正の侵害に対して、自己又は他人の権利を防衛するため、やむを得ずに行った行為をいいます[1]。

---

[1] 正当防衛論については、山中敬一『正当防衛の限界』(1985年)、津田重憲『正当防衛の研究』(1985年)、斉藤誠二『正当防衛権の根拠と展開』(1991年)、橋爪隆『正当防衛論の基礎』(2007年)、明照博章『正当防衛権の構造』(2013年)、曽根威彦『刑事違法論の展開』(2013年) 187頁以下参照。

(3) 正当化根拠

　法は、**法益共存の思想**を基礎に、正当利益・不正利益を問わず、できうる限り法益の平和的共存を図ろうとしています。しかし、ある者が、正当な事由もなく複数の法益が共存しえない衝突状況・葛藤状況を作出したとき、法は、その状況を作出した者の法益を不正な利益とし、その法益を犠牲にすることを忍受することで利益衝突状況を解決しようとします。正当防衛の正当化根拠は、被攻撃者の法益が攻撃者の法益との関係で**優越的要保護性**が認められる点にあります〔優越的要保護性説〕[2]。正当防衛において、被攻撃者が回避義務・待避義務を負わず、保全法益と侵害法益との厳格な均衡が要求されないのは、法益共存の思想が**正当利益の原理**〔**正は不正に譲歩する必要はない**〕によって制限されるからです。とはいっても、法が、法益共存の思想を前提に、できうる限り法益の平和的共存を図ろうとしているので、攻撃者の法益が不正だからといって完全に消失してしまうわけではありません[3]。正当防衛状況にあっても、**可能的最小利益犠牲による可能的最大利益保全**という**均衡性の原理**が依然として機能しているのです。

> 　一元説のうち**法益性欠如説**[4]は、不正な攻撃者の法益は被攻撃者との関係で、防衛に必要な限度でその法益性が欠如するのであり、その限りで、違法な侵害に対して自己の正当な法益を保全する行為は、緊急状態における個人の権利行使の側面を有するとします。この説に対しては、不正な攻撃者の法益の法益性が欠如する根拠が明らかでない、法益概念における利益と要保護性の区別が曖昧なため、不正な攻撃者の法益が消失してしまうような誤解を与えかねないなどの批判が可能です。
>
> 　一元説のうち**被侵害利益優位説**[5]は、正当防衛の場合、急迫不正の侵害について回避・退避義務が存在しないのは、保全利益に「現場に滞留する利益」「行きたいところに行く自由」の利益が加算されることから、急迫不正の攻撃者の利益に対する原則的な優位性が認められ、あるいは、不正な侵害者の利益に対

---

2) これを「正の確証の利益」「法確証の原理」とし、利益衡量の一方の秤に載せ、正当防衛に法益均衡が厳格に要求されないことの根拠として用いる見解が有力です。

3) 利益そのものは価値中立的であり、それが正・不正の属性を獲得するのは、利益衝突状況におかれることになった原因・事由に法的評価が加えられるからです。

4) 平野・Ⅱ・228頁、林・187頁、高山佳奈子「正当防衛論（上）」法教267号（2002年）83頁、山本輝之「優越利益の原理からの根拠づけと正当防衛の限界」刑法雑誌35巻2号（1996年）208頁。なお、法益性の欠如の原理と権利行為の法理の組み合わせで説明するのは、西田・155頁。

5) 山口・118頁、佐伯仁志・124頁、橋爪隆『正当防衛論の基礎』（2007年）71頁以下。

178　第16講　正当防衛論

する被攻撃者の正当な利益の絶対的優位性が認められるので、緊急避難とは異なり、その成立要件が緩やかになっているとします。この説に対しては、被攻撃者の利益の圧倒的な優位性を根拠づけるために、「自由に移動しうる自由」の利益を加算しあるいは被攻撃者の利益の「正当性」を強調するが、それは被攻撃者には退避義務がないこと、被攻撃者の利益に優位性があることの結論をいっているにすぎない、「自由に移動しうる自由」の利益や被攻撃者の利益の「正当性」が、急迫不正の攻撃者の生命・身体の法益に対する原則的・絶対的な優勢性を根拠づけるならば、過剰防衛の余地を否定してしまいかねない、むしろ被攻撃者の側だけでなく、急迫不正の攻撃者の側にも視点を置いて考察すべきであるなどの批判が可能です。

　二元説のうち**自己保全・法確証利益説**[6]は、自己保全の利益（人間が自己保存本能に基づいて自己保全を図ることは自然権としての個人の権利）と法の確証の利益（法秩序が現に存在し妥当していることを明らかにする客観的な利益）を根拠にあげ、緊急状況下で、法秩序への侵害に対して反撃する権利を認め、人間の自己保存の本能を保護するとともに、法の自己保全を図り法秩序の存在を確証することによって社会秩序を維持するのであるとします。この説に対しては、自己保存の本能に基づくことが正当な利益の保護に結びつくことの説明が充分ではないし、自然権を持ち出したからといってその点が明確になるわけではない、法の確証を利益概念として衡量の秤に載せるのは法益概念の混乱を招く、被攻撃者・防衛行為者の行為が法秩序の代行行為であるかのような誤解を与えているなどの批判が可能です。

　二元説のうち**法益要保護性・帰責性説**[7]は、保全法益の要保護性（法的保護に値する正当な個人的権利が存在し、それが国家機関による救済を待つ時間的余裕がない緊急事態において危険にさらされている場合、保護する必要がある）と攻撃者側の法益の要保護性の低減・否定（不正な侵害を行う攻撃者に帰責性〔故意・過失〕が認められるがゆえに、攻撃者側の法益の要保護性が低減または否定される）を根拠にあげ、国家機関による救済を待つ時間的余裕がない緊急事態において、保全法益を保護する必要性があり、攻撃者側の法益の要保護性が低減・否定されるため、正当な権利の不可侵性が公示され、そこから将来の侵害抑止の効果が期待できる〔法確証の利益〕とします。この説に対しては、攻撃者の主観的帰責性が、客観的な法評価であるべき法益の要保護性の程度、許される防衛行為の範囲になぜ影響するのかの理由が明らかでない、攻撃者の帰責性を正当防衛行為の程度・範囲に直結させるのは主観的違法性論であり、違法性阻却事由としての正当防衛の法的性格と合致しない、被攻撃者（防衛行為者）にとってまさに「外在的事情」である攻撃者の故意・過失が、正当防衛行為の必要性・相当性を制限するとするのは妥当でないなどの批判が可能です。

6）内藤・中・328頁以下、大谷・273頁、山中・480頁、川端・344頁、曽根・99頁以下、前田・250頁、高橋・275頁、齊藤豊治・175頁、佐久間・203頁など通説です。

7）井田・293頁。

多元説の**段階説**[8]は、個人段階では人間の自己保存本能（正当防衛は人間の自己保存本能に基づく自然法的な権利）、社会段階では目的適合性（不正な侵害に対する法益保全の行為は社会生活における目的に適ったものである）、法秩序段階では法の実証性（法の侵害に対する正当防衛による反撃行為は法自体を保全し、法の存在を実証する）と段階的な根拠をあげます。この説に対しては、自己保全・法確証利益説に対するのと同じ批判が妥当する、段階的な根拠づけは説明のためにはよいのですが、正当防衛の要件との関連でどのように作用するのかの説明が明確でないなどの批判が可能です。

2　成立要件

① 急迫不正の侵害が存在すること〔正当防衛状況〕
② 自己・他人の権利を防衛するためであること〔権利防衛〕
③ やむを得ずにした行為であること〔正当防衛行為〕

(1)　正当防衛状況

　正当防衛の要件として、まず、急迫不正の侵害が存在することが必要です。

　① 侵害の**急迫性**とは、客観状況から見て、自己又は他人の法益が侵害される危険が現に存在しあるいはその危険が差し迫っていることをいいます[9]。緊急避難における「現在性」と同義です。

　侵害の急迫性は、実行の着手よりも早い時点で認められ、侵害の消滅も犯罪の既遂よりも遅い時点で認められることがあるので、注意が必要です。それは、実行の着手・終了が点思考により判断されるのに対し、侵害の急迫性は線思考により判断されるからです。例えば、コンビニであんパンを万引きした場合、あんパンを掴んだときや、バッグに入れたときに窃盗罪は既遂となりますが、行為者が店主の占有を排除してそのあんパンの占有を完全に取

---

8) 最判昭和 24・08・18 刑集 3・9・1465、最決平成 17・11・08 刑集 59・9・1449、判時 1917・155、判タ 1197・142。

9) 最判昭和 46・11・16 刑集 25・8・996、判時 652・3、判タ 271・264。「法益の侵害が間近に押し迫ったこと、すなわち法益侵害の危険が緊迫したことを意味するのであって、被害の現在性を意味するものではない」（最判昭和 24・08・18 刑集 3・9・1465）とする判例もありますが、正確とはいえません。また、「国家機関による救済を待つ時間的余裕がない」状況と説明する論者もいます。例えば、攻撃者から不正な侵害を仕掛けられたとき、すぐ近くに警察官がいてその警察官による救済が確実に期待できる状況にあっても、被攻撃者は反撃することが許されるはずですので、「国家機関による救済を待つ時間的余裕」は不要です。急迫性の認定方法については、最決平成 29・04・26 刑集 71・4・275、判時 2340・118、判タ 1439・80 参照。

180 第 16 講 正当防衛論

得する時点、つまり店から出る時点まで急迫性が存在し、正当防衛が認められる余地があります。また、継続犯の逮捕・監禁罪（220 条）の場合、被害者が監禁状態にあって犯罪が継続している間は侵害の急迫性も存在するので、正当防衛の余地があります。

　過去の侵害に正当防衛は成立しませんが、自救行為として正当化される余地があります。また、攻撃者側の侵害行為が一旦終了したように見えても、なお急迫不正の侵害が存在している場合がある [10] ので、具体的な状況を精査する必要があります。逆に、**将来の侵害**は急迫性に欠けるので、相手の攻撃に機先を制して攻撃を仕掛ける行為は正当防衛とはなりません。しかし、例えば、忍び返し、電流鉄条網のように、侵害が切迫ないし現実化したときに効果を発揮する設備・装置を予め設置したからといって、急迫性が否定されるわけではありません。ただ、そうした設備・装置の反応・効果は画一的ですので、防衛の必要性・相当性との関係で慎重な検討を要します。

　また、侵害が当然又はほとんど確実に予期されても、直ちに急迫性が失われるわけではありません [11]。判例は、さらに続けて、「その機会を利用し積極的に相手方に対して加害行為をする意思で侵害に臨んだときは、もはや侵害の急迫性の要件を充たさない」[12] としています。**事前的積極加害意思**を根拠に急迫性を否定する判例の考え方について、学説では批判があり、急迫性を肯定したうえで、防衛意思を否定する見解 [13]、必要性・相当性で検討する見解 [14]、さらには、侵害の事前の回避義務を検討する見解 [15] が主張されています。しかし、判例が、「その機会を利用し積極的に相手方に対して加害行為をする意思で**侵害に臨んだときは**」と判示している点に注目すべきで、これは、被攻撃者が、積極加害意思をもったというだけでなく、攻撃者の侵害行

---

10) 最判平成 9・06・16 刑集 51・5・435、判時 1607・140、判タ 946・173 参照。

11) 最判昭和 46・11・16 刑集 25・8・996、判時 652・3、判タ 271・264。

12) 最決昭和 52・07・21 刑集 31・4・747、判時 863・33、判タ 354・310〔百選 I・23〕。これを支持するのは、団藤・235 頁、平野・II・235 頁、西田・167 頁。積極加害意思は、急迫不正の侵害が現在する前の事前的なもの〔**事前的積極加害意思**〕と、急迫不正の侵害が現在するときの同時的なもの〔**同時的積極加害意思**〕に分けて検討すべきです。

13) 福田・155 頁、大塚仁・383 頁、大谷・276 頁。

14) 内藤・中・335 頁、山中・487 頁。

15) 西田・168 頁、前田・256 頁、山口・126 頁参照。

為へと立ち向かって行った事態が観念されています[16]。その限りで、判例は、被攻撃者（防衛行為者）は法益衝突状況をより先鋭化し、侵害の急迫性に影響を与えたと認定しているわけで、この認定には一定の合理性が認められます。しかし、判例のように「急迫性の欠如」として処理すると、相手方の攻撃が「急迫でない不正な侵害」となると同時に、被攻撃者の反撃行為そのものが「急迫不正の侵害」となり、不正対不正の利益衝突が存在することになってしまいます[17]。判例の考え方は、やはり事前的積極加害意思を過大に評価するもので、妥当ではありません。むしろ、被攻撃者が事前的積極加害意思をもって侵害に立ち向かって行く行為は、利益衝突状況をより先鋭化させるものであり、被攻撃者の法益の要保護性が減弱し、許される反撃行為の範囲（防衛の必要性・相当性）が制限されると解すべきです。

②　侵害の**不正性**とは、侵害が一般的な意味で違法であることを意味し、犯罪認定における違法性とは異なります。不正な侵害には、作為形態だけでなく、例えば、要求を受けても退去せずに居座るなどの不作為形態もあります。また、故意によるものだけでなく、例えば、Ｂ が Ａ の所有物を不注意で自分の物だと勘違いして持っていこうとする（過失窃盗の処罰規定はない）などの過失によるものもあります。しかし、例えば、適法な逮捕行為のような適法な行為については、通常、被逮捕者は受忍義務を負うので、たとえ自分が真犯人でないとしても、有形力行使等による正当防衛は認められません[18]。

責任無能力者（例：10 歳の児童、重篤な精神病者）による侵害行為について、

---

16) 事前的積極加害意思それ自体ではなく、事前的積極加害意思をもって侵害に立ち向かって行った行為を問題にしています。香城敏麿「正当防衛における急迫性」判タ 768 号（1991 年）28 頁以下参照。なお、**最決平成 29・04・26** 刑集 71・4・275、判時 2340・118、判タ 1439・80 は、「行為者が侵害を予期した上で対抗行為に及んだ場合、侵害の急迫性の要件については、侵害を予期していたことから、直ちにこれが失われると解すべきではなく」、「対抗行為に先行する事情を含めた行為全般の状況に照らして検討すべきである」としています。

17) これでは、不正な攻撃を仕掛けられた被攻撃者が積極加害意思をもったら、処罰覚悟で反撃をするか、待避しなければならないことになります。この場合、「不正対不正」の利益衝突状況として、緊急避難（37 条）の趣旨を準用して処理するという考え方もありえます。

18) もちろん、公務執行妨害罪（95 条 1 項）における職務行為の適法性の錯誤を論じる余地があります。

182　第16講　正当防衛論

主観的違法性論によれば、責任無能力者は違法な行為を行えず、その攻撃は不正ではないので、正当防衛は認められないことになります。これに対し、**客観的違法性論**によれば、責任無能力者に有責性は認められないが、その攻撃は違法であるので正当防衛が認められることになります。支配的見解は客観的違法性論に立ちつつ、責任無能力者の攻撃に対する正当防衛は制限されると解していますが、その根拠として、責任無能力者との関係で被攻撃者側の保全法益の権利性が低減する、法確証の利益が減弱する、あるいは、反撃行為の必要性が低減するからと説明します。本書によれば、責任無能力者の攻撃という理由で、それに対する正当防衛が特別に制限されると考えるのは妥当ではありません。法益共存の思想に基づく均衡性の原理が作用しており、**可能的最小利益犠牲による可能的最大利益保全の行為**が機能している点は通常の場合と異ならないからです。

(2)　権利防衛

次に、**自己又は他人の権利を防衛するため**であることが必要です。

①　条文には「権利」の語が使われていますが、厳密な意味での権利に限定されず、広く**法益**（利益）を意味します。では、国家法益・社会法益を保全するための正当防衛、例えば、公務執行妨害行為や公然猥褻行為に対する正当防衛は許されるでしょうか。

> きわめて緊迫した状況のものに限定して例外的に許されるとする**限定肯定説**[19]は、正当防衛の保全法益から国家法益・社会法益を除外する理由はない、法の確証の利益を考慮するならば、すべての法益について不正から保護する正当防衛を認めるべきである、ただ、安易な全面肯定はかえって社会秩序を乱す危険があるので一定の緊迫した場合に限定すべきであることを根拠とします。

> これに対し、国家法益・社会法益のための正当防衛は認められないとする**否定説**[20]は、国家法益・社会法益の実体が曖昧であり、政治的に濫用される危険がある、法秩序の維持は本来国家・公共の機関の任務であり、私人の実力行為を安易に認めるべきでない、「他人の権利」という文言は個人法益を念頭に置いたものであることを根拠とします。

---

19) 団藤・239頁、木村亀二・260頁、福田・159頁、大塚仁・387頁、大谷・278頁、香川・157頁、川端・364頁、前田・251頁、高橋・280頁、二・一ゼネスト事件・最判昭和24・08・18刑集3・9・1465。

20) 平野・Ⅱ・238頁、内藤・中・340頁、中山・276頁、内田・183頁、山中・493頁、伊東・188頁。

公務執行妨害罪では個々の公務員（身体）、放火罪では個人の住居・建造物等のように、国家法益・社会法益の中に個人法益が包含されている場合、その個人法益を保全する正当防衛は認められるべきです。しかし、具体的な個人法益を看取できない抽象的な国家法益・社会法益について、安易に私人の実力行使を認めるのはかえって事態を悪化させ、強者の論理を横行させ、場合によっては内戦状態を招来しかねません。限定肯定説が想定するような国家・公共の機関の有効な公的活動を期待し得ないきわめて緊迫した事態がもし発生しているとしたら、それは、一種の無政府状態、あるいは無政府状態を招きかねない大規模な無秩序状態と考えられます。そうした状態において実力行使を認めるのは、かえって事態を深刻化させることになってしまいます。**否定説**が妥当です。

　② 「防衛するため」の文言は、主観的に防衛意思を要求する趣旨なのか、それとも、防衛意思を要せず、客観的に防衛効果を要求するにすぎない趣旨なのか、激しい対立があります。**防衛意思**の要否・内容については、後で説明します。

(3)　正当防衛行為

　正当防衛の要件として、さらに、**やむを得ずにした行為**であること、つまり、防衛の必要性と防衛の相当性が必要です。

> 　防衛の必要性・相当性について、被攻撃者には侵害回避義務・退避義務はないので、侵害排除のために必要な行為であれば正当防衛は許容されるとして必要性のみを要件とする見解[21]、逆に、「やむを得ずにした」の文言は相当性を意味するとして相当性のみを要件とする見解[22]もありますが、必要性・相当性の両方を要件とするのが通説です。

　本書によれば、必要性・相当性はその機能・射程範囲が異なるので区別すべきで、通説が妥当です。

　① **防衛の必要性**とは、急迫不正の侵害から被攻撃者の法益を保護・保全するための行為が必要かつ合理的であることを意味し、補充性ほど厳格ではありません。防衛の必要性は、不正利益と正当利益の衝突状況が現実化して

---

21) 山口厚『問題探究刑法総論』（1998 年）66 頁（山口・135 頁により改説したと考えられます）。
22) 大谷・280 頁参照。

184 第16講 正当防衛論

いることを確認する要件です。したがって、必要性の要件を「防衛するため」
要件に含ませて解釈することも可能です。例えば、AがBを毒殺する意図
で毒の入った飲料をBに差し出した直後にAをピストルで射殺するのは、
Bの生命とAの生命とが衝突しているわけではないので防衛の必要性に欠
けるとすることも、また、「防衛するため」とはいえないとすることも可能で、
いずれにしてもAの生命を毀滅する行為は正当防衛となりません。必要性
は有無の判断のみ可能で、程度の判断は相当性でなされます。

　②　刑法は、**可能的最小利益犠牲による可能的最大利益保全の行為**を要請
しており、この**防衛の相当性**は、防衛行為の相当性と防衛結果の相当性に分
けることができます。

　㋐　**防衛行為の相当性**は、自己・他人の権利を防衛するための行為が侵害
行為との相関関係において相当であったかどうかを確認する要件で、攻撃者
の不正の侵害行為の速度・強度・範囲などと、反撃者（被攻撃者・第三者）の
反撃行為の速度・強度・範囲・難易、他の行為の強度・難易などとを比較対
照しながら、現実に執られた防衛行為が相手方の侵害行為に対して相当なも
のであったかを行為時を基準に判断されます〔事前判断〕。判例は、「刑法
36条1項にいう『已ムコトヲ得サルニ出テタル行為』とは、急迫不正の侵
害に対する反撃行為が、自己または他人の権利を防衛する手段として必要最
小限度のものであること、すなわち反撃行為が侵害に対する防衛手段として
相当性を有するものであることを意味する」[23]として**防衛手段の必要最小限
度性**の趣旨を明らかにしています。判例が必要性と相当性を明確に区別して
いない点は問題ですが、法益の平和的共存を志向する本書からも、判例の考
え方は支持できます。

　㋑　**防衛結果の相当性**は、反撃行為によって侵害・危殆化された法益が、
反撃行為によって保全された法益との比較衡量において均衡であったかを確

---

23) 最判昭和44・12・04刑集23・12・1573、判時581・82、判タ243・260。これを**武器対等の原
　則**と称する論者（大越義久『刑法解釈の展開』〔1992年〕66頁、前田・276頁）がいます。しか
　し、防衛のために、どのような武器を用いたかだけでなく、その武器をどのように用いたかも考
　慮する必要があります。この点で参考になるのは、最判平成元・11・13刑集43・10・823、判時
　1330・147、判タ713・72〔百選Ⅰ・25〕、最判平成21・07・16刑集63・6・711、判時2097・154、
　判タ1336・61。

認する要件で、結果時を基準に判断されます〔事後判断〕。正当防衛は、一方の法益が不譲歩である**不正対正の関係**にあり、正対正の関係ある緊急避難のように厳格な法益権衡性（害権衡性）は要求されませんが、保全法益と侵害法益とが著しく不均衡であってはなりません。

　法益の均衡を著しく逸脱した場合は、正当防衛はもちろん過剰防衛も認められず、事後的な民事救済に委ねるべきだとする見解があります[24)]が、法益の著しい不均衡を理由に正当防衛を否定するのは、防衛の相当性の欠如を理由に防衛の必要性を否定し、要件間の関係を混乱させるもので妥当ではありません。

⑷　**問題点**

　①　**防衛の必要性**は、急迫不正の侵害から被攻撃者側の法益を保護・保全するために執られた行為が必要かつ合理的であることを確認するための要件であり、その行為によって現実に防衛効果があったかは問いません。例えば、棍棒をもっていきなり殴りかかってきた攻撃者に対し、自分の身を守ろうと攻撃者に体当たりして負傷させたが、自分も棍棒で殴られてしまった場合であっても、防衛行為の必要性は否定されず、攻撃者の傷害結果について正当化される余地があります。

　②　**防衛の相当性**につき、学説では、防衛行為時の事前判断を重視する**行為時基準説**[25)]が有力です。しかし、反撃行為が重大な結果をもたらしたということは、そうした重大結果をもたらす危険性が既に行為時に存在していたことを推測させるものです。しかも、正当防衛の判断は、当該反撃の行為・結果が実質的に正当であるかを判断するものであって、防衛の相当性は、防衛行為と防衛結果の双方の相当性をもって判断すべきで、「狭義の反撃行為だけでなくその結果をも含めた全体について判断されるべき」[26)]です。

　例えば、林檎1個の窃盗を阻止するために犯人に重傷を負わせる事例〔林檎重傷事例〕[27)]の場合、まず、犯人に重傷を負わせることでしか林檎を保全できない状況にあっ

---

24)　山口・139頁、井田・317頁参照。

25)　井田・316頁、高橋・293頁。

26)　東京地裁八王子支部判昭和 62・09・18 判時 1256・120 参照。

27)　井田・316頁。なお、**大判昭和 3・06・19** 法律新聞 2891・14（「僅々豆腐数丁の財産的利益を防衛する為至重の法律利益たる人命を害するが如きは当に防衛の程度を超えたるものとす」）参照。

186 第16講 正当防衛論

たかを精査する必要があります。例えば、手を伸ばした犯人の手を掴む、犯人に向かって「やめろ！」「どろぼう！」と叫ぶ、威嚇のためそばにある物を投げつける、軽傷（手指の負傷・骨折など）を負わせるなど、より危険の少ない反撃行為が可能だったのではないか。そう考えると、林檎という財物を保全するために執りうる手段が犯人に重傷を負わせる方法しかないというのはごく限られた場合であることが分かります。それでも、攻撃者が、反撃者（被攻撃者・防衛行為者）に対し、そのような反撃行為しか執りえない状況を作出したのであれば、反撃者は、そのような反撃行為を執ることでしか正当利益を保全できないのですから、反撃行為は相当な防衛行為といわざるをえません。攻撃者がそうしたいわば一点集中的な極限状況を作出しているのに、反撃者に反撃行為を控えさせ、不譲歩の正当利益が侵害されるのを拱手傍観するよう要求し、それを刑罰でもって強制するのはいかにも不合理です。その場合、当該反撃行為によってもたらされる結果は、不正な攻撃者に負担してもらうしかありません [28]。

③ **単なる反射運動や無意識の挙動**に対しても正当防衛は可能でしょうか。この問題の前提には、刑法上「行為」といえるためには有意性を要するかの問題が横たわっています。

> **有意性必要説**でも見解が分かれており、単なる反射運動や無意識の挙動等には有意性がなく行為とはいえないので、不正という評価はできないため正当防衛の余地はなく、緊急避難の余地があるにすぎないとする見解と、犯罪の成否に係る行為性は否定されるが、正当防衛の肯否に係る行為性は肯定できるので、正当防衛の余地は否定されないとする見解が主張されています。

> これに対し、**有意性不要説**は、有意性がなくとも行為性を肯定することができ、単なる反射運動や無意識の挙動にも不正という評価を下すことができるので、正当防衛の余地があるとします。

本書は、刑法上行為であるために有意性は不要としますので、正当防衛の余地を認めます。

> **【事例01】** Xによって、Aは弾丸の入ったピストルを脇腹に突きつけられ、「隣に座っている学生Bを殴れ、殴らないとこれで撃ち殺すぞ」と脅迫されたため、やむをえずに手拳でBを殴り、負傷させた〔脅迫殴打事例〕。

この事例のような、いわゆる**絶対強制下の動作**について、Aは適法行為の期待可能性の欠如により有責性が阻却されるとする**期待可能性欠如説**（通説）によると、Aの行為はBの正当な利益（身体）を侵害する「急迫不正の

---

28) 千葉地判昭和62・09・17判時1256・3、判タ654・109の結論は、追い込まれた被攻撃者による反撃行為という観点からようやく肯定することができます。

侵害」なので、BがAに反撃する行為はその要件を充たす限り正当防衛が
成立するとします。

　本書によれば、Xは、Bの正当利益（身体）を侵害する意図で、Aの正当
利益（生命・身体）を危殆化する行為を行い、Aの正当利益とBの正当利益（身
体）の衝突状況を意図的に作出しているところ、Aは、Xの脅迫行為に対し
て正当防衛として反撃してもよいのですが、それは無理なので、自己の正当
利益を保全するためにやむをえずにBの正当利益を侵害・危殆化する行為
に及んでいるのですから、Aの法益とBの法益の関係は正対正の関係にあり、
緊急避難を検討すべきことになります。緊急避難の法的性質について正当化
一元説（通説）に立つと、Aの緊急避難行為は正当化されますが、Bには緊
急避難の余地、あるいは「違法状態」を認めて正当防衛を肯定する[29]ことに
なります。本書によれば、Aの緊急避難行為は無関係の第三者Bを危難状
況に引き込む危難引き込み型として違法ですので、それに対するBの反撃
行為は正当防衛として正当化される余地があります[30]。

3　対物防衛

(1)　意　義

　対物防衛とは、所有者・管理者の物・動物の攻撃に対する防衛のための行
為をいいます。

> **【事例02】**　Aが飼い犬を連れて散歩中、他人Bの連れていた犬が興奮して
> 自分の犬を襲ってきたので、傍らの棒を使ってBの犬を撲殺した〔猛
> 犬撲殺事例〕。

　この事例で、Aの動物傷害行為（261条）に正当防衛が認められるかが問
われますが、そこには、**不正の侵害**は人間の行為に因るものに限られるか、
民法720条2項[31]との関係をどう考えるかの問題が横たわっています。

---

29) この場合、Aには適法行為の期待可能性がないという有責性判断をする前に、Aの行為が緊急
避難として正当化されるか否かを判断すべきでしょう。

30) Bの行為が正当防衛の要件を充足する限りにおいて、発生した結果（Aの負傷）は、Xの脅迫行
為と因果関係のある結果として、Xに帰責すべきでしょう。

31) 民法720条2項は、「他人の物より生じたる急迫の危難を避くる為其物を毀損したる場合」には、
法益均衡・補充性を問題とすることなく、損害賠償責任を負わないとしています。

188 第16講 正当防衛論

(2) 学説の状況

対物防衛を正当防衛として処理する**正当防衛肯定説**[32]は、物的客観的違法性論に立ち、違法には違法行為と違法状態が存在し、違法判断の対象は人間の行為に限られない、正当防衛の肯否に関する一般法的観点からの違法性(不正)は、犯罪成立要件としての違法性と異なってよい、民法720条2項との均衡論からいって、民法上違法とされていない行為を刑法上違法とするのは罪刑法定原則上問題があるし、刑法の補充的性格からも疑問であることを根拠とします。

これに対し、対物防衛には正当防衛は認められず、緊急避難の余地があるにすぎないとする**正当防衛否定説**[33]は、人的客観的違法性論に立ち、違法性は人間の行為にのみ妥当し、違法行為と同義であり、物・動物の攻撃は不正となりえないので、正当防衛ではなく緊急避難の余地があるにすぎないことを根拠とします。

また、対物防衛は本来の正当防衛とはならないが、正当防衛に準じて取り扱うべきであるとする**準正当防衛説**[34]は、物・動物による侵害は本来は不正といえないが、民法720条2項が適法として民事責任を否定している行為を刑法が刑罰をもって禁止するのは不均衡であり妥当でない、物・動物による侵害が所有者・管理者の故意・過失に基づく場合には正当防衛が可能であるのに、そうでない場合に緊急避難という厳格な要件で正当化されるにすぎないとするのは不均衡であることを根拠とします。

他方、対物防衛は特殊な緊急避難として処理すべきであるとする**防衛的緊急避難説**[35]は、他人の物から生じる危難を免れるためにその物を損壊する行為について刑法37条1項は規定していないので、通常の緊急避難とは区別された特殊な緊急避難として処理すべきである、物から生じる危難に対する防御行為は民法720条2項に規定する防御的緊急避難として、補充性・法益権衡を要件とすることなく正当化されると解すべきであることを根拠とします。

(3) 本書の立場

民法720条2項は、対物防衛の行為・結果について、**民法上の緊急避難**として補充性・法益権衡性を要件とすることなく、その危害を物・動物の所有者・管理者に負担させています。これは、「急迫の危難」を誰に負担してもらうかという利益衝突状況の事後処理の1つの表現であり、人の所有・管理

---

32) 平野・II・232頁、大塚仁・384頁、内藤・中・339頁、中山・273頁、曽根・101頁、川端・361頁、前田・263頁、浅田・223頁、西田・160頁、山口・120頁。

33) 福田・155頁、藤木・163頁、西原・上・238頁、内田・196頁、野村・220頁、高橋・283頁。

34) 大場・568頁、大谷・277頁。

35) 井田・304頁、松宮・141頁、吉田宣之『違法性の本質と行為無価値』(1992年) 123頁以下。

する物・動物が「急迫の危難」を招来した場合、その作出に何ら関係のない「危難」遭遇者の反撃行為（対物防衛行為）は、刑法上の正当防衛の要件を充足する限り刑事責任から解放するとともに、その反撃行為から生じた結果は危険な物・動物の所有者・管理者に負担させることにしたと考えられます。対物防衛の場合、物・動物の所有者・管理者に不正性は認められませんし、物・動物に法確証の利益・原理を援用しても意味がありません。他方、物・動物の所有者・管理者には危険な物・動物の所有・管理に伴う無過失責任が課せられているとする見解[36]もありますが、民法上の無過失責任を責任原則の妥当する刑事責任の領域に持ち込むのは適当ではありませんし、これにより法の確証を根拠づけるのも論理の筋が違うといわざるをえません。

なお、物・動物の所有者・管理者に不正性が存在し、（民法上の緊急避難が）刑法上の正当防衛へと転化する場合があります。

> **【事例 03】**　先の猛犬撲殺事例において、Ａが、Ｂに対し「君の犬を引き離してくれ」と頼んだが、Ｂはむしろ面白がって何もしなかったので、Ａは傍らの棒を使ってＢの犬を撲殺した〔猛犬撲殺変型事例〕。

この事例で、Ａの犬に対する危険状態はＢの故意・過失によらずに発生していますが、Ｂがその危険状態を解消する措置を故意・過失により怠った不作為により、危険状態が急迫不正の侵害に転化しているのです。

4　防衛意思

(1)　要　否

正当防衛が成立するには**防衛意思**が必要かについて、判例では一貫して必要説が採られていますが、学説では激しい議論が交わされています。

> 「防衛するため」は主観的に防衛意思を持っていたことを意味するのであり、防衛意思は防衛行為の要点であるとする**必要説**（通説）は、防衛意思を主観的正当化要素とし、刑法 36 条の「防衛するため」は防衛意思を要求していると解するのが素直な解釈である、防衛意思は客観要素を超過しており、この点は故意・過失・目的等の主観要素と変わらない、行為者に防衛意思が無い以上、偶然に防衛効果が生じても防衛行為ということはできない、防衛意思の存否は利益の正・不正を決定する要素であり、防衛意思のない者の利益は不正となって「不

---

36) 山中・459 頁。

190 第16講　正当防衛論

> 「正対不正」の関係が存するので、「不正対正」の正当防衛状況を認めることができない、偶然防衛に正当防衛を認めることは、法の自己保全・正（法）の確証によって社会秩序の維持を図るという正当防衛の趣旨に反することを根拠にします。

　本書によれば、刑法36条の「防衛するため」は客観的にみて防衛効果が存在することを意味し、防衛意思という主観要件を必要としないとする**不要説**[37] が妥当です。第1に、正当防衛においても、正当利益の保全のために不正利益を犠牲にする行為は客観的に判断されるべきで、主観的な防衛意思の有無によって決定するのは適当ではありません。第2に、侵害の不正性は、法的に許容される事由・根拠もなく利益衝突・葛藤状況を招来した場合に肯定されるべきで、主観要素の有無で決定されるものではありません。また第3に、防衛意思は「結果を目的とする意思」なので客観状況に対応する意思であり、主観的正当化要素とすることはできないはずです。第4に、防衛行為は反射的になされることが多いので、必要説に立つと正当防衛の成立範囲を狭めてしまいます。

> **【事例04】**　極端な弱視者Ａは、自分の方に近寄ってくる人が恨みに思っているＢであることを、その足音・気配で気づき、単純な侵害意思により携行していた棒を振り回しＢに傷害を負わせたところ、Ｂは小刀を持ってまさにＡを殺害しようとしており、周りにいた人たちすべてがＢの侵害行為を認識し、Ａの行為は結果的に防衛効果をもたらした〔弱視者攻撃事例〕。

　第5に、この事例で、行為当時、一般社会成員から見て正当防衛状況の存在が客観的に明白であるにもかかわらず、Ａがその事情を知らなかったことを根拠に「Ａには防衛意思がないので、正当防衛は認められない」とするのは、主観的違法性論ないし純粋行為無価値論といわざるをえません。第6に、法の自己保全・正（法）の確証は法の立場からの原理のはずで、必要説のように、防衛意思を有する者だけが援用しうるとするのは法原理としての性格と矛盾します。そして第7に、必要説のうち、防衛意思の有無を利益の正・不正に反映させる見解がありますが、それは防衛意思欠如による利益の不正性を事後判断にまで持ち込むものであり、結果無価値論の立場と相容れません。

---

37) 平野・Ⅱ・243頁、中山・281頁、内藤・中・343頁、内田・195頁、香川・176頁、西田・171頁、浅田・227頁、前田・265頁、山口・131頁、松原・157頁。

(2) 内　容

①　必要説が防衛認識説を採るのは、**興奮・逆上**のような他の動機・感情や**攻撃意思**が併存しても防衛意思を否定したくないからです。判例も、「相手の加害行為に対し憤激または逆上して反撃を加えたからといつて、ただちに防衛の意思を欠くものと解すべきではない」[38]、「防衛の意思と攻撃の意思とが併存している場合の行為は、防衛の意思を欠くものではない」[39] とします。本書の防衛意思不要説からは、そのような技巧的な処理は無用です。

②　侵害者に対し防衛を口実にして**同時的積極加害意思**で攻撃を加える**口実防衛**について、防衛意思必要説の中には、防衛意思を欠くので正当防衛は認められないとする見解[40]があります。判例も、「かねてから被告人がCに対し憎悪の念をもち攻撃を受けたのに乗じ積極的な加害行為に出たなどの特別な事情が認められないかぎり、被告人の反撃行為は防衛の意思をもつてなされたものと認めるのが相当である」[41]、「防衛に名を借りて侵害者に対し積極的に攻撃を加える行為は、防衛の意思を欠く結果、正当防衛のための行為と認めることはできない」[42] とします。

しかし、防衛意思を防衛認識と解するのであれば、同時的積極加害意思があっても直ちに防衛意思は否定されないはずです。そこで、必要説の中には、口実防衛では防衛意思は認められるが、防衛の必要性・相当性の要件で制限を受けるとする見解[43]が主張されます。

③　相手方の攻撃に乗じて積極的な加害行為に出た場合は防衛意思が欠けるとする最高裁の昭和46年判例・昭和50年判例と、「単に予期された侵害を避けなかつたというにとどまらず、その機会を利用し積極的に相手に対して加害行為をする意思で侵害に臨んだときは、もはや侵害の急迫性の要件を充たさない」として急迫性が欠けるとする昭和52年判例[44]との関係が問わ

---

38) 最判昭和46・11・16刑集25・8・996、判時652・3、判タ271・264。

39) 最判昭和50・11・28刑集29・10・983、判時802・115、判タ333・322〔百選Ⅰ・24〕。

40) 団藤・238頁、大谷・282頁参照。

41) 最判昭和46・11・16刑集25・8・996、判時652・3、判タ271・264。

42) 最判昭和50・11・28刑集29・10・983、判時802・115、判タ333・322〔百選Ⅰ・24〕。

43) 曽根・105頁参照。

44) 最決昭和52・07・21刑集31・4・747、判時863・33、判タ354・310〔百選Ⅰ・23〕。これを支持

192　第 16 講　正当防衛論

れます。この点、昭和 52 年判例によって、**積極加害意思**の問題は防衛意思から急迫性へと移行し、判例変更がなされたとの評価もあります。

　重要な判例変更がなされたと評するのは、判例を整合的に評価できないことが明らかになった後のことです。本書によれば、昭和 46 年判例・昭和 50 年判例は、急迫不正の侵害が仕掛けられた時点で生じた**同時的積極加害意思**の事案につき防衛意思の欠如で処理したのに対し、昭和 52 年判例は、急迫不正の侵害を予期した時点で生じた**事前的積極加害意思**の事案につき急迫性の欠如で処理したものです。つまり、同時的積極加害意思は、利益衝突状況が顕在化した時点での意思ですので、侵害の急迫性では処理できないため主観的な防衛意思で処理せざるをえないのに対し、事前的積極加害意思は、利益衝突状況が未だ顕在化していない時点での意思ですので、客観要件の急迫性で処理することが可能なのです。しかも、被攻撃者が、その攻撃を単に予期したにとどまらず「積極加害意思をもって侵害に立ち向かって行った」場合、利益衝突状況がさらに先鋭化するので侵害の急迫性概念に影響すると解する判例の考えには一定の合理性が認められます。しかし、判例は、事前的積極加害意思・同時的積極加害意思という主観要素によって正当防衛の成立要件を直ちに否定する点で、主観要素を重視しすぎています。

(3)　偶然防衛

　① **意　義**　単なる攻撃意思で侵害行為をしたところ、客観的に急迫不正の侵害が存在していたため、結果的に正当防衛の効果を生じた**偶然防衛**をどのように処理するかについて、学説では激しい対立があります。

　② **法効果**　防衛意思必要説においては、従来、**防衛目的説**が採られていましたが、今日、急迫不正の侵害を認識しつつこれに対応する単純な認識で足りるとする**防衛認識説**が支配的です[45]。

するのは、団藤・235 頁、平野・Ⅱ・235 頁、西田・167 頁。

45)「防衛の意思はほとんど反射的に生じることもありうる」(団藤・238 頁)、「急迫不正の侵害を認識しつつ、これを避けようとする単純な心理状態で足りる」(大塚仁・390 頁)、「急迫不正の侵害が加えられるということを認識しつつそれに対応する心理状態」(大谷・283 頁)、「防衛の認識、対応の意識で足りる」(曽根・105 頁) と説明されます。

46)　野村・226 頁。

47)　大谷・283 頁。

行為違法性説は、防衛意思欠如が反撃行為の違法性という行為無価値のみを決定するとするもので、偶然防衛について未遂犯説（未遂準用説）を採ります[46]。しかし、違法性・正当化判断の一体性からすると、行為無価値と結果無価値の完全な峻別が可能なのか大いに疑問があります。

　結果違法性説は、防衛意思欠如が反撃行為の違法性だけでなく反撃結果の違法性をも決定するとするもので、偶然防衛について既遂犯説を採ります[47]。しかし、この見解では、防衛意思欠如という行為無価値が事後的・客観的な結果無価値をも規定しており、一元的な行為無価値論といえます。

　利益不正性説は、防衛意思欠如が利益の不正性を決定するとするもので、自己防衛型偶然防衛の場合は不正対不正なので不正対正の正当防衛状況を欠いており、正当防衛を認めることはできないが、結果無価値が未遂の程度にとどまるので未遂犯規定を準用すべきであるのに対し、第三者防衛型偶然防衛の場合、不正対正の正当防衛状況が維持されているので、偶然防衛行為者の行為は正当防衛として正当化されるとし、二分説を主張します[48]。しかし、防衛意思欠如による利益の不正性の評価が事後判断にまで持ち込まれているのは、結果無価値論・客観的違法性論の論者の立場と矛盾しますし、利益衡量に基づく新たな未遂概念を提唱するものです。

③　故意による偶然防衛

　防衛意思必要説からの既遂犯説[49]は、行為は「主観＝客観の全体構造をもつ統合体」であり、主観面を無視することはできない、違法な行為から違法な結果が生じている、偶然防衛について正当防衛を認めるのは、法の自己保全、価値秩序の保全あるいは正の確証の趣旨に反する、偶然防衛は不正対不正の関係にあり不正対正の関係にはないため、正当防衛としての実体を認めることができない、正当防衛の要件は行為時を基準とする事前判断によって認定されるべきであることを根拠とします。

　防衛意思必要説からの未遂犯説[50]は、単なる攻撃意思で犯罪を行った者を偶然の正当防衛結果を根拠に処罰しないのは、刑法の行為規範性からして妥当でない、行為無価値（行為不法）は認められるが、反撃者の法益が保全された点で結果無価値（結果不法）が欠ける、偶然防衛は具体的の危険性を認めることができるので未遂犯の処罰根拠を充たすことを根拠とします。

　防衛意思必要説からの二分説[51]は、自己防衛型偶然防衛では利益衝突状況が

48）曽根・104頁。

49）団藤・238頁、福田・158頁、大塚仁・391頁、西原・上・239頁、中野・192頁、大谷・283頁、川端・370頁、斎藤信治・184頁、佐久間・216頁など多数説。

50）中・136頁、野村・226頁、山中・434頁、佐伯仁志・法教292・73、井田・280頁、高橋・289頁。

51）曽根・104頁。

不正対不正の関係になっており、そもそも客観的な正当防衛状況を欠いている
が、違法性における結果無価値の内容が未遂の程度にとどまるので未遂規定を
準用すべきであるが、第三者防衛型偶然防衛の場合、利益衝突状況が不正対正
の関係にあるので正当防衛が認められるとします。

　防衛意思不要説からの未遂犯説[52)] は、具体的危険説から、違法な結果は発生
していないが、違法な結果発生の危険を認めることができる、あるいは、当該
行為によって惹起されうる別個の、法秩序によって是認されない結果との関係
で、その客体に対して客観的危険が及んでいる限りで未遂犯の成立を肯定でき
ることを根拠とします。
　防衛意思不要説からの正当防衛説[53)] も有力で、違法な結果が発生する客観的
危険は存在しないのであるから偶然防衛は不可罰である、客観的には不正対正
の関係にあったのであり、法確証の客観的利益がなくなるわけではない、客観
的には正当防衛状況にあったことから、侵害者の法益は防衛に必要な限度で法
的保護の外におかれることになるので、それを侵害したとしても結果無価値は
認められないことを根拠とします。

　本書によれば、緊急行為の正当化判断は、複数法益の平和的共存が困難な
緊急状況において、一方の法益を保全するため他方の法益を侵害・危殆化す
る緊急行為の違法性・正当化を確定することを通じ、衝突利益の合理的な調
整を行うものであり、具体的には、衝突利益の事後的な調整という観点から
衝突利益の比較衡量という複線的思考法によってなされます。**防衛意思不要
説**を採る本書の立場からは、侵害の不正性は、法的に許容される事由・根拠
もなく法益に対する切迫した危険性を招来したときに肯定されます。した
がって、偶然防衛行為者は、正当防衛の客観要件を充足する限りで正当防衛
が認められることになります。

　既遂犯説については、結果無価値のみが欠ける未遂犯の類型を認めない理由を明ら
かにしていない、防衛意思欠如という行為無価値（行為不法）だけで違法性を確定して
おり、行為無価値一元説である、法の自己保全・法の確証は高次の法の立場からの原
理のはずで、防衛意思のない者に認められない理由が明らかでない、過失の偶然防衛
の処理に窮するなど疑問があります。また、**未遂犯説**については、衝突利益の事後的
調整という観点からすると、結果無価値のないところに行為無価値を認めて未遂犯とし
ての違法性を肯定するのは、違法性・正当化の判断の一体性からみて疑問がある、行
為当時、一般人から見て正当防衛状況の存在が明白であるにもかかわらず、偶然防衛

---

52) 平野・Ⅱ・243頁、山口・131頁、山中・436頁、西田・171頁、堀内・159頁、松原・160頁。
53) 中山・281頁、内藤・中・344頁、香川・177頁、前田・272頁、浅田・230頁、松宮・154頁。

行為者だけがそれを知らずに単なる攻撃意思で行為した場合に行為無価値を肯定するのは、行為無価値が専ら行為者の主観によって確定されており妥当でない、また、「発生結果が違法となる可能性」を未遂犯処罰の根拠として認めるならば、およそほとんどの緊急行為に未遂犯が肯定されてしまいかねない、未遂犯説だと、「既遂犯の要件該当性があるが、未遂犯の違法性を具備する犯罪」を認めることになる、「未遂の未遂」の処理が明確でないなどの疑問があります。

④ 過失による偶然防衛

> **防衛意思必要説**の中には、過失による正当防衛を2つの類型に分けて処理する見解が主張されています[54]。例えば、Aが、過って自車をB車に衝突させBを負傷させたところ、実は、Bは自車で歩行者Cを轢死させようとする直前であった場合〔衝突偶然防衛事例〕のように、行為者Aに危険状況の認識が全くなく、侵害を回避する意思もない場合、防衛意思は認められないので正当防衛が認められないが、例えば、Aが自分は熊に襲われたと誤信して発砲したところ、実は、熊はBで、Bがまさに自分を殺そうとする寸前であった場合〔誤射偶然防衛事例〕のように、行為者に危険状況の認識があり、侵害を回避する意思がある場合は防衛意思が認められるので正当防衛が成立するとするのです。

支配的見解においては、防衛意思が防衛認識という稀薄な内容になっているにもかかわらず、2つの類型にそれほど大きな法効果の差異を認めることに合理性があるのか疑問がある、偶然防衛につき未遂犯説を採るのであれば、先の衝突偶然防衛事例や誤射偶然防衛事例も、防衛効果が生じており結果の違法性はないので過失の未遂犯として不処罰であるとすべきなのに、そうしない理由が明らかでないなど疑問があります。また、防衛意思必要説は、防衛意思は危難を回避しようとする避難意思と共通しており、防衛意思と避難意思は共用できると主張する[55]のですが、このような抽象的な重なり合いを認めるのは抽象的符合説の発想であり、法定的符合説のそれではありません。「急迫不正の侵害の認識」たる防衛意思と、「危難状況の認識」たる避難意思は、正当化事由におけるいわば故意として、その認識の内容・範囲が異なるはずですから、法定的符合説を採るのであれば、法律要件による制約を受けるはずで、その点の説明がないのは結論先取りといわれても仕方ありません。そもそも、そのように内容の薄い防衛意思に正当防衛の成否を決定させるこ

---

54) 大谷・284頁。
55) 大塚仁・391頁、大谷・283頁。

196　第16講　正当防衛論

とこそが問題で、「悪しき犯罪意思」に囚われた刑法理論から刑法学者もそ
ろそろ決別すべきです。

5　防衛行為と第三者

(1)　攻撃者が第三者の物を利用

> 【事例05】　攻撃者Xが第三者Bの飼い犬を使ってAを侵害しようとした
> ため、Aが反撃をしてBの犬を撲殺した〔飼犬使用事例〕。

　Aの反撃行為は緊急避難の余地があるにすぎないとする**緊急避難説**[56]は、A
の行為はXとの関係では正当防衛であるが、第三者Bの正当利益との関係では
正当防衛にできない、BはXのAへの攻撃に何の関わりもなく、いわば巻き添
えを食ったにすぎないので、正当利益として法的保護に値することを根拠とし
ます。この説に対しては、Bの所有物（犬）はXの侵害手段の一部を構成して
いるから、これに対しては補充性を必要とする緊急避難しか対抗できないと
いうのでは衡平性に欠けるとの批判が加えられます。

　Aの反撃行為は対物防衛として正当防衛が成立するとする**対物防衛説**[57]は、
Xの不正な侵害行為の手段として第三者Bの飼い犬が利用されているので、典
型的な対物防衛の場合よりもいっそう第三者Bとの関係で正当防衛が認められ
るべきであることを根拠とします。この説に対しては、他人の物を利用した違
法な行為が存在している以上、これを対物防衛として処理するのは妥当ではな
いとの批判がなされます。

　Aの反撃行為には正当防衛が認められるとする**正当防衛説**[58]は、Bの所有物
（犬）はXの侵害行為の手段としてその一部をなしており、Aの行為は、Xの侵
害行為自体に対する反撃と解することができる、Bの所有物が用いられたこと
は攻撃者側の事情であり、これに対して補充性・法益権衡性（害権衡性）を要す
る緊急避難しか行えないとするのは、厳格すぎてAには適切でないことを根拠
とします。この説に対しては、Bの利益は正であり、そのBが正当防衛の範囲
内でAの侵害行為を忍受すべき合理的理由はないとの批判がなされます。

　本書によれば、Aの行為は、Xとの関係では正当防衛となります。しかし、
第三者BはXのAへの攻撃について何の落ち度もなく、無理矢理危難状況
に引きずり込まれて、Bの正当利益（犬）とAの正当利益（生命・身体）の衝

56）　草野・60頁。
57）　平野・Ⅱ・233頁、山中・512頁。なお、井田・304頁（補充性も法益権衡も要求されない防衛的
　　緊急避難）。
58）　通説です。

突状況が存在し、しかも、その状況を不正に作出して利用しているのは X です。確かに、B の所有物が不正な侵害の一部を構成し、しかも、それは侵害者 X 側の事情ですが、だからといって、正当防衛行為を無関係な第三者 B に受忍させる合理的理由も見いだせません。B との関係では、**緊急避難**を考えるべきです。この場合は、物・動物の背後に違法な行為が存在していない典型的な対物防衛の場合と異なるので、第三者の物を使用した場合を対物防衛の問題として処理するのは適当ではありません。また、正当防衛の正当化根拠として法の確証を援用する学説が、この問題を正当防衛で処理しようとするのは奇妙といわざるをえません。正当利益を有する第三者 B (その財物) に対して法の確証を機能させるのは妥当でないからです。

例えば、X が、第三者 B の身体を A に向けて強く押し、A にぶつけて侵害しようとした場合〔第三者使用事例〕や、幼児 B を抱え上げて A に向けて投げつけ A を侵害しようとした場合〔幼児使用事例〕に、A が反撃をして B を負傷させた行為は、先と同じように処理すべきとするのが支配的な見解ですが、中には、生命・身体については特別の配慮をすべきで、人の無過失行為や、行為といえない動作・不動作から危険が生じたときは、その人に対する反撃は 37 条 1 項の緊急避難としてのみ正当化されるとする見解[59]も主張されています。本書によれば、この場合も緊急避難として処理することになります。

(2) 反撃者が第三者の物を利用

> **【事例06】** 不正な攻撃者 X が棍棒で A に殴りかかってきたので、A は身を守るため、近くにあった第三者 B のガラス灰皿を X に向かって投げつけたところ、攻撃者 X に当たって負傷させるとともに、灰皿が壊れた〔第三者物使用事例〕。

この事例で、A が攻撃者 X を負傷させた行為は傷害罪 (204 条) の要件該当性が認められますが、正当防衛として正当化されます。しかし、第三者 B は、攻撃者 X の行為と無関係であり、何ら不正な原因を作ったわけでもありません。むしろ、B の法益 (財物) を利益衝突状況に引き込んだのは被攻撃者・反撃者 A であり、A の利益 (生命・身体) と B の利益 (財物) は正対正の利益衝突関係にあります。ここでは、A が B 所有の財物を損壊した行為は危難引き込み型としての**緊急避難**の成立を検討することになります。防衛意思必要説を採る通説も、B との関係では同じ結論を採るものと思われます。

---

59) 井田・304 頁。

しかし、AがXの身体を侵害して自分の生命・身体を守ることに関わる防衛意思が、第三者Bの財物を侵害して自分の生命・身体を守ることに関わる避難意思に転用できるような要件的同質性・同量性が認められるのでしょうか。また、1つの意思をXとの関係で防衛意思とし、Bとの関係で避難意思とすることで、2個の主観的正当化要素を認めることができるのでしょうか。防衛意思必要説は、これらの根拠を明らかにすべきです。

(3) 反撃行為の結果が第三者に生じた

> 【事例07】 不正な攻撃者XがAに向けてピストルを発射しようとしたため、Aは身を守るため、近くにあった石をXに向けて投げつけたところ、石はそばにいた第三者Bに当たり重傷を負わせた〔第三者侵害事例〕。

　Aの反撃行為は1つの行為として正当防衛となるとする**正当防衛説**[60]によると、Aの反撃行為はあくまでも防衛行為として行われており、第三者Bに発生した結果も防衛行為の一部を構成しており、全体的に正当防衛と評価されるべきである、Aの行為が直接に向けられていたXとの関係で反撃行為の違法性の有無は判断されるべきである、Aの反撃行為に防衛行為としての相当性が認められる限り、たまたま結果が重大でも影響されない、そもそも正当防衛の権利は、誰に対しても妥当する絶対的な権利であることを根拠とします。この説に対しては、無関係なBの法益は正当利益であり、正の確証の原理で根拠づけるのは無理である、無関係なBの正当利益を法益衝突状況に巻き込んだのはAであり、何の不正もない第三者Bがその侵害を忍受すべき合理的理由はない、正当防衛の権利は攻撃者（侵害者）Xと防衛者（反撃者）Aとの間の相対的な権利であり、第三者との関係は考慮の外のはずであるなどの批判が可能です。
　他方、Aの反撃行為は緊急避難成立の余地があるにすぎないとする**緊急避難説**[61]によると、無関係な第三者Bの法益は正当利益であり、Bとの関係は正対正の関係である、Aは第三者Bを負傷させることによって「現在の危難」を回避したといえ、防衛意思は同時に避難意思をも含んでいることを根拠とします。この説に対しては、無関係なBの正当利益を侵害することが、Aの法益の保護に直接に役立つという関係にはない、何の不正もないBに、Aによる危難を忍受すべきか、転嫁すべきかの選択を迫るべきいわれはない、AがBを認識していない場合、防衛意思を避難意思に転用できる前提を欠く、1つの防衛意思を防衛意思・避難意思に用いて2個の意思を認めるのは、一故意犯説を採るのと矛盾するなどの批判が可能です。

---

60) 中野・193頁、川端・365頁。
61) 大塚仁・389頁、福田・159頁、大谷・279頁、山中・511頁、浅田・226頁、山口・129頁。

また、Ａの反撃行為は誤想防衛の一種として処理すべきであるとする**誤想防衛説**[62]によると、意外なＢへの投石は客観的に緊急行為性を欠き、現在の避難に向けられた行為とはいえない、Ａが主観的に正当防衛だと認識して行った反撃行為は、Ｂとの関係では誤想防衛の一種として故意が否定されることを根拠とします。この説に対しては、Ａの行為は正当防衛として行われているのに、第三者Ｂとの関係で、その行為を違法とするのは矛盾である、本件のように防衛行為の方向性について錯誤があり、第三者Ｂを巻き添えにした場合を誤想防衛と解するのには無理があるなどの批判が加えられます。
　さらに、Ａの反撃行為は第三者Ｂとの関係では違法行為であるとする**違法行為説**[63]によると、Ａの行為は少なくとも第三者Ｂとの関係では違法であるが、情状により故意・過失が否定されたり、期待可能性が認められないなどの場合が多いので、責任論で解決すべきであるとします。

　本書によれば、無関係の第三者Ｂとの関係でＡの反撃行為は正当防衛とはならず、**緊急避難**の余地があります。確かに、Ａの反撃行為は第三者Ｂの正当利益を法益衝突状況に巻き込むものですが、Ａは、第三者Ｂの正当利益を巻き込むことでしか自分の正当利益を保全できないし他に方法はないという補充性と、保全法益と侵害法益（第三者Ｂの法益）の法益権衡性が充たされる限り、第三者Ｂとの関係で緊急避難として（違法ではあるが）有責性が否定される可能性があります。つまり、Ｘとの関係では正当防衛の要件を充足すれば足りますが、同時に第三者Ｂとの関係が連動しているので、Ｂとの関係で緊急避難の要件を充足する必要があるのです。これは一種の**正当化事由の観念的競合**ですが、たとえ第三者Ｂとの関係で緊急避難の要件を充足しない場合であっても、Ａに、Ｂへの暴行につき認識がなければ故意が認められませんし、また、認識可能性さえもなければ過失もないことになります。また、第三者Ｂとの関係では、Ａに誤想防衛が認められて（責任）故意が否定される余地もあります。さらに、故意・過失が認められたとしても、急迫不正の侵害を受けている状況からすれば、Ａに適法行為の期待可能性がないか減弱していることが考えられます。

62）前田・264 頁、松宮・151 頁、大阪高判平成 14・09・04 判タ 1114・293〔百選Ⅰ・28〕。
63）内藤・中・388 頁、曽根・110 頁、高橋・297 頁。

200　第16講　正当防衛論

6　自招侵害

(1)　意　義

　自招侵害とは、防衛行為者が挑発などにより自ら不正の侵害を招いて正当防衛状況を作出することをいい、正当防衛の成否及び範囲が問題となります。

(2)　学説の状況

　自招侵害につき、学説では、**正当防衛の成立要件に還元しない見解**として権利濫用説、原因において違法な行為の理論、社会的相当性欠如説が、**正当防衛の成立要件に還元する見解**として急迫性欠如説、相当性否定説、防衛意思欠如説が主張されています。

> 　**権利濫用説**[64]によると、正当防衛状況を利用して他人を侵害する意図で挑発するのは正当防衛権の濫用であり、挑発者には退避義務が生じるとします。この説では、挑発者は権利濫用になるため一切の防衛行為が否定されることになる反面、被挑発者の侵害行為は、権利濫用者である挑発者の法的要保護性なき法益を侵害するものなので、およそ違法でなくなりかねません。
> 　**原因において違法な行為の理論**[65]によると、急迫不正の侵害に対する正当防衛が肯定されたとしても、原因行為が違法であり刑事責任を問いうるがゆえに、挑発者に侵害の事前回避が要求されるとします。しかし、挑発者の原因行為の違法性はそれ自体で判断されるべきで、なぜそれが挑発者の反撃行為・結果の違法性を根拠づけることができるのかが明らかでない、そもそも原因行為の違法性が、その反撃行為・結果の違法性を完全に根拠づけるほどの質量を有していないことがありうる、被挑発者は責任能力を有し、故意の侵害行為を行っているのであり、その侵害行為に対する反撃行為・結果についての刑事責任の根拠を原因行為にまで遡及させることは、遡及禁止を採用する立場と矛盾するなどの批判が可能です。
> 　**社会的相当性欠如説**[66]によると、自ら正当防衛状況を故意に招きながら正当防衛を行い相手の法益を侵害する行為は、社会的相当性を欠くとします。しかし、挑発者が意図的に挑発した場合には法確証の利益が消失するとすると、挑発者には一切の防衛行為が否定されることになるため、被挑発者の侵害行為はおよそ違法でなくなってしまう、社会的相当性が欠如するというのは結論であって、その判断過程・実質根拠が明らかでない[67]という批判が可能です。

---

64)　大塚仁・385頁、内藤・中・336頁、川端・362頁、曽根・103頁、高橋・298頁。

65)　平野・Ⅱ・235頁、山口・127頁。

66)　福田・157頁、大谷・286頁。

67)　本書は、社会的相当性説を「ブラックホール見解」と呼んでいます。

他方、**急迫性欠如説**[68] によると、相手方を挑発する行為あるいは相手方の攻撃を予想しながら相手方に近づく行為には急迫性が欠けるので、正当防衛が否定されるとします。しかし、相手方を挑発する行為や、相手方の攻撃を予想しながら相手方に近づく行為が急迫性に影響を与えるとする点は妥当ですが、それで直ちに急迫性が否定されるとするのは妥当ではありません。

また、**相当性否定説**[69] によると、自招侵害の場合であっても、客観的な急迫性自体は肯定できるが、挑発者の行う反撃行為は相当性が欠けるので正当防衛が否定される場合が多いとし、自招の点は、侵害・防衛行為の大小・軽重などの相当性判断の中で考慮されるべきであるとします。事案の個別的事情を考慮する、基本的に妥当な考え方といえます。

さらに、**防衛意思欠如説**[70] によると、正当防衛状況を利用して他人を侵害する意図で挑発する場合は、挑発者に事前的積極加害意思があり防衛意思を欠くとします（但し、第三者による防衛行為は正当防衛となりうる）。事前的積極加害意思の存在が防衛意思を欠如させるとする点は防衛意思必要説からは一貫していますが、そもそも防衛意思を必要とする前提に疑問があります。

(3) 本書の立場

法益共存の思想を根本として**優越的要保護性説**を採る本書の立場によれば、社会成員は、法益の平和共存に努めるべきで、法的に許容される事由・根拠もなく利益衝突状況・利益葛藤状況を招来することは許されません。法的に許容される事由・根拠もなく、自ら利益衝突状況・利益葛藤状況を招来した挑発者は、本来、自らの負担でその利益衝突状況・利益葛藤状況を解消すべきで、挑発者に許される反撃行為の範囲は、正当防衛の成立要件が制約される形で制限されることになります。だからといって、その挑発に対抗する被挑発者の侵害行為が、直ちに正当化されるわけではありません。挑発者の行為にもよりますが、それが口撃にとどまっている場合は、被挑発者は、自らの名誉を守るために、挑発者の行為に対応して一定の抗議行動・対抗措置を取ることが許されるにすぎません。挑発者に許される反撃行為の範囲も、そうした相関関係の中で検討され、挑発者の挑発行為の対象・速度・強度・

---

68) 中・133頁、植松・165頁、林・199頁。なお、事前的積極加害意思を急迫性の問題として処理した**最決昭和 52・07・21** 刑集 31・4・747、判時 863・33、判夕 354・310〔百選Ⅰ・23〕（「侵害の急迫性は、侵害が当然又はほとんど確実に予期されただけで失われるものではないが、その機会を利用し、積極的に相手方に加害行為をする意思で侵害に臨んだときは失われるものと解すべきである。」）はこの立場に近いといえます。

69) 佐伯千仞・203頁、藤木・176頁、吉川・139頁、内田・200頁。

70) 平場・78頁、団藤・238頁。

202 第16講 正当防衛論

範囲などと、被挑発者の侵害行為の対象・速度・強度・範囲などとを比較対照したうえで、挑発者の反撃行為は、その対象・速度・強度・範囲・難易、他の手段の可能性・強度・難易などを考慮したとき、必要性・相当性が認められるかが検討されることになるのです。例えば、故意又は過失により軽度の攻撃を相手に加えて挑発したら、相手が生命に危険な強度の侵害をしかけてきた場合、自ら挑発したという理由だけで正当防衛を完全に否定し去ることは妥当ではないのです。

判例[71] は、原審が自招侵害を急迫性の要件で処理したのに対し、「被告人は不正の行為により自ら侵害を招いたものといえるから、Aの攻撃が被告人の前記暴行の程度を大きく超えるものでないなどの本件の事実関係の下においては、被告人の本件傷害行為は、被告人において何らかの反撃行為に出ることが正当とされる状況における行為とはいえない」とし、①侵害者の攻撃が行為者の行為に触発されたものであり、②その直後における近接した場所での一連・一体の事態であり、不正の行為により自ら侵害を招いたものといえること、③侵害者の攻撃が行為者の挑発に対してその程度を大きく超えるものでないことなどの事情が存在するときは、「反撃行為で出ることが正当とされる状況における行為とはいえない」としました。

　これは、自招侵害を正当防衛の特定要件に関連させて処理することの困難さ、相関関係的な判断の不可避性を示唆するものといえます。

7　過剰防衛

⑴　意　義

　過剰防衛とは、急迫不正の侵害に対する反撃行為が防衛の相当性の程度を超えたものをいいます。反撃行為について量的判断をするのは防衛の相当性においてであり、防衛の必要性は真に法益衝突状況が存在していることを確認するもので、有無の判断しかできません。防衛の必要性が認められないときは、そもそも正当防衛が否定されます。

　過剰防衛には、防衛の相当性の程度を超えて強い反撃を加えた**質的過剰**（例：74歳の老父が棒で打ちかかってきた際、何か棒様のものと思い斧と気付かずに手に

---

71) **最決平成 20・05・20** 刑集 62・6・1786、判時 2024・159、判タ 1283・71〔百選Ⅰ・26〕。

して反撃し、頭部を乱打して死亡させた〔斧反撃事例〕）[72]と、既に侵害が終了している**のにさらに続けて反撃を加えた量的過剰**（例：最初の反撃の一撃で侵害者は倒れてしまい、さらなる侵害は不可能な状態なのに、反撃者がさらに数回小刀で切りつけ死亡させた〔継続追撃事例〕）があります。

> **量的過剰**は、攻撃者の侵害が終了しあるいは相当に減弱したにもかかわらず、引き続き反撃を加える形態ですから、そもそも過剰防衛となるかが問題となります。学説では、前半は通常の正当防衛行為、後半は不正の侵害が終了しているため過剰防衛も成立せず違法行為であるとする**二行為説**、一連の防衛行為として全体を（量的）過剰防衛とする**過剰防衛説**[73]もありますが、前半・後半の行為が実質的に1個の意思に担われ、同一機会・近接機会における同種の法益侵害行為として一体性が認められるときには全体として過剰防衛になるとする**区分説**[74]が有力です。

　本書によれば、不正侵害の終了は、法益衝突状況の終結、正当防衛状況の消滅という意味で、正当防衛の肯否にとって重要な質的変化をもたらしており、原則として、前半・後半の2つの行為が存在することを前提に検討していくべきで、前半の行為は正当防衛となり、後半の行為は過剰防衛も否定されて違法性が認められたとしても有責性を検討する余地が残されています。他方、①客観的に、両行為が時間的・場所的に連続して継続性が認められ、そこに断絶がないこと〔行為の継続性〕、及び、②主観的に、両行為が継続した1つの（防衛）意思に狙われた1つの行為と認められること〔意思の継続性〕が認定できるときは、両行為は1個の意思に担われた、同一の機会における一連一体の反撃行為と解することができるので、全体を（量的）過剰防衛とすることが可能です。

> 　判例も、一体性の有無を判断しており、**最判昭和34・02・05**（刑集13・1・1）は、「被告人の本件一連の行為は、それ自体が全体として、その際の情況に照らして、刑法36条1項にいわゆる『已ムコトヲ得サルニ出テタル行為』とはいえないのであつて、却つて同条2項にいわゆる『防衛ノ程度ヲ超エタル行為』に該る」とし、

---

72) 最判昭和24・04・05刑集3・4・421。
73) 大塚仁・394頁、大谷・289頁、浅田・236頁、川端・372頁、斎藤信治・188頁。
74) 曽根・107頁、前田・279頁、山口・143頁、井田・321頁、高橋・303頁。

行為の一体性を認め、全体として過剰防衛としました[75]。これに対し、**最決平成 20・06・25**（刑集 62・6・1859、判時 2009・149、判タ 1272・67〔百選 I・27〕）は、被告人が、X の投げ付けた灰皿を避けて X の顔面を殴打した第 1 暴行により転倒し動かなくなった X に対し、「おれを甘く見ているな。おれに勝てるつもりでいるのか。」などと言い、専ら攻撃の意思で腹部等を蹴り膝をぶつける等の第 2 暴行に及んでいる事案につき、「両暴行は、時間的、場所的には連続しているものの、X による侵害の継続性及び被告人の防衛の意思の有無という点で、明らかに性質を異にし、被告人が前記発言をした上で抵抗不能の状態にある X に対して相当に激しい態様の第 2 暴行に及んでいることにもかんがみると、その間には断絶がある」というべきであって、「正当防衛に当たる第 1 暴行については、罪に問うことはできないが、第 2 暴行については、正当防衛はもとより過剰防衛を論ずる余地もない」とし、第 1 暴行は正当防衛、第 2 暴行は傷害罪として違法であるとしました。

(2) 過剰性の判断

過剰性の判断は、衝突法益、攻撃者の侵害行為の速度・強度・範囲などと、反撃者（被攻撃者・第三者）の反撃行為の速度・強度・範囲などとを比較対照しながら、反撃行為は許容される範囲内の行為であったかを検討するもので、当該事案の個別の諸事情を前提に具体的に判断することになります。過剰性の判断時点については、防衛行為の相当性は事前の行為時を基準にすべきで、防衛行為の時点においてそれが相当であったかを軸に判断すべきであるとする**行為時基準説**[76] が有力です。

本書によれば、防衛行為の相当性は行為時を、防衛結果の相当性は結果時を基準とすべきですが、正当防衛は衝突法益の事後的な調整を主旨としており、防衛行為の相当性をも考慮しながら、最終的には防衛結果の相当性を検討することになるので、**結果時基準説**が妥当です。

(3) 法的性質

刑法 36 条 2 項の定める刑の任意的減軽・免除の法的性質について、**違法性減少説**[77] によると、過剰防衛は、防衛の程度は超えているが、急迫不正の侵害を行う者の法益を侵害し、正当利益を保全する効果を生じさせている限りで、違法性が減少するとします。

---

75) 同様の判断をした判例として、**最決平成 21・02・24** 刑集 63・2・1、判時 2035・160、判タ 1290・135（「全体的に考察して 1 個の過剰防衛としての傷害罪の成立を認めるのが相当」）。

76) 井田・316 頁、高橋・293 頁。

77) 前田・280 頁、町野朔「誤想防衛・過剰防衛」警察研究 50 巻 9 号（1979 年）52 頁。

有責性減少説[78) によると、過剰防衛は違法であるが、緊急状況下で、恐怖・驚愕・興奮・狼狽などの精神的動揺があるため、多少の行き過ぎがあっても強く非難できず、有責性が減少するとします。

違法性・有責性減少説[79) によると、過剰防衛は、急迫不正の侵害が存在していることを前提とする点で違法性の減少が認められ、緊急状況のもとでの精神的動揺の点で有責性の減少も認められるとします。

本書によれば、過剰防衛には、急迫不正の侵害の認識がない偶然防衛行為が過剰になった場合と、急迫不正の侵害の認識がある防衛行為が過剰になった場合とが存在します。いずれも客観面において急迫不正の侵害が存在しているので違法性は減少しています。ですから、過剰防衛には、**違法性減少のみの場合**と**違法性減少・有責性減少**の双方がある場合とが存在します。他方、過剰防衛は、刑の任意的減軽・免除（36条2項）の法効果であり、過剰防衛につき刑の免除が認められるのは、違法性・有責性の双方がきわめて軽微な場合ということになります。

(4) 過剰性の認識による分類

① **故意過剰防衛**とは、防衛の相当性を逸脱する行為の前提となる過剰事実について認識している過剰防衛をいい、例えば、棒で打ちかかってきた相手方に対し、斧と知りつつ反撃を加えて過剰な結果を生じさせた場合です〔典型的な過剰防衛〕[80)。この場合、成立する故意犯について過剰防衛とし、刑の減軽・免除を考えることになります。

故意過剰防衛について、正当防衛に乗じて侵害行為を行うものなので防衛意思が欠け、そもそも過剰防衛を認めることはできないとする見解も主張されていますが、防衛意思必要説からの見解であり、妥当ではありません。

② **過失過剰防衛**とは、防衛の相当性を逸脱する行為の前提となる過剰事実について認識していないが、その点に過失のある過剰防衛をいい、例えば、74歳の老父が棒で打ちかかってきた際、何か棒様のものと思い違いをして斧を手にして反撃し、頭部を強打して死亡させた場合です。この場合、過剰結果について故意は認められず、成立する過失犯について過剰防衛として刑

---

78) 平野・Ⅱ・245頁、福田・161頁、西田・178頁、浅田・237頁、山中・498頁、佐伯仁志・164頁。
79) 通説です。
80) 最判昭和24・04・05刑集3・4・421。

の減軽・免除を検討することになります。故意過剰防衛の場合は、典型的な過剰防衛として刑の減軽・免除がありうるのに対し、過失過剰防衛の場合、成立する過失犯について刑の減軽・免除の余地を閉ざしてしまうのは不均衡であり、36条2項の準用を認めるべきです。

> 過失過剰防衛について、行為者が要件該当事実を認識している点で故意過剰防衛と変わらないので、故意過剰防衛と区別せずに、認識の範囲内で故意犯を認めて過剰防衛として刑の減免を認めるべきであるとする見解[81]があります。この見解は、誤想防衛は違法性の意識の可能性に関わる責任の問題とする厳格責任説からの帰結であり、妥当ではありません。

8 誤想防衛

(1) 意 義

誤想防衛とは、正当防衛の要件を充足する事実が存在しないのに存在すると誤信して行われる反撃行為をいい、典型的誤想防衛と誤想過剰防衛があります。

(2) 典型的誤想防衛

① 意 義 **典型的誤想防衛**とは、急迫不正の侵害が存在すると誤信し、その誤信した事実に対して相当な防衛行為をした場合をいいます。

> **【事例08】** XはAが冗談の悪ふざけで棒を振り上げたのを見て、Aが本気で打ちかかってきたものと誤信して傍らの棒を持って反撃しAに傷害を与えた〔冗談傷害事例〕。

この事例で、急迫不正の侵害が現に存在しない点で過剰防衛と異なり、違法性の減少は認められません。

② 学説・判例の状況

> 典型的誤想防衛について、一般人を名宛人とする行為規範の観点から、一般人にとって錯誤が回避不可能であるときには、ある種の正当防衛として端的に行為が正当化されるとする**正当防衛説**[82]があります。この説でも、誤想防衛行為の相手方の反撃行為も正当防衛と解すことになるでしょうから、正当利益と正当利益が衝突する緊急避難状況が認められ、不正対正の正当防衛状況は認められないため、正当防衛の余地はないことになるはずです。

---

81) 大谷・290頁。
82) 藤木・172頁、野村・161頁、川端・403頁。

学説では、これを**正当化事由の錯誤**とする見解が支配的です。このうち、**事実の錯誤説**によると、正当化事由の錯誤は事実の錯誤として故意を阻却し、その錯誤について過失があれば過失犯処罰規定を前提に過失犯が成立するとします。先の冗談傷害事例について、傷害罪の故意は認められず、過失傷害罪（209条）となります[83]。これに対し、**違法性の錯誤説**によると、一方で、正当化事由の錯誤は違法性の錯誤として故意を阻却せず、先の冗談傷害事例について傷害罪（204条）の成立が認められる（有責性の減少はある）とする見解[84]と、正当化事由の錯誤は違法性の錯誤であるが故意を阻却するとし、先の冗談傷害事例について過失傷害罪（209条）の成立が認められる（有責性の減少はある）とする見解[85]があります。

> **大判昭和 8・06・29**（刑集 12・1001）[86] は、行為者が法律上犯罪の成立を阻却すべき客観的原因の事実が存在することを誤信した場合は故意があるとすることはできないとして、故意阻却説を採用しています。

　③　**本書の立場**　故意は客観法律要件を充足する外部事実の認識・受容を意味しますが、自己の行為が法的に許されるかを判断することが可能な、故意提訴機能を果たすことができる範囲・程度の事実の認識が必要です。正当化事由に関する錯誤についても、これと同じことが妥当し、自己の行為が法的に許されるかの判断を可能とするような提訴機能を果たすことができる範囲・程度の事実が、「行為の正当化を基礎づける事実」（正当事実）であり、これは正当化そのものの評価（正当評価）と区別されます。典型的誤想防衛は、行為の正当化を基礎づける正当事実に関する錯誤がある場合であって、**故意**が否定され、場合によっては過失としての責任非難が認められるにとどまります。

(3)　誤想過剰防衛

　①　**意　義**　**誤想過剰防衛**とは、急迫不正の侵害が存在しないのに存在すると誤信し、その誤信した事実に対して相当性を逸脱した不相当な防衛行為をした場合をいいます。

---

83) 事実の錯誤として故意の阻却を認める説には、制限責任説からのもの（平野・Ⅰ・164頁、曽根・199頁、前田・315頁、高橋・307頁）、消極的構成要件要素の理論からのもの（中・137頁、井田・382頁）、第三の錯誤説からのもの（団藤・309頁、大塚仁・465頁、佐久間・295頁）があります。

84) 厳格責任説からのもの（福田・214頁、西原・上・246頁、大谷・292頁、伊東・197頁）です。

85) 厳格故意説からのものです。

86) 最高裁判例は未だありませんが、同旨の東京高判昭和 59・11・22 高刑集 37・3・414、判時 1137・147、判タ 544・287 参照。

208　第 16 講　正当防衛論

> **【事例 09】**　Ｘは A が冗談の悪ふざけで棒を振り上げたのを見て、A が本気
> で棒で打ちかかってきたものと誤信し、傍らの斧をそれと認識しな
> がら反撃し A を死亡させた〔冗談殺害事例〕。

　この事例で、急迫不正の侵害が現に存在しない点で過剰防衛とは異なり、
違法性の減少は認められません。誤想過剰防衛は、急迫不正の侵害について
誤認があると同時に、誤信した事実に対して不相当な過剰にわたる防衛行為
をした場合であり、過剰性の点について、例えば、⑦Ｘが手に取った物を
斧と気づきながらその斧で強力に反撃した場合のように、過剰性の認識があ
る誤想過剰防衛と、⑦Ｘが手に取った物を斧と知らず棒だと誤認して反撃
した場合のように、過剰性の認識がない誤想過剰防衛があります。

②　判例の状況

> 　**最決昭和 41・07・07**（刑集 20・6・554、判時 456・83、判タ 195・110）は、「原
> 判決認定の事情のもとにおいては、原判決が被告人の本件所為につき、誤想防
> 衛であるがその防衛の程度を超えたものであるとし、刑法 36 条 2 項により処断
> したのは相当である」とし、過剰性の認識がある誤想過剰防衛について 36 条 2
> 項の適用を認めています。また、**英国騎士道事件・最決昭和 62・03・26**（刑集
> 41・2・182、判時 1261・131〔百選Ⅰ・29〕）は、空手 3 段の被告人Ｘが、夜間帰
> 宅途中の路上で、酩酊した A 女にＢが暴行を加えているものと誤信し、同女を
> 助けるべく両者の間に割って入り、同女を助け起こそうとし、次いでＢの方に
> 両手を差し出して近づいたところ、同人がボクシングのファイティングポーズ
> のような姿勢をとったため、Ｘは自分に殴りかかつてくるものと誤信し、咄嗟
> にＢの顔面付近に空手技である回し蹴りをし、同人を路上に転倒させて頭蓋骨
> 骨折等の傷害を負わせ、8 日後に脳硬膜外出血・脳挫滅により死亡させた事案に
> つき、「本件回し蹴り行為は、被告人が誤信したＢによる急迫不正の侵害に対す
> る防衛行為として相当性を逸脱していることが明らかであるとし、被告人の所
> 為について傷害致死罪が成立し、いわゆる誤想過剰防衛に当たるとして刑法 36
> 条 2 項により刑を減軽した原判断は、正当である」としています。

③　学説の状況

> 　特に厳格責任説の立場から故意犯の成立を認める**故意犯説**[87]によると、上記
> ⑦⑦を区別することなく故意犯の成立を認め、錯誤を回避できなかったときは
> 有責性阻却とし、過剰にわたった点に責任減少の情状があるときは 36 条 2 項の
> 準用を認めます。他方、過失犯の成立にとどめる**過失犯説**[88]によると、上記⑦
> ⑦を区別することなく、錯誤の点に過失がある限り、過失犯処罰規定の存在を

87）福田・217 頁、西原・下・472 頁、大谷・293 頁、山中・539 頁以下。
88）石原明・法学論叢 81 巻 1 号（1967 年）97 頁以下参照。

前提にして過失犯が成立するとします。

　本書によれば、上記㋐のように過剰性の認識がある場合は**故意犯**が成立し、36条2項の準用を認めて刑の任意的減軽・免除を認めるべきです。この場合、客観的には違法ですが、行為者の責任非難という点からは、主観的には一種の過剰防衛となっており、急迫不正の侵害が現実に存在した場合と同じ責任非難しかできないからです。他方、上記㋑のように過剰性の認識が無い場合は誤想防衛の一種と考え、故意を阻却し、誤信したことに過失があれば、過失犯処罰規定を前提として**過失犯**の成立を認めるべきであり、この場合にも36条2項の準用を認めるべきです。

◇**誤想過剰防衛**

過剰性の認識	急迫不正の侵害の誤信に**過失あり**	急迫不正の侵害の誤信に**過失なし**
有	**故意犯**⇒刑の減軽 （36条2項準用）	**故意犯**⇒刑の減軽・免除 （36条2項準用）
無	**過失犯**⇒刑の減軽 （36条2項準用）	**過失犯**⇒刑の減軽・免除 （36条2項準用）

9　盗犯等防止法における特則

　「盗犯等ノ防止及処分ニ関スル法律」（通称「盗犯等防止法」）に、正当防衛に関する特則が定められていますので、説明しておきます。

⑴　**1条1項**

　同法1条1項は、準正当防衛を規定しています。それによると、①「盗犯を防止し又は盗贓を取還せんとするとき」、②「兇器を携帯して又は門戸牆壁を踰越損壊し若は鎖鑰を開きて人の住居又は人の看守する邸宅、建造物若は船舶に侵入する者を防止せんとするとき」、及び、③「故なく人の住居又は人の看守する邸宅、建造物若は船舶に侵入したる者又は要求を受けて此等の場所より退去せざる者を排斥せんとするとき」の3つの行為状況を定め、いずれかに該当する場合に、かつ、「自己又は他人の生命、身体又は貞操に対する現在の危険を排除する為」に「犯人を殺傷したる」ときは、「刑法第36条第1項の防衛行為ありたるもの」とし、正当防衛の成立を認めています。

210　第 16 講　正当防衛論

> **最判平成 6・06・30**（刑集 48・4・21、判時 1503・147、判タ 857・111）は、「こ
> こにいう相当性とは、同条項が刑法 36 条 1 項と異なり、防衛の目的を生命、身
> 体、貞操に対する危険の排除に限定し、また、現在の危険を排除するための殺
> 傷を法 1 条 1 項各号に規定する場合にされたものに限定するとともに、それが『已
> ムコトヲ得サルニ出テタル行為』であることを要件としていないことにかんが
> みると、刑法 36 条 1 項における侵害に対する防衛行為としての相当性よりも緩
> やかなものを意味する」としています。

⑵　1 条 2 項

　同法 1 条 2 項は、違法ではあるが有責性のない反撃行為を規定しており、
それによると、同法 1 条 1 項の定める、①「盗犯を防止し又は盗贓を取還せ
んとするとき」、②「兇器を携帯して又は門戸牆壁を踰越損壊し若は鎖鑰を
開きて人の住居又は人の看守する邸宅、建造物若は船舶に侵入する者を防止
せんとするとき」、及び、③「故なく人の住居又は人の看守する邸宅、建造
物若は船舶に侵入したる者又は要求を受けて此等の場所より退去せざる者を
排斥せんとするとき」のいずれかに該当する場合に、自己又は他人の生命、
身体又は貞操に対する現在の危険が無い場合であっても、「恐怖、驚愕、興
奮又は狼狽に因り現場に於て犯人を殺傷するに至りたるとき」は、これを罰
しないと規定しています。これは、正当化は認められないが、期待可能性が
欠如するがゆえに有責性がないことを規定したもので、現在の危険について
誤信がない場合は適用がありません[89]。

今日の一言

真実を曇らせるのは　実に簡単
言論の自由を　禁圧すればいいのさ

---

89) 最決昭和 42・05・26 刑集 21・4・710、判時 485・17、判タ 208・142。

第17講　緊急避難論

1　総　説

(1)　意　義

緊急避難とは、自己又は他人の生命、身体、自由又は財産に対する現在の危難を避けるため、やむを得ずにした行為をいい、緊急行為の一種であり、刑法37条に規定されています[1]。例えば、**カルネアデスの板事例**（船が難破して海に投げ出されたA・Bが、海面に、一人しか支えきれない1枚の板が漂流していたのを発見し、AはBを押しのけて溺死させ、自分だけその板につかまって漂流しているところを救助されて助かった事例）がよくあげられます。

<基本構造>

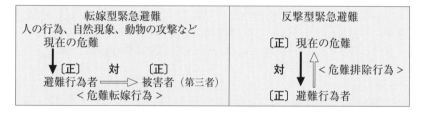

緊急避難は**民法720条**との関係が問題となるので、避難行為（防衛行為）者をAとして同条の類型を整理しておきます。民法720条によると、①危難がXの行為に由来するとともに、Xの行為が不法な場合、AがXに反撃しても（刑法の正当防衛）、第三者Bに転嫁しても（刑法の緊急避難）、Aは、補充性・法益権衡性を充たさなくとも賠償責任を負いません（1項）が、BはXに損害賠償を請求できます（1項但書）。他方、②危難がXの行為に由来するとともに、Xの行為が適法な場合、AがXに反撃しても（刑法の緊急避難）、第三者Bに転嫁しても（刑法の緊急避難）、Aは賠償責任を負うことになりま

---

[1] 緊急避難論については、森下忠『緊急避難の研究』（1960年）、米田泰邦『緊急避難における相当性の研究』（1967年）、生田勝義『行為原理と刑事違法論』（2002年）、井上宜裕『緊急行為論』（2007年）、井田良『変革の時代における理論刑法学』（2007年）127頁以下参照。

212　第17講　緊急避難論

す（規定外）。これに対し、③危難がXの物に由来する場合に、AがXの物を毀損したとき、Aは、補充性・法益権衡性を充たさなくとも賠償責任を負いません（2項〔刑法の対物防衛〕）し、第三者Bに転嫁したとき、Aは、補充性・法益権衡性を充たさなくとも賠償責任を負いません（規定外〔刑法の緊急避難〕）。

(2)　法的性質

　緊急避難は、不正対正の利益衝突状況の正当防衛と異なり、第三者の正当利益を犠牲にする正対正の利益衝突状況にあります。それなのに、正当化されるのでしょうか。

　①　**学説の状況**　緊急避難の法的性質については、1つの原理で説明する**一元説**と、複数の原理で説明する**多元説**があります。

　一元説のうち、**正当化説**（通説）によると、緊急避難は有責性を検討する前に正当な行為であるとするもので、緊急避難に対して正当防衛で対抗することはできず緊急避難しか行えないことになります。この説は、刑法が他人のための緊急避難を認め、法益権衡を要求している、刑法が厳格な要件を要求して緊急避難を許容したのは、違法性が欠如することを正面から認めたからであることを根拠とします。この説に対しては、刑法は法益同価値の場合にも緊急避難を許容しているが、法益衡量の考え方ではこの点を合理的に説明できないとの批判があります。

　可罰的違法性阻却説[2]によると、緊急避難は違法な行為ではあるが、処罰に値するほどの可罰的違法性がないとするもので、緊急避難は違法としますので、緊急避難に対して正当防衛が可能です。この説は、刑法が他人のための緊急避難を認め、法益権衡を要求している、緊急避難は正当利益を犠牲にする点で一般的違法性は認められるが、可罰的違法性がないことを根拠とします。この説に対しては、違法であるが可罰的違法性がないというのは結論を述べているにすぎない、民法上賠償責任を負う不法性が存することを重視するが、刑法の緊急避難は民法より厳格な要件が要求されている点を看過しているなどの批判がなされます。

　有責性阻却説[3]によると、緊急避難は違法な行為であるが、緊急状況下でなされる行為であるため適法行為の期待可能性が欠如し、有責性が阻却されるとします。この説は、緊急避難を違法な行為としますので、緊急避難に対して正当防衛が可能です。この説は、避難行為は無関係な第三者の正当利益を侵害し

2）林・207頁、生田勝義『行為原理と刑事違法論』（2002年）284頁。
3）瀧川・159頁、植松・208頁。

ている、第三者の立場を考慮するならば違法とせざるをえない、緊急状況下で避難行為を止め他の適法行為を期待することはできないことを根拠とします。この説に対しては、現行刑法が第三者のための緊急避難を許容し、法益権衡性を要件としている趣旨と矛盾する、緊急避難を違法とし、それに対する正当防衛を認めるのは、果てしない闘争を招来し妥当でないなどの批判があります。

多元説のうち、**法益同価値説**[4] によると、緊急避難は原則として正当化されるが、法益同価値の場合は違法であるが有責性が阻却されるとします。この説は、法益同価値で比較できない場合、避難行為者は相手方に対して優位性を主張できない以上、正当化はありえず有責性の阻却しか考えられないことを根拠とします。この説に対しては、刑法が法益の比較衡量においてマイナスにならない限り正当化を認めていることと矛盾するとの批判がなされます。

生命身体説[5] によると、緊急避難は原則として正当化されるが、生命対生命、身体対身体の場合は違法であるが有責性が阻却されるとします。この説は、人格の根本要素である生命・身体は本質上比較衡量になじまず、決して手段化されてはならないので、たとえ緊急状況においてもそれを侵害することは違法であることを根拠とします。この説に対しては、刑法は法益のこうした区別をしておらず、生命・身体についても法益が同等の場合に正当化を認めていることと調和しない、刑法が法益権衡性を要件としている以上、生命・身体についても衡量の対象となるはずである、死刑制度を肯定しつつ、この説を支持するならば疑問があるなどの批判が可能です。

顕著な優越説[6] によると、緊急避難は原則として違法であるが有責性が阻却され、保全法益が侵害法益に著しく優越する場合は正当化されるとします。この説に対しては、有責性阻却を前提とすることは、刑法が第三者のための緊急避難を許容し、法益権衡性を要件としていることと矛盾する、刑法が法益同等の場合でも正当化を認めていることと矛盾するなどの批判が加えられます。

違法性阻却二分説[7] によると、他人の急迫不正な侵害（他人の不法行為に由来する危難）を第三者に転嫁する緊急避難は、民法720条1項により損害賠償責任を負わないので不法でなく、刑法上も正当化されるのに対し、他人の適法な行為に由来する危難に対する緊急避難、他人の物に由来する危難に対する緊急避難は、民法720条2項により損害賠償責任を負うので不法であるが、刑法上は

---

4) 内藤・中・410頁、山中・518頁。なお、浅田・246頁参照。
5) 木村亀二・270頁、阿部純二「緊急避難」阿部純二ほか編『刑法基本講座第3巻』（1994年）96頁。なお、山口・138頁。
6) 井田・330頁、森下忠『緊急避難の研究』（1960年）228頁。
7) 曽根・113頁、松宮・155頁以下、佐伯仁志・182頁、松原・186頁以下。

可罰的違法性が阻却されるとします。この説に対しては、民法上の不法性と刑法上の違法性にはその本質的機能の相違による性質の違いがあり、両概念を統一的に理解する必然性が論証されていない、民法上賠償責任を負う不法を重視しているが、刑法の緊急避難は民法より厳格な要件を要求している点を看過している、違法だけれども可罰的違法性がないというのは、結論を述べているにすぎないなどの批判が可能です。

② **本書の立場** 緊急避難は違法だが可罰的違法性がないとする説の支持者が増えています。しかし、この見解は、刑法が緊急避難について厳格な補充性・法益権衡性を要求している点を軽視するものですし、また、他に執りうる方法もない緊急状況下で、法益の権衡も保たれている避難行為に違法性が認められるとしたら、それは利益の比較衡量では説明できないはずで、この見解は、その違法性はどこから生じると考えているのでしょうか。この見解は、民事上の賠償責任を一般的違法に直結させるのですが、行為が違法か否かよりも損害を誰に補償させるべきかに関心のある民法の観念を刑法の判断に持ち込む必然性はあるのでしょうか。

「君の緊急避難行為は犯罪にはならないけれども、損害は賠償してもらうよ」と考えることは可能でしょう。しかも、避難行為が適法か否かはおくとして、民事上の損害補償の観点から、避難行為者の賠償責任を免除し、損害を被った第三者が直接に不法行為者に賠償請求する方式を定めて賠償関係を簡素化したと考えることもできるはずです。

本書によれば、緊急避難には２つの形態があります。

㋐ 例えば、カルネアデスの板事例やミニョネット号難破事件[8]のように、複数の正当利益が共存できない危難場が既に存在し、行為者が自己の法益を保全するには、同じ危難場にいる他人の正当利益を犠牲にせざるをえない場合があり、**危難共同体型**といいます。ここでは、Ａ・Ｂ両名がともに危難に遭遇し、危難共同体関係の内で「ホットな状況」に置かれ、利益葛藤状況が先鋭化しています。したがって、Ａは同じ危難場のＢを犠牲にすることでしかそこから脱して自己の正当利益を保全することができません。この場合、

---

8) ミニョネット号難破事件は、難破した船の乗員５人が全員餓死するのを回避するため、一番弱っている１人を殺害して食べて生き延び、救助された事案です。

両名が避難行為をしなければ両名ともに犠牲になるだけでなく、Aが何ら避難行為を行わない場合でも、Bに対する危難が直ちに解消するわけではないのです。

そのため、危難共同体型の場合、避難行為について消極的ではあってもその正当化を容認することに合理性があります。

　④　例えば、帰宅途中の暗い道で突然暴漢に襲われたAがやむなく第三者Bの住家に逃げ込む場合のように、Aにだけ危難が生じ、Aが危難から逃れて自己の正当利益を保全するには、無関係の第三者Bの正当利益を危難場に引きずり込み、その正当利益を犠牲にせざるをえない場合があり、**危難引き込み型**といいます。ここでは、Aは危難に遭遇しているが、Bは危難の外にあって平和な利益状態にあり、両名が危難共同体関係の内で「ホットな状況」に置かれて利益葛藤状況が既に顕在化しているわけではありません。Aは平和な利益状態にあるBを危難状況に引き込むことでしかその危難から脱して自己の正当利益を保全することができないのですが、Aが避難行為を行わなければAのみが犠牲になるだけで、Bの正当利益は依然として平和な利益状態のうちにあるのです。

そのため、危難引き込み型の場合、避難行為について消極的であってもその正当化を容認することに合理性を認めることはできません。確かに、避難行為は、それが補充性・法益権衡性を充足する限り、いわば危難により無理矢理押し出されるようにしてなされた行為ですから、無理もない・やむを得ないともいえます。しかし、それは、むしろ刑法的非難を控えるべき有責性阻却事由にふさわしい事情なのです[9]。すなわち、法は、避難行為者に「犠牲になれ」と命じているわけではなく、やむをえずに避難行為を行う者の非難可能性を否定することで刑事責任から解放することにしたのです。

他方、例えば、緊急に臓器移植を必要とする5人の患者のために、1人の健康な人を殺害してその臓器を摘出・移植して5人を救命する行為〔**臓器移**

---

9) ここでの有責性阻却は、避難行為者が危難状況を認識しているので適法行為の期待可能性がないという意味にとどまるのではなく、法の立場から見て、客観的に危難状況にある以上、避難行為者がそれを認識していようといまいと、避難行為が緊急避難の客観的要件を充足している限りで緊急避難が認められるが、それが引き込み型なので、違法ではあるが非難できないという意味です。

216 第 17 講 緊急避難論

植事例〕は、補充性・法益権衡性を充足していても違法です [10] が、それは生命・身体は比較衡量になじまない人格法益、尊貴な特別な法益であるからではなく、何の関係もない第三者の正当利益を危難場に引きずり込み、かつ、正当利益を犠牲に供することを第三者に強いて忍受させるべきいわれはないからです。また、天気予報に反する突然の豪雨によって、自分の高級スーツがずぶ濡れになるのを防ぐために、前を歩いていた人が差している百円傘を奪ってその人の安価な服を台無しにする行為〔**豪雨傘事例**〕も、やはり危難引き込み型の避難行為として違法なのです [11]。

2 成立要件

> ① 現在の危難が存在すること〔緊急避難状況〕
> ② 自己・他人の生命・身体・自由・財産に対する現在の危難を避けるためであること〔危難回避〕
> ③ やむを得ずにした行為であること〔緊急避難行為〕

⑴ 緊急避難状況

緊急避難の要件として、まず、現在の危難が存在することが必要です。

① 危難の**現在性**とは、客観状況から見て、自己又は他人の法益が侵害される危険が現に存在し又は差し迫っていること〔現在性・切迫性〕をいい、正当防衛における「急迫性」と同義です [12]。

② **危難**は、人の行為、他人の動物・物、野生の動物だけでなく、例えば、豪雨湛水によって水田稲作が冠水したときのような自然現象 [13] など、その発生原因を問いません。しかし、脅迫されて強盗を行ったという場合、それが生命・身体に対する現在の危難と認定されるとは限りません [14]。また、危難は違法であると適法であると、その法的性質を問いませんので、正当防衛行

---

10) この場合、侵害法益は 1 人の生命で、保全法益は 5 人の生命であり、法益権衡性は充たされています。西田・144 頁は、補充性が認められる場合は考えられないとしつつも、緊急避難の余地を認めています。生命・身体の法益の重要性を考慮するのは山口・148 頁。

11) この場合、侵害法益は百円傘と安価な服（洗濯代）で、保全法益は高級スーツ（洗濯代）であり、法益権衡性は充たされています。

12) 最大判昭和 24・05・18 刑集 3・6・772、最判昭和 24・08・18 刑集 3・9・1465。

13) 大判昭和 8・11・30 刑集 12・2160。

14) 最判昭和 24・10・13 刑集 3・10・1655。

為や危難共同体型での緊急避難行為のように、人の正当行為に由来する危難
についても緊急避難が可能です。但し、適法な逮捕行為、刑執行などの正当
行為のように、相手方がこれを受忍すべき法的義務を負う場合や、被害者の
承諾がある場合は、同人の法益の法的要保護性が欠如しているので緊急避難
は認められません[15]。

(2) 危難回避

次に、自己又は他人の生命、身体、自由又は財産に対する現在の危難を避
けるためであることが必要です。

① 「自己又は他人の生命、身体、自由又は財産」(37条1項) と定められ
ていますが、これらに限定されず、名誉や貞操など広く法益を含むと解され
ており、本条項は例示列挙です。また、国家法益・社会法益のための緊急避
難は可能かが問題となりますが、正当防衛のところで論じたように、否定説
が妥当です。

② 「現在の危難を避けるため」の文言は、主観的に避難意思を要求する
趣旨なのか、それとも、避難意思を要せず、客観的に避難効果を要求するに
すぎない趣旨なのか、激しい対立があります。**避難意思**の要否・内容につい
ては、後で説明します。

(3) 緊急避難行為

緊急避難の要件として、さらに、**やむを得ずにした行為**であること[16]、つ
まり、補充性と法益権衡性が必要です。

① 避難行為は、その危難を避けるために唯一の方法であって他に可能な
方法がないことが必要で、これを**補充性**といいます。緊急避難は、正当利益
と正当利益とが共存しえない衝突状況の中で正当利益を犠牲にするものなの
で、他に可能な方法が存在するときには認められません。しかし、およそ他
に方法がまったくないことまでも要求するものではなく、具体的状況におい

---

15) 物資不足・食糧不足・経済恐慌などの社会的・経済的原因から生ずる、いわゆる社会的危難に
ついては、「危難」と認める説と認めない説とがありますが、社会的危難を特別視せず、当該具
体的な事情を前提に判断していけばよいのです。山中・559頁、浅田・249頁。

16) 緊急避難は、ドイツの分類に従って、反撃型緊急避難（防御的緊急避難、防衛的緊急避難）と
転嫁型緊急避難（攻撃的緊急避難）に分けられます。

218 第17講 緊急避難論

て他に現実に執りうる可能な方法が無いという程度で足ります。

> **吊橋爆破事件・最判昭和35・02・04**（刑集14・1・61、判時219・6〔百選Ⅰ・30〕）は、腐朽した吊橋をダイナマイトで爆破・落下させた事案につき、「仮に本件吊橋が原審認定のように切迫した危険な状態にあつたとしても、その危険を防止するためには、通行制限の強化その他適当な手段、方法を講ずる余地のないことはなく、本件におけるようにダイナマイトを使用してこれを爆破しなければ右危険を防止しえないものであつたとは到底認められない。」とし、緊急避難を否定しました。

　②　避難行為は、生じた害が避けようとした害の程度を超えないことが必要で、これを**法益権衡性**（害権衡性）といいます。この判断に当たっては、生命、身体、自由、名誉、財産などの法益の一般的価値順位が参考になりますが、事案の具体的状況を前提に衝突法益を比較衡量し、保全法益の優越的要保護性を判断します。

> **稲苗事件・大判昭和8・11・30**（刑集12・2160）は、面積4、5丁歩（約4、5ha）の田の稲苗が冠水により稲苗枯死の危難がある場合、耕作者がその危難を排除するため他人所有の板堰（40円相当）を破壊したにとどまる行為に緊急避難が成立するとし、**猟犬事件・大判昭和12・11・06**（判例体系30・957、大審裁判例11巻刑87頁）は、番犬（体重約49キロ、150円相当）が猟犬（体重19キロ、600円相当）を咬伏せたため、該番犬所有者にその制止方を求めたがこれに応ぜず、これを放置するときは右猟犬が死ぬかもしれない場合に、所携の猟銃使用につき所轄警察署長の許可を得るいとまがない以上、直ちにこれをもって右番犬を狙撃する行為はやむことをえないでした行為であり、やむなく銃創を負わせて危難を避けた場合は、その避けようとした害の程度を超えないものとし、緊急避難を認めています[17]。
>
> 　他方、**最判昭和24・10・13**（刑集3・10・1655）は、「仮りに被告人がAから右被告人の供述するがごとき脅迫を受けたとしても、それが被告人の生命、身体に対する現在の危難であるともいえないし、また鍋墨を顔に塗りつけ、棍棒を携えその他原判示のごとき被告人の強盗行為がAの脅迫行為を避くるため止むことを得ない行為又はその程度を超えた行為ともいうことができない」とし、緊急避難を否定しています。

17）東京高判平成24・12・18判時2212・123、判タ1408・284（拳銃をこめかみに突き付けられ、覚醒剤を強制された被告人が、断れば殺されると思い、自分で覚醒剤を注射した行為に緊急避難を肯定）。

3 避難意思

(1) 学説・判例の状況

　緊急避難が認められるには、避難意思が必要でしょうか。正当防衛における防衛意思と同様の激しい対立がありますが、**避難意思必要説**が通説・判例であり、危難を避けるためというのは主観的に避難意思を有していることを意味し、避難意思は緊急避難行為の要点であると主張します。ただ、必要説も、避難意思の内容について**避難目的から避難認識へ**の変容が見られ、危難を回避しようとする単純な心理状態、危難の認識・対応の認識で足りるとする**避難認識説**が支配的です。したがって、避難意思必要説においても、過失行為による緊急避難も認められる[18]ことになります。

　大阪高判昭和 45・05・01（高刑集 23・2・367、判タ 249・223）は、トラックを運転していた X が、中央線を突破して対向してくる車を発見し、これとの衝突の危険を感じたのでとっさに左にハンドルを切って道路左側に寄り、多少減速して離合したために、後続の単車と衝突してその運転者に傷害を与えた行為は、進路変更につき安全措置をとらずかつ後方の安全確認を怠った過失があったとしても、現在の危難を避けるためやむを得ない行為であり緊急避難に当たる[19]としました。

　一般論としては、過失行為者にも避難意思を認めることはできますが、避難行為者は反射的に危難を回避しようとし、危難を転嫁される客体（人・物など）を認識していないことが多いでしょう。それでもなお避難意思を必要とする理由はどこにあるのでしょうか。危難を避けるためというのは客観的にみて避難としての効果があればよく、主観的な避難意思は必要ないとする**避難意思不要説**[20]も有力です。避難意思もなく単なる攻撃意思で行為したところ、客観的には現在の危難が存在していたために、結果的に緊急避難の効果を生じたという**偶然避難**について、学説では、偶然防衛の場合と同じく、既遂犯説、犯罪不成立説のほか、未遂犯説も有力となっています。

　【事例 01】　X が、嫌がらせのため A 宅を一部壊す意図で A 宅めがけて投石してサッシのガラスを損壊したところ、暖をとっていた火鉢の炭火による一酸化炭素中毒死の危険状態にあった A と家族（妻子）が

---

18) 大塚仁・404 頁、大谷・300 頁参照。

19) この事案は、そもそも結果回避可能性がないため被告人 X に（業務上の）注意義務違反が認められない事案とも解することができます。

20) 平野・Ⅱ 242 頁、内藤・中・431 頁、香川・189 頁、中山・281 頁、曽根・114 頁、西田・146 頁、前田・285 頁、林・212 頁、浅田・252 頁、山口・152 頁。

偶然にも救助された〔窓損壊救助事例〕。

この事例につき、避難意思必要説からは既遂犯説（建造物損壊罪）、未遂犯説（建造物損壊の未遂で不処罰）が、不要説からは無罪説（緊急避難）、未遂犯説（建造物損壊の未遂で不処罰）が主張されます。

(2)　本書の立場

正当防衛において防衛意思を不要とするのと同じ理由・根拠により、**避難意思不要説**が妥当です。これを**事例01**の偶然避難に当てはめると、Ｘの行為は、建造物損壊罪（260条前段）の要件該当性は肯定されますが、補充性・法益権衡性の要件を充足する限りで、Ａ及びその妻子のための緊急避難が認められ、Ａ及びその妻子の生命・身体とＡ宅建造物はいずれも同一の主体に属する法益であり、危難共同体型の緊急避難として正当化されます。

4　避難行為の相当性

緊急避難が成立するには、補充性・法益権衡性（害権衡性）のほかに、さらに**避難行為の相当性**（社会的相当性）の要件を付け加える見解[21]が主張されています。例えば、先の臓器移植事例や豪雨傘事例、あるいは、重症患者の生命を救う唯一の手段である緊急輸血をするために通行人から強制的に採血する行為〔強制採血事例〕は、たとえ補充性・法益権衡性の要件を充足していても、人格の尊厳性の点から相当性（社会的相当性）がないので緊急避難が認められないとするのです。

新たに（社会的）相当性の要件を緊急避難に付け加えるのは、緊急避難の成立を否定したいがためであり、結論先取りの理論といわざるをえません。しかも、（社会的）相当性の要件は一般条項であるため、緊急避難の補充性・法益権衡性の要件を無用なものにし、ひいては緊急避難の規定を無意味にしてしまいかねないきわめて疑問の多い処理です[22]。新たに一般条項的な要件を付加しなければ妥当な結論を得られないのは、そもそも緊急避難の法的性質についての理解が間違っているのです。本書によれば、これらの事例はいずれも危難引き込み型の避難行為として違法であり、有責性の阻却・減弱を

---

21)　大谷・301頁、浅田・255頁、斎藤信治・191頁、松宮・159頁以下、佐久間・237頁、佐伯仁志・191頁、高橋・320頁。

22)　相当性要件を不要とする見解として、井田・331頁以下、山口・154頁。

検討することになります。

5 自招危難

(1) 意 義

自招危難とは、避難行為者が故意・過失などにより自ら危難状況を招いて緊急避難状況を作り出すこと、またはそのように自招された危難をいい、緊急避難が成立するかが問題となります。

> **【事例 02】**（故意の自招危難） 賃貸マンションの一室でガス自殺を企てた X は、ガス栓をひねって室内にガスを充満させたが、自殺意思を翻し、唯一の生存方法としてマンションの窓ガラスを壊して退避した〔自殺避難事例〕。

> **【事例 03】**（過失の自招危難） 過って自宅家屋で火を出した Y は、逃げ場を失ってやむなく隣家の塀・窓を壊して退避した〔失火避難事例〕。

(2) 学説の状況

　緊急避難否定説[23] によると、緊急避難における危難は偶然に生じたものであることを要するので、自己の故意・過失によって招いたものは危難とはいえないとします。この説に対しては、自分の生命への危難を回避するための最後の手段として他人の建造物・器物を損壊する行為について、自招危難であることを理由にこれを緊急避難として認めないのは不当であるとの批判が可能です。

　逆に、**緊急避難肯定説**[24] によると、自らの責で招いた危難に対する避難行為につき故意責任を負わせ、危難を受忍すべきとするのは不当であり、自招危難に対して緊急避難を認めないと、被害者に苛酷な結果を強いることになるとします。この説に対しては、自招危難に対しても緊急避難を肯定する余地を認める前提は妥当であるが、肯定しうる場合・否定すべき場合のさらなる検討が必要であるとの疑問が出されます。

　そこで、**二分説**[25] は事態を 2 つに分け、緊急状態を利用する意図や故意で危難を招いた場合は危難とはいえないので緊急避難は許されないが、過失や偶然の事情から危難を招いた場合は緊急避難は許されるとします。この説に対しては、避難行為者の主観的な意図・故意の有無で緊急避難の肯否を分けるのは、衝突する利益、害・危険の程度等を考慮すると、判断が硬直化してしまうので妥当でないとの批判が可能です。

---

23) 泉二・132 頁。

24) 植松・213 頁、江家・108 頁。

25) 瀧川・161 頁、木村亀二・272 頁。なお、西田・148 頁。

222　第17講　緊急避難論

　さらに、**原因において違法な行為の理論**[26] によると、法益保護の見地から、そもそも事前の段階で現在の危難を招致すべきでないのであり、事前の危難招来行為を介して法益侵害を惹起したことを理由に犯罪の成立を肯定することができ、緊急避難は認められないとします。この説に対しては、自招者の原因行為の違法性が、なぜ自招者の避難行為とその結果の違法性を根拠づけることになるのかが明らかでない、自招者の原因行為の違法性が、その避難行為と結果の違法性を完全に根拠づけるほどの質量を有しているのか疑問がある、そもそも事前の原因行為の責任（故意・過失）を避難行為の結果の責任に連動させることには無理がある、原因行為が違法な犯罪行為とされる場合は二重処罰となるなどの批判が可能です。

　個別処理説（通説）によると、自ら危難を招来したというだけで緊急避難を否定するのは妥当でなく、個別の事情を前提にして、やむを得ずにした行為という相当性要件を軸にして具体的に緊急避難の肯否を判断すべきであるとし、危難の性質、危難と避難行為との比較検討、法益較量など具体的事情を考慮し、当該自招危難に基づく避難行為がやむを得ずにした行為、社会的相当性を有する行為といえるかという観点から個別的に判断すべきであるとします。

(3)　判例の状況

　大判大正13・12・12（刑集3・867〔百選Ⅰ・32〕）は、Xが車を運転中に荷車とすれ違おうとした際に、荷車の背後に注意せず減速することなく漫然と通過しようとしたところ、荷車の陰から突然飛び出してきたAを避けようとして急転回をしたため、別の歩行者Bに衝突して死亡させた事案につき、刑法37条は、「其の危難は行為者が其の有責行為に因り自ら招きたるものにして社会の通念に照し已むを得ざるものとして其の避難行為を是認する能はざる場合に之を適用することを得ざるものと解すべき」として緊急避難を否定しています。

　名古屋高裁金沢支部判昭和32・10・29（高裁刑事裁判特報4・21・558）は、Xが車を運転中に、踏切の手前で一旦停車せず、左右の安全を確認しないまま不注意にも踏切に侵入したところ、突如前方の遮断機が下り、電車が進行して来るのを認めたので、電車との衝突を回避するために自車をそのまま進行させ、自車を竹製遮断棒に突き当てたため遮断棒の先端が外れ、路傍の歩行者Aの顔面を強打して傷害を負わせた事案につき、「正義公平の見地よりすれば、Xの本件行為は、自己の不注意な行為それ自体に因り、直接Aの身体に対し、本件のような危難の到来と何等の関係なく、一般の相当因果関係の限度内に於て、過つて傷害の結果を発生せしめた場合と、何等択ぶところがないと言わねばならぬ。そうして見れば此のような場合は、正対正の利益考量の問題としてこれを

---

26) 平野・Ⅱ・235頁、山口・160頁。

> 取扱うべきでなく、従つて刑法第37条第1項をこれに適用すべきでない」とし、緊急避難を否定しています。

　判例は、少なくとも過失の自招危難を「危難」から排除する趣旨ではなく、正義公平の見地から緊急避難を否定したものと解されます[27]。

(4)　本書の立場

　法益の平和的共存の思想を根本とする**優越的要保護性説**の立場からすると、法益の衝突状況・葛藤状況を招来した自招者は、本来、自らの犠牲においてその衝突状況を解消すべきであり、その限りで、自招危難者に許容される避難行為の範囲は相応に制限されます。危難共同体型での緊急避難（正当化事由）と危難引き込み型での緊急避難（有責性阻却事由）に分けて考察します。

　①　**危難共同体型**の場合、自招危難者は、複数の正当利益が共存できない危難の場を自ら招来し、自己の法益を保全するため、同じ危難の場にいる第三者の正当利益を犠牲にせざるをえない状況を自ら作出したのですから、自招危難者の利益は、たとえ正当利益といえたとしても、その法的要保護性が減弱します。そして、その法的要保護性の減弱に応じて、緊急避難として正当化される法益保全行為は相応に制限され、成立要件が相応に制約されることになります。かりに自招危難者が緊急避難状況を利用して第三者の正当利益を侵害する目的で危難を自招したのであれば、危難の場に置かれた第三者の正当利益を保全するのに必要な限りで、自招危難者の利益それ自体の法的要保護性は否定されて不正利益へと転化し、第三者は正当防衛行為が許される可能性さえあります。

　②　**危難引き込み型**の場合、自招危難者の避難行為はそもそも違法であり、有責性の阻却・減弱を考察することになります。ただ、この場合も、自招危難者が自らにだけ危難を招来し、自己の法益を保全するため、無関係の第三者を危難の場に引きずり込み、その正当利益を犠牲にせざるをえない状況を自ら作出したのですから、自招危難者の利益は、たとえ正当利益といえたとしても、その法的要保護性が減弱するのは当然です。そして、その法的要保護性の減弱に応じて、緊急避難として有責性阻却される法益保全行為は相当

---

27) 東京高判昭和45・11・26東高時報21・11・408、判タ263・355。

に制限されることになります。なお、自招危難者の法益保全行為それ自体は、相当に制限された緊急避難の要件を充足して有責性を阻却されたとしても、それとは別に、原因行為である自招行為の実行行為性が認定され、別に罪責を問われる可能性もあります。

6 特別義務者

緊急避難の規定は、**業務上特別の義務がある者**には適用されません（37条2項）。例えば、警察官、水防職員、消防職員、自衛隊員、船員など、その業務の性質上一定の危険・危難に身をさらすべき義務を負っている者は、緊急避難を理由にその業務上の義務に反してその危険・危難から逃避することを許さない趣旨です。

しかし、いかなる場合にも緊急避難行為を許さない趣旨ではなく、例えば、消防職員が、消火活動中に火煙に巻き込まれ、自分の生命・身体に重大な危険が迫っているときに、建物の壁・窓を損壊して退避した場合、緊急避難を認めることができます。なお、業務上特別の義務者であっても、第三者の正当利益を保全するための緊急避難行為については、通常の緊急避難の場合と同じように判断され、特別に制限されるいわれはありません。

7 過剰避難

⑴ 意 義

緊急避難状況の下で、避難行為がその程度を超え補充性、法益権衡性を充足しなかった場合を**過剰避難**といい、現在の危難が現実に存在することが前提です。2つの類型に分けることができます。

① **補充性を充足しない場合**として、例えば、違法な脅迫行為・暴行行為等から逃れるために、無免許で他人のバイクに乗って速度制限違反で逃走する場合のように、危難回避の手段が他にも複数存在するのに、最も害の少ない手段を執らなかった場合をいいます。

狩勝トンネル事件・最判昭和28・12・25（刑集7・13・2671、判時19・25）[28]は、「被

28）和田俊憲『鉄道と刑法の話し』（2013年）を読むことをお勧めします。

告人等が判示狩勝隧道通過の際、判示の如き現在の危難を避けるためには、昭和23年政令第201号施行後においても従来通り必要なる減車行為を続行すれば足るものであつて更に進んで全面的に職場を抛棄するが如きことは少くとも判示危難を避くる為め已むことを得ざるに出でたる行為としての程度を超えたるものであることは極めて明白である」としていますし、**東京高判昭和57・11・29**（刑裁月報14・11=12・804、判時1071・149〔百選Ⅰ・31〕）は、被告人が自宅で飲酒していたところ、鎌を持って実弟が自宅に暴れ込んで来たため、生命・身体の危険を感じ、駐車中の車内に一時身を潜めた後、酒気帯び状態で同車を運転し、約6km離れた警察署まで運転を継続し助けを求めた行為は、酒気帯び運転につき過剰避難が成立するとしています。

> **大阪高判平成10・06・24**（高刑集51・2・116）は、暴力団組事務所内に監禁されて暴行を受けていた被告人が、監禁状態から脱出するため組事務所に放火した事案につき、裏口からの逃走など他の方法によっても避難が可能である場合には、やむを得ずにした行為には当たらず過剰避難が成立する余地はないとして、補充性を充足しない避難行為にはそもそも過剰避難も成立しないとしています。

② **法益権衡性を充足しない場合**として、例えば、自己の身体への危難から逃れるために前を歩いている第三者を死亡させる場合のように、避難行為により生じた害が、危難により生じたであろう害を上回った場合をいいます。

> **東京地判平成8・06・26**（判時1578・39、判タ921・93）は、宗教団体の信者の被告人が、教団幹部による自己の身体拘束状態から逃れるために、脱会信者Dを監禁・殺害した事案につき、「被告人のD殺害行為は、被告人の身体の自由に対する現在の危難を避けるために、已むことを得ざるに出でたる行為とは認められるが、他方、被告人は、自己の身体の自由に対する危難から逃れるために、Dを殺害したのであって、法益の均衡を失していることも明らかであるから、結局、被告人の行為には、過剰避難が成立する」としています。

⑵ **法的性質**

過剰避難につき刑の任意的減軽・免除が認められている法的性質について、違法性減少説、有責性減少説、違法性・有責性減少説が対立していますが、**違法性・有責性減少説**が妥当です。

⑶ **過剰性の認識による分類**

過剰避難は、過剰性の前提となる事実を認識していたか否かにより、故意過剰避難と過失過剰避難とに分けることができます。

① **故意過剰避難**とは、過剰性の前提となる事実（過剰事実）について認識している過剰避難をいいます。これについては、緊急避難に乗じて侵害行為

226　第 17 講　緊急避難論

を行うものなので避難意思が欠け、そもそも過剰避難を認めることができないとする見解もありますが、避難意思必要説からの見解であり、妥当ではありません。成立する故意犯について過剰避難とし、刑の任意的減軽・免除を考えるべきです。

　② **過失過剰避難**とは、過剰性の前提となる事実（過剰事実）について認識しておらず、その点に過失がある過剰避難をいいます。これについては、行為者が法律要件該当事実を認識している点で故意過剰避難と変わらないので、故意過剰避難と区別せずに、認識の範囲内で故意犯を認め、過剰避難として刑の軽減・免除を認めるべきとする見解もありますが、厳格責任説からの帰結であり、妥当ではありません。やはり、故意過剰避難と過失過剰避難は区別すべきで、後者は一種の誤想避難として処理すべきです。過失過剰避難の場合は、過剰結果について故意責任は認められず、成立する過失犯について過剰避難として刑の任意的減軽・免除を考えるべきです。

8　誤想避難

(1)　意　義

　誤想避難とは、緊急避難の要件を充足する事実が存在しないのにその事実が存在すると誤信して行われる避難行為をいい、2 つの類型があります。1 つは、現在の危難がないのにあると誤信し、その誤信した危難について相当な避難行為をした場合で、**典型的誤想避難**です。いま 1 つは、現在の危難がないのにあると誤信し、その誤信した危難について不相当な、危難の程度を超える避難行為をした場合で、**誤想過剰避難**といいます。

(2)　本書の立場

　ここでも、事実の錯誤説、違法性の錯誤説などの対立があり、緊急避難を正当化事由と解する支配的見解においては、典型的誤想防衛・誤想過剰防衛の議論がそのまま妥当することになります。

　危難共同体型における正当化の緊急避難と危難引き込み型における有責性阻却の緊急避難とを区別する本書の立場では、誤想避難も 2 類型に分けて判断することになります。

　① **正当化事由としての緊急避難の要件を誤認した場合**は、自己の行為が法

的に許されるかの判断が可能な提訴機能を果たすことができる範囲・程度の事実が**行為の正当化を基礎づける事実**（正当事実）であり、正当化そのものの評価と区別されます。典型的誤想避難の場合、正当事実に関する錯誤は故意の有責性を否定し、過失としての責任非難にとどまります。

　②　**有責性阻却事由としての緊急避難の要件を誤認した場合**は、期待可能性の錯誤と同様であり、行為者がそのような錯誤を避けることができなかった場合に限り、期待不可能性であったとして有責性が阻却されます。

　他方、**誤想過剰避難**については、誤想過剰防衛の場合と同じく、過剰避難性の認識がある場合には故意犯成立を検討し、有責性の減少が肯定できる限りで、37条1項但し書の準用により刑の任意的減軽を認めるのに対し、過剰避難性の認識がない場合には過失犯成立を検討し、有責性の減少が肯定できる限りで、37条1項但し書の準用により刑の任意的減軽にとどめるのが妥当です。

今日の一言

孤独であること　一人であること
これは　哀しむべきことではない
周りにまったく木のない小木が
風雨に耐え
やがて大木となることを　思えば

第18講　自救行為論・義務衝突論

1　自救行為論

(1)　意義・性質

　自救行為とは、権利・利益を侵害された者が、法律上の正規の手続による公権力の救済によらずに、一定の法律要件を充足する実力行使を自ら行うことによって権利・利益の救済・実現を図る行為をいい[1]、民事法では自力救済といいます[2]。これは、緊急的正当化事由（緊急行為）の一種である点で正当防衛・緊急避難と同質ですし、正当な権利・利益を救済・実現する行為である点で正当防衛と共通します。しかし、超法規的正当化事由であり、侵害行為や危難が終了し、ただその侵害状態や危難状態が継続している状況での事後救済である点で正当防衛・緊急避難と異なります。

　自救行為は緊急状況に限定されず、およそ実質的違法性を欠く場合の一類型であるとする見解[3]も主張されていますが、緊急状況における**超法規的正当化事由**であるとするのが通説です。法的救済優先の原理、法的安定性の原理を考慮するならば、**緊急行為**とするのが妥当です。

> 　**最決昭和46・07・30**（刑集25・5・756、判時641・104、判タ266・225）は、傍論ですが、「自救行為は、正当防衛、正当業務行為などとともに、犯罪の違法性を阻却する事由であるから、この主張は、刑訴法335条2項の主張にあたる」とし、自救行為が正当化事由であることを認めています。

(2)　正当化根拠

　法は、正当利益・不正利益を問わず、できうる限り法益の平和的共存を図ろうとしており〔**法益共存の思想**〕、複数の法益が共存しえない衝突状況は生じてほしくないので、法益の衝突状況が顕在化しかねない私人の実力行使もできれば控えてほしいと望んでいます。

---

1)　最大判昭和24・05・18刑集3・6・772。
2)　自救行為論については、明石三郎『自力救済の研究』（増補版・1978年）参照。
3)　福田・175頁以下、大塚仁・429頁。なお、最判昭和30・11・11刑集9・12・2438〔百選Ⅰ・19〕、最決昭和46・07・30刑集25・5・756、判時641・104、判タ266・225参照。

自救行為は、確かに正当な権利・利益を救済・実現する点で**正当利益の保護**という積極面をもっていますが、過去の侵害に対して私人が実力行使する点で**法的手続の軽視**というだけでなく、新たな利益衝突状況を誘発しかねないという消極面ももっています。しかし、その場で直ちに実力行使をしないと権利・利益の救済・実現が事実上不可能あるいは著しく困難になってしまう緊急状況において、例外的に実力行使を許容するのは合理的といえます。行為者の救済・実現した利益の要保護性が、行為者の侵害・危殆化した利益の要保護性に優越するときには、自救行為を正当化することができるからです〔**優越的要保護性説**〕。

(3) **成立要件**

① 権利・利益に対する過去の侵害が存在すること〔過去の侵害〕
② 正規の救済手続を待っていては、時機を失して、当該権利・利益の回復が事実上不可能又は著しく困難となること〔緊急の事態〕
③ 権利・利益の回復行為が相当であること〔相当性〕

① 自救行為の要件として、まず、権利・利益に対する**過去の侵害**が存在することが必要です。現在の侵害に対しては正当防衛・緊急避難が許されるので、事後救済としての自救行為は過去の侵害に対してのみ可能です。自救行為の客体は権利に限定されず、広く利益を含みます。財産的利益のための自救行為が問題となることが多いのですが、自由・名誉などのための自救行為もありえます。

② 自救行為は緊急行為の一種であり、公権力による法律上の正規の救済手続を待っていては時機を失して、当該権利・利益の回復が事実上不可能又は著しく困難となる**緊急の事態**にあることが必要です。

③ **相当性**の要件については、緊急避難に準じて補充性・法益権衡性を要求する見解[4]、補充性・法益権衡性を絶対要件とせず、社会的相当性判断の一資料として考慮する見解[5]、さらに、必ずしも緊急避難と同程度の補充性・法益権衡性は必要でないとする見解[6]が主張されています。

自救行為は、急迫不正の侵害が終了し過去のものとなったのですが、依然

---

4) 木村亀二・281頁以下、大塚仁・430頁。
5) 福田・176頁、大谷・270頁、川端・391頁、佐久間・207頁。
6) 内藤・中・464頁、曽根・131頁。

として侵害結果の違法状態が存続している段階での行為ですので、不正対正の利益衝突状況にある正当防衛よりも厳しい相当性要件を要求し、正対正の利益衝突状況にある緊急避難よりも緩やかな相当性要件を要求すべきです。

④　正当防衛における防衛意思、緊急避難における避難意思と同じく、自救行為における**自救意思**についても**必要説**（主観的正当化要素）と不要説の対立があり、必要説が有力です[7]。自救意思を欠如した行為がたまたま自救行為としての効果を有していた**偶然自救行為**についても、偶然防衛、偶然避難と同じく、既遂説、未遂説、無罪説がありえます。本書は、正当防衛・緊急避難の場合と同様、**不要説**を妥当と考えます。

(4)　過剰自救行為・誤想自救行為、誤想過剰自救行為

①　**過剰自救行為**とは、自救行為がその相当性の程度を逸脱したものをいいます。過剰防衛と同じく、違法性減少のみの場合と違法性減少・有責性減少の双方の場合があり、法効果としては刑の任意的減軽・免除がありえますが、明文の規定がないので、量刑において考慮されることになります。

②　**誤想自救行為**とは、自救行為の要件を充足する事実が存在しないのにその事実が存在すると誤信して行われる行為をいいます。誤想防衛の場合と同じく、故意はあるけれども故意の有責性が否定されることになり、過失としての責任を問うことになります。

③　**誤想過剰自救行為**とは、自救行為の要件を充足する事実が存在しないのにその事実が存在すると誤信し、その誤信した事実に対して程度を逸脱した不相当な行為をいいます。誤想過剰防衛と同様の処理となります。

(5)　判例の状況

最決昭和27・03・04（刑集6・3・345）は、被告人が、賃借家屋を不法に占拠し古物商を営んでいるＡに対し、家屋明渡しを求めるために、店の表硝子２枚を取り外して板を釘付けし、店内土間に物を持ち込み、囲いを作るなど威力を用いその営業を妨害した威力業務妨害（234条）の事案につき、「被告人としては之が侵害を排除するためには須らく国家機関の保護を求むべきであり、自ら判示の如く威力を用いて同女の営業を妨害するが如きことは法の認容しないところといわなければならない」とし、また、**最判昭和30・11・11**（刑集9・12・

---

7) 西原・上・282頁、大塚仁・430頁、大谷・270頁、川端・390頁、高橋・344頁など。

2438〔百選Ⅰ・19〕）は、相手方が被告人の賃借権を侵害する事実は認めたが、法律上の正規の救済手続による保護を求めるべきとして法的救済優先主義を明らかにし、また、自己の店舗を増築する必要上、その借地内に突き出ていた隣人Ａ所有家屋の玄関軒先の一部をその承諾を得ないで切取った建造物損壊（260条）の事案につき、「その増築は倒産の危機を突破するためやむなくなしたものでありＡの損害は僅少で増築による被告人の受ける利益は多大であるというが如きは未だ法の保護を求めるいとまがなく且即時にこれを為すに非ざれば請求権の実現を不可能若しくは著しく困難にする虞がある場合に該当するとは認めることはできない、それゆえ、法律上の手続によらず自らの実力行使に出たる被告人の行為は違法」というほかないとした原審高裁の判断は「正当である」としています。

　一般論でいえば、法律上の正規の救済手続による保護を求める時間的余裕があることをもって直ちに自救行為を否定するのは、権利を侵害された者に酷な結果を強いることになりますし、まして、裁判などの正規の救済手続による実現に時間がかかることが見込まれるときには、一方的に犠牲を強いることにもなりかねません。先の最高裁昭和30年決定の事案で、隣家の不法建築部分を撤去する権利は、国家機関による排除措置によって後日確実に実現してもらえる蓋然性があったとしても、その権利を早急に実現してもらわないと倒産の危機を回避できないなど、事実上権利の実現が無意味になってしまうような場合は、当該権利・利益の回復が不可能又は著しく困難となる緊急の事態に該当すると認めることができます。判例も、そうした事態を排斥したとまではいえないでしょう。

2　義務衝突論

⑴　意　義

　義務衝突とは、同一主体に相容れない複数の法律上の義務が同時に存在し、かつ、その履行が同時に要求されているため、その中のある義務を履行するためには他の義務を怠らざるをえない場合をいいます。衝突する義務は、必ずしも法令上の義務であることを要しませんが、法的な義務といえる実質を備えたものでなければなりません。

(2) 類　型

　義務衝突には、①**作為義務と作為義務**の衝突があり、例えば、同時に溺れている二人のわが子 A・B の一方しか救助しえない場合〔二子救助義務事例〕や、医師が重傷の複数の急患 A・B からほぼ同時に診察治療を依頼された場合〔二人治療義務事例〕をあげることができます。この場合、いずれか一方の作為義務を履行すると他方の作為義務に違反するので、不作為犯の成否を検討することになります。

　また、義務衝突には、②**作為義務と不作為義務**の衝突があり、例えば、溺れているわが子 A を救助するために無関係の第三者 B の法益を侵害せざるをえない場合〔我子救助事例〕では、わが子 A を救助すべき作為義務と第三者 B の法益を侵害すべきでない不作為義務とが衝突しています。また、弁護人が法廷で依頼人 A の利益のために弁護士として過去に業務上知った第三者 B の秘密を漏洩した場合〔秘密漏示弁護事例〕では、依頼人 A の利益を守り真実を発見すべく弁護しなければならない作為義務と業務上知りえた第三者 B の秘密を漏示してはならない不作為義務とが衝突しており、**義務緊急避難**といいます。この場合、A についての作為義務を履行すると、B についての不作為義務に違反するので、作為犯の成否を検討することになりますが、いわゆる危難の転嫁が生じているので、緊急避難と同じように処理することになります。逆に、B についての不作為義務を履行すると、A についての作為義務に違反するので、不作為犯の成否を検討することになりますが、危難の転嫁が存在しないので、緊急避難に準じることはできません。

(3) 緊急避難との相違

　義務衝突が緊急避難と相違する点を確認しておきます[8]。まず、緊急避難においては、危難に直面した者はその危難を忍受し、避難行為を行わない選択がありえます。しかし、義務衝突においては、法律上いずれかの義務を履行すべき地位に立たされているので、いずれの義務も履行しない選択は許されません。また、緊急避難においては、避難行為は作為でなされますが、義務衝突においては、一方の義務の履行は他方の義務にとって作為もあれば不

---

8) 内藤・中・642 頁、福田・171 頁以下、大塚仁・431 頁、大谷・271 頁、曽根・208 頁、高橋・346 頁参照。

作為もあります。さらに、緊急避難においては、正対正の関係において危難の転嫁がなされますが、義務衝突では危難の転嫁はありうるとしても、通常は、危難の転嫁という事態は生じていません。

(4) 成立要件

① 相容れない複数の法律上の義務が同一人に存在すること〔複数義務〕
② 複数義務の履行が同時的に要求されていること〔複数義務の同時履行〕
③ その中のある義務を履行するには他の義務を怠らざるをえないこと〔補充性〕
④ 衝突義務のうち、同等以上の価値に係る義務を履行したこと〔義務の権衡〕

主観的な義務衝突状況の認識について、正当防衛における防衛意思、緊急避難における避難意思、自救行為における自救意思の場合と同じく、**不要説**をもって妥当と考えます。

(5) 義務の価値の衡量

① **衝突する義務の価値に差がある場合**、行為者が、より高い価値を担った義務を履行し、より低い価値を担った義務を怠ったときは、その行為は正当化されます。逆に、より低い価値を担った義務を履行し、より高い価値を担った義務を怠ったときは、行為は違法となりますが、有責性の阻却・減少の余地を検討することになります。

② **衝突する義務の価値が同価値の場合**は、いずれか一方の義務を履行すれば、他方の義務の不履行は正当化されます。

今日の一言

人生は 荷を背負って 目的地なき道を 往くがごとし
決して 急いではならぬ

第 19 講 責任の本質論

1 意義・特質

(1) 意 義

　刑法における**責任**とは、刑法の定める法律要件を充足する違法な行為〔犯罪〕を行ったことを理由として、法律要件を充足する有責な行為者〔犯罪者〕を刑罰により非難することができることを意味し、これを**刑法的な非難可能性**（単に、**非難可能性**）といいます[1]。行為者に責任非難が認められることは、**有責性**といいます。

(2) 特 質

　① 刑法における責任は、行為者に責任非難の主観的契機が存在することを要求し、主観的帰責関係を確定する**主観責任**を意味しますから、犯罪結果の発生を根拠にして、責任と無関係に刑罰を科そうとする客観的責任[2]は拒否されます。客観的責任は、結果の重大性に目を奪われた結果責任の考え方だからです。ショクンもそうですが、被害者側に寄り添おうとする人は、そうした結果責任の観念に囚われやすいので、注意が必要です。

　② 刑法における責任は、行為者に責任非難の個人的な契機が存在することを要求し、個人的帰責関係を確定する**個人責任**を意味しますから、例えば、行為者と同一家族であるとか、同じ関ゼミに属しているなど、一定の集団・団体などの社会的身分関係を根拠に刑罰を科そうとする縁座制・連座制などの連帯責任は否定されます。

　③ 刑法における責任は、行為者が具体的な犯罪行為を現に行ったことに

---

1) 責任の本質論・責任能力論については、墨谷葵『責任能力基準の研究』（1980 年）、浅田和茂『刑事責任能力の研究上巻』（1983 年）、大谷實『刑事責任論の展望』（1983 年）、佐伯千仞『刑法に於ける期待可能性の思想』（増補版・1985 年）、林美月子『情動行為と責任能力』（1991 年）、安田拓人『刑事責任能力の本質とその判断』（2006 年）、小坂井敏晶『責任という虚構』（2008 年）、増田豊『規範論による責任刑法の再構築』（2009 年）参照。

2) 英米法で「厳格責任（strict liability）」とは、行政取締り違反の犯罪について、過失の有無に関係なく処罰する考え方を採った場合のその責任を意味します。

ついて当該行為者を刑法的に非難できる場合にのみ責任があるという行為関連的な**行為責任**を意味します。責任は、犯罪行為に対する行為者の帰責関係を確定するための概念でもあり、行為者の悪しき性格、危険な性格を根拠に刑罰を科そうとする性格責任・人格責任は拒否されます。

(3) 有責性の判断

法律要件には、犯罪に関わり違法性の有無・程度に影響を与える違法法律要件と、犯罪者に関わり有責性の有無・程度に影響を与える責任法律要件とがあります。違法法律要件は行為の犯罪性を積極的に根拠づける要件であり、責任法律要件は行為者の犯罪者性を積極的に根拠づける要件です。したがって、法律要件を充足する行為は事実上違法性を具備し、行為者は事実上有責性を具備することが多いといえます。ですから、責任の段階では、多くの場合、法律要件を充足する違法な行為を行った行為者について、有責性阻却・減少事由の解明が重要となるのです。

2 責任原則

(1) 意 義

責任原則とは、犯罪行為につき行為者を処罰するには、違法法律要件を充足し、行為が客観的に違法であるというだけでなく、その行為を行為者の責に帰し、その行為につき行為者を法的に非難することができなければならないという原則をいい、近代刑法の基本原則として、**責任なければ刑罰なし**(nulla poena sine culpa ／ Keine Strafe ohne Schuld) と表現されます。責任原則は、刑罰賦課の前提として、責任が認められれば必ず処罰すべきであるという積極的責任原則ではなく、刑罰賦課を消極的に制約する規制原理としての**消極的責任原則**であり、犯罪行為者の犯罪者性を制約する原理です[3]。

(2) 責任原則の貫徹

責任原則が貫徹されているかを点検するのは重要です。というのは、行為の犯罪性や行為者の犯罪者性に目を奪われ、「犠牲の羊」を探し出すような

---

3) 責任は刑罰賦課のための根拠であり、責任が認められる限りは必ず罰すべきであるとする**積極的責任原則**は、責任は刑罰賦課の積極的な構成要素であると解し、責任原則は刑罰を積極的に基礎づける原則であると解するもので、**責任あれば刑罰あり**と表現できます。

236　第19講　責任の本質論

傾向に陥って責任原則を軽視してしまうことがよくあるからです。

　責任原則が試される問題領域は、例えば、故意の中身として違法性の意識（可能性）を要求するか、過失責任をどこまで認めるか、監督過失をどの範囲まで認めるか、結果的加重犯において加重結果につき刑事責任を負わせるために何が必要か、両罰規定につき業務主の過失推定は許されるか、期待可能性は誰を基準に判断されるべきかなど、多く存在しています。

3　有責性評価の局面

(1)　序　説

◇有責性評価の局面と刑罰の本質

責任の本質	道義的責任論	修正道義的責任論	社会的責任論	法的責任論
意思の自由	(相対的)意思自由論	相対的意思自由論	意思決定論	柔らかな決定論
責任の対象	意思責任論	人格責任論	性格責任論	性格論的責任論
刑罰の本質	道義的応報刑論	道義的応報刑論	目的刑・教育刑論	抑止刑論

　有責性の評価には、3つの局面があります。第1は責任の本質は何かという**責任本質論**で、第2は有責性評価の要素は何かという**責任要素論**で、そして第3は、有責性評価の対象は何かという**責任対象論**です。

(2)　責任本質論

ⓐ　**道義的責任論**〔古典学派から〕
　　自由意思論（非決定論）：自由な意思決定により適法行為をなし、違法行為を避けるように動機づけできる能力を有する
　　⇒道義的責任論——道義的な非難可能性
　　　自由意思を有する者がその自由意思に基づいて適法行為をなし得たにもかかわらず、敢えて違法行為を行うように動機づけて違法行為を行った行為者は道義的に非難される

ⓑ　**修正道義的責任論**〔古典学派を基本に〕
　　相対的意思自由論：素質と環境によって制約を受けながらも、自ら自由に決定し、素質と環境をある程度支配、改変できる能力を有する
　　⇒道義的責任論——道義的な非難可能性
　　　素質・環境の制約を受けながらも、相対的な自由意思を有する者が行った犯罪行為それ自体及びその背後にある人格形成について行為者は道義的に非難される

© **社会的責任論**〔近代学派から〕

意思決定論：人間は、内部的要因としての素質と外部的要因としての環境
とによって決定されており、自由意思の作用する余地はない

⇒社会的責任論——刑罰を受忍すべき法的な地位

社会に生存して社会に有害な行為をなすような社会的に危険な性格
を有する者は、社会がその防衛のために科す一定の社会防衛処分（刑罰）
を受忍すべき負担を負い、刑罰を受けるべき法的地位に立たされる

ⓓ **法的責任論**

○〔古典学派を基本に〕相対的意思自由論：人間は素質と環境の下にあり
ながら行動の自由を有し、また、素質と環境をあ
る程度支配、改変することができる

○〔近代学派を基本に〕柔らかな決定論：因果法則による意思の支配は存
在するが、自らの意味・価値による規範心理の層
によって決定されているという意味での自由の意
識は存在し、そこに意思の自由が認められる

⇒可罰的責任論——刑罰によって動機づけ可能な心理状態

行為者が刑罰という法的な非難を加えるに値すること、すなわち、
社会統制の一手段としての刑法の立場から加えられる、刑罰によって
動機づけが可能な心理状態に関する否定的な価値判断

　違法法律要件を充足する違法な行為を行ったことを理由に、責任法律要件
を充足する有責な行為者を刑罰でもって非難する刑法における責任は、紛れ
もなく**法的責任**であり、道義的・倫理的な非難と次元を異にします。また、
人間の意思は何の制約も受けない無原因・無制約な観念的存在ではなく、内
部的要因と外部的要因の複合産物であり、一定の法則の下にあることは否定
できません。しかし、それでも人間に選択の自由、**意思の自由**があることは、
私たちが実感するところです。私たちが客観的な環境を自らの意識によって
主観化する過程のうちに、自らの責任を感得する契機が存しているのです。
そうした意識は紛れもなく**社会的意識**であり、そこにこそ、社会を構成する
一員として、他の社会成員との相互作用において共有しうる**社会的人間像**を
見出すことができますし、他者・社会からの責任非難を受け容れることので
きる契機が存在しているのです。

(3)　責任要素論

ⓐ **心理的責任論**

責任要素——行為・結果に対する行為者の心理的事実

⇒（責任能力を前提に）行為・結果に対する心理的事実としての故意・過失
の総和・全体

238　第19講　責任の本質論

⇒故意・過失という心理的事実が重要
　　・故意——犯罪事実に対する現実的な認識・意欲
　　・過失——犯罪事実に対する可能的な認識
＜責任要素＞責任能力、故意・過失
＜特色＞責任とは責任事実の存在を確認するための事実的判断

ⓑ **規範的責任論**[4]
責任要素——（責任能力を前提に）故意・過失という心理的事実を前提とする適法行為の期待可能性
⇒故意・過失という心理的事実に関する規範からの価値判断
⇒適法行為の期待可能性の価値判断が重要
　　・故意——犯罪事実の認識がある以上、反対動機を形成して違法行為を思いとどまるべきであったのに思いとどまらなかった反規範的な意思
　　・過失——犯罪事実の認識可能性がある以上、危険な行為を避止すべきであったのに不注意にもその行為を行って犯罪結果を生じさせた注意義務違反
　　・期待可能性——行為の際の具体的事情からみて、犯罪行為を避け、他の適法行為を行うことが期待できたこと
＜責任要素＞責任能力、故意・過失、期待可能性
＜特色＞責任とは責任事実を前提とした非難可能性をめぐる規範的判断

ⓒ **実質的責任論**[5]
責任要素——（責任能力を前提に）故意・過失という心理的事実を前提とする適法行為の期待可能性のほかに、刑罰を科して法的に非難することの必要性
⇒故意・過失、期待可能性を前提とした刑罰の必要性
⇒実質的意義における、刑罰をもって罰することの必要性が重要
　　・故意——犯罪事実の認識がある以上、反対動機を形成して違法な行為を思いとどまるべきであったのに思いとどまらなかった反規範的な意思
　　・過失——犯罪事実の認識可能性がある以上、危険な行為を避止すべきであったのに不注意にもその行為を行って犯罪結果を生じさせた注意義務違反
　　・期待可能性——行為の際の具体的事情からみて、犯罪行為を避け、他の適法行為を行うことが期待できたこと
　　・一般予防・特別予防（犯罪者の社会復帰）の観点からの処罰の必要性
＜責任要素＞責任能力、故意・過失、期待可能性、犯罪予防の必要性
＜特色＞犯罪予防目的を重視

　心理的責任論に対しては、心理的事実だけをもって責任の非難可能性を基

4）従来の通説です。
5）現在の通説です。

礎づけることは不可能である、認識なき過失も過失であることを考慮すると、心理的事実だけをもって故意と過失を統括することには無理があるなど厳しい批判が加えられており、過去の説となっています。行為者に有責性があるといえるためには、行為当時、行為者に責任能力、故意・過失という心理的事実があるだけでなく、当該違法行為を回避して適法行為を行うことが期待できたという心理状況も存在していなければならないからです。その意味で、期待可能性の概念を導入した**規範的責任論**は責任論に妥当な方向を与えました。他方、**実質的責任論**が、行為当時、行為者に責任能力、故意・過失という心理的事実、及び適法行為の期待可能性があっても、一般予防・特別予防の必要性がなければ責任はなく処罰すべきではないと主張するとき、それが、処罰の必要性を規制的な観点から検討する趣旨なら、謙抑主義の観点から妥当です。しかし、非難可能性の有無に疑問があっても、一般予防・特別予防の必要性があれば処罰すべきであるとするならば、それは責任原則を形骸化する危険があります。

　本書は、犯罪を行った犯罪者に刑罰を科すことに必要性・適応性が認められないときは、刑罰は控えるべきだと考えます。

(4)　責任対象論

@　**意思責任論**[6]
　　（相対的）自由意思論——人間は、絶対的で無原因な自由意思を有しているのではなく、ある程度素質・環境に決定されていてもなお自由な意思決定に従って行動できる
　　⇒自由な意思決定により適法行為をなし、違法行為を避けるように動機づけできたにもかかわらず、違法行為を行うように動機づけて違法行為を行った〔犯罪は自由意思の産物〕
　　⇒個別行為責任：責任の対象——個々の違法行為に向けられた行為者の悪しき意思

ⓑ　**性格責任論**[7]
　　意思決定論——人間に自由意思があると考えるのは非科学的な幻想であり、人間は素質・環境に決定されている
　　⇒人間は、内部的要因としての素質と外部的要因としての環境とによって決定されており、行為は素質と環境が必然的に生みだしたもの〔犯罪は素質・環境の産物〕

---

6)　通説です。
7)　牧野・下・511 頁。

240　第19講　責任の本質論

　　　　　⇒性格責任：責任の対象——個々の違法行為ではなく、行為者の社会的に
　　　　　　　　　　　　　　　　　　危険な性格（危険な反社会的な性格）

ⓒ　**人格責任論**[8]
　　　相対的意思自由論——人間は素質・環境の制約を受けながらも、行動の自
　　　　　　　　　　　　　　由をもち、また素質・環境をもある程度支配し変革
　　　　　　　　　　　　　　していくことができる
　　　⇒人間は、素質・環境によって制約を受けながらも自ら自由に主体的に決
　　　　定する能力を有するのであり、行為は行為者の人格及び人格体系の主体
　　　　的な現実化の産物である〔犯罪は行為者人格・人格体系の主体的な現実化〕
　　　⇒人格責任：責任の対象——行為者人格の現実化である行為における人格
　　　　　　　　　　　　　　　　態度〔行為責任〕、及び行為における人格態度
　　　　　　　　　　　　　　　　の背後にある潜在的な人格体系〔人格形成責
　　　　　　　　　　　　　　　　任〕

ⓓ　**性格論的責任論**[9]
　　　柔らかな決定論——人間は、無原因の自由意思を有するものではなく、自
　　　　　　　　　　　　己の行為が規範心理の層によって決定されているとい
　　　　　　　　　　　　う意味で自由を有する
　　　⇒人間の意思は因果法則による支配を受けつつも自らの価値・意味によっ
　　　　て決定できるという意味で意思の自由を有する
　　　　※規範意識：人間は自らが原因であると自覚でき、法の要求に従った動
　　　　　　　　　　　機づけができる心理状態
　　　⇒実質的行為責任：責任の対象——行為の背後にあってその行為と関連が
　　　　　　　　　　　　　　　　　　　あり、犯罪行為の意思を作り上げてい
　　　　　　　　　　　　　　　　　　　る性格ないし人格（当該行為が人格相当
　　　　　　　　　　　　　　　　　　　であれば責任は重い）〔性格論的責任〕

　　性格責任論が「罰せられるべきは行為ではなく行為者である」として犯罪者に着目し
た点は適切ですが、社会的に危険な性格を重視し、行為はその徴表的な意味しかない
とする徴表説を採るのは、人権保障の観点からきわめて問題です。しかも、意思決定論
を採って、行為者の選択の自由を一切否定してしまっては非難可能性の観念を容れる
余地がなくなってしまいます。また、**人格責任論**はもともと、常習犯の刑の加重を根拠
づけ、不確定刑を正当化するために主張された理論です。常習犯は違法性の意識が稀
薄になっているが、そのような主体的な人格形成における人格態度について責任を問う
ことにより、常習性のない者よりも重い刑罰を根拠づけようとしたのです。人格責任論
に対しては、行為者の主体的な人格形成における人格態度のうち、非難可能な人格形
成部分と非難不可能なそれとを区分することは事実上不可能である、具体的な行為を
軽視して行為者の人格形成責任を問うのは行為責任の原則に反するなどの批判が可能
です。さらに、**性格論的責任論**は、行為が人格相当であればそれだけ責任が重いと解

---

8)　団藤・259 頁、大塚仁・441 頁。

9)　西田・208 頁。また、平野龍一『刑法の基礎』（1966 年）40 頁参照。

するのですが、人格相当であることが重い刑罰を根拠づけるとすると、それは近代学派の社会的責任論による性格責任論に通じる考え方である、人間の意思のもつ法則性を利用して刑罰によって犯罪を行わないように条件づけを行おうとするのは国家優越の権威主義であるなどの批判が可能です。

　刑法における責任は、違法法律要件を充足する違法な行為を行ったことを理由に、責任法律要件を充足する有責な行為者を刑罰でもって非難することを意味します。したがって、責任の対象は、法律要件を充足する違法な行為に関する個別の意思活動に求められるべきは当然で、**意思責任論**が基本です。他方、刑法における責任は刑法の立場からの法的非難であり、法益の侵害・危殆化をもたらした違法行為について行為者の個別の意思決定を非難するものです。

　なお、常習賭博罪（186条1項）のような常習犯の刑の加重について、行為者の性格・人格それ自体を責任非難の対象とすることには、行為責任の原則から無理があります。他方、常習性は行為属性であるとして、同じ態様の犯罪を反復して行ったことを根拠とすることには、個別行為責任の原則から疑問があります。個別行為責任の立場を貫徹するのであれば、常習性は意思属性とすべきで、行為者が同じ種類・態様の賭博行為を繰り返した場合、行為者の悪しき習癖をもった意思を結節点として、繰り返された賭博行為が常習犯に統括されると解すべきです。この考え方の前提には、行為者の刑罰は違法性と有責性の相関関係〔違法性×有責性＝当罰性〕によって決まるという命題が存在します。

(5)　**責任要件**

　責任要件（責任法律要件）は、犯罪者に関わり、有責性の有無・程度に影響を与える法律要件です。そのうち、犯罪者の犯罪者性を積極的に根拠づけるのが狭義の責任要件（積極的責任要件）であり、これには故意・過失があります。狭義の責任要件を充足する行為者は事実上有責性を具備することが多いので、責任の段階では、有責性が阻却され、減少する有責性阻却・減少事由の解明が重要となります。この消極的な有責性認定に関わる責任要件が、責任能力、違法性意識（の可能性）及び期待可能性（それぞれの不存在）です。

4　責任能力

(1)　**有責行為能力か刑罰適応能力か**

　刑法の定める法律要件を充足する違法行為を行ったことを理由に、行為者

242 第19講 責任の本質論

を刑罰でもって非難するには、行為者が刑事責任を負担できる能力を有していなければなりません。これを**責任能力**といいます。

　責任能力の意義については、古典学派（旧派）から**有責行為能力説**が、近代学派（新派）から**刑罰適応能力説**が主張されます。

ⓐ　**有責行為能力説**〔←古典学派〕
　　責任能力——行為者が行為について自由に意思決定できる能力
　　⇒違法行為を避け適法行為を選択できる能力であり、非難しうるための有責行為能力
　　⇒行為者が刑法規範の意味内容を理解し、規範的な意味に適った行為をなしうる能力
　　⇒弁識能力＋制御能力
　　○責任能力の判断時期：犯罪行為時（回顧的）
ⓑ　**刑罰適応能力説**〔←近代学派〕
　　責任能力——刑罰という社会防衛手段によって刑罰目的を達成できる能力
　　⇒違法行為を行うような社会的に危険な性格を有することに伴う負担能力
　　⇒行為者が刑罰という社会防衛手段によって社会に適応でき、社会防衛の目的を達成できる刑罰適応能力
　　⇒刑罰適応能力
　　○責任能力の判断時期：刑罰執行時（展望的）

　刑法における責任は、法律要件を充足する違法行為につき行為者を法的に非難することをその内容とするものなので、基本的には、**有責行為能力説**が妥当な責任基盤を提供しています。責任能力は、犯罪を行う意思決定を避止できる主観的な能力であり、具体的には、行為者が犯罪を行うにあたって刑罰法規の意味を理解する能力〔弁識能力〕と、その理解に従って自己の意思を決定して行動できる能力〔制御能力〕とを内容としています。

(2)　**責任前提か責任要素か**

ⓐ　**責任前提説**[10]
　　責任能力——個別行為から切り離された「行為者の属性」であり、責任要素とは別に、これより先に判断されるべきもの
　　○責任能力は、個々の行為とは切り離された「行為者」の属性
　　⇒部分的責任能力（一部責任能力）：否定
ⓑ　**責任要素説**[11]
　　責任能力——個別行為について問題となる「行為の属性」であり、故意・過失、

---

10)　平野・Ⅱ・282頁、大谷・316頁、川端・420頁、浅田・282頁。
11)　福田・192頁、大塚仁・451頁、内藤・下Ⅰ・801頁、西原・下・455頁、内田・234頁、曽根・146頁、野村・282頁、林・320頁、山中・641頁、佐久間・256頁など通説。

> 　　違法性の意識（の可能性）、適法行為の期待可能性と同様に判
> 　　断される
> ○責任能力は、個々の行為と関連した「行為」の属性
> ⇒部分的責任能力（一部責任能力）：肯定

　責任能力は、違法行為を行った行為者について問われるので、行為者属性の要素であることは否定できません。しかし同時に、責任能力は、行為者の個別の犯罪行為に関して問題となるという意味で、行為属性の要素であることも否定できません。つまり、責任能力は、**犯罪行為に係る犯罪行為者属性**の要素です。したがって、「責任能力は責任の『前提』か『要素』か」という問題設定は精確とはいえませんし、「責任前提説⇒部分的責任能力否定説」対「責任要素説⇒部分的責任能力肯定説」という対立構図も、事態を単純化しすぎています。

　責任能力の判断では、①具体的な行為者との関係において、㋐その事実的基盤である生物学的要素が全体的に検討され、行為者に顕著で重大な病的変異が認められるときには、責任能力が否定されます。行為者の生物学的要素に顕著で重大な病的変異が認められないときには、次に、㋑法律的基盤である心理学的要素が全体的に検討されることになります。こうした具体的な行為者との関係での全体的な検討の後に、さらに、②具体的な行為との関連において、㋐生物学的要素及び㋑心理学的要素が個別的に検討されることになります。当該具体的な個別行為との関連において行為者の責任能力を判断する場合に、精神医学の知見を前提に部分的責任能力の概念を容れる余地は残されていると考えられます。

(3)　生物学的要素か心理学的要素か

> ⓐ　**生物学的要素説**[12]
> 　　責任能力——専ら行為者の精神障害の有無・程度を基礎に判断される
> 　　⇒精神医学的概念を基準にした因果的・記述的な構成
> 　　⇒精神医学などの科学的鑑定によって判断
> ⓑ　**心理学的要素説**
> 　　責任能力——専ら行為者の自由な意思決定能力を基礎に判断される
> 　　⇒法律的概念を基準とした規範的・価値的な構成
> 　　⇒裁判官の法律的評価によって判断

12）フランス刑法64条、オランダ刑法39条。

244　第19講　責任の本質論

ⓒ　**混合的要素説** [13]
　　責任能力──生物学的要素＋心理学的要素
　　⇒精神医学的概念と法律的概念の併用
　　⇒精神医学などの科学的鑑定を参考にしつつ、最終的には裁判官の法律的
　　　評価によって判断

　現行刑法に責任能力を定義した規定がないこともあって、その意義・要件
は解釈に委ねられています。現在の実務では、生物学的要素を前提にして心
理学的要素を判断する**混合的要素説**が採られています。責任能力の判断は特
殊法律的な判断として、専ら裁判所（裁判官・裁判員）の判断に委ねられており、
心神喪失とする鑑定結果が出されてもそれに従う必要はないという [14] のが支
配的な見解です。

　確かに、責任能力の判断は法律判断ではありますが、生物学的要素である
精神障害の有無・程度、これが心理学的要素に与えた影響の有無・程度につ
いて、専門家である精神医学者の鑑定等の結果が出され、証拠となっている
ときは、鑑定人の公正さや能力に疑問があったり、鑑定の前提条件に問題が
あったりなど、これを採用することができない合理的な理由が認められない
限り、その意見を尊重すべきです [15]。それが、科学主義を標榜する刑法解釈
学の目指すべき方向でしょう。

5　心神喪失者・心神耗弱者

(1)　意　義

　心神喪失者とは、精神の障害により行為の違法性を弁識する能力〔弁識能
力〕、又は弁識に従って行動する能力〔制御能力〕が欠如している状態の者を
いい、**責任無能力者**として罰せられません（39条1項）。**心神耗弱者**とは、
精神の障害により弁識能力又は制御能力が著しく減退している状態の者をい
い、**限定責任能力者**として刑が必要的に減軽されます（39条2項）。心神喪失

---

13)　ドイツ刑法20条・21条、スイス刑法10条、アメリカ模範刑法典4・01条。
14)　最判昭和23・07・06刑集2・8・785、最決昭和58・09・13裁判集刑232・95、最決昭和59・
　　07・03刑集38・8・2783、判時1128・38、判タ535・204。
15)　最判平成20・04・25刑集62・5・1559、判時2013・156、判タ1274・84。なお、最決平成21・
　　12・08刑集63・11・2829、判時2070・156、判タ1318・100〔百選Ⅰ・35〕参照。

と心神耗弱との差異は、精神障害の程度にあり、前者は、弁識能力又は制御能力のない状態をいい、後者は、その程度には達しないがその能力の著しく減退した状態をいう[16]と解されています。

(2) 生物学的要素

　精神保健及び精神障害者福祉に関する法律5条は、精神障害として、「統合失調症」、「精神作用物質による急性中毒又はその依存症」、「知的障害、精神病質その他の精神疾患」をあげています[17]。

　① **精神病**　判例において、**統合失調症**については、直ちに心神喪失を認めるのではなく、「犯行当時の病状、犯行前の生活態度、犯行の動機・態様等を総合して」当該行為の動機が了解可能であれば、幻覚・妄想等に支配されていない限り心神耗弱を認めるものが多くみられます[18]。但し、幻覚・妄想などに支配された重症の場合には、心神喪失とされる傾向があります[19]。また、**躁鬱病**については、重症の躁状態・鬱状態で、その病的衝動のために犯行に及んだときには心神喪失を認める傾向にあります[20]が、「双極性感情障害の躁状態のため、是非を弁別し、それに従って行動する能力が著しく減退した状態にあった」として心神耗弱を認めたものもあります[21]。さらに、**てんかん**については、てんかんの発作中の行為は心神喪失が肯定される傾向にあります[22]。
　② **意識障害**　酩酊は、通常よく見られる楽しい気分の酔いである**単純酩酊**と異常酩酊とに分類され、**異常酩酊**はさらに、人格が変わり粗暴・興奮等の異常な行動を認めるが、見当識が保たれ、行動の流れは周囲が理解できる**複雑酩酊**と、てんかん・性格異常・アルコール症などの病的基礎があるため急激な意識障害が起こり、幻覚・妄想や激しい興奮を伴う**病的酩酊**とに分類されます。単純酩酊については責任能力が肯定される傾向にあり、複雑酩酊については心

16）大判昭和6・12・03刑集10・682。
17）「心神喪失等の状態で重大な他害行為を行った者の医療及び観察等に関する法律」2条3項参照。
18）東京高判昭和56・01・26高刑集34・2・276、最決昭和59・07・03刑集38・8・2783、判時1128・38、判タ535・204、東京高判昭和60・04・25判時1168・154、甲府地判平成16・05・06 D1-Law.com 判例体系 No.28095531。
19）東京地判昭和33・12・25第一審刑集1・12・2134、福岡高裁那覇支部判平成16・11・25高等裁判所刑事裁判速報集平16・205。
20）神戸地判昭和33・01・10第一審刑集1・1・5、東京地判昭和43・12・04下刑集10・12・1195、さいたま地判平成16・12・10 D1-Law.com 判例体系 No.28105174、東京地判平成17・03・23判タ1182・129。
21）神戸地判平成18・09・08　D1-Law.com 判例体系 No.28135005。
22）福岡家裁小倉支部判昭和41・08・16家裁月報19・7・121、東京高判昭和49・07・19東高時報25・7・60。

神耗弱が認められることが多いのです[23]が、病的酩酊については心神喪失が認められる傾向にあります[24]。

　③　その他の精神障害　先天的又は幼少期の原因によって知能の発達に遅滞を生じている**知的障害**については、弁識能力・制御能力が著しく減弱していることが多いと考えられますが、判例では心神耗弱を認める傾向にあります[25]。また、不安・過労・精神的ショックなどの心理的原因によって生じる精神の機能障害である**神経症**については、心神耗弱を認めた判例があります[26]。性格の異常のために制御能力に障害があるなどで社会に適応する能力を欠いている**人格障害**（精神病質）については、心神耗弱を認めた判例があります[27]。

⑶　心理学的要素

　心理学的要素のうち**弁識能力**とは、行為が法律上許されているかを判断することができる認知的な判断能力を意味するのに対し、**制御能力**とは、弁識に従って自己の行為を制御することができる意思的な行動能力を意味します。心理学的要素については、特に制御能力の判定が困難であることから、外国では、弁識能力のみを基準とする国もあります[28]。

　日本では、裁判員裁判を念頭においた最高検察庁の鑑定書書式例（特にB案）が存在し、**精神鑑定**は、犯行前では、①動機の了解可能性・不能性、②犯行の計画性・突発性、③行為の意味・性質、反道徳性、違法性の認識、④精神障害による免責の可能性の認識、行為時では、⑤犯行の人格異質性、⑥犯行の一貫性、合目的性、さらに犯行後では、⑦犯行後の自己防御・危険回避的行動の7点を「犯行時の善悪の判断能力・行動制御能力に関する着眼点の整理」として実施され、精神鑑定書が作成されています[29]。

---

23)　大阪地判昭和48・03・16判タ306・304。

24)　仙台高判昭和30・03・22高裁刑事裁判特報2・6・167、大阪地判昭和50・05・26判時796・111。

25)　静岡地裁浜松支部判昭和40・07・09下刑集7・7・1426、大阪高判昭和53・03・28判タ364・298。

26)　東京地判昭和38・12・20判時366・19。

27)　東京高判昭和41・10・12下刑集8・10・1297、神戸地判平成18・02・01 D1-Law.com判例体系No.28115162。

28)　イギリスの「マクノートン・ルール」が有名です。

29)　国際的にも、診断方法のマニュアル化が進行しています。アメリカ精神医学会の「DSM-Ⅳ」及び世界保健機関（WHO）の「ICD-10」参照。

6 刑事未成年者

刑法では、14歳未満の者は責任無能力者とされています[30]。立法者は、この者は精神の発達途上にあり特殊な精神状態にあるので、人格の可塑性を考慮し、むしろ保護処分による健全育成に委ねるという政策的考慮に基づいて、**刑事未成年者**の規定（41条）をおきました。

14歳未満	14歳	16歳	18歳	20歳
刑事未成年者	死刑・懲役・禁錮に当たる罪について 罪質・情状に照らし刑事処分を相当と認めるとき 　⇒検察官送致──刑事処分に付すことができる 　　　　　故意の犯罪行為により 　　　　　被害者を死亡させた罪の事件で 　　　　　犯行時16歳以上の少年 　　　　　原則）検察官送致 死刑⇒無期刑 無期刑⇒無期刑又は10〜15年有期刑		死刑も可	成人

7 期待可能性

(1) 意 義

適法行為の期待可能性とは、行為当時の具体的事情の下で、行為者に違法行為を避け、適法行為を行うことを期待することができることをいい、短く、**期待可能性**といいます。

この概念は、行為者に責任能力、故意・過失という心理的事実があっても、具体的な行為事情の如何によっては、行為者への責任非難を断念せざるをえない場合や、責任非難の減少を認めなければならない場合が存在することが認識され、提唱されたものです。

> 期待可能性の理論は、事実的判断を軸とした心理的責任論から、評価的判断を軸とする規範的責任論への展開を迫るもので、ドイツでは、1897年の「あばれ馬事件」[31] が契機となって主張されました。日本で、期待可能性の理論の萌

---

30) 年齢の数え方については、「年齢計算に関する法律」参照。

31) RGSt 30, 25（御者が、悪い癖のある馬であることを知っていながら客を乗せて馬車を引かせていたところ、制御できなくなって、過って通行人に傷害を負わせた事案であるが、御者は、事故を心配して雇い主に馬を変えてくれるように頼んだが、雇い主がこれを聞き入れず、その馬で客

248 第19講 責任の本質論

芽となったと評されるのは、**第五柏島丸事件・大判昭和 8・11・21**（刑集 12・2072）で、定員の 5 倍を超える乗客を乗せて航行した船が転覆・沈没し、多数の船客を溺死させたとして、船長 X が業務上過失艦船覆没罪（129 条 2 項）・業務上過失致死罪（211 条 1 項）で起訴された事案につき、船長 X が、定員を超過して乗客を搭載して航行することの危険について船主に再三にわたって警告していたが聞き入れてもらえず、乗客は船員の制止も聞かずに乗船し、警官も乗客を取り締まることなく放置していた事情の下で、該事実を量刑上特に考慮すべきであるとして、原審の禁錮 6 月の判決を破棄して 300 円の罰金を言い渡しました[32]。

　期待可能性の不存在（期待不可能性）・減少は、刑法に規定のない超法規的有責性阻却・減少事由ですが、この点を考慮したものとして、以下をあげることができます。

◇法律上
　○不可罰　　自己刑事事件の証拠隠滅（104 条）／盗犯等防止法 1 条 2 項
　○減　免　　過剰防衛（36 条 2 項）／過剰避難（37 条 1 項但書）／親族間の犯人蔵匿・証拠隠滅（105 条）／親族間の盗品譲受等（257 条）／偽造通貨収得後知情行使（152 条）／自己堕胎（212 条）
◇解釈上　　　違法拘束命令（それへの服従が絶対的に義務づけられている場合に、その命令自体が違法なもの）における部下の服従行為／（心理的）強制状態（抵抗し難い強制状態）下での違法行為／義務衝突（相容れない複数の法律上の義務を同時に同一人が負担し、その中のある義務を履行すると、他の義務を怠らざるを得ない場合）において、軽度の義務のみを履行して重度の義務の履行を懈怠したとき／積極的安楽死の許容要件を充足しない行為など

を運ぶように命じたので、その命令に従わなければ職を失い食べていくにも困る状況であったので、やむなくその命令に従ってこの馬を使用していたもので、ライヒ裁判所は、職を失ってまで雇い主に逆らうことは期待できないとして無罪を言い渡しました）参照。

32) ほかに、**三友炭坑事件・最判昭和 31・12・11** 刑集 10・12・1605、判時 96・1（「期待可能性の不存在を理由として刑事責任を否定する理論は、刑法上の明文に基くものではなく、いわゆる超法規的責任阻却事由と解すべきものである。」として、期待可能性がないとして刑事責任を否定した原判決を維持）、**最判昭和 33・07・10** 刑集 12・11・2471、判時 155・8〔百選 I・61〕（「判文中期待可能性の文字を使用したとしても、いまだ期待可能性の理論を肯定又は否定する判断を示したものとは認められない。」）、**オウム真理教集団リンチ事件・東京地判平成 8・06・26** 判時 1578・39 頁、判タ 921・93（宗教団体の信者らが、脱会信者を集団で監禁し殺害した事件につき、殺人の実行行為を遂行した被告人に対して、期待可能性がなかったとの主張を排斥）を関連判例としてあげることができます。

（2） 体系的地位

ⓐ　積極的責任要素説

期待可能性の存在——積極的にその存在を認定すべき責任要素

⇒責任の原則形態として認定

ⓐ－1）期待可能性は責任能力、故意・過失と並ぶ別個の責任要素とする説

＜批判＞・期待可能性の存在は「罪となるべき事実」として訴追側に立証負担を負わせるのは不合理である

ⓐ－2）期待可能性を故意・過失の構成要素とする説

＜批判＞・客観的責任要素としての期待可能性を主観的責任要素の中に包摂するのは妥当でない

・期待可能性という規範的な可能性評価を心理的要素と一体化することはできない

ⓑ　消極的責任要素説 [33]

期待可能性の不存在——消極的にその不存在を認定すべき責任要素

⇒責任の例外形態として認定

※刑訴法335条2項参照

＜批判＞・期待可能性の重要な役割を考慮し、期待可能性と故意・過失との異質性を考慮するならば、例外型とするのは適当ではない

・責任の存否のほかに程度も認定すべき以上、期待不可能性を消極的要素とすることは適当ではない

本書は、**消極的責任要素説**を妥当と考えます。

（3） 判断基準

ⓐ　行為者標準説 [34]　　判断基準：行為者

行為当時における具体的事情の下で、当該行為者に適法行為をなしうる可能性があったかどうかで判断

＜批判＞・行為者を取り巻く事情を前提にして行為者を理解すれば、すべてが期待不可能であり、行為者をすべて免責してしまうことになる

ⓑ　平均人標準説 [35]　　判断基準：平均人（通常人）

行為当時における行為者の立場に平均人を置いた場合、平均人に適法行為をなしうる可能性があったかどうかで判断

＜批判＞・いかに平均人に可能であったとしても、行為者本人にとって不可能なことを期待するのは、「法は不能を強いない」という法諺に反し、期待可能性の存在意義を消失させてしまう

---

33) 通説です。

34) 団藤・329頁、大塚仁・479頁、内田・240頁以下、西田・295頁、曽根・161頁以下、野村・314頁、高橋・388頁など有力説です。

35) 西原・下・481頁、藤木・226頁、川端・467頁、前田・298頁，佐久間・261頁など反対有力説です。

250　第19講　責任の本質論

> ・「平均人」・「通常人」の概念が曖昧である
> ・責任能力の概念がすでに平均人を基礎にして構成されているのに、さらに期待可能性においても平均人を用いるのは概念の重複である
>
> ⓒ　**国家標準説**[36]　判断基準：国家からの期待
> 　　行為当時における具体的事情の下で、行為者に適法行為を期待する側としての国家ないし国法秩序を標準とし、その具体的要求を考慮して判断する
> 　　＜批判＞・問いに対し問いをもって答えているに等しい
> 　　　　　　・期待する側である国家が期待するときに期待可能であるとするのでは同語反復であり、答になっていない
> 　　　　　　・期待可能性の理論は、そもそも、行為者の人間性の弱さに対して法的救済の道を探ろうとする趣旨に出たものであり、その判断の基準を国家や国法秩序に求めるのは矛盾である
> 　　　　　　・非難可能性がないのに、犯罪抑止のために処罰する必要があるとして責任を認める立場と結びついてしまう

　期待可能性は、行為当時における具体的事情を考慮したとき、当該行為者にとって、違法行為を避けることが期待できる状況にあったのかを検討する概念であり、行為者の責任非難可能性を確定する要素の1つです。ですから、行為者自身の立場を基準とすべきは当然で、**行為者標準説**が妥当です。この説に対しては、先のような批判が加えられますが、この批判は、「行為者は違法行為に出たのだから、行為者を基準とする限り、期待可能性がなかったはずだ」という観念に基づくもので、妥当ではありません。というのは、行為者が違法行為に出たとしても、行為者にとって、それを避止できる可能性、別の選択をしうる可能性はあったといえる場合もあるからです。

(4)　期待可能性の錯誤

　① **積極的錯誤**　まず、期待可能性の不存在を基礎づける事情が存在しないのに存在すると誤信して行為する**積極的錯誤**の場合です。期待可能性の理論は、行為当時における具体的な外部事情の行為者心理への反映を根拠として、期待不可能性による有責性阻却を認めるものですから、積極的錯誤の場合も、現実に違法行為を避けることを期待できない外部事情が存在し、これが行為者の心理へと反映された場合と同じように、有責性が阻却されます。ただ、その誤信の点に過失があれば、過失犯処罰規定を前提に、過失責任を

36）佐伯千仞・290頁、中・188頁、平野・Ⅱ・278頁、山中・734頁以下、橋本・203頁。

問う余地があります。なお、期待不可能性そのものの錯誤については、その錯誤を避けることができなかった場合にのみ、有責性が阻却されるにすぎません。

②　**消極的錯誤**　次に、期待可能性の不存在を基礎づける事情が存在するのに存在しないと誤信して行為する**消極的錯誤**の場合です。この場合、現に可罰的違法性のある行為が存在しており、また、行為当時における具体的な外部事情の行為者心理への反映が存在しないので、この錯誤は考慮に値せず、有責性が認められるとも考えられます。しかし、この場合も、期待可能性は客観的・推定的責任要素である[37]と解し、あるいは、「規範的責任は存在するが可罰的責任が否定される」[38]として、有責性を否定する見解が主張されています。本書によれば、例えば、親族間の盗品等関与罪（257条1項）の法的性格について、事後従犯として一般類型的に期待可能性が減弱していると解した場合、行為者が親族関係の存在を知らないとき、期待可能性はあり、法的な非難可能性も肯定できますが、刑罰をもって法的に非難する必要性、適応性がありません。

今日の一言

人生は　出逢いの集積である

その出逢いは　それを意識する者にしか訪れないのだけれど

---

37)　佐伯千仭『刑法における期待可能性の思想』（1947年）484頁以下、曽根・162頁。
38)　浅田・361頁。

第20講　原因において自由な行為論

1　意義・問題点

(1) 意　義

　責任原則からすると、責任能力は実行行為のときに存在すべきであり、これを**実行行為と責任能力の同時存在の原則**（略して、**同時存在の原則**）といいます。この試金石となるのが、**原因において自由な行為**（actio libera in causa）（略して、**原自行為**）です。

　原自行為とは、自ら精神の障害を招いて責任無能力・限定責任能力の状態に陥れ、その状態で犯罪を実現することをいいます。責任無能力・限定責任能力の状態で犯罪を行うことについて事前に故意・過失がある場合に、その犯罪行為及び結果について完全な責任を問い、39条の適用を排除する理論を**原因において自由な行為の理論**（略して、**原自行為の理論**）といいます[1]。

(2)　問題点

　①　**同時存在の原則との関係**　原自行為についてまず検討すべきは、同時存在の原則との関係で、実行行為のときに行為者に責任能力がなければならないのか、それは責任原則の要請なのかが問われます。同時存在の原則の対象が実行行為だとすると、**実行行為と責任能力の同時存在の原則**となりますし、行為で足りるとすると、**行為と責任能力の同時存在の原則**となります。

　②　**実行の着手時期との関係**　次に検討すべきは、原自行為における実行の着手時期で、それは原因行為に求められるのか、結果行為に求められるのかが問われます。ここでは、行為・実行行為・実行の着手の相互関係が問われることになります。

　③　**限定責任能力の場合**　さらに検討すべきは、限定責任能力状態を利用した原自行為をどのように処理するかで、責任無能力状態を利用した原自行

---

1) 原自行為論については、林美月子『情動行為と責任能力』（1991年）、林幹人『刑法の基礎理論』（1995年）119頁以下、西原春夫『犯罪実行行為論』（1998年）134頁以下、浅田和茂『刑事責任能力の研究下巻』（1999年）105頁以下参照。

為の考え方は、そのまま限定責任能力状態を利用した場合にも妥当するのかが問われます。

2 学説の状況

原自行為の理論は、原因行為説（要件モデル）と結果行為説（責任モデル）に大別されます。

(1) 原因行為説

原因行為説は、「実行行為」と責任能力の同時存在の原則を維持する一方で、原因行為を実行行為と解することによって実行行為のもつ結果発生の現実的危険性を緩和する見解です。

> **間接正犯類似説**[2]は、原自行為は自己の責任のない状態を道具として利用する一種の間接正犯であると解する道具理論で、実行行為と責任能力の同時存在の原則を堅持し、原因行為に実行行為としての現実的危険性が認められることを前提とする点に特徴があります。適用上の特徴として、故意の作為犯では原因行為（例：酩酊中に人を殺害する意図で飲酒する行為）に実行の着手を認めるのは社会通念上無理で、原自行為の理論を適用するのは困難であるが、過失犯・不作為犯では定型性が緩いので原因行為に実行行為としての定型性を認めやすいが、心神耗弱状態を利用した場合、減弱しているとはいえ責任能力があり、それを道具として利用したとはいえないので、原自行為の理論の適用を認めないのです。この説に対しては、実行の着手時期を著しく早い段階に認めるもので不当である、予備と実行行為の区別を主観化させ、実行行為の定型性を弛緩させ、実行行為の罪刑法定原則上の機能を形骸化させるものである、故意の作為犯の場合に原因行為に実行の着手を認めるのが困難な本説は理論的に不徹底である、心神耗弱状態を利用する場合にこの理論の適用を排除せざるを得ないため、刑の必要的減軽が認められて刑の不均衡が生じてしまう、心神喪失状態を利用する意図であったが心神耗弱状態下で意図する犯罪を実現した場合、2個の実行行為が存在することになってしまうなどの批判が可能です。

---

2) 福田・197頁、大塚仁・165頁、香川・223頁、西田・289頁、佐久間・267頁、なお、大越・151頁以下参照。

254　第20講　原因において自由な行為論

　相当因果関係適用説[3] は、原因行為と結果行為との間に因果連関（相当因果関係）・責任連関（故意・過失）が認められる場合は、犯罪結果について完全な責任非難ができるとする説で、実行行為と責任能力の同時存在の原則を堅持し、犯罪結果について罪責を問うために行為に必要とされる「危険性」（相当因果関係説にいう相当な危険性）と、未遂犯処罰を根拠づける「危険性」（結果発生の具体的危険性）とを区別するとともに、実行行為と実行の着手とを分離し、原因行為（実行行為）に必要とされる危険性と、実行の着手（未遂犯成立）に必要とされる危険性とを峻別する[4]、あるいは、実行の着手と実行行為を連動させ、原因行為（実行の着手と実行行為）に必要とされる一般的危険性と、未遂犯成立に必要とされる具体的危険性とを峻別する[5] 点に特徴があります。適用上の特徴として、故意犯・過失犯、作為犯・不作為犯の区別なく原自行為の理論を適用できること、心神耗弱状態に陥れて利用した場合にも原自行為の理論を適用することができることがあります。この説に対しては、実行の着手に関する実質的客観説に立ちながら、実行行為を結果発生の相当な危険性だけで把握できるのか疑問がある、犯罪事実を直接に実現しようとする行為に「未遂処罰の根拠としての具体的危険」（あるいは「実行の着手」）を認めながら、それ以前の原因行為に「実行行為」を認める構成は、遡及的な犯罪成立を肯定するもので妥当でない、実行行為としての原因行為自体は可罰性を帯びていなくともよいとすると、その行為を特定することは困難なのではないか、また、その実行行為を因果関係の基点として捕捉することは許されるのかなどの疑問を提起することができます。

(2)　結果行為説

　結果行為説は、「行為」と責任能力の同時存在の原則を採る一方で、結果行為を実行行為と解することによって罪刑法定原則を堅持しようとする見解です。

　結果意思実現説[6] は、実行行為のときに責任能力が無くとも、これを有責に招いた原因行為のときに責任能力があり、原因行為時の意思決定が結果行為に実現されている場合には、犯罪結果について完全な責任非難ができるとする説で、同時存在の原則は必ずしも責任原則の絶対的要請ではなく、責任は犯罪を行おうという意思決定に向けられるものであるとし、客観的に危険な行為が開

---

3)　内藤・下Ⅰ・880頁以下、山口・278頁以下、曽根・152頁、前田・309頁以下、伊東・268頁、中森喜彦「原因において自由な行為」芝原邦爾ほか編『刑法理論の現代的展開総論Ⅰ』（1988年）244頁。

4)　山口・276頁、内藤・下Ⅰ・882頁以下。

5)　曽根・152頁。

6)　平野・Ⅱ・302頁、西原・下・462頁以下、大谷・326頁以下、川端・432頁以下、高橋・365頁、松宮・177頁。なお、佐伯千仭『刑法における違法性の理論』（1974年）322頁参照。

始されたときが実行行為の開始と解する以上、多くの場合、結果行為の開始時が実行の着手時期であること、結果行為について非難するための契機として、責任能力状態下の意思決定に貫かれており、責任能力状態下での犯罪意思がそのまま実現されていることを要求する点に特徴があります。適用上の特徴として、故意犯・過失犯、作為犯・不作為犯の区別に関係なく原自行為の理論を適用できること、心神耗弱状態を利用した場合にも原自行為の理論を適用できることがあります。この説に対しては、責任能力は責任を推定させるための根拠ではなく責任要素そのものである以上、同時存在の原則を緩和することは責任原則からは許されない、道義的非難は行為者の責任能力に基づく実行行為に対して加えられるべきものであり、責任無能力状態下の挙動に独自の存在意義を見出すことはできない、いわば予備行為以前の意思決定のときに責任能力があれば責任非難を問うことができるとするのは、いわゆる近代学派の徴表説の発想である、責任無能力状態では制御能力が欠如している点を全く無視しているなどの批判が加えられます。

3 判例の状況

(1) 故意による原自行為

　大阪地判昭和51・03・04（判時822・109、判タ341・320〔百選Ⅰ・38〕）は、被告人が過去にしばしば過度に飲酒して暴力を振るったことがあり、前年にも飲酒酩酊により犯した犯罪につき保護観察付きの執行猶予判決を受け、特別遵守事項として禁酒を命じられていたにもかかわらず、飲酒酩酊し、強盗目的で乗客を装ってタクシーに乗り込み、運転手に肉切包丁を示して暴行・脅迫を加えたが、同人が隙をみて車外に飛び出し逃げたため、その目的を遂げなかった事案につき、故意の原自行為とは、「行為者が責任能力のある状態のもとで、（イ）自らを精神障害に基づく責任無能力ないし減低責任能力の状態にして犯罪を実行する意思で、右各状態を招く行為（以下「原因設定行為」）に出、罪となるべき事実を生ぜしめること、（ロ）若しくは右各状態において犯罪の実行をするかもしれないことを認識予見しながらあえて原因設定行為に出、罪となるべき事実を生ぜしめること」であり、これらの場合、「行為者が責任能力のある状態で、自ら招いた精神障害による責任無能力又は減低責任能力の状態を犯罪の実行に利用しようという積極的意思があるから、その意思は犯罪実行の時にも作用しているというべきであって、犯罪実行時の行為は、責任無能力者としての道具……又は減低責任能力者としての道具……であると同時に、責任能力のある間接正犯たる地位も持つ」ところ、本件被告人は、「その酒歴、酒癖、粗暴歴ないし犯歴、前記判決時裁判官から特別遵守事項として禁酒を命ぜられたことをすべて自覚していたと認められるので、偶々の飲酒とはいえないのみならず、右

256 第20講 原因において自由な行為論

飲酒時における責任能力のある状態のもとでの注意欠如どころか、積極的に右
禁酒義務に背き、かつ、飲酒を重ねるときは異常酩酊に陥り、少くとも減低責
任能力の状態において他人に暴行脅迫を加えるかもしれないことを認識予見し
ながら、あえて飲酒を続けたことを裕に推断することができるから、暴行脅迫
の未必の故意あるものといわざるをえない」と判示しています[7]。

(2) 過失による原自行為

最大判昭和26・01・17（刑集5・1・20〔百選I・37〕）は、被告人が、飲食店に
おいて使用人Aと飲食をともにし、調理場において女給Bより「いい機嫌だね」
といわれるや、同女の左肩に手をかけ顔を近寄せたのに、同女よりすげなく拒絶
せられたため、同女を殴打するや、居合わせたBや料理人Cらより制止せられて
憤慨し、とっさに傍にあった肉切包丁をもってBを突き刺して即死せしめた事案
につき、「本件被告人の如く、多量に飲酒するときは病的酩酊に陥り、因って心
神喪失の状態において他人に犯罪の害悪を及ぼす危険ある素質を有する者は居常
右心神喪失の原因となる飲酒を抑止又は制限する等前示危険の発生を未然に防止
するよう注意する義務あるものといわねばならない。しからば、たとえ原判決認
定のように、本件殺人の所為は被告人の心神喪失時の所為であったとしても（イ）
被告人にして既に前示のような己れの素質を自覚していたものであり且つ（ロ）
本件事前の飲酒につき前示注意義務を怠ったがためであるとするならば、被告人
は過失致死の罪責を免れ得ないものといわねばならない」と判示しています[8]。

(3) 心神耗弱状態における原自行為

最決昭和43・02・27（刑集22・2・67、判時513・83、判タ219・136〔百選I・39〕）は、
被告人が、前夜夜業の自動車による配達を終えてから、バーで3、4時間くらい
飲酒し、心神耗弱状態で、①付近路上に駐車してあった他人の自動車を乗り出
し〔窃盗〕、②飲酒の影響により正常な運転ができないおそれのある状態で同自
動車を運転し〔酒酔い運転〕、③途中で乗車させたAを畏怖させて金品を喝取
した〔恐喝〕事案につき、「なお、本件のように、酒酔い運転の行為当時に飲酒
酩酊により心神耗弱の状態にあったとしても、飲酒の際酒酔い運転の意思が認
められる場合には、刑法39条2項を適用して刑の減軽をすべきではないと解す
るのが相当である。」と判示しています[9]。

7）最決昭和28・12・24刑集7・13・2646、名古屋高判昭和31・04・19高刑集9・5・411、東京高
　判昭和42・06・23判時501・105、長崎地判平成4・01・14判時1415・142、判タ795・266〔百
　選I・36〕参照。

8）東京高判昭和33・12・03高裁刑事裁判特報5・12・494、大阪高判昭和35・04・15下刑集2・
　3=4・363参照。

9）東京高判昭和54・05・15判時937・123参照。

4 本書の立場

(1) 実行行為・現実的危険性

　実行の着手以後の実行行為が可罰的な未遂犯となるには、犯罪結果（実害結果・危険結果）発生の現実的危険性[10]が必要です。多くの場合、犯罪の実行行為に着手することで犯罪結果発生の現実的危険性が認められるので、実行行為と現実的危険性とを区別せずに、未遂犯処罰の射程内に入ったと認定できます。しかし、例えば、毒入り飲食物を相手に郵送する場合のように、実行行為と現実的危険性発生の間に時間的・場所的な離隔があること〔隔離犯〕があります。それと同じ事態が原自行為に存在し、例えば、行為者が、ある種の薬物・酒類等を摂取すると暴行等をふるう悪癖を有するのに、犯罪結果惹起につき故意・過失をもってその薬物・酒類等を摂取する原因行為は、犯罪結果を惹起する一般的な危険性を有する**実行行為**と解することができます。しかし、その原因行為により直ちに未遂犯処罰の射程内に入ったと認定することはできません。実行行為たる原因行為のほかにさらに犯罪結果発生の**現実的危険性**の発生が必要だからで、それは結果行為やそれ以降の事態に存する場合が多いのです。

(2) 同時存在の原則

　原自行為の場合、行為者には、責任無能力・限定責任能力状態での犯罪結果惹起について事前に故意・過失が存在しており、それにより、行為者は結果行為避止や結果発生回避のための他行為可能性を自ら消失させています。ですから、結果行為時に責任能力が残存していても、その状態は行為者自身にとって規範的障害となっていません。しかも、原因行為に潜在する一般的危険性が結果行為を通じて犯罪結果に顕在化している限りで、実行行為のもつ危険性が犯罪結果に現実化したといえます。

　そもそも**実行行為と責任能力との同時存在の原則**は、責任能力及び故意・過失の存在する状況において行われた実行行為から生じた犯罪結果（実害結

10）犯罪結果（侵害結果・危険結果）発生の現実的危険性は犯罪の種類によって異なり、実害犯の場合はその侵害結果をもたらす切迫した危険性を意味し、具体的危険犯の場合はその具体的危険結果をもたらす切迫した危険性を意味し、抽象的危険犯の場合はその抽象的危険結果をもたらす切迫した危険性を意味します。

258 第20講 原因において自由な行為論

果・危険結果）についてしか行為者の刑事責任を問うことができないことを本
旨とします。したがって、犯罪結果と因果関係の認められる原因行為（実行
行為）の時点で、責任能力、故意・過失が存在し、かつ、故意・過失の内容
が犯罪結果として実現されたのであれば、発生した犯罪結果について故意・
過失の完全な責任を問うことができるはずです。

5 実行後不自由行為

(1) 問題点

原自行為と同じく、同時存在の原則が問題となる場合として、実行の着手
後に責任無能力状態・限定責任能力状態に陥り、その状態でさらに実行行為
を継続し、犯罪を実現した場合があります。

> 【事例】 Xは、A殺害の故意をもって刃物でAに襲いかかり、切りつけて
> いる間に心神喪失状態・心神耗弱状態になったが、そのまま刺突行為
> を継続してAを殺害した。

この事例の場合を**実行行為の途中から不自由な行為**（略して、**実行後不自由
行為**）といい、実行行為の開始時点では同時存在の原則は充たされています
が、その後、責任能力が欠如・減弱する点で本来の原自行為と異なります。

(2) 学説の状況

> 実行後不自由行為について、**原自行為の理論を援用する説**[11] によると、実行
> 行為の中核的行為が心神喪失・心神耗弱の状態で為された場合、原自行為の法
> 理を援用し、原因行為の時点における責任能力の存在を責任能力の喪失・減弱
> 後の行為にも及ぼすべきであるとします。
>
> また、**一体的考察を志向する説**[12] によると、完全責任能力状態下の実行
> 行為と責任能力喪失・低減後の実行行為とを一連・一体の一個の行為と解し
> うる場合には、責任能力喪失・低減後の実行行為も責任能力状態によってカ
> バーされていると評価できるので、完全な一個の既遂犯が成立するが、一
> 連・一体の一個の行為と解しえない場合には、完全責任能力状態下の実行
> 行為と責任能力喪失・低減後の実行行為とを別に評価せざるをえず、未遂
> 犯と、無罪もしくは減軽される既遂犯の成立とを認めることになります。

---

11) 山口・278頁、大谷・330頁、曽根・154頁、林・332頁、高橋・371頁。

12) 福田・198頁、松宮・176頁。なお、中森喜彦「実行開始後の責任能力の低下」『中山研一先生

さらに、**ウェーバーの概括的故意を援用する説**[13] によると、因果関係の錯誤、客観的帰属の問題として処理すべきで、完全責任能力状態下の実行行為及びその時点での故意を決定的なものと解し、実行行為の開始時に責任能力が認められれば十分であるとします。

これに対し、**分別的考察を志向する説**[14] によると、責任能力の同時的コントロールを重視し、既遂犯の完全な責任を問うためには、完全責任能力の下で未遂を突破して既遂へと至る行為を行ったことが重要であるとの認識を前提にして場合を分け、一方で、完全責任能力状態で殺人の実行に着手し、心神喪失状態で致命傷を与えた場合には、殺人未遂と殺人既遂（責任能力がないので無罪）とし、他方で、完全責任能力で殺人の実行に着手し、心神耗弱状態で致命傷を与えた場合には、（殺人未遂＋）殺人既遂（心神耗弱で減軽）とします。

(3) 判例の状況

東京地判昭和 53・11・06（判時 913・123）は、犯行途中で情動的朦朧状態に陥った事案につき、実行の開始時に責任能力がある以上、途中で心神耗弱状態に陥ったとしても刑法 39 条 2 項の適用はないとし、**大阪地判昭和 58・03・18**（判時 1086・158）は、傷害致死事件につき、犯行の後半部分において錯乱状態であったことは排除できないとしつつ、責任能力のある段階で優に致死の結果をもたらしうる暴行が加えられていたこと、錯乱状態は自ら招いたものであること、前後で暴行の態様がことならないことから、その暴行は全部を一体として評価すべきであるとして、39 条 1 項・2 項は適用されないとしました。また、**長崎地判平成 4・01・14**（判時 1415・142、判タ 795・266〔百選 I・36〕）は、傷害致死事件につき、飲酒酩酊のため犯行の中核的行為は心神耗弱状態で行われたという事案につき、犯行が同一機会・同一意思の下に継続的・断続的に行われたこと、犯行開始後に自ら飲酒を継続したために心神耗弱状態に陥ったに過ぎないことから、非難可能性の減弱を認めて刑を減軽すべき実質的根拠はないとしました。

(4) 本書の立場

実行後不自由行為は、これを 2 つの場合に分け、犯罪結果を惹起した行為が、責任能力を有する状態で行なわれたか、それとも責任能力を失って後に行なわれたかによって場合を分けます。先の**事例**を素材に検討してみます。

① **責任能力状態下での故意の実行行為が結果を惹起した場合**、すなわち、責任能力状態下での故意の実行行為が A 死亡の結果をもたらす致命傷を与え、

古稀祝賀論文集第 3 巻』（1997 年）219 頁以下、中空壽雅「実行着手後の心神喪失・心神耗弱といわゆる『同時存在の原則』」『西原春夫先生古稀祝賀論文集第 2 巻』（1998 年）260 頁参照。

13）山中・626 頁、前田・310 頁。

14）浅田・296 頁。

死亡結果との間に因果関係を認めることができる場合には、Xには殺人罪
（199条）が成立し、後半の行為は重い殺人罪に吸収されます。

　② **責任無能力状態・限定責任能力状態下での行為が結果を惹起した場合**、す
なわち、責任能力状態下での故意の実行行為が死の結果をもたらす致命傷を
与えたのではなく、実行行為の途中で心神喪失状態・心神耗弱状態となり、
その状態下でなされた行為がA死亡の結果をもたらした場合には、殺人未
遂罪（203条、199条）と殺人罪（199条）が成立し、後者は心神喪失状態・心
神耗弱状態下での行為として、無罪あるいは刑の必要的減軽がなされること
になります（38条1項・2項）。

　③ **いずれの実行行為が結果を惹起したのか不明の場合**、すなわち、どの時
点の行為が死亡結果を惹起した原因であるかを確定できない場合には、被告
人に有利に、心神喪失状態・心神耗弱状態下の行為によって死亡したものと
認定することになります。

今日の一言

だれにでも　機会は訪れる
ただ　それを掴まえ　活かすことができるかで
その人の人生が決まるだけのこと

第 21 講　故意論

1　意義・機能

(1)　意　義

　刑法 38 条 1 項の**罪を犯す意思**が故意であり、刑法は、**故意犯処罰の原則**、過失犯処罰の例外を定めています。法律要件該当の違法な犯罪行為について行為者を非難するには、行為者に犯罪行為に関する心理的契機が存在しなければならず、**故意・過失なければ責任なし、故意・過失なければ刑罰なし**と表現できます。

　故意の意義が判例・学説に委ねられていることもあって、議論が錯綜しています。故意論は、「恋する故意」と言いたいほど、尽きない魅力をもっています (^_^)[1]。

(2)　機　能

　故意は、犯罪・犯罪者を個別化する**個別化機能**を有するといわれます。また、故意は、行為者を規範の問題に直面させ、違法性の意識を喚起させる**提訴機能**があるといわれます。

(3)　体系的地位

　① **概　要**　故意は、もともとは過失とともに責任要素とされていたのですが、目的・犯罪計画・意図、故意・過失等の主観要素が違法性に影響を与えることを肯定する見解が支持されるにつれて、故意は主観的違法要素であると同時に主観的法律要件要素であるとする見解が有力となりました。こうした展開に決定的な役割をしたのが、戦後、ドイツから日本に入ってきた目的的行為論です。主観的法律要件要素である故意は**要件故意**（**構成要件的故意**）といわれますし、責任要素である故意は**責任故意**といわれます。

　　要件故意・違法故意・責任故意を配列する見解は、法律要件は違法類型にとどまらず責任類型でもあり、法律要件に該当する行為は原則として違法かつ有責である、故意は犯罪を類型化する要素として、違法行為の性格を規定する主

---

1) 故意論については、齋野彦弥『故意概念の再構成』（1995 年）、長井長信『故意概念と錯誤論』（1998 年）、高山佳奈子『故意概念と違法性の意識』（1999 年）参照。

262 第21講 故意論

観的違法要素であるだけでなく、行為者の反規範的人格態度を積極的に表明する責任要素でもあると説明します。この見解の特徴は、実質的違法性を規範違反、社会的相当性からの逸脱と解すること〔規範違反説・社会的相当性説〕を前提に、故意は規範違反・社会的相当性からの逸脱の程度が著しく、過失よりも結果発生の確実性が高くて法益侵害の危険も大きいがゆえに、違法性に色づけを与える主観的違法要素であるとする点にあります。この見解に対しては、同じ故意という主観的要素が法律要件要素、違法要素、責任要素に分割され配置されるのは奇妙である、そもそも故意等の主観要素が法益の侵害・危殆化に影響を与える要素であるのか疑問であるなどの批判がなされます。

　故意を責任に配列する見解は、法律要件は違法行為の類型であり、法律要件に該当する行為は原則として違法である、故意は基本的に客観法律要件の範囲を超えるものではなく、その主観面への反映にすぎず、行為の法益侵害性に新たな意味を付け加えるものではないとします。この見解は、実質的違法性は法益の侵害・危殆化と解すること〔法益侵害説・利益衡量説〕を前提に、一切の主観的違法要素を認めない立場と、狭義の主観的違法要素（目的犯における目的、未遂犯における故意）を認める立場に分かれます。この見解に対しては、行為の法的意味は客観的・外部的側面のみでは明らかにならず、主観・客観の両面を見る必要があるとの批判が加えられます。

②　学説の状況

　主観的法律要件要素・主観的違法要素・責任要素説[2] によると、故意は責任要素であるが、社会倫理規範違反・規範違反性の有無・程度に影響を与える要素であるので、主観的違法要素であるとともに主観的法律要件要素でもあるとします。

　また、**主観的法律要件要素・主観的違法要素説**には、一方で、法益侵害重視の見解を採って、故意は法益侵害の危険性（行為の危険性）の有無・程度に影響を与える要素であり、主観的違法要素であるとともに主観的法律要件要素であるとする見解[3] があり、他方で、規範違反説重視の見解を採って、故意は法益侵害の危険性（行為の危険性）には影響を与えないが、社会倫理規範違反・規範違反性の有無・程度に影響を与える主観的違法要素であるとともに主観的法律要件要素であるとする見解があります。

　さらに、**主観的法律要件要素・責任要素説**[4] によると、故意は基本的に責任要素であり、単に犯罪を個別化する機能を有するにすぎないという意味で主観

---

2) 西原・上・176頁以下、福田・85頁、大塚仁・134頁、457頁、大谷・117頁、234頁、高橋・95頁、佐久間・109頁以下。

3) 井田・167頁。

4) 内田・102頁、243頁、前田・156頁以下、曽根・163頁以下。

的法律要件要素であり、違法性に特に影響を与えるものではないとします。

そして、**責任要素説**[5]によると、故意は行為者の非難すべき心理状態を意味し、本来は、責任の条件・形式として責任要素にすぎないとします。

③　**本書の立場**　故意は、過失とともに、犯罪行為者の主観面に関わる要件、しかも、各別の犯罪・犯罪者に共通する一般要件です。他方、故意は、過失とともに、犯罪行為者の非難されるべき心理状態を意味する責任の要素・形式であり、その本来の体系的位置は責任にあります。また、故意・過失等の主観要件は、それ自体で法益の侵害・危殆化に影響を与えたり、それを規定したりするものではなく、必ず客観要件による検証を経ることによってでしかその意味を明らかにすることができません。故意は、犯罪者に関わり有責性の有無・程度に影響を与える責任要件なのです。

責任要件には、その犯罪者性を積極的に根拠づける**要件故意**があり、これは単に**故意**といいます。責任要件には、さらに、その犯罪者性を消極的に消滅・減弱させ、**故意責任**を排除・低減させる要件があります。

行為者は責任能力のある者であることが多いですから、要件故意が認定されると、故意責任が認められることが多い。ですから、故意責任においては、故意の責任非難を否定し、減弱させる主観事情が存在しないかを認定するのが主な作業になります。

2　対　象

(1)　序　説

（要件）**故意**に必要な認識対象は、犯罪行為に係る客観要件を充足する要件事実、つまり行為関係的な違法法律要件を充足する犯罪事実であり、具体的には、実行行為、犯罪の結果、因果関係、犯罪の主体、行為の客体、行為の状況、行為の条件などです。犯罪行為者に係る主観要件を充足する犯罪者事実、つまり行為者関係的な責任法律要件を充足する事実、具体的には、責任能力、期待可能性に関する事情、有責性阻却事由や、故意・過失、目的犯における目的、常習犯における常習性などの主観要件は、故意の認識対象では

---

[5]　平野・Ｉ・159頁、内藤・上・221頁以下、中山・242頁、西田・213頁、山口・199頁、松原・228頁。

264　第21講　故意論

ありません。

　他方、**故意責任**を消滅・減弱させる要素は、違法性の意識の可能性の不存在、正当化事由・作為義務・期待可能性などを基礎づける前提事実の認識です。

(2)　注意点

　①　**因果関係**については、実行行為・犯罪結果の認識があれば、行為者には規範の問題が与えられているので因果関係の認識は不要であるとする因果関係認識不要論[6]が主張されています。しかし、実行行為から結果に至る因果経路についての認識がなければ、行為者に犯罪結果について故意責任を問うことは許されないはずで、**因果関係認識必要説**（通説）が妥当です。

　因果関係認識必要説に対しては、意外な経過をたどって結果が発生した場合に故意が否定され、未遂も認められなくなって不当であるとの批判が加えられます。この批判は、実行行為と既遂結果との間に必要な因果関係についての認識と、実行行為と未遂結果（危険結果）との間に必要な因果関係についての認識とを混同したための批判です。因果関係の錯誤により阻却されるのは前者の**既遂故意**であり、後者の**未遂故意**はなお肯定しうるので、未遂犯成立の余地は残されているのです。

　②　法律要件に属さない訴追条件などは故意の認識対象となりません。行為・行為者が法律要件を充足すれば、通常、犯罪行為を根拠にして犯罪行為者を処罰する具体的刑罰権が発生しますが、具体的刑罰権の発生がさらに別の条件に依存している場合があり、それを**（客観的）処罰条件**といいます。例えば、公務員になろうとする者が将来担当すべき職務について請託を受けて金品を収受した場合、支配的見解は、収受時点で既に事前収賄罪（197条2項）が成立し、ただ刑事政策的理由に基づいて公務員となる時点まで処罰を控えていると解し、「公務員となったこと」を客観的処罰条件とします。しかし、収受時点で、未だ公務員でもない者に、犯罪の違法性や犯罪者の有責性が完全に充足されていると考えるのは妥当ではありません。「公務員となったこと」という要件は、いわば法益の侵害・危殆化という結果が確定的に顕在化したことを確認する要件と考えるべきで、**結果要件**[7]とすべきです。

---

6)　大谷・155頁、前田・175頁。なお、山中・315頁、堀内・97頁。

7)　（客観的）処罰条件とする通説と異なり、行為の条件として法律要件要素（違法要素・責任要素）

③ 実害犯の中で、一定の故意に基づく基本犯の犯罪行為からより重い加重結果が発生した場合に、基本犯と加重結果とを一個の犯罪とし、基本犯よりも重く処罰されるものを**結果的加重犯**といい、傷害致死罪（205条）、逮捕等致死傷罪（221条）などがあります。結果的加重犯においては、加重結果は故意の認識対象には含まれません。もし加重結果の認識があれば、むしろ加重結果についての故意犯が成立するからです。

④ 通説は、法律要件には記述要件（規範的・評価的な価値判断を要せず、判断者の事実的な認識活動でもって確定できる要件）と規範要件（規範的・評価的な価値判断を要し、判断者の価値判断によってはじめてその内容・範囲が確定できる要件）があり、前者を記述的法律要件要素、後者を規範的法律要件要素と呼び、後者の例として、猥褻文書頒布罪（175条）における猥褻性、不真正不作為犯における作為義務などをあげます。

しかし、法律要件に、規範的・評価的な価値判断を要せず認識判断だけをもって確定できる要件があると考えるのは幻想です。例えば、記述要件とされる「人」（199条）にしても、解釈を要する点で他の要件と変わりません。ただ規範的・評価的な価値判断を要する程度に差があるにすぎません。記述要件・規範要件の区別は注意を喚起する意味はあるでしょうが、無用です。

⑤ **正当化事由の前提事実**の認識について、学説では対立があります。

> 正当化事由の前提事実は（責任）故意の認識対象であるとする**認識対象説**は、行為者は犯罪事実を認識していても、同時に、正当化事由の前提事実を認識している場合には、自己の行為が許される正当なものと考えているので、違法性の意識（の可能性）がないとします。この説に対しては、犯罪事実の認識がある以上故意が認められるとしながら、正当化事由の前提事実の認識があれば故意がなくなるとするのは論理的に矛盾する、正当防衛のような緊急状況下であっても、反撃の際に犯罪事実を認識している以上は規範の問題は与えられているなどの批判がなされます。
> 正当化事由の前提事実は（責任）故意の認識対象ではないとする**認識非対象説**は、行為者は要件該当事実の認識はあるので規範の問題には直面しており、事実の錯誤ではなく違法性の錯誤とします。この説に対しては、行為者が、自己の行為が正当化状況下にあると考えている場合、行為の違法性の意識

とする見解も有力に主張されています。平野・Ⅰ・163頁、内藤・上・214頁以下、中山・245頁、曽根・65頁参照。

266 第21講 故意論

を喚起する故意の提訴機能は機能しないはずであるとの批判が加えられます。

　本書によれば、正当化事由の前提事実の認識は故意責任の判断要素に関わる事情であり、犯罪事実の認識とは異なり、犯罪者性を消去的に消滅・減弱させる消極要件に係る事実の認識です。ですから、故意犯につき故意責任が認められるには、犯罪に関する積極要件を充足する事実（積極的な犯罪事実）の認識・受容に加え、犯罪に関する消極要件を充足する事実（消極的な犯罪事実）の不認識が必要なのです。

3　内　容

(1)　学説の状況

　故意には犯罪事実の認識という**認識的要素**が必要である点で学説は一致していますが、これに加えて**意思的要素**について議論があります。犯罪事実の認識という認識的要素があれば足り意思的要素は不要とする**意思的要素不要説**を代表するのが表象説で、この説の延長にあるのが、蓋然性の認識を要求する蓋然性説です。他方、認識的要素だけでなく意思的要素も必要であるとする**意思的要素必要説**が支配的です。これには、意思的要素として、犯罪事実実現の意欲・希望を要求する意思説、認容を要求する認容説、動機との結びつきを要求する動機説、実現意思を要求する実現意思説があります。

> 　故意では犯罪事実が行為者主観に反映されていることが重要であって、意思的要素は必要でないとする**表象説**[8] によると、犯罪事実が頭をよぎったが、「どうなるかわからない」と思いつつ行為に出たのであれば未必の故意が認められ、それを打ち消して行為に出たのであれば故意は認められず過失にとどまるとします。この説に対しては、行為者が犯罪事実発生の可能性を認識しつつ、その可能性判断を放棄して行為したときや無関心であったとき、この説では結論が出せない、犯罪事実を認識しても、自己の技量を信頼して結果は発生しないと考えて行為に出たときは、故意を認めることはできないはずであるなどの疑問が提起されます。
>
> 　故意には、犯罪事実発生の蓋然性の認識が必要であるとする**蓋然性説**[9] によると、犯罪事実不発生よりも犯罪事実発生の可能性の方が大きい蓋然性を認識

---

8) 伊東・108 頁、高山佳奈子『故意概念と違法性の意識』（1999 年）230 頁以下。

9) 林・244 頁、前田・223 頁以下、斉藤信治・99 頁。

したかによって故意と過失を区別し、蓋然性を認識して行為に出たのであれば（未必の）故意が認められ、蓋然性ではなく可能性を認識して行為に出たのであれば故意はなく（認識ある）過失にとどまるとします。この説に対しては、故意のもつ意思的側面を無視している、犯罪事実発生の蓋然性についての認識それ自体を非難することはできないし、犯罪事実発生の可能性に関する量的な差異は故意・過失の質的な相違を根拠づけるのには適さない、犯罪事実発生の蓋然性を認識していても、自己の技量を信頼して結果は発生しないと考えて行為に出たときには故意を認めることはできないはずである、蓋然性という基準は漠然としており、故意・過失の区別の基準として疑問があるなどの批判が加えられます。

　故意には、犯罪事実の認識だけでなく、意思的要素として認容が必要であるとする**認容説**[10]によると、犯罪事実発生の認容の有無によって故意と過失を区別し、犯罪事実発生を認容して行為に出たのであれば未必の故意が認められ、犯罪事実発生を認容せずに行為に出たのであれば（認識ある）過失にとどまるとします。認容とは、犯罪事実の実現を積極的に意欲してはいないが、実現しても構わない、仕方がないというように消極的に受け入れる心理態度をいい、このような心理態度が、積極的な反規範的な人格態度として、過失犯とは異なる重い道義的非難を根拠づけると説明します。この説に対しては、認容を強調するあまり無関心という消極的心理も故意とすることになり、故意の成立範囲を広範・不明確にしてしまう、逆に、犯罪事実発生は確実だと認識しているが、その発生は認容しないという場合には故意が否定されてしまう、認容という情緒的な心理状態は微妙で立証が難しいだけでなく、意思そのものとは異なるので、故意の内容とするには適さないなどの批判が加えられます。

　さらに、意思的要素として動機への結びつきが必要であるとする**動機説**は、認識が行為の動機となったかによって故意と過失を区別するもので、犯罪事実発生の認識と行為動機との結びつきの積極性・消極性のいずれを規準とするかによって２つの見解に分かれます。**積極的動機説**[11]は、犯罪事実発生の認識を否定することなくそれを自己の行為の動機づけにしたかにより判断し、犯罪事実発生の認識をもちながら、それを行為の動機・決意に結びつけて行為に出たのであれば故意が認められ、それを行為の動機・決意とすることなく行為に出たのであれば過失にとどまるとします。この説に対しては、事実的故意の中に、積極的動機という責任非難の要素を持ち込むもので妥当でないとの批判がなさ

10）佐伯千仭・255頁、団藤・295頁、西原・上・182頁、内田・120頁、福田・112頁、大塚仁・183頁、香川・232頁、佐久間・116頁など支配的見解です。

11）大谷・158頁。

268　第 21 講　故意論

れます。他方、**消極的動機説**[12)] は、犯罪事実発生の認識を行為を思いとどまる動機としたかどうかにより判断し、犯罪事実発生の認識をもったが、それを行為を思いとどまる動機としないで行為に出たのであれば故意が認められ、最終的にはそれを否定しつつ行為に出たのであれば過失にとどまるとします。この説に対しては、犯罪事実を認識しつつ行為に出れば故意が認められることになってしまい、無関心な心理状態、無頓着な心理状態も故意に含めることになり、故意の成立範囲を拡張してしまうとの批判が加えられます。

　そして、意的要素として実現意思が重要であるとする**実現意思説**[13)] は、故意とは違法な犯罪事実を実現する意思であり、法益の侵害・危殆化を実現する意思決定を重視することを前提にし、犯罪事実を実現する意思と回避する意思との対比によって故意と過失を区別するもので、一定の付随結果の発生可能性を認識した場合に、付随結果が発生しないようにコントロールすることなく行為に出たのであれば故意が認められ、付随結果が発生しないようにコントロールするようにして行為に出たのであれば過失にとどまるとします。この説に対しては、実現意思を要求するのは意思説・意欲説へと回帰するものである、典型的な故意を説明するには適しているが、故意と過失の限界事例には有効でないなどの批判がなされます。

(2)　判例の状況

　判例の立場は明らかではありません。**最判昭和 23・03・16**（刑集 2・3・227〔百選 I・41〕）は、旧贓物故買罪（盗品等有償譲受罪・256 条 2 項）の「故意が成立する為めには必ずしも買受くべき物が贓物であることを確定的に知つて居ることを必要としない。或は贓物であるかも知れないと思いながらしかも敢てこれを買受ける意思（いわゆる未必の故意）があれば足りる」とし、殺人罪（199 条）につき**最判昭和 24・11・08**（裁判集刑 14・477）は、「自己の行為が他人を死亡させるかも知れないと意識しながら敢えてその行為に出た場合が殺人罪のいわゆる未必の故意ある場合に当ることは言うまでもない」とします。これらの表現から、「判例は認容説に立っている」との理解がある一方で、「蓋然性説である」、「いや（積極的）動機説である」との理解もあります。

　他方、認容説と考えられるものも多く見られます。例えば、暴行の故意につき**福岡高判昭和 25・09・26**（高刑集 3・3・438）は、「未必の故意があるとするには、飲酒すれば酩酊して或は他人に暴行を加えることがあるかもしれないことを予想しながら、敢てこれを容認して過度に飲酒したことが必要である」とし、殺人罪につき**東京高判昭和 60・05・28**（判時 1174・160）は、「被告人が酒の勢

---

12)　平野・I・188 頁、内藤・下 I・1090 頁、中山・356 頁、曽根・166 頁、西田・219 頁、浅田・305 頁、山口・215 頁、松宮・182 頁など反対有力説です。

13)　山中・321 頁、野村・171 頁、川端・196 頁、井田・178 頁、高橋・180 頁。

いと怒りに駆られた結果、被害者を川中に投げ込むことによって、たとえ同人が溺死する結果に至ってもやむをえないものと考え、あえてこれを認容し本件犯行に及んだと認めるのが相当である」とし、**福岡高裁那覇支部判平成19・09・20**（高等裁判所刑事裁判速報集平19・454）は、「本件犯行に出るに際し、少なくとも被害者が死亡することがあるかもしれないことを認識しながら、それもまたやむを得ないものとして認容していたもの、すなわち、未必の殺意を有していた」としています。

(3) 本書の立場

　故意は、自己の行為によって犯罪事実が発生することの認識があるにもかかわらず、その認識を、行為を思いとどまるための動機として投入することなく、むしろ行為を行う動機として積極的に投入（意欲）し、あるいは消極的に投入（受容）する心理状態により行為を行ったその心理状態に本質があります。これを**受容説**といいます。故意の本質は、犯罪事実発生の認識的要素にとどまるものではなく、その意思的要素にあるのであって、犯罪事実発生についての認識を否定することなく、消極的ではあっても行為を行う動機としてそれを投入したときに故意が認められるのです。受容説は、「自己の行為が犯罪事実を発生させるかもしれないと認識しながら、あえてその行為に出た場合」とする判例の趣旨にも相応します。

> **【事例01】** Xは、離れた所にいるAに向けて投石する際に、石がAに命中する可能性は低いので、必ずしもA負傷の結果発生の可能性が高いとは考えていなかったが、しかし、A負傷の結果発生を意欲して投石したところ、石がAに命中しAは負傷した〔投石事例〕。

　この事例で、Xは、A負傷結果発生の可能性は低いと考えていますが、A負傷結果発生の認識を、自分の投石行為の動機として積極的に投入しており、Xには（確定的）故意を認めることができます。この場合、結果発生の可能性・蓋然性の認識が故意の有無に直接影響するものでないことは明らかです。

> **【事例02】** Yは、前方にいるのがB(人)なのか熊なのか確認できなかったが、それでもBを殺す意図で猟銃を発砲したところ、前方にいるBに命中し殺害した〔猟銃発砲事例〕。

　この事例で、Yは、発砲の対象がB（人）である可能性を認識しつつ、それを打ち消すことなく、むしろB殺害結果発生の可能性の認識を自分が発

270　第21講　故意論

砲行為を行う動機として投入しているので、故意を認めることができます。

> 【事例03】Zは、雑踏の中を自動車で疾走すれば何人かの人を死傷させる高
> 　　　　　度の蓋然性があることを認識しながら、自己の運転技量を信じ、死
> 　　　　　傷結果を回避できると考えて運転を継続して疾走し、歩行者Cに自
> 　　　　　車を衝突させ死亡させた〔雑踏疾走事例〕。

　この事例で、Zは、人を死傷に致す高度の蓋然性があることを一旦は認識
しましたが、それを打ち消し、自分が疾走行為を行う動機として（消極的で
はあっても）投入してはいないので、Zには（未必的）故意を認めることはで
きず、（重大な）過失にとどまります。

◆未必の故意と認識ある過失の区別

	蓋然性説	認容説	受容説
故意の本質	認識主義 （犯罪事実の表象・認識）	意思主義 （犯罪事実実現の希望・意欲）	受容主義 （犯罪事実認識の動機としての受容性）
判断基準	犯罪事実発生の蓋然性の認識	犯罪事実発生の認識・認容	犯罪事実の認識と行為動機との結びつき
確定故意	犯罪事実発生が確実であるとの認識状態	犯罪事実発生を希望・意欲する心理状態	犯罪事実発生の認識が行為動機として積極的に受容された状態
未必の故意	犯罪事実発生が蓋然的であるとの認識状態	犯罪事実発生を「構わない」と認容する心理状態	犯罪事実発生の認識が行為動機として消極的に受容された心理状態
認識ある過失	犯罪事実発生の可能性の認識状態	犯罪事実発生の認識はあるが認容がない心理状態	犯罪事実発生の認識が行為の動機とならなかった状態

4　種　類

(1)　確定故意・不確定故意

> ①　確定故意──犯罪事実発生を確実なものとして認識している心理状態
> ②　不確定故意──犯罪事実発生を不確実なものとして認識している心理状態

　不確定故意は、以下のように分類されます。

⑦	択一故意──数個の結果のうちいずれかに結果が発生するのは確実であるが、いずれに発生するのかは不確定なものとして認識している故意
	例：並んでいる2人に向けて銃を発砲する際に、どちらかに確実に命中することを認識しているが、いずれかにしか命中しないことを認識している。
④	概括的故意──結果発生は確実であるが、結果発生の個数・客体を概括的なものとして認識している故意
	例：群衆に向けて爆弾を投げつける際に、確実に人が死傷することを認識しているが、個数・客体を概括的に認識している。
⑦	未必の故意──結果発生そのものを不確実なものと認識しているが、むしろそれを行為を行う動機として消極的に受容している故意
	例：人を負傷させる可能性・蓋然性があることを認識しつつ、それでもあえて人の混雑する小路を車で疾走し、人が死傷する事態を消極的に受け入れる心理状態〔変型雑踏疾走事例〕。

(2) 既遂故意・未遂故意

| ① | 既遂故意──既遂に必要な犯罪事実についての故意 |
| ② | 未遂故意──既遂に必要な犯罪事実についての故意まではなく、その前段階の未遂にとどまる犯罪事実についての故意 |

　既遂故意は、実害犯では実害結果発生の認識が、危険犯では危険結果発生の認識が、それぞれ必要です。これに対し、未遂故意は、実害犯では実害結果発生の前段階である（具体的な）危険結果発生の認識が必要ですが、危険犯では当該犯罪に要求される危険結果の前段階の危険の認識があれば足ります。

(3) 侵害故意・危険故意

| ① | 侵害故意──法益侵害結果を認識し、その実害結果を積極的・消極的に実現しようとする故意 |
| ② | 危険故意──法益危殆化結果を認識し、その危険結果を積極的・消極的に実現しようとする故意 |

　侵害故意は実害結果の認識まで必要ですが、危険故意は危険結果の認識があれば足ります。

(4) 条件付故意

　条件付故意とは、犯罪遂行の意思は確定的だが、その遂行を一定の条件にかからしめている心理状態をいいます[14]。条件付故意については、未確定な

14）判例として、最決昭和56・12・21刑集35・9・911、最判昭和59・03・06刑集38・5・1961参

272　第21講　故意論

状態に対する将来の態度が行為者の内心において最終的に確定していること
が必要であるとする**最終確定説**と、行為者の犯罪遂行の意思が犯罪抑制意思
に優越していれば足り、最終性までは要しないとする**犯罪遂行優越説**とが対
立しています。後者の見解が妥当です。

(5)　事前の故意・事後の故意

　故意は、犯罪事実が現実に発生していないのに発生したと思っているか、
犯罪事実発生後の事後に故意が生じているかによって区別されます。

　事前の故意とは、特定の犯罪事実を既に実現したと誤信したが、実はまだ
犯罪事実は発生しておらず、さらに別個の行為を行ったときに初めて当初認
識していた犯罪事実が発生した場合の故意をいい、例えば、弾丸が命中した
ので既に死亡したものと誤信して川中に投棄したところ、被害者はまだ生き
ており、川の水を飲んで溺死したという**ウェーバーの概括的故意**の事例の故
意をいいます。

　事後の故意とは、当初は特定の犯罪を遂行する意思もなく行為をしたが、
後になって初めて故意が生じ、その後事態を自然の推移に任せた場合の故意
をいい、例えば、適法に外科手術を開始したが、その後に殺害意思を生じ、
そのまま患者を放置して死亡させた場合の故意をいい、通常は不作為犯の問
題となります。

今日の一言

大切なのは

何をやったかよりも　　どうやったか

だって　自分で選べる幸運は　人生ではそう多くはないのだから

照。条件付故意（bedingter Vorsatz）は、①一定の行為を行うことは認識しているが、認識した
犯罪結果を実現する意思的要素を欠く未決意（Tatgenigtheit）〔故意否定〕、②犯罪結果は認識し
ているが、未確定な仮定的事実を前提にして行為決意がなされている条件付行為意思（bedingter
Handlungswille）〔故意肯定〕、③犯罪遂行の決意が中止留保と結びついているものの、行為を遂
行については既に確定的に決意しているもの〔故意肯定〕に分けることもあります。

第 22 講 事実の錯誤論

1 意義・類型

(1) 意 義

事実の錯誤とは、刑法では、行為者の主観認識に係る要件事実と現実の客観実在に係る要件事実とが一致しないことをいいます[1]。

事実の錯誤においては、行為者の要件事実に関する認識を、現実に発生した要件事実に用いることができるかが問われるのですが、それは、主観認識に係る要件事実と客観実在に係る要件事実とにどこまで符合が認められるかを問い、同時に、故意の認識対象としての要件事実はどこまで抽象化することが許されるかを問うことでもあります。つまり、事実の錯誤論は、故意の射程範囲論でもあるのです。

事実の錯誤と区別すべきものに**違法性の錯誤**があります。これは、要件事実そのものの認識に欠けるところはないが、要件事実の違法評価について誤信があり、要件事実が違法なのに違法でない、あるいは違法でないのに違法だと誤信することをいいます。

(2) 類 型

事実の錯誤のうち、積極的な要件事実について主観的な要件事実と客観的な要件事実とが一致しない錯誤が**狭義の事実の錯誤**であり、消極的な要件事実について主観的な要件事実と客観的な要件事実とが一致しない錯誤が**正当化事由に関する事実の錯誤**（正当化事由の錯誤）です。事実の錯誤という場合、前者を指します。

事実の錯誤は、犯罪法律要件を基準に分けられ、同一犯罪法律要件内の事実について錯誤があるのが**具体的事実の錯誤**、異なる犯罪法律要件間の事実

---

1) 事実の錯誤論については、佐久間修『刑法における事実の錯誤』（1988 年）、齊藤信宰『刑法における錯誤論の研究』（1989 年）、林幹人『刑法の基礎理論』（1995 年）61 頁以下、長井長信『故意概念と錯誤論』（1998 年）、川端博『事実の錯誤の理論』（2007 年）、福田平『刑法解釈学の諸問題』（2007 年）41 頁以下参照。

274　第22講　事実の錯誤論

に錯誤があるのが**抽象的事実の錯誤**です。また、事実の錯誤は、犯罪法律要件を構成する要素を基準に分けられ、犯罪行為は認識したとおりの客体に向けられたが、客体を取り違えたがために、結果が目指す客体ではなく別の客体に発生した錯誤が**客体の錯誤**、犯罪行為は認識した客体から外れたため、結果がねらった客体とは別の客体に発生した錯誤が**方法の錯誤**[2]、認識した事実と発生した事実とは一致するが、行為者の予見しない因果の経路をたどって結果が発生した錯誤が**因果関係の錯誤**です。

2　考え方

(1)　学説・判例の状況

　　行為者の認識した犯罪事実と現に発生した犯罪事実とが法律要件・罪質を同じくしなくとも、何らかの犯罪であるという点で抽象的に符合していれば故意を認める**抽象的符合説**[3]は、法律要件の相違を抽象的・量的な問題に還元し、少なくとも軽い方の犯罪について故意既遂犯の成立を肯定する点に特徴があります。この説によると、客体の錯誤、方法の錯誤を問わず、法律要件の枠組みに囚われることなく、少なくとも軽い犯罪について故意を肯定します。例えば、故意の抽象化を徹底し、発生事実について常に故意の既遂を認め、38条2項の範囲内で択一的に重い刑で処断します。この説は、特定の犯罪の要件事実についての認識範囲を超えて故意を認める点で、故意の外延を無視するものですし、犯罪成立の問題と科刑の問題とを分離する思考方法を採るもので、妥当ではありません。

　　行為者の認識した犯罪事実と現に発生した犯罪事実とが法定的に符合する限りで故意を認める**法定的符合説**は、法定的符合の範囲を法律要件に求める法律要件符合説〔通説・判例〕が典型であり、客体の錯誤、方法の錯誤を問わず、法律要件的に一致する限り故意を肯定します。このうち、**一故意犯説**[4]は、客体における結果の個数の認識は故意の個数の確定に重要な意味を有し、故意の個数を考慮することは責任原則の貫徹にとって不可避であるとし、行為者が抱

---

2)　犯罪行為の結果は認識した通りの客体に発生したが、それとともに認識しなかった客体にも結果が発生した場合を**併発事実**（併発結果）といいます。

3)　この説の修正型として、**不法・責任符合説**（最決昭和61・06・09刑集40・4・269、判時1198・157、判タ606・54〔百選Ⅰ・43〕における谷口正孝裁判官の補足意見、町野朔「法定的符合について（下）」警察研究54巻5号（1983年）8頁以下）、**合一的評価説**（植松・276頁以下、日高義博『刑法における錯誤論の新展開』〔1991年〕36頁以下）もあります。

4)　福田・121頁、大塚仁・192頁、川端・255頁、佐久間・129頁など有力説。法定的符合の範囲を拡張して「罪質」に求める**罪質符合説**（西原・上・229頁）もあります。

いていた現実の故意を法定的に符合する犯罪事実に転用する思考方法を採ります。他方、**数故意犯説**[5] は、故意は客体における結果の認識があれば足り、客体の数は重要でなく、それは専ら責任の量において考慮されるとし、行為者が抱いていた現実の故意を法律要件の範囲にまで抽象化し、法定的に符合する限り、それを現実に発生した犯罪事実にも当てはめていく思考方法を採ります。法定的符合説は、犯罪の要件事実を「法律要件」の射程範囲内にまで抽象化し、例えば、殺人罪の要件事実としての「人」であることの認識があれば足りるとし、実行行為のもつ危険性に関する故意の内延を無視しており、疑問です。また、この説を過失犯の予見可能性に応用するとき、およそ具体的予見可能性説を採ることは困難となり、**最決平成元・03・14**（刑集43・3・262、判時1317・151、判タ702・85〔百選Ⅰ・52〕）の考え方を支持することになってしまいます。

行為者の認識した犯罪事実と現に発生した犯罪事実とが具体的に一致しない限り故意を否定する**具体的符合説**[6] は、要件事実を法律要件の枠組みにまで抽象化することを前提としつつも、行為者が認識した具体的な犯罪事実を基本にして故意の有無を判断する点に特徴があります。この説は、客体の錯誤では、発生した結果について法律要件的に一致する限り故意を認めますが、方法の錯誤では、発生した結果について法律要件的に一致しても故意を否定します。この説は、法益主体（被害者）の個別性・具体性だけは捨象することができないとするのですが、同じ要件事実の中で法益主体にだけこうした特権的地位を与える根拠が明らかではありません。法益主体にこうした具体性・特定性が生じるとしたら、それは法益主体だからではなく、むしろ故意の射程範囲において、実行行為のもつ危険性の質量に係る故意の内延による内なる限界が存在しているからと考えるべきで、具体的符合説はこの点の認識が充分ではありません。

(2) 本書の立場

故意は、犯罪者の犯罪者性を積極的に根拠づけ、重大な故意責任を基礎づける要件です。

① 行為者が現に認識していた一定の犯罪に関する要件事実は、実際に生じた別の犯罪に関する要件事実と具体的に符合しているかが問題となります。犯罪に類型・枠など存在しませんので、類型思考法ではなく客観的な法

---

5) 最判昭和53・07・28刑集32・5・1068、判時900・58、判タ366・165〔百選Ⅰ・42〕、大谷・172頁、前田・191頁、高橋・199頁。

6) 平野・Ⅰ・175頁、内田・162頁、内藤・下Ⅰ・938頁、中山・362頁、西田・207頁、224頁、曽根・185頁、堀内・107頁、浅田・310頁、野村・211頁以下、山中・339頁以下、斎藤信治・140頁、山口・204頁など多数説。**修正具体的符合説**を採るのは、井田・193頁（実現意思が及んでいたとして重い規範的評価を下して差し支えないか）。

276 第22講 事実の錯誤論

律要件に係る**要件思考法**により、犯罪成立に必要な法律要件を念頭において故意の射程範囲を認定します。

　② 次に、行為者が現に認識していた一定の行為に関する危険性は、実際に生じた犯罪に関する危険性と符合しているかが問題となります。故意に必要な認識対象となるのは、行為の時期・場所・客体・内容、結果、因果関係など、行為関係的な客観要件を充足する客観要件事実（要件事実）ですが、これらはいずれも、犯罪に係る危険性の程度・範囲に関わる危険場を構成する事実です。事実の錯誤において、客観要件事実について故意が認められるには、主観的に認識・受容した主観要件事実が、危険場の危険性において客観要件事実と具体的に符合している必要があり、実行行為・結果の危険性に関わる危険場において故意の認められる射程範囲は、危険性の質量に係る**危険場**に関する行為者の認識内容によって画されるのです。この見解を**具体的危険符合説**といいます。

3　抽象的事実の錯誤

⑴　学説・判例の帰結

　異なる犯罪法律要件間の事実に錯誤が生じている場合、具体的符合説の帰結は法定的符合説のそれと同じであり、法定的符合説・具体的符合説対抽象的符合説の対立となっています。

> 【**事例01**】軽い甲罪（動物傷害）を犯すつもりで、重い乙罪（殺人）を実現した。

> 【**事例02**】重い乙罪（殺人）を犯すつもりで、軽い甲罪（動物傷害）を実現した。

> 　**法定的符合説・具体的符合説**によると、主観事実と客観事実とが法定的に符合していないので、発生した客観事実について故意は認められず、**意図した犯罪の未遂と発生した犯罪の過失との観念的競合**とします。**事例01**については、（器物損壊罪の未遂〔規定なしで不処罰〕と）（重）過失致死罪が成立し、**事例02**については、殺人未遂罪（と過失器物損壊〔規定なしで不処罰〕）が成立します。これに対しては、法定的符合説・具体的符合説に従うと、他人の動物を殺すつもりで他人を死に致した場合よりも、他人の動物を殺すつもりで他人の別の動物を殺した場合の方が重くなり、不合理であるとの批判がなされます。
> 　他方、**抽象的符合説**のうち、例えば、故意の抽象化を徹底し、客観的事実について常に故意の既遂犯を認め、38条2項の範囲内で択一的に重い刑で処断す

る説によると、**事例 01** は、甲罪（器物損壊罪）未遂、過失乙罪（過失致死罪）及び乙罪既遂（殺人罪）のうち、重い殺人罪が成立し、38 条 2 項により動物傷害罪の刑の限度で処断されますし、**事例 02** については、乙罪未遂（殺人未遂罪）、過失甲罪（過失動物傷害罪）及び甲罪既遂（器物損壊罪）のうち、重い殺人未遂罪が成立し、38 条 2 項の制限を受けません。この説に対しては、行為者の危険な意思・性格を基準にするものであり、法律要件該当の客観事実の認識という故意の認識対象の趣旨を失わせるものである、軽い犯罪を実現していないのにその既遂犯を肯定するのは便宜的であり、罪刑法定原則にも反するとの批判がなされます。

(2) 本書の帰結

抽象的事実の錯誤における故意の射程範囲について、本書は、法律要件論による要件思考法を採り、行為者が認識していた主観要件事実と現に発生した客観要件事実との符合を規準とします〔故意の外延〕。

事例 01 では、行為者が認識していた「X の犬」は、要件事実として「X という人」とまったく異質であり、要件として一致しませんので、X 死亡について行為者に故意（殺意）を認めることはできません。行為者の罪責は、動物傷害の未遂（不処罰）と（重）過失致死罪になります。**事例 02** では、行為者が認識していた「X という人」は、要件事実として「X の犬」とまったく異質であり、要件として一致しませんので、犬殺害について X に故意を認めることはできません。行為者の罪責は、殺人未遂罪と（重）過失動物傷害（不処罰）になります。

(3) 法律要件の重なり

① **学説の状況**　通説・判例は、抽象的事実の錯誤の場合に、意図した犯罪と実現した犯罪との間に**法律要件の重なり**が認められるときには、その限度で行為者は規範の問題に直面しており、その重なり合う範囲で軽い犯罪について故意が認められるとします。その場合の重なりの規準について、通説・判例は法律要件を規準とする**法律要件符合説**を採っていますが、犯罪の保護法益や行為態様を基準とする罪質符合説[7]、各法律要件間の不法内容・責任内容における符合を基準とする不法・責任符合説[8]も主張されています。

---

7) 西原・上・229 頁。

8) 最決昭和 61・06・09 刑集 40・4・269、判時 1198・157、判タ 606・54〔百選 I ・43〕における

278　第22講　事実の錯誤論

　なお、傷害罪と死体損壊罪、死体遺棄罪と（保護責任者）遺棄罪については、学説では、法律要件の重なりを肯定する見解[9]と否定する見解[10]とで対立しています。

② **判例の状況**

　背任罪の故意で横領罪を犯した事案につき**東京高判昭和59・08・29**（東高時報35・8=9・70）は、「関係証拠を検討してみても、T夫及び被告人の両名において、本件当時本件土地が非農地化し、Yの所有に帰していた事実を認識していたものとは認め難いところから、両名に横領罪の犯意を認めるに由なく、ひっきょう、T及び被告人は、背任の犯意……をもって横領の結果を生じさせたことに帰し、本件所為については、同法38条2項、10条により軽い背任罪の限度において犯罪が成立する」とし、背任罪と横領罪の法律要件の重なりを認めます。

　麻薬所持罪の故意で覚せい剤所持罪を犯した事案に**最決昭和61・06・09**（刑集40・4・269、判時1198・157、判タ606・54〔百選Ⅰ・43〕）は、「両罪は、その目的物が麻薬か覚せい剤かの差異があり、後者につき前者に比し重い刑が定められているだけで、その余の犯罪構成要件要素は同一であるところ、麻薬と覚せい剤との類似性にかんがみると、この場合、両罪の構成要件は、軽い前者の限度において、実質的に重なり合っているものと解するのが相当である。被告人には、所持にかかる薬物が覚せい剤であるという重い罪となるべき事実の認識がないから、覚せい剤所持罪の故意を欠くものとして同罪の成立は認められないが、両罪の構成要件が実質的に重なり合う限度で軽い麻薬所持罪の故意が成立し同罪が成立する」とし、麻薬所持罪と覚醒剤所持罪の法律要件の重なりを認めます。

　ほかに、殺人罪と同意殺人罪（**東京高判昭和33・01・23**判タ78・59）、殺人罪と傷害罪（**最判昭和25・10・10**刑集4・10・1965）、同意殺人罪と自殺関与罪、公文書の有形偽造と無形偽造（**最判昭和23・10・23**刑集2・11・1386）、恐喝罪と強盗罪（**最判昭和25・04・11**判例体系30・1018）、窃盗罪と遺失物等横領罪（**東京高判昭和35・07・15**下刑集2・7=8・989）、強盗罪と窃盗罪（**最判昭和23・05・01**刑集2・5・435）、麻薬輸入罪と覚せい剤輸入罪（**最決昭和54・03・27**刑集33・2・140、判時922・13、判タ392・63）、ダイヤモンド原石の輸入と覚醒剤の輸入（**東京高判平成25・08・28**高刑集66・3・13、判タ1407・228）などについて法律要件の重なりが認められています。

　③　**本書の立場**　抽象的事実の錯誤の場合、各犯罪の客観法律要件を規準

　谷口正孝裁判官の補足意見、町野朔「法定的符合について（下）」警察研究54巻5号（1983年）8頁以下。

9）平野・Ⅰ・179頁、西原・上・227頁。

10）内藤・下Ⅰ・983頁、曽根・187頁、大谷・178頁、高橋・205頁など通説です。

に、意図した犯罪と実現した犯罪の間で法律要件が符合し、要件事実が一致しているかという**法律要件の重なり**を検討します。例えば、殺人罪（199条）と同意殺人罪（202条後段）では、被殺者の嘱託・承諾の有無に相違がありますが、人、殺害行為、人の死、因果関係などの客観法律要件は共通であり、両罪は軽い同意殺人罪の法律要件において実質的に重なり合っています。ですから、殺人の故意で同意殺人を実現した場合、逆に、同意殺人の故意で殺人を実現した場合、軽い同意殺人の故意が認められることになります。

4　具体的事実の錯誤

(1)　学説・判例の帰結

①　客体の錯誤

> 【事例03】Xだと思って射殺したところ、実はYであった。

> **法定的符合説**を採る通説・判例[11]は、実際に生じたY死亡の結果について故意を認めます。行為者の認識した「X」という要件事実は「人」にまで抽象化され、実際に殺害された「Y」も抽象化されて「人」になり、「人（X）」を殺害する故意をもって「人（Y）」を殺害しているので、Y死亡の結果について故意が認められるとするのです。
>
> **具体的符合説**も、具体的な法益主体としての「X」か「Y」かが重要なのではなく、「眼前にいるその人」を殺害しようとして「眼前にいるその人」を殺害したので、Y死亡の結果について故意が認められるとします。

②　方法の錯誤

> 【事例04】Xをねらって発砲したところXには当たらず、意外にも傍らにいたYに命中してYが死亡した。

> **法定的符合説**は、行為者の認識した「X」という要件事実は「人」にまで抽象化され、実際に殺害された「Y」も抽象化されて「人」ということで、「人（X）」を殺害する故意をもって「人（Y）」を殺害しているので、Y死亡の結果について故意が認められるとします[12]。そのうち、**数故意犯説**（判例）によると、故意は客体における結果（「人」）の認識があれば足り、客体の数はもっぱら責任の量において考慮され、罪数において処理されるとし、Xに対する殺人未遂罪とY

---

11) 大判大正11・02・04刑集1・32。

12) 殺人の実行行為のもつ危険性の質量（有無・程度・方向・範囲など）がまったく考慮されていない点が、法定的符合説の欠陥です。

280　第22講　事実の錯誤論

に対する殺人罪の観念的競合とします。この説に対しては、一個の故意につき複数の故意犯を認めるのは責任原則に反するとの批判がなされます。**一故意犯説**（多数説）によると、故意の個数を考慮することは責任原則の貫徹にとって不可避であるとし、Xに対する過失未遂で不可罰、Yに対する殺人罪のみで処断されるとします。

　具体的符合説は、方法の錯誤の場合、法益主体（被害者）の相違は捨象しえない重要性を備えているので、Xに対する故意をもとに、それと異なるYに対する故意を認めることはできないとし、Xに対する殺人未遂罪とYに対する（重）過失致死罪との観念的競合とします。

(2)　本書の帰結

　①　**法律要件と危険場**　具体的事実の錯誤の場合、法律要件に関わる故意の射程範囲において主観要件事実と客観要件事実は一致していますので、直ちに、危険場における危険性において、主観要件事実（X殺害）が客観要件事実（Y殺害）と具体的に一致しているかを検討します〔故意の内延〕。その際に、要件事実に係る主観事実と客観事実との間に実行行為の危険性の点で符合しているかが重要であり、そこでは、実行行為のもつ危険性の有無・程度・方向・範囲によって画定される**客観的な危険場**と、その**危険場に関する行為者の認識**が判断の軸となります。

　事例03において、被害者がXかYかは行為者にとって重要でしょうが、行為者は、「眼前の、この方向の、この場所にいる、その人」を認識しており、主観事実が、危険場における危険性（有無・程度・方向、危険実現の結果、過程）において客観事実と具体的に一致していますので、Y殺害につき故意が認められます。**事例04**において、行為者は、「眼前の、この方向の、この場所にいる、その人」としてXを認識しており、Yは行為者のそうした認識の射程範囲内にはなく、危険性の質量に係る危険場に関する行為者の認識内容に離隔が生じており、主観事実と客観事実とが具体的に一致しているとはいえません。現実に発生した客観事実（Y死亡）は、危険場における行為者の認識の範囲を超えた犯罪事実であり、故意を認めることはできないのです。したがって、Xに対する殺人未遂罪とYに対する（重）過失致死罪との観念的競合になります。この帰結は具体的符合説と同じですが、それはこの説がいう「法益主体の個別性・具体性」によるのではなく、危険場において実行

4 具体的事実の錯誤 281

行為の危険性の質量に関する行為者の認識内容が具体的事実の錯誤・方法の錯誤において機能するからです。

② **客体の錯誤と方法の錯誤の区別** 本書の見解に対して、それは客体の錯誤と方法の錯誤で罪責の結論を異にする具体的符合説と同じであり、その区別が実質上困難である以上、本書の見解は妥当ではないとの批判が加えられます。

> 【事例05】Aを爆死させる意図で、同人が翌朝乗車する自動車に秘かに爆弾をしかけておいたところ、翌朝、AではなくAの妻Bが乗車し爆死した〔自動車爆死事例〕。

> 【事例06】Aを脅迫する意図で、Aのアドレスに脅迫メール文を送信したところ、アドレスを打ち間違えてメールはBに送信され、Bを脅迫する結果となった〔脅迫メール事例〕。

事例05の場合、客体にAとBの違いはありますが、「自分が爆弾を仕掛けた自動車に乗車するその人」という危険場において齟齬は認められませんので、実際に発生した要件事実について故意を認めることができます。これに対し、**事例06**の場合、「自分が特定のアドレスを打ち込んで脅迫しようとしたその人」という危険場そのものについて齟齬が生じており、実際に発生した要件事実について、過失はともかく故意を認めることはできません。

③ **要件思考法** 本書は、類型・型概念に囚われた構成要件論を採っておらず、**要件思考法**を採っています。故意の認定において、まず、客観法律要件を充足する要件事実の認識に関する故意の射程範囲（故意の外延）として法律要件を機能させ、次に、実行行為の危険性の有無・方向、危険実現の結果・過程の認識に関する故意の射程範囲（故意の内延）として危険場を機能させます。本書の立場は、故意の認定において、その認識内容だけでなくその認識方向をも考慮するのです。

④ **故意の個数** **法定的符合説**の**数故意犯説**によると、1個の行為であっても複数の犯罪の成立を肯定するのが観念的競合であり、刑法は、1個の故意につき法律要件上の評価としてそれを複数の犯罪に用いることを当然の前提としており、複数の故意犯を認めても、結局は1個の重い刑で処断されるのであるから責任原則からも問題はないとします。確かに、観念的競合は、「1個の行為」につき複数の犯罪の成立を認めるものですが、「1個の故意」に

282　第22講　事実の錯誤論

つき複数の故意犯の成立を認めているわけではありません。数故意犯説はその点を無視するものであり、論理の飛躍がありますし、ある犯罪の要件事実に関する1個の故意につき複数の故意犯を認める点で、やはり責任原則に反するといわざるをえません。

【事例07】Xが、同じテーブルのAかBのいずれかを毒殺してパーティを混乱させようと考え、自分のシャンパングラスのほかに、2つのシャンパングラスをカウンターから受け取り、2つのうちの1つに毒薬を混入してテーブルに持参し、「Aさん、Bさんどうぞ、一緒に乾杯しましょう」と言ってテーブルに置いてAとBに勧めたところ、毒入りを飲んだBが死亡した〔乾杯毒殺事例〕。

　この択一故意の事例の場合、犯罪結果発生の現実的危険性で足りる未遂概念の特性を根拠にして、未遂犯に限って複数の故意犯が併存しうるので、Aに対する殺人未遂罪とBに対する殺人罪が成立するとの見解が主張されます[13]。確かに、死亡結果発生の危険性（可能性）はA・Bのいずれにも認められますが、死亡結果発生の方向性はA・Bのいずれかにしか認められません[14]。先の見解は、故意における結果発生の危険性の有無（AとBのいずれかが死亡する可能性）と結果発生の危険性の方向性（AとBのいずれかしか死亡しない可能性）とを混同し、前者にのみ目を奪われた見解であって、妥当ではありません。やはり、事例07についても、未遂犯・既遂犯の別なく故意の個数は1個なのです。

⑤　器物損壊罪の処罰

【事例08】行為者XがAの花瓶を損壊しようとして投石したが、過ってBの陶人形を損壊した。

　器物損壊罪には未遂犯処罰規定も過失犯処罰規定もないので、本書の具体的危険符合説や具体的符合説によるとXを不処罰とせざるをえず、不当であるとの批判が加えられます。この処罰の間隙を埋めるために、生命・身体は一身専属的法益であり個性を重視すべきなので具体的符合説によって処理するが、財物は非一身専属的法益であり個性は問題とならないので、法定

─────────────
13）山口・228頁。
14）ピッチャーに入った酒に毒物を混入させ、それをテーブルに持っていってA・Bの双方に勧める場合とは異なります。

5 因果関係の錯誤　283

的符合説によって処理すべきであるとする**客体による区別説**[15)]が主張されます。結論の妥当性を追求するためとはいえ、客体ないし法益の性質によって故意の処理を変えることの積極的な根拠が明確ではありませんし、あまりにも便宜的で、理論的一貫性の点で疑問があります[16)]。

　ショクンは、処罰の間隙を埋めたいあまり、必罰主義の罠に陥らないように警戒しなければなりません。ここでは、立法者は、器物損壊の未遂も過失の器物損壊も不可罰とし、民事上の救済に委ねたと考えるべきです。

5　因果関係の錯誤

(1)　意義・類型

　因果関係の錯誤とは、結果発生の客体に齟齬はないが、行為者の予期した因果経過と現実にたどった因果経過とが一致しない場合をいいます。

　因果関係の錯誤のうち、因果経過の軸がヨコにずれてしまうのが**因果経路の錯誤**で、因果経過の軸がタテにずれてしまうのが**因果経時の錯誤**で、これには、**早すぎた結果発生**と**遅すぎた結果発生**があります。

(2)　因果経路の錯誤

　①　**意義**　因果経路の錯誤とは、因果関係が因果経過のヨコ軸である因果経路の軸においてずれている場合をいいます。

　②　**学説の状況**

　　因果関係について、結果発生の危険性を内包する実行行為・結果の認識があれば行為者は規範の問題に直面しているので、因果関係の認識は不要であるとする**因果関係認識不要説**[17)]があります。しかし、因果関係は犯罪行為・結果に関する客観法律要件の1つであり、客観要件事実の主観面への反映である故意に因果関係の認識は不要であるとするのは明らかに恣意的な解釈であり、その要件事実論（構成要件論）とも矛盾します。

　　現実の因果経過について法律要件該当性が否定されない以上、因果経路について錯誤があっても故意を阻却するものではなく、因果経路の錯誤は故意の成否に影響しないとして、因果経路の錯誤の概念は不要であるとする**因果経路錯**

---

15)　能勢弘之「事実の錯誤」中山研一ほか編『現代刑法講座第2巻』（1979年）327頁以下参照。

16)　「器物占有による区別説」（曽根・186頁）も主張されています。

17)　大谷・155頁、前田・175頁、194頁。

284　第 22 講　事実の錯誤論

誤不要説[18] が有力です。しかし、実行行為から結果発生に至る因果経路についての認識がなければ、責任原則からいって、既遂犯の故意責任を問うことはできないはずです。客観的に因果関係が肯定でき、法律要件該当性が認められる場合に、その主観面への反映である故意が否定されることはありえないとするのは、客観的な因果関係と主観的な帰責関係とを混同するものであり、必罰主義の罠にはまってしまった理論的整合性のない見解です。

　③　**本書の立場**　実行行為の結果発生の危険性について、その危険性の有無・方向・程度・範囲、危険実現の結果・過程などの客観事情の主観への反映が因果関係の認識であり、この認識が既遂犯につき故意責任を肯定するために必要なのは当然です。但し、因果関係の認識はその詳細な経路まで認識する必要はなく、その基幹部分の認識があれば足ります。

　因果関係認識必要説に対しては、意外な経路をたどって結果が発生した因果経路の錯誤の場合に故意が認められず未遂犯も否定されてしまい不当であるとの批判がなされますが、この批判が因果経路錯誤不要説が主張される背景にあります。しかし、本書のように、**既遂犯の故意〔既遂故意〕と未遂犯の故意〔未遂故意〕**とを区別する立場からすると、因果経路の錯誤により否定される故意は既遂犯の故意であり、未遂犯の故意は認められるので、未遂犯成立の余地は残されています。

(3)　因果経時の錯誤

　①　**意　義**　**因果経時の錯誤**とは、因果関係が因果経過のタテ軸である因果経時の軸においてずれている場合をいいます。これには、**早すぎた結果発生**（行為者は第 1 行為の後の第 2 行為以降の行為をもって犯罪結果を惹起しようと意図していたが、予期に反し第 1 行為によって犯罪結果を発生させた場合）と、**遅すぎた結果発生**（行為者は第 1 行為をもって犯罪結果を惹起しようと意図しており、第 1 行為によって犯罪結果を実現したものと思って第 2 行為に出たところ、第 2 行為によって意図した犯罪結果を発生させた場合）があり、後者は**ウェーバーの概括的故意の事例**ともいわれます。

　②　**早すぎた結果発生**には、予備行為からの早すぎた結果発生と、未遂行為からの早すぎた結果発生があります。但し、この区別は、実行の着手、実

---

18)　西田・227 頁、山中・364 頁、山口・229 頁以下など。

行行為の捉え方によって変わりますから、注意してください。

㋐ 予備行為からの早すぎた結果発生

【事例09】妻Ｘが夫Ｙを自殺に見せかけて毒殺しよう（第２行為）と計画し、自分が常用しているやせ薬の空き瓶に毒薬を入れて自分専用の戸棚内に隠して犯行の機会をうかがっていた（第１行為）ところ、最近妻の言動に不審を抱いていたＹが戸棚内を調べ、やせ薬のビンを発見し、中味を少量口に入れてみたところ、あまりの劇薬のためにＹが服毒死した〔早すぎた毒殺事例〕。

この事例で、第１行為には、客観的に予備を超える危険性が存在するとしても、行為者には予備の故意しかないので、38条２項により、殺人予備罪と殺人罪の錯誤として、重なり合う軽い殺人予備罪が成立します[19]。

㋑ 未遂行為からの早すぎた結果発生

【事例10】行為者Ｘは、被害者Ａにクロロホルムを吸引させて（第１行為）失神させ、Ａを自動車に乗せて岸壁まで運び、自動車ごと海中に転落させて（第２行為）溺死させる犯行計画を決行したところ、被害者Ａは第１行為によってすでに死亡していた可能性があったが、行為者Ｘにはその点の認識がなかった〔クロロホルム死事例〕。

クロロホルム事件・最決平成16・03・22（刑集58・3・187、判時1856・158、判夕1148・185〔百選Ⅰ・64〕）は、「第１行為は第２行為を確実かつ容易に行うために必要不可欠なものであったといえること、第１行為に成功した場合、それ以降の殺害計画を遂行する上で障害となるような特段の事情が存しなかったと認められることや、第１行為と第２行為との間の時間的場所的近接性など」に照らすと、「第１行為は第２行為に密接な行為」であり、「第１行為を開始した時点で既に殺人に至る客観的な危険性が明らかに認められるから、その時点において殺人罪の実行の着手があったもの」と解するのが相当であるし、「クロロホルムを吸引させてＶを失神させた上自動車ごと海中に転落させるという一連の殺人行為に着手して、その目的を遂げた」のであるから、たとえ「第２行為の前の時点でＶが第１行為により死亡していたとしても、殺人の故意に欠けるところはなく」、殺人罪が成立するとしました。

本書によれば、第１行為には、客観的に未遂を超える危険性が存在するとしても、行為者には、主観的に殺人予備の故意、暴行・傷害の故意、あるいは殺人未遂の故意しかないので、38条２項により、重なり合う軽い殺人予

---

19) 殺人予備罪とともに（重）過失致死罪が成立し、両罪の観念的競合（又は併合罪）となります。

286 第22講 事実の錯誤論

備罪、傷害（致死）罪、あるいは殺人未遂罪が成立するにとどまります[20]。さらに、第2行為については、死体に対する殺害行為として、殺人未遂につき不能犯あるいは殺人未遂となるにすぎません。

③ **遅すぎた結果発生**は、特定の犯罪事実を既に実現したと誤信したが、実はまだ犯罪事実は発生しておらず、さらに別の行為を行ったときに初めて当初意図していた犯罪事実が発生した場合をいいます。

> **【事例11】**行為者Xは、被害者Aを殺害しようと絞首した（第1行為）ところ、Aがぐったりして動かなくなったので死亡したものと思い、犯跡隠滅の目的で海岸の砂上に運んで放置した（第2行為）ところ、被害者Aが砂末を吸引して死亡した〔砂末吸引死事例〕。

遅すぎた結果発生につき、多様な見解が主張されています。例えば、第1行為から結果発生に至る因果経過が相当性の枠内にあると認められれば故意を認めることができるとして、因果関係の錯誤の問題として処理する**因果関係錯誤説**[21]は、**事例11**につき相当因果関係の相当性の範囲内にあるので、殺人罪一罪が成立するとします。また、行為者が当初予定していた故意は、概括的に発生結果にまで及び、全体について1つの故意犯が成立するとする**ヴェーバーの概括的故意説**は、**事例11**につき概括的故意で処理して殺人罪一罪が成立するとします。さらに、第1行為の時点で第2行為を予定していたときは故意の既遂犯、第2行為を予定していなかったときは未遂犯と過失犯の併合罪として処理する**区別説**[22]もあります。逆に、第2行為の時点で最初の故意が未必的に認められれば故意の既遂犯、第1行為で確実に結果が発生したと確信していたときは未遂犯と過失犯の併合罪として処理する**二分説**[23]は、**事例11**につき第2行為時の故意を重視し、未必的故意が残存しているときは殺人罪一罪、死亡結果発生を確信していたときは殺人未遂罪と（重）過失致死罪の併合罪とします。

> **砂末吸引事例・大判大正12・04・30**（刑集2・378）は、本来殺人の目的をもってなしたる第1行為がないときには、砂上に放置する第2行為もまた発生しないことは勿論にして、社会生活上の普通観念に照らし、被告人の殺害目的をもってなした第1行為と被害者死亡との間に原因結果の関係あるを認めるのを正当とすべきで、被告人の誤認により死体遺棄の目的をもってなした第2行為は因

---

20) それとともに（重）過失致死罪が成立し、両罪の観念的競合（又は併合罪）となります。
21) 団藤・298頁、福田・119頁、大塚仁・194頁、西原・上・232頁、大谷・161頁、川端・260頁、山口・233頁、伊東・129頁など通説。なお、町野・248頁、前田・147頁、274頁、斎藤信治・154頁。
22) 内藤・下I・963頁、井田・185頁、高橋・191頁。
23) 岡野・223頁。

果関係を遮断するものではないとしており、因果関係錯誤説を採るものと考えられます。

　本書によれば、第1行為と第2行為とは異なる意思に担われた別個の行為といわざるをえず、第1行為については故意の未遂犯、第2行為については過失の既遂犯を認めて併合罪とするのが妥当です[24]。これを**事例11**に当てはめると、第1行為については殺人の行為、第2行為については遺棄の行為という2個の行為が存在することを前提に、殺人未遂罪と（重）過失致死罪の併合罪となります。

今日の一言

自分の好きなことを商売にできたら
それは　幸せなことかもしれない
でも　好きなことを商売にしたら
つらいこともあると覚悟しなければならない
だって　「お金じゃない」と思えるから好きなはずなのに
その好きなことに　お金を持ち込むことになるのだから

24）中山・364頁、香川・264頁以下、曽根・168頁、野村・200頁、井田・199頁。

第 23 講　違法性の錯誤論

1 意　義

違法性の意識について、反条理性・反道義性・反社会性など前法律的な規範に反する意識と解する**規範違反意識説**[1]、行為が法律上許されないものであるという法律的な意識と解する**法律違反意識説**[2]、さらに、行為が刑法によって処罰されているという可罰的な刑法違反の意識と解する**刑法違反意識説**[3] が主張されています。

違法性の意識は刑法の可罰的違法性の主観への反映と解するのであれば、**刑法違反意識説**が妥当です。しかし、現実の法教育や一般人の法的知識を前提にすると、厳密な意味で可罰的な刑法違反の意識を要求するのは適当ではありません。そこで、可罰的な刑法違反の意識を社会的な刑法違反の意識へと翻案する必要があります。それは、自己の行為に適用される具体的な刑罰法令の規定、法定刑の寛厳の程度を知らなかったとしても、その行為が違法であることを意識していること[4]、より正確に言えば、自己の行為が刑法上違法とされている、犯罪とされている、処罰されているなどの意識があれば足りることになります。

違法性の錯誤により違法性の意識を欠いたとき、それは故意や有責性にどのような影響を与えるのでしょうか[5]。これが、故意と違法性の意識との関係を問う問題です。

---

1) 瀧川・127 頁以下。なお、最判昭和 24・04・09 刑集 3・4・501 参照。
2) 平野・Ⅱ・265 頁、福田・212 頁、大塚仁・466 頁、川端・444 頁、山中・707 頁、大谷・336 頁、高橋・375 頁、松原久利『違法性の錯誤と違法性の意識の可能性』(2006 年) 43 頁。
3) 内藤・下Ⅰ・1031 頁以下、曽根・157 頁、野村・300 頁以下、西田・239 頁、山口・268 頁、井田・412 頁、松原・267 頁。
4) 関根橋事件・最判昭和 32・10・18 刑集 11・10・2663〔百選Ⅰ・49〕参照。
5) 違法性の錯誤論については、福田平『違法性の錯誤』(1960 年)、松原久利『違法性の錯誤と違法性の意識の可能性』(2006 年)、中山研一『違法性の錯誤の実体』(2008 年) 参照。

2 考え方

(1) 学説の状況

違法性の意識不要説[6] は、故意には犯罪事実の認識があれば足り、違法性の意識を要しないとするもので、**法の不知は害する、法の不知は許さず**と表現されるように、国民はすべて法を知っているはずであり、法の不知を許すと法の弛緩を招いてしまうことを根拠とします。この説によると、違法性の錯誤は故意を阻却しないことになります。この説に対しては、違法性の意識（可能性）がないのに非難可能性を肯定することは責任原則に抵触する、国民はすべて法を知っているはずだとするのは、国民に苛酷な義務を強いる擬制であり、権威主義的な考え方である、個人の価値・利益を軽視するものであり、犯罪取締目的の過度の強調であるなどの批判がなされます。

自然犯・法定犯区別説[7] は、自然犯については犯罪事実の認識があれば足りるが、法定犯については犯罪事実の認識のほかに違法性の意識が必要であるとするもので、自然犯は行為自体が反社会的なものであり、犯罪事実の認識があれば行為者の反社会的な危険な性格は徴表されたといえるが、法定犯は行為が法律によって禁止されることによって初めて反社会的なものとなるので、犯罪事実の認識があっても違法性の意識がない限り行為者の反社会的な危険な性格は徴表されたとはいえないことを根拠とします。この説によると、違法性の錯誤は、自然犯では故意を阻却しないが、法定犯では故意を阻却することになります。この説に対しては、自然犯において犯罪事実の認識があっても違法性の意識を喚起し得ない場合がありうることを看過している、自然犯と法定犯の区別は相対的かつ流動的であって区別が困難である、刑法38条2項が自然犯につき故意の成立に違法性の意識が不要であるとの趣旨を規定したと解するには無理があるなどの批判がなされます。

厳格故意説[8] は、故意には犯罪事実の認識のほかに現実の違法性の意識が必要であるとするもので、自己の行為が法律上許されないことを認識しながら、あえて違法な行為をするよう決意した直接的な反規範的意思・人格態度こそ故意責任の要点である、行為者が犯罪事実を認識していたとしても、違法性を意識していなければ、違法行為を思いとどまる反対動機を形成することはできないことを根拠とします。この説に対しては、本説によると、違法性の錯誤は故意を阻却するから現行刑法と矛盾する、激情犯では責任を問うことができなくなる、確信犯についてその可罰性を根拠づけることができない、行政犯の場合、多くは過失犯処罰規定がないため、本説によると違法性の意識を欠く行為者は

---

6) 泉二・468頁。なお、前田・169頁。
7) 牧野・下・590頁。
8) 大塚仁・461頁以下、内田・232頁、岡野・178頁、浅田・298頁。

290 第23講 違法性の錯誤論

不可罰とせざるをえず、取締り目的を達することができなくなるなどの批判が
なされます。

制限故意説[9] は、故意には犯罪事実の認識のほかに違法性の意識の可能性が
あれば足りるとするもので、行為者は犯罪事実を認識していれば規範に直面し
ているといえ、現実に違法性の意識があったか、その可能性があったかに差を
設ける必要はない、行為者が犯罪事実を認識して敢えて行為をすれば、通常、
違法性を意識する可能性があることが多く、直接的な反規範的人格態度を肯定
できる、行為の背後に潜む行為者人格・人格形成責任を考慮するのであれば、
違法性の意識の可能性でもって足りることを根拠とします。この説によると、
違法性の錯誤は、違法性の意識の可能性があったときには故意を阻却しないが、
その可能性がなかったときには故意を阻却することになります。この説に対し
ては、故意の有無の判断に可能性という過失的要素を取り込むのは、故意と過
失の区別を曖昧にしてしまう、違法性の意識を欠いてもその可能性があれば故
意を認めるのは、違法性の過失を故意と扱うものである、犯罪事実を認識しな
がら違法性を意識することなく行為した者は、確かに規範に直面する可能性は
あったともいえるが、行為者は結局は規範に直面しなかったともいえるなどの
批判がなされます。

責任説[10] は、故意には犯罪事実の認識だけで足り、違法性の意識の可能性は
故意とは別個の責任要素であるとするもので、故意は過失と並んで責任要素で
あり、違法性の意識の可能性は故意とは別個の責任要素である、違法性の意識
の可能性は、規範的責任概念の中核をなす責任要素であるとともに、故意と過
失に共通した独立の責任要素であることを根拠とします。この説によると、違
法性の錯誤は、故意とは無関係の責任の問題であり、違法性の意識の可能性が
あったときには（故意を認めたうえで）有責性があるが、違法性の意識の可能性
がなかったときには有責性がないことになります。この説に対しては、犯罪事
実の認識と違法性の意識（の可能性）とは概念的に区別できても、実際には区別
することは難しい、故意の提訴機能の実質は、犯罪事実の認識にではなく違法
性の意識の可能性にあるのであり、それを認識面から分離することは妥当でな
いなどの批判がなされます。

---

9) 団藤・316頁以下、藤木・242頁以下、佐久間・288頁以下。準故意犯説もここに分類すること
　ができます。佐伯千仭・277頁、西田・242頁。
10) 平野・Ⅱ・263頁以下、西原・下・477頁、福田・209頁以下、曽根・192頁、野村・304頁、
　山中・700頁、山口・266頁、高橋・380頁。なお、違法性阻却事由の錯誤の取扱いについて、
　責任説の中で、厳格責任説と制限責任説との対立があります。

◆故意と違法性の意識

学説	違法性の意識不要説	自然犯・法定犯区別説	厳格故意説	制限故意説	責任説
内容	違法性の意識は故意の要件でなく不要	違法性の意識は、自然犯では不要だが、法定犯では必要	現実の違法性の意識が故意の要件	違法性の意識の可能性が故意の要件	違法性の意識の可能性は故意と別個の責任要素
38条3項本文	違法性の錯誤は故意と無関係であることを規定	自然犯に関する規定	故意には個々の刑罰法規を知っている必要はないことを規定したもので、違法性の意識に関する規定でない	刑罰法規の規定を知らないことは故意の成立を妨げない旨を規定したもので、違法性の意識に関する規定ではない	違法性の錯誤は故意の成否と無関係であることを規定
38条3項但書	違法性の錯誤につき許されるべき事由があるときには刑を減軽する旨を規定	自然犯につき違法性の錯誤が過失・無過失のとき刑を減軽しうることを規定	個々の刑罰法規の規定を知らないことで違法性の判断が困難な場合に酌量しうることを規定	違法性の意識の可能性があっても責任が減少しうる場合があることを規定	違法性の意識の可能性があっても責任が減少しうる場合があることを規定
「法律」の意味	違法性の意識	違法性の意識	個々の刑罰法規	個々の刑罰法規	違法性の意識

(2) 判例の状況

　大審院以来、一貫して、故意には犯罪事実の認識があれば足り、違法性の意識を要しないとする**違法性の意識不要説**[11]を採り、違法性の錯誤は故意を阻却しないとしてきました。しかし、猥褻図画公然陳列罪（刑法175条）に関する**映画黒い雪事件・東京高判昭和44・09・17**（高刑集22・4・595、判時571・19）は、**チャタレイ事件・最大判昭和32・03・13**（刑集11・3・997、判時105・76、判タ68・114〔百選1・47〕）について、「被告人らのごとき映画の上映者において、該映画の上映が同条所定の猥褻性を具備しないものと信ずるにつき、いかに相当の理由がある場合でも、その一切につき犯意を阻却しないものとして処罰する趣旨とは解しがたい」とし、映画「黒い雪」は全体として猥褻映画というべきであるが、「映倫審査の通過によって、本件映画の上映が刑法上の猥褻性を帯びるものであるなどとは全く予想せず、社会的に是認され、法律上許容されたものと信じて公然これを上映したもの」であり、「上映関係者が映画の上映について、法律上許容されたものと信ずるにつき相当の理由があり、わいせ

---

11) 有毒飲食物取締令事件・最大判昭和23・07・14刑集2・8・889参照。

292　第23講　違法性の錯誤論

つ図画公然陳列罪の故意を欠く」としました。また、**羽田空港ビル内デモ事件差戻後控訴審・東京高判昭和 51・06・01**（高刑集 29・2・301、判時 815・114）が、「無許可の集団示威運動の指導者が、右集団示威運動に対し公安委員会の許可が与えられていないことを知つている場合でも、その集団示威運動が法律上許されないものであるとは考えなかつた場合に、かく考えなかつたことについて相当の理由があるときは、右指導者の意識に非難すべき点はないのであるから、右相当の理由に基づく違法性の錯誤は犯罪の成立を阻却するといつてよい」として被告人に無罪を言い渡したところ、**第二次上告審・最判昭和 53・06・29**（刑集 32・4・967、判時 892・20、判タ 365・71）は、違法性の意識不要説に立つて判例違反を理由にではなく、単に事実誤認を理由に控訴審判決を破棄差し戻しました。さらに、**百円札模造事件・札幌高判昭和 60・03・12**（判タ 554・304）が、「特別の事情が存在し、その行為者においてその行為が許されたものであると信じ、かつそのように信ずるについて全く無理もない」と考えられる具体的な場合として、「本件の刑罰法規に関し確立していると考えられる判例や所管官庁の公式の見解又は刑罰法規の解釈運用の職責のある公務員の公の言明などに従つて行動した場合ないしこれに準ずる場合などに限られる」が、「本件被告人が違法性の意識を欠くことについて相当な理由があつたとはいえず、違法性の意識の可能性」はあるとしたところ、上告審の**百円札模造事件・最決昭和 62・07・16**（刑集 41・5・237、判時 1251・137、判タ 647・124〔百選 I・48〕）は、「このような事実関係の下においては、被告人Ａが第一審判示第一の各行為の、また、被告人Ｂが同第二の行為の各違法性の意識を欠いていたとしても、それにつきいずれも相当の理由がある場合には当たらないとした原判決の判断は、これを是認することができるから、この際、行為の違法性の意識を欠くにつき相当の理由があれば犯罪は成立しないとの見解の採否についての立ち入つた検討をまつまでもなく、本件各行為を有罪とした原判決の結論に誤りはない」としました。

　判例は、既に違法性の意識不要説から離れ、制限故意説又は責任説に近い考え方を採つていることをうかがわせます。すなわち、違法性の意識を欠いたことについて相当の理由があれば、故意がないあるいは犯罪は成立しないという考え方を採つていると考えられるのです。

(3)　本書の立場

　故意は、犯罪事実の認識的要素・意思的要素に関わる心理状態であり、犯罪者の犯罪者性を根拠づける積極要件として、刑法的非難可能性の基盤となる責任要件です。これに対し、違法性の意識の可能性は、故意の存在を前提にして、行為者が故意により違法性の意識を喚起でき、反対動機を形成でき

る可能性があったにもかかわらず、それを押さえ込んで犯罪動機の形成へと至った心理過程について刑法的非難可能性を判断する責任要件です。したがって、故意と違法性の意識の可能性は、その性質も内容も異なります。また、違法性の意識の可能性は故意と過失に共通した要素であり、故意・過失とは別個の責任要件です〔**責任説**〕。

行為者は責任能力者であることが多いですし、故意には提訴機能が認められますので、故意が存在するときには、故意責任も認められるのが通常です。したがって、故意責任の判断においては、故意責任を否定し、減弱させる主観事情、具体的には、違法性の意識の可能性がないこと、正当化事由の前提事実を認識していることなどを判断することになります。

3　違法性の錯誤

(1)　態　様

刑罰法規の不知とは、自己の行為を禁止し処罰している刑罰法規そのものの存在を知らなかった、あるいはその存在を失念していたため、自己の行為が法的に許されていると誤信する場合をいいます。例えば、変死者密葬罪(192条) のことを知らなかったため、検視の手続を経ることなく変死者を密葬した場合があげられます。この場合、刑罰法規の周知に努めるべき国家の責務と、刑罰法規を知るべき国民の責務との相関関係の中で判断することになるのですが、**刑罰法規の不知は許さず**として、一方的に国民に義務を強いるのは適当ではありません。行為者が、自己の行為が違法かどうかを知る機会も情報も与えられなかったため違法性の意識の問題に直面することができなかったときには、故意責任の非難をすることはできないからです。

あてはめの錯誤とは、包摂の錯誤ともいわれ、自己の行為を禁止する刑罰法規のことは知っていたが、その法規の解釈を誤ったため自己の行為は法的に許されていると誤信する場合をいいます。この場合、行為者は、自己の行為が違法かどうかの問題に直面してはいても、違法ではないと誤解しているのです。あてはめの錯誤は、その原因によりいくつかの類型があります。まず、⑦**判例**を信頼した場合があります。判例に法源性は認められませんが、判例は当該刑罰法規の公権的解釈であり、自己の行為と類似した事案に関する判

294 第23講 違法性の錯誤論

例を信頼したがゆえに違法性の意識を欠いた場合、その信頼は相当として違法性の意識の可能性はなかったといえる場合があります。次に、④官公庁等の**公的機関**の法的見解を信頼した場合があります。当該刑罰法規を掌理する公的な行政機関がその法規について公表した法的見解を信頼するのは相当と考えられますので、違法性の意識を欠いたことは相当であり故意責任の非難はできません[12]。さらに、⑨弁護士・法律学者等の私人たる**法律専門家**の見解を信頼した場合があります。法律専門家・専門機関の見解はいわば私的見解であって公的見解ではないので、原則として信頼は相当とはいえません[13]が、例外的に信頼が相当といえる場合もあります[14]。そして、㊀普段信頼を置いている一私人の意見を信頼した場合があります。法律の専門家・専門機関でもない**一私人**が開陳した法的意見への信頼は相当とはいえないので、通常、故意責任の非難を否定することにはなりません。

(2) 判断基準

　制限故意説、責任説において、違法性の意識の可能性はどのような基準により判断されるのでしょうか。

　学説では、違法性の意識を欠如したことについて相当の理由が認められるかで判断する**相当理由説**、過失の有無で判断する**過失説**、さらに、回避可能性、違法性の意識の期待可能性の有無で判断する**回避可能性・期待可能性説**などが主張されています。

　公選法法定外文書頒布事件・福岡高裁宮崎支部判昭和 34・09・11（下刑集1・9・1900）は、「構成要件に該当する具体的事実を認識していた以上、右事実についての刑罰法令を知らなかつたからといつて、故意（犯意）がなかつたとはいえない」が、「右事実についての刑罰法令を知らずしたがつて違法性の認識を欠くについて、なんらの過失のない場合あるいは相当の理由がある場合」には、「故意があるとすることは相当でないから、故意がないものとしなければならない」としており、参考になります。

　違法性の意識の可能性については、犯罪事実の認識が違法性の認識の可能性へと結びつくその連関を遮断する特別な事情が存しなかつたか、具体的に

---

12) 百円札模造事件控訴審判決・札幌高判昭和 60・03・12 判タ 554・304 参照。

13) 大判昭和 9・09・28 刑集 13・16・1230 参照。

14) 映画黒い雪事件・東京高判昭和 44・09・17 高刑集 22・4・595、判時 571・19 参照。

は、行為者は、自己の行為が刑法上違法であることを認識・学習する機会が与えられていなかったのか、自己の行為の違法性に関する情報を収集し、加工し、評価する機会が与えられていなかったのかが検討されなければならないのですが、それは、結局、行為者が違法性の意識を欠いたことについて相当の理由・事情が存在しなかったのかの判断に集約されます。

4　事実の錯誤と違法性の錯誤との区別

(1)　問題点

　錯誤が犯罪事実の事実的要素に関われば事実の錯誤として故意を阻却するのですが、その錯誤が犯罪事実の評価的要素に関われば違法性の錯誤であり、学説によっては、必ずしも故意を阻却するとは限りません。

＜違法性の錯誤の処理＞

ⓐ	**違法性の意識不要説**	⇒故意に影響せず故意犯成立
ⓑ	**自然犯・法定犯区別説**	⇒自然犯の場合は故意に影響せず故意犯成立、法定犯の場合は故意が認められず故意犯不成立
ⓒ	**厳格故意説**	⇒故意が認められず故意犯不成立
ⓓ	**制限故意説**	⇒違法性の意識の可能性があれば故意犯成立、違法性の意識の可能性がなければ故意犯不成立
ⓔ	**責任説**	⇒故意に影響せず故意犯成立。但し、違法性の意識の可能性があれば有責性が認められ、違法性の意識の可能性がなければ有責性がなく犯罪不成立

(2)　判例の状況

①　故意阻却の肯否

> **むささび・もま事件・大判大正 13・04・25**（刑集 3・364）は、被告人が、狩猟法上捕獲を禁じられている「むささび」であることを知らず、「むささび」とは別個のものと誤信して「もま」を捕獲した事案につき、「むささびと『もま』とは同一の物なるに拘らず、単に其の同一なることを知らず、『もま』を『もま』と知りて捕獲したるものにして、犯罪構成に必要なる事実の認識に何等の欠缺あることなく、唯其の行為の違法なることを知らざるに止るものなるが故に右弁疏は畢竟刑法第 38 条第 3 項に所謂法律の不知を主張するもの」とし、狩猟法違反罪の故意が認められるとしました。
>
> 　これに対し、**たぬき・むじな事件・大判大正 14・06・09**（刑集 4・378）は、被告人が、狩猟禁止期間中に、捕獲を禁止されている狸 2 匹を捕獲したが、狸

と狢はまったく別物と考え、自分の捕獲する十文字狢は捕獲を禁止された狸ではないと誤信していた事案につき、「学問上の見地よりするときは狢は狸と同一物なりとするも、斯くの如きは動物学上の知識を有する者にしてはじめて之を知ることを得べく、却て狸、狢の名称は古来併存し我国の習俗亦之の二者を区別し毫も怪まざる所なる」「故に本件の場合に於ては法律に捕獲を禁ずる狸なるの認識を欠缺したる被告に対しては犯意を阻却するものとして其の行為を不問に付するは固より当然なりと謂わざるべからず」とし、故意を阻却するとしました。

メタノール譲渡事件・最大判昭和 23・07・14（刑集 2・8・889）は、メチルアルコールが実は所持・議渡を禁止されている「メタノール」であることを知らないでこれを譲渡した事案につき、たとえメチルアルコールが「メタノール」と同一のものであることを知らなかったとしても、それは単なる法律の不知にすぎないのであって犯罪事実の認識に欠けるところはないから故意は阻却されないとしましたし、**刑罰法令不知事件・最判昭和 26・01・30**（刑集 5・2・374）は、「新憲法下における解釈としても、違法の認識は犯意成立の要件ではないのであるから、刑罰法令が公布と同時に施行されてその法令に規定された行爲の違法を認識する暇がなかつたとしても犯罪の成立を妨げるものではない。されば被告人が昭和 21 年 6 月 19 日麻薬取締規則が公布され同日以降施行されていたことについて、これを知らなかつたとしても、かかる法令の不知は未だ犯意の成立を妨げるものではない」とし、刑罰法規の不知は故意を阻却しないとしました。

他方、**無鑑札犬撲殺事件・最判昭和 26・08・17**（刑集 5・9・1789〔百選 I・44〕）は、飼犬証票がなくかつ飼主分明ならざる犬は無主犬とみなす旨の警察規則を誤解し、鑑札をつけていない犬はたとえ他人の飼犬であっても無主犬とみなされるものと信じ、鑑札を付けていない他人所有の犬を撲殺した事案につき、「本件は被告人において右錯誤の結果判示の犬が他人所有に属する事実について認識を欠いていたものと認むべき場合であつたかも知れない。されば原判決が被告人の判示の犬が他人の飼犬であることは判つていた旨の供述をもつて直ちに被告人は判示の犬が他人の所有に属することを認識しており本件について犯意があつたものと断定したことは結局刑法 38 条 1 項の解釈適用を誤つた結果犯意を認定するについて審理不尽の違法がある」としました。

また、**公衆浴場法違反事件・最判平成元・07・18**（刑集 43・7・752、判時 1329・190、判タ 713・91〔百選 I・46〕）は、会社代表者が、実父の公衆浴場営業を会社において引継いで営業中、県係官の教示により、当初の営業許可申請者を実父から会社に変更する旨の公衆浴場業の営業許可申請事項変更届を知事宛に提出し、受理された旨の連絡を県議を通じて受けたため、会社に対する営業許可があったと認識して営業を続け、公衆浴場法上の無許可営業罪の成否が問われた事案につき、「変更届受理によつて被告会社に対する営業許可があつたと

いえるのかどうかという問題はさておき、被告人が変更届受理によつて被告会社に対する営業許可があつたと認識し、以後はその認識のもとに本件浴場の経営を担当していたことは、明らかというべき」であつて、「本件公訴事実中変更届受理後の……本件浴場の営業については、被告人には『無許可』営業の故意が認められないことになり、被告人及び被告会社につき、公衆浴場法上の無許可営業罪は成立しない」としました。

② **相当理由に言及している判例**

判例は違法性意識不要説を採つていると断じるのは必ずしも適当ではありません。故意を阻却すべき錯誤なのかに焦点を当て、そこに、故意を阻却すべき「相当の理由」のある錯誤であるかを認定している判例もあるからです。例えば、**住居侵入事件・大判昭和9・09・28**（刑集13・1230）は、弁護士から侵入しても罪とならないと告げられ、これを信じて他人の看守する邸宅に侵入した事案につき、「罪となるべき前提となるべき事実に属する法律関係の錯誤は、諸般の事情に照し、其錯誤を来すべき相当の理由ありと認めらるる場合に於ては、畢竟罪と為るべき事実の錯誤を来すことなきに非ずと雖」、「人の看守する邸宅なることを認識しながら看守人の意思に反し之に侵入するに於ては、假令弁護士の意見に依り侵入するも罪とならずと告げられ之を信じたるとするも、畢竟刑法第130条の解釈を誤りたるものにして家宅侵入罪を構成する」とし、刑罰法規の解釈の誤りにすぎず、故意を阻却しないとしました。

羽田空港ロビー事件第二次上告審判決・最判昭和53・06・29（刑集32・4・967、判時892・20、判タ365・71）は、空港ビル内で許可を受けずに集団示威運動を指導したという事案につき、差戻後の**東京高判昭和51・06・01**（高刑集29・2・301）が、「無許可の集団示威運動の指導者が、右集団示威運動に対し公安委員会の許可が与えられていないことを知つている場合でも、その集団示威運動が法律上許されないものであるとは考えなかつた場合に、かく考えなかつたことについて相当の理由があるときは、右指導者の意識に非難すべき点はないのであるから、右相当の理由に基づく違法性の錯誤は犯罪の成立を阻却するといつてよい」とし、これまで同ビル内における同種の示威行動が黙認されてきており、当日も現場に居合わせた警察官からは何らの警告も制止もしなかつた等の事情があつて、本件無許可集団示威運動が法律上許されないとは考えなかつたことに相当の理由があるときは、右の相当の理由に基づく違法性の錯誤は犯罪の成立を阻却すると判示したのに対し、「被告人は行為当時本件集団示威運動が法律上許されないものであることを認識していたと認められるから、被告人はそれが法律上許されないものであるとは考えなかつたと認定した原判決は、事実を誤認したもの」とし、高裁判決を破棄・差し戻しました。

他方、**百円札模造事件・最決昭和62・07・16**（刑集41・5・237、判時1251・

298 第 23 講 違法性の錯誤論

137、判タ 647・124〔百選 I・48〕）は、飲食店の宣伝のため百円札に紛らわしい外観を有するサービス券を作成した際に、事前に警察署を訪れて警察官に相談し、通貨模造についての罰則の存在を知らされるとともに、紙幣と紛らわしい外観を有するサービス券とならないよう具体的な助言を受けたという通貨及証券模造取締法違反が問題となった事案につき、被告人らが各行為について「違法性の意識を欠いていたとしても、それにつきいずれも相当の理由がある場合には当たらないとした原判決の判断は、これを是認することができるから、この際、行為の違法性の意識を欠くにつき相当の理由があれば犯罪は成立しないとの見解の採否についての立ち入った検討をまつまでもなく、本件各行為を有罪とした原判決の結論に誤りはない」としました。

(3) 価値判断が強く要請される要件の錯誤

法律要件の中には、その存在の認定に当たって解釈者（裁判官）の規範的・評価的な価値判断を強く要請するものがあり、一般に、規範的構成要件要素といわれます。しかし、この用語は適当でないので、本書は用いません。

規範的・評価的な価値判断を強く必要とする要件には、㋐財産罪における「他人の財物」や公務執行妨害罪における職務行為の適法性のように、法律用語の解釈に関わるもの、㋑放火罪の公共の危険、虚偽告訴罪の虚偽の申告や、詐欺罪における「人を欺いて」のように、社会事実の評価に関わるもの、さらに、㋒猥褻罪における「猥褻」、礼拝所不敬罪における「不敬」や、名誉毀損罪における「名誉を毀損」のように、社会文化的評価に関わるものに分類することができます。

① 学説の状況

猥褻罪を例に説明すると、猥褻性の認識については、「一般人が羞恥心・嫌悪の情を抱くような意味内容のもの」であるという認識があってはじめて行為者は規範に直面しているといえるとし、それは具体的には、性的な表現が、一般人の素人的判断、行為者の属する素人仲間の並行評価において、「みだらだ」「いかがわしい」「まあ、破廉恥ね」と思えるような意味の認識があれば足り、その意味内容について専門的な認識は必要ないし、ましてそれが法律要件に該当するものであることを認識する必要もないと解されています。

② 判例の状況

チャタレイ事件・最大判昭和 32・03・13（刑集 11・3・997 判時 105・76、判タ 68・114〔百選 I・47〕）は、書店社長の被告人が、『チャタレイ夫人の恋人』の翻

> 訳本に性的描写があることを知りながら販売した事案につき、「主観的には刑法175条の猥褻文書にあたらないものと信じてある文書を販売しても、それが客観的に猥褻性を有するならば、法律の錯誤として犯意を阻却しないものといわなければならない」とし、被告人に厳しい見解を示しました。

③ **本書の立場**　法律要件は、程度に差はありますがいずれも規範的・評価的な価値判断を要します。猥褻性について故意があるといえるためには、法律専門的意味の認識は必要ありませんが、猥褻な性的描写・記述・図画等があることを認識しているだけでは足りず、その社会的な意味について認識し、その認識を、例えば自己の頒布行為・公然陳列行為等（猥褻物頒布等罪〔175条1項〕）を思いとどまるための動機として投入することなく、行為を行う動機として積極的に投入（意欲）し、あるいは消極的に投入（受容）する心理状態のもとで行為を行ったことが必要です〔**受容説**〕。この場合、重要なのは、性的表現についての行為者自身の意味の認識ではなく、性的表現を客観視したときに社会的にどのような意味が付与されるものとして行為者が認識していたかです。

(4)　正当化事由の錯誤

狭義の誤想防衛・誤想避難のような正当化事由の錯誤の場合、自己の行為が基本的な積極法律要件に該当することを認識しているけれども許されるものと誤信している点で、違法性の錯誤に類似していますが、他方、自己の行為の違法性・正当性に係る前提事実について誤信している点で、事実の錯誤にも近似しています。

①　学説の状況

> 正当化事由の錯誤について、これも正当化事由の前提の事実に関わる錯誤であるとし、**故意の阻却**を認め、過失がある場合には過失犯が成立するとする**事実の錯誤説**があります[15]。この説には消極的法律要件要素の理論からのものもあり、正当化事由はそれが存在することによって法律要件該当性を失わせる消極的要素であり、要件該当性に関わる要素であるとし、正当化事由の錯誤は端的に（要件）故意を阻却するとします[16]。

---

15)　平野・Ⅰ・164 頁
16)　中・137 頁、井田・382 頁。

300　第 23 講　違法性の錯誤論

　　責任故意の阻却を認め、正当化事情を認識しなかったことについて過失がある場合には過失犯が成立するとする**事実の錯誤説**もあります[17]。この説で注目すべきは、正当化事由の錯誤の場合、故意法律要件に該当する過失犯が肯定されていることです。

　　故意を法律要件該当事実の認識に限定する立場から、正当化事由の錯誤は**違法性の錯誤**であり故意の成否とは無関係であるとし、38 条 3 項によって単に情状により刑が減軽されるにすぎないとする**違法性の錯誤説**があります[18]。

　② **本書の立場**　本書は、正当化事由の錯誤を事実の錯誤の類型と違法性の錯誤の類型とに二分する**二分説**が妥当と考えます。要件該当性を基礎づける事実と正当化事由を基礎づける事実とは、行為が違法であるかどうかにとって同じ事実的意味をもっており、行為者には、自己の行為が許されるか否かという評価問題を判断するための前提となる基礎事情に当たります。したがって、①正当化事由を基礎づける前提事実を誤信した結果、自己の行為が許されると誤信した場合には、正当化状況という違法性・正当性を基礎づける事実の錯誤として故意責任を阻却します[19]。これに対し、②正当化事由に係る要件を誤解した結果、ある事実が正当化事由にあてはまると誤解し、自己の行為が許されると誤信した場合には、違法性・正当性それ自体の錯誤であるという意味で違法性の錯誤です。違法性の錯誤について、本書は責任説の立場から、違法性の意識の可能性は故意とは別の責任要素と解しますので、違法性の意識の可能性があったか否かにより有責性の有無として判断することになります。

(5)　作為義務の錯誤

　　作為義務の錯誤について、事実の錯誤の類型と違法性の錯誤の類型とに二分する**二分説**が妥当です。すなわち、①作為義務を根拠づける前提事実を誤信した結果、自分には作為義務がないと誤解した場合は、事実の錯誤として故意を阻却するのに対し、②作為義務そのものを誤解した結果、自己の不作

---

17)　通説です。

18)　福田・214 頁、西原・上・246 頁、西原・下・469 頁、大谷・164 頁、350 頁、伊東・197 頁。

19)　なお、**大阪地判平成 23・07・22** 判タ 1359・251（「被告人は、防衛のため相当な行為をするつもりで誤ってその限度を超えたものであり、防衛行為が過剰であることを基礎づける事実の認識に欠けていたのである」）参照。

為の行為が許されると誤信した場合には、違法性の錯誤とします。例えば、溺れている自分の子を他人の子と誤認し、「他人の子だから、自分は救助しなくてもいいんだ」と考えて救助しなかった場合が事実の錯誤に当たり、溺れている子を自分の子と認識したが、「溺れている原因を自分が作ったわけではないから、自分は救助しなくてもいいんだ」と考えて救助しなかった場合が違法性の錯誤に当たります。

　この点、保障人説を採って、保障人的地位に関する錯誤は事実の錯誤とし、保障人的義務（作為義務）に関する錯誤は違法性の錯誤としても、同じことです。

> 　作為義務の錯誤について、学説では、保障人的地位も保障人的義務も法律要件要素であるとの立場から、作為義務の錯誤は法律要件要素の錯誤であり、事実の錯誤として故意を阻却するとする**事実の錯誤説**があります[20] し、保障人的義務（作為義務）は違法性の要素であるとの立場から、作為義務の錯誤は違法性の錯誤であるとする**違法性の錯誤説**があります。

今日の一言

過去に　悩まされることはない

未来に　苦しめられることもない

過去は　すでに過ぎ去り

未来は　未だ来ていないのだから

20）大塚仁・216 頁、大谷・166 頁。

第24講　過失犯論

1　意　義

(1)　特別の規定

　38条1項は故意犯処罰を原則とし、**法律に特別の規定がある場合**に限り過失犯を処罰できる旨を規定しています。過失犯処罰は例外であり、通常、「失火により」（116条）、「過失により」（117条2項、129条など）、「注意を怠り」（117条の2、211条など）などの文言で規定されています。しかし、刑法は過失の意義を明らかにしておらず、判例・学説の検討に委ねられています[1]。

◆刑法典における過失処罰規定

過失犯	通常過失	業務上過失	重過失
失火罪	116条	117条の2前段	117条の2後段
過失激発物破裂罪	117条2項	117条の2前段	117条の2後段
過失建造物等浸害罪	122条	——	——
過失往来危険罪	129条1項	129条2項	——
過失傷害罪	209条1項	211条1文	211条2文
過失致死罪	210条	211条1文	211条2文

(2)　問題性

①　過失処罰規定

　過失処罰に明文規定が必要かについて、**明文規定必要説**は、過失犯処罰が例外である以上明文規定が必要であり、それが存在しない限り過失犯は処罰できないとするのに対し、**明文規定不要説**は、処罰の間隙を埋める必要がある以上、明文規定がなくとも過失犯処罰を認めるべきであるとし、さらに、**中間説**は、当該刑罰法規の趣旨から、一定の要件を充足する場合に過失犯処罰を認める趣旨が明白なときは明文規定を要せず、過失犯を処罰できるとします。

---

[1]　過失犯論については、井上正治『過失犯の構造』(1958年)、藤木英雄『過失犯―新旧過失論争―』(1975年)、西原春夫『交通事故と過失の認定』(1976年)、花井哲也『過失犯の基本構造』(1992年)、米田泰邦『機能的刑法と過失』(1994年)、長井圓『交通刑法と過失正犯論』(1995年)、松宮孝明『過失犯論の現代的課題』(2004年)、甲斐克則『責任原理と過失犯論』(2005年)、古川伸彦『刑事過失論序説』(2007年)、半田祐司『不法問題としての過失犯論』(2009年)参照。

> **古物営業記帳義務違反事件・最判昭和37・05・04**（刑集16・5・510）は、古物営業法の記帳義務違反（同法17条・29条）について、過失による記帳懈怠をも処罰する趣旨であると解し、過失犯処罰の明文規定は不要であるとしました。

　明文規定不要説は、38条の趣旨を没却させるだけでなく、立法機関の怠慢を糊塗するもので、妥当ではありません。**明文規定必要説**が妥当です。

　② **過失処罰の要否**　人間は過ちを犯す動物であり、不注意な行動は人間の性癖です。関与者は過ちを犯すことを考慮に入れ、危険を回避し、重大な結果の発生を防止する安全体制を確立しておくことが求められます。

　それでも重大事故が発生してしまった場合、それは、安全体制に欠陥・盲点があったと考えるべきで、まずは、事故原因を究明し、現行の安全体制の欠陥・盲点を改善し、再発防止のために智恵と知力を結集し、関係当事者の協力を得て、よりよい安全体制を確立することこそが肝心で、刑事責任を追及することが最優先事項ではないはずです。刑事責任の追及を優先させると、関係者は刑事（・民事）の責任を問われることを恐れて、自分に不利となる事実や情報を隠し、他の人に責任転嫁するために虚偽の事実・情報を出そうとします。そうした心理は、人の常で、憲法も刑法・刑事訴訟法もこの点を考慮した条文を設けているくらいです[2]。事故原因の究明、再発防止策の構築、安全体制の確立は、犠牲となった方やその遺族を含む多くの人たちの願いでもあるはずです[3]。

2　過失構造論

(1)　問題性

　過失構造論をめぐっては、違法本質論の相違を反映して、結果無価値論から旧過失論、行為無価値論から新過失論が主張されます。それは過失をめぐる原理論の争いですが、同時に社会の要請の反映でもあります。理論は時代の要請であり、時代の反映でもあるのです。

---

2) 憲法38条1項・3項、刑法104条、105条、刑事訴訟法198条2項、291条3項、311条1項など。
3) 事故の被害者・遺族らが、「二度と息子・娘のような犠牲者が出ないようにして欲しい。それが、犠牲になった息子・娘の願いでしょうから」、「私どものような悲しい思いをする人が二度と出ないように、原因を究明してほしい」と語る言葉は、哀しみを乗り超えようとする気持ちの発露ですが、心からの希望を語った勇気ある発言でしょう。

304　第24講　過失犯論

　1950年代後半以降、高度経済成長による経済の発展、産業の高度化が進むにつれて、過失犯においても許された危険、利益衡量、信頼の相当性など過失犯の成立範囲を限定する理論が主張されます。これは新過失論の台頭と軌を一にし、分業経済社会の進展の下、危険であっても有益な経済活動を処罰から解放し、自由な経済活動を保障する機能を果たしました。しかし、1960年代後半以降、公害、薬害、食品中毒など高度経済成長の負の面が社会問題化してくると、大気汚染防止法（1968年）、人の健康に係る公害犯罪の処罰に関する法律（1970年）など一連の公害対策法が制定されるとともに、過失犯論においても、新・新過失論のように過失の範囲を拡張しようとする理論が主張されるようになります。

　今日、危険回避を志向する世論を背景にして、刑罰への期待が過剰に高まっているようです。経済活動の集中化・寡占化、産業構造の高度化に伴って、一旦事故が発生すると広範囲の多数の人々が犠牲となる事故の大規模化・深刻化が背景にあると考えられます。重大で深刻な事故が発生したとき、そうすることがあたかも犠牲になった方々への償い・鎮魂となるのだという痛ましい確信の下、また、それが再発防止につながるのだという淡い幻想の下、責任者を執拗に探し出して厳罰に処すことで溜飲を下げる状況があることも否定できません。それは、人は過ちを犯す動物であるという事実から目を背け、結果責任へと至る「茨の道」を進むものであり、また、「犠牲の羊」を引っ張り出して溜飲を下げる危うい状況でもあります。

　厳罰化では再発防止にはつながりませんし、過失犯罪の抑止にならないことは、これまでの飛行機事故、交通事故などで明らかです。人間は不注意な動物で、ミスを犯すものであることを前提にし、それが重大結果につながらないような安全体制を幾重にも構築しておくことが肝要なのです。事故原因の究明、再発防止策の構築を優先させるのは、まさにそのためです。

(2)　新旧過失論争

　旧過失論[4] は、**違法性は客観的に、有責性は主観的に**のもと、行為者は犯罪結果を予見できたにもかかわらず、意思の緊張を欠いたがためにこれを予見し

――――――――――
4）内藤・下・1105頁、町野・255頁、堀内・121頁、西田・260頁、曽根・170頁、浅田・344頁、山口・245頁、松宮・210頁、松原・279頁。

なかった点に過失非難の契機があるとします。この説によると、過失の本質は、行為者基準の予見可能性を前提とする予見義務違反という主観的過失にあることになり、また、犯罪体系論上、故意・過失は法律要件該当性・違法性においては共通であり、有責性において区別されることになります。この説に対しては、法律要件的過失を否定することができるのか、過失の実行行為を観念しなくてよいのか、結果発生を常に帰責する結果責任に陥ってしまうのではないかとの疑問が出されます。

これに対し、**新過失論**[5) は、現代社会では危険な行為のすべてが犯罪として禁止されているわけではなく、社会生活上必要な注意を尽くしていれば、行為から結果が発生しても犯罪とならないとの理解を前提に、過失は結果予見可能性を前提とする結果予見義務、及び結果回避可能性を前提とする結果回避義務への違反を内容とする注意義務違反の態度であるとします。この説によると、過失の本質は、客観的注意義務違反、とりわけ客観的な結果回避義務違反にあり、社会生活上要求される注意を遵守した基準行為に適った行為であれば、たとえ結果が発生しても過失犯は成立しないとします。体系的には、故意と過失は社会的相当性・規範違反からの逸脱の程度が異なるので既に法律要件該当性・違法性の段階で異なり、過失犯の法律要件該当性・違法性では一般人基準の注意義務違反が、有責性では行為者基準の注意義務違反が判断されます。この説に対しては、法律要件該当性段階（・違法性段階）で要件過失（・違法過失）を考え、責任段階で責任過失を考えるのは煩雑であり実務的でない、基準行為からの逸脱という思考法は過失犯をすべて不作為犯にしてしまう、過失犯の実行行為が客観的注意義務に違反する危険な行為であるとすると、それは基準行為からの逸脱と一致するとは限らず、過失犯の実行行為を曖昧なものにするなどの疑問が提起されます。

新・新過失論[6) は、新過失論に立ちながらも、結果予見可能性は、一般人ならば少なくともその種の結果発生がありうるとして危惧感・不安感を抱く程度で足りるとします。この説は、危惧感・不安感により基準行為を緩和したがゆえに予見可能性の範囲が拡張され、過失犯の成立範囲が拡大している点に特徴があります。この説に対しては、結果予見可能性が危惧感・不安感で足りるとすると、過失犯処罰の拡大を招き、多くの経済活動・産業活動を抑止してしまう、また、産業分野・経済分野の相違に応じた**生活関係別過失理論**は、この理論の破綻を意味しているなどの疑問が提起されます。

---

5) 西原・上・196 頁、福田・125 頁、大谷・182 頁、川端・206 頁以下、佐久間・142 頁。
6) 藤木・240 頁、井田・217 頁、高橋・218 頁。生活関係別過失理論を主張するのは板倉・256 頁。

(3) 本書の立場

過失犯の場合も、故意犯の場合と同様、法律要件を充足し、犯罪結果を惹起する一般的危険性を有する実行行為が存在します。そこで要求される危険性の質量も、過失犯の犯罪結果（実害結果・危険結果）の内容・程度に応じて異なりますし、実行行為と犯罪結果との間に社会的因果関係・刑法的因果関係が必要なのも、故意犯の場合と同様です。

過失は、故意とともに、行為者の主観に関わる一般要件として、その本来の体系的地位は責任にあります。

① **要件過失**は単に**過失**ともいいますが、犯罪者の犯罪者性を積極的に根拠づける積極要件で、構成的な認定がなされます。その内容は、行為者の注意能力を基準に予見可能性を前提に認定される不注意な心理態度です。過失は、法律要件該当性の段階において、不注意な心理態度という意味で無過失（不可抗力）から区別され、犯罪事実の認識・受容の欠如という意味で故意から区別されます。

② また、犯罪者の犯罪者性を消滅・減弱させ、過失責任を排除・低減させる消極要件があり、ここでは消去法的な認定がなされます。過失の存在が認定されると、行為者は責任能力・注意能力のある者であることが多いですから、過失責任も認められます。ですから、過失責任においては、過失の責任非難を否定し、減弱させる主観事情が存在していないかを認定することになり、その内容は、違法性の意識の可能性、正当化事由や作為義務を基礎づける前提事実などの認識についての過失の有無です。

＜過失犯の要件＞

○客観要件	① 不注意な行為に結果発生の現実的危険性が存在すること〔実行行為性〕
	② 不注意な行為と犯罪結果との間に因果関係が存在すること〔因果関係〕
○主観要件	③ 犯罪結果を予見できたのに、意思の緊張を欠いたがために予見しなかったこと〔予見義務違反〕

3 予見可能性

(1) 対象

① 学説の状況

具体的予見可能性説[7] は、特定の犯罪行為に係る客観要件を充足する犯罪事実、すなわち犯罪結果発生及びその結果発生に至る因果関係の基本部分についての具体的な予見可能性が必要であるとします。この説は、予見可能性は一般人をして犯罪結果の回避へと動機づけるに足る程度に結果回避義務を根拠づけるものであるから、抽象的なものでは充分でなく具体的である必要がある、責任原則の観点からいって単なる不安感・危惧感のような抽象的な予見可能性では、刑法上の非難可能性を根拠づけるには充分でないことを根拠にあげます。

他方、**危惧感説**[8] は、犯罪結果発生についての単なる不安感・危惧感で足りるとします。この説は、結果発生について不安感・危惧感があるとき、それを払拭するに足りる結果回避措置を採るよう要求しても酷ではないし、責任原則に反するものではない、現代社会における事故の大規模化・深刻化を考慮すると、それだけの危険を扱う行為者には不安感・危惧感を解消する万全の措置を取るべきなのは当然であるなどを根拠にあげます。

さらに、**結果原因説**[9] は、特定の犯罪行為に係る客観要件を充足する犯罪事実の発生等の原因事実についての予見可能性があれば足りるとします。この説は、それを予見したとき、一般通常人であれば結果回避の措置を取ったであろうと考えるのが相当である事実が予見可能性の対象だとすると、それは、結果発生の原因となった事実に求めるのが妥当である、行為者にとっても過失認定者にとっても、より具体的な予見可能性の事実を要求すべきで、結果の原因事実はまさに過失犯の実行行為の危険性を根拠づける事実であり、その予見可能性は過失犯の実行行為性の予見可能性でもあることを根拠にあげます。

② 判例の状況

裁判例の中には、**森永ドライミルク事件・高松高判昭和 41・03・31**（高刑集 19・2・136、判時 447・3）のように、「この不安感こそ、まさに本件で問題になっている危険の予見に外ならないのである」とし、また、同事件差戻審・**徳島地判昭和 48・11・28**（判時 721・7）のように、「予見可能性は具体的な因果過程を見とおすことの可能性である必要はなく、何事かは特定できないがある種の危険が絶

---

7) 大塚仁・210 頁、大谷・186 頁、西田・268 頁以下、曽根・172 頁、山口・255 頁など、**ハイドロプレーニングバス事故・大阪高判昭和 51・05・25** 刑裁月報 8・4=5・253、判時 827・123、判タ 341・147、**藤枝ガス漏れ事故・東京高判平成 2・04・24** 判時 1350・156、**天六ガス爆発事故・大阪高判平成 3・03・22** 判時 1458・18、判タ 824・83。

8) 藤木・241 頁、板倉・257 頁以下。なお、高橋・216 頁以下参照。

9) **中間項の理論**といわれます。西原・上・198 頁、前田・221 頁。

無であるとして無視するわけにはいかないという程度の危惧感であれば足りる」
とし、危惧感説を採用したものもみられます。

　しかし、判例の基本的傾向は具体的予見可能性説に近いといえます。**川治プ
リンスホテル火災事件・最決平成2・11・16**（刑集44・8・744、判時1374・33、
判タ750・157）は、「被告人は、同ホテルの防火・防災対策が人的にも物的にも
不備であることを認職していたのであるから、いったん火災が起これば、発見
の遅れ、初期消火の失敗等により本格的火災に発展し、建物の構造、避難経路
等に不案内の宿泊客等に死傷の危険の及ぶ恐れがあることはこれを容易に予見
できた」とし、**ホテルニュージャパン火災事件・最決平成5・11・25**（刑集47・
9・242、判時1481・15、判タ835・54〔百選Ⅰ・58〕）は、「いったん火災が起これば、
発見の遅れや従業員らによる初期消火の失敗等により本格的な火災に発展し、
従業員らにおいて適切な通報や避難誘導を行うことができないまま、建物の構
造、避難経路等に不案内の宿泊客らに死傷の危険の及ぶおそれがあることを容
易に予見できたことが明らかである」とし、**福知山線脱線事故・最決平成29・
06・12**（刑集71・5・315）は、「被告人らが、管内に2000か所以上も存在する同
種曲線の中から、特に本線曲線を脱線転覆事故発生の危険性が高い曲線として
認識できたとは認められない」としているからです。

　③　**本書の立場**　過失の予見可能性も、実害犯では実害結果発生及びそれ
に至る因果関係の基本部分の予見可能性、危険犯では危険結果発生及びそれ
に至る因果関係の基本部分の予見可能性ということになります。ただ、多く
の過失犯は実害犯であるため、前者の予見可能性が必要となります。

㋐　**具体的予見可能性**　過失犯の場合、行為者は、行為関係的な違法法律要
件を充足する事実を認識・予見する可能性があり、違法性の意識を間接的に
喚起できる可能性が存したにもかかわらず、不注意により犯罪事実を実現し
た点に刑法的非難を受けるべき根拠があります。したがって、過失犯の予見
可能性も、故意の提訴機能におけると同様に考え、犯罪事実の回避へと動機
づけるに足る程度の具体性がなければなりません。責任原則からいっても、
単なる不安感・危惧感のような抽象的な予見可能性では充分ではないので
す。結果原因説は、予見可能性の認定に有益な示唆を与えてくれますが、原
因事実の予見可能性は因果関係の基本部分についての予見可能性に既に包摂
されています。

㋑　**故意の範囲との関係**

3 予見可能性 309

後部荷台無断同乗者死亡事件・最決平成元・03・14（刑集 43・3・262、判時 1317・151、判タ 702・85〔百選Ⅰ・52〕）が、「被告人において、右のような無謀ともいうべき自動車運転をすれば人の死傷を伴ういかなる事故を惹起するかもしれないことは、当然認識しえたものというべきであるから、たとえ被告人が自車の後部荷台に前記両名が乗車している事実を認識していなかつたとしても、右両名に関する業務上過失致死罪の成立を妨げない」とした点を考察します。

　そもそも錯誤論における故意の範囲と過失犯論における予見可能性の範囲とはどのような関係にあるのでしょうか。この点について、故意の範囲と予見可能性の範囲は連動しないとする**分離説**は、故意犯において、反規範的人格態度は直接的であり、規範違反の心理態度が先鋭的であるがゆえに、故意の範囲は限定されるのに対し、過失犯において、反規範的人格態度は間接的であり、規範違反の心理態度が鈍重的であるがゆえに、予見可能性の範囲は緩和されることを根拠とします。つまり、故意の範囲は厳格に、予見可能性の範囲は緩やかになるというのです。

　これに対し、故意の範囲と予見可能性の範囲は連動するとする**連動説**は、故意も過失も、直接的・間接的の違いはあっても、反規範的人格態度である点では共通であり、いずれも主観的な帰責範囲を画定するという意味で同一の帰責原理に服するのは当然であることを根拠とします。すなわち、錯誤論において抽象的符合説を採れば過失犯論では抽象的予見可能性説を、法定的符合説を採れば法定的予見可能性説を、具体的符合説を採れば具体的予見可能性説を主張することになるのです。

　先の最高裁決定は、分離説を採っているか、それとも、連動説のうちの法定的符合説・法定的予見可能性説を採っているか判然としませんが、少なくとも判例の法定的符合説[10]の立場からは当然の結論といえます。

　錯誤論につき**具体的危険符合説**を採る本書は、連動説を妥当と考えますが、故意の認識の範囲も過失の予見可能性の範囲もいずれも、実行行為のもつ危険性の有無・程度・方向・範囲によって規定される客観的な**危険場**と、その危険場に関する行為者の**認識・予見可能性**が軸となります。本件について見ると、荷台同乗者が行為者の過失運転行為のもつ危険性に係る客観的な危険場の範囲にあると認められても、危険場に関する行為者の予見可能性として、行為者が荷台同乗者の存在をおよそ認識することができないときは、荷

---

10) 最判昭和 53・07・28 刑集 32・5・1068、判時 900・58、判タ 366・165〔百選Ⅰ・42〕参照。法定的符合説に数故意犯説・一故意犯説があるように、過失犯（予見可能性）にも数過失犯説（数予見可能性説）・一過失犯説（一予見可能性説）があるのでしょうか。

310　第24講　過失犯論

台同乗者の法益を侵害したことについて法的非難を加えることはできないは
ずで、荷台同乗者の死亡結果につき過失犯の成立を肯定できません。

(2) 判断基準

　一般通常人の注意能力を基準にする**客観説**は、法律要件要素・違法要素としての過失を問題とする以上、類型的・一般的な通常人の注意能力を基準として不注意を認定すべきであるとします。
　具体的な行為者の注意能力を基準にする**主観説**は、責任要素としての過失を問題とする以上、行為者の具体的な注意能力を基準として不注意を認定すべきであるとします。
　行為者の注意能力と一般通常人の注意能力の低い方を基準とする**折衷説**は、法は行為者に不能を強いて非難することはできないし、かといって一般通常人よりも高い注意義務を課すことも許されないとします。

　現在の学説・判例は新過失論が優勢な状況にあり、要件過失では一般通常人の注意能力を、責任過失では具体的行為者の注意能力を基準とする傾向にあります。本書によれば、行為者個人の具体的な注意能力を基準とした主観的な予見可能性を基準にすることになります。

4　信頼の原則

(1) 意　義

　信頼の原則とは、行為者が行為をなすにあたって、被害者、第三者等が適切な行動を取ることを信頼するのが相当な場合には、たとえ被害者、第三者等の不適切な行動によって結果が発生しても、過失の責任を負わないとする原則をいいます[11]。

　過失の認定は、時として結果の重大性に目を奪われ、行為者に酷となる傾向があります。信頼の原則は、行為者が尽くすべき注意義務を尽くし、被害者、第三者等の行動に信頼をおいて行動してよい場合、それらの者の不適切な行動によって生じた結果について行為者は過失責任を負わないとすることで過失犯を妥当な範囲に限定する機能を果たしており、分業体制における効率的な任務遂行を担保する分業化社会における過失制約原理です。

---

11) 信頼の原則については、西原春夫『交通事故と信頼の原則』(1969年) 3頁以下、西原春夫『交通事故と過失の認定』(1975年) 45頁以下参照。

信頼の原則は、1930年代のドイツにおいて、交通事故分野の判例において提唱、理論化され、1960年代に医療過誤分野でも本格的に展開されました。日本では、1950年代終わりに、ドイツの交通事故分野の判例・学説を念頭において、道路交通事情の高度化を背景にして実務にも導入され、1966年には判例[12]にも採用されました。

⑵　他の法理との関係

　①　**許された危険の法理**は、たとえ行為に法益侵害の危険があっても、それが社会的有用性を有しかつ相当の注意義務が尽くされている限り違法でないとするもので、行為から生じる危険性は行為者以外の者に負担させるのが相当であるときには、行為者は過失責任を負わないとするものです。信頼の原則は、許された危険の法理が過失犯論と連携したときに生じるもので、危険分配論の一適用場面と考えることができます。但し、許された危険の法理は故意犯・過失犯における法律要件該当性阻却事由又は正当化事由に位置づけられるのに対し、信頼の原則は過失犯における予見可能性ないし予見義務に位置づけられます。

　②　民法では**過失相殺の法理**（民法722条2項）が妥当しており、被害者の過失の程度に応じて加害者の損害賠償額が減額調整されますが、被害者の過失が加害者の過失を消滅・軽減させるわけではなく、被害者の過失が加害者の損害賠償額の算定に考慮されるにすぎません。これに対し、刑法では、過失相殺の法理を容れる余地はなく、加害者の過失の認定において、予見可能性ないし信頼の原則の認定で被害者の過失が考慮されるにすぎません。

⑶　適用範囲

　信頼の原則は、相手方に危険を分配しても衡平性を逸しない関係にある分野、具体的には、道路交通、協力関係にあるチーム医療、分業の進んでいる産業など、危険な業務を遂行するにあたって業務関与者が作業を分担し、相互に各人の適正な結果防止の措置・行動を信頼するのが相当である分野に適用されます。逆に、例えば、被監督者に対する監督・指揮・指導が、監督の地位にある行為者の注意義務の内容となっている場合など、業務の性質・内

12）最判昭和41・06・14刑集20・5・449、判時448・14、最判昭和41・12・20刑集20・10・1212、判時467・16、判タ200・139。

312 第24講 過失犯論

容、業務分担体制確立の程度、業務分担者の専門的技能の程度等を考慮した
とき、他人の適切な行動を信頼するのが相当でない場合には、信頼の原則は
適用されません。

(4) 適用要件

① 社会事情　他の関与者が適切な行動をとることを信頼するのが相当と認め
られる社会生活上の基盤が存在すること
② 行為事情　他の関与者が適切な行動をとることを信頼するのが相当と認め
られる具体的な行為の事情が存在すること
③ 行為者事情　行為者の不適切な行動が他の関与者の不適切な行動を誘発し
ていないなど、他の関与者が適切な行動をとることの信頼の相
当性を根拠づける事情が行為者側に存在すること

　例えば、被害者・第三者等が酩酊者・高齢者・幼年者であるため不適切な
行動を取る可能性・蓋然性の認められる客観事情が存在し、行為者がその事
情を容易に認識・予見し得る場合や、行為者自身が交通規則に違反し、それ
が原因となって被害者・第三者等の不適切な行動を誘発した場合など、被害
者・第三者等他の関与者の適切な行動を信頼できない特別の事情が存在し、
他の関与者が不適切な行動をとることが容易に認識・予見可能であるときは、
信頼の相当性は認められず、信頼の原則の適用が否定されます。

(5) 問題点

① 信頼の原則の要否

　そもそも信頼の原則を過失犯に導入する必要があるかについて、**不要説**[13] は、
信頼の原則は過失犯の一般成立要件を明示的に言い換えたものにすぎず、とり
たてて要求されるべき原則ではない、信頼の原則の適用が肯定される場合は、
被害者が結果回避の行動を取らなかった場合や、そうした行動を取らない可能
性がきわめて高い場合なので、行為者の行為に実質的な危険性が認められない
場合であることを根拠にあげます。
　必要説（通説・判例）は、信頼の原則は過失犯処罰の拡大傾向を抑制するのに
有用な概念であるし、過失の認定に一定の判断枠組みを与えてくれるので過失
の認定に安定性を与えてくれることを根拠にあげます。

② 信頼の原則の位置

---

13) 平野・Ⅰ・197頁以下、町野・302頁。

4 信頼の原則 313

　信頼の原則は過失認定のどこに位置づけられるかについて、**旧過失論**では、過失の予見可能性（ないし危険性）という抽象的基準を具体化し、具体的予見可能性を認定するための思考上の規準を提供する原理と位置づける見解 [14] が主張されています。

　他方、**新過失論**では、客観的な結果予見義務・結果回避義務の範囲を画すための規範的な規準を提供する原理と位置づける見解 [15]、客観的な結果回避義務を否定するための客観的な規準を提供する原理と位置づける見解 [16] など、客観的な注意義務を限定する原理とする見解が主張されています。

　本書によれば、信頼の原則は、ともすれば広範に認められがちな事実的・自然的な予見可能性の中から刑法的な予見可能性を抽出するための概念道具と位置づけられます [17]。信頼の原則は純理論的には予見可能性の判断に解消されるべき概念ですが、これを用いることによって予見可能性の認定が可視的になるので、あえて放棄する必要はないでしょう。

(6) 判例の状況

① 肯定判例

　最判昭和 42・10・13（刑集 21・8・1097、判時 499・20、判タ 211・210〔業務上過失致死被告事件〕〔百選 I・54〕）は、幅員約 10 メートルの一直線で見通しがよく、他に往来する車両のない道路のセンターラインの若干左側から進路の右側にある小路に入るため、右折の合図をしながら右折を始めようとする原動機付自転車の運転者としては、後方から来る他の車両の運転者が、交通法規を守り、速度を落して自車の右折を待って進行するなど、安全な速度と方法で進行するであろうということを信頼して運転すれば足り、あえて交通法規に違反して高速度でセンターラインの右側にはみ出してまで自車を追越そうとする車両のありうることまでも予想して、右後方に対する安全を確認し、もって事故の発生を未然に防止すべき業務上の注意義務はないとし、**最判昭和 45・11・17**（刑集 24・12・1622、判時 616・106、判タ 256・185〔業務上過失致死被告事件〕）は、「本件被告人のように、交差する道路（優先道路を除く。）の幅員より明らかに広い幅員の道路から、交通整理の行なわれていない交差点にはいろうとする自動車運転者としては、その時点において、自己が道路交通法 17 条 3 項に違反して道路の中央から右の部分を通行していたとしても、右の交差する道路から交差点に

---

14) 内藤・下 I・1147 頁以下、曽根・176 頁、西田・274 頁以下、山口・256 頁以下、松宮・224 頁。
15) 大塚仁・205 頁、大谷・193 頁。なお、山中・401 頁（危険創出連関を否定する原理）。
16) 藤木・249 頁、板倉・283 頁、井田・231 頁。
17) 西原・上・205 頁、曽根・176 頁。

314 第24講 過失犯論

はいろうとする車両等が交差点の入口で徐行し、かつ、自車の進行を妨げないように一時停止するなどの措置に出るであろうことを信頼して交差点にはいれば足り、本件Mのように、あえて交通法規に違反して、交差点にはいり、自車の前で右折する車両のありうることまでも予想して、減速徐行するなどの注意義務はない」としています[18]。

② 否定判例

これに対し、**大阪高判昭和45・08・21**（高刑集23・3・577、判タ255・214〔業務上過失致死被告事件〕）は、下校途中にある6歳の児童が、自動車の進路前方左側の歩道に設けられたグリーンベルトの中で、1歩踏出せば車道に降りられる地点に佇立し、対向車道の方向だけを見て、右自動車の接近に気付かないように見受けられるときは、当該自動車運転者は、右児童が危険な横断を開始するなど、不測の行動に出るかもしれないことを予見し、直ちに警音器を吹鳴して警告を与えると共に、その不測の行動に備えて減速または徐行すべき業務上の注意義務を有し、この場合に、信頼の原則を適用すべきではないとし、**東京高判平成16・11・11**（高等裁判所刑事裁判速報集平16・114〔業務上過失致死被告事件〕）は、道路左側端から発進して対向車線上に転回しようとする場合、運転者としては、発進時ばかりでなく、その後の転回中においても、視線を交互に切り替えるなどして、両方向の車線の安全を十分に確認すべき注意義務があり、被告人が発進時及び転回時に右後方に対する安全確認を十分に尽くしていれば、被害車両が高速で接近してくるのに気付き、転回を差し控えて衝突を回避することが十分に可能であったことから、被害車両が制限速度の2倍以上の高速走行をしていたとしても、注意義務違反が認められるとしています[19]。

5 種 類

(1) 認識ある過失・認識なき過失

過失は犯罪事実の認識の有無によって、**認識ある過失**と**認識なき過失**に分けられますが、非難可能性の程度に差があるわけではありません。（認識ある）過失と（未必の）故意の区別については、認識説、蓋然性説、認容説（通説・判例）、動機説（消極的動機説・積極的動機説）及び実現意思説が対立していますが、本

---

18) ほかに、**森永ドライミルク事件・徳島地判昭和38・10・25**下刑集5・9=10・977、判時356・7〔業務上過失致死傷被告・食品衛生法違反被告事件〕、**札幌医大電気メス事件・札幌高判昭和51・03・18**高刑集29・1・78、判時820・36、判タ336・172〔業務上過失傷害被告事件〕〔百選Ⅰ・51〕、**白石中央病院火災事件・札幌高判昭和56・01・22**刑裁月報13・1=2・12、判時994・129〔業務上過失致死傷・消防法違反被告事件〕。

19) ほかに、東京高判昭和32・11・19東高時報8・12・402〔業務上過失致死被告事件〕。

書は**受容説**を妥当と考えています[20]。

(2) 通常過失・業務上過失

　過失は業務上必要な注意の有無によって分けられ、**通常過失**（単に**過失**）は、日常生活の中で通常要求される一般的な注意を怠ることをいい、**業務上過失**は、一定の法益侵害の危険を伴う業務に従事する者が業務上必要な注意を怠ることをいい、例えば、業務上失火罪・業務上過失激発物破裂罪（117条の2）、業務上過失往来危険罪（129条2項）、業務上過失致死傷罪（211条1文）などがあります。

> 　業務上過失が通常過失よりも重く処罰される根拠について、**刑事政策説**[21]は、業務者に高度な注意義務が課されているのは政策的考慮によるものであって、本人の具体的な注意能力・注意義務違反の程度とは無関係であるとします。
> 　**類型的注意能力説**[22]は、業務者一般に警告を発し、一般予防に資するため、業務者は一般類型的に注意能力が高いと擬制したものであり、本人の具体的な注意能力・注意義務違反の程度とは無関係であるとします。
> 　**個別的注意能力説**[23]は、注意能力を個々の行為者ごとに判断し、業務者であっても注意能力が非業務者よりも低い場合には業務性を否定するのですが、業務者はその地位に基づいて、通常人よりも広範囲にわたって結果を認識・予見しうる能力を有し、その認識・予見が行為の反対動機を形成すると考えられるので、結果発生に対して責任が重くなるとします。
> 　**違法性・有責性加重説**[24]は、業務者は一般に通常人よりも広範囲にわたって結果を認識・予見しうる能力を有するから、低度の注意能力を有するにすぎない通常人が注意義務に違反する場合と比べて、その違反の程度が著しく、かつ重い責任非難を加えることができるとします。

(3) 通常過失・重過失

　重過失は注意義務に違反する程度が著しい過失をいい、きわめて些細な注意を払うことによって注意義務を尽くすことができたのに、行為者はこれを怠ったがゆえに、重い刑法的非難に値する場合をいい、例えば、重失火・重過失激発物破裂（117条の2）、重過失致死傷（211条2文）などがあります。

---

20) 未必の故意と認識ある過失との区別については、第21講参照。
21) 通説・判例（大判大正3・04・24刑録20・619、最判昭和26・06・07刑集5・7・1236）です。
22) 植松・308頁、吉川・217頁、中野・127頁。
23) 佐伯千仭・263頁。
24) 福田・136頁、大塚仁・218頁、内田・127頁。

316　第24講　過失犯論

　現行刑法は、業務上過失と重過失の両方を規定していますが、両過失はそれほど大きな違いはない、それだけに両概念に混乱が生じかねない、業務上過失も重過失も通常過失の量刑において考慮すれば足りることから、過失犯の法定刑で対処するのが現実的です。そこまで改めるのが困難なら、業務上過失を残し、重過失は量刑において考慮することを提案します。

6　過失の競合

　犯罪結果の発生について複数の過失が競合している事態を**過失の競合**といい、同一行為者内での競合と、複数の行為者間での競合があります。

(1)　同一行為者内

　犯罪結果を惹起する危険性のある不注意な行為が同一行為者内で同時的・経時的に競合している場合があり、特に経時的に競合している場合を**段階的過失**といいます。例えば、前夜深酒をして二日酔いの状態で乗用車を運転していたXが、前方注視を怠り、道路横断中の歩行者Aを直前になって現認し、衝突を回避しようと急制動しようとし、過ってアクセルを踏んでしまい、Aを轢いて死亡させた場合〔ブレーキ誤認事例〕、二日酔い状態での運転、前方不注視、過ってアクセルを踏む行為などの不注意な行為が段階的に競合しており、どの行為を過失の実行行為とするかが問われます。

> 　**過失併存説**[25]は、発生結果と因果関係のあるすべての過失の危険行為が過失の実行行為であるとします。すなわち、注意義務違反が不可分に結合して結果が発生した場合に、直近過失一個に過失を限定する必要はないし、複数の行為に過失犯の実行行為性を肯定したうえで一連・一体化して認定することも可能であるとするのです。しかし、各段階での行為に関する不注意の性質・内容は異なるはずで、この説はその点を軽視しているとともに、過失犯の実行行為を弛緩させ、予備行為との区別を曖昧にするなど問題があります。
> 　**直近過失一個説**[26]は、発生結果に直結する直近の行為のみが過失の実行行為であるとします。

---

25)　内藤・下 I・1136頁、福田・134頁、大塚仁・169頁、西原・上・201頁、西田・263頁、曽根・178頁、高橋・239頁、東京高判昭和47・07・25東高時報23・7・148。

26)　大谷・196頁、川端・230頁、前田・213頁、札幌高判昭和40・03・20高刑集18・2・117、東京高判昭和46・10・25東高時報22・10・277、東京高判昭和47・01・17東高時報23・1・1。なお、

先のブレーキ誤認事例において、歩行者 A を轢死させるに至った現実的危険性のある行為は、ブレーキと間違えてアクセルを踏んで加速し、A に衝突して轢死させた行為であり、この危険な行為を不注意で行った点に過失があるということになります。それより前の、二日酔い状態での運転、前方不注視での運転は、過失の実行行為のいわば予備行為であって、**直近過失一個説**が妥当です。

(2) 複数行為者間

① **法的に平等な関係にある競合** これはいわばヨコの過失競合で、さらに2 類型に分けることができます。例えば、自動車運転者 X が運転を誤って歩行者 A を跳ねて負傷させたところ、A にも信号無視の不注意な行為があった場合のように、複数行為者の過失行為が対向的に競合する**対向的過失競合**があります。刑法では、民法の過失相殺の観念を容れることは許されませんので、行為者 X の過失はそれ自体で判断され、被害者 A の過失は X の注意義務違反認定の際の考慮事情となります。次に、例えば、自動車運転者 Y が前方不注視で歩行者 B を跳ねて転倒させ負傷させた直後に、追走してきた自動車運転者 Z も前方不注視で運転をし、転倒していた乙を轢いて死亡させた場合のように、複数行為者の過失行為が同向的に競合する**並列的過失競合**があります。この場合、各行為者の予見可能性を前提に各自の過失が認定され、同時過失犯（過失の同時犯）の余地を検討することになります。

② **法的に上下関係にある競合** これはいわばタテの過失競合で、**監督過失**といいます。監督過失に近接するものとして**管理過失**があり、管理者等による物的設備・機構、人的体制等の不備そのものが直接に犯罪結果の発生に結びつく場合の管理者等の過失をいいます。

7 監督過失・管理過失

(1) 意義・問題性

① **監督過失**とは、競合する複数の過失行為者の間に一定の業務等の社会生活上の関係から監督者・被監督者という上下関係・主従関係が認められる

大塚裕史「段階的過失における実行行為性の検討」『神山敏雄先生古稀祝賀論文集第 1 巻』（2006年）37 頁以下。

318　第24講　過失犯論

場合の監督者の過失をいい、**管理過失**とは、災害事故そのもの、あるいは災害事故から発生する可能性のある死傷結果を予防する物的設備・人的防災体制等の安全体制を確立すべき注意義務が認められる場合の管理者等の過失をいいます。管理過失は、通常の過失と同じく、物的設備・人的防災体制等との関係で直接的な過失を認定するので、認定にそれほどの困難は伴いませんが、監督過失は、直接の過失行為者が介在し、間接的な過失認定を強いられるので、過失認定に困難が伴います。

　②　監督過失においては、直接行為者と監督者の過失の（共謀）共同正犯・共犯、直接行為者の過失犯に対する監督者の過失間接正犯、直接行為者の過失と監督者の過失との過失同時犯、直接行為者の過失を条件とする監督者の過失犯など、様々な面を看取することができます。

　学説では、過失犯に対する故意の教唆につき間接正犯成立の余地を認める見解[27]が有力ですし、過失犯に対する故意の幇助についてはこれを肯定する見解[28]が有力です。他方、過失の教唆・幇助については、正犯の実行行為を惹起せしめる危険性が微弱である、処罰規定を欠く、教唆の観念からして過失の教唆の観念を容れる余地はないなどを根拠に、これを否定する見解[29]が有力です。

　監督過失には、過失犯に対する過失の共同正犯・共犯の側面があることを考慮すると、理論的には、監督過失の概念を否定するのが一貫しているのですが、この点が充分に検討されないまま監督過失の概念が用いられ、認定されています。それは、学説が、過失犯の定型性は緩やかなので、過失正犯の背後の過失不作為正犯、過失正犯の同時犯を肯定してもよいと考えているか、それとも、監督過失の概念を肯定すべきとの観念に囚われているかのいずれかです。

27）大谷・437頁、前田・372頁。なお、山口・334頁。
28）大谷・444頁、山口・336頁。なお、前田・380頁。
29）大谷・442頁、前田・380頁、山口・334頁。なお、西田・357頁。

(2) 新旧過失論と監督過失

旧過失論によれば、予見可能性を軸に結果予見義務が検討されますが、監督過失においては、監督者が自己の行為によって被監督者の過失行為が惹起され、犯罪結果を生じることの予見可能性が検討されます。例えば、ホテル火災で、いったん火災が発生したとき、発見の遅れ、初期消火の失敗等とも相俟って、従業員の不適切な行動が発生し、宿泊客等に死傷者の発生することがありうることの予見可能性が検討されることになります[30]。

新過失論によれば、注意義務のうち結果予見義務について、監督者が自己の行為によって被監督者の過失行為が引き起こされることの予見可能性・予見義務、及び被監督者の過失行為によって犯罪結果が惹起されることの予見可能性・予見義務が検討され、次に結果回避義務について、自己の行為に起因する被監督者の過失行為に基づいて犯罪結果が発生するのを回避する結果回避可能性・結果回避義務が検討されることになります。

(3) 問題点

① **実行行為について**　監督過失・管理過失における**実行行為**は作為なのか不作為なのか、実行行為の主体は誰なのかが問題となります。例えば、監督者・管理者が防災計画立案者に出した指示・命令が不適切であったため、直接の防災計画立案者の過誤が誘発され、火災発生の際に死傷者が出てしまった場合、監督者・管理者が不適切な指示・命令を出した行為と捉えれば作為となりますし、適切な指示・命令をしなかった行為と捉えれば不作為となります。

北ガス事件・札幌地判昭和 61・02・13（刑裁月報 18・1=2・68、判時 1186・24、判タ 592・54）は、「調整過誤を発見、是正させる事後点検も行わない調整作業計画を立案、実施した過失」として作為犯構成をしていますし、**ホテルニュージャパン火災事件・最決平成 5・11・25**（刑集 47・09・242、判時 1481・15、判タ 835・54〔百選Ⅰ・58〕）は、被告人は「あらかじめ防火管理体制を確立しておくべき義務を負っていた」として不作為犯構成をしています。

実行行為の主体については、通常は、安全体制を整備する責任ある者が危険源を支配・管理している者ですから、その者が実行行為の主体となります。例えば、火災によって死傷者を出す危険のある建物の場合、当該建物の消防法上の管理権原者が、通常、防火管理に関する最高かつ最終の責任を有する

30）川治プリンスホテル火災事件・最決平成 2・11・16 刑集 44・8・744、判時 1374・33、判タ 750・157。

者ですので、監督過失・管理過失の責任主体、したがって実行行為の主体となります。但し、管理権原者であっても、その権限を防火管理者等の下位の者に全面的・部分的に委譲している場合もあるので、注意を要します。また、管理権原者により選任された防火管理者も、防火管理に関する包括的な業務執行をなすべき者であるときは実行行為の主体となりえます。その場合、防火管理者に固有の注意義務、防火管理者がその下位の者を監督・指揮すべき注意義務、及び、上司である管理権原者（事業者）に対して防火対策の改善について進言する義務[31]等を考慮して認定することになります。

> 　**大洋デパート火災事件・最判平成3・11・14**（刑集45・8・221、判時1411・45、判タ778・65）は、営業中のデパート店舗3階階段部分で火災が発生し、店内の多数の客・従業員が逃げ場を失って死傷した火災事故について、取締役人事部長Xには、取締役会の構成員の一員として取締役会の決議を促して消防計画の作成等をすべき注意義務や、代表取締役に対し防火管理上の注意義務を履行するよう意見を具申すべき注意義務があるとはいえないし、3階売場課長Yには、3階店内に延焼する前に階段の防火シャッターを閉鎖する措置を採らなかった過失があるとはいえないし、営繕課の課員Zは防火管理者とする選任届が提出されていたとしても、消防計画を作成してこれに基づく避難誘導等の訓練を実施すべき注意義務があるとはいえないとし、いずれも業務上過失致死傷罪は成立しないとしました。

　②　**因果関係について**　監督過失・管理過失について作為犯構成を採れば、支配的見解では、通常の条件関係・相当因果関係の判断、あるいは危険の現実化の判断をすることになりますし、不作為犯構成を採れば、結果回避措置が取られていたならば犯罪結果は回避できたであろうという仮定的条件を付与したうえでの確率的判断がなされることになります。その場合の確率的判断は、確実に結果を回避しえたことを合理的な疑いを容れない程度に証明する必要がありますが、仮定的可能性の証明なので100パーセントの確実性は必要でなく、蓋然性の程度[32]で足ります。本書は、いずれも社会的因果関係・刑法的因果関係の判断をします。

　また、複数行為者間で過失が競合し、そのうち誰か一人だけが結果回避措

---

31) 進言義務を考慮することに対しては、学説では強い批判があります。
32) 結果回避可能性の程度について、**覚醒剤少女死亡事件・最決平成元・12・15**刑集43・13・879、判時1337・49、判タ718・77〔百選Ⅰ・4〕が参考となる。

置を取っても結果を回避できない場合、すなわち、複数の過失行為者の結果回避措置が取られてはじめて結果発生を阻止できる場合、事故当時、各行為者が各自に要求される結果回避措置を取っていれば結果を回避できたであろうという証明がないのですから、共同の注意義務の存在を認めない限り、またそのうちの一人が監督者的地位にいる場合でない限り、因果関係は認められず、発生結果について過失責任を問うことはできません。

さらに、注意義務を果たしていれば、現に死亡した 20 人全員が助かったかは定かでないが、5、6 人の救命可能性はあり、ただその 5、6 人が誰であるか特定不能である場合、概括的な因果関係の認定をして、5、6 人に対する（業務上）過失致死罪の刑事責任を問いことができるでしょうか。これを肯定する見解[33] もありますが、定型性が緩いといわれる過失の予見可能性をさらに抽象化するものであり、予見可能性不要論となる危険があります。また、概括的な因果関係を認め、いわば概括的過失を導入することは、実行行為のもつ危険性の有無・程度・方向・範囲等の特性を無視することになりますし、そもそも法益の個性を没却させることになるなど問題があります。

③　**原因の予見可能性について**　出火の原因など災害事故の原因の予見可能性は必要でしょうか。火災がいつ起こるか分からないということは、火災による人の死傷結果の具体的予見可能性がないことを意味するので、具体的予見可能性説を採る以上、災害事故の原因の予見可能性は当然に必要であるとする見解[34] も主張されています。しかし、例えば、ホテル火災事故の場合、出火原因は、放火、寝たばこ等の宿泊客の失火、厨房等での従業員の失火の場合もあれば、爆弾テロ、地震、百万年に 1 度の確率の隕石落下の場合もあるかもしれません。具体的予見可能性にとって重要なのは、出火原因ではありません。出火の可能性が一定程度認められる以上、出火状況の危険場において死傷結果が生じる具体的予見可能性が重要なのです。それは、具体的予見可能性を弛緩させて危惧感説を採るものではありません[35]。

33）井田良「注意義務をめぐる諸問題」刑法雑誌 34 巻 1 号（1995 年）101 頁。

34）浅田・353 頁、松宮・227 頁、大塚裕史・440 頁、山口厚『問題探究刑法総論』（1998 年）178 頁以下、松宮孝明『刑事過失論の研究』（補正版・2004 年）292 頁、306 頁、361 頁参照。

35）例えば、湖水で観光船を就航させている X が、救命ボート・救命具等を備えることなく営業し

322 第24講 過失犯論

> **川治プリンスホテル火災事件・最決平成2・11・16**（刑集44・08・744、判時 1374・33、判タ750・157）は、「いったん火災が起これば、発見の遅れ、初期消火の失敗等により本格的な火災に発展し、建物の構造、避難経路等に不案内の宿泊客等に死傷の危険の及ぶ恐れがあることはこれを容易に予見できた」とし、とりたてて出火原因に言及していません。

　因果経過の予見可能性について、一般に、因果経過の基本部分・本質部分の予見可能性が必要であり、災害事故の発生の後、死傷結果の発生に至る因果経過についての基本部分について予見可能性があれば足りるとするのが支配的見解[36]であり、本書もこれを妥当とします。

　④　**信頼の原則について**　監督過失・管理過失に信頼の原則は適用されるのでしょうか。具体的には、監督者・管理者が、危険を防止・回避する組織・体制を前提に、部下の直接行為者を信頼し、事故の発生を防ぐことを期待した場合や、監督者・管理者が危険源を直接に支配し統制する地位にある部下のことを信頼し、部下の直接行為者がその指示・命令に基づいて行動した場合に問題となります。

> 　学説では、信頼の原則は結果回避義務を限定し、過失責任を免除する機能を有するところ、タテの関係にある監督過失（・管理過失）に信頼の原則を適用することは、被害者を犠牲にし、刑事責任を末端の従業員に押しつけることになるとして、信頼の原則の適用に批判的な見解[37]も主張されています。

　本書によれば、信頼の原則は予見可能性の範囲を限定する制約原理であるところ、信頼の相当性を基礎づける客観的事情が存在し、それを否定する特別な事情がないのであれば、信頼の原則の適用を否定する理由はありません。

ていたところ、およそ1万年に1度の確率で小隕石が落下して船底に穴が開き、沈没して多数の乗客を溺死させた場合、隕石落下の確率はきわめて低いがゆえに予見可能性が否定され、Xの過失責任は認められないとするのはいかにも不合理です。予見可能性にとって重要なのは、隕石落下による沈没ではなく、突然の突風、暴風、台風、大雨などの自然的原因や、乗組員らの過誤などの人工的原因など何らかの原因によって、当該観光船が転覆・沈没する可能性（危険性）が一定程度認められるか、認められるのであれば、それを前提に、そうした危険状態に対処すべき安全設備・安全体制を整備していたかが重要だからです。

36）松宮・221頁、札幌高判昭和51・03・18高刑集29・1・78、**生駒トンネル事件・最決平成12・12・20**刑集54・9・1095、判時1735・142、判タ1051・274〔百選Ⅰ・53〕。

37）大谷・197頁、土本武司『過失犯の研究』（1986年）95頁。

その点は、通常の過失犯におけると同じです[38]。

> 　**白石中央病院事件・札幌高判昭和 56・01・22**（刑裁月報 13・1=2・12、判時 994・129）は、ボイラーマン A によるトーチランプの不適切な使用により出火したが、出火当時、当直看護師 B が新生児の救出に考えが及ばなかったこともあって、新生児ほかが負傷した事案につき、当直看護師や夜警員が当然果してくれるものと予想されるような出火通報・非常口開扉及び新生児搬出などの救出活動ないし避難誘導活動が現実に実行されないであろうという場合までも考慮に入れて火災発生に備えた対策を定めなければならない注意義務はないとして信頼の原則を適用し、病院長に無罪を言い渡しました。また、**日本アエロジル事件・最判昭和 63・10・27**（刑集 42・8・1109、判時 1296・28、判タ 684・182）は、アエロジル製造工場において、未熟練技術員が誤ってパージバルブを開け、大量の塩素ガスを大気中に放出させて付近住民等に傷害を負わせた事故につき、製造課長と班責任者には、注意義務を怠って未熟練技術員を配置した過失があり、業務上過失傷害罪が成立するとしましたが、その際、「右の安全教育又は指示を徹底しておきさえすれば、通常、熟練技術員らの側においてこれを順守するものと信頼することが許されるのであり、それでもなお信頼することができない特別の事情があるときは、そもそも未熟練技術員を技術班に配置すること自体が許されない」とし、信頼の原則を適用する余地を認めています。

　　　　　　　　　　　　　　　今日の一言

　　　　　　　　　 女だちは　たくさん欲しいかい
　　　　　　　 つきあってくれる女人は　たくさんいて欲しいかい
　　　　　　 でも　じっくりと　長くつきあえる女人がいるのであれば
　　　　　　　　　　少なくたって　いいんじゃない
　　　　　　 その女人が　キミにとって　かえがえがないと思えるのであれば

---

38) 西原・上・206 頁、松宮・228 頁。

第25講　結果的加重犯論

1　意　義

結果的加重犯とは、故意の基本犯から加重結果が発生した場合に、その基本犯と加重結果とを一個の犯罪とし、基本犯よりも重く処罰しているものをいいます。

◆刑法典における結果的加重犯

結果的加重犯	基本犯	加重結果
汽車転覆等致死罪（126条3項）	汽車転覆等罪（126条1項・2項）	致死
水道毒物等混入致死罪（146条2文）	水道毒物等混入罪（146条1文）	致死
強制猥褻等致死傷罪（181条）	強制猥褻罪（176条）、強制性交等罪（177条）、準強制猥褻・準強制性交等罪（178条）、監護者猥褻・性交等罪（179条）、未遂（180条）	致死傷
特別公務員職権濫用等致死傷罪（196条）	特別公務員職権濫用罪（194条）、特別公務員暴行陵虐罪（195条）	致死傷
傷害罪（204条）	暴行罪（208条）	致傷
傷害致死罪（205条）	傷害罪（204条）	致死
同意堕胎致死傷罪（213条2文）	同意堕胎罪（213条1文）	致死傷
不同意堕胎致死傷罪（216条）	不同意堕胎罪（215条）	致死傷
遺棄等致死傷罪（219条）	遺棄罪（217条）、保護責任者遺棄等罪（218条）	致死傷
逮捕等致死傷罪（221条）	逮捕・監禁罪（220条）	致死傷
強盗致死傷罪（240条）	強盗罪（236条）、事後強盗罪（238条）、昏酔強盗罪（239条）	致死傷
強盗・強制性交等致死罪（241条3項）	強盗・強制性交等罪（241条1項）	致死

2　過失の要否

(1)　問題性

結果的加重犯においては、基本犯と加重結果との間にどのような要件が必

要なのか、特に過失（予見可能性）の要否が問われます[1]。

(2) 学説・判例の状況

　基本犯と加重結果との間に因果関係があれば足り、加重結果について過失を要しないとする**過失不要説**があります。この場合の因果関係について、判例[2]は、「傷害致死罪の成立には傷害と死亡との間の因果関係の存在を必要とするにとどまり、致死の結果についての予見は必要としない」とし、基本犯と加重結果との間に因果関係、特に条件関係があれば足りるとしています。学説も、基本犯について故意があり、かつ基本犯の行為のもつ危険性の射程範囲内で生じた結果について行為者の責任を問うことは社会観念上不合理ではないし、実質的にも基本犯は加重結果を発生させる危険性を内包しているのであるから、基本犯を故意に行い、それと相当因果関係の範囲内にある限り行為者に加重結果を帰責することは責任原則に反しない、相当因果関係の認定では「一般人が認識できた事情」という判断基底が用意されているので、あらためて過失の判断は不要であることを根拠に、基本犯と加重結果との間に相当因果関係があれば足りるとする見解[3]が主張されています。
　これに対し、責任原則の貫徹からすれば、基本犯と加重結果との間に、単に客観的な因果関係だけでなく、主観的な結びつきとして過失（予見可能性）が必要なのは当然であるとし、基本犯と加重結果との間に因果関係のほかに過失が必要であるとする**過失必要説**[4]が有力です。

(3) 本書の立場

　加重結果について、基本犯との間に（社会的因果関係・）刑法的因果関係があっても、行為者に過失が認められないときには、責任原則から、行為者を法的に非難することはできないはずです〔**過失必要説**〕。過失は行為者の具体的予見可能性を軸とし、因果関係は科学的因果法則を軸としますので、過失の判断と相当因果関係の認定とが重なり合うこともありません。

3　加重結果について故意がある場合

(1) 問題性

　行為者が加重結果について故意を有する場合、結果的加重犯ではなく、重い犯罪の故意犯が成立するのが原則です。但し、条文によっては、結果的加

---

1) 結果的加重犯論については、香川達夫『結果的加重犯の本質』(1978年)、丸山雅夫『結果的加重犯論』(1990年)、内田浩『結果的加重犯の構造』(2005年)、榎本桃也『結果的加重犯の再検討』(2011年)。
2) 最判昭和26・09・20刑集5・10・1937、最判昭和32・02・26刑集11・2・906〔百選Ⅰ・50〕。
3) 西原・上・214頁、藤木・93頁、高橋・248頁。
4) 福田・81頁、大塚仁・181頁、大谷・199頁、浅田・278頁、山口・203頁、松宮・79頁、佐久間・120頁など通説。

326　第 25 講　結果的加重犯論

重犯だけでなく故意犯をも処罰していると解されている犯罪があります。

(2)　学説・判例の状況

①　強盗犯人に殺意がある場合

　強盗犯人に殺意がある場合、**強盗殺人罪（240 条後段）**のみ成立するとする説（判例・通説）は、240 条後段は少なくとも過失を必要とするにすぎず、故意がある場合を排除していない、240 条には「よって」の文言が使われていないので、結果的加重犯類型に限定する必然性はない、法定刑を考慮すると結果的加重犯と故意犯の双方を規定していると考えるのが合理的である、刑事学的にみて、頻繁に遂行される顕著な犯行形態を取り上げて規定したと考えられることを根拠にあげます。この説に対しては、結果的加重犯と故意犯とが同一犯罪法律要件に同一法定刑で規定されていると解するのは無理があるとの疑問が出されます。
　強盗致死罪（240 条後段）と殺人罪（199 条）の観念的競合とする説は、強盗致死罪（240 条後段）は結果的加重犯であって故意犯を含まない、240 条後段では、「死亡させたときは」という文言が使われており、故意犯を含ませるのは無理であることをあげます。この説に対しては、重い死の結果を二重に評価しており、妥当でないとの批判が加えられます。
　さらに、**強盗罪（236 条）と殺人罪（199 条）**の観念的競合とする説は、強盗致死罪（240 条後段）は、あくまでも結果的加重犯であって故意犯を含まないことを根拠にあげます。この説に対しては、刑の不均衡をきたしてしまうとの批判がなされます。

②　強盗犯人が女性を強姦し、かつ殺意をもって殺害した場合

　強盗犯人が女性を強姦し、かつ殺人の故意をもって殺害した場合、**強盗強姦罪（旧 241 条前段）と強盗殺人罪（240 条後段）**の観念的競合とする説（判例）、**強盗強姦罪（旧 241 条前段）と殺人罪（199 条）**の観念的競合とする説、また、**強盗強姦致死罪（旧 241 条後段）と殺人罪（199 条）**の観念的競合とする説、さらに、**強盗強姦致死罪（旧 241 条後段）**のみ成立するとする説がありました。
　しかし、2017 年（平成 29 年）の改正により、立法的解決がなされ、強盗・強制性交等致死罪（241 条 3 項）として処断されることになりました。

(3)　本書の立場

　結果的加重犯において加重結果について故意がある場合、学説では、刑の不均衡を回避して妥当な罪責を導き出すことに議論が集中しています。しかし重要なのは、当該結果的加重犯の法文言とその解釈のはずです。強盗致死罪（240 条後段）はあくまでも結果的加重犯の規定であり、故意犯を含まないのですから、強盗犯人に殺意がある場合は、**強盗罪（236 条）と殺人罪（199 条）**

の観念的競合となります。また、「人を死亡させた」という文言が使われている強盗・強制性交等致死罪の規定（241 条 3 項）は通常、結果的加重犯で使われる文言であり、殺意がある場合を含めるのは適当ではありません。立法者は、その点をもっと神経質に配慮して改正すべきです。

4　結果的加重犯と共同正犯・共犯

　結果的加重犯と共同正犯・共犯が競合したときは、結果的加重犯の問題と過失の共同正犯・共犯の問題が交錯しますので、考察すべき点が複雑となります。詳細は、「共同正犯の諸問題」[5] のところで説明します。

今日の一言

欲望を断ち
希望を持とう

5）結果的加重犯の共同正犯については、第 34 講参照。

第 26 講 未遂犯論

1 総 説

(1) 意 義

広義の未遂犯は犯罪の実行に着手したが、これを完成させるに至らなかった犯罪形態をいい、通常、障害未遂犯と中止未遂犯に分けられます。**狭義の未遂犯**は障害未遂犯のことで、**未遂犯**と言ったときは、通常、これを指します [1]。中止未遂犯は、通常、**中止犯**といいます。

43 条本文は広義の未遂犯（未遂犯・中止犯）に関する一般原則を規定し、同条但書は中止犯を規定しています [2]。44 条は、未遂犯処罰があくまでも例外であることを明らかにしています。

未遂犯（広義）は、実行の着手によって予備罪・陰謀罪と区別され、結果不発生又は因果関係不存在によって既遂犯と区別されると説明されます。実は、この説明は正確とはいえません。例えば、殺人罪の実行の着手が存在しても、未遂犯成立に必要な死亡結果の具体的危険結果が発生しないとき、あるいは実行行為と具体的危険結果との間に因果関係が存在しないときは、殺人の未遂犯は成立せず予備罪にとどまります。これを予備罪からいえば、実行の着手・実行行為のない予備罪のほかに、実行の着手・実行行為はあるが未遂結果のない予備罪が存在することになります。

未遂犯は、経時的段階と未遂原因によって、次のように分けられます。

---

1) 未遂犯論については、山口厚『危険犯の研究』（1982 年）、野村稔『未遂犯の研究』（1984 年）、宗岡嗣郎『客観的未遂論の基本構造』（1990 年）、森住信人『未遂処罰の理論的構造』（2007 年）、吉田敏雄『未遂犯と中止犯』（2014 年）1 頁以下、中野正剛『未遂犯論の基礎』（2014 年）参照。
2) 多くの基本書で、「43 条本文は障害未遂犯について、同条但し書きは中止未遂犯について規定している」と記述されます。これは正確とはいえません。43 条本文は、（障害未遂犯と中止未遂犯を区別することなく）広義の未遂犯を規定しており、同条但し書が「中止未遂犯」を規定したために、翻って、同条本文は「障害未遂犯」のみを規定していると解釈されているのです。かりに同条但し書が削除されたとき、中止未遂犯に関する規定がなくなってしまうわけではなく、43 条がこれに適用されることを想起すれば、分かるでしょう。

実行行為・結果	実行行為		結　果	
段　階	開始〔実行の着手〕	終了〔実行の終了〕	不発生	発生
障害未遂（未遂犯）	**着手未遂**（未終了未遂）	**実行未遂**（終了未遂・欠効犯）	既遂	
中止未遂（中止犯）	**着手中止**（未終了中止）	**実行中止**（終了中止）		

(2)　処罰根拠

　　行為者の危険な意思・性格を軸に未遂犯を構成する近代学派は、行為者の反社会的で危険な意思・性格の外部的表動である行為がなされたことを未遂犯処罰の根拠とします。これは主観主義的アプローチを採る**主観的未遂犯論**です。この見解では、行為者の危険な意思・性格の外部的表動が重要であって、予備・陰謀と未遂、未遂と既遂の区別に重要な意味はないことになります。

　　これに対し、行為の客観的な危険性を軸に未遂犯を構成する古典学派は、犯罪実現の客観的な危険性を有する行為がなされたことを未遂犯処罰の根拠とします。これは客観主義的アプローチを採る**客観的未遂犯論**です。この見解では、外部に顕在化した行為の客観的危険性が重要であって、予備・陰謀と未遂、未遂と既遂は、客観的実害・危険の点で質的に大きな相違があり、罪責及び刑罰に大きな差があるのは当然ということになります。

　　現在の学説・判例は古典学派の**客観的未遂犯論**を基調としており、どのような事情を考慮し、どの時点を基準にして法益侵害の危険性を判断するか、行為者の主観的要素は法益侵害の危険性に影響を与えるか、法益侵害の危険性は行為の属性か結果の属性かに議論が集中しています。

　　刑法の本質的機能は法益保護にあるところ、未遂犯処罰の根拠も、**法益侵害の現実的危険性**のある危険結果を惹起した点にありますが、危険結果の質・量は、各犯罪の罪質に応じて異なりますし、危険結果が、実行の着手・実行行為と同時接着していることもあれば、離隔犯、原自行為などのように離れていることもあります。

(3)　成立要件・法効果

① 　犯罪の実行に着手したこと〔実行の着手〕
② 　犯罪を遂げなかったこと〔犯罪の未完成〕
③ 　少なくとも未遂の故意が存在すること〔故意〕

330　第26講　未遂犯論

①　**実行の着手**　未遂犯が成立するには、犯罪の実行に着手したことが必要です。実行の着手については後に説明します。

②　**「これを遂げなかった」こと**　次に、犯罪の完成に至らなかったことが必要です。これには、未遂犯に必要な結果発生の現実的危険性は生じているが、当該犯罪の既遂犯に必要な結果（実害結果・危険結果）は発生していない場合と、当該犯罪の既遂犯に必要な結果は生じているが、実行行為と結果との間に法的因果関係が存在しない場合とがあります。

③　**未遂の故意**　未遂犯が成立するには、少なくとも未遂の故意が必要です。

　未遂犯の法効果は、未遂犯処罰規定の存在（44条）を前提として、刑の任意的減軽（43条本文）ですので、裁判所（裁判官・裁判員）の裁量によっては既遂犯と同じ刑を宣告することも可能です[3]。

(4)　問題類型

①　**挙動犯**については、単に実行行為があれば完成するため未遂犯成立の余地はないとする**否定説**[4]がある一方で、挙動犯であっても、犯罪の完成につき一定の行為段階に至ることを要するものについては未遂犯成立の余地があるとする**肯定説**[5]が有力です。

　本書によると、挙動犯においても、一定の行為段階に至ることを要するとき、また何らかの危険の発生を要するときには、未遂犯成立の余地があり、肯定説が妥当です。

②　**過失犯**については、結果が発生するに至ってはじめて犯罪が成立するので未遂犯はありえないとする**否定説**[6]がある一方で、過失犯も実行行為及び結果発生を要する犯罪なので、未遂犯の観念を容れる余地があるとする**肯定説**[7]が有力です。本書も肯定説を妥当と考えます。

　結果的加重犯については、加重結果について故意がある場合を含む結果的

---

3) 既遂犯と未遂犯に同一刑が規定されているものに、例えば、「盗犯等ノ防止及処分ニ関スル法律」（いわゆる盗犯等防止法）における常習特殊窃盗（2条）、常習累犯強窃盗（3条）、常習強盗傷人・常習強盗強姦（4条）。
4) 大塚仁・254頁、川端・487頁。
5) 福田・233頁、大谷・369頁、野村・324頁。なお、野村稔『未遂犯の研究』（1984年）111頁以下。
6) 野村・323頁。
7) 福田・233頁、大塚仁・177頁、大谷・370頁、前田・203頁。

加重犯については未遂が認められるとする**部分肯定説**[8]、加重結果は発生したが基本犯が未遂にとどまった場合には結果的加重犯の未遂犯が認められるとする**基本犯未遂説**[9]のほか、過失犯について未遂犯が考えられるのであるから、結果的加重犯についても未遂犯が考えられるとする**全面肯定説**[10]も主張されています。全面肯定説が妥当です。

④　**不作為犯**については、不作為犯は挙動犯なので未遂犯を容れる余地はないとする**否定説**が主張されていましたが、作為義務が発生する時と、それに違反する実行行為としての不作為が肯定される時との間に間隔が存在する場合があるので、理論上未遂犯の観念を容れる余地がある、不作為犯も単なる挙動犯ではなく、結果（実害結果・危険結果）の発生を必要とする犯罪であるので、未遂犯を認めることができるなどを根拠にする**肯定説**[11]が通説であり、本書も肯定説を採ります。

2　実行の着手

(1)　学説の状況

実行の着手は、実行行為を開始することです。

近代学派の**主観主義刑法理論**は、行為者の意思・性格の危険性（反社会的な危険性）を軸に、犯意が外部的に明らかになった時点に実行の着手を認めます。このうち、**純主観説**[12]は、犯意の飛躍的表動が認められるときをもって実行の着手とする見解で、実行の着手は犯人の危険性を徴表するもので、犯罪意思が外部に表明されれば足りるとする点に特徴があります。但し、この説でも、実行の着手を判断するに当たって、犯意を確定的に徴表するものとして行為という客観面も考慮されていることに注意してください。この説に対しては、近代学派の主観主義的アプローチはそもそも支持できない、実行の着手時期が早すぎる、客観要素が軽視されるため、認定の困難な主観面の判断に恣意的な考慮が混入しやすいなどの批判がなされます。また、**主観的客観説**[13]は、行為者の全体的企図を基礎として当該法律要件の保護客体を直接危殆化するところの行為

---

8)　団藤・357 頁。
9)　平野・Ⅱ・309 頁。
10)　福田・233 頁、大塚仁・255 頁。
11)　例えば、大塚仁・255 頁、大谷・370 頁、川端・489 頁。
12)　牧野・上・254 頁、宮本・179 頁。
13)　木村亀二・345 頁。

の中に犯罪意思が明確に表現されたときをもって実行の着手とする見解で、犯人の意思・性格の危険性を重視しながらも、それが保護法益に与える危険性をも考慮している点、実行の着手を判断するに当たって、行為に表れた犯罪意思という主観面と犯罪意思が保護法益の危殆化に及ぼす客観面の双方が考慮されている点に特徴があります。この説に対しては、近代学派の主観主義的アプローチはそもそも採用できない、全体的企図・危殆化・犯罪意思の関係が不明確である、客観要素が軽視されるため、認定困難な主観面の判断に恣意的考慮が混入しやすいなどの疑問が提起されます。

　他方、古典学派の**客観主義刑法理論**のうち、**形式的客観説**[14] は、基本的法律要件に該当する行為に直接密接する行為を行うときをもって実行の着手とする見解で、犯罪の定型・類型という形式的枠組みを重視する点、実行行為とは法律要件に該当する行為ないしそれに密接する行為とする点に特徴があります。この説に対しては、実行の着手時期が遅くなりすぎる傾向がある、実行の着手について形式的な枠組み・類型でもって答えるのは、問いに対し問いをもって答えるに等しい、法律要件の類型的判断は実際には難しいなどの疑問が提起されます。また、**実質的客観説**[15] は、犯罪法律要件の実現に至る法益侵害の現実的危険性ある行為を開始したときをもって実行の着手とする見解で、犯罪の定型・類型という形式的枠組みよりもその実質を重視する点、実行行為とは法益侵害・犯罪結果実現の危険性ある行為を開始したときとする点〔行為としての危険性説〕に特徴があります。この説に対しては、現実的危険性の発生と（実行）行為とを直結させる必然性はないのではないかとの疑問が出されます。

　さらに、**折衷説**[16] は、行為者の計画全体を基礎として、法益侵害の具体的な危険性が切迫したときをもって実行の着手とする見解で、行為者の具体的な犯行計画という主観面と、行為の法益侵害の危険性という客観面とを併せ考慮する点に特徴があります。この説に対しては、行為者の主観を重視するのは主観主義刑法理論である、行為者の主観的な犯行計画と客観的な危険性がずれる場合の処理に不明確さが残っているなどの批判がなされます。

　近時、新たな構成を試みる**結果説**[17] は、実行行為が行われた後、結果発生の危険性が一定程度に達した時点をもって実行の着手とする見解で、実行の着手の概念は未遂としての処罰の段階を画する概念である〔結果としての危険性説〕とし、実行「行為」と実行の「着手」時期とを分離し、未遂犯における着手時期は、

---

14) 団藤・355頁、植松・315頁、井田・434頁。なお、浅田・371頁（実質的・形式的客観説）。
15) 平野・Ⅱ・313頁、福田・229頁、大塚仁・171頁、大谷・365頁。
16) 西原・上・326頁、野村・333頁、西田・306頁、川端・481頁、斎藤信治・216頁。
17) 平野・Ⅱ・313頁、山中・766頁、前田・104頁、山口・284頁。

最終的には未遂犯としての処罰すべき危険性の発生から逆算して認定する点に特徴があります。この説に対しては、「実行行為」と未遂犯に必要な「実行の着手」とを分離させることは妥当でない、「実行の着手」の語は明らかに「結果」ではなく「行為」に関わる概念であり、本説のような解釈は日常用語から遊離してしまうなどの疑問が提起されます。

(2) 判例の状況

① 窃盗罪

最決昭和 40・03・09（刑集 19・2・69、判時 407・63、判タ 175・150〔百選Ⅰ・62〕）は、窃盗目的で電気器具商 A 方店舗内に侵入し、真っ暗な店内を懐中電灯で照らして見渡したところ、電気器具類が積んであって電気器具店だと分かったが、なるべく現金を盗りたいので、現金が置いてあると思われる同店舗内の煙草売場に近づこうとしたところ、帰宅した A に発見され騒がれたので、逮捕を免れるために所携の果物ナイフで A の胸部を突き刺して失血死させた事案につき、「被告人は○年○月○日午前零時 40 分頃電気器具商たる本件被害者方店舗内において、所携の懐中電燈により真暗な店内を照らしたところ、電気器具類が積んであることが判つたが、なるべく金を盗りたいので自己の右側に認めた煙草売場の方に行きかけた際、本件被害者らが帰宅した事実が認められるというのであるから、原判決が被告人に窃盗の着手行為があつたものと認め、刑法 238 条の『窃盗』犯人にあたるものと判断したのは相当である」とし、**東京高判平成 22・04・20**（判タ 1371・251）は、釣銭を接着して窃取する目的で、自動券売機の硬貨返却口に接着剤を塗布したときが窃盗罪の着手であるとしました。

② 詐欺罪

最判平成 30・03・22（刑集 72・1・82）は、「段階を踏んで嘘を重ねながら現金を交付させるための犯行計画の下において述べられた本件嘘」には、「被害者において、間もなく被害者宅を訪問しようとしていた被告人の求めに応じて即座に現金を交付してしまう危険性を著しく高めるもの」であり、「本件嘘を一連のものとして被害者に対して述べた段階において、被害者に現金の交付を求める文言を述べていないとしても、詐欺罪の実行の着手があったと認められる」としました。

③ 強制性交等罪

最決昭和 45・07・28（刑集 24・7・585、判時 599・98、判タ 251・271〔百選Ⅰ・63〕）は、「被告人は、○年○月○日午後 7 時 30 分頃、ダンプカーに友人の A を同乗させ、ともに女性を物色して情交を結ぼうとの意図のもとに○市内を俳徊走行中、同市 ab 丁目付近にさしかかつた際、一人で通行中の B（当時 23 歳）を認め、『車に乗せてやろう。』等と声をかけながら約 100 メートル尾行したものの、

相手にされないことにいら立つたAが下車して、同女に近づいて行くのを認めると、付近の同市ab丁目赤間交差点西側の空地に車をとめて待ち受け、Aが同女を背後から抱きすくめてダンプカーの助手席前まで連行して来るや、Aが同女を強いて姦淫する意思を有することを察知し、ここにAと強姦の意思を相通じたうえ、必死に抵抗する同女をAとともに運転席に引きずり込み、発進して同所より約5000メートル西方にある佐波川大橋の北方約800メートルの護岸工事現場に至り、同所において、運転席内で同女の反抗を抑圧してA、被告人の順に姦淫したが、前記ダンプカー運転席に同女を引きずり込む際の暴行により、同女に全治まで約10日間を要した左膝蓋部打撲症等の傷害を負わせたというのであつて、かかる事実関係のもとにおいては、被告人が同女をダンプカーの運転席に引きずり込もうとした段階においてすでに強姦に至る客観的な危険性が明らかに認められるから、その時点において強姦行為の着手があつたと解するのが相当」であり、被告人の所為は強制性交等致傷罪に当たるとしました。

④　放火罪

　横浜地判昭和58・07・20（判時1108・138）は、被告人が、木造家屋を燃やすとともに焼身自殺しようと決意し、本件家屋の密閉された各和室の床、廊下などにガソリン約6.4リットルを撒布し、ガソリンに点火する前に、廊下でタバコを吸うためにライターでタバコに火を点けようとしたところ、ライターの火が蒸気化したガソリンに引火・爆発し、もって本件家屋を全焼させた事案につき、「ガソリンの強い引火性を考慮すると、そこに何らかの火気が発すれば本件家屋に撒布されたガソリンに引火し、火災が起こることは必定の状況にあったのであるから、被告人はガソリンを撒布することによって放火について企図したところの大半を終えたものといってよく、この段階において法益の侵害即ち本件家屋の焼燬を惹起する切迫した危険が生じるに至ったものと認められるから、右行為により放火罪の実行の着手があったものと解するのが相当である」としました。他方、**千葉地判平成16・05・25**（判タ1188・347）は、木造居宅に放火することを決意した被告人が、居宅内の廊下、玄関板張り床上等に灯油を散布したうえ、玄関前屋外で、手に持った新聞紙にライターで点火したが、その段階で、通行人に新聞紙をはたき落とされたため、玄関床等への点火行為には至らなかったという事案につき、「本件で使用されたのはガソリン等と比べて揮発性が低い灯油であった上、被告人の行為以外により本件居宅内に散布された灯油に引火する可能性が存したことを認める証拠もないことからすると、本件居宅内に灯油を散布しただけでは、いまだ本件居宅を焼損する具体的危険性が発生したとはいえない」し、「被告人の新聞紙への着火行為により本件居宅焼損に向けた具体的危険が発生したと認めるのは困難である」として未遂犯の成立を

否定しました。

(3) 本書の立場

　未遂犯の処罰根拠について客観的未遂犯論を基本とする本書は、実行の着手についても結果発生の現実的危険性を軸にします。実行行為が未遂犯として処罰されるには、未遂結果（危険結果）の発生が必要ですが、未遂結果は各犯罪によってその質量が異なることは、ショクン、理解してますよね。

　学説では、行為者の故意・意図・犯罪計画等の主観要素を考慮して実行の着手を判断する見解が有力ですが、妥当ではありません。主観要素はそれ自体で客観的な危険性を決定するものではないからです。また、実質的違法性につき規範違反性を前提に実行行為を主観・客観の総合とし、違法性の判断に主観要素も考慮されるとする見解も主張されていますが、故意・過失という責任要件を行為の違法要件に混入させ、実行行為を違法要件と責任要件の複合概念にするもので、妥当ではありません。

　① **不作為犯**における実行の着手時期　　通常の作為犯の場合と異なるところはなく、**客観的危険説**が妥当です。不作為犯における保障人的地位・保障人的義務は、実行行為それ自体に関わる要件ではなく、実行行為の主体に関わる要件です。ただ、不作為犯においては、不作為が、結果発生の現実的危険性をあらたに創出する場合と、既に生じている結果発生の危険性を増加させる場合とがあるので、現実的危険性の認定には慎重を要します。

> 　理論的には、ほかに、法益侵害結果の発生を防止すべき法律上の作為義務を負う者がその義務に違反して作為を行わないときをもって実行の着手とする**作為義務違反説**、及び、作為義務違反と結果発生の客観的危険性の双方から認定する**総合説**がありますが、作為義務違反と危険性を混乱させるもので、妥当ではありません。

　② **原自行為**における実行の着手時期

> 　学説では、責任能力状態下の原因行為に求める**原因行為時説**[18]、責任無能力・限定責任能力状態下の結果行為に求める**結果行為時説**[19]、さらに、故意の作為

18）福田・230頁、大塚仁・166頁。

19）中野・207頁、平野・Ⅱ・302頁、西原・下・463頁、前田・310頁、山口・276頁。

336 第 26 講 未遂犯論

犯では、原因行為自体が結果発生の現実的危険性を惹起することは稀なので結果行為時に、不作為犯、過失犯では、原因行為自体が結果発生の現実的危険性を有するので原因行為時に求める**二分説**[20] があります。

本書によると、原自行為における実行の着手時期は、通常の場合と同じように実行行為の開始を決めるものであり、責任能力のある状態における一般的危険性を有する原因行為時に認めることができます。しかし、未遂犯が成立には、未遂犯の結果として、結果発生の現実的危険性（危険結果）の発生が必要であり、それは事案の個別事情に応じて認定されるので、原因行為時とか結果行為時というように画一的に固定されません〔**個別化説**〕。

③ **間接正犯**における実行の着手時期

　利用行為標準説[21] は、客観説から、間接正犯も正犯である以上、利用者が正犯であり、実行行為は利用者の利用行為にしか考えられない、道具理論から、利用者の利用行為そのものの中に犯罪結果実現の現実的危険性が認められる、被利用者の行為は単なる因果の経過にすぎず、それを実行行為と解することはできないことを根拠とします。この説に対しては、実行行為概念を不当に拡大・弛緩させ、着手時期を早めすぎている、窃盗を指示された者が、責任能力者であれば背後の利用者は教唆犯となり、共犯従属性説により被教唆者が実行に着手して以降に可罰的になるのに、責任無能力者であれば背後の利用者は間接正犯となり、誘致行為だけで着手ありとされるのは不均衡である、その場合、窃盗を指示した段階で被利用者が逮捕されたとすると、利用者が教唆犯のときは不可罰で、間接正犯のときは可罰的となるのは不均衡であるなどの批判が加えられます。

　これに対し、**被利用行為標準説**[22] は、客観説から、実行行為は結果発生の現実的な危険性を基準に決定されなければならない、結果発生の現実的危険性を有する行為は被利用者によって行われるので、被利用者の行為が基準となるのは当然であることを根拠とします。この説に対しては、他人である被利用者の行為がなぜ利用者自身の実行行為として観念されるのか明確でない、刑法的な意味での行為をなし得ない被利用者の身体的動静について実行行為を論じたり、実行の着手を検討したりするのは妥当でない、利用者の手を離れて以降に実行の着手を観念するのは不適当であるなどの批判がなされます。こうした批判をかわすために、いくつかの理論構成が示されており、間接正犯は、

20）大谷・368 頁以下。

21）団藤・355 頁、福田・230 頁、大塚仁・174 頁、野村・338 頁、井田・441 頁。

22）大判大正 5・08・28 刑録 22・1332、大判大正 7・11・06 刑録 24・1352〔百選Ⅰ・65〕。

利用行為の作為と先行行為に基づく防止義務違反の不作為との複合構造を有するとして不作為犯構成を提示する見解[23]があります。しかし、この見解に対しては、先行行為だけで作為義務を根拠づけることができるとは限らない、被利用行為時に作為の可能性が消失しているときに罪責を問えなくなってしまう、先行行為が明らかに犯罪行為であるとき先行行為の二重評価・二重処罰となるなどの批判が可能です。さらに、実行の着手の概念は未遂犯としての可罰性の段階に至ったことを画定する概念であるとして、実行行為と実行の着手を分離する構成を提示する見解[24]があります。しかし、この見解に従うと、例えば、教唆犯の場合、被教唆者（正犯）の行為に実行の着手が認められるとしても、実行行為は教唆犯の教唆行為に認められかねず、構成として妥当でない、そもそも実行行為から実行の着手を分離させる思考方法に疑問があるなど問題を抱えています。

　本書によると、実行の着手・実行行為と未遂結果とを分離し、実行の着手・実行行為の後に、未遂犯としての可罰性を確定する概念として未遂結果（危険結果）を要求する構成が妥当です。未遂結果は、間接正犯においては被利用行為に認められるのが通常ですが、事案の個別事情に応じて認定され、利用行為時と被利用行為時のいずれかに画一的に固定されるものではありません。**個別化説**が妥当です。

　例えば、殺意をもって毒入り食べ物を宅配業者に依頼し、情を知らない宅配人及び被害者を利用して被害者を毒殺した場合〔毒物宅配事例〕のように、実行行為と犯罪結果との間に時間的・場所的な間隔が存在する**離隔犯**の場合、実行の着手時期について、利用行為標準説は発送行為標準説［発送主義］を、被利用行為標準説は受領行為標準説[到達主義]を、そして、個別化説は発送の形態、到達の確実性などで個別的に判断する見解を採ることになります。

　④　**過失犯**における実行の着手時期　　過失犯の場合、故意犯の場合と異なるところはなく、過失行為によって法益侵害の現実的危険性が生じたときとする**現実的危険性説**により判断することになります。

　⑤　**結合犯**における実行の着手時期　　単独でも犯罪を構成しうる2個以上の犯罪行為を結合し、1個の犯罪として規定されたものを結合犯といい、強盗罪（236条）、強盗殺人罪（240条後段）、強盗・強制性交等罪（241条1項）

23）西原・下・367頁。
24）平野・Ⅱ・318頁以下。なお、西田・301頁、331頁以下、林・354頁、山口・284頁参照。

などがあります。結合犯の場合、手段としての行為を開始し、結果発生の一般的危険性を発生させたときが実行の着手時期となり、例えば、強盗の場合、手段としての暴行・脅迫を開始したときが実行の着手となりますが、強盗罪の未遂として可罰的となるには、強取結果発生の具体的危険性という危険結果の発生が必要です。

3　実行の終了

　実行行為の終了については、特に中止犯において中止行為の形態を確定するために検討されますが、現在では、仮象問題になっています。

　　実行行為の終了をどのように確定するかについて、実行行為の開始と同じく、理論的には、主観的未遂犯論から、行為者の犯行計画、意図・目的、故意・意思等の主観的な要素を標準として判断する**主観説**、客観的未遂犯論から、実行行為の外部的な形態等の客観的な要素を標準として判断する**客観説**、そして、行為者の主観要素と行為の客観要素との双方を総合的に考慮して判断する**総合説**があります。

4　問題点

(1)　実行行為の単複

　実行行為は、単一の犯罪意思に担われた行為です。例えば、XがAを殺害しようと棒を使ってAの腹部を殴打したところ、棒が折れてしまったので、包丁を取ってきてAを刺殺したという場合、殴打行為と刺突行為の2つの行為が存在しますが、1つの殺意に担われた場所的・時間的に近接した行為であり、これら2つの行為を2つの実行行為と評価しなければならない特別の事情も存在しませんので、A殺害の1つの殺害意思に担われた1つの行為と考えるのが相当です。

(2)　結果発生と実行行為の終了

　犯罪結果発生の後も実行行為が継続しており、終了していないことがあります。例えば、YがBを刺殺しようとBの胸部・腹部を包丁で刺突したところ、最初の左胸部への刺突が致命傷となって同人は既に死亡したのに、そうとは知らず、Yが引き続き刺突行為を行ったという場合、Yの行為はB殺害の1つの殺害意思に担われた1つの行為と解することができます。但し、1つの

行為であることを前提としながらも、法的評価としては、Bが死亡する前の
実行行為と死亡した後の実行行為とで法的性質が異なるとして別異に評価す
るのを妨げるものではありません。

(3) 実行行為の終了、既遂、犯罪の完了

　実行行為の終了は、犯罪の既遂や完了とは異なります。**挙動犯**のように、
実行行為の終了と犯罪の既遂や犯罪の完了が同時であることが多い犯罪も存
在しますが、逮捕・監禁罪のような**継続犯**では、本罪の実行行為がなされて
既遂に達していても、なお本罪が継続し、完了していません。また、C宅に
放火した火が隣家のD宅、E宅等へと延焼し、拡大しつつある場合、放火
罪の実行行為は既に終了しかつ既遂に達していますが、放火罪はいまだ完了
していないのです。

(4) 未遂故意・既遂故意

　殺人罪を例に説明します。殺人罪は死亡という実害結果を要する結果犯の
うちの実害犯ですが、本罪が成立するには、積極的な客観要件として、人の
死亡を惹起しうる一般的危険性を有する実行行為、死亡という犯罪結果、実
行行為と犯罪結果との因果関係が必要です [25] し、積極的な主観要件として、
殺人の故意(殺意)が必要です。殺人の故意は、既遂故意です。殺人の故意には、
死亡結果及びその因果関係の基本部分の認識・受容まで要する**既遂故意**と、
死亡結果に至る具体的危険性、及び実行行為と具体的危険結果との因果関係
の基本部分の認識・受容で足りる**未遂故意**とがあります。

　例えば、殺意をもってAの腹部をナイフで刺突したところ、Aは負傷し
たにとどまり死亡しなかったという場合、殺人罪（199条）は成立せず、殺人
未遂罪（203条・199条）にとどまりますが、それは、殺人罪の法律要件と殺
人未遂罪の法律要件とが、客観要件と主観要件で重なり合っているからです
〔**法律要件の重なり**〕。既遂犯の法律要件のほとんどは未遂犯の法律要件の延
長線上にあってそれらを包含しており、客観要件でいえば、既遂結果は未遂
結果を包含し、主観要件でいえば、既遂故意は未遂故意を包含しています。
この場合、重い殺人罪の故意で軽い傷害罪の結果を実現しているので、38

---

25) さらに、違法要件として違法性阻却事由の不存在が必要ですし、責任要件として責任阻却事由(責
　任能力の不存在、期待可能性の不存在など)の不存在が必要であることは、言うまでもありません。

条2項の趣旨を援用して、軽い傷害罪が成立すると考えるかもしれません
が、そのようにしないのは、殺人未遂罪の客観要件・主観要件が充足されて
いるので軽い傷害罪の成立が排除されているからにすぎません。本事例での
Xの刺突行為は、客観的危険性の面では、殺人罪の実行行為でもあり傷害罪
の実行行為でもあるわけで、実行行為の客観的な危険性が殺人罪のそれだか
ら、それを傷害罪の実行行為と解するのが誤りだというのではないのです。

今日の一言

一所懸命やれば　おもしろくなるだろう

一所懸命やれば　楽しくなるだろう

一所懸命やれば　大抵のことはやれるだろう

一所懸命やれば　自分が分かってくるだろう

第 27 講　不能犯論

1　意　義

　不能犯とは、行為の性質上、犯罪結果（実害結果・危険結果）を発生させる危険性を有しないがゆえにこれを遂げなかった場合をいい、**不能未遂**ともいいます[1]。不能犯は、そもそも犯罪を実現する危険性を欠如した行為ですので、可罰的な未遂犯ではありません。

　不可罰の不能犯と可罰的な未遂犯との区別は、危険性をどのように判断するか、具体的には、危険性を判断する際の資料、基準、判断時点などの問題に関わります。

2　不能犯と未遂犯の区別

(1)　学説の状況

　行為者の意思・犯意・性格の危険性を軸にする**純主観説**[2] は、行為者に犯意があり、その犯意を実行する行為がある以上、未遂犯が成立するとします。すなわち、行為者の犯罪意思ないし危険な性格が外部に表動されたときは未遂犯が成立し、行為者の犯罪意思ないし危険な性格が内面にとどまっているときは不能犯であるとするのです。ただ、この説も、丑の刻参りのような**迷信犯**について、真の意味での犯罪的意思を認めることができない、行為者の性格が怯懦（きょうだ）であり、性格の反社会的危険性が認められないなどを根拠に不能犯とします。この説に対しては、行為者の意思そのものを未遂犯処罰の根拠とする点で行為主義に反する、行為者の意思の危険性を違法法律要件とするものであり、意思刑法・心情刑法に陥っているなどの批判がなされます。

　行為者の予期したとおりに計画が進行したとき、一般に、犯罪結果が発生したと考えられるかを軸にする**抽象的危険説**[3] は、**主観的危険説**ともいわれ、行

---

1) 不能犯論については、中義勝『刑法上の諸問題』（1991 年）177 頁以下、237 頁以下、曽根威彦『刑法における実行・危険・錯誤』（1991 年）125 頁以下、中山研一『刑法の論争問題』（1991 年）119 頁以下、森住信人『未遂処罰の理論的構造』（2007 年）71 頁以下、吉田敏雄『未遂犯と中止犯』（2014 年）95 頁以下参照。
2) 宮本・192 頁、江家・166 頁。
3) 牧野・上・332 頁、草野・114 頁、斎藤金作・221 頁、木村亀二・356 頁。

342 第 27 講 不能犯論

為当時、行為者が認識していた事情を判断資料にして、一般人の立場から、抽象的危険性があるときは未遂犯、ないときは不能犯とします。この説に対しては、行為者の認識を前提に未遂犯処罰を根拠づける主観的未遂犯論であり、行為主義に反する、行為者の主観的な世界を前提とし、客観的な危険性を無視するものであるなどの批判がなされます。

　法益の侵害・危殆化に関わる主観面・客観面を正常な感覚を備えた一般通常人が認識・目撃したときに受ける社会心理的な衝撃性の如何によって判断する**具体的危険説** [4] は、**印象説**ともいわれ、行為当時、一般人が認識することができた事情及び行為者が特に認識していた事情を判断資料にし、一般人の立場から具体的危険性があるときは未遂犯、ないときは不能犯とします。この説に対しては、未遂犯における危険を社会的不安・社会的衝撃性に変質させてしまうため、未遂犯処罰の範囲が拡大してしまう、危険判断に本質的な事情であっても、一般人がそれを認識しえなかったときは判断基底から除外するため、抽象的危険説と大差ない結論となってしまうなどの批判がなされます [5]。

　絶対不能・相対不能説 [6] は、**客観的危険説**ともいわれ、事前・事後を問わずおよそ判明したすべての事情を判断資料にし、一般的におよそ犯罪を実現することが不能だったのか、具体的な特殊事情のために不能だったのかを基準にし、前者は絶対不能として不能犯、後者は相対不能として未遂犯とします。この説に対しては、絶対不能と相対不能の区別が不明確であるため有効な基準となりえない、一般的に判断すれば一般人の経験則・印象に基づくことになり具体的危険説に近づくし、科学的に判断すれば、あらゆる未遂において結果不発生が必然的なものとなってしまうなどの批判がなされます。

　修正客観的危険説 [7] は、**新客観的危険説**ともいわれ、行為当時存在した客観的なすべての事情を判断資料にし、現実に存在した事実の代わりにいかなる事実が存在すれば科学法則上法益侵害の結果が発生するかを基準にして危険性の判断をし、たまたま結果は発生しなかっただけで結果発生も十分ありえたと考

4) 福田・243 頁、西原・上・301 頁、川端・439 頁、野村・350 頁、大谷・374 頁。なお、定型説の中味は具体的危険説と同一と考えられます。団藤・168 頁、大塚仁・269 頁以下。

5) 具体的危険説を修正し、事実の欠缺論を導入する見解（佐伯千仭・305 頁）、科学的一般人を判断者にする見解（中野・87 頁以下、藤木・267 頁以下）、一部事後判断を導入し、科学的一般人を基準とする見解（平野・Ⅱ・325 頁以下）も主張されています。

6) 大場・850 頁、中山・426 頁。

7) 曽根・250 頁、西田・310 頁、浅田・389 頁、山口・289 頁、高橋・410 頁、前田・113 頁、松原・355 頁。この説においても、**仮定的蓋然性説**（山口・276 頁）、**実在的危険性説**（宗岡嗣郎『法と実存』（1996 年）209 頁以下）、**純客観的危険説**（村井敏邦「不能犯」芝原邦爾ほか編『刑法理論の現代的展開・総論Ⅱ』（1990 年）166 頁以下）などが主張されています。

えられる場合は未遂犯、およそ結果発生はありえず危険が否定される場合は不能犯とします。この説に対しては、ありえた手段・事情を問題とすることは、結果的に事前判断に依拠する具体的危険説に接近することになるのではないかとの疑問が出されます。

(2) 判例の状況

　硫黄殺人事件・大判大正6・09・10（刑録23・999）は、殺意をもって被害者に硫黄の粉末を汁鍋の中に入れて飲ませたが、多少病苦を増しただけにとどまったので絞殺したという方法の不能の事案につき、「殺意を以て2箇の異なれる殺害方法を他人に施したる處第1の方法を以てしては殺害の結果を惹起すること絶對に不能にして單た他人を傷害したるに止まり第2の方法を用い始めて殺害の目的を達したるときは右2箇の行爲か孰れも同一の殺意に出てたりとするも第1の方法に依る行爲か殺人罪として純然たる不能犯に屬する場合に於ては殺人罪に問擬すへからさるは勿論にして若し又該行爲の結果か傷害罪に該當するに於ては殺人罪としては不能犯なるも傷害罪を以て之を處斷すへく」としました。

　空ピストル事件・福岡高判昭和28・11・10（高裁刑事判決特報26・58）は、被告人が、路上で、巡査Yから、公務執行妨害の嫌疑で緊急逮捕されるに際し、逃走しようとして同巡査と格闘したが、同巡査から捻じ伏せられて手錠を掛けられそうになるや突嗟に同巡査を殺害して逃走しようと決意し、同巡査が右腰に着装していた拳銃を奪取し、直ちに同所において同巡査の右脇腹に銃口を当て、2回に亘り引鉄を引いたが、偶々実弾が装填されていなかったので殺害の目的を遂げなかったという方法の不能の事案につき、「制服を着用した警察官が勤務中、右腰に着装している拳銃には、常時たまが装てんされているべきものであることは一般社会に認められていることであるから、勤務中の警察官から右拳銃を奪取し、苟しくも殺害の目的で、これを人に向けて発射するためその引鉄を引く行為は、その殺害の結果を発生する可能性を有するものであつて実害を生ずる危険があるので右行為の当時、たまたまその拳銃にたまが装てんされていなかつたとしても、殺人未遂罪の成立に影響なく、これを以て不能犯ということはできない」としました。

　また、**とどめ刺突事件・広島高判昭和36・07・10**（高刑集14・5・310、判時269・17、判タ121・136〔百選Ⅰ・67〕）は、YがA殺害の目的でけん銃を発射し、3発命中させて死亡させた直後、その銃声を聞いた被告人Xは、Yに加勢し、場合によってはAにとどめを刺す意図を持って駆けつけ、倒れているAの胸部などに日本刀で3箇所突き刺したという客体の不能の事案につき、「Aの生死については専門家の間においても見解が岐れる程医学的にも生死の限界が微妙な案件であるから、単に被告人Xが加害当時被害者の生存を信じていたという丈

けでなく、一般人も亦当時その死亡を知り得なかつたであろうこと、従つて又被告人Xの前記のような加害行為によりAが死亡するであろうとの危険を感ずるであろうことはいづれも極めて当然というべく、かかる場合において被告人Xの加害行為の寸前にAが死亡していたとしても、それは意外の障害により予期の結果を生ぜしめ得なかつたに止り、行為の性質上結果発生の危険がないとは云えないから、同被告人の所為は殺人の不能犯と解すべきでなく、その未遂罪を以て論ずるのが相当である」としました。

さらに、**空気注射事例・最判昭和37・03・23**（刑集16・3・305、判時292・6〔百選・I・66〕）は、Xが、生命保険をかけていた自己の姪Aを事故死に見せかけて殺害し、保険金を騙取しようと考え、他2名と共謀の上、Aの静脈内に空気を注射し、いわゆる空気栓塞を起こさせて殺害しようと計画し、Aを騙して注射を承諾させ、Aの両腕の静脈内にそれぞれ1回ずつ蒸留水5ccとともに空気を合計30〜40cc注射したが、致死量に至らなかったためその目的を遂げなかったという方法の不能の事案につき、「なお、所論は、人体に空気を注射し、いわゆる空気栓塞による殺人は絶対に不可能であるというが、原判決並びにその是認する第一審判決は、本件のように静脈内に注射された空気の量が致死量以下であつても被注射者の身体的条件その他の事情の如何によつては死の結果発生の危険が絶対にないとはいえないと判示しており、右判断は、原判示挙示の各鑑定書に照らし肯認するに十分であるから、結局、この点に関する所論原判示は、相当であるというべきである。」としました。

都市ガス心中事件・岐阜地判昭和62・10・15（判タ654・261〔百選I・68〕）は、ガスの元栓を開放状態にし、玄関ドア・ガラス戸の隙間をガムテープで目張りするなどして締め切り、都市ガスを室内に充満させて子供2人を殺害しようとしたが、天然ガスのため中毒死のおそれがないこともあって、発見されて果たせなかったという方法の不能の事案につき、「前掲証拠によれば、この都市ガスの漏出によつて室内の空気中のガス濃度が4.7パーセントから13.5パーセントの範囲内にあった際には、冷蔵庫のサーモスタットなどの電気器具や衣類などから発する静電気を引火源としてガス爆発事故が発生する可能性があつたのであり、さらにガス濃度が高まれば、室内の空気が都市ガスに置換されることにより酸素濃度が低下して酸素欠乏症となること、すなわち空気中の酸素濃度が16パーセント以下になれば、人体に脈拍、呼吸数増加、頭痛などの症状が現われ、酸素濃度が10パーセントから6パーセントを持続するか、またはそれ以下になれば、6分ないし8分後には窒息死するに至ることが認められるのであるから、約4時間50分にわたつて都市ガスが漏出させられて室内に充満した本件においては、ガス爆発事故や酸素欠乏症により室内における人の死の結果発生の危険が十分生じ得るものであることは明らかである」うえ、「一般人は、それが天然ガスの場合であっても、都市ガスを判示のような態様をもつて漏出させる

2 不能犯と未遂犯の区別　345

ことは、その室内に寝ている者を死に致すに足りる極めて危険な行為であると
認識しているものと認められ、従つて社会通念上右のような行為は人を死に致
すに足り得る危険な行為であると評価されているものと解するのが相当である。
さすれば、被告人の判示所為は、到底不能犯であるということはできない」と
しました。

(4)　本書の立場

①　**行為危険・結果危険**　実行行為に必要な危険と未遂犯処罰に必要な危
険とは異なります。前者の危険は**行為危険**であり、殺人罪でいえば、生命と
いう法益を侵害する一般的危険です。これに対し、後者の危険は**結果危険**で
あり、殺人罪でいえば、生命という法益を侵害する具体的危険です。犯罪完
成の前段階に位置する危険が未遂犯処罰に必要な結果危険であり、未遂犯処
罰のさらに前段階に位置する危険が実行行為に必要な行為危険なのです。

従来、不能犯は実行行為のもつ危険性、つまり行為危険を問うものと解さ
れてきました。不能犯の問題は実行の着手の裏面の問題と位置づけられてき
たのはそのためです。しかし、不能犯は、当該行為が未遂犯処罰に必要な危
険結果を惹起することがおよそありえないことを意味しているのです[8]。

②　**危険場への接近度**　本書は事後的な科学的・物理的な判断を重視す
るのですが、それだと結果不発生が必然的なものとなって危険性が認められ
ないため、すべて不能犯になってしまうとの批判が提起されます。この批判
は、危険性は事前判断によってしかありえないという認識に基づいています。
この認識は説得力をもっているようで、具体的危険説が有力なのはそのため
です。しかし、科学主義の観点からもなお危険性を語ることは可能です。その
点は、危険場への行為の接近度と、危険場への事態の接近度という２局面に
分けて考察すると分かり易くなります。

⑦　まず、**危険場への行為の接近度**を測定します。現実に存在した客観的
事態を前提に、現実に行われた行為それ自体が法益侵害を惹起する結果にど
の程度接近していたかを科学的・物理的な接近度により判断するのです。例
えば、Ｘが殺意をもって小刀を振り回す行為が、被害者Ａのいない部屋で

---

8)　不能犯であることは、未遂犯としての危険性が認められないことを意味しますが、それによって
　直ちに予備罪・陰謀罪としての危険性も否定されるわけではありません。

346 第 27 講 不能犯論

の行為なのか、A の身体から 3m の距離での行為なのか、1m の距離での行為なのかによって、A 傷害・殺害結果を惹起する危険場への行為の接近度は異なるはずで、科学的・物理的な接近度により危険性が肯定されるときには可罰的な殺人未遂、そうでないときは次の判断をすることになります。

　⑦　次に、**危険場への事態の接近度**を測定します。結果不発生をもたらした現実の客観的事態が、法益侵害を惹起しうる仮定的事態とどの程度接近していたのかを科学的・物理的な接近度により判断するのです[9]。例えば、深夜、被害者 A が就寝しているベッドに向かって発砲したが、ベッドに A が不在だった場合に、同人は寝相が悪くてベッドの下に落ちて寝ていたときは、危険場への行為の接近度により結果危険が肯定されるので未遂犯が成立します。しかし、危険場への行為の接近度が認められず、結果危険が否定されたときは、次に、現実に存在した事態は、殺害結果が惹起される仮定的事態とどの程度接近していたかという危険場への事態の接近度を判断することになり、その際には、行為者の発砲行為の時点だけでなく、A が長期旅行に出かけていた、トイレにいた、あるいは隣室にいたなどの事情、理由、時間、時点などが考慮されます。そして、危険場への事態の接近度を測定して危険性が肯定されるときには可罰的な殺人未遂となり、そうでないときは不可罰の不能犯となります。

3　事実の欠缺

(1)　意　義

　事実の欠缺とは、法律要件該当事実の欠如を意味し、法律要件のうち、特に因果関係に関する部分を除いた法律要件（違法要件・責任要件）、具体的には、犯罪行為の客体・手段・状況、犯罪行為者の主体が欠如しているのに、行為者はそれらが存在するものと誤信して行為する場合をいいます。例えば、**客体の欠缺**として、殺人罪（199 条）につき死体を生体と誤信してナイフで刺突した場合を、**手段の欠缺**として、昏酔強盗罪（239 条）につき昏酔の手段として誤って栄養剤を投与した場合を、**状況の欠缺**として、消火妨害罪（114 条）

---

9) 村井敏邦「不能犯」芝原邦爾ほか編『刑法理論の現代的展開・総論Ⅱ』(1990 年) 166 頁以下参照。

につき火災時だと誤信して消火栓を損壊した場合を、**主体の欠缺**として、背任罪（247条）につき自分を事務処理者と誤信して任務違背に当たるような行為をした場合をあげることができます。

法律要件のうち、特に因果関係に関する部分を除いた行為の客体・手段・状況、犯罪行為者の主体などが欠如しているとき、行為の要件該当性を否定する見解を**事実の欠缺論**といいます。

(2) 要 否

事実の欠缺論は、形式的な法律要件論を貫徹した見解といえます。

> 不能犯論では実質的危険性の有無を判断するので、形式的な事実の欠缺論はとりたてて必要ないとする**事実の欠缺不要論**が支配的です。法律要件の類型性・定型性を重視する定型説にあっても、事実の欠缺が不可罰とされるのは、行為の法律要件該当性が欠如し実行行為性が否定されるからで、法律要件該当性の判断においても、行為のもつ実質的危険性の有無を判断するので、不能犯論とは別に事実の欠缺論を用いる必要はないとして、事実の欠缺論を不能犯論に解消してしまいます[10]。

(3) **本書の立場**

事実の欠缺論は法律要件の欠如という形式的基準により、しかも、事後的判断をしつつ法律要件該当性を否定する点に有用性があり、形式的な要件思考の所産といえます。これに対し、不能犯論は、客観的な危険性の有無という基準により未遂犯と不能犯を区分する点に有用性があり、実質的な価値判断の所産といえます。

事実の欠缺論か不能犯論かの二者択一ではなく、形式・実質として両理論を活用し、まず事実の欠缺論を入口として用い、次に不能犯論を客観的危険性を判断する道具として用い、両理論を併用することが考えられます[11]。事実の欠缺が肯定された場合には、原則として、実行行為のもつ客観的危険性が認められないのではないかという観点から考察し、なお例外として、未遂犯に必要な法益侵害の客観的危険性が存在するのではないかという観点から考察するのです。他方、事実の欠缺が否定された場合には、原則として、実

---

10) 福田・247頁、大塚仁・267頁。

11) 主体の欠缺の場合にのみ事実の欠缺論を導入するのは、浅田・380頁、高橋・417頁。これは、危険性の有無だけでは根拠づけられません。

348　第27講　不能犯論

行行為のもつ客観的危険性が認められるのではないかという観点から考察
し、なお例外として、未遂犯に必要な法益侵害の客観的危険性が存在しない
のではないかという観点から考察し、不能犯か未遂犯かを判断するのです。
その際、法益侵害の客観的危険性の有無を科学的・物理的な観点から判断す
る科学主義を徹底すべきで、無知蒙昧、視野狭窄により客観的危険性を肯定
して行為者を罰することがあってはなりません。

4　危険性判断の視点

(1)　判断資料

> 危険性を判断するための資料として、行為者の認識していた事情、行為者の
> 認識できた事情、一般人の認識できた事情、判明したすべての客観的な事情の
> いずれを考慮するかが問われます。

科学主義を標榜する刑法解釈学は、「認識の有無・可否によって危険性の
有無が決まる」ような結論を認めるわけにはいきませんし、**現に存在した客
観事実**に目をつむることもできません。判明したすべての客観的な事情を前
提にすべきです。

(2)　判断基準

> 危険性を判断するための基準として、一般通常人、科学的一般人、科学法則
> のいずれを基準にするかが問われます。一般通常人や科学的一般人の経験則・
> 経験知は、社会的現実生活の基盤となっていることは否定できません。

一般通常人や科学的一般人の経験則・経験知が科学的な知見と齟齬するこ
とがあり、その科学的な知見も変わることを考慮すると、終局の判断基準は
科学法則でなければなりません。科学的知見に目をつむる者は、処罰感情の
囚人となりかねないからです。

(3)　判断時点

> 危険性を判断する時点として、事前判断としての行為時、事後判断としての
> 行為後のいずれを判断時点にするのかが問われます。「刑法は行為規範である
> から、事前判断を貫徹すべきである」との見解や、「刑法は制裁規範（裁判規範）
> であるから、事後判断を貫徹すべきである」との見解、さらに、「刑法は行為
> 規範でもあり制裁規範でもあるから、事前判断と事後判断を併用すべきである」
> との見解がありえます。

これらの見解は、規範の名宛人の問題と危険性の判断時点の問題とを混同する観念的な議論といわざるをえません。問われるべきは、行為は未遂犯として処罰に値する危険結果を惹起したといえるかです。科学的知見によってその危険結果を認めることができないのに、「一般人の経験則・経験知、社会心理学的な危険感からすると、結果発生の具体的危険性が認められるし、一般予防の必要性もあるから、未遂犯として処罰するのが相当である」と判断するとしたら、それは、科学的な無知に基づいて、処罰感情を拠りどころに処罰するもので、「迷信刑法」「感情刑法」に道を譲るものです。

⑷ 危険性の帰属

> 危険性の帰属として、行為の危険としての行為属性、結果の危険としての結果属性のいずれなのかが問われます。**行為危険**とするのであれば、それは実行行為それ自体の危険性を問題とするものですし、**結果危険**とするのであれば、それは実行行為それ自体の危険性ではなく、結果の危険性を問題とするものです。

既遂犯に既遂犯としての犯罪結果があるように、未遂犯にも未遂犯としての犯罪結果があり、**未遂犯における犯罪結果**は未遂犯の処罰根拠としての危険結果を意味するのです。

今日の一言

降る雨を喜び　吹く風を楽しみ
冬の寒さも　夏の暑さも　あるがままに受け入れ
病気をせぬように　身体をいたわり
愁をもったときは　そういう自分をそっと抱きしめ
怒りをもったときは　そういう自分を静かになだめ
いつも　あるがままに受け入れる
お金がなくて学業を続けられない学生がいれば　行って話しを聞き
病気のせいで授業に出られない学生がいれば　何か方策はないかと考え
人に　褒められもせず
そしられても　言い訳をしない
騙されても　騙された自分を戒め
あるがままに受け入れる
なるがままに任せる
いつも　そういう気持ちでありたい

第 28 講 中止犯論

1 意義・問題性

(1) 意 義

中止犯とは、犯罪の実行に着手した行為者が、自己の意思により犯罪を完成させることを止めた場合をいい、**中止未遂犯**ともいいます[1]。中止犯は、犯罪の実行に着手し、かつ客観的に犯罪結果発生の危険性を生じさせたけれども、障害未遂犯と同じく、犯罪結果が未だ発生しておらず、違法性が低い点で既遂犯と区別されます。他方、中止犯は、犯罪結果不発生の原因が、自己の意思による中止行為によるものであり、有責性が低い点で意外の障害によって結果不発生に終わった障害未遂犯と区別されます。

(2) 問題性

中止犯の場合、①刑の必要的減軽・免除（43 条但書）の特典がなぜ認められているのかが、中止犯の法的性質として問われます。また、②「自己の意思により犯罪を中止した」の法文言に関して、中止犯の成立要件が問われます。さらに、③予備の中止の場合や、結果が発生してしまった場合にも、中止犯規定の適用・準用が認められるかが問われます。

2 法的性質

(1) 学説の状況

政策説は、刑法の立場から、刑の必要的減免という特典を約束することによって、犯罪に踏み込んだ者に対し最後まで犯罪の中止を期待・奨励すべく犯罪中止への褒賞を与え、もって犯罪を予防しようという刑事政策的な考慮によるとする見解です。この見解には、「後戻りのための黄金の橋」をあらかじめ提供して予告することによって、中止を期待・奨励し、犯罪の一般予防に資するとす

---

[1] 中止犯論については、香川達夫『中止未遂の法的性格』（1961 年）、山中敬一『中止未遂の研究』（2001 年）、金澤真理『中止未遂の本質』（2006 年）、野澤充『中止犯の理論的構造』（2012 年）、吉田敏雄『未遂犯と中止犯』（2014 年）129 頁以下参照。

る**一般予防政策説**[2]があります。この説に対しては、中止の期待・奨励のためには行為者がその規定を認識している場合に限られるし、その規定を知っている者に対してしか中止の期待・奨励は妥当しない、減軽の場合と免除の場合の違いを政策的理由だけで説明することはできない、違法性・有責性の概念と切り離して刑の減軽と免除とを区別することはできないなどの批判がなされます。他方、既に犯罪行為に踏み込んだ者でも、任意の中止行為によりその危険性は消滅・減弱しているので特典・褒賞を与えるとする**特別予防政策説**[3]があります。この説に対しては、この説は第4の犯罪構成要素を認めるもので、犯罪体系論の点で問題がある、刑の必要的減免という中止犯規定を単なる量刑事情とするのは疑問があるなどの批判がなされます[4]。

法律説は、中止犯の刑の必要的減免の根拠は犯罪成立要件である違法性・有責性の減少・消滅にあるとする見解です。この見解には、中止における任意性という主観要素及び中止行為という客観要素が行為の違法性を減少・消滅させるとする**違法減少・消滅説**があり、これにも、行為者は、反規範的な意思を放棄・撤回し、合規範的な態度を自ら中止行為に表すことによって規範違反性という行為無価値を事後的に減少・消滅させたとする**行為無価値論的アプローチ**と、行為者は、中止行為により結果発生の現実的危険性を減少・消滅させたのであり、結果無価値を減少・消滅させたとする**結果無価値論的アプローチ**とがあります。この説に対しては、一旦生じた違法状態が事後に何故消滅・減少しうるのかについて説得的な根拠づけがなされていない、違法性が消滅するのであれば犯罪は不成立となるはずで、中止犯につき犯罪の成立を前提としている刑法の趣旨に反する、制限従属形式に従うならば正犯の行為は違法でなければならないが、正犯が中止行為をした場合、教唆・幇助の行為自体が違法性を喪失し不成立となってしまい、中止犯の一身専属的効果と矛盾するなどの批判がなされます。次に、自己の意思によって中止したことにより、行為者に対する非難可能性の程度に影響を及ぼし、行為者の責任がそれだけ減少・消滅するとする**責任減少・消滅説**[5]があります。この説に対しては、非難可能性の減少・消滅を根拠にするならば結果が発生した場合にも中止犯を認めるべきであるが、それだと現行刑法と矛盾するとの批判がなされます。さらに、中止行為によって、故意の実効性を喪失させるがゆえに違法性の減少が導かれ、さらに中止の任意性に表れた決意は法敵対性を減弱させるがゆえに責任の減少が導かれ、実行の着手によって一旦生じた違法性・有責性が中止行為によって減少・消滅するとする**違法減少・責任減少説**[6]があります。この説に対しては、違法減少・消滅説及び責任減少・消滅説に対する批判がそのまま妥当すると批判されます。

---

2) 中野・132頁、135頁。

3) 牧野・下・642頁、木村亀二・369頁、伊東研祐「積極的特別予防と責任非難」『香川達夫博士古稀祝賀・刑事法学の課題と展望』(1996年) 273頁以下。なお、伊東・324頁以下、松宮・247頁。

4) さらに、一般予防・特別予防政策説があり、ドイツの通説です。

5) 内藤・下Ⅱ・1284頁、香川・307頁、曽根・227頁以下、浅田・391頁、前田・117頁、山中・806頁。

6) 川端・496頁、佐伯仁志・359頁、林・363頁、井田・465頁。また、山口・295頁、松原・344頁以下。

352 第 28 講 中止犯論

　そして、**結合説**は、刑の必要的減免の根拠について、複数の要素を組み合わせて説明する見解で、違法減少・政策説[7]、責任減少・消滅・政策説[8]、責任減少・政策説[9] があり、また**総合説**は、すべての要素を組み合わせて説明する違法減少・責任減少・政策説[10] です。結合説・総合説に対しては、こうした総合的・全体的な考察方法は、犯罪論の段階的構成、分析的思考方法を放棄するもので、中止犯の安定的な判断を阻害する、違法・責任の規範的判断をし、刑事政策的考慮もし、その実質的根拠が犯罪体系論のあらゆるところに存在するというのでは、何も語っていないのと同じであるなどの批判が可能です。

(2) 本書の立場

　① **前　提**　　中止犯に関する本書の前提認識は、支配的見解と異なります。第 1 に、犯罪結果は、特定の犯罪を前提にしたときの結果と、一般的な事態の経緯を前提にしたときの結果とが区別されます。例えば、人の負傷は、殺人罪（199 条）を前提にしたときは未遂結果であり、傷害罪（204 条）を前提にしたときは既遂結果ですが、それがさらに深刻化し、終局の死亡結果へと至ることを前提にしたときは過程結果にすぎません。第 2 に、未遂犯・既遂犯の違法性・有責性は、線思考により、実行行為・中止行為から危険結果・実害結果に至るまでの過程を対象にした経時的な時間幅の中で、可変性を意識しながら認定されます[11]。例えば、行為者 X がナイフで被害者 A の腹部を刺突して傷害を負わせたところ、その刺傷が次第に悪化し、A 死亡の結果を惹起しかねない致命的な負傷にまで深刻化した場合、傷害罪（204 条）・殺人未遂罪（203 条・199 条）の違法性・有責性は、点思考により実行行為時をもって確定されるのではなく、線思考により確定されるのです。それは、公訴提

7）西原・上・333 頁（違法性の減少という法律的理由に、刑事政策的理由を加味）、平野・Ⅱ・333 頁（違法減少説はおおむね政策説を理論的に表現したもの）、福田・235 頁（違法性の減少と政策の理由との二元的な説明）、大谷・384 頁（違法性減少説に刑事政策説を結合させる結合説）、堀内・242 頁（政策的違法減少説）、斎藤信治・226 頁（主たる理由は社会心理の衝撃性の減少、従たる理由は政策の妥当性）。なお、高橋・420 頁（違法性関連的な可罰性の減少とする可罰性減少説）。

8）山中・807 頁。

9）前田・117 頁（責任減少を基本とし、一般予防効果を意図した政策的規定）、西田・316 頁（責任減少・法定量刑事由説）。

10）大塚仁・258 頁、藤木・262 頁、板倉・137 頁。

11）「過去の事実は過去に確定したのであり、変えようがない」（山口・279 頁）という表現は、事態を正確に表現しているとは言いがたい。むしろ、「過去の事実は現に存在したのであり、否定しようがない。しかし、その評価は確定したわけではなく、変えようがある」と表現すべきです。

起の直前、公訴提起後あるいは審理中に、Xの刺突行為による刺傷が原因で Aが死亡した事態を想起すれば明らかです。第3に、実行行為・中止行為 から危険結果・実害結果に至るまでの過程は、線思考による時間幅の中で、 一連・一体のものとして総合的な評価がなされます[12]。支配的見解は、障害 未遂犯が原則で中止犯は例外であるという「障害未遂原則・中止未遂例外」 論[13]、実行行為と中止行為とは法的性質が異なり峻別されるという「実行行 為・中止行為の峻別」論を前提としていますが、そのように解する必然性は ないのです。第4に、因果論的思考を徹底し、例えば、軽傷から重傷、そし て死亡へと深刻化していく過程を直截に見るならば、特定の犯罪を前提にし た未遂結果・既遂結果に拘泥すべきではなく、終局結果を念頭において考察 すべきです。支配的見解は、暴行・傷害の故意か殺人の故意かという行為者 の主観要素により中止犯規定の適用を決定しており、それだと刑の不均衡が 招来されるだけでなく、過失犯につき中止犯成立の余地を一切排除すること になり、妥当ではないのです。第5に、未遂犯処罰規定（43条）、とりわけ「こ れを遂げなかった」の文言につき、これを特定の犯罪を前提にした未遂犯に 限定する支配的見解は、因果論的思考からも中止犯規定の趣旨からも妥当で はありません。この文言は、過程結果・終局結果を念頭におくとともに、過 失犯における中止犯成立の余地を考慮して解釈されるべきなのです。

② **法的性質**　未遂犯・既遂犯の違法性・有責性は、線思考により、流動性・ 可変性において確定されるべきで、実行行為と中止行為とは本来一連・一体 のものとして評価されるのです[14]。他方、偽証罪や虚偽告訴等罪における自

---

12) 「事後の行為との総合的判断を認めるのであれば、既遂後の行為についても認めてよさそうであ るが（例えば、既遂後の盗品の返還や損害賠償）」、未遂の場合に限って総合的評価を認めるのは、 「中止犯の規定があって初めて認められる特別の効果でしかない」からである（佐伯仁志・356頁） と説明されます。しかし、これは、「実行行為・中止行為の分離」論、「障害未遂原則、中止未遂例外」 論に囚われた考えであり、妥当ではありません。しかも、そこであげられている例（既遂後の盗 品の返還や損害賠償）は、違法性・有責性の評価が、当該法益の侵害に係る犯罪行為の違法性（行 為違法）と、その犯罪行為に係る犯罪行為者の有責性（行為責任）とに関する法的評価であるこ とを無視しており、適切な例とはいえません。

13) 中止犯を「逆向きの構成要件」（平野龍一『犯罪論の諸問題（上）総論』（1981年）146頁）、「マ イナス犯罪」（井田・465頁）とするのも、同じ誤った前提認識に囚われているものです。

14) 関哲夫「未遂犯・既遂犯における点と線・試論」『曽根威彦先生＝田口守一先生古稀祝賀論文集 上巻（2014年）753頁以下、関哲夫「未遂犯・既遂犯における点と線・再論」『川端博先生古稀

354 第28講 中止犯論

白による刑の任意的減免（170条・173条）や、略取誘拐等罪における解放による刑の必要的減軽（228条の2）などは、終局結果の防止を企図した規定と解されていますが、中止犯規定も、任意性の要件が加えられていますが、同じく終局結果の阻止を企図した規定、あるいはそうした趣旨の延長線上にある規定と解することができます[15]。

中止犯における刑の必要的減免の根拠は、実行行為により惹起された法益侵害の危険性が中止行為によって減少・消滅したという客観的な**違法性減少・消滅**の面と、実行行為に表現された法的非難可能性が中止行為によって減少・消滅したという主観的な**有責性減少・消滅**の面の双方に関係しています[16]。それは、可罰性の質量が違法性と有責性の相関関係によって決まることの裏返しにすぎません。

3 成立要件

○客観要件　① 実行の着手が存在すること〔実行の着手〕 　　　　　　② 中止行為が存在すること〔中止行為〕 　　　　　　③ 結果発生の危険性を減少・消滅させ又はその危険性を発生させないこと〔危険性の減少・消滅〕 ○主観要件　④ 自己の意思によること〔任意性〕

実行の着手については、既に「実行の着手論」で説明したので省略します。

⑴ 中止行為

① **意　義**　中止犯が成立するには、客観要件として**中止行為**が必要です。これは、実行行為の惹起した危険性の減少・消滅に関連し、主に違法性減少・消滅に関わります。

現実になされる中止行為には、㋐結果発生の危険性を消滅させるもの、㋑結果発生の危険性を減少させるもの、㋒結果発生の危険性を減少させてはいないが、その危険性を固定させ、いわば「危険に鍵をかける（ロックする）」もの、㋓結果発生の危険性に何の影響も与えないもの、さらには、㋔結果発生の危

記念論文集上巻』（2014年）439頁以下参照。

15）この点は、既に平野・Ⅱ・333頁に見られます。

16）当罰性は、「違法性と有責性の相関関係」で決定されますので、「違法性×有責性＝当罰性」と表現できます。

険性を高めてしまうもの[17]などがあります。

中止犯の主旨は、作為・不作為の中止行為により犯罪結果発生の客観的危険性を減少・消滅させることによって、終局の犯罪結果の発生を阻止することにあります。

② 形　態　今日、因果論的思考の浸透とともに、中止行為の形態については、因果関係を遮断しなければ犯罪結果が発生してしまう状態に至っているかを基準にする**因果関係遮断説**[18]が支配的です。犯罪結果発生への因果過程が未だ進行していない場合は、それ以後の実行行為を放棄すれば犯罪結果の発生はありえないので不作為による中止行為で足りるのに対し、犯罪結果発生への因果過程が既に進行している場合は、結果発生を阻止する積極的な行為が必要なので作為による中止行為が必要というわけです。

実行行為終了の有無という形式的基準によって中止行為の形態を確定することに合理性がないのは明らかで、因果関係遮断説が妥当です。但し、当該事案において行為者が犯罪行為により惹起した客観的危険性の質量により、要求される中止行為の形態・内容も変わってくることに注意してください。例えば、行為者 X が被害者 A に向けて拳銃を発砲した事例において、弾丸がかすりもしなかった場合や、ほんのかすり傷程度のきわめて軽傷の場合は、死亡結果発生に至る因果過程も進行していないと考えられるので、中止行為は、それ以降の発砲行為を中止すれば足ります。他方、例えば、被害者に全治2週間ほどの傷を負わせた場合は、死亡結果発生に至る因果過程の進行は緩やかだと考えられますが、何もしなくてもよいわけではなく、全治2週間ほどという負傷の質量に相応した作為の中止行為が要求されるのです。

○**作為**による中止行為
　　　① 既に行われた実行行為によって、犯罪結果発生に至る因果過程が進
　　　　行していること〔因果過程の進行〕

---

17) 札幌地判平成19・08・31 LEX ／ DB28135425。
18) 西原・上・338頁、曽根・229頁、野村・359頁、大谷・388頁、西田・317頁、浅田・396頁、山口・296頁、井田・469頁、高橋・421頁。なお、前田・122頁（行為事情を総合的に評価して、中止の効果を認めるべき場合かを基準にして判断する中止効果説）は、中止の効果から発想する「逆転の法的思考法」を採るもので、法解釈としてきわめて疑問です。

356　第28講　中止犯論

②　既に発生している結果発生の危険性を減少・消滅させ、又は終局結果を阻止する積極的な行為をすること〔作為の中止行為〕

○**不作為**による中止行為

①　既に行われた実行行為によっても、犯罪結果発生に至る因果過程が進行していないこと〔因果過程の不進行〕

②　さらなる実行行為が可能であること〔継続可能性〕

③　結果発生の危険性を発生させる行為をしないこと〔不作為の中止行為〕

③　真摯性の要否

　43条但書はとりたてて真摯性を要求しておらず、必要説は立法趣旨を超える過剰な要求をするものである、真摯性の中味が明確でなく、判断者の情緒的な恣意に流れる危険性がある、中止行為は客観的に見て結果発生を阻止するに適した行為であれば足りる、真摯性の要件はそれ自体に積極的意味はなく、中止行為と結果不発生との間の因果関係に解消されるべきであるなどを根拠に**不要説**[19] が支配的となっています。

　これに対し、**必要説**[20] も主張されており、その根拠として、政策的な褒賞として刑の減免を認めるには行為者の真摯な努力が必要である、結果発生阻止のために真剣な努力をすることは責任非難の減少を根拠づけるために必要であることをあげます。判例も、「結果発生防止のため被告人が真摯な努力を払ったものというべき」、「結果発生防止のため被告人が真摯な努力をしたものと認めるに足りない」などの表現を用いて必要説に立つことを明らかにしています[21]。真摯性の要件は、中止犯の成否につき具体的事案に即した柔軟な評価を可能にする「総合評価要件」の役割を担っており、裁判実務にとって「便利な要件」ですから、判例は、この要件を手離さないでしょう。

　中止行為は、犯罪結果発生の危険性を減少・消滅させ、犯罪結果発生への因果性を減殺・遮断し、犯罪結果発生の阻止に寄与したと認められれば足り、とりたてて真摯性を要求する必要はありません。**不要説**を妥当と考えます。

　なお、結果発生を阻止する行為は行為者が独力で行うことを要せず、第三

---

19)　大谷・389頁、曽根・229頁、野村・365頁、浅田・397頁、西田・320頁、山口・299頁、高橋・424頁、佐伯仁志・362頁、松原・350頁。

20)　大塚仁・261頁以下、香川・313頁、西原・上・339頁、前田・124頁、大判昭和12・06・25刑集16・998、大判昭和13・04・19刑集17・336。なお、井田・467頁参照。

21)　**真摯性**が認められた判例として、東京地判昭和37・03・17下刑集4・3=4・224、判時298・32、名古屋高判平成2・07・17判タ739・245、真摯性が否定された判例として、大阪高判昭和44・10・17判タ244・290。

者の援助・助力を借りた場合であっても直ちに中止行為を否定することには
なりません。法は、当該状況下で可能な中止行為を要求しており、素人に不
可能なことは専門家に委ねた方が被害者の保護・救済にも資する、行為者に
とって可能な範囲のことを努力して行ったのであれば、責任非難の程度は当
然に減弱すると考えられることを根拠に、行為者自らが結果発生を阻止した
と同視しうる程度の努力をする必要があるとするのが通説・判例[22]です。

(2) 危険性の減少・消滅

① **結果の不発生について**　支配的見解は、中止犯が認められるには既遂
結果不発生の未遂段階にあることを要するとしており、この点は、中止犯の
法的性格に関する見解の相違にもかかわらず一致しています。しかし、犯罪
結果は、特定の犯罪を前提にしたときの未遂結果・既遂結果だけでなく、一
般的な事態の経緯を前提にしたときの過程結果・終局結果もあるところ、自
己の意思により終局結果の発生を阻止した場合には、中止犯成立の余地を認
めるべきです。

　例えば、行為者Xがナイフで被害者Aに刺傷を負わせたところ、その刺
傷が悪化し、A死亡結果を惹起する致命的な刺傷にまで深刻化しかねない
状況、さらにはA死亡結果の蓋然性が生じた状況において、Xが自己の意
思により中止行為を行い、致命的な刺傷に至る危険性を減少・消滅させ、あ
るいは死亡結果の発生を阻止した場合、支配的見解によれば、Xに殺意があ
るときは殺人未遂として中止犯が認められ、暴行・傷害の故意にとどまると
きは中止犯は認められません。しかし、本書によれば、自己の意思により、
致命的な刺傷に至る危険性を減少・消滅させ、あるいは死亡結果発生の危険
性を減少・消滅させて終局結果を阻止しているので、中止犯の成立を認めて
しかるべきです[23]。

　なお、既遂結果が発生しても、その結果が行為者の実行行為との間に因果
関係がないのであれば、行為者の実行行為により結果が発生したとはいえな

---

22) 大塚仁・262頁、大谷・389頁、前田・124頁、大判昭和12・06・25刑集16・998。
23) 中止犯規定を適用する際に刑の減免の基準となるべき刑は、前者の場合は傷害罪（204条）につ
　いての刑であり、後者の場合は傷害致死罪（205条）についての刑です。

358 第28講 中止犯論

いので未遂であり、中止犯成立の余地があるのは言うまでもありません[24]。

② 中止行為と結果不発生との因果関係

> **【事例】** Xは、被害者Aに毒薬を投与した後に後悔して医者を呼び、Aを救命したが、初めから毒薬は致死量に達していなかったため死亡することはそもそもなかった〔毒薬量不足事例〕。

> **因果関係必要説**は、法は中止行為と結果不発生との間に因果関係が存在することを当然の前提としている、違法減少説によれば、中止行為が現実に結果発生の危険性を減少させたことが必要であることを根拠に、事例のXに**中止犯を否定**します[25]。この説に対しては、結果発生がそもそも不可能な場合に中止犯を否定するのは、結果発生が可能な場合と比較すると不均衡であるとの批判がなされます。そこで、この不均衡を解消するために、結果発生がそもそも不可能であった場合には、中止犯規定を準用して刑の必要的減免を認めるべきとする**中止犯規定準用説**[26]が主張されます。

> **因果関係不要説**は、責任減少説によれば、真摯な人格態度の現われとしての結果阻止行為があれば足り、因果関係までも要求する必要はない、必要説に立つと、結果発生の危険性を生じさせる危険な行為を行うと中止犯が認められ、初めから結果発生の危険性のない不能犯形態のときには中止犯が認められないという不都合を来し不均衡であるなどを根拠に、Xに**中止犯を肯定**します[27]。

本書によれば、中止行為と結果不発生との間の因果関係は必ずしも必要ではありません。中止行為は実行行為と一連・一体のものとして連続性の中で総合評価され、また、中止行為は少なくとも実行行為によって創出された結果危険を減少・消滅させれば足りるからです[28]。

先の**事例**において、Xの中止行為がなくともA死亡結果は生じませんので、中止行為と結果不発生との間に因果関係は認められませんが、Xの中止行為は実行行為と一連・一体のものとして総合評価され、かつ、自らの実行行為により惹起したA死亡結果発生の危険性を、その中止行為により減少・消滅させたと認められる限り、中止行為を肯定できます。

---

24) 西原・上・340頁、山中・820頁、高橋・426頁。

25) 植松・332頁、藤木・264頁、山口・298頁、井田・466頁、大判昭和4・09・17刑集8・446。

26) 大谷・391頁。

27) 福田・239頁、大塚仁・263頁、西原・上・340頁、西田・320頁、山中・819頁、浅田・397頁、川端・501頁、前田・124頁。

28) 平野・Ⅱ・337頁、山口・298頁以下、高橋・425頁以下、松原・348頁以下。

(3) 任意性

中止犯が成立するには、主観要件として中止行為の**任意性**（**自発性**）が必要です。これは、行為者の有責性の減少・消滅に関わる要件です。

① 学説の状況

中止の動機が規範意識の覚醒ないし広義の後悔（悔悟、慚愧、同情、憐憫など）という内部的障害によることを要求する**限定主観説**[29]は、悔悟（後悔）、慚愧（羞恥）、同情、憐憫、哀れみの感情など、行為者の内部の感情・意識により中止の動機が生じたと見られる場合に任意性を認め、そうでない場合は任意性を否定します。この説に対しては、刑法は単に「自己の意思により」と規定しており、刑法の趣旨を超えた過剰な要求である、任意性の判断に倫理的意味を混入させるものであり妥当でない、この説によると、道義的・倫理的動機に基づく中止行為があれば結果が発生しても中止犯を認めなければならなくなるなどの批判がなされます。

中止の動機が外部的障害の表象がもつ動機への影響力に基づくものかを軸にする**主観説**[30]があります。この説には、政策説からのもの、行為無価値論的な違法減少・消滅説からのもの、責任減少・消滅説からのものがありますが、いずれの見解も、「**やろうと思えばできたのだがやろうと思わなかった場合は中止犯、やろうと思ってもできないためやらなかった場合は障害未遂犯**」（フランクの公式）と表現されます。この説によると、外部的障害はないか小さいと思ったが、なお自ら止めた場合は任意性を認めるのに対し、外部的障害が大きいと思ったので止めた場合は任意性を否定します。この説に対しては、客観的・物理的には犯行継続が可能であるが、行為者が特定の意図・目的に拘泥したがゆえに犯行継続を止めた場合のように、物理的に不可能な場合と心理的に不可能な場合との区別が明確でない、行為者の目的・計画を重視すればするほど任意性が否定されてしまうが、そのような行為者の心理的な不可能性を重視するのは妥当でないなどの批判がなされます。

中止の動機の内容となった事情が、一般人の経験則上犯行を妨げるような強制的影響を有するかを基準とする**客観説**[31]があります。この説にも、政策説からのもの、責任減少・消滅説からのものがありますが、中止の動機の内容となった事情が、一般人の経験則上、犯行を妨げるような強制的影響力を有するものでなかったけれども、行為者が犯行を中止した場合は任意性を認めるのに対し、中止の動機の内容となった事情が、一般人の経験則上、犯行を妨げるような強

---

29) 内田・272頁、中山・435頁、西田・321頁。
30) 内藤・下Ⅱ・1291頁、大塚仁・259頁、曽根・230頁、佐久間・335頁、浅田・393頁、堀内・244頁、山口・303頁、井田・471頁、高橋・426頁、佐伯仁志・365頁。また、林・369頁参照。
31) 西原・上・335頁、前田・119頁。

制的影響力を有するものであったので、行為者がやむを得ずに犯行を中止した場合は任意性を否定します。この説に対しては、行為者の主観的な「自己の意思」を無視した客観的な判断になってしまう、一般人の経験則という基準の導入は規範的判断の混入をもたらし、方法論的に判断者の処罰感情を忍び込ませる危険性があるなどの批判がなされます。

　そこで、外部的事情を認識した結果、行為者ができると感じたかできないと感じたかという行為者の現実の意識過程を客観的に判断する**折衷説**[32]が主張されます。この説は、外部的障害を認識したが、それでも行為者が「やろうと思えばできる」と感じたかという主観要素を前提にしたうえで、一般人の経験則から判断して、「やろうと思えばできたけれども、やらなかった」と判断でき、自己の意思により止めたといえる場合は任意性を認め、自己の意思により止めたといえない場合は任意性を否定します。この説に対しては、本来行為者の「自己の意思」についての判断に、なぜ一般人の経験則による判断を導入する必要があるのかの根拠が明確でない、行為者の動機過程の通常性・異常性と一般人の経験則による通常性・異常性とが整合しない場合、いずれを基準とするのかが明確でない、一般人の経験則という基準の導入は規範的判断の混入をもたらし、方法論的に判断者の処罰感情を忍び込ませる危険性があるなどの批判がなされます[33]。

② 判例の状況

　任意性を否定したものとして、**大判昭和 11・03・06**（刑集 16・272）〔中止犯となるには、内部的原因により任意に実行を中止し、もしくは結果の発生を防止することを必要とするのであって、短刀で突刺したが、流血のほとばしるのを見て止めるのは中止未遂ではなく障害未遂である〕、**最判昭和 24・07・09**（刑集 3・8・1174）〔強姦罪（現行の強制性交等罪）の実行に着手した後、驚愕によって犯行を中止した場合においても、その驚愕の原因となった諸般の状況が被告人の故意の遂行を思いとどまらしめる障害の事情として客観性があるものと認められるときは障害未遂であって、中止犯ではない〕、**最決昭和 32・09・10**（刑集 11・9・2202）〔母親の流血・苦痛の様子に驚愕・恐怖して殺害行為継続の意力を抑圧されて犯行を中止したときは、殺人の犯罪の完成を妨害するに足りる性質の障害に基づくものであって、自己の意思により犯行をやめた場合に当たらない〕、**札幌高判昭和 36・02・09**（下刑集 3・1=2・34）〔被害者が身体の具合が悪いといって倒れ掛かった事態に直面して急病だと信じて不安を感じ、犯行の意欲を失って姦淫するに至らなかったときは、被告人の主観においてこの事態が犯罪の遂行に対する障害になっているのみならず、客観的にもこのような事

---

32)「客観的主観説」、「新しい客観説」ともいわれる説で、福田・237 頁、大谷・385 頁以下。

33) **不合理決断説**（山中・825 頁）も主張されています。

態の発生は強姦犯人（現行の強制性交等犯人）に対し通常犯罪の遂行に対する障害になったものといわなければならない〕、**東京高判昭和 39・08・05**（高刑集 17・6・557、判タ 166・145）〔被害女性の露出した肌が寒気のため鳥肌立っているのを見て、欲情が減退したため姦淫行為を中止したときは、任意性を欠くものであり、外部的障碍により犯罪の遂行に至らなかつたものである〕があります。

　任意性を肯定したものとして、**大阪高判昭和 33・06・10**（高裁刑事裁判特報 5・7・270）〔妻と無理心中をすることを決意して同女を絞殺しようとしたが、哀願されて実行を中止したのは、同女に対する愛情の念から殺害するに忍びず、任意にその実行を中止したことによる〕、**福岡高判昭和 35・07・20**（下刑集 2・7 = 8・994、判時 237・36）〔暴行・脅迫を加えて金員を強取しようとしたところ、被害者が 190 円を差出し、「これを取られたら明日米を買う金もない」と涙を流すのをみて、被告人が犯行を中止したのは、外部的障碍のため犯罪の遂行を妨げられたというより、むしろ憐憫の情を催した被告人の自発的な任意の意思に出でたものと解するのが相当である〕、**福岡高判昭和 61・03・06**（高刑集 39・1・1、判時 1193・152、判タ 600・143〔百選 I・69〕）〔未必的殺意をもって被害者の頸部を果物ナイフで突き刺したが、流血をみて驚愕する同時に、「大変なことをした」として中止行為をした場合、被告人は犯行に対する反省、悔悟の情などから、任意の意思に基づいて中止行為をしたと認めるのが相当である〕、**浦和地判平成 4・02・27**（判タ 795・263）〔一旦強姦罪（現行の強制性交等罪）の犯罪の実行に着手した犯人が、犯罪遂行の実質的障害となる事情に遭遇したわけではなく、通常であればこれを継続して所期の目的を達したであろうと考えられる場合において、犯人が、被害者の態度に触発されたとはいえ、自己の意思で犯罪の遂行を中止したときは、障害未遂ではなく中止未遂が成立する〕、**札幌高判平成 13・05・10**（判タ 1089・298）〔被害女性を殺意をもってその胸部を突き刺したが、同女が機転を利かせて、「被告人の言うとおりにする」、「被告人のことが好きだった」などと言ったことを契機に、無理心中の思いを吹っ切り、同女の命を助けようと決断して、同女を病院に搬送した事情を総合考慮すると、被告人は自らの意思で犯行を中止したものと認めるのが相当である〕があります。

　③　**本書の立場**　任意性は主観的な有責性減少・消滅に関する要件ですので、行為者の意思を基準に判断すべきで、外部的障害の表象が行為者の主観的な意思決定の自由、選択の自由を奪うようなものでない限り、任意性を認めるべきです[34]。それは、「**行為者にとって、意思決定の自由、選択の自由があったのに中止した場合は任意性を肯定し、意思決定の自由、選択の自由がなかったので止めざるをえなかった場合は任意性を否定する**」〔**主観的選択自由説**〕と表現できます。

34）なお、野村・363 頁、山口・300 頁。

362　第28講　中止犯論

4　法効果

　中止犯が認められると、**刑の必要的減軽・免除**が認められ、少なくとも刑の減軽がなされます。

　中止犯の法効果に関連して注意すべき点は、第1に、中止犯が認められた場合、中止以前の行為が別罪を構成することはありません。例えば、殺人罪につき中止犯が認められたならば、傷害の結果が発生していても、傷害罪の成立はありませんし、殺人予備罪も不成立です。また、強盗罪について中止犯が認められたならば、あらためて暴行罪・脅迫罪が成立するということはありません。第2に、中止犯の効果は、併合罪あるいは科刑上一罪の関係にある別罪には及びません。例えば、住居侵入罪と牽連関係にある窃盗罪や強盗罪について中止犯が認められても、その効果は住居侵入罪には及びません。第3に、中止行為が別罪を構成するときには、別罪につき処罰されます。例えば、放火罪につき中止行為をした者が、消火のために建造物の一部を壊す行為をしたときは、放火罪につき中止犯が認められても、別に建造物損壊罪は成立し、中止犯の効果は建造物損壊罪には及ばないのです。

5　予備・陰謀の中止

(1)　問題性

　行為者が、ある犯罪の予備行為・陰謀行為を行った後に、実行行為に着手することを任意に思いとどまった場合、予備罪・陰謀罪の処罰規定があることを前提に、中止犯規定の準用を認めるべきかについて議論があります。

◆刑法典における予備罪・陰謀罪の規定

犯罪	条名	予備罪	陰謀罪	情状による刑の任意的免除	備　考
内乱	78条	○	○	—	自首による刑の必要的免除（80条）
外患	88条	○	○	—	—
私戦	93条	○	○	—	自首による刑の必要的免除（93条但書）
放火	113条	○	—	○	

通貨偽造	153 条	○(準備)	—	—	—
殺人	201 条	○	—	○	—
身の代金目的略取・誘拐	228 条の 3	○	—	—	自首による刑の必要的減免（228 条の 3 但書）
強盗	237 条	○	—	—	—

(2) 学説・判例の状況

準用否定説[35] は、予備罪・陰謀罪は一種の挙動犯であり、予備行為・陰謀行為により直ちに既遂となり中止の観念を容れる余地はない、予備・陰謀の中止は予備・陰謀そのものであり、中止犯にいう着手の観念を容れる余地はない、予備・陰謀に刑の免除が規定されていない場合があるのはその犯罪が重大だからであることを根拠とします。この説に対しては、予備行為・陰謀行為の後に実行に着手して中止すれば刑の減免が受けられるのに、予備・陰謀にとどまっていると刑の減免が受けられないのは刑の不均衡をきたす、この不均衡は予備罪に免除規定のない強盗予備罪等においては耐え難い、予備・陰謀の後に実行の着手に至って中止行為があれば予備・陰謀の部分も中止犯に吸収されて刑の免除が受けられる可能性がある点でも刑の不均衡が生じるなどの批判がなされます。

準用肯定説[36] は、予備罪・陰謀罪もまた基本的法律要件の実現を前提としたとき未遂であり、修正された法律要件であるから着手・実行行為の観念を容れることができる、責任非難の減少という点で本来の未遂も予備・陰謀も差異はないことを根拠とします。この説に対しては、中止犯は刑法総則に規定され、予備罪・陰謀罪は刑法各則の各本条に規定されている点を考慮するならば、刑の不均衡を根拠に刑法総則の中止犯の規定を準用することは許されない、準用肯定説は予備行為・陰謀行為を実行行為とみなすことになるが、それだと、教唆も幇助も一種の実行行為とみなす立場を採らなければならなくなるなどの批判がなされます。

区分説[37] は、非独立予備罪・陰謀罪は予備・陰謀以降の実行行為が処罰されているので刑の不均衡の議論が妥当するのに対して、独立予備罪・陰謀罪は本来の実行行為そのものは処罰されないので中止ということはあり得ず、刑の不均衡の問題も生じないことを根拠にして、私戦予備罪（93 条）のような独立予備罪の場合には準用を否定し、放火予備罪（113 条）、通貨偽造準備罪（153 条）、殺人予備罪（201 条）などのような非独立予備罪の場合には準用を肯定します。この説に対しては、予備・陰謀の先にある本犯を処罰する規定が存在するか否

---

35) 西田・322 頁、山口・303 頁、最大判昭和 29・01・20 刑集 8・1・41、判時 20・22〔百選Ⅰ・72〕。なお、井田・474 頁以下、前田・125 頁は準用否定説か。

36) 大塚仁・264 頁、福田・241 頁、大谷・392 頁、曽根・232 頁、野村・372 頁、浅田・399 頁、川端・502 頁。

37) 西原・上・316 頁、高橋・429 頁。

かの立法政策的な考慮を準用の肯定・否定に直結させるのは、あまりにも便宜的な解釈であるとの批判がなされます。

(3) 本書の立場

① **予備・陰謀の形態**　実行の着手により実行行為が開始されても、未遂犯処罰に必要な危険結果が惹起されない限り、未遂犯としては処罰されません。未遂犯にも結果（未遂結果）が必要なのです。ですから、予備罪・陰謀罪には、㋐実行の着手前のもの（本来の予備罪・陰謀罪）、㋑実行の着手後であるが未遂結果の発生がないもの、の２つの形態が存在することになります。

② **予備・陰謀の危険性**　予備・陰謀にも、実行の着手や未遂結果への接近度によって段階があり、客観的危険性に質量の相違があります。ですから、当該予備行為・陰謀行為の惹起した危険性の質量に応じた中止行為が求められるのであり、その点は本来の中止犯におけると同様です。ということは、予備罪・陰謀罪における中止行為には、㋐予備行為・陰謀行為の継続を中止する場合と、㋑予備行為・陰謀行為は完了したが実行の着手を思いとどまる場合と、さらに、㋒未遂結果の発生を阻止する場合があります。いずれの場合も、任意の中止行為により、予備行為・陰謀行為によって惹起された危険性を減少・消滅させたときは、予備・陰謀の中止として中止犯規定の準用を認めるべきです〔**準用肯定説**〕。それは、客観的な危険性の減少・消滅という違法性減少・消滅と、主観的な非難可能性の減少・消滅という有責性減少・消滅とが充足されるからです。

③ **基準刑**　中止犯規定の準用を認めた場合の基準刑について、**予備罪・陰謀罪刑基準説**や**免除説**も主張されています。しかし、予備罪・陰謀罪の法定刑は基本犯の法定刑を法律上減軽したものなので、これをさらに減軽するのは法律上の減軽を１回しか認めない68条の趣旨に反する、予備罪・陰謀罪は既遂犯の基本的法律要件の修正形式である以上、既遂犯の刑が基準となるのは当然である、43条但書の準用を認めるのは、予備・陰謀の中止の場合、基本的法律要件についての中止犯の刑よりも重くしてはならないという考慮から出ているものなので、予備・陰謀罪の刑をさらに減軽する必要はない、既遂犯の法定刑を基準にして減軽してもなお予備罪・陰謀罪の刑よりも重い場合には、予備罪・陰謀罪の刑によるべきであるなどを根拠に、既遂犯の刑

を基準とすべきと考えます〔**既遂犯刑基準説**〕（通説）。

今日の一言

ストレスを貯めないために
仕事や勉強と関係のない
趣味と友人を
持とう

第 29 講　間接正犯論

1　意義・問題性

　間接正犯[1] とは、他人を自分の手足の延長のように一方的に利用して、犯罪を実現する犯行形態及びその利用行為者をいいます。間接正犯は、正犯の意義・範囲を検討する格好の素材です。

　間接正犯は、他人を一方的に利用して犯罪を実現する間接的法益侵害ですが、①なぜ共犯（教唆犯・従犯）ではなく正犯となるのか。**正犯性メルクマール**が問われます。次に、②間接正犯の概念を肯定した場合、実際に、どの範囲にまで間接正犯が認められるのか。さらに、③間接正犯の場合、実行の着手・実行行為はどの時点にあるのか。最後に、④自手犯との関係が問題となります。

2　アプローチ

(1)　「制限的正犯概念＋極端従属形式」の処罰の間隙を埋めるアプローチ

　【事例 01】 X は、自分の息子 A（13 歳）を利用して窃盗を行った。

　制限的（限縮的）正犯概念に立脚すると、自ら法律要件該当行為を行った者＝正犯者、自ら行わず、他人を利用する者＝共犯者になるので、**事例 01** における X は、自ら法律要件に該当する行為を行う者ではないので正犯たりえません。他方、**極端従属形式**に立脚すると、正犯の行為が法律要件該当性・違法性を具備していても、有責性を具備していない限り共犯（教唆犯・従犯）は不成立となります。この事例における正犯者 A には責任能力が欠けているので、X に共犯も成立しません。結局、X が不処罰になるのでは不合理ですから、処罰の間隙を埋めるために**間接正犯の概念**を構築したというわけです。

---

1) 間接正犯論については、大塚仁『間接正犯の研究』（1958 年）、西原春夫『間接正犯の理論』（1962年）、中義勝『間接正犯』（1963 年）、林幹人『刑法の現代的課題』（1991 年）102 頁以下、西原春夫『犯罪実行行為論』（1998 年）210 頁以下、島田聡一郎『正犯・共犯論の基礎理論』（2002 年）、照沼亮介『体系的共犯論と刑事不法論』（2005 年）74 頁以下参照。

(2)　間接正犯の正犯性を積極的に根拠づけるアプローチ

　間接正犯の正犯性を積極的に根拠づけようとする見解には、形式的な要素従属性の公式に則って考察する**形式説**があります。この見解は、**制限的正犯概念**に立脚し、自ら実行行為を行った者＝正犯者であり、自ら行わず、他人を利用する者＝共犯者である一方で、**制限従属形式**に立脚した場合、正犯の行為が法律要件該当性を具備していても、違法性を具備しない限り、共犯（教唆犯・従犯）は不成立となるので、背後の利用者 X には間接正犯が成立するというのです。

　他方、刑式的な要素従属性の公式に基づかない**実質説**[2]があります。この見解は、主観的に、背後の利用者に自ら犯罪を実現する正犯意思が存在し、客観的に、被利用者の行為が利用者の手足の延長として、利用者の行為に実行行為性が認められるときには、利用者に間接正犯を肯定するのです。この見解によると、例えば、背後の黒幕、背後の大物などのように、それ自体正犯としての実体を有するときは、直接には実行行為を行わなくとも、（間接）正犯として処罰するのが実態に即している場合があるとするのです。

(3)　間接正犯を共犯に解消するアプローチ

　形式説と同じように、制限的正犯概念・制限従属形式に立脚しながらも、被利用者に規範的障害が欠如する場合は、一種の離隔犯として、利用者はむしろ直接正犯であるし、そうでない場合は、共犯（教唆犯・従犯）が成立するとして、間接正犯の成立範囲を共犯に解消しようとする見解[3]があります。

(4)　本書の立場

　いわゆる構成要件論を前提にして形式的に理解された構成要件を軸にして実行行為性や正犯性を考察するのであれば別ですが、法律要件論による要件思考法を採り、実質的な危険性・因果性を軸にして実行行為性や正犯性を考察するのであれば、実行行為を主導的に遂行し、中心的に犯罪を実現する者が正犯になるはずです。したがって、他人を介在させて犯罪を実現する間接正犯は、直接正犯に匹敵する実質を具えていなければならず、これを**間接正犯の直接正犯との同価値性**といいます。これは、まさに間接正犯の**正犯性**を言い換えたにすぎません。

◆要素従属性

---

2)　現在の支配的見解です。

3)　浅田・431 頁、松宮・256 頁以下。この見解は、制限的正犯概念を厳格に維持し、拡張的共犯論を前提にして、間接正犯の成立範囲を限定し、ほとんどを共犯に解消するものです。

368　第29講　間接正犯論

A　**最小従属形式**——共犯が成立するには、正犯の行為は法律要件に該当すれば足りる。

B　**制限従属形式**——共犯が成立するには、正犯の行為は法律要件に該当し、違法であればよい。

C　**極端従属形式**——共犯が成立するには、正犯は法律要件に該当し、違法で、有責な行為でなければならない。

D　**誇張従属形式**——共犯が成立するには、正犯は犯罪成立要件のすべてと一身的な刑の加重減軽事由を充足することが必要である。

◆間接正犯と教唆犯の区別

要素従属性	最小従属形式	制限従属形式	極端従属形式	誇張従属形式
要・違・責・罰	教唆犯	教唆犯	教唆犯	教唆犯
要・違・責	教唆犯	教唆犯	教唆犯	間接正犯
要・違	教唆犯	教唆犯	間接正犯	間接正犯
要	教唆犯	間接正犯	間接正犯	間接正犯
なし	間接正犯	間接正犯	間接正犯	間接正犯

　従来、要素従属性に関する4つの従属形式が、間接正犯と教唆犯（共犯）を区別する公式として用いられました。しかし、共犯が成立しないから間接正犯が成立するという認定順序は、犯罪の認定方法としては逆ですし、個々の事案の具体的な個別事情を考慮するとき、形式的な要素従属性の公式で判断しても妥当な結論を得られません。この公式は廃棄すべきです。

3　間接正犯の正犯性

(1)　正犯の概念

　通説は、**正犯**とは基本的法律要件に該当する事実（実行行為・犯罪結果）を自ら実現する者をいうとするのですが、間接正犯の概念を肯定すると、正犯には2つの形態があることになります。

①	**直接正犯**：行為者が自らの身体活動で直接に法律要件に該当する事実を実現する犯行形態及びその行為者
②	**間接正犯**：行為者が他人を自己の手足のように一方的に利用して法律要件に該当する事実を実現する犯行形態及びその利用者

(2) 学説の状況

ⓐ **行為支配説**（Tatherrschaftstheorie）[4]

　行為支配性——利用者が被利用者の行為を支配し、あたかも自己の手足の
　　　　　　　　延長のように被利用者の行為を思い通りに支配・操縦して
　　　　　　　　いた場合、利用者に正犯性を認めることができる。

　＜批判＞・「行為」は被利用者の行為をいうのか、実行行為をいうのか、結
　　　　　　果をも含むのか、不明確である。
　　　　　・行為「支配」の内実が曖昧であり、利用者の正犯性を積極的に
　　　　　　根拠づける実体を示していない。

ⓑ **規範的障害欠如説**[5]

　規範的障害の不存在——反対動機形成の能力・可能性など、規範的障害の
　　　　　　　　　　　　欠如した被利用者を一方的に利用していた場合、
　　　　　　　　　　　　利用者に正犯性を認めることができる。

　＜批判＞・規範的障害は被利用者にだけ関わる事情をいうのか明確でない。
　　　　　・規範的障害の内実は被利用者の事実的な事情のことをいうのか、
　　　　　　価値的・評価的な事情のことも含むのか明確ではない。

ⓒ **実行行為性説**[6]

　利用者の行為の実行行為性——利用者の行為に直接正犯と異ならない実行
　　　　　　　　　　　　　　　行為性が認められる場合、利用者に正犯性
　　　　　　　　　　　　　　　を認めることができる。

　＜批判＞・正犯の概念に規範的観点を持ち込むことは制限的正犯概念を弛
　　　　　　緩させ、正犯・共犯の区別を放棄することになる。
　　　　　・正犯性を実行行為性に言い換えたにすぎず、基準を示しえてい
　　　　　　ない。

(3) 本書の立場

　利用者の**正犯性**について、利用者側に着目する行為支配説や実行行為性説
と、被利用者側に着目する規範的障害欠如説と、2つの傾向があります。し
かし、利用者の正犯性は、利用者の行為に係る事情と被利用者の行為に係る
事情の相関関係で決まります。他方、利用者の正犯性を判断する際の考慮事
情について、利用者が被利用者の行為を一方的に利用・支配することに係る

---

4) 平場・150頁、団藤・155頁、西田・328頁、大谷・144頁、高橋・437頁、山口・70頁、井田・
　488頁。なお、道具理論（Werkzeugstheorie）は、利用者の行為支配性を被利用者の道具性と言
　い換えたにすぎないので、行為支配説と同旨と考えてよいでしょう。

5) 西原・下・358頁、野村・338頁、曽根・237頁、山中・866頁。

6) 福田・262頁、大塚仁・160頁、内田・288頁、内藤・下Ⅱ・1335頁、前田・83頁。

370　第29講　間接正犯論

事情を重視する見解と、利用者が犯罪結果の実現をどの程度支配・操縦していたか、特に犯罪結果が第一次的に帰属されるべき主体は誰かを重視する見解とがあります。この点、従来は、行為支配説や規範的障害欠如説のように、前者の傾向が強かったのですが、近時、前者と後者を考慮する傾向が強くなっており、実行行為性説が有力になっているのはこれを反映するものです。

　本書によれば、利用者の正犯性は、利用者の行為に係る事情と被利用者の行為に係る事情の相関関係により決まり、それを判断するには、犯罪行為の遂行を利用・支配していた点だけでなく、犯罪結果の実現を支配・統制していた点に係る諸事情をも考慮する必要があります。

4　成立要件

○客観要件　①　利用行為が犯罪結果を実現する一般的危険性を有すること〔実行行為性〕
　　　　　　②　利用者の実行行為と犯罪結果との間に因果関係が存在すること〔因果関係〕
○主観要件　③　犯罪実現について故意があること〔故意〕
　　　　　　④　他人を自分の手足の延長のように一方的に利用して、犯罪を自らの犯罪として実現しようとする意思が存在すること〔間接正犯意思〕

(1)　客観要件

　①　**実行行為性**　まず、利用者の利用行為が犯罪結果を実現する一般的危険性を有することが必要です。これは行為危険として**実行行為性**を根拠づけるもので、未遂結果・既遂結果としての危険と異なります。

　②　**因果関係**　また、利用者の実行行為の危険性が危険結果・実害結果に現実化したといえること、つまり**因果関係**が必要です。単独犯においては、実行行為と既遂結果との間の因果関係を検討すればよいのですが、間接正犯においては、他人（被利用者）の行為が介在しているので、実行行為と未遂結果（多くは危険結果）、そして既遂結果（多くは実害結果）との因果関係を検討しなければなりません[7]。

───────────────
7)　単独犯においても、実行行為と未遂結果・既遂結果との因果関係を検討しなければなりませんが、実行行為と既遂結果との因果関係を検討すれば足りるので、その点は意識されません。

(2) 主観要件

③ **故 意** 通常の単独犯の場合と同様、主観要件として**故意**が必要です。

④ **間接正犯意思** また、他人を自分の手足の延長のように一方的に利用して、犯罪を自らの犯罪として実現しようとする**間接正犯意思**が必要です。

(3) 注意点

間接正犯の客観要件・主観要件は間接正犯の正犯性を根拠づけるものであり、客観面でも主観面でも**正犯性メルクマール**を具備し、直接正犯に匹敵する実質を具えている必要があります。

5 問題類型

(1) 故意なき者の利用

① 無過失行為者の利用

> 【事例02】Xは、事情を知らない無知な被利用者Y（第三者・被害者）の無過失の行為を利用して犯罪を実現した。

この事例では、利用者は事情を知らない被利用者を自分の手足のように一方的に利用したといえるので、利用者には間接正犯が成立します[8]。

② 過失行為者の利用

> 【事例03】医師Xは、事情を知らない看護師Yの不注意を利用して患者を毒殺した。

> この事例では、被利用者Yに過失はあるが、殺人に関する限り、Yの不注意な行為が一方的に支配・利用されたといえるので行為支配性を認めることができる、過失犯において直面する規範は、注意をして注意義務を履行すべしという程度のものにすぎず、故意犯において直面する規範とは質的・量的に著しい差異があり、その限りで過失犯を利用・支配することは可能である、被利用者に過失があるかないかは必ずしも結果発生の蓋然性に絶対的な差があるとは思われない、利用者Xは被利用者Yの行為を介して結果の発生を実質的に支配しているといえることを根拠に、利用者Xの行為に実行行為性が認められるので、Xには殺人罪の間接正犯が、Yには業務上過失致死罪が成立するとする**間接正犯説**[9]が主張されています。

---

8) 大判昭和8・04・19刑集12・471、最決昭和31・07・03刑集10・7・955。

9) 福田・265頁、西原・下・360、大塚仁・161頁、内田・288頁、曽根・237頁、西田・330頁、大谷・146頁、前田・86頁以下、高橋・438頁。

過失行為者、ましてや業務上過失行為者には反対動機形成の可能性があり、規範的障害が存在していますし、被利用者 Y は注意すれば結果を予見でき、結果回避の可能性もあったのですから、利用者 X の行為には直接正犯と同等の確実性がありません。利用者 X に正犯性を認めるのは困難であり、X には殺人罪の**教唆犯**が、Y には業務上過失致死罪が成立するにとどまります[10]。

③ 別の故意ある者の利用

【事例04】 X は、物置小屋で作業をしている A を焼殺する意図で、それを知らない Y に A の小屋を焼損するよう指示したところ、Y は A の小屋に放火し、その結果、同小屋が全焼するとともに A が焼死した。

この事例では、殺人に関する限り、Y に殺人の故意はなく、同人の錯誤が利用されている、Y に非現住建造物等放火の故意があっても、X は重い犯罪について優越的地位にあって Y を一方的に利用・支配したといえる、犯罪結果発生の蓋然性という点で、被利用者が事情を知らない者か、過失犯か、故意犯か、それとも無過失かで決定的な差異はない、最終結果を実質的に支配した者は誰かという点が正犯性の認定で重要であることを根拠に、X に殺人罪の間接正犯、現住建造物放火罪の教唆犯が、Y には非現住建造物放火罪（場合によっては、(重)過失致死罪）が成立するとする**間接正犯説**[11] が主張されています。

被利用者 Y には、軽い犯罪行為とはいえ非現住建造物放火罪の故意が存在し、故意犯と過失犯につき反対動機形成の可能性及び規範的障害が存在しています。ですから、利用者 X には直接正犯と同等の正犯性はなく、X に正犯性を認めるのは困難です。X には殺人罪、現住建造物放火罪の**教唆犯**が、Y には非現住建造物放火罪、(重) 過失致死罪が成立します[12]。

(2) 故意ある者の利用

① 目的なき故意ある者の利用

【事例05】 X は、偽貨を行使する目的を有しながら、印刷工 Y に対し、映画の撮影に使うと偽って通貨を偽造させた。

---

10) 内藤・下Ⅱ・1340頁、浅田・432頁。
11) 大塚仁・162頁、内田・288頁、大谷・146頁、曽根・237頁、西田・330頁、前田・86頁、高橋・438頁、川端・544頁。
12) 西原・下・360頁、内藤・下Ⅱ・1339頁、野村・412頁、浅田・432頁。

いわゆる**目的なき故意ある道具の利用**の場合、被利用者Yには偽貨を作成することの故意が認められるので、Yを単純にXの手足の延長とみることはできない、したがって、XがYを一方的に利用・支配して自ら通貨偽造の行為をしたとみることはできず、利用者Xに正犯性が欠けるので、Xには通貨偽造罪の教唆犯が成立し、Yは事実上通貨偽造罪の幇助であるが、行使目的を欠くので不処罰であるとする**教唆犯説**[13]が主張されています。

　確かに、法の立場からすると、偽貨を作ることは行使目的がなくとも止めてほしい行為には違いありません。しかし、被利用者Yは、偽貨を作ることの認識はあっても行使目的を欠いており、可罰的行為について違法性の意識がなく、法的に非難することはできません。XはそうしたYを一方的に利用しているので、Xには通貨偽造罪の**間接正犯**が成立します[14]。

②　身分なき故意ある者の利用

> **【事例06】** 公務員Xが非公務員の妻Yに情を明かして賄賂を受け取らせた。

　　いわゆる**身分なき故意ある道具の利用**の場合、収賄罪の法規範は公務員にのみ向けられており、身分のある利用者Xにのみ義務違反の正犯性が認められる、身分のない被利用者Yは、賄賂を収受することの認識があっても正犯たり得ないことを根拠に、身分を欠く者を利用したXには収賄罪の間接正犯、Yには同罪の幇助犯が成立するとする**間接正犯説**[15]、また、被利用者Yは、業者から金品を受け取る行為が違法であることを充分に認識しており、Yの存在はXにとり規範的障害となっているので、単純にXに正犯性を認めることはできない、むしろ、Yは情を知って協力し、XとYは共同して賄賂を収受していることを根拠に、XとYには収賄罪の共謀共同正犯が成立するとする**共同正犯説**[16]、さらに、被利用者Yは情を知っており、単純に道具性を認めることはできない、したがって、XがYを一方的に利用・支配して自ら賄賂を収受したとみることはできず、Xに正犯性が欠けることを根拠に、Xには収賄罪の教唆犯が、Yには同罪の幇助犯が成立するとする**教唆犯説**[17]も主張されています。

　被利用者Yが、業者から金品を収受する行為が違法であることを認識し、情を知ってXに協力している場合、Yの存在はXにとって規範的障害となっ

---

13) 中山・472頁、野村・413頁以下、浅田・433頁。
14) 福田・266頁、大塚・162頁、内田・288頁、内藤・下Ⅱ・1340頁、大谷・147頁、西原・下・363頁、曽根・237頁、前田・87頁、高橋・441頁。
15) 団藤・159頁、福田・266頁、大塚仁・162頁。
16) 西原・下・363頁、内田・288頁、内藤・下Ⅱ・1339頁、大谷・148頁、西田・331頁、前田・87頁。
17) 中山・476頁、浅田・433頁。

ており、XがYを一方的に利用しているとするのは困難です。Yは反対動
機形成の可能性を克服し、Xと共同して賄賂を収受しているので、XとY
は収賄罪の（共謀）**共同正犯**となります。但し、XとYの関与形態も多様で、
（共謀）共同正犯だけでなく関与実態に応じた認定が求められます。

③　正犯意思なき故意ある者の利用

> **【事例07】** 上司Xが行使目的をもって、部下Yに偽造文書の作成を命令し
> たところ、Yは偽造文書の作成と知りながらも、自分のためにする
> 正犯意思がないままパソコンで偽造文書を作成した。

> 　いわゆる**故意ある幇助道具の利用**の場合、被利用者Yには故意があり規範的
> 障害もあるが、同人は単なる機械的事務処理者として加担しているにすぎず、
> 利用者Xによって一方的に利用・支配されて行動している道具にすぎない、被利
> 用者Yは実行行為を自ら行っているが、正犯意思を欠いており、正犯意思を
> 有する利用者と幇助意思を有するにすぎない被利用者とは直面する規範の質が
> 異なる、したがって、質的に異なる軽度の規範に直面しているにすぎない被利
> 用者を利用する利用者の行為には、法益侵害を惹起する現実的危険性が認めら
> れることを根拠に、Xには文書偽造罪の間接正犯、Yには同罪の従犯が成立す
> るとする**間接正犯説**[18]　が主張されています。

　被利用者Yは、自分が実現する犯罪事実の意味を充分に理解し、規範的
障害があるので、Xに一方的に利用・支配されているとするのは困難です。
XとYの関与形態、主観的意思によっては、文書偽造罪の（共謀）**共同正犯**、
あるいはXには同罪の**教唆犯**、Yには同罪の正犯が成立します[19]。

(3)　適法行為の利用

> **【事例08】** Xは、Y殺害を意図し、Yに対して「その金属棒でZに暴行を
> 加えて懲らしめてやれ」と唆してYに暴行させたところ、Zは反撃
> をして正当防衛としてYをナイフで刺殺した。

> 　**適法行為の利用**の場合、被利用者Y・Zには規範的障害が認められるため、
> 単純にXの手足の延長・道具とみることも、XがY・Zを一方的に利用・支配
> したともいえないことを根拠に、間接正犯は認められず、Xには殺人罪の教唆犯、

---

18) 大塚仁・163頁、大谷・148頁。なお、最判昭和25・07・06刑集4・7・1178参照。

19) 西原・下・364頁、浅田・440頁、西田・331頁、曽根・238頁、高橋・442頁、前田・87頁。

Zには殺人罪につき正当防衛が成立するとする**教唆犯説**[20]、被利用者の行為は法律要件に該当する実行行為ではあるが、緊急行為としてやむを得ずになされた正当な行為である、正当な緊急行為をやらざるを得ない緊急状態を作り出す利用者の行為は、犯罪実現の現実的な危険性を有する実行行為といえる、被利用者の正当防衛はやむを得ない特殊な状況でなされる行為であり、正当防衛状況・緊急避難状況は被利用者にとって規範的障害とはいえない、Zの正当防衛行為は正当な行為であるが、利用者Xとの関係では「違法な」行為と解することができることを根拠に、Xには殺人罪の間接正犯が認められるとする**間接正犯説**[21]が主張されています。

大判大正10・05・07（刑録27・257）は、妊婦に自ら堕胎手段を施し、医術により胎児を排出するのでなければ妊婦の生命に危険を及ぼすべき虞がある緊急危難の状態を生じさせ、堕胎遂行のために、医師をして妊婦の生命に対する緊急避難の必要上やむをえず胎児を排出させた場合は、堕胎罪の間接正犯が成立するとし、**最決昭和44・11・11**（刑集23・11・1471、判時580・84、判タ242・244）は、被告人が、麻薬施用者である医師に対し、胃痛腹痛が激しいかのように仮装して麻薬の注射を求め、情を知らない同人をして、疾病治療のため麻薬注射が必要であると誤診させ、麻薬を自己に注射させた場合には、被告人がみずから麻薬を施用したものとして、麻薬取締法27条1項違反の罪が成立するとし、さらに、**最決平成9・10・30**（刑集51・9・816、判時1620・152、判タ955・154）は、税関検査により大麻が発見されて「国際的な協力の下に規制薬物に係る不正行為を助長する行為等の防止を図るための麻薬及び向精神薬取締法等の特例等に関する法律」4条に基づき「コントロールド・デリバリー」が実施され、配送業者が捜査機関から大麻の存在知らされその監視下において貨物を保税地域から本邦に引き取ったときであっても、右貨物を発送した者らにつき関税法上の禁制品輸入罪の既遂が成立するとしました。

　事例08で、利用者Xが、Yに対しZを攻撃するように唆した点は暴行罪・傷害罪の教唆犯とすることができます。しかし、Zが防衛行為をするか、どのような防衛行為をするかなどを含めて高度な不確定要素が存在し、規範的障害が大きいので、XがZの正当防衛によるY殺害行為を一方的に利用・支配したとするのは事態を単純化しすぎています。Zに対する間接正犯を肯定するのは無理ですし、かといって、Zに対する教唆行為を認めるのも困難です。

20）中山・478頁、浅田・434頁。

21）内藤・下Ⅱ・1341頁、福田・267頁、大塚仁・163頁、西原・下・361頁、大谷・148頁、曽根・238頁、佐久間・83頁。

376　第29講　間接正犯論

(4)　責任なき者の利用

①　意思抑圧下の行為者の利用

> 【事例09】XがYに暴行・脅迫等を加えて行為を強制して行為の選択の余地あるいは期待可能性を奪い、一定の犯罪行為を行わせた。

　この事例では、被利用者Yに是非弁別能力があっても、意思を抑圧されているなどの特別な事情が存在するため、利用者XはYを自分の手足の延長のように一方的に利用したといえ、Xには**間接正犯**が成立します。

> 　**大阪高判平成7・11・09**（高刑集48・3・177、判時1569・145、判タ920・255）は、被告人が、当時10歳の少年（小学5年生）に命じて、交通事故の現場で倒れている4、5メートル先の受傷者のバッグをとってこさせた事案につき、「たとえ少年がある程度是非善悪の判断能力を有していたとしても、被告人には、自己の言動に畏怖し意思を抑圧されているわずか10歳の少年を利用して自己の犯罪行為を行ったものとして、窃盗の間接正犯が成立する」としましたし、**四国巡礼窃盗事件・最決昭和58・09・21**（刑集37・7・1070、判時1093・149、判タ509・126〔百選Ⅰ・74〕）は、被告人が、養女A（12歳）を連れて四国札所等巡礼中、日頃自己の言動に逆らう素振りを見せる都度顔面にタバコの火を押しつけたりドライバーで顔をこすったりするなどの暴行を加えて自己の意のままに従わせ、同女に対し、巡礼先の寺院や宿泊した旅館において、次々に窃盗を働かせ、その盗んできた金員を巡礼の費用などにあてていたという事案につき、「被告人が、自己の日頃の言動に畏怖し意思を抑圧されている同女を利用して右各窃盗を行つたと認められるのであるから、たとえ所論のように同女が是非善悪の判断能力を有する者であつたとしても、被告人については本件各窃盗の間接正犯が成立すると認めるべきである」とし、**意思抑圧型**につき間接正犯を肯定しました。

②　刑事未成年者の利用

> 【事例10】刑事未成年者（41条）等の責任無能力者を利用して犯罪行為を行わせた。

> 　この事例では、被利用者が幼児や高度の精神病者で、自己の行為の法的意味をまったく弁別することができないため、被利用者は利用者の指示通りに行動する蓋然性が高く、一方的な利用関係が認められるので、利用者に間接正犯が認められるが、被利用者が12歳・13歳の少年で是非弁別能力を有し、反対動機形成の可能性があるときは、一方的な利用・支配関係は認められず、教唆犯が認められるにとどまるとする**二分説**[22]、刑事未成年者の精神的・道徳的な成熟

---

22)　福田・264頁、大塚仁・160頁、大谷・145頁、曽根・238頁以下、高橋・440頁以下。

6 実行の着手 377

度は多様であり、その限界を画するのは困難であり、非難可能性がなく不処罰の者を利用した形態として画一的に利用者には間接正犯を認めるべきであるとする**画一処理説**[23]があります。

　利用者の正犯性は、利用者の行為に係る事情と被利用者の行為に係る事情の双方を考慮し、利用者と被利用者の相関関係で決まります。この点、二分説のように、被利用者の是非弁別能力にのみ着目して利用者の正犯性を判断するのは、適当ではありません。また、画一処理説は、帰結の明解さで魅力的ですが、被利用者の責任無能力による非難可能性の欠如の問題と利用者の正犯性の問題とを混乱させるもので、妥当ではありません。

6　実行の着手

(1)　学説・判例の状況

ⓐ　**利用行為標準説**[24]——利用者が被利用者を利用する行為を開始したとき
　　＜根拠＞・間接正犯も正犯として実行行為を行う者である以上、間接正犯の実行行為は利用者の利用行為に求められるべきである。
　　　　　　・利用者の利用行為は、被利用者に道具性が認められるがゆえに、犯罪実現の現実的危険性を有する。
　　　　　　・利用者の手を放れて以降は、いわば因の進行過程であり、「弓矢の矢が飛んでいる途中で実行行為が認められる」のは奇異である。
　　＜批判＞・実行行為概念が不当に拡大され、主観説と同じ程度にまで未遂処罰の範囲が拡張されている。
　　　　　　・利用者の行為に実行行為性を肯定することと、そこに実行の着手時期を認めることとは別である。
　　　　　　・間接正犯と類似した犯罪実現形態である教唆犯の場合と実行の着手時期が異なるのは整合的でない。
　　　　　　・利用者の行為に、被利用者の行為及び犯罪結果との因果関係が認められるとしても、利用者の行為自体に結果発生の現実的な危険性が認められない場合に実行行為性を認めるのは難しい。
　　　　　　・実質的客観説に好意的な見解がこの説を採るのは矛盾である。

---

23)　西原・下・364頁以下。
24)　福田・229頁以下、大塚仁・174頁、香川・296頁、野村・338頁。

378 第29講 間接正犯論

ⓑ **被利用行為標準説**[25]——被利用者が現実に犯罪結果をもたらす危険な身体
活動を開始したとき

＜根拠＞・実行行為は犯罪実現の現実的危険性を有するものでなければな
らず、被利用者の行為に実行の着手を求めるべきことになる。

・実行行為を規範的・実質的に解するならば、被利用者の行為も
利用者の行為の一部と考えることは十分に可能である。

・利用者の利用行為が先行行為となって結果発生防止の作為義務
が発生しており、不作為犯構成により、被利用者の行為の開始
をもって実行の着手とすることができる。

＜批判＞・実行行為の主体と実行意思の主体とが分離してしまっている。

・他人である被利用者の行為がなぜ利用者自身の行為と観念され
うるのか明らかでない。

・実行行為と実行の着手の分離は、予備行為と実行行為、予備罪
と未遂罪との概念的な区別を失わせてしまう。

・被利用者の行為時に、利用者に作為可能性・作為義務が認めら
れない場合があり、不作為犯構成は無理である。

ⓒ **個別化説**[26]——利用者・被利用者の行為を問わず、現実に犯罪結果をもた
らす現実的危険性が発生したとき

＜根拠＞・実行の着手時期は犯罪結果発生の現実的危険性発生のときであ
るので、一律にいずれかに固定する必然性はない。

・利用行為という作為の先行行為と、先行行為にもとづく結果発
生防止義務に違反する不作為という「作為＋不作為」の複合的
構造の中で、通常の基準に従って実行の着手を決めればよい。

＜批判＞・実行の着手時期について、複数の基準を持ち込むこととなり、
実行行為に関する統一原理を放棄するものである。

・被利用者の行為時に、利用者に作為可能性・作為義務が認めら
れない場合があり、不作為犯構成は無理である。

・実行行為の主体と実行意思の主体とが分離してしまっている。

ⓓ **実行行為・実行着手分離説**[27]——実行行為と実行の着手とを分離し、利用者・
被利用者の行為を問わず、現実に犯罪結
果をもたらす現実的危険性が発生したと
き

---

25) 内藤・下Ⅱ・1242、中山・419頁、浅田・375頁、431頁、高橋・405頁、大判大正7・11・16
刑録24・1352。

26) 西原・下・367頁、藤木・279頁、内田・266頁、大谷・367頁。

27) 平野・Ⅱ・318頁、西田・332頁、川端・547頁、山口・284頁以下、前田・126頁。

> ＜根拠＞・（間接）正犯の実行行為は、正犯として自らの行為について認められる概念である。これに対し、実行の着手は、未遂処罰段階を画する概念であるので、実行行為（正犯行為）と実行の着手とは必ずしも同一である必要はない。
> ・利用行為を正犯行為として処罰の対象とはするが、その処罰の時期は、現実に犯罪結果をもたらす現実的危険性が発生した着手のときとすべきである。
> ＜批判＞・実行行為と実行の着手との分離は、予備行為と実行行為との概念的な区別を失わせてしまう。
> ・実行の着手があると、それまで予備行為であった利用行為が実行行為に転化するという構成は遡及的思考を採るものである。

(2) 本書の立場

　ショクンは、実行の着手から実行行為が始まり、未遂結果である危険結果が発生したときをもって未遂処罰段階に入ることを覚えてますよね。間接正犯でいうと、利用者の利用行為が犯罪結果を実現する一般的危険性を有することで**実行の着手**が認められて実行行為となりますが、**危険結果**の発生がない限り未遂犯として処罰されないのです[28]。

7 自手犯

(1) 意 義

　自手犯とは、それが実現されるためには必ず行為者（正犯者）自身の直接の実行を必要とする犯罪をいい、他人を一方的に利用・支配する間接正犯の成立を排除しています。

(2) 種 類

　形式的自手犯とは、法律の規定上、間接正犯の形態が別個の法律要件として独立に規定されているため、間接正犯の犯行形態が排除されているものをいい、**法令上の自手犯**ともいいます。例えば、公正証書原本不実記載等罪（157条）は、虚偽公文書作成罪（156条）の間接正犯の犯行形態を独立に抽出し、軽い法定刑を定めています。この規定により、事情を知らない作成権限ある公務員を一方的に利用・支配して虚偽公文書を作成させたとしても、虚偽公

---

28) 曽根・240頁以下、林・354頁、鈴木・188頁以下、高橋・405頁。

文書作成罪の間接正犯は成立せず、公正証書原本不実記載等罪が成立することになるのです。

実質的自手犯とは、犯罪の性質上、一定の主体によって直接遂行される行為のみを実行行為として処罰しているため、それ以外の者が行っても犯罪となりえず、間接正犯の犯行形態が事実上不可能なものをいい、**事実上の自手犯**ともいいます。これには、間接正犯の形態での犯罪の実現がおよそありえない**真正自手犯**があり、例えば、真正不作為犯、あへん煙吸食罪（139条1項）、運転免許証不携帯罪（道路交通法121条1項10号、95条1項）、スピード違反罪（道路交通法118条1項1号、22条）などがあります[29]。これに対し、一定の身分・資格を有して直接正犯者となりうる者は、第三者を利用した間接正犯の形態で犯罪を実行できるけれども、直接正犯者となりえない第三者は、直接正犯者となりうる者を利用した間接正犯の形態で犯罪を実行できない**不真正自手犯**があります。例えば、収賄罪（197条）の場合、直接正犯者となりうる公務員は、非公務員を利用して収賄罪を実行することができ、公務員は本罪の間接正犯となりうるけれども、非公務員は、本罪の間接正犯とはなりえないのです。但し、非公務員に、共同正犯・教唆犯の余地はあります。ほかに、目的を必要とする各種偽造罪（154条以下）、営利目的等略取誘拐罪（225条）などがあります。

今日の一言

人を「善人」と言い 人を「悪人」と言う
そう言うおのれの弱さを 自覚しなければならない

---

29) 真正自手犯として偽証罪（169条）があげられますが、例えば、利用者が証人（被利用者）に催眠術をかけて虚偽の陳述をさせる場合、偽証罪の間接正犯を考えることができます。

第 30 講　共同正犯・共犯の基礎論

1　総　説

(1)　共犯の意義

　共犯は、犯罪の実現に 2 人以上の者が関与する犯行形態及びそれらの関与者をいい、これを**最広義の共犯**といいます[1]。

◆共同正犯・共犯

最広義の共犯	広義の共犯 （＝任意的共犯）	共同正犯（60 条）	
		狭義の共犯	教唆犯（61 条）
			従犯（62 条・63 条）
	必要的共犯	対向犯（重婚罪・184 条、賄賂罪・197 条以下、猥褻物頒布罪・175 条など）	
		集合犯（内乱罪・77 条、騒乱罪・106 条など）	

　任意的共犯とは、法律上単独の行為者によって実現しうる犯罪を 2 人以上の行為者が関与して実現する犯行形態及びそれらの関与者をいい、**広義の共犯**、**総則の共犯**ともいいます。刑法は、共同正犯（60 条）、教唆犯（61 条）及び従犯（62 条・63 条）を定めており、教唆犯と従犯を**狭義の共犯**といい、単独正犯、直接正犯・間接正犯、共同正犯などの正犯と区別されます。

　必要的共犯とは、刑法各則その他の刑罰法規上、当然に 2 人以上の行為者の関与が前提となっている犯行形態及びそれらの関与者をいい、**各則の共犯**ともいいます。これには、2 人以上の行為者の互いに対向した行為の存在が要件とされている**対向犯**があり、対向する行為者の双方が処罰されている**双面的対向犯**と、対向する行為者の一方のみが処罰されている**片面的対向犯**

---

1)　共同正犯・共犯の基礎理論については、大野平吉『共犯の従属性と独立性』(1964 年)、大越義久『共犯の処罰根拠』(1981 年)、植田重正『共犯論上の諸問題』(1985 年)、高橋則夫『共犯体系と共犯理論』(1988 年)、島田聡一郎『共犯論の基礎理論』(2002 年)、川端博『共犯の理論』(2008 年)、豊田兼彦『共犯の処罰根拠と客観的帰属』(2009 年)、小島秀夫『幇助犯の規範構造と処罰根拠』(2015 年) 参照。

（例：猥褻物頒布罪）に分けられます。前者の双面的対向犯には、対向する行為者の双方に同一刑が定められている**双面的同一刑対向犯**（例：重婚罪）と、異なる刑が定められている**双面的相異刑対向犯**（例：賄賂罪）があります。さらに、必要的共犯には、犯罪の成立上、同一の目標に向けられた多衆の関与行為が必要とされる**集合犯**（集合的犯罪）があり、内乱罪（77条）や騒乱罪（106条）の条文に見られるように、集団犯罪としての特殊性に着目して、各関与者の関与の態様・程度に応じて法定刑が段階づけられています。

(2) 任意的共犯への対応

　刑法が、犯罪の実現に複数の者が関与する共同正犯・共犯をどのように処理し、処断しているかについて、3つのやり方があります。

> 　第1は、犯罪に関与して、その実現に何らかの条件を与えた者すべてを正犯として処断する**統一的正犯方式**であり、統一的正犯体系はこの方式を採るものです。これには、さらに、関与の態様・程度等の段階的相違に応じて量刑を類型化して規定しておく量刑類型方式と、関与の態様・程度等の段階的相違をすべて量刑判断に委ね、量刑の類型を法定化しない量刑統一方式があります。
> 　第2は、逆に、犯罪の実現に複数の者が関与した場合をすべて共犯として処断する**統一的共犯方式**であり、統一的共犯体系はこの方式を採るものです。これにも、量刑類型方式と量刑統一方式があります。
> 　第3は、犯罪の実現に複数の者が関与する形態をあらかじめ類型化して法定化しておく**正犯・共犯混合方式**であり、日本の刑法はこの方式を採っており、共同正犯・共犯（教唆犯・従犯）に類型化しています。

2　必要的共犯

(1) 事実的対向犯

　従来、学説では、必要的共犯とは、刑法各則その他の刑罰法規上、当然に2人以上の行為者が関与することを予定している犯罪を意味し、**法律的対向犯**に限定されていました。

　しかし、当該犯罪の具体的な事実関係に関する実質的観点から認められる**事実的対向犯**も存在します[2]。例えば、不正融資につき背任罪・特別背任罪の成否を考えた場合、本罪の処罰対象は、不正融資に係る任務違背行為その

---

2) 詳細については、関哲夫『不正融資における借手の刑事責任』（2018年）97頁以下。

ものであり、実行行為たる任務違背行為は専ら金融機関側の貸付事務処理者
によって行われる不正な貸付行為です。これは金融機関の専権事項に関わる
行為で、不正融資の借手はその実行行為に直接関与できません。また、金融
機関・事務処理者と借手との利害は、融資を挟んで対立・対向しており、対
向的取引関係にある者の相互間に存在する対向的信任関係は、本罪成立の基
礎となりえないはずです。しかも、借手の行為は、違法性が低減しており、
その期待可能性も低いと考えられます。すなわち、不正融資に係る借手の刑
事責任は、片面的対向犯と同じように考えることができるのです。

(2) 片面的対向犯

片面的対向犯において、不処罰の一方関与者を総則の共犯として処罰する
ことができるのでしょうか。一方関与者不処罰の根拠が問われます。

① 学説の状況

形式的一元説は、立法者は、対向犯における一方の行為についてだけ処罰規
定を設け、他方の行為について処罰規定を設けていないが、他方の行為につき、
行為者が通常予想される定型的・類型的関与の範囲を超えて積極的かつ執拗に
働きかけて積極的造意者となったときは、教唆犯（・従犯）成立の余地があると
する見解[3]で、**立法者意思説**ともいいます。しかし、この説は、犯罪の定型性・
通常性の概念が曖昧であるため対向犯的関与者の不処罰の関与行為の限界が明
確でない、この説は、例えば猥褻物頒布罪で、対向犯的関与者が通常性の枠を
超えて働きかけた場合には教唆犯の成立を認めるのに、犯人蔵匿罪の教唆につ
いては、そうした枠を設定することなく可罰性を肯定しており、一貫していな
いなど問題を抱えています。

形式・実質多元説は、対向犯的関与者の一方関与者不処罰を 3 類型に分け、
実質根拠と立法者意思とを併用する見解[4]です。⑦刑罰法規が必要的共犯者を
被害者と考えて保護しているため、必要的共犯行為に違法性が欠如する類型[5]
では、被害者の必要的共犯行為は、正犯者にとっては違法であっても、被害者
である必要的共犯者にとって違法ではないので、被害者の必要的共犯行為がい
かにその役割を超過することがあっても共犯として処罰されることはないとし

---

3) 大塚仁・276 頁、大谷・395 頁、前田・325 頁、最判昭和 43・12・24 刑集 22・13・1625、判時
547・93、判タ 230・256〔百選Ⅰ・98〕。

4) 平野龍一『犯罪論の諸問題（上）総論』(1981 年) 190 頁、西田・378 頁以下、丸山雅夫「必要的共犯」
『刑法の争点』（第 3 版・2000 年）113 頁。

5) 例えば、煙草・酒類を「売ってくれ」と頼む未成年者、非弁護士に法律事務取扱を依頼する紛争
当事者、猥褻物頒布罪の買受人など。

6) 例えば、証拠隠滅、犯人蔵匿・隠避を唆す犯人、逃走行為を唆す逃走囚人など。

ます。次に、④必要的共犯者に期待可能性が無いか低減している類型[6]では、必要的共犯行為に責任がないので、いかにその役割を超過することがあっても共犯として処罰されることはないとします。そして、⑦対向犯的関与者の一方関与者不処罰について、何らの実質的な根拠も見出しえない、あるいは実質的な根拠が複雑多様で鮮明でないため、立法者意思を根拠にせざるを得ない類型では、立法者が法律要件上除外した行為の範囲を超える行為については総則の共犯規定により処罰されるとします。しかし、この説は、実質根拠と立法者意思の両者の関係が不明確であり、その不明確性のゆえに立法者意思が受け皿的な根拠となっている、立法者意思を併用したことにより、対向犯的関与者の一方関与者不処罰の範囲について、この説が不明確として排除したはずの犯罪の定型性・通常性という形式基準を認めてしまっているなどの疑問があります。

② **本書の立場**　個々の刑罰法規の趣旨・目的、個々の犯罪の特質を考慮して、一方関与者不処罰の実質根拠を違法性・有責性を軸に類型化すべきで、実質観点により類型化する**実質的多元説**[7]が妥当です。

その類型には、⑦不処罰の対向犯的関与者がその犯罪の被害者もしくは保護の対象とされる類型[8]があり、この場合、たとえその者が積極的に働きかけたため相手方が犯罪行為に出たとしても教唆犯として処罰されません。さらに、④不処罰の対向犯的関与行為は他人の法益、国家・社会法益を侵害するものではあるが、その違法性は軽微であり、自己決定の延長として可罰的違法性に達していないため不可罰とされている類型[9]があり、この場合、自己決定の範囲として許容しうる必要的関与の程度を超えたときに限り教唆犯・従犯としての責任を負うことになります。また、⑦対向犯的関与者について期待可能性が無いか低いために処罰されない類型[10]があり、期待可能性が無い場合、たとえその者が積極的に働きかけたため相手方が犯罪行為に出たとしても教唆犯として処罰されないが、期待可能性が低い場合、その者が積極的に働きかけたため相手方が犯罪行為に出たとき教唆犯として処罰すべきかは、犯罪ごとに個別に検討することになります。

---

7)　鈴木義男『刑法判例研究Ⅱ』（1968年）148頁、佐伯千仞『共犯理論の源流』（1987年）231頁、西村克彦『刑法運用論』（1991年）80頁。

8)　例えば、酒類・煙草を買い受けた未成年者、自分に猥褻物を頒布するように教唆した買受人など。

9)　例えば、淫行勧誘を教唆して淫行の相手となった者、守秘義務者を教唆して自己の秘密を自分に漏示させた者など。

10)　例えば、自分を蔵匿・隠避するように教唆した犯人、自分の犯罪の証拠を隠滅するように教唆した犯人など。

本書の見解に対しては、対向犯的関与者の一方関与者不処罰の類型のすべてを実質根拠で説明することは困難であるとの批判が加えられるでしょうが、立法者意思の背後には必ず実質観点や実質的考慮が潜んでいるはずです。

(3) 集合犯

① **集団内部の共犯** 集合犯における集団内部で教唆・幇助に該当する行為が行われた場合、刑法総則の共犯規定が適用されて任意的共犯が成立するのでしょうか。集合犯は必要的共犯として刑法各則に規定された共犯であり、明文規定をもって関与行為を類型化して処罰しているのですから、刑法総則の共犯規定が適用されるということはありません。

② **集団外部の共犯** また、集団の外部にあって集合犯に関与する行為が行われた場合、任意的共犯が成立するのでしょうか。

否定説[11] は、集合犯は集団的犯罪への一定の関与の態様・範囲を取り上げて規定されたのであるから、それ以外の関与行為を刑法総則の共犯規定で処罰するのは刑法の厳格解釈の趣旨からいって問題である、刑法各則の規定する集合犯に対して、性格の異なる任意的共犯の規定を適用するのは適当でないことを根拠に、任意的共犯の成立を否定します。

集合犯の規定は、集団犯の内部における関与行為を規定したにすぎず、集団の外部にあって集合犯に関与する行為について刑法総則の共犯規定の適用が排除されていると解する根拠は見出しがたく、**肯定説**が妥当です。

3 正犯と共犯の区別

(1) 学説の状況

正犯と共犯の区別については、因果関係論からのアプローチ、法律要件論からのアプローチ、及び、目的的行為論からのアプローチがあります。

ⓐ 因果関係論からのアプローチ

主観説は、条件説を基礎とし、すべての条件は原因として等価値であるので、客観的に正犯・共犯の区別は不可能であるため、行為者の主観意思を区別の基準とし、正犯意思で行為する者が正犯であり、加担意思で行為する者が共犯であるとするのです。しかし、故意を有しながら、他人のためにする意思があるため共犯になり、逆に背後にあって正犯意思を有する者が正犯となるため、犯

---

11) 団藤・434 頁、大塚仁・276 頁。

罪の実現形態に適合しない、例えば、嘱託殺人罪（202条後段）、2項財産罪（236条2項、246条2項、249条2項）、嘱託堕胎罪（213条前段、214条前段）のように、他人のために犯罪に関与する場合も正犯となっており、主観説は現行刑法に適合しないなどの批判がなされます。

客観説は、原因説を基礎とし、犯罪結果発生に対して原因を与えた者が正犯であり、条件を与えたにすぎない者が共犯であるとするのです。しかし、原因説そのものが既に克服された過去の学説となっており、原因説に対する批判がこの説にもそのまま妥当することになります。

ⓑ 法律要件論からのアプローチ

形式的客観説 [12) は、基本的法律要件に該当する行為を行う者が正犯であり、修正された法律要件に該当する行為によって正犯に関与する者が共犯であるとするのです。この説は、正犯・共犯の処罰範囲を明確に区別できる利点がありますが、法律要件の定型・類型の中味が明確でないため、区別の基準として有効でないと批判されます。

そこで、実質的客観説は、基本的法律要件該当行為を実質的・価値的に考察し、基本的法律要件該当行為による法益の侵害・危殆化に重要な役割を果たした者が正犯であり、それ以外の役割で加担した者が共犯であるとするもので、近時の有力説です。しかし、実質的・価値的評価をもって判断するので、法律要件の人権保障機能を弛緩させてしまう、実質的・価値的評価による重要な役割の中味は依然として曖昧であるなどの批判が加えられます。

ⓒ 目的的行為論からのアプローチ

行為支配説 [13) は、犯罪実現に至るまでの因果の過程を目的的に支配・統制したかどうかを正犯・共犯の区別の基準とし、自ら犯罪を実現する意思をもって因果の過程を目的的に支配・統制した者が正犯であり、それ以外の意思・態様で犯罪に関与した者が共犯であるとするのです。しかし、行為支配の意味が多義的で曖昧である、共同正犯・共犯体系をもとに正犯と共犯を区別している現行刑法の考え方に適合しないなどの批判がなされます。

⑵ 本書の立場

単独正犯と共同正犯とに共通する正犯概念を探究する見解と、単独正犯と共同正犯とを区別して正犯概念を探究する見解とがあり、多くの基本書は後者の見解を採っています [14)。しかし、正犯概念が関与者の人数の多寡によって異なるのは理論的に不自然であり、直接正犯・間接正犯、単独正犯・共同正犯（実行共同正犯・共謀共同正犯）に共通した正犯概念を探究すべきです。

---

12) 団藤・373頁、大塚仁・281頁、川端・536頁。

13) 平場・155頁、福田・251頁以下、西田・328頁、井田・478頁、487頁。

14) 例えば、大谷・126頁、398頁、409頁参照。

4 共同正犯・共犯の本質 387

　本書によれば、**正犯**とは、当該犯罪の実現につき**主導的役割**を果たした者をいい、単独の直接正犯の場合には、自ら直接に当該犯罪を実現する実行行為を行っているがゆえにその**主導性**に疑問が生じることは稀ですが、間接正犯の場合には、自ら直接に当該犯罪を実現する行為を行っていないがゆえに、また、一部実行共同正犯の場合には、自ら直接に当該犯罪を実現する実行行為の全部を行っていないがゆえに、さらに、共謀共同正犯の場合には、自ら直接に当該犯罪を実現する実行行為の一部さえも行っていないがゆえに、主導性の問題が顕在化することになるのです。

　これらの正犯に共通するのは、客観的には、正犯者の行為に犯罪を実現する主導性があり、一般的危険性を有する実行行為性が備わっており、かつ、正犯者の行為と犯罪結果との因果関係などの客観要素が存在すること、主観的には、当該犯罪を実現するについて故意、正犯意思などの主観要素が存在することです。ただ、この正犯概念は一般的なものにとどまっており、客観要素・主観要素の具体的な内容は当該犯罪の実現形態及び正犯形態に応じて精密に認定していく必要があります。

4　共同正犯・共犯の本質

(1)　学説の状況

　共同正犯・共犯における共同の対象は何かについて、学説では議論があります。

> 　共同正犯・共犯は複数の者が特定の犯罪及びその実行行為を共同することによって共通の犯罪を実現するものと解する**犯罪共同説**は、犯罪法律要件の定型を重視し、共同正犯・共犯は特定の犯罪法律要件を実現する意思の下に複数の者が共同して当該犯罪を遂行するもの、つまり、特定の犯罪につき犯罪意思を通じ合うものと解します。このうち、**完全犯罪共同説**[15] は、共同正犯・共犯は同一の一個の故意犯を共同して実現するものであり、特定の犯罪につき故意を共同していないときは、共同正犯・共犯は成立しないとします。このハードな犯罪共同説によると、異なる犯罪間の共同正犯・共犯は否定され、罪名の同一性が貫徹され、過失の共同正犯、片面的共同正犯は否定されるが、承継的共同正犯は肯定されます。この説に対しては、共同正犯・共犯の規定の射程範囲を

---

15) 泉二・627 頁。

388　第 30 講　共同正犯論・共犯論の基礎

相当に限定することになり、一定の法益侵害を共同して実現しているのにそれを考慮することができないのは処罰の適正さからいって問題がある、犯罪の成立と科刑とを分離するものであり、責任原則の趣旨に反するなどの批判がなされます。そこで、**部分犯罪共同説** [16] は、異なる犯罪間でも重なり合う軽い犯罪の限度で故意の共同と犯罪の共同を認め、その限度で共同正犯・共犯が成立するとします。このソフトな犯罪共同説によると、異なる犯罪間の共同正犯・共犯は原則として否定されるが、法律要件的に符合していれば肯定され、符合する範囲で同一の罪名となり、過失の共同正犯は肯定説 [17] と否定説 [18] に分かれますが、片面的共同正犯は否定され、片面的幇助は肯定され、承継的共同正犯も肯定説 [19] と否定説 [20] に分かれます。この説に対しては、X が殺人の意図、Y が傷害の意図で被害者を死亡させた場合、X に殺人罪の単独正犯と傷害致死罪の共同正犯が成立することになるが、その罪数関係の説明が困難である、殺意ある者の行為と死亡結果との因果関係を立証しえない場合に、その者に殺人罪を認めることはできないが、他方で、傷害致死罪の共同正犯として死の結果が帰責されるのに、殺人未遂を認めるのは不自然であるなどの疑問が出されます。

これに対し、共同正犯・共犯は複数の者が事実上の行為を共同することによって各人の意図する犯罪を実現するものと解する**行為共同説**は、事実的な生の行為を重視し、共同正犯・共犯は複数の者が共同の行為によって各自の企図する犯罪を遂行するものであり、各自が特定の犯罪を実現する意思の下に共同する必要はなく、事実的行為を共にすれば足りると解します。このうち、**自然的行為共同説** [21] は、共同正犯・共犯は一個の故意犯を共同する必要はなく、生の行為を共同していれば共同正犯・共犯が成立するとします。この、主観主義犯罪為理論から主張される生の行為共同説によると、異なる犯罪間の共同正犯・共犯は肯定され、罪名の同一性は回避され、過失の共同正犯、片面的共同正犯は肯定されるが、承継的共同正犯は肯定説 [22] と否定説 [23] に分かれます。他方、**法律要件行為共同説** [24] は、共同正犯・共犯は複数の者が特定の犯罪の全部を共

---

16) 福田・269 頁、大塚仁・282 頁、大谷・402 頁、佐久間・349 頁、井田・511 頁。

17) 福田・273 頁、大塚仁・296 頁以下、佐久間・370 頁以下。

18) 団藤・393 頁。

19) 団藤・391 頁以下、福田・272 頁、藤木・291 頁。

20) 大塚仁・293 頁以下（大塚仁・295 頁では、結合犯について承継的共同正犯を肯定）。

21) 牧野・上・677 頁以下、木村亀二・404 頁。

22) 木村亀二・408 頁。

23) 牧野・下・745 頁。

24) 平野・Ⅱ・365 頁、野村・387 頁、浅田・415 頁、山中・830 頁、山口・315 頁以下、川端・525 頁、前田・344 頁。

同する必要はなく、実行行為の一部を共同すれば足り、各別の犯罪間の重要部分に符合が認められれば共同正犯・共犯が認められるとします。客観主義犯罪理論から主張されるこの法的な行為共同説によると、異なる犯罪間の共同正犯・共犯は原則として否定されるが、例外として法律要件的に符合していれば肯定され、符合する範囲で同一の罪名となり、過失の共同正犯、片面的共同正犯及び承継的共同正犯は肯定する傾向にあります。

　共同正犯・共犯は特殊な社会心理的現象である共同意思主体の活動と解する**共同意思主体説**[25]は、二人以上の異心別体の個人が同心一体となり共同目的実現のために共同することで共同意思主体が形成され、共謀者の一部の者の行為は共同意思主体の行為であると解します。この説によると、複数の者の間に一定の犯罪を実現しようという共同目的があり、その目的のもとに複数の者が同心一体となったうえで、少なくともその中の一人が犯罪の実行に着手したときは、共同意思主体の形成に与った個人が責任を負うことになり、単なる共謀者も共同正犯となるとします。したがって、異なる犯罪間の共同正犯・共犯は原則として否定されるが、例外として罪質的・法律要件的に符合していれば肯定され、符合する範囲で同一の罪名となり、過失の共同正犯、片面的共同正犯及び承継的共同正犯はいずれも否定する傾向にあります。

(2)　本書の立場

　①　**共同の対象**　法律要件論による要件思考法を採る本書によると、共同正犯・共犯の共同の対象を考察するにあたっても、犯罪・犯罪者に係る法律要件を軸にすることになります。

> 【事例01】ＸとＹが、Ａに暴行を加えて怪我をさせるにつき共同実行の意思をもって暴行を振るったが、Ｙが殺人の故意をもって被害者Ａを殺害した。

　この事例で、客観的に暴行・傷害行為と殺人行為の間で軽い前者の点で一致しているとともに、主観的に暴行・傷害故意と殺人故意の間で軽い前者の点で一致しており、ＸとＹには傷害罪ないし傷害致死罪[26]が成立し、殺意のあったＹは、傷害罪・傷害致死罪を内含した殺人罪の罪責を単独で負うことになります。

25）岡野・275頁、曽根・246頁以下。西原説は**共同意思関係説**であり、共同意思主体説とは区別すべきであると考えます。西原・下・374頁以下。

26）結果的加重犯の共同正犯を肯定する立場に立つと、ＸとＹは傷害致死罪の共同正犯となります。

390　第30講　共同正犯論・共犯論の基礎

> **最決昭和54・04・13**（刑集33・3・179、判時923・21、判タ386・97〔百選Ⅰ・90〕）は、「殺意のなかったXら6名については、殺人罪の共同正犯と傷害致死罪の共同正犯の構成要件が重なり合う限度で軽い傷害致死罪の共同正犯が成立するものと解すべきである」としています。また、**シャクティパット事件・最決平成17・07・04**（刑集59・6・403、判時1906・174、判タ1188・239〔百選Ⅰ・6〕）は、「医療措置を受けさせないまま放置して患者を死亡させた被告人には、不作為による殺人罪が成立し、殺意のない患者の親族との間では保護責任者遺棄致死罪の限度で共同正犯となる」としています。前者の判例では、自然的行為共同説にとって無用な「殺人罪の共同正犯と傷害致死罪の共同正犯の構成要件が重なり合う限度で」との言及がなされていること、殺意のある者に、前者の判例では傷害致死罪を内包する殺人罪（単独作為犯）が、後者の判例では保護責任者遺棄致死罪を内包する殺人罪（単独不作為犯）が肯定されていることから考えて、判例は部分犯罪共同説か法律要件行為共同説に近い見解を採っていると評されますが、要件思考論を採る本書の立場からも判例の見解と整合します。

　②　**射程範囲**　犯罪共同説・行為共同説は、共同正犯・共犯全体に関わる議論です[27]。これに対し、これは共同正犯に固有の問題[28]、しかも、異なる犯罪間の錯誤の問題に限定されるとする見解も主張されていますが、これは、基本的法律要件に該当する実行行為の観念にこだわり、類型思考による（共同）正犯の観念に囚われた見解であり、妥当ではありません。

5　独立性・従属性

(1)　問題性

　共同正犯・共犯が成立するには、正犯の行為（実行行為）が現に行われたことが必要かという**従属性の有無**〔実行従属性〕の問題と、その正犯の行為がどの程度に犯罪・犯罪者の要件を充足していることが必要かという**従属性の程度**〔要素従属性〕の問題が論じられます。

---

27) 平野・Ⅱ・364頁、西原・下・373頁以下、大塚仁・282頁以下、大谷・400頁以下、野村・387頁以下、曽根・246頁以下、川端・523頁以下。

28) 福田・269頁、香川・299頁以下、藤木・283頁、高橋・447頁。

(2) 従属性の有無

① 学説の状況

> **共犯独立性説**[29] は、主観主義（近代学派）の立場からの主張であり、共犯行為それ自体が結果発生に原因を与える行為であり、社会的危険性の徴表としては十分であるとし、共同正犯者・共犯者は共犯行為それ自体につき独立して処罰され、教唆・幇助自体の未遂（43条適用）もあるとします。

> これに対し、**共犯従属性説**[30] は、客観主義（古典学派）の立場からの主張であり、形式的客観説から、教唆行為・幇助行為は修正された法律要件該当行為であり、実行行為とは定型を異にするがゆえに、教唆行為・幇助行為それ自体を独立して処罰するのは罪刑法定原則に反するとし、また実質的客観説から、正犯者が実行行為に出ない以上、具体的危険が発生しているとはいえないとし、共同正犯者・共犯者は、少なくとも正犯者が実行に着手することでその可罰性が肯定されるのであり、教唆・幇助自体の未遂はありえないとします。

② **本書の立場**　本書の要件思考法によると、要件該当性のある犯罪行為は各犯罪の法律要件が規定する内容によって異なり、相対的です。共同正犯・共犯の従属性は、それ自体が重要なのではなく、行為者の行為はどの段階に至ると可罰的となるかが重要であって、それは、行為者の行為が正犯行為であるか、共同正犯行為・共犯行為であるかで変わるものではありません。行為者の行為は、犯罪の法律要件を充足するだけでなく、抽象的・具体的な危険結果を惹起して未遂に至り、さらに実害結果を惹起して既遂に至ることを考慮しつつ、段階に応じて可罰性が認定されるのです。その際、まずは「従属性ありき」ではなく、具体的な事案の個別事情を考慮して、行為者が自らの手で遂行する直接単独正犯の場合、他人を一方的に利用する間接正犯の場合、他人と共同する共同正犯の場合、あるいは、他人を犯罪に関与させ、援助する狭義の共犯の場合に、抽象的・具体的な危険結果を惹起して未遂にとどまっているか、実害結果を惹起して既遂段階に至ったかを認定していくのです。61条・62条は、共犯の従属性を規定しているとも解釈できますが、むしろ、実質的な意味で、行為者の行為がどの段階に至って可罰的となるかを規定していると解釈すべきです。

---

29) 牧野・上・677頁、木村亀二・394頁。
30) 通説・判例です。

392　第30講　共同正犯論・共犯論の基礎

(3)　従属性の程度

ⓐ　**誇張従属性説**——共同正犯・共犯が成立するには、正犯は犯罪成立要件
のすべてと一身的な可罰性の条件をも充足する必要があ
る。

ⓑ　**極端従属性説**——共同正犯・共犯が成立するには、正犯は法律要件に該
当し、違法・有責な行為でなければならない。

ⓒ　**制限従属性説**——共同正犯・共犯が成立するには、正犯の行為は法律要
件に該当し、違法であればよい。

ⓓ　**最小従属性説**——共同正犯・共犯が成立するには、正犯の行為は法律要
件に該当すればよい。

①　判例の状況

> 判例も早くから共犯の従属性を認めており、例えば、「従犯は正犯の実行行為
> を幇助するに依り成立するを以て、正犯の存在を前提と為すこと勿論なるも、
> 正犯者が処罰を受けたると否とを問わず其の罪を問うことを得べきものとす」
> （大判昭和15・04・22刑集19・253）、「凡そ教唆犯は、実行正犯に随伴して成立す
> るものなる」（大判昭和11・11・06刑集15・1378）、あるいは、教唆犯成立の場所
> は正犯成立の場所である（大判大正3・02・04法律新聞923・27）としています。

②　学説の状況

> 従属性の程度について、**極端従属性説**は、61条には「犯罪」（「法律要件該当性
> ＋違法性＋有責性」）の文言が使われている、共同正犯・共犯の処罰根拠として
> 責任共犯論が妥当であることを根拠とします。また、**制限従属性説**（通説）は、
> 61条には「犯罪を実行」（「法律要件該当性＋違法性」）の文言が使われている、違
> 法性は客観的にということで連帯するが、有責性は主観的にということで個別
> 的であることを根拠とします。さらに、**最小従属性説**は、共同正犯者・共犯者
> を処罰するには少なくとも正犯者が法律要件に該当する行為（「法律要件該当性」）
> を行わなければならないことを根拠とします。

③　**本書の立場**　学説が、今なお、この要素従属性の公式に拘泥する理由
が理解できません。このような形式的な公式は、ショクンの論理思考を試す
には良いかもしれませんが、共同正犯・共犯の従属性に関する本質論やその
処罰根拠論と全く関係ない規準です。しかも、それは、数学の公式のように、
これに当てはめれば共犯か（間接）正犯かの結論が出せるかのような幻想を
振りまいている点で有害であり、廃棄されるべきです。

6　処罰根拠

(1)　射程範囲

　共同正犯は、単独正犯・間接正犯と同じく「正犯」（60条）なので、狭義の共犯である教唆犯・従犯とは異なる処罰根拠論が妥当するはずで、共同正犯の処罰根拠論と狭義の共犯の処罰根拠論は区別されなければならないとする**区別説**[31]が主張されています。

　共同正犯も、60条の規定によって処罰範囲が拡張された犯罪形態ですから真正の共犯でもあり、処罰根拠論は狭義の共犯のみならず共同正犯を含む広義の共犯を射程範囲とすべきで、**統合説**[32]が妥当です。

(2)　処罰根拠

①　学説の状況

　共同正犯者・共犯者は正犯者の実現した犯罪結果を共に惹起したがゆえに処罰されるとする**因果共犯論**によると、単独正犯が法益侵害の直接惹起であるのに対し、共同正犯は法益侵害の共同惹起、狭義の共犯は法益侵害の間接惹起とします。

　因果共犯論のうち、**純粋惹起説**[33]によると、共犯が処罰されるのは、その者自身が各則上の法益を侵害し、法益尊重要請を侵害したからであり、ただ正犯メルクマールを示していないだけであるとします。したがって、共犯の違法性は正犯の違法性から完全に独立しており〔独立性志向〕、共犯成立のために、正犯行為に法律要件該当性は必要ないとします。これに対し、**修正惹起説**[34]によると、共犯が処罰されるのは、その者が正犯者の法益侵害に加担し、正犯を媒介にして法益尊重要請を侵害したからであり、共犯の違法性は正犯の違法性から導き出されるとします。したがって、共犯の違法性は正犯の違法性に完全に従属しており〔従属性志向〕、共犯成立のために、正犯行為は法律要件該当性、違法性が必要であるとします〔制限従属性説〕。さらに、**混合惹起説**[35]によると、共犯が処罰されるのは、その者が正犯者の法律要件該当の法益侵害の行為に加担して間接的に法益侵害を実現したと同時に、自らも法益尊重要請を侵害したからであり、共犯の違法性は、自らの法益侵害という独立的要素と正犯行為の違法性から導かれる従属的要素の複合体であるとします。したがって、共犯の違法性は、自らの行為そのものの違法性に基づくとともに、正犯行為の違法性

31）高橋・451頁、斉藤誠二「共犯の処罰根拠についての管見」『下村康正先生古稀祝賀・刑事法学の新動向上巻』（1995年）4頁以下。

32）山口・308頁以下。

33）佐伯千仭・337頁、中山・444頁。

34）平野・Ⅱ・354頁、曽根・245頁、大越義久『共犯の処罰根拠』（1981年）67頁以下、210頁以下。

35）斉藤信治・246頁、浅田・438頁、西田・338頁、山口・314頁、井田・534頁、佐久間・350頁以下、高橋・456頁。なお、西田典之『共犯理論の展開』（2010年）1頁以下。

にも基づくものであり〔一部独立・一部従属性志向〕、共犯成立のために、正犯行為は法律要件該当性、違法性が必要である〔制限従属性説〕と同時に、自らの行為に係る間接的法益侵害惹起も必要であるとします。

共同正犯者・共犯者は、正犯者を犯罪行為に走らせ、反社会的な違法状態を惹起することによって社会の平和を乱したがゆえに処罰されるとする**不法共犯論**[36]によると、正犯に法律要件該当性、違法性のある行為を行わせ、行為無価値論によると、正犯者の行為無価値を惹き起こしたことが共犯の処罰根拠であるとします。そのため、殺人罪でいえば、正犯には「人を殺すな」、共犯には「他人を人殺しへと走らせるな」というように、正犯と共犯に対する刑法規範の内容が相違するとともに、共犯成立のためには正犯行為は法律要件該当性、違法性が必要だということになります〔制限従属性説〕。

共同正犯者・共犯者は正犯者を責任と刑罰のある行為に巻き込み、正犯者を堕落させたがゆえに処罰されるとする**責任共犯論**[37]によると、正犯に法律要件該当性、違法性、有責性ある行為を行わせたことが処罰根拠であるとします。そのため、正犯者は各則の保護法益を侵害したから、共犯者は正犯者を誘惑し堕落させたから処罰されるというように、正犯と共犯の処罰根拠が相違することになるとともに、共犯成立のためには正犯行為は法律要件該当性、違法性及び有責性が必要だということになります〔極端従属性説〕。

② **本書の立場**　共同正犯・共犯はいずれも正犯性を修正・拡張した犯罪形態であり、共犯性を否定することはできません。共犯性は、共同正犯・共犯の行為の有する法益侵害の危険性の顕在化が正犯の実行行為に依存することを意味し、その点に正犯への従属性を看取できます。他方、共同正犯・共犯は、法益侵害を共同惹起・間接惹起する犯罪形態であり、その点に正犯からの独立性を看取できます。結局、共同正犯・共犯の違法性は、法益侵害の共同惹起・間接惹起に自ら加担したという独立的要素と、（直接）正犯行為から導かれる従属的要素とが結合したもの、つまり、一部独立性志向・一部従属性志向の複合体であり、**混合惹起説**を妥当と考えます。

これに対し、**責任共犯論**は、共犯者は正犯者を誘惑し堕落させたから処罰されるとするもので、心情的行為無価値を徹底した立場ですし、行為者ごとに個別に判断される有責性の趣旨に反しており、そもそも採用できません。**不法共犯論**は、本来、目的的行為論・人的不法論により主張された見解で、共犯は正犯の行為無価値を惹起したがゆえに処罰されるとします。この点を

---

36)　大塚仁・290頁、西原・下・377頁以下、大谷・400頁。

37)　瀧川・246頁、江家・190頁、齊藤信宰・444頁。

一貫すると、対向犯の類型をすべて処罰する帰結になってしまいますし、倫理的行為無価値一元論となり、責任共犯論に接近することになります。他方で、その不法内容を結果無価値的に理解するときは因果共犯論へと接近することになります。しかし、現在の不法共犯論は、行為無価値と結果無価値を総合する見解となっています。これに対し、**因果共犯論**は刑法の法益保護機能とよく調和し、基本的に妥当です。そのうち、純粋惹起説は、共犯の違法性は正犯の違法性から完全に独立していると解する独立性志向であり、共犯独立性説に通じる見解です。逆に、修正惹起説は、共犯の違法性は正犯の違法性に完全に従属しているとする従属性志向の見解であり、共犯の正犯への従属性を徹底する点で共犯の共犯性を強調する見解です。

(3) **問題点**

① **正犯のない共犯**　共同正犯・共犯の処罰根拠論に関連して、正犯者に犯罪が成立しない場合に共犯者に犯罪が成立するかが問題となります。

> 【事例 02】X が Y に対して Y 自身を傷つけるように教唆したところ、Y が自傷行為をした。

> 【事例 03】X が Y に対して Y の刑事事件の証拠を隠滅するように教唆したところ、Y が自分の刑事事件の証拠を隠滅した。

本書によれば、**事例 02** につき、正犯者 Y の自傷行為は、自己の身体法益に関する自己決定の結果として傷害罪の要件該当性・違法性がないので、X に本罪の教唆犯は成立しません。また、**事例 03** につき、正犯者 Y の行為には証拠隠滅罪の要件該当性が欠如し、違法性も欠如しており、正犯者 Y の違法性に一部従属する共犯者 X の行為は違法たりえないので、本罪の教唆犯は成立しません。

> 　**因果共犯論**のうち**純粋惹起説**は、正犯なくとも共犯独自の違法性があると解するので、正犯のない共犯を肯定します。正犯の違法性に関係なく共犯の違法性は独自に存在するので、**事例 02・事例 03** について、正犯者 Y に傷害罪・証拠隠滅罪が成立しなくとも、共犯者 X に本罪の教唆犯が成立することになります。**修正惹起説**は、正犯なければ正犯に従属する共犯の違法性はないと解するので、正犯のない共犯を否定します。したがって、**事例 02・事例 03** について、正犯者 Y の行為に傷害罪・証拠隠滅罪の要件該当性・違法性がなく、正犯者の違法性に従属する共犯者 X の行為は違法となりえないので、共犯者 X には本罪の教唆犯は不成立となります。**混合惹起説**は、正犯なければ正犯に一部従属・

一部独立する共犯の違法性はないと解するので、正犯のない共犯を否定します。**事例 02・事例 03** について、正犯者 Y の行為に傷害罪・証拠隠滅罪の要件該当性・違法性がないので、正犯者の違法性に一部従属する共犯者 X に本罪の教唆犯は成立しません。

次に、**不法共犯論**は、正犯なければ正犯の行為無価値に従属する共犯の違法性はないと解するので、正犯のない共犯を否定します。**事例 02** について、正犯者 Y の行為に傷害罪の（行為無価値的）違法性が認められないときは、共犯者 X に本罪の教唆犯は成立しませんし、**事例 03** について、正犯者 Y の行為に証拠隠滅罪の要件該当性・違法性がないので、正犯者の違法性に従属する共犯者 X の行為は違法となりえないので本罪の教唆犯は成立しません。但し、正犯者 Y の行為は違法ですが、期待不可能性のゆえに不処罰とされているにすぎないので、正犯者の違法性に従属する共犯者 X の行為は違法であり、本罪の教唆犯が成立するとする余地はあります。

他方、**責任共犯論**は、正犯の堕落がなければ共犯の可罰性はないと解するので、正犯のない共犯は肯定しません。**事例 02** について、共犯者 X が正犯者 Y を傷害罪へと誘惑したという倫理的・道義的行為無価値に欠けるので、本罪の教唆犯は成立しませんし、**事例 03** について、正犯者 Y の行為は要件該当性・違法性を欠如しており、X の行為は Y を犯罪と罪責に陥れたとはいえないので、X に本罪の教唆犯は成立しません。但し、正犯者 Y の行為は違法であり、ただ期待不可能のゆえに不処罰とされているにすぎないので、Y を証拠隠滅罪へと誘惑した共犯者 X に本罪の教唆犯が成立するとする余地があります。

② **正犯となりえない者の共犯**　ある犯罪につき単独では主体となりえない者が、他人に当該犯罪を遂行させた場合、共犯が成立するのでしょうか [38]。

> **【事例 04】** X が Y に対して自分（X）を傷つけるように教唆したところ、Y が X を傷つけた。

> **【事例 05】** X が Y に対して自分（X）の刑事事件の証拠を隠滅するように教唆したところ、Y が X の刑事事件の証拠を隠滅した。

> **【事例 06】** X が Y に対して自分（X）を殺害するように教唆したところ、Y が X を殺害する行為をしたが、未遂にとどまった。

本書によると、**事例 04** につき、被害者 X が自己決定の結果として法益を処分し、いわば明示の承諾があるので、正犯者 Y の傷害行為には傷害罪の要件該当性ないし違法性がありません。X に本罪の教唆犯は成立しません。また、**事例 05** につき、X が自己の刑事事件に関する証拠を直接に隠滅する

---

38) この問題は、共犯なき正犯とされているが、問題設定も名称も適切ではありません。本書の問題設定と共犯なき正犯の問題設定とを混同しないようにしてください。

行為は証拠隠滅罪の要件該当性・違法性が認められない、実質的にも正犯者として期待可能性が欠如している以上、当然に共犯者としても期待可能性が欠如している、正犯者Yの行為の違法性に一部従属・一部独立する共犯者Xの行為には独自の違法性が欠如しているなどから、Yに証拠隠滅罪が成立するのはともかく、Xに本罪の教唆犯は成立しません。**事例06**につき、Xは自己の生命法益の主体かつ被害者であり、自殺が処罰されていない以上、共犯独自の違法性が欠けるので、Yに嘱託殺人罪（未遂）が成立するのはともかく、Xに嘱託殺人罪の教唆犯は成立しません。

> **因果共犯論**のうち**純粋惹起説**は、正犯たりえない者は共犯となりえないと解するので、正犯となりえない者の共犯を否定します。**事例04**について、共犯者Xは自己の身体法益の主体であり、自己決定の結果として法益を処分しているので、傷害罪の教唆犯は成立しません（Yは傷害罪）し、**事例05**について、証拠隠滅罪につき、Xは、自己の刑事事件の証拠として要件該当性・違法性がない以上、共犯としても不処罰であり、Xに証拠隠滅罪の教唆犯は成立しません（Yは証拠隠滅罪）。また、**事例06**について、Xは自己の生命法益の主体であり、自殺が処罰されていない以上、Xに嘱託殺人罪の教唆犯は成立しません（Yは嘱託殺人罪）。**修正惹起説**は、正犯たりえない者であっても共犯となりうると解するので、正犯となりえない者の共犯を肯定します。**事例04**について、共犯者Xの行為の違法性は、正犯者Yの傷害罪の違法性に従属するので、Xに傷害罪の教唆犯が成立し、**事例05**について、Xは、自己の刑事事件の証拠を隠滅する主体としては要件該当性・違法性がないとしても、正犯者Xの行為の違法性に従属するので、Xに証拠隠滅罪の教唆犯が成立し、**事例06**について、Xは自ら自殺したときは不処罰だとしても、Xの嘱託殺人罪の違法性は否定できないので、これに従属して嘱託殺人罪の教唆犯が成立します。但し、共犯者・被害者であるXは法益主体であり、法益主体の自己決定権の行使としての行為を重視するならば、Xに共犯は成立しないとする余地があります。**混合惹起説**は、正犯たりえない者は共犯となりえないと解するので、正犯となりえない者の共犯を否定します。**事例04**について、Xは自己の身体法益の主体であり、自己決定の結果として法益を処分しており、傷害罪につき、正犯者Yの行為の違法性に一部従属している部分はともかく、一部独立している独自の違法性が欠如するので、教唆犯は成立しません（Yは傷害罪）し、**事例05**について、証拠隠滅罪につき、共犯者Xの行為の違法性は、正犯者Yの行為の違法性に一部従属し一部独立しており、その意味で、正犯不法は共犯不法の必要条件ではあるが十分条件ではないので、Xには共犯独自の違法性が欠けており、証拠隠滅罪の教唆犯は成立しません（Yは証拠隠滅罪）し、**事例06**について、Xは自己の生命法益の主体で、被害者でもあり、自殺が処罰されていない以上、共犯独自の違法性が欠けるので、Xに嘱託殺人罪の教唆犯は成立しません（Yは嘱託殺人罪）。

これに対し、**不法共犯論**は、正犯たりえない者であっても共犯となりうると

解するので、正犯となりえない者の共犯を肯定します。**事例 04** について、共犯者 X の行為の違法性は正犯者 Y の傷害罪の違法性に従属するので、X に傷害罪の教唆犯が成立し、**事例 05** について、X は、自己の刑事事件の証拠を隠滅する主体としては法律要件該当性・違法性がないとしても、正犯者 X の行為の違法性に従属するので、X に証拠隠滅罪の教唆犯が成立し、**事例 06** について、X は自ら自殺したときは不処罰だとしても、X の嘱託殺人罪の違法性は否定できないので、これに従属して嘱託殺人罪の教唆犯が成立します。但し、共犯者・被害者である X は法益主体であり、その自己決定権の行使を重視するならば、X に共犯は成立しないとする余地があります。

> **責任共犯論**は、正犯たりえない者であっても共犯となりうると解するので、正犯となりえない者の共犯を肯定します。**事例 04** について、共犯者 X は、正犯者 Y を誘惑して、傷害罪の罪責と刑罰に陥れているので、X に本罪の教唆犯が成立し、**事例 05** について、X は、自己の刑事事件の証拠を隠滅する主体としては要件該当性・違法性がないとしても、正犯者 Y を誘惑し、証拠隠滅罪の罪責と刑罰に陥れて堕落させたので、X に本罪の教唆犯が成立し、**事例 06** について、X は自ら自殺したら処罰されないとしても、嘱託殺人罪の違法性は否定できないので、Y をそのように堕落させた以上、X には嘱託殺人罪の教唆犯が成立します。

③ **未遂の教唆**　共同正犯・共犯の処罰根拠論に関連して、教唆者が、被教唆者（正犯者）の実行行為を初めから未遂に終わらせる意図で犯罪を教唆する**未遂の教唆**に教唆犯が成立するでしょうか。

　本書によると、犯罪結果は既遂犯と未遂犯で異なることに対応して、客観要件の主観への反映である故意も、既遂犯と未遂犯とで異なります。例えば、殺人罪のような実害犯の場合、殺人既遂の故意は死亡結果までも認識・受容している必要がありますが、殺人未遂の故意は死亡結果の具体的な危険性の認識・受容で足ります。これを未遂の教唆に応用すると、正犯行為が不能犯として不処罰となる場合は別ですが、正犯行為に未遂犯の客観的な（抽象的・具体的）危険性が認められるときには、教唆者にその点につき故意がある限り、未遂犯の故意としては充分であり、未遂犯の教唆犯が成立します。

> **因果共犯論**のいずれの見解（純粋惹起説・修正惹起説・混合惹起説）も、教唆者の故意は正犯の犯罪結果（法益の侵害・危殆化）まで認識している必要があり、未遂の教唆は教唆の故意を欠き不可罰であるとします。他方、**不法共犯論**及び**責任共犯論**は、教唆者の故意は正犯の実行行為までの認識で足り、未遂の教唆は教唆の故意もあり教唆犯が成立し可罰的であるとします。

7 60条について

(1) 問題性

> **【事例07】** ＸとＹが、Ａ殺害の意図で意思を相通じ、共同してＡに向けて各自けん銃を発射したところ、Ｘの弾丸が命中してＡが死亡したが、Ｙの弾丸はとんでもない方向を向いていたため命中しなかった。

　この事例につき、ショクンは、60条を適用して、Ｘ・Ｙを殺人罪の共同正犯（60条、199条）にしますよね。

(2) 処罰拡張・処罰加重

　そこに、60条の趣旨がうかがえます。すなわち、同条は、処罰を拡張する規定であるとともに、処罰を加重する規定なのです。

　① **処罰拡張規定**　60条は**処罰拡張規定**です。共同正犯は正犯ですが、拡張された正犯です。したがって、共同正犯として処罰が拡張される根拠が明らかにされる必要があります。これは共同正犯の**共犯性**に関わり、狭義の共犯（教唆犯・従犯）と同様の意味での処罰根拠の解明が要請されるのです。

　② **処罰加重規定**　60条は**処罰加重規定**でもあります。共同正犯は共犯ですが、加重された共犯です。したがって、共同正犯として処罰が加重される根拠が明らかにされる必要があります。これは共同正犯の**正犯性**に関わり、本来の正犯概念と同様の意味での正犯性の解明が要請されるのです。

　共同正犯は単独正犯と同様の意味で本来の正犯であると解する立場と、単独正犯とは異なる**拡張された正犯**であると解する立場とがありますが、本書は、後者の立場に立っています。

今日の一言

聞く　これは　人の話すことを的確に理解する能力
話す　これは　自分の考えていることを説得的に話し伝える能力
読む　これは　人の論述することを的確に理解する能力
書く　これは　自分の考えていることを説得的に書いて展開する能力
聞くだけでは　分かったことにならないのは
読むだけでは　理解したことにならないのは
そのためなんだ
これらの能力を完璧に身につけるのは　とても難しい
でも　いつもこのことを意識してやっていけたらと思う

400

第 31 講　共同正犯論

1　意義・要件

(1)　意　義

　共同正犯とは、二人以上共同して犯罪を実行することをいい、すべて正犯として処罰されます（60条）。共同正犯として犯罪を共同した者は、共同した範囲内で他の共同者の行為についても共同して責任を負うのです。

　まず前提として、共同正犯における共同の対象は何か、意思連絡の対象は何かが問われますが、共同正犯の本質として既に説明しました[1]。次に、共同正犯の射程範囲が問われます。共同正犯には実行共同正犯のほかに共謀共同正犯が認められるか、認められるとして共謀共同正犯の要件・範囲はどのように設定されるべきかが問われます。

(2)　成立要件

> ○主観要件—共同実行の意思
> 　　①　各共同者が他の共同者と共同して特定の犯罪を実現しようとする意思が存在すること〔**共同犯行意思**〕
> 　　②　各共同者が特定の犯罪を実現するについて自らも正犯として共同して犯罪を実現する意思が存在すること〔**共同正犯意思**〕
> ○客観要件—共同実行の事実
> 　　③　二人以上の共同者が特定の犯罪を実現するについて、共同の意思の下に一体となって互いに他の共同者の行為を利用し、協力して共同の意思を実現することを内容とする謀議が存在すること〔**共謀事実**〕
> 　　④　共同者のうち少なくとも一部が共謀に基づき犯罪の実行行為を遂行したこと〔**実行行為**〕
> 　　⑤　各共同者が犯罪の実現について共同の正犯者と評価しうる主導的な実体を具備していること〔**主導性**〕

　共同正犯の成立要件のうち、主観要件として**共同実行の意思**が必要で、こ

1）共同正犯論については、西原春夫『犯罪実行行為論』（1998 年）335 頁以下、橋本正博『「行為支配論」と正犯理論』（2000 年）、照沼亮介『体系的共犯論と刑事不法論』（2005 年）115 頁以下、高橋則夫『規範論と刑法解釈論』（2007 年）174 頁以下、西田典之『共犯理論の展開』（2010 年）40 頁以下、松村格『システム思考と刑事法学』（2010 年）149 頁以下参照。

れは、共同犯行意思と共同正犯意思からなります。①**共同犯行意思**とは、各共同者が他の共同者と共同して特定の犯罪を実現しようとする意思をいいます。つまり、「みんなでこの犯罪を一緒にやろう」という意思です。共同犯行意思の有無によって、共同正犯か**同時犯**かが決まります。例えば、ＸとＹがＡを殺害しようと同時に発砲したが、Ｘの弾丸だけが命中してＡが死亡した場合、Ｘ・Ｙ間に共同犯行意思があるときは、Ｘ・Ｙは殺人罪の共同正犯となるが、それがないときは、Ｘの殺人罪とＹの殺人未遂罪の同時犯になるのです。また、②**共同正犯意思**とは、各共同者が特定の犯罪を実現するについて自らも正犯として共同して犯罪を実現する意思をいいます。つまり、「自分も他の者と共同して正犯として積極的に貢献する」という意思で、「他人の犯罪」でなく「自らの犯罪」の意識において共同して犯罪を実現しようという共同正犯意思が必要であり、教唆や幇助の意思では足りません。

　次に、客観要件として**共同実行の事実**が必要で、これは、共謀事実、実行行為、及び主導性からなります。③**共謀事実**とは、二人以上の共同者が特定の犯罪を実現するについて、共同の意思の下に一体となって互いに他の共同者の行為を利用し、協力して共同の意思を実現することを内容とする謀議が存在することをいいます。共謀は、謀議に直接参加しなくとも、関与者を介して意思の連絡を行う**順次共謀**でも可能ですし、明示共謀だけでなく**黙示共謀**でも足ります[2]。また、共謀は、**事前共謀**である必要はなく、実行行為の時点で成立する**同時の現場共謀**でもかまいません。共謀は、大綱的な部分、重要な部分についてあればよく、犯行の詳細について明確かつ具体的な謀議をすることまでは必要ありません。また、④**実行行為**とは、共同者が共謀に基づき犯罪の実行行為を遂行したことをいい、各共同者のうちの少なくとも一部が、共謀に基づき、少なくとも犯罪の実行行為の一部を遂行することが必要で、それによって共同正犯は可罰的な段階へと至ります。さらに、⑤**主導性**とは、各共同者が犯罪の実現につき共同の正犯者と評価しうるだけの主導的な実体を具備していることをいい、**共同正犯性、実行正犯との同価値性**ということもできます。共同者が実行行為の一部・全部を分担している場合

---

2) 黙示共謀を肯定したものとして、大阪高判平成 13・06・21 判タ 1085・292、**スワット事件・最決平成 15・05・01** 刑集 57・5・507、判時 1832・174、判タ 1131・111〔百選Ⅰ・76〕。

は、通常、犯罪実現につき主導的な役割・寄与をしたと推認できるので共同正犯を認定でき、この認定を打ち破る特別な事情が存するときは、共同正犯ではなく教唆犯・従犯となります。他方、単なる共謀者は実行行為の一部さえも分担していないので、通常、犯罪実現につき主導的な役割・寄与をしたと認定するのは困難ですので教唆犯・従犯を認定することになりますが、この認定を打ち破る主導的な役割・寄与をした特別な事情が存するときは、共同正犯となります。

2 実行共同正犯

(1) 一部実行全部責任の法理

共同者の全員が実行行為の一部・全部を分担する**実行共同正犯**の場合、なぜ他の共同者の行為についてまで責任を負わねばならないのでしょうか。この問題は、**一部実行全部責任の法理**として検討されますが、実行共同正犯・共謀共同正犯に共通する共同正犯の処罰根拠論に関わります。

① 学説の状況

各実行行為の犯罪全体に対する目的的・機能的な行為支配を軸とする**行為支配説**[3] によると、共同正犯においては、共同者が共同した場合にのみ犯罪計画が機能し、各共同者が自己の寄与を取り下げることによって全計画は無効になるという限りで、各共同者は全犯罪事象を他の共同者とともに共同に支配しているので、犯罪結果全体について責任を負うとします。

共同者の共同行為が相互的に利用・補充し合う依存協力関係のもとに各自の行為が一体となって犯罪を実現する点を重視する**相互利用・補充関係説**[4] によると、各共同者が相互に利用・補充し合う関係において特定の犯罪をともに実現した点につき全体的な刑法的評価を受けることになるので、他の共同実行者が惹起した行為・結果についても責任を負うとします。

部分的実行行為がもつ相互補充の機能及び物理的・心理的促進機能という因果性を軸とする**因果的結果帰属説**[5] によると、共同正犯において、実行行為者は自己の行為（・結果）により、物理的にも心理的にも援助し促進する関係を打ち立てた限りにおいて、自ら因果力を及ぼし、他の共同者が惹起した行為・結果についても責任を負うとします。

---

3) 平場・155頁以下、橋本・238頁以下。

4) 大塚仁・291頁、大谷・409頁。

5) 主に因果的共犯論からの見解です。

因果的結果帰属と相互的行為帰属からなる相互的行為帰属を軸とする**相互的行為帰属説**[6]によると、他人の行為・結果に対して自己の行為が共同正犯として帰属される根拠は、自己の行為と犯罪結果全体との間に因果関係がある点だけでなく、他人の行為が自己の行為として相互的に帰属される点にもあり、共同正犯の処罰根拠は共謀に基づく相互利用・相互補充による行為帰属の点にあるとします。

　共同正犯は特殊な社会心理現象である共同意思を媒介とした共同意思主体の一体性を軸とする**共同意思主体説**[7]は、二人以上の異心別体たる個人が一定の犯罪を犯すという共同目的を実現するために同心一体となって共同意思主体を形成するのであり、そのうちの一人が犯罪を実行した場合、それは共同意思主体の活動であり、責任はその共同意思主体の形成に与った共同者個人に帰属されるとします。

　②　**本書の立場**　共同正犯は二重の構造(性格)を有します[8]。共同者の加担行為は、それ自体が共同正犯成立に必要であるという意味で**独立性**を有しているとともに、それが可罰性を獲得するには、他の共同者の実行行為が必要であるという意味で**従属性**を有しています。つまり、共同正犯は、正犯的特徴と共犯的特徴、正犯性と共犯性の二重構造[9]を有するのであり、60条の処罰拡張規定・処罰加重規定の二重性格はこの点を反映するものです。

　本書は因果共犯論を基礎とし、共同正犯の違法性は、法益侵害の共同惹起に自ら加担したという独立的要素と他の実行担当者に実行行為をさせて法益侵害の間接惹起に加担したという従属的要素とが結合したもので、一部独立性志向の正犯性と一部従属性志向の共犯性との複合体です。ですから、共同正犯は、単独正犯に妥当する純粋な意味での個人責任の原理のみで説明することはできず、修正された個人責任の原理が妥当しており、**共同意思関係説**[10]が妥当です。

(2)　成立要件

　実行共同正犯の成立要件は、先の共同正犯の成立要件と同じです。

---

6)　高橋・452頁。

7)　草野・118頁以下、齊藤金作・224頁、下村・正・183頁以下、岡野・275頁、立石・300頁。

8)　この二重構造は、狭義の共犯(教唆犯・従犯)にも妥当します。

9)　西原春夫『犯罪実行行為論』(1998年) 335～336頁参照。

10)　西原・下・374頁以下、関哲夫「共謀共同正犯の『正犯性』・『共犯性』に関する一考察 (2) ──『共同意思関係説』の検討──」國士舘法學42号 (2009年) 25頁以下。

404 第31講 共同正犯論

　主観要件として**共同実行の意思**が必要であり、これは、①各共同者が他の共同者と共同して特定の犯罪を実現しようとする**共同犯行意思**と、②各共同者が特定の犯罪を実現するについて自らも正犯として共同して犯罪を実現しようとする**共同正犯意思**とからなっています。

　客観要件として**共同実行の事実**が必要であり、これは、③二人以上の共同者が特定の犯罪を実現するについて、共同の意思の下に一体となって互いに他の共同者の行為を利用し、協力して共同の意思を実現することを内容とする謀議が存在することをいう**共謀事実**、④共同者が共謀に基づき、少なくとも犯罪の実行行為の一部を遂行することをいう**実行行為**[11]、及び、⑤犯罪の実現につき共同の正犯者と評価しうるだけの主導的な実体を具備していることをいう**主導性**からなっています。

　実行共同正犯の場合、各共同者に実行行為の一部又は全部の分担が存在するため、共謀事実の存在が認定されやすいですし、犯罪実現につき主導的な役割・寄与をしたと認められることが多くなります。

3　共謀共同正犯

⑴　意　義

　共謀共同正犯とは、二人以上の者が共同で犯罪実行につき謀議し、実行行為の分担者を決め、その分担者たる一部の者が実行行為をなした場合に、実行行為を分担せず単に謀議に参画しただけの者も含めて共同正犯の責任が認められる場合のその犯行形態及びその各共同者をいいます。共謀共同正犯を肯定する考え方を**共謀共同正犯の理論**といいます。

⑵　共謀共同正犯の理論

①　判例の流れ

　判例は、当初、恐喝罪のような知能犯罪に限って共謀共同正犯を肯定していた**知能犯時代**があり、**大判明治29・03・03**（刑録2・3・10）[12] は、恐喝罪（旧

---

11)　共同正犯、さらには正犯にとって、実行行為の一部・全部の分担は必ずしも決定的な規準とはなりえません。本文はそのような趣旨と理解してほしい。

12)　大判明治24・04・27刑録明治24・4〜9・45は、旧刑法の窃盗罪に関し、犯行に臨まない者は共謀をしたとしても正犯とはなり得ないことを明らかにしていました。

刑法104条）につき、「共に謀りて事を行ふ以上は何人か局に当るも其行為は共謀者一体の行為に外ならす」としていました。

次に、知能犯か粗暴犯かを問わず共謀共同正犯を認める**粗暴犯への拡大時代**となり、**大森銀行ギャング事件・大判昭和11・05・28**（刑集15・715〔窃盗罪・強盗罪の共同正犯〕）は、「凡そ共同正犯の本質は二人以上の者一心同体の如に互に相倚り相援けて各自の犯意を共同的に実現し以て特定の犯罪を実行するに在り共同者か皆既成の事実に対し全責任を負担せしむへからさる理由茲に存す」とし、共同意思主体説に基づく共謀共同正犯は、知能犯であると、放火、殺人、窃盗、強盗の実力犯であると異ならないとしました。

戦後に至って、共同意思主体説とは異なる理由を示して共謀共同正犯の成立範囲を限定する**理論的転換時代**へと入り、**練馬事件・最大判昭和33・05・28**（刑集12・8・1718、判時150・6〔百選Ⅰ・75〕）は、「共謀共同正犯が成立するには、二人以上の者が、特定の犯罪を行うため、共同意思の下に一体となって互いに他人の行為を利用し、各自の意思を実行に移すことを内容とする謀議をなし、よって犯罪を実行した事実が認められなければならない。したがって右のような関係において共謀に参加した事実が認められる以上、直接実行行為に関与しなくても、他人の行為を自己の手段として犯罪を行ったという意味において、その間刑責の成立に差異を生ずると解すべき理由はない」とするとともに、共謀・謀議は罪となるべき事実として厳格な証明を要するとしました。

その後、共謀共同正犯の理論を拡張する**拡散時代**へと入っていきます。これは、一方で、「自己の犯罪」か「他人の犯罪」かという規準によって共謀共同正犯を拡大運用する傾向となってあらわれ、**大麻密輸入事件・最決昭和57・07・16**（刑集36・6・695、判時1052・152、判タ477・100〔団藤裁判官の補足意見に注目〕〔百選Ⅰ・77〕）は、大麻の密輸入を計画したAからその実行担当者になって欲しい旨頼まれた被告人が、大麻を入手したい欲求にかられ、執行猶予中の身であることを理由にこれを断ったものの、知人のBを自己の身代りとして甲に引き合わせるとともに、密輸入した大麻の一部をもらい受ける約束のもとにその資金の一部をAに提供した事案につき、原審が、「このような被告人の所為は、本件犯行を助け、その実現を容易ならしめる幇助行為というにとどまらず、被告人を本件犯行の共謀者の一員と認める」としたのを維持し、「これらの行為を通じ被告人が右A及びBらと本件大麻密輸入の謀議を遂げたと認めた原判断は、正当である」としました。他方、共謀概念を緩和することによって共謀共同正犯を拡大運用する傾向もみられ、**スワット事件・最決平成15・05・01**（刑集57・5・507、判時1832・174、判タ1131・111〔百選Ⅰ・76〕）は、暴力団組長である被告人Xにはスワットと称するボディーガードがいたが、彼らがけん銃等を所持していた事案につき、「Xは、スワットらに対してけん銃を携行して警護するように直接指示を下さなくても、スワットらが自発的にXを警護するために本件けん

406　第 31 講　共同正犯論

銃等を所持している事を確定的に認識しながら、それを当然のこととして受け入れて認容していた」こと、「X とスワットらとの間にけん銃等の所持につき黙示的に意思の連絡があったと言える」こと、及び、「スワットらを指揮命令する権限を有する X の地位と彼らによって警護を受けるという X の立場を併せ考えれば、実質的には、正に X がスワットらに本件けん銃等を所持させていたと評し得る」とし、被告人 X に拳銃不法所持の共謀共同正犯を肯定しました。

②　学説の状況

　共謀共同正犯の理論について、これを否定する**否定説**[13] は、その根拠として、60 条にいう「実行」は基本的法律要件に該当する実行行為をいい、「共同して実行した」とは「共同して実行行為を行った」ことを意味する、60 条は、「2 人以上が共同」して「犯罪を実行」した場合を規定しており、通説のように解釈して共謀共同正犯を肯定するのは罪刑法定原則に抵触する、また、共同正犯は正犯、正犯とは実行行為を担当する者であり、共謀それ自体は実行行為ではないなどをあげます。

　これに対し、共謀共同正犯の理論を認める**肯定説**（通説・判例）は、その根拠として、60 条が「全て正犯とする」と規定して一部実行全部責任の法理を認めているのは、共同実行の意思の下に相互に他の共同者の行為を利用・補充しあって実行行為に至ることを重視したものである、同条は「2 人以上が共同」して「犯罪」を実行した場合を規定しており、各共同者は必ずしも実行行為を分担する必要はない、実行行為を担当した者を支配する重要な役割を演ずる大物が背後に存在する場合、それを共同正犯として処罰できないのは不当であるなどをあげます。

　共謀共同正犯の理論を肯定した場合、その根拠づけについて、**準実行共同正犯論**[14] は、犯罪の実現において実行の分担に匹敵し、又はこれに準ずるほどの重要な役割を果たしたと認められる場合に共同正犯を肯定します。この説は、正犯概念と実行行為概念とを分離し、正犯にとって実行行為の分担は不要であるという実行行為不要論、及び、共謀共同正犯は「拡張された正犯」とする拡張的正犯論を前提にします。この説の特徴は、共同正犯には単独正犯と同一の正犯原理は妥当しないとする点、共謀共同正犯の認定においては、およそ共犯として可罰的であるかの確認が最も重要であるとする点、実行行為の分担に匹敵する重要な寄与・役割を果たしたことを規準とする重要な役割論が採られている点にあります。この説に対しては、重要な役割という規準では（共謀）共

---

13)　米田泰邦「共謀共同正犯」中義勝編『論争刑法』（1976 年）238 頁以下、中山研一「共謀共同正犯」中山研一ほか編『現代刑法講座第 3 巻』（1979 年）195 頁以下、浅田・418 頁。なお、野村・403 頁以下。

14)　西田・348 頁以下、山口・341 頁、井田・508 頁、佐伯仁志・404 頁。

同正犯と教唆犯・幇助犯との区別が明確とならないし、特に対等関係の場合に、共同正犯に問擬すべき理論的根拠が充分に解明されていない、逆に、幇助的役割しか果たしていない者を共同正犯に格上げして重く処罰してしまう危険がある、いずれにせよ共犯として罰せられるのであるから共同正犯・共犯内での区別は重要でないという発想は、現行刑法を無視するものであるなどの批判がなされます。

間接正犯類似説[15]は、犯罪の共同遂行に関する共謀によって、相手方の存在が実行の際に頭を離れなくなることで、実行者を心理的に拘束し、実行者を利用して自己の犯意を実現したといえるとします。この説は、共謀共同正犯における心理的拘束（「仲間を裏切れない」）と規範的障害の低減（「背後に仲間が控えていると思うと心強い」）を強調することによって間接正犯との類似性を前提にします。この説の特徴は、実行行為を実質的に考察し、各人がそれぞれ犯罪を実行した者と認めうることが必要であるとする点、共謀は単なる意思の連絡ではなく、それによりもはや自分の意思で犯行をやめることができなくなる心理的拘束をもたらすとする点、実行担当者も背後の共同者によって心理的に鼓舞され、互いに相互利用・補充関係が認められるとする点にあります。この説に対しては、責任能力もあり、事情を認識している他の共同者を道具とみなして理論構成することには疑問がある、共謀者の直接実行者への心理的拘束は、タテ型共謀共同正犯には妥当するが、ヨコ型共謀共同正犯には妥当しないなどの批判がなされます。

さらに、**行為支配説**[16]は、犯罪の共同実行とは法律要件に該当する行為全体に対する共同的支配を意味するのであって、それは共同者が共同した場合にのみ犯罪計画は機能するという形で表れるとします。この説の特徴は、正犯は法律要件該当行為を目的的に支配する者をいい、共謀共同正犯も法律要件的行為の目的的な共同支配が認められる限りこれに包含されるとする点、犯罪の共同実行は、法律要件的行為の全体に対する目的的な共同支配を意味し、法律要件的行為の分担がなくとも、他人の行為を支配して自分の犯罪をとげる場合には共同正犯たりうるとする点にあります。この説に対しては、目的的な共同支配の内容が曖昧であるため正犯性・実行行為性が依然不明確である、各共同者は他の共同者の行為に依存して犯罪を実現できるならば、逆に、共同者は犯罪全体について部分的にしか支配していないということであるから、そこに全体的な行為支配を観念できない、単独正犯性の原理を貫徹するだけでは共同正犯を

15）藤木・284頁、川端・579頁。
16）平場・157頁、団藤・397頁。

根拠づけることは不可能である[17]、行為支配が認められるのであれば単独正犯を認めれば十分であるなどの批判がなされます。

優越支配共同正犯説[18] は、単なる共謀者であっても、社会通念上、実行者に対し圧倒的に優位な地位に立ち、実行者に強い心理的拘束を与えて実行に至らせた場合には、直接の実行担当者と同様に実行者と評価されるべき場合があるとして、暴力団の親分・子分の関係をあげます。この説の特徴は、圧倒的な優越的地位に立つ者の指示・命令は、間接正犯における誘致行為に準ずる強制的行為として、教唆犯以上の準間接正犯であり、法律上実行行為と評価できるとする点、社会観念上、実行行為を担当した者以上の大物で、実行行為者に強い影響を与えてその行為を行わせたと見られる者は、より重い第一次的な犯罪である「正犯を共同して行う者」として処罰するのが適当であるとする点にあります。この説に対しては、単なる共謀者を「共同して犯罪を実行した者」と解し得ない以上、共謀共同正犯を肯定するのは理論的には無理である、優越的地位は間接正犯に近いが間接正犯ではないというような規準では不明確にすぎる、この説はタテ型の共謀共同正犯には妥当するが、ヨコ型には適用できない、実行行為の遂行と優越的地位との関係が明確となっていないなどの批判がなされます。

また、**相互利用・補充関係説**[19] は、共同実行の意思の下に相互に他人の行為を利用し補充しあって犯罪を実現する場合は正犯であり、実行行為の分担は必ずしも正犯の要件ではないことを前提に、共謀共同正犯においては、関与者相互の心理的な影響に着目して自ら惹起しない結果をも帰責させるものである以上、実行行為の一部さえも行わなかった者に客観的行為を帰責することは可能であり、実行行為を分担したと評価できるだけの謀議（行為）と共謀者内での地位が認定されること、意思の連絡があること、共同正犯の認識（正犯者意思）があることを要件とします。この説に対しては、実行行為ではなく相互利用・補充関係が正犯を根拠づける論拠が明らかでない、共同実行の意思の下に相互に他人の行為を利用し補充しあうという内実が曖昧であり、正犯とする充分な根拠となっていない、単独正犯の場合は実行行為が不可欠の要件とされているのに、共謀共同正犯につき必ずしも実行行為を不可欠の要件としない理由が明らかでない、単独正犯の原理・個人責任の原則を全面的に維持できないことを認めるものであるなどの批判が可能です。

他方、**共同意思主体説**[20] は、二人以上の異心別体の個人が一定の犯罪を共同

---

17) X・Y が A 殺害を共謀して A にむけて同時に発砲したが、X の弾丸のみ命中して A が死亡した場合、Y の共同正犯性は行為支配だけでは根拠づけることができないのです。

18) 大塚仁・307 頁。

19) 大谷・429 頁。なお、前田・352 頁参照。

20) 草野・123 頁以下、齊藤金作・238 頁、下村・正・183 頁以下、岡野・303 頁以下頁、立石・304 頁。

で実現するについて同心一体となり共同目的実現のために共同した場合は、一部の共同者の行為は共同意思主体の行為であり、この形成に与った単なる共謀者も共同正犯となりうるとします。この説に対しては、犯罪の実行に着手しない者も共謀ということで共同正犯とするのは共同正犯概念の不当な拡大であり、罪刑法定原則に反する、共犯現象を共同意思主体の活動とみながら、その責任をその各個人に帰するのは、責任の転嫁であり、責任原則に反する、団体責任を認めるものであり、刑法の個人責任の原理に反する、統一的共犯形式を採るもので、共同正犯と狭義の共犯、特に教唆犯との区別を失わせるなどの批判が加えられます。

③ **本書の立場**　60条にいう「共同して犯罪を実行した」の文言は、「共同して犯罪の実行行為を実行した」とも、「共同して犯罪を実行して実現した」とも解しうるとすると、同条は決め手になりません。

突然ですが、ショクンに質問——「**法隆寺を建てたのは誰ですか。**」

「聖徳太子」ですか[21]。法隆寺の建築には、設計、基礎工事、建物建築、内装等、宮大工をはじめ多くの人が携わったはずですが、「法隆寺を建てたのは聖徳太子である」と答えるのは、中心的・主導的な役割を果たした創建者は聖徳太子であると解しているからです。ここに、共謀共同正犯を考える端緒があります。「法隆寺の創建」を「特定の犯罪の実現」に替え、「この犯罪を実現した者は誰ですか」と尋ねたとき、実際に実行行為の一部・全部を分担した者だけでなく、実行行為は分担しなかったけれども、中心的・主導的な役割を果たした者もあげるはずです。すなわち、犯罪実現につき中心的・主導的な役割を果たした点が正犯性の規準となっているのです〔**主導的役割説**〕。

(3) **成立要件**

実行行為の分担を軸にした実行共同正犯と、主導的な役割を軸とした共謀共同正犯との区別は、それ自体意味がなく、主導的な役割を軸とした共同正犯の概念へと収斂されます。

主観要件として**共同実行の意思**が必要であり、これは、①各共同者が他の共同者と共同して特定の犯罪を実現しようとする**共同犯行意思**と、②各共同者が特定の犯罪を実現するについて自らも正犯として共同して犯罪を実現し

---

21) ショクンの中には、あまりにも常識的な問いであるため、「一休さんのとんち問題かもしれない」と深読みして、「宮大工」と答える人もいるかもしれません。

ようとする**共同正犯意思**とからなっています。単なる共謀者にあっては、共同犯行意思は、他の共同者と共同して特定の犯罪を実現するため主導的な役割をもって犯罪を実現しようとする意思となります。

客観要件として**共同実行の事実**が必要であり、これは、③二人以上の共同者が特定の犯罪を実現するについて、共同の意思の下に一体となって互いに他の共同者の行為を利用し、協力して共同の意思を実現することを内容とする謀議が存在することをいう**共謀事実**、④共謀者のうち少なくとも一部が共謀に基づき、少なくとも犯罪の実行行為の一部を遂行することをいう**実行行為**、及び、⑤各共同者が犯罪の実現につき共同の正犯者と評価しうるだけの主導的な実体を具備していることをいう**主導性**からなっています。

なお、単なる共謀者は、実行行為の一部・全部を分担していないので、犯罪実現につき主導的な役割を果たしたと推認できないので、教唆犯・従犯の成立を認定しますが、この認定を打ち破るような特別な事情が存在するときには、（共謀）共同正犯を認定することになります。

> 判例が要求する共謀共同正犯の成立要件を確認しておきます。判例は、①2人以上の者が特定の犯罪の実現について共謀したこと、具体的には、⑦2人以上の者が特定の犯罪を行うため、共同意思の下に一体となって互いに他人の行為を利用し、各自の意思を実行に移すことを内容とする謀議が存在すること〔**共謀事実**〕と、④2人以上の者が特定の犯罪を行うため、共同意思の下に一体となって互いに他人の行為を利用し、各自の意思を実行に移すことを内容とする意思を有すること〔**共同実行の意思**〕とを要求し、②共謀者の中の一部の者がそれを実行したこと、すなわち、少なくとも共謀者の一人が共謀に基づいて実行行為を行うこと〔**実行行為**〕を要求しています。

4 見張り

(1) 問題性

例えば、2人以上で銀行強盗を行う際に、銀行建物の入口付近で見張り行為をしていた者は、（建造物侵入罪・）強盗罪の共同正犯となるのでしょうか。

(2) 判例・学説の状況

> 判例は、見張りを、一般には共同正犯としますが、例外的に、「自己の犯罪を実現する意思ではなく専ら他人の犯罪実現に奉仕するものである」ときには、従犯とします。

> **共謀共同正犯の理論を肯定する説**は、見張りを直ちに共同正犯とするわけではなく、見張りの存在が犯罪の完成にとって主観的・客観的に必要不可欠であるとき、あるいは、主観的に積極的な犯罪遂行の意欲を有し、客観的に謀議において積極的役割を果たしたときには、共同正犯とします。

> これに対し、**共謀共同正犯の理論を否定する説**は、当該犯罪の状況を全体的に考察して認定します。この説では、見張りは、原則として従犯としますが、例えば、監禁の際の見張りのように、それ自体を実行行為の一部分担とみなしうる場合は共同正犯とします。

(3) 本書の立場

見張りそれ自体は、通常、従犯と考えられますが、見張り行為を担当した者が単なる共謀者ではあるが、当該犯罪の実現につき主導的な役割を果たしたのであれば、共謀共同正犯となりますし、見張り行為そのものが実行行為の一部と解しうる場合には、実行共同正犯となります。

今日の一言

ただ守るだけなら
芸は死んでしまう
そこに
自らの工夫を加えて
破と離の息吹を与えないと

第 32 講　承継的共同正犯論

1　意　義

　承継的共同正犯とは、先行者が犯罪の実行に着手した後、実行行為を終了する前、あるいは犯罪が完成して既遂となる前に、後行者が先行者と意思疎通をして実行行為の一部を遂行した場合をいい、後行者につき、関与前の先行者の行為及びその結果についても責任を負うかが問題となります[1]。

> **【事例01】** X が、強盗の意思で被害者 A に暴行を加えて反抗を抑圧した後、たまたま現場を通りかかった X の知人 Y が、X の依頼を受けて被害者 A から金品を奪取する行為に加わり、A から 3 万 8 千円入りの財布を奪取し、X と Y で山分けした。

　この事例で、承継的共同正犯を否定すれば、X は強盗罪の正犯、Y は窃盗罪（X との共同正犯）にとどまりますが、承継的共同正犯を肯定すれば、X と Y は強盗罪の共同正犯になります。

> 　**犯罪共同説**は、共同正犯は 1 つの犯罪に複数人が加功する「数人一罪」の犯行形態であることを前提に、承継的共同正犯を肯定していたのに対し、**行為共同説**は、共同正犯は各自の犯罪について複数人が行為を共同にする「数人数罪」の犯行形態であることを前提に、承継的共同正犯を否定していました。今日、このような理論的な関連性は否定されており、別の観点から、別の事情を考慮して、肯否が検討されています。

2　学説の状況

> 　**全面肯定説**[2]は、先行者の行った行為や結果を後行者が認識・認容し、先行者と意思を連絡して、先行者の実現した状況を利用しつつ、自ら事後の実行行為を後行者と共同して実行している以上、事前に共謀が成立した場合と価値的に異ならず共同実行の意思が認められる、法律要件上不可分の犯罪行為の一部を先行者とともに実行している限りで（一部）実行行為共同の事実が認められる

---

1) 承継的共同正犯については、香川達夫『刑法解釈学の諸問題』(1981 年) 178 頁以下、照沼亮介『体系的共犯論と刑事不法論』(2005 年) 213 頁以下、西田典之『共犯理論の展開』(2010 年) 214 頁以下、立石二六『刑法解釈学の諸問題』(2012 年) 180 頁以下参照。

2) 福田・272 頁、西原・下・386 頁、下村・続・129 頁、岡野・295 頁

ことを根拠に承継的共同正犯を肯定し、犯罪全体について 60 条の共同正犯として処断すべきであるとします[3]。

　後行者は、自己の行為の因果性の範囲において責任を負うのが基本であり、後行者に事後的に積極的な利用意思があることをもって、自ら因果性を及ぼすことのできない事前の結果についてまでも責任を負わせるのは妥当ではありません。

　全面否定説[4] は、当初から意思連絡の下に犯罪を共同している場合と異なり、時間的に先行している行為事象に対して因果的な影響を与えることはできないし、関与前の行為を目的的に操縦・支配することもできないので、後行者はその関与行為と物理的・心理的因果性のない行為・結果について罪責を負うことはない、後行者がたとえ先行者の行為を認識・認容するにとどまらず、積極的に利用することがあっても、後行者は事前の行為・結果に関与していない以上、遡ってその点まで共同正犯を認めるのは不当である、共同正犯が成立するには共同実行の意思と共同実行の事実が必要であることを根拠に、後行者は自ら共同実行の意思をもって関与した共同実行の事実についてのみ共同正犯の責任を負うとします。

　この説に対しては、共同正犯というのは自己の行為と直接的な因果関係のない行為・結果について責任を負わせるものであり、法律要件の解釈として、例えば、事後強盗のように、途中から関与したとしても実行行為の最初から関与したと解しうる場合があるし、詐欺、恐喝、強盗などのように、先行者の行為を前提に観察したとき、後行者の行為が法律要件の全部を充足していると解しうる場合があるとの批判がなされます。

　承継的共同正犯は原則として否定するけれども、例外として、一定の事由を考慮して犯罪全体につき共同正犯を肯定する**部分肯定説**が有力となっています。これには、犯罪類型説、相互利用・補充関係説、因果性説があります。

　犯罪の性質を考慮して承継的共同正犯を肯定すべき場合があるとする**犯罪類型説**[5] によると、原則として承継的共同正犯は認められないけれども、強盗罪

---

3) 例えば、X が強盗の意思で A に暴行を加え傷害を与えた後に、Y が事情を熟知して加担し財物奪取だけを行った場合、ⓐ Y は X が生じさせた反抗抑圧状態を財物奪取の目的で利用したにすぎないから、強盗罪（共同正犯）の責任を負うにとどまり、強盗傷人罪の責任を負わないとする見解（藤木・291 頁）、② Y は窃盗罪の共同正犯と強盗致傷罪の幇助犯との観念的競合とする見解（中野・149 頁）、③ 窃盗罪の共同正犯と強盗罪の幇助犯の観念的競合とする見解（高橋・474 頁）があります。

4) 内藤・下Ⅱ・1425 頁、林・380 頁以下、曽根・258 頁、野村・397 頁、立石・314 頁、浅田・423 頁、山口・370 頁、山中・916 頁、松原・410 頁など多数説。

5) 大塚仁・295 頁。

のような**結合犯**の場合には、これを安易に暴行罪・脅迫罪と窃盗罪に分解することは許されず、後行者が共同して被害者の財物の奪取行為のみに関与したにすぎない場合であっても、強盗罪の共同正犯を肯定すべきであるとします。

　強盗罪について、刑事政策的考慮をもって1個の結合犯とされた点を優先させ、暴行罪・脅迫罪と窃盗罪という構造・実態を軽視するのは、適切な思考とはいえません。

　共同正犯の処罰根拠である相互利用・補充関係を根拠に承継的共同正犯を肯定する**相互利用・補充関係説**[6]によると、先行者と後行者とが相互に利用し補充し合って特定の犯罪を実現することは可能であるから、共同実行の意思と実行行為共同の事実が認められる限り共同正犯が成立し、例えば、先行者が行った行為の効果がなおも存在している状況で、先行者と意思を連絡して、その状態を積極的に利用して関与した場合には相互利用・補充関係を認めることができるので、犯罪全体について共同正犯を認めることができるとします。

　後行者が先行者の行った行為・結果を認識し積極的に利用したことをもって因果性の不充分さを補填しようとするのは、悪しき意思を根拠に処罰するもので、妥当ではありません。後行者が自らの作為・不作為によって、先行者の作出した状態を強化し、あるいは、新たな状態を作出しない限り共同正犯は認められないはずで、それは単独で、最初は暴行・脅迫の意思で行為したが、後に財物奪取の意思を生じて奪取行為しても強盗罪にならないのと同じです。

　共同正犯の処罰根拠である因果性の存在を根拠に承継的共同正犯を肯定しうる場合を検討する**因果性説**[7]によると、原則として、後行者の行為が関与前の行為に因果性を有することはありえないが、先行者の行為が関与後にもなお効果を持ち続け、後行者の関与後も因果的影響力を持ち続けている場合は、例外として共同正犯を認めることができる[8]とし、また、例えば、詐欺罪（詐欺行為＋受領行為）、恐喝罪（脅迫行為＋受領行為）のように多要素からなる犯罪について、後行者が受領行為にのみ関与した場合に、後行者が関与した時点において、なお先行者が実現しようとしている結果が強取、詐取、喝取である場合、後行者は、このような違法結果を左右し得た以上、因果性を有するのであり、やはり強盗、詐欺、恐喝の責任を負うべきである[9]とします。

6）大谷・418頁、川端・571頁。

7）平野・Ⅱ・382頁、西田・366頁、前田・360頁。なお、伊東・378頁。

8）平野・Ⅱ・383頁。

9）西田・367頁参照。

先行者の行為が後行者の関与後にもなお効果を持ち続けていたとしても、後行者の承継的共同正犯を根拠づけることにはなりません。論者は、強盗罪、詐欺罪、恐喝罪について、後行者は受領行為にのみ関与することによって各犯罪の違法結果を支配できたのであるから因果性を有するとするのですが、それは、受領行為は単なる事実行為ではなく、不法に財物・利益を取得する違法な犯罪結果に向けられた実行行為の一部であるとの観念を忍ばせるもので、犯罪の法律要件的枠組みに囚われた考え方であり、因果共犯論とは別の思考を混入させるものです[10]。

3　判例の状況

判例は、犯罪の性質に応じて承継的共同正犯を考察しています。

(1)　殺人罪

> **大阪高判昭和 45・10・27**（刑裁月報 2・10・1025、判時 621・95、判タ 259・310）は、単純一罪である殺人罪について、後行者は、「原則として、共謀成立の前に行なわれた先行行為者による実行をも含めて、結果の実現に向けられた各行為者のすべての実行行為につき、行為者の全員が共同正犯の責任を負うべきもの」とし、殺人罪の単純一罪としての性質を重視しました。

(2)　傷害致死罪・傷害罪

> 傷害致死罪について、**名古屋高判昭和 47・07・27**（刑裁月報 4・7・1284）は、「その結果発生が先行者の行為および介入後の後行者の行為のいずれもが結果発生に原因を与えていると認められるかぎり、結果的加重犯全体について共同正犯が成立すると解しても、実行行為分担の度合に従つて量刑を考慮すればよいのであるから、何ら不都合は生じない」としました。

> 傷害罪について、全面肯定説の立場に立つ**名古屋高判昭和 50・07・01**（判時806・108）は、後行者が、先行者らが既に暴行を加えたことを認識しながら、「この一連の犯行に加担する意思で、先行者らと意思相通じたうえ」、被害者に暴行を加えた場合は、後行者は「犯行介入前の暴行についても共同正犯としての罪責を負う」べきで、「原判示の傷害が、被告人の介入の前後いずれの暴行によって生じたか明らかでないとしても、被告人は傷害罪の罪責を免れず」とし、**大**

---

10)　さらに、**従犯性説**も主張されています。この見解によると、例えば、先行者 X が強盗の故意で被害者を殺害した後に、財物奪取にのみ加担した後行者 Y は、窃盗罪（場合によれば占有離脱物横領罪）の共同正犯と強盗罪（強盗殺人罪でなく）の従犯の観念的競合になるとするのです。齊藤誠二・205 頁、斎藤信治・277 頁、高橋・474 頁参照。

阪地判昭和63・07・28（判タ702・269）も、後行者が、「先行者らの被害者に対する暴行の概況を認識したうえで、あえてこれに加担しようと考え、同先行者らと共謀して判示の暴行に及んだ」ときは、関与の前後を問わず「被害者の全ての受傷につき、傷害罪の共同正犯に問擬される」としました。

これに対し、傷害罪の承継的共同正犯の成否に慎重な態度を示す**大阪高判昭和62・07・10**（高刑集40・3・720、判時1261・132、判タ652・254）は、後行者につき「先行者の行為等を含む当該犯罪の全体につき共同正犯の成立を認め得る実質的根拠は、後行者において、先行者の行為等を自己の犯罪遂行の手段として積極的に利用したということ」にあり、承継的共同正犯が認められるのは、「後行者において、先行者の行為及びこれによって生じた結果を認識・認容するに止まらず、これを自己の犯罪遂行の手段として積極的に利用する意思のもとに、実体法上の一罪（狭義の単純一罪に限らない。）を構成する先行者の犯罪に途中から共謀加担し、右行為等を現にそのような手段として利用した場合に限られる」とし、**東京高判平成8・08・07**（判タ1308・45）、**大阪地判平成9・08・20**（判タ995・286）も同様の趣旨を明らかにしています。

しかし、**最決平成24・11・06**（刑集66・11・1281、判時2187・142、判タ1389・109〔百選Ⅰ・82〕）は、先行者Aら2名が、被害者Xら2名に対し、こもごも暴行を加え、更に場所を移して同様に暴行を加え、それぞれ傷害を負わせた後、被告人（後行者）がその場に到着してAらに共謀加担した上、更に被告人及びAらがそれ以前の暴行よりも強度の暴行を加えてXらの傷害を相当程度重篤化させた事案につき、「被告人は、共謀加担前にAらが既に生じさせていた傷害結果については、被告人の共謀及びそれに基づく行為がこれと因果関係を有することはないから、傷害罪の共同正犯としての責任を負うことはなく、共謀加担後の傷害を引き起こすに足りる暴行によってXらの傷害の発生に寄与したことについてのみ、傷害罪の共同正犯としての責任を負う」としました。本決定の射程範囲が気になりますが、全面肯定説を採らないことは明らかですし、強盗罪、恐喝罪、詐欺罪などについて承継的共同正犯成立の余地に言及していますので、傷害罪については承継の余地を否定したものと考えられます。

(3) 強制性交等致傷罪

東京高判昭和34・12・02（東高時報10・12・435）は、「後行者において、自己介入前における先行者の行為を認識して介入した」からとし、**東京地判昭和40・08・10**（判タ181・192）は、「加担する以前の他の共犯者の行為を自己の犯行の手段として自己の犯行の内容にとりいれるからであり、結局共謀が事後に成立しても価値的にみれば事前共謀にもとづく共同正犯と何ら差異がない点に存する」とし、また、**岡山地判昭和45・06・09**（刑裁月報2・6・679、判時611・103）は、「後行者においてそれを認識認容して自己の犯罪行為の内容に取り入れ、これを利用しようとする意図が認められる」からとし、強制性交等致傷罪につき全面肯定説に近い考え方を示しています。

これに対し、**浦和地判昭和33・03・28**（判時146・33）は、「後行者が先行者の行為終了後たとえそれを認識してその犯行に参加したとしても、後行者は先

行者の行為を支配したとは云えないわけで先行者の行為についてその責を負うべき理由はない。この事は仮に後行者が先行者の惹起した状態を利用したとしても同じであり、先行者が一方的に後行者の参加を予定していたとしても消長を来たさない」とし、**広島高判昭和 34・02・27**（高刑集 12・1・36）も、後行者の責任は、「その介入後の行為についてのみ発生するものと解すべき」であり、本件においても、「共謀関係成立後の犯行についてのみ責任を負い、それ以前の他の者の犯行については責任を負わない」とし、後行者は強制性交等罪の範囲内で責任を負い、致傷の結果まで責任を問うことはできないとしました。

(4) 監禁罪

東京高判昭和 34・12・07（高刑集 12・10・980）は、「被告人は X 等を監禁して居るとき、其の途中より犯行を充分認識し乍ら犯意を共通して右監禁状態を利用し依然同人等の監禁を続けたものであるから、所謂承継的共同正犯者として其の帰宅前の監禁をも含めて全部に付責任ある」とし、全面肯定説の立場を採りました。

これに対し、**札幌地判昭和 56・11・09**（判時 1049・168）、**東京高判平成 16・06・22**（東高時報 55・1~12・50）は、後行者が、先行者の行為及びその生じさせた結果・状態につき、少なくともその概要を認識・認容し、その結果・状態を自己の爾後の犯行のために殊更ないし積極的に利用する意思をもって、先行者とともに事後の実行行為に関与（共謀、実行行為分担）することが必要であるとしました。

(5) 強盗致傷罪

札幌高判昭和 28・06・30（高刑集 6・7・859）は、本罪は「強盗の結果的加重犯であつて単純一罪を構成するもの」であるから、先行者が強盗の目的で暴行を加えた事実を認識し、この機会を利用してともに金品を強取しようと決意し、互いに意思連絡のうえ金品を強取した後行者は、「仮令共犯者がさきになしたる暴行の結果生じたる傷害につきなんら認識なかりし場合と雖も、その所為に対しては強盗傷人罪の共同正犯を以て問擬するのが正当である」とし、肯定説の立場を示しました。

これに対し、**福岡地判昭和 40・02・24**（下刑集 7・2・227）は、後行者の責任については「それ自体独立に判断すべきであって後行者は先行者の責任を承継しないと解するのが相当である」とし、**東京地判平成 7・10・09**（判時 1598・155、判タ 922・292）は、「後行行為者は、財物奪取行為に関与した時点で、先行行為者によるそれまでの行為とその意図を認識しているのみでなく、その結果である反抗抑圧状態を自己の犯罪遂行の手段としても積極的に利用して財物奪取行為に加担しているのであるから、個人責任の原則を考慮に入れても、先行行為者の行為も含めた強盗罪の共同正犯としての責任を負わせるべきものと考えられるが、反抗抑圧状態の利用を超えて、被害者の傷害の結果についてまで積極的に利用したとはいえないのにその責任を負わせることは、個人責任の原則に反する」とし、また、**東京高判平成 17・11・01**（東高時報 56・1~12・75）は、

「被害者両名の傷害はすべて被告人両名について共謀が成立する前に生じていたものと認めざるを得ず、被告人両名が他の共犯者らによるこれらの傷害の原因となった暴行による被害者両名の反抗抑圧状態を利用して強盗の犯行に加功したとしても、加功前に生じた傷害の結果についてまで帰責されるものではない」とし、いずれも、後行者は強盗罪の共同正犯としての責任を負うものの、強盗致傷罪の共同正犯としての責任までは負わないとしました。

(6) 強盗罪

東京高判昭和57・07・13（判時1082・141）は、「先行者Mが強盗の実行行為に着手してから、被害者を布団蒸しにするまでの間の一連の所為を包括的にとらえて、これを不可分の関係にある一個の強盗行為とみるのが実体に即するというべきである」から、財物・利益の取得を確保するという行為は「一個の強盗行為の一部を組成するもの」であり、「被告人がMの行った一個の犯罪の一部に共同正犯として承継加担した以上、自己の直接関与することのなかったMの先行行為を含め、同人につき成立すべき犯罪の全体につき同一の罪責を免れない」とし、肯定説の立場を示しました。

(7) 恐喝罪

横浜地判昭和56・07・17（判時1011・142）は、「被告人は被害者FがSらの先行行為により畏怖状態にあることを認識・認容して金員受領行為に加担しているので、これによって恐喝罪の実現に協力したと評価することができるが、傷害の結果を生じさせることやその拡大につながるような暴行等の寄与行為はなんらしていないから、傷害については共同実行の意思及びその事実の存在を認めることはできず、結局、本件については恐喝罪の限度で承継的共犯の成立を認めることができるが、傷害についてはこれを認め得ない」とし、**名古屋高判昭和58・01・13**（判時1084・144）は、Yほか3名の先行者らが被害者を脅迫して2000万円を2回にわたって支払う約束をさせ、その内1000万円を喝取した後、犯行に加わった被告人Xが先行者と共謀のうえ残りの1000万円の口座振込を要求したが、被害者が応じなかったため目的を遂げなかった恐喝罪の事案につき、Xにとってその「既成の事実に対し支配を及ぼすことは不可能であった」ことから、その点の責任までもXに及ぼすことは相当でないとして、関与後の残金1000万円につき共同正犯としての恐喝未遂を認めるにとどめました。

これに対し、**東京高判平成21・03・10**（東高時報60・35）は、「被告人がWに対する恐喝未遂について共同正犯としての責任を負うのは、被告人がBらに提案をして共に行動するようになった後の恐喝行為に限られ、共犯者らの先行行為についてまで刑事責任を負うべき理由はないというべきである（なお、仮に、被告人が共犯者らの先行行為を認識し、これを積極的に利用する意思があったと認められるとしても、被告人がこのように時間的・場所的に離隔した先行行為それ自体についても共同正犯としての刑事責任を負うと解すべきか否かについては、検討の余地があるように思われる。）」とし、慎重な態度を示しました。

(8) 詐欺罪

　大判明治 **43・02・03**（刑録 16・113）は、「他人が詐欺取財を為すにあたり半途より之れに加担し共に其の目的を遂げたるものなれば他人と共に詐欺取財の罪責を負担するは当然のこと」とし、**大判明治 44・11・20**（刑録 17・2014）は、他人が詐欺行為をしていることを知り、その企図に賛同し資金を供給した者は、共同企画した詐欺罪の遂行に必要な行為を分担したものであって詐欺罪の共同正犯であるとし、さらに、**最決平成 29・12・11**（刑集 71・10・535、判時 2368・15、判タ 1448・62）は、共同正犯者による欺罔行為の後に、いわゆるだまされたふり作戦の開始を認識することなく共謀の上被害者から送付された荷物の受領行為にのみ関与した者は、「その加功前の本件欺罔行為の点も含めた本件詐欺につき、詐欺未遂罪の共同正犯としての責任を負う」としました。

(9) そのほか

　福岡高判昭和 **36・02・16**（下刑集 3・1=2・40、判時 262・32）は、旧商法 491 条の預合の罪について、「被告人 F はかかる通謀を諒知してこれに賛同し偽装行為により会社設立登記をしようと企て、被告人 M と犯意を共通して自ら同支店より金員を借入れ株式払込金保管証明書の発行を受けて預合を完遂したものであるから、承継的共同正犯として加担前における通謀を包括した預合行為全部について共同意思の存在を肯定さるべく、同被告人と共に預合の共同正犯としての刑責を免れない」とし、肯定説の立場を採りました。

4　本書の立場

　後行者は、自ら関与して以降の行為及びその結果についてのみ共同正犯としての責任を負うのが原則です。当初から意思連絡のもとに犯罪全体について共同している場合と異なり、既に時間的に先行している行為・結果に対して因果的影響を及ぼすことはありえず、因果共犯論からは、承継的共同正犯を肯定することは不可能です。

　因果共犯論の立場から、**因果性説**は、先行者の行為がなおも効果を持ち続け、後行者の関与後も因果的影響力を持ち続けていることを考慮して、例外的に承継的共同正犯を認めます。しかし、先行者の行為が後行者の関与後にもなお効果を持ち続けていたとしても、それが先行者の罪責を根拠づけることはあっても、後行者の承継的共同正犯を直ちに根拠づけることにはならないはずです。

420　第32講　承継的共同正犯論

5　承継的共同正犯と同時犯

(1)　問題性

> **【事例02】**先行者Ｘが被害者Ａに暴行を加えた後に、後行者Ｙが関与し、ＸとＹがさらにＡに暴行を加えることを共謀して一緒に暴行を加えたが、被害者Ａの負傷が先行者Ｘ単独の暴行によるものなのか、それとも後行者Ｙが関与して後のＸ・Ｙ共同の暴行によるものか不明であった。

　この事例で、Ｙにつき承継的共同正犯を否定した場合、先行者Ｘと後行者Ｙの間に後行行為につき意思連絡があるときはＸは傷害罪、Ｙは暴行罪となるのに対し、意思連絡がないときは同時犯の規定（207条）が適用され、Ｘ、Ｙともに傷害罪（共同正犯）となりますが、このような不均衡は合理的でしょうか。

(2)　学説の状況

> 207条の同時犯規定の適用を認める**肯定説**[11]は、同条は共同正犯類似の関係にある同時犯現象に対処するための規定であるので、共同正犯関係にある場合に適用を除外する合理的理由はない、先行者単独の第一暴行と、共謀成立後における先行者・後行者による第二暴行との間には共同正犯関係が認められないので、その点でも207条を適用することに不合理はない、同じ結果でありながら、意思を通じて関与した場合が暴行罪にとどまり、意思の連絡を欠くと傷害罪になるというのは不均衡であり、この不均衡は回避する必要があることを根拠とします。

> 207条の同時犯規定の適用を否定する**否定説**[12]は、同条の規定は検察官側の立証負担を軽減する例外的な規定である、しかも、同条は、二人以上で暴行を加えて人を傷害させた場合において、行為者のいずれにも傷害の刑責を負わせることができなくなるという著しい不合理を解消するために設けられた例外規定であり、その適用範囲は限定されるはずである、同条は、共同正犯関係にない者を共同正犯として処断する例外規定であり、承継的共同正犯が問題となる事案においては、少なくとも先行者について傷害罪の罪責を問うことができるので、その不均衡は根拠とならないことを根拠とします。

(3)　判例の状況

> **大阪地判平成9・08・20**（判タ995・286）は肯定説に立っており、承継的共同正犯の成立が否定された場合であっても、「右一連の暴行が同一機会において行われたものである限り、刑法207条が適用され、全体が傷害罪の共同正犯として処断されると解するのが相当である」として、同時犯規定の適用を認めました。

---

11)　内田文昭・判タ702号（1989年）68頁、前田・358頁、林・382頁。

12)　山中・918頁、西田・365頁、髙橋・478頁。

これに対し、**大阪高判昭和62・07・10**（高刑集40・3・720、判時1261・132）は**否定説**に立っており、207条の規定は、「共謀の立証ができない限り、行為者のいずれに対しても傷害の刑責を負わせることができなくなるという著しい不合理」を「解消するために特に設けられた例外規定である」のに対し、傷害罪に関する承継的共同正犯の場合は、「少なくとも先行者に対しては傷害罪の刑責を問うことができる」ので、「刑法の右特則の適用によつて解消しなければならないような著しい不合理は生じない」ので、「この場合には、右特則の適用がなく、加担後の行為と傷害との因果関係を認定し得ない後行者たるYについては、暴行罪の限度でその刑責が問われるべきこととなるのであつて、右結論が不当であるとは考えられない」として、同時犯規定の適用を否定しました。

(4) 本書の立場

　同時犯規定の適用を否定する**否定説**が妥当です。承継的共同正犯は、後行者の後行行為は先行者の先行行為及びその結果を承継するかという問題であるのに対し、同時犯は、先行行為と後行行為は同一の機会に行われた複数の行為として、全体を傷害罪の共同正犯として処断しうるかという問題であり、問題設定が異なる、**事例02**の場合、後行行為につき先行者と後行者の間に意思連絡があるのに対し、同時傷害の場合、先行行為についても後行行為についても先行者と後行者の間に意思連絡はない、しかも、同時傷害の規定はその適用範囲が限定された例外規定である、また、事例02のような場合、先行者に対して傷害罪の罪責を問うことができるなどがあるからです。にもかかわらず、検察官側の立証負担を軽減する例外的な規定である（憲法違反の疑念さえもある）同時犯規定（207条）の適用を認めるのは、適当ではありません。

今日の一言

犯罪には　4つの原因があります
幼いときの愛情の不足　生育のときの教育の不足　今この時の物心の不足
そして将来への希望の不足
だから
罪を犯した者に　行うべきことは
その不足を補ってやることであって
新たな苦しみを与えることではないのかもしれない
彼・彼女は　これまで十分に苦しんできたのだから

第33講　共同正犯と中止・離脱論

1　意義・問題性

(1)　意　義

　共同者の一人が、犯罪意思を放棄して犯行の継続を止めた場合、他の共同者らによって行われたそれ以降の行為及びその結果について、どのような罪責を負うのでしょうか。これが、共同正犯と中止・離脱の問題です[1]。

　まず、ショクンに注意してほしい点があります。第1に、中止犯は、原則として**実行の着手**以降の問題ですが、予備・陰謀の中止について中止犯規定の準用を認めると、中止・離脱は実行の着手前にも問題となります。したがって、第2に、共同正犯の離脱には、**着手前の離脱**（共謀関係からの離脱）と**着手後の離脱**（共同正犯関係からの離脱）があります。第3に、他の共同者によって結果発生にまで至っているのに、なお着手前の離脱、着手後の離脱を問題にするのは、**共謀共同正犯の理論**を肯定するからです。第4に、中止・離脱の法効果は**一身的**であり、他の共同者の罪責に影響しません。

(2)　中止と離脱の関係

> 【事例】共同正犯につき実行行為の開始後に、共同者のうちのXが、任意に真剣な中止行為を行ったけれども、他の共同者Y・Zらが惹起した結果発生を阻止できなかった。

　中止・離脱統合説によると、この事例で、中止犯成立のためには結果の不発生が前提条件ですので、共同者の一部のXだけが翻意して自己の行為を中止し、結果防止のために中止行為をしたとしても、他の共同者Y・Zらの犯行を阻止するか、結果発生を阻止しない限り中止犯は認められません。しかし、自ら設定した因果関係を切断したのであれば、たとえ結果が発生しても、中止者には中止犯成立の余地が認められるはずです。すなわち、共同者の一部が離脱の意

---

1) 共同正犯と離脱については、大塚仁『刑法論集(2)』(1976年) 31頁以下、西田典之『共犯理論の展開』(2010年) 240頁以下参照。なお、「離脱」の語に代わって「解消」という語を使うことがあり、特に裁判例では、「共同正犯関係の解消」ということがよくあります。しかし、本書では、「離脱」という語を使って説明していきます。

思を表明するとともに、それまで自己のなした犯罪実現への影響を除去し、自己の行為と離脱後の他の共同者による行為・結果との間の因果関係を切断した場合には、中止者はそれ以後の共同正犯関係から解き放たれるはずで、未遂の罪責を負うにとどまるのは当然です。しかも、任意性などの中止犯の要件を充足すれば中止犯成立の余地がありますし、中止犯が否定されても離脱が検討されることになります。このような思考の筋道は、共同正犯の中止・離脱について因果関係の切断を軸にする因果共犯論からのものです[2]。つまり、因果共犯論によると、中止も離脱も因果関係の切断が必要条件であり、この条件を充たす限りは、犯罪結果が発生したか否かは関係ないことになります。

　これに対し、結果が発生してしまったら中止犯成立の余地はなく、離脱を検討すべきとする**中止・離脱分離説**[3]も有力です。共同者の一部が、犯罪完成前に、共同実行の意思を放棄するとともに、それまでの自己の実行についての犯罪的結果実現への原因力となり得る関係を除去するための真剣な努力をした場合には、離脱を認め、離脱前の行為については共同正犯の（障害）未遂としうるというのです。この見解によると、離脱者に結果阻止までも要求して既遂犯の責任を負わせるのは酷であり妥当でないが、かといって、中止犯とすることもできないので、中間形態として、刑の任意的減軽の障害未遂とするのです。

　ⓒ　**本書の立場**　因果共犯論からは、共同正犯における中止も離脱も因果性の切断が基本軸となります。したがって、任意性が認められる場合が中止犯、そうでない場合が離脱ということになります。しかも、予備・陰謀の中止につき中止犯規定の準用肯定説を採りますので、共同正犯における中止・離脱は、着手前の中止・離脱、着手後の中止・離脱の双方があることになります。

2　共同正犯と中止

(1)　中止犯の法的性格

　本書によると、未遂犯・既遂犯の違法性・有責性は、線思考により、流動性・可変性において確定され、実行行為と中止行為とは本来一連・一体のものとして評価されます。中止犯における刑の必要的減免の根拠は、実行行為により惹起された法益侵害の危険性が中止行為によって減少・消滅したとい

---

2)　平野・Ⅱ・384 頁以下、内藤・下Ⅱ・1426 頁、曽根・275 頁、西田・368 頁、高橋・513 頁、山口・376 頁、松原・415 頁。他方、相互利用・補充関係を重視する見解は、その相互利用・補充関係の切断・解消を要件とすることになります。大谷・471 頁、佐久間・404 頁参照。

3)　大塚仁・348 頁、大谷・470 頁、佐久間・407 頁。

う客観的な違法性減少・消滅の面と、当該実行行為に表現された法的非難可能性が中止行為によって減少・消滅したという主観的な有責性減少・消滅の面との双方にあります。行為者の行為の当罰性が違法性と有責性の相関関係によって規定されていることの裏返しとして、中止犯の法的性質は、**違法性減少・消滅と有責性減少・消滅との相関関係**によって規定され、中止犯の一身的な刑の減免事由という効果もここから生じるのです。

(2)　**中止犯の要件**

　共同正犯における中止犯の成立要件は、単独犯におけるそれと基本的に変わりません。

> ○客観要件　①　共同者の一部の者による実行の着手が存在すること〔実行の着手〕
> 　　　　　　②　共同者の一部の者による中止行為が存在すること〔中止行為〕
> 　　　　　　③　自己が設定した、他の共同者の行為・結果への物理的因果性・心理的因果性を切断・解消すること〔因果性の切断〕
> ○主観要件　④　中止行為者が自己の意思により止めたこと〔任意性〕

3　共同正犯と離脱

(1)　**意義・問題性**

　①　**意　義**　共同正犯における**離脱**とは、共同正犯関係にある複数の共同者の一部が、犯罪の完成に至る前に、犯意を放棄し、犯罪行為を中止し、それまで自分が設定した、他の共同者の行為及びその結果への因果性を切断する場合のうち、中止の任意性がないため中止犯の成立が否定されるものをいいます。

　②　**問題性**　離脱においては、第1に、離脱者は、離脱後に他の共同者により続行された犯罪行為及びその結果についてどこまで責任を負うかという**離脱者の罪責の範囲**、第2に、離脱が認められるための要件は何かという**離脱の要件**が問題となります。

(2)　**着手前の離脱**

　実行の**着手前の離脱**とは、共謀共同正犯における共謀者中の一部の者が、他の共謀者が実行行為に出る前に共謀関係から離脱する場合をいい、**共謀関**

3 共同正犯と離脱　425

係からの離脱、共謀関係の解消ともいいます。

　①　**学説の状況**　着手前の離脱は、共謀共同正犯の理論の肯否によってその方向が決まります。**共謀共同正犯の理論を否定する見解**では、着手前の離脱を論ずる実益はありません。着手前の離脱者は実行行為を行っておらず実行正犯者ではないので、予備罪・陰謀罪の成否、場合によっては予備罪・陰謀罪の中止・離脱が検討されるとともに、離脱しなかった他の共謀者のその後の実行行為・犯罪結果に対する教唆犯・従犯の成否、場合によっては教唆犯・従犯の中止・離脱が検討されることになります。

　これに対し、**共謀共同正犯の理論を肯定する見解**（通説）では、共謀関係からの離脱を検討することになります。

　共謀関係からの離脱を検討する場合、共同正犯は、共同者らが相互に他人の行為を利用し補充し合って犯罪を実現するものであり、一旦共謀関係が成立しても、その相互利用・補充関係が解消したときに離脱を認める**相互利用・補充関係解消説**[4]によると、離脱者が平均的な一員として共謀関係に加わっただけで、特に重要な役割を演じていないときには、①離脱意思の表明、②他の共謀者の了承という2要件で足りるが、離脱者が首謀者としてその共謀関係を作出した者あるいは他の共謀者の実行に強い影響を与えた者であるときには、さらに③自ら作出した共謀関係を解消し、またその後の実行に与える共謀の影響力を消し去るように真剣な努力をすることが必要となります。

　これに対し、共同正犯関係からの離脱を認めるには、自ら設定した心理的因果性・物理的因果性の双方を切断する必要があるとする**因果関係遮断説**[5]によると、①離脱の意思の表明、②離脱者が自己の設定した物理的効果・心理的影響を消滅させること、具体的には、自分の指導的役割・従属的役割・受動的役割などの程度に応じてそれを解消する行為が必要であるとします。

---

　②　**判例の状況**

　東京高判昭和25・09・14（高刑集3・3・407）及び**大阪高判昭和41・06・24**（高刑集19・4・375）は、犯罪の実行を一旦共謀した者でも、その着手前に、①他の共謀者に対して自己が共謀関係から離脱する旨を表明し、②他の共謀者もまたこれを了承して残余の者だけで犯罪を実行した場合、他の共謀者の実現した犯罪について責任を問うことはできないとし、**福岡高判昭和28・01・12**（高刑集6・1・1）は、①離脱意思の表明は、「必ずしも明示的に出るの要がなく、黙示的の表意によるも何等妨げとなるものではない」とします。また、**松江地判昭和**

---

4) 大塚仁・348頁、大谷・471頁、佐久間・404頁。
5) 平野・Ⅱ・384頁以下、内藤・下Ⅱ・1426頁、曽根・275頁、西田・368頁、高橋・515頁、井田・563頁、山口・376頁、松原・414頁。

51・11・02（刑裁月報8・11=12・495、判時845・127）は、離脱しようとする者が「共謀者団体の頭にして他の共謀者を統制支配しうる立場にある」者であれば、「離脱者において共謀関係がなかった状態に復元させなければ、共謀関係の解消がなされたとはいえない」とし、離脱者の地位・役割に応じた行為を要求します。
さらに、「**先に帰る**」**事件・最決平成21・06・30**（刑集63・5・475、判時2072・152、判タ1318・108〔百選Ⅰ・94〕）が明らかにしたように、離脱者が一方的に離脱意思を表明しただけで、「格別それ以後の犯行を防止する措置を講ずることなく待機していた場所から見張り役らと共に離脱したにすぎず、残された共犯者らがそのまま強盗に及んだものと認められる」場合は、「残された共犯者らが被告人の離脱をその後知るに至ったという事情があったとしても、当初の共謀関係が解消したということはできず、その後の共犯者らの強盗も当初の共謀に基づいて行われたものと認めるのが相当である」ことになります。

③　**本書の立場**　共同正犯は、単独正犯に妥当する純粋な意味での個人責任の原理のみで説明することはできず、修正された個人責任の原理を基調とする**共同意思関係説**[6]を妥当とする本書によれば、単なる共謀者も、結果に対して重要な因果的寄与（物理的因果性・心理的因果性）を及ぼし、実質的に結果を共同惹起したときは、共同正犯として処罰されることになります。しかし、一旦共謀関係が成立した場合であっても、その後に自ら設定した因果性を切断・解消した者は、それ以後の他の共同者の行為（・実行行為）や、それによって惹起された結果について責任を負わないのは当然です。

　問題は、共謀関係からの離脱を認めるための要件です。それは、離脱者が自ら設定した物理的因果性・心理的因果性を切断・解消することに尽きます。

①　離脱者が他の共謀者に離脱意思を表明すること〔離脱意思の表明〕
②　他の共謀者が離脱を了承すること〔離脱の承認〕
③　離脱者が自らの行為によって設定した物理的因果性・心理的因果性を切断・解消すること〔因果性の切断〕

　①②の要件は、結局は、③の要件へと収約されることになるのであり、その意味で、①②の要件は③の要件の充足を徴表する事情の1つに位置づけられることになります。離脱者が、共謀関係の形成に果たした役割の程度に応じて、因果性の切断のために行うべき行為が変わるのは当然です。なお、離脱者に任意性が認められるときは、予備罪・陰謀罪の中止犯の余地があります。

---

6) 西原・下・393頁以下、関哲夫「共謀共同正犯の『正犯性』・『共犯性』に関する一考察（2）——『共同意思関係説』の検討——」國士舘法學42号（2009年）25頁以下。

(3) 着手後の離脱

実行の**着手後の離脱**は、共同正犯における共同者中の一部の者が、共同正犯の実行の着手後、既遂に至らない段階で、その共同正犯関係から離脱する場合をいい、**共同正犯関係からの離脱、共同正犯関係の解消**ともいいます。

① 学説の状況

> **相互利用・補充関係解消説**や**因果関係遮断説**によると、共同正犯関係からの離脱を認めるには、①離脱の意思の表明、②他の共同者の了承、③他の共同者の実行行為・結果阻止のための積極的な行為という3要件が必要です。その阻止行為については、これにより通常であれば犯罪完成が阻止されたはずであると認められれば足りるとする見解が有力です。

② 判例の状況

判例も、着手後の離脱が認められる要件として、①他の共同者にも実行を中止する旨を表明すること〔離脱意思の表明〕、②他の共同者がその離脱の表明を了承すること〔他の共謀者の了承〕、③他の共同者の実行行為を阻止し、結果発生の阻止のための積極的な行為をすること〔結果阻止行為〕という3要件を要求しています。

> **強盗放任事件・最判昭和 24・12・17**（刑集 3・12・2028〔百選 I・97〕）は、「被告人 X が A の妻の差し出した現金 900 円を受取ることを断念して同人方を立ち去つた事情が所論の通りであるとしても、被告人 X において、その共謀者たる一審相被告人 Y が判示のごとく右金員を強取することを阻止せず放任した以上」、被告人 X のみを中止犯として論ずることはできないとし、被告人 X に強盗既遂の共同正犯を認めましたし、**「おれ帰る」事件・最決平成元・06・26**（刑集 43・6・567、判時 1315・145、判タ 699・184〔百選 I・95〕）は、「被告人 X が帰つた時点では、Y においてなお制裁を加えるおそれが消滅していなかつたのに、被告人 X において格別これを防止する措置を講ずることなく、成り行きに任せて現場を去つたに過ぎないのであるから、Y との間の当初の共犯関係が右の時点で解消したということはできず、その後の Y の暴行も右の共謀に基づくものと認めるのが相当である」とし、被告人 X に傷害致死罪の罪責を認めました。また、**仲間割れ失神事件・名古屋高判平成 14・08・29**（判時 1831・158）は、被告人 X は、共犯者 Y とともに、公園駐車場で被害者 A に第一暴行を加えたところ、これを見ていた Z が、やりすぎではないかと制止したことをきっかけに第一暴行が中止され、X が被害者 A と「大丈夫か」などと話しをしていたところ、勝手なことをしてなどと腹を立てた Y がいきなり X を殴りつけて失神させたうえ、X をその場に放置したままで A を岸壁に連れて行き、同所で第二暴行に及んだのであるが、A の負傷が第一暴行、第二暴行のいずれによって生じたか、両者

あいまって生じたかが明らかでないという事案につき、「Yを中心とし被告人X を含めて形成された共犯関係は、被告人に対する暴行とその結果失神した被告 人の放置というY自身の行動によって一方的に解消され」たが、被害者Aの負 傷が、「第一、第二のいずれの暴行によって生じたか両者あいまって生じたかが 明らかでない」ので、被告人Xは、刑法207条の「同時傷害の規定によって刑 責を負うべきもの」としました。

③　**本書の立場**　因果共犯論に立つ本書の立場からすれば、着手後の離脱 について、共同者の一部が実行行為を行った場合であっても、離脱者が自ら 設定した物理的因果性・心理的因果性を切断・解消した場合には、共同正犯 関係からの離脱を認め、それ以後の他の共同者の実行行為や、それによって 惹起された結果について責任を負わないことになります。

問題はその要件ですが、ここでも、離脱者が自ら設定した物理的因果性・ 心理的因果性を切断することに尽きます。

① 　離脱者が他の共同者に離脱意思を表明すること〔離脱意思の表明〕
② 　他の共同者が離脱を了承すること〔離脱の了承〕
③ 　離脱者が自らの行為によって設定した物理的因果性・心理的因果性を切断・ 解消すべく、積極的に他の共同者の犯行を阻止するか、結果発生を防止する 積極的な行為を行うこと〔因果性の切断〕

①②の要件は、結局は、③の要件へと収約される運命にあるのですが、③ の要件の充足を認定する際の考慮事情の1つに位置づけられることになりま す。これらの要件が充足された場合には、共同正犯関係からの離脱が認めら れ、離脱者は未遂犯（の共同正犯）の罪責を負うにとどまります。離脱者に任 意性が認められるときは、中止犯が認められる余地があります。

今日の一言

我　考えるがゆえに　我である

第 34 講　共同正犯の諸問題

1　過失犯の共同正犯

(1)　問題性

2 人以上の者が共同して一定の行為を行う際に、全員が不注意であったために過失犯の法律要件に該当する結果を生じさせた場合、これを**過失犯の共同正犯**とすることができるでしょうか [1]。

> 【事例 01】猟師 X と猟師 Y は、熊の狩猟解禁の期間中に解禁場所で、一緒に共同して猟銃による狩猟を行っていたが、前方に黒い影を見つけ、熊と思って、二人でほとんど同時に猟銃を発砲したところ、X の発砲した弾丸は命中し、Y の弾丸は外れた。ところが、熊と思った物は実は別の猟師 Z で、同人は病院に搬送する途中で死亡した。

この事例で、過失犯の共同正犯を認めないときは、過失の同時犯を検討することになり、X は業務上過失致死罪（211 条 1 文）、Y は業務上過失致死罪の未遂(不可罰)になります。これに対し、過失犯の共同正犯を認めるときには、X と Y は業務上過失致死罪の共同正犯（60 条、211 条 1 文）になります。

(2)　学説の状況

> 過失犯の共同正犯を認める**肯定説**は、**自然的行為共同説** [2] から、共同正犯は前法律要件の自然的行為の共同で足り、主観面でも行為を共同にする意思があれば足りので、犯意を同じくする必要はなく、故意の共同を必要としないことを根拠にします。また、**法律要件行為共同説** [3] から、共同正犯は他の正犯者を通じて法益侵害の危険性を惹起した因果性ある行為について責任を問われるのであり、したがって、結果発生の実質的で許されない危険性を持った過失犯の実行行為の共同もありうるので、過失の共同正犯もありうることを根拠にします。他方、**犯罪共同説**の立場においても、共同行為者の各人に結果防止の共同の注意義務が課されており、各人がその共同の注意義務に違反する共同行為に

---

[1]　過失の共同正犯論については、内田文昭『刑法における過失共働の理論』（1973 年）、橋本正博『「行為支配論」と正犯理論』（2000 年）191 頁以下、甲斐克則『責任原理と過失犯論』（2005 年）、内海朋子『過失共同正犯について』（2013 年）参照。

[2]　牧野・上・458 頁、木村亀二・405 頁。

[3]　前田・368 頁以下、野村・400 頁以下、川端・562 頁以下、浅田・427 頁、山口・382 頁。

430　第 34 講　共同正犯の諸問題

よって犯罪結果を生じさせたときは、過失犯の共同正犯を認めることができるとする見解[4]があることに注意を要します。

　これに対し、過失犯の共同正犯を認めない**否定説**は、**犯罪共同説**[5]から、共同正犯の主観要件としての共同実行の意思は犯罪的結果を相互に了解することが必要であり、故意の共同が必要であるところ、過失犯の本質は無意識的な、潜在的な人格態度、つまり、不注意な人格態度そのものにあり、そのような個性的・一身的な要素を他人と融合したり、共同したりということは考えられないことを根拠にします。また、**共同意思主体説**[6]から、共同正犯などの共犯現象は特殊な社会心理的現象である共同意思主体の活動であり、故意犯に限られることを根拠とします。

(3)　判例の状況

　メタノール事件・最判昭和 28・01・23（刑集 7・1・30）は、被告人両名がその共同経営に係る飲食店で、過失により法定の除外量以上のメタノールを含有する飲食物を客に販売した事案につき、「右飲食店は、被告人両名の共同経営にかかるものであり、右の液体の販売についても、被告人等は、その意思を連絡して販売をしたというのであるから、此点において被告人両名の間に共犯関係の成立を認めるのを相当とするのであつて原判決がこれに対し刑法 60 条を適用したのは正当」であるとして、有毒飲食物等取締令 4 条 1 項後段に共同して「過失ニ因リ違反シタル」としました。

　また、**業務上失火事件・名古屋高判昭和 61・09・30**（高刑集 39・4・371、判時 1224・137）は、被告人両名が鋼材の電気溶接作業を行うに当たり、あらかじめ不燃物で遮へいする措置を講ずべき業務上の注意義務があるのに、これを怠り、右措置を講じないまま溶接作業を実施した際に発生した熱・火花などによって右可燃物を発火させ、現住建造物を焼損した事案につき、「(1)被告人両名の行つた本件溶接作業（電気溶接機を用いて行う鋼材溶接作業）は、まさに同一機会に同一場所で前記 H 鋼梁と H 鋼間柱上部鉄板とを溶接固定するという一つの目的に向けられた作業をほぼ対等の立場で交互に（交替して）一方が、溶接し、他方が監視するという方法で二人が一体となつて協力して行つた（一方が他方の動作を利用して行つた）ものであり、また、(2)被告人両名の間には、あらかじめ前説示の遮へい措置を講じないまま本件溶接作業を始めても、作業中に一方が溶接し他方が監視し作業終了後に溶接箇所にばけつ一杯の水を掛ければ大丈夫であ

---

4)　内藤・下 II・1380 頁、福田・272 頁、大塚仁・297 頁、内田・295 頁、大谷・413 頁以下、林・405 頁、川端・562 頁以下、野村・400 頁以下、山中・906 頁、佐久間・371 頁、佐伯仁志・428 頁、松原・465 頁以下。

5)　団藤・393 頁、植松・352 頁。

6)　曽根・257 頁、髙橋・484 頁。

1　過失犯の共同正犯　431

る（可燃物への着火の危険性はない）からこのまま本件溶接作業にとりかかろうと考えていること（予見義務違反の心理状態）についての相互の意思連絡の下に本件溶接作業という一つの実質的危険行為を共同して（危険防止の対策上も相互に相手の動作を利用し補充しあうという共同実行意思の下に共同して）本件溶接作業を遂行したものと認められる」のであり、被告人両名は、「共同の注意義務違反行為の所産」としての本件火災について、業務上失火罪（117条の2）の共同正犯が成立するとしました。

　さらに、**世田谷ケーブル事件・東京地判平成4・01・23**（判時1419・133〔百選I・80〕）は、地下洞道において、電話ケーブルの断線探索作業に共同で従事していた作業員両名が、数個のトーチランプを使用して共同作業を行い、各作業員が使用したランプを確実に消火した点を確認しないで立ち去り、火災を発生させた事案につき、「本件のごとく、社会生活上危険かつ重大な結果の発生することが予想される場合においては、相互利用・補充による共同の注意義務を負う共同作業者が現に存在するところであり、しかもその共同作業者間において、その注意義務を怠った共同の行為があると認められる場合には、その共同作業者全員に対し過失犯の共同正犯の成立を認めた上、発生した結果全体につき共同正犯者としての刑事責任を負わしめることは、なんら刑法上の責任主義に反するものではない」とし、共同の注意義務を履行することなく、トーチランプの消火を十分確認せずにその場を立ち去った被告人両名には業務上過失失火罪の共同正犯が成立するとしました。

(4)　本書の立場

　過失犯の共同正犯を認める**肯定説**は、その成立要件として、①共同行為者に対して共同の客観的注意義務が課されていること、②共同の客観的注意義務に違反する共同の行為が存在することを要求しており、これは**共同注意義務の共同違反**と要約できます。共同注意義務について、「共同者の各自が単に自己の行為について注意を払うだけでは足りず、他の仲間の者の行為についても気を配り、互いに安全を確かめ合って行為すべき義務」[7]とか、「一方が他方の行為についてまで注意しなければならない場合」[8]であると説明されるのですが、「他の行為者の行為について配慮し、注意する義務」をいくら積み上げても、また、そうした義務を相互に設定したとしても、それが1つの共同の客観的注意義務にはならず、せいぜい他の行為者の行為を監督・

---

7)　大塚仁・297頁。なお、明石歩道橋事件・最決平成28・07・12刑集70・6・411、判タ1448・72参照。
8)　平野・II・395頁。

432 第34講 共同正犯の諸問題

指導すべき義務が同時相互的に存在するにすぎません。

　他方、共同正犯は一部独立性志向の正犯的特徴と一部従属性志向の共犯的特徴とを兼ね備えた二重構造の犯罪形態であり、これは、共同実行の意思を媒介に結合されます。すなわち、共同正犯に必要な共同の意思関係は、自然的行為を一緒に行うという意思関係とは質的に異なり、過失犯の実行行為を共同で行うという意思関係でなければなりませんが、過失犯の実行行為について共同の意思関係を観念することは困難です。過失犯の共同正犯を認めることはできません。**否定説**が妥当です。

2　結果的加重犯の共同正犯

(1)　問題性

　2人以上の者が共同実行の意思の下に基本犯の実行行為を共同した場合に、その一部の者の行為によって加重結果が発生したとき、共同者の全員に結果的加重犯の共同正犯が成立するのでしょうか。

> 【事例02】Aを懲らしめてやろうと暴行・傷害を共謀したXとYが、Aに段る、蹴るの暴行を加えていたところ、Yが多少やりすぎたため、過ってAを死亡させた。

(2)　学説の状況

　多数説は、責任原則の貫徹から、加重結果について過失（予見可能性）を要求するので、結果的加重犯は故意犯と過失犯が重層構造をなしており、結果的加重犯の共同正犯は過失犯の共同正犯の延長の問題になります。

> 　過失犯の共同正犯を肯定する**肯定説**は、結果的加重犯の基本行為は加重結果発生の高度の危険性を有するので、基本犯の共同者は互いに加重結果を惹起させないようにする共同の注意義務を負い、その違反が認められる限り、結果的加重犯の共同正犯を肯定します[9]。

> 　過失犯の共同正犯を否定する**否定説**からも、結果的加重犯の共同正犯を肯定する見解が主張されます。すなわち、結果的加重犯は基本行為につき故意が存在する点で単なる過失犯とは異なるので、基本犯につき共同正犯が成立し、加重結果について過失があれば、全員に結果的加重犯の責任が生ずる[10]、あるいは、

---

9)　大塚仁・299頁。
10)　団藤・402頁。

基本犯と加重結果との間に相当因果関係、客観的帰属の関係が認められれば、結果的加重犯の共同正犯が肯定される[11]とするのです。

(3) 判例の状況

最判昭和22・11・05（刑集1・1・1）は、「およそ強盗の共犯者中の一人の施用した財物奪取の手段としての暴行の結果、被害者に傷害を生ぜしめたときは、その共犯者の全員につき、強盗傷人罪が成立するのであつて、このことは強盗傷人罪が所謂結果犯たるの故に外ならない」とし、**最判昭和24・07・12**（刑集3・8・1237）は、「Fの負傷は、被告人等の内誰の行為によつて生じたものか不明であるが、仮りに被告人等の内の一人の行為によつて生じたものとしても、被告人等は同女を強姦しようと共謀して判示犯行をとげたのであり、そして強姦致傷罪は結果的加重犯であつて、暴行脅迫により姦淫をする意志があれば、傷害を与えることについて認識がなくとも同罪は成立するのであるから共謀者全員が強姦致傷罪〔現行の強制性交等致傷罪〕の共同正犯として責を負わなければならない」とします。また、**最判昭和26・03・27**（刑集5・4・686〔百選Ⅰ・79〕）は、AはBと共謀の上、強盗に着手した後、家人に騒がれて逃走し、なお「泥棒、泥棒」と連呼追跡されて逃走中、警視庁巡査に発見され追いつかれて将に逮捕されようとした際に、Aが逮捕を免れるため同巡査に数回切りつけ、遂に死に至らしめた事案につき、「Aの傷害致死行為は強盗の機会において為されたものといわなければならないのであつて、強盗について共謀した共犯者等はその一人が強盗の機会において為した行為については他の共犯者も責任を負うべきものであること当裁判所の判例とする処である」とし、結果的加重犯は基本行為と加重結果との間に条件関係があれば足りるとの前提のもと、基本行為について共同の認識がある以上、加重結果に対しても共同の責任を負うとし、Bに強盗致死罪（の共同正犯）の成立を認めています。

(4) 本書の立場

責任原則からは加重結果につき過失が必要で、結果的加重犯は故意犯と過失犯が重層構造をなしています。他方、共同正犯は一部独立性志向の正犯性と一部従属性志向の共犯性との二重構造を有する複合体であり、共犯性は、共同実行の意思（共同犯行意思・共同正犯意思）を介して相互に心理的因果性を及ぼし合う点にあります。しかし、過失犯にこの点を認めることは困難です。確かに、結果的加重犯は、単なる過失犯と異なり、基本犯となる行為につき故意が存在しており、基本犯につき意思連絡により共同正犯が成立すれば、

11）前田・371頁、高橋・485頁。

基本犯の行為と社会的因果関係・刑法的因果関係のある加重結果を共同行為者に帰責しても不当ではないとも考えられます。しかし、基本犯と加重結果との間に客観的な因果関係が存在しても、それは客観的な帰属関係が確認されたにすぎず、主観的な帰責関係として、「共同注意義務に対する共同違反」が立証されたわけではありません。自然的な意味での行為を共同に行うこと、その共同の行為が犯罪結果をもたらす危険性を有していることを観念することはできますが、「共同の注意義務に共同の不注意な行為でもって共同に違反する」という事態を観念することは困難です。観念できるのは、各行為者が他の行為者の行為を監督・指導すべき各別の注意義務の集積にすぎません。ですから、結果的加重犯の共同正犯が問題となる事態においては、基本犯の共同者の各別の過失を判断して結果的加重犯の罪責を認定し、基本犯の共同正犯を内含した結果的加重犯の同時犯を認定していくことになるのです。

これを**事例02**に当てはめると、Yには（傷害罪の共同正犯を内含した）傷害致死罪（205条）が、Xには傷害罪の共同正犯（60条、204条）が成立し、さらに、Xにつき、共同者Yが死亡結果を惹起しないように監督・指導すべき注意義務、及び、その注意義務への違反を認めることができるときは、Xにも（傷害罪の共同正犯を内含した）傷害致死罪が成立することになります。

3　片面的共同正犯

(1)　問題性

片面的共同正犯とは、複数の者の間に共同実行の事実は認められるが、共同者間に相互的な意思連絡がなく、一部の者が一方的な共同実行の意思（共同犯行意思・共同正犯意思）をもって他の者の犯罪に関与することをいいます。

> 【**事例03**】Xは、恨みに思っているAの住宅を損壊する行為を行っていたところ、同じくAに恨みを抱いていたYが、Xと意思連絡もなく、「自分もやってやる」という思いで、Xと共同する意思でA宅の損壊行為を行い、A宅家屋を損壊した。

(2) 学説の状況

　行為共同説は、共同正犯の成立要件である共同実行の意思は各行為者の内心的な心理的事項であり、客観的事実としての意思の相互了解は不要であることを根拠に片面的共同正犯を認めます[12]。**因果共犯論**は、共同者が結果に対して全部責任を負うのは、自己の行為を通じて他の共同者に対して心理的影響だけでなく物理的影響を与えた場合も含むのであるから、意思疎通は必ずしも必要ではなく、片面的共同正犯は認められるとします[13]。

　これに対し、**犯罪共同説**は、共同正犯の成立に必要な共同実行の意思は共同者相互間に存在し、故意の共同が必要なので、片面的共同正犯は認められないとします[14]。**共同意思主体説**[15]は、共同正犯は二人以上からなる共同意思主体の活動現象であり、各行為者間の意思の連絡は不可欠であるので、片面的共同正犯は認められないとします。また、**相互的行為帰属説**[16]は、行為の相互的帰属のためには共謀（意思疎通）が不可欠なので、片面的共同正犯は否定されるとします。

(3) 判例の状況

　大判大正 11・02・25（刑集 1・79）は、A らが、X の住宅を襲撃して、住居侵入、脅迫、建造物損壊等の犯行に赴いたことを聞き知った D が、その犯行に参加し、共に X の住宅内に石等を投げ込み、抜刀を振るって屋内に侵入し、X らに脅迫を加えた事案につき、「刑法第 60 条に 2 人以上共同して犯罪を実行したる者は皆正犯とすと規定し、行為者各自が犯罪要素の一部を実行するに拘らず其の実行部分に応じて責任を負担することなく各自犯罪全部の責任を負う所以は、共同正犯が単独正犯と異り、行為者相互間に意思の連絡即共同実行の認識ありて互に他の一方の行為を利用し全員協力して犯罪事実を発現せしむるに由る。然るに若し行為者間に意思の連絡を缺かんが縦令其の一人が他の者と共同犯行の意思を以て其の犯罪に参加したるとするも、全員の協力に因りて犯罪事実を実行したるものと謂ふを得ざるが故に共同正犯の成立を認むるを得ざるものとす」と、**大判大正 14・01・22**（刑集 3・921）も、「共同正犯の成立には、其の主観的要件として共犯者間に意思の連絡即ち共犯者が相互に共同犯罪の認識あることを必要とす」と明言しました。判例が否定説に立っていることは明らかです。

---

12) 斉藤信宰・463 頁、堀内・292 頁以下、山中・841 頁以下。なお、行為共同説の立場から、犯罪における行為を共同にする意思は相互的に存在する必要があるとして、片面的共同正犯を否定する見解（中野・145 頁以下、野村・396 頁、川端・567 頁）もあります。

13) 平野・Ⅱ・390 頁以下、西田・355 頁、山口・367 頁。

14) 団藤・391 頁、大塚仁・292 頁以下。

15) 岡野・288 頁、曽根・259 頁。

16) 高橋・472 頁。

436　第34講　共同正犯の諸問題

(4)　本書の立場

　共同正犯は、一部独立性志向の正犯性と一部従属性志向の共犯性とを兼ね備えた二重構造を有する犯罪形態で、この二重構造は共同実行の意思を媒介にして結合されます。したがって、共同正犯の二重性格を媒介すべき共同実行の意思が欠如する片面的共同正犯は否定されます。

　事例03につき、X及びYにはそれぞれ自ら行ったA宅損壊行為について、単独で建造物損壊罪（260条1文）が成立することになります。

4　不作為と共同正犯

(1)　問題性

　不作為により犯罪を実現する正犯者に他の者が共同関与した場合、その関与者に共同正犯は成立するのでしょうか。不作為犯に対する共同正犯の問題は、2つに分けるのが有益です。1つは、①不作為犯に対する共同正犯の問題で、これには、不作為犯に対する複数の作為義務者の共同正犯の問題と、不作為犯に対する作為義務者と非作為義務者の共同正犯の問題があります。いま1つは、②不作為による共同正犯の問題、特に、作為犯に対する不作為による共同正犯の問題です。

　この問題の前に、65条1項にいう「共犯」に共同正犯は含まれるか考察しておきます。

> 　学説では、不作為犯では作為義務なき者はおよそ正犯となりえず、作為義務を有する者についてのみ成立しうること、作為義務を（構成的）身分と解したとしても、65条1項の「共犯」に共同正犯は含まれないので共同正犯は成立しえないことを根拠に、作為義務を有す者についてだけ共同正犯が成立するとする見解[17]が主張されています。

　不作為犯が作為義務を有する者についてのみ成立しうるのは、単独犯の場合です。作為義務を有しない者も作為義務者と共同することによって法益侵害結果を共に惹起することができますので、60条の「共犯とする」の文言から共同正犯を除外する必然性はありません（判例・通説）。

---

17)　大塚仁・301頁。不作為と共同正犯・共犯については、神山敏雄『不作為をめぐる共犯論』（1994年）参照。

(2) 不作為犯に対する共同正犯

① 複数の作為義務者の共同正犯

> 【事例04】嬰児Aの母親Xと父親Yが、Aを餓死させることを共謀し、A
> への授乳を怠って餓死させた。

　複数の作為義務者が、意思連絡（共謀）の下に共同して結果発生を阻止せずに犯罪を実現した場合、同一の作為義務に共同して違反し、共犯の処罰根拠である物理的因果性・心理的因果性も認められる以上、共同正犯が肯定されます（通説）。**事例04**では、XとYは、殺人罪の共同正犯となります。

② 作為義務者と非作為義務者の共同正犯

> 【事例05】嬰児Aの母親Xと第三者Zが、Aを餓死させることを共謀し、
> Aへの授乳を怠って餓死させた。

　作為義務者と非作為義務者が、意思連絡（共謀）の下に共同して結果発生を阻止せずに犯罪を実現した場合、非作為義務者も作為義務者と共同することによって法益侵害結果を共に惹起することができますし、65条1項の「共犯」に共同正犯も含むことを考慮すると、共同正犯が成立する余地があります。**事例05**で、XとZには不作為による殺人罪の共同正犯が成立します。

(3) 作為犯に対する不作為による共同正犯

　大阪高判平成13・06・21（判タ1085・292）は、被告人が、夫Tと共謀して、二人の実子の三女Y（1歳2月）を、自宅のこたつの天板に思い切り叩きつけ、後頭部外傷に基づく急性硬膜下血腫による低酸素性脳障害により死亡させた事案につき、「Tにおいても、被告人と並んでYの親権者でその保護者たる実父であり、本件犯行当時、その場には、乳幼児らを除くと、被告人の本件犯行を制止することができる立場にあったのは、自分ただ一人であったものであるところ、こたつの前に立ってYを右肩付近にまで抱え上げて、自分の方を向いた被告人がYをこたつの天板に叩きつけようとしているのを十分理解し、被告人の前記の発言の意味するところも知悉し、しかも、その際、被告人が自分に制止して欲しいという気持ちを有していることまでをも熟知しながら、自らもYに死んで欲しいという気持ちから、被告人と一旦合った目を逸らし、あえて被告人を制止しないという行動に出ることによって、被告人がYをこたつの天板に叩きつけて殺害することを容認したといえる」のであって、「この時点において、暗黙の共謀が成立したと認めるのが相当というべきである」とし、被告人と夫Tとの間には殺人罪の共謀共同正犯が成立するとしました。

　集団暴行不阻止事件・東京高判平成20・10・06（判タ1309・292）は、被告人A・Bが、集団暴行により被害者が殺害された殺人の現場に同行したが実行行為の一部の分担すらしていなくとも、「場合によっては被害者に暴行が加えられる

438　第34講　共同正犯の諸問題

可能性があることを十分認識」していながら、被害者の「呼び出し行為に及んでいる」のであり、これは「身体に危険の及ぶ可能性のある場所に被害者を積極的に誘い入れたもの」といえ、「被害者の身体への危険を作り出した者」として、共犯者らに「事実を説明」して暴行を押さえたり、「警察や知人等に通報するなどして犯行の阻止に努めるべき」で、これを阻止しなかった作為義務違反が認められるとしたうえで、実行行為をした共犯者らとの意思の連絡も認め、実行行為者との不作為犯としての共同正犯が成立するとしました。

5　正当防衛と共同正犯

⑴　問題性

　一般に、**違法性は客観的**に、**有責性は主観的**ににより、違法性は連帯すると解されているのですが、では、正当化事由である正当防衛は各共同正犯者間で連帯的に作用するのでしょうか。

　この問題の前提として、共同正犯における共同の対象は何かという問題を考察しなければならないのですが、その点は、「共同正犯・共犯の本質」として第30講で説明しました。ここでは、正当防衛の成否を各共同正犯者間で相対的に判断できるかの問題と、過剰防衛の成否を各共同正犯者間で相対的に判断できるかの問題に焦点を当てて考えてみます。

⑵　正当防衛の相対化

　①　**前　提**　そもそも正当防衛の成否を各共同正犯者間で相対的に判断できるかという正当防衛の相対化の問題に関し、学説では議論があります。

　　正当防衛の相対化を全面的に肯定する**肯定説**は、まず、正当防衛の正当化根拠である**法確証の利益**を援用する資格の有無は各行為者によって異なっていいはずで、各共同正犯者間で違法性・正当化の判断は異なるとします。また、共同正犯・共犯の処罰根拠論における**純粋惹起説**に立脚し、共同正犯・共犯が処罰されるのは、その者自身が各則上の法益を侵害したからであり、共同正犯・共犯不法が正犯不法から独立するのは必然であるとし、**混合惹起説**に立脚し、共同正犯・共犯が処罰されるのは、その者が正犯者の法律要件該当の法益侵害の行為に関与して間接的に法益侵害を実現すると同時に自らも法益侵害尊重要請を侵害しているからで、共同正犯・共犯の違法性は一部従属要素と一部独立要素の複合体なので、各共同正犯者間で違法性・正当化の判断は異なるとします。さらに、**行為無価値論**に立脚し、行為無価値の部分は共同正犯・共犯者間では個別的に作用するはずで、各共同正犯者間で違法性・正当化の判断は異なるとします。他方、正当化事由が一定の要件を具備する者にだけ認められるのは当

然であって、正犯違法の連体性と**正当化事由の個別性**とは別次元の問題である
との論拠も示されています。

　　正当防衛の相対化を全面的に否定する**否定説**は、まず、正当防衛の正当化根
拠である**優越的利益の原則**や**法益性の欠如**の原理は純客観的に判断されるはず
で、その判断・効果は共同正犯者間で連帯的に作用するとします。また、共同
正犯・共犯の処罰根拠論における**修正惹起説**に立脚し共同正犯・共犯が処罰さ
れるのは、その者が正犯者の法益侵害に加担したからであり、共同正犯・共犯
の違法性は正犯の違法性から導き出されるので、共同正犯・共犯不法が正犯不
法に従属・連帯するのは必然であるとします。さらに、**結果無価値論**を貫徹し、
結果無価値の部分は共同正犯者間で連帯的に作用するはずであるとします。他
方、**共同正犯の共犯性**においては、違法性・正当化は共同正犯者間・共犯者間
で連帯するはずで、共同正犯間で互いに物理的・心理的に影響を与えて行為・
結果に因果力を及ぼし、間接的にではあっても法益侵害結果をともに発生させ
た以上、その部分は連帯的に作用するとの論拠も示されています。

　②　**急迫性の相対化**　正当防衛の相対化の問題を、急迫性の相対化の問題
とした場合、肯定説と否定説があります。

　　急迫性の相対化を肯定する**肯定説**は、まず、急迫性の要件は、それが存する
行為者にのみ妥当するもので、正当防衛行為の主体を特定する要素であるがゆ
えに、防衛行為者によって相対化されざるを得ない[18]とします。また、**事前的
積極加害意思**が存在する場合は急迫性が欠如するとする見解を採り、積極加害
意思の有無によって共同正犯者間で急迫性の存否に違いが生じるのは必然であ
る[19]とします。

　　急迫性の相対化を否定する**否定説**は、侵害の急迫性は、侵害が時間的に差し
迫っている状態を意味する要件であり、**純粋客観的**に判断されなければならな
いのであり、事前的積極加害意思の有無によって急迫性が左右されることはあ
りえないとします[20]。

　③　**判例の状況**

　フィリピンパブ事件・最決平成4・06・05（刑集46・4・245、判時1428・144、
判タ792・88〔百選Ⅰ・88〕）は、Aが、パブ店長Xに憤激し、友人Bを強く説得

18）前田・346頁参照。
19）最決昭和52・07・21刑集31・4・747、判時863・33、判タ354・310〔百選Ⅰ・23〕、及びこれ
　を支持する団藤・235頁、平野・Ⅱ・235頁、西田・167頁、高橋・279頁、487頁。これに対し、
　事前的積極加害意思が存在する場合、急迫性を肯定したうえで、防衛意思を否定するもの（福田・
　155頁、大塚仁・382頁、大谷・276頁など）、必要性・相当性を検討するもの（内藤・中・334
　頁以下、曽根・102頁、松原・172頁、470頁など）があります。
20）事前的積極加害意思が存在する場合に、急迫性を肯定したうえで必要性・相当性を検討する見
　解が否定説を説く傾向にあります。

440 第 34 講 共同正犯の諸問題

して包丁を持たせ、一緒にタクシーで同パブに向かい、タクシー内で、X に対する未必的な殺意を生じ、B に対し、「やられたら包丁を使え」などと指示し、パブに到着したら B を先に行かせ、自分は少し離れた所で待機していたところ、B が、X に対して自ら進んで暴行を加える意思まではなかったが、店から出てきた X を A と間違われ、いきなり激しい暴行を加えられたので、自己の生命・身体を防衛する意思でとっさに包丁を取り出し、X の左胸部等を数回突き刺して急性失血により死亡させた事案につき、「共同正犯が成立する場合における過剰防衛の成立は、共同正犯者の各人につきそれぞれその要件を満たすかどうかを検討して決するべきであって、共同正犯者の一人について過剰防衛が成立したとしてもその結果当然に他の共同正犯者についても過剰防衛が成立することになるものではない。原判決の認定によると、被告人は、X の攻撃を予期し、その機会を利用して B をして包丁で X に反撃を加えさせようとしていたもので、積極的な加害の意思で侵害に臨んだものであるから、X の B に対する暴行は、積極的な加害の意思がなかった B にとっては急迫不正の侵害であるとしても、被告人にとっては急迫性を欠くものであって（最高裁昭和……52 年 7 月 21 日第一小法廷決定・刑集 31 巻 4 号 747 頁参照）、B について過剰防衛の成立を認め、被告人 A についてこれを認めなかった原判断は、正当として是認することができる」としました。この判例では、事前的積極加害意思を有する A には急迫性が欠け、その意思の無い B には急迫性が認められるが過剰防衛（36 条 2 項）であるとしました。

(3) 過剰防衛の相対化

過剰防衛（36 条 2 項）を共同正犯者間で相対的に判断できるかという問題は、その法的性質をどのように解するかによって結論の方向が決まります。

① 学説の状況

違法性減少説 [21] を前提に、過剰防衛に関する違法性の側面は共同正犯者間で連帯的に作用するとする見解、過剰防衛の違法性の有無については連帯するが、違法性の程度については共同正犯者間で個別的に判断すべきであるとする見解、さらに、共同正犯は正犯でもあり、その正犯性の基礎は法律要件関係的な類型的違法性にあるところ、類型的違法性は連帯するが、具体的な違法性・有責性に関する要素は共同正犯者間で個別に判断されるがゆえに、過剰防衛に関する違法性の側面は連帯しないとする見解があります。

有責性減少説 [22] を採るならば、過剰防衛は、急迫不正の侵害という緊急状態の下で恐怖・驚愕・興奮・狼狽などの精神的動揺のため、多少の行き過ぎがあっても強く非難できず、責任が減少するのであるから、共同正犯者間で個別に検討するのは当然ということになります。

---

21) 町野朔「誤想防衛・過剰防衛」警察研究 50 巻 9 号（1979 年）52 頁、前田・395 頁。
22) 平野・Ⅱ・245 頁、福田・161 頁、西田・178 頁、浅田・237 頁、山中・535 頁。

違法性・有責性減少説[23] を前提に、違法性減少の面は共同正犯者間で連帯的に作用するが、有責性減少の面は個別的に作用し、共同正犯者間で個別的に作用するとします。

② 判例の状況

> **デニーズ事件・最判平成 6・12・06**（刑集 48・8・509、判時 1534・135、判タ 888・145〔百選 I・96〕）は、被告人 A が、夜間歩道上で、B、C、D らと雑談をしていたところ、酩酊状態の X と口論となり、X が A の友人 E 女の髪をつかんだまま同女に暴行を加えるなどしたため、A、B らが追いかけて X に殴る蹴るなどの暴行を加えたところ、X は E 女の髪から手を離したが、なおも応戦する気勢を示したので、B が C の制止を振り切って X を殴打し、加療 7 月半の傷害を負わせた事案につき、「本件のように、相手方の侵害に対し、複数人が共同して防衛行為としての暴行に及び、相手方からの侵害が終了した後に、なおも一部の者が暴行を続けた場合において、後の暴行を加えていない者について正当防衛の成否を検討するに当たっては、侵害現在時と侵害終了後とに分けて考察するのが相当であり、侵害現在時における暴行が正当防衛と認められる場合には、侵害終了後の暴行については、侵害現在時における防衛行為としての暴行の共同意思から離脱したかどうかではなく、新たに共謀が成立したかどうかを検討すべきであって、共謀の成立が認められるときに初めて、侵害現在時及び侵害終了後の一連の行為を全体として考察し、防衛行為としての相当性を検討すべきである」ところ、「被告人 A に関しては、反撃行為については正当防衛が成立し、追撃行為については新たに暴行の共謀が成立したとは認められないのであるから、反撃行為と追行為とを一連一体のものとして総合評価する余地はな」いとしました[24]。

③ **本書の立場**　正当防衛の正当化根拠について**優越的要保護性説**に立ち、過剰防衛については**違法性・有責性減少説**を前提に考えていくと、正当防衛

---

23) 大塚仁・395 頁、内藤・中・351 頁、大谷・291 頁、曽根・106 頁、川端・374 頁、山口・142 頁、高橋・302 頁。

24) **大阪高判平成 14・09・04** 判タ 1114・293 は、被告人が、若者グループの乱闘騒ぎの中で、相手方グループ員から危害を加えられている実兄・太郎を助け出して一緒に逃げるために、その相手方グループ員に暴行を加えるべく、普通乗用自動車を急後退させて同人らを追い払おうとしたところ、車を相手方グループ員の手に当てたほか、誤って実兄・太郎に車両を衝突させ、轢過して死亡させた事案につき、「被告人にとって太郎は兄であり、共に相手方の襲撃から逃げようとしていた味方同士であって、暴行の故意を向けた相手方グループ員とでは構成要件的評価の観点からみて法的に人として同価値であるとはいえず、暴行の故意を向ける相手方グループ員とは正反対の、むしろ相手方グループから救助すべき『人』であるから、自分がこの場合の『人』に含まれないのと同様に、およそ故意の符合を認める根拠に欠けると解するのが相当である。この観点からみても、本件の場合は、たとえ春野に対する暴行の故意が認められても、太郎に対する故意犯の成立を認めることはできないというべきである」とし、「いわゆる誤想防衛の一種として、過失責任を問い得ることは格別、故意責任を肯定することはできない」と判示しました。

における侵害の急迫性・不正性の要件は、行為者が正当防衛状況に置かれていることを確認する前提条件ですので、純粋に客観的・物理的に判断されますが、防衛行為に関する要件（防衛の必要性、防衛の相当性〔防衛行為・防衛結果の相当性〕）は、防衛行為に関する要件として、当該要件を具備する者にだけ認められるのであり、共同正犯者ごとに判断されます。したがって、正当防衛の相対化、過剰防衛の相対化は存在しうることになります。

今日の一言

日の光を借りて輝く
大いなる月であるよりは
仄かではあっても
みずから光を放つ太陽とならん

第35講　共犯論

1　意義・本質

(1)　意　義

　共犯（狭義）とは、最広義の共犯のうち必要的共犯（各則の共犯）を除いた任意的共犯（総則の共犯）からさらに共同正犯を除いたものであり、教唆犯（61条）と従犯（62条・63条）です。

(2)　本　質

　共同正犯・共犯の本質について、学説では、犯罪共同説（完全犯罪共同説・部分犯罪共同説）と行為共同説（自然的行為共同説・法律要件行為共同説）がありますが、法律要件論による要件思考を採る本書によると、共同正犯者・共犯者のそれぞれが各自の犯罪を実行すると同時に、法律要件の重要部分を共にする必要があり、客観的な法律要件の一致が必要となります。

　共同正犯・共犯は、法益侵害の間接惹起に自ら加担したという独立的要素と、正犯行為から導かれる従属的要素とが結合した、一部独立性志向・一部従属性志向の複合体です〔混合惹起説〕。但し、共犯（教唆犯・従犯）にあっては、独立性志向の面が後方に退き、従属性志向の面が前面に出ており、共犯性が色濃い犯罪形態ということができます。

2　教唆犯

(1)　意　義

　教唆犯とは、他人を教唆して犯罪の決意を生じさせ、犯罪を実行させた場合及びその者をいいます。教唆犯は、実行行為以外の行為でもって犯罪に関与する共犯である点で、自らの手で実行行為を行う（直接）正犯と異なりますし、他人に犯罪の決意を生ぜしめることによって犯罪を積極的に誘発する点で、犯罪の決意を有する正犯の犯罪を援助する従犯と異なります。すなわち、「助言を以て他人の犯罪に加功したる場合に於て、該助言が他人をして犯意を決定せしめたるものとすれば之を教唆罪に問擬す可く、之に反し、特

に他人の犯意を決定せしむることなく単に他人の既発の犯意を強固ならしめたるに止まるものとすれば之を従犯に問擬す可きは亦明白なり」（**大判大正 6・05・25** 刑録 23・519）ということになります。

(2)　成立要件

○客観要件　①　教唆行為が存在すること〔教唆行為〕
　　　　　　②　被教唆者が教唆に基づいた犯罪の決意により犯罪の実行行為を行うこと〔実行行為〕
○主観要件　③　教唆について故意が存在すること〔教唆の故意〕

①　**教唆行為**　教唆犯が成立するには、他人を唆して一定の犯罪を実行する決意を生じさせる教唆行為が存在しなければなりません。教唆行為は、ただ漠然と不特定の犯罪を唆す行為では足りず、一定の犯罪を実行する決意を相手に生じさせるに足りるものである必要があります。しかし、その手段・方法は、指示・命令、指揮、委託、誘導、慫慂その他方法を問いません。

被教唆者は、必ずしも特定かつ少数である必要はありませんが、不特定又は多数の人を相手にする場合は「扇動」に当たり、教唆ではないとされています。

②　**実行行為**　教唆犯が成立するには、被教唆者が基本法律要件に該当する行為を教唆に基づいて決意し、その決意に基づいて実行行為をしなければなりません〔**共犯従属性説**〕。

例えば、A が X を教唆したが、⑦ X が犯罪決意を生じなかった場合、⑦ X が犯罪決意を生じたが、実行の着手に至らなかった場合、⑦ X が実行に着手したが、未遂にとどまった場合について、共犯独立性説によると、⑦⑦⑦のすべてについて教唆犯として可罰的となるのに対し、共犯従属性説によると、実行行為がなされた⑦の場合だけが教唆犯として可罰的となります。

X が実行行為を行い犯罪結果も発生したが、A の教唆行為と X の実行行為・結果との間に因果関係がない場合には、教唆犯は成立しません。被教唆者が犯罪の実行行為を行ったが未遂にとどまった場合は、教唆者に**未遂犯の教唆犯**〔未遂犯に対する教唆犯〕が成立します。教唆者が被教唆者と犯罪行為を共同にしたときは、共同正犯が成立し、教唆犯は重い共同正犯に吸収され、また、教唆者が幇助行為を行ったときは、重い教唆犯に吸収されます。

③ 教唆の故意

　教唆犯にも教唆の故意が必要ですが、その内容については、教唆行為によって被教唆者が特定の犯罪の実行行為に出ることの故意で足りるとする**行為認識説**[1]と、教唆行為によって被教唆者が特定の犯罪の実行行為に出ることだけでなく、犯罪結果が発生することの故意までも必要であるとする**結果認識説**[2]とが対立しています。

　正犯に既遂故意と未遂故意があるように、教唆犯にも正犯既遂の故意と正犯未遂の故意があります。**正犯既遂の故意**とは、教唆行為によって被教唆者が特定の犯罪の実行行為に出ることだけでなく、犯罪結果が発生することの故意までもあるもの、**正犯未遂の故意**とは、教唆行為によって被教唆者が特定の犯罪の実行行為に出ること、及び未遂結果発生の故意があるにとどまるものです。

(3) 法効果

　教唆犯が成立すると、教唆者には「正犯の刑」が科されます（61条1項）。正犯について成立した犯罪の法定刑の範囲内で処断する趣旨で、正犯者が現実に処罰されたことを要しませんし、教唆者に対する宣告刑が正犯者に対する宣告刑よりも重いこともありえます。

(4) 問題類型

　① **間接の教唆犯**　「教唆者を教唆した」（61条2項）場合を**間接教唆**といい、教唆犯と同じように処断されます。㋐AがBに犯罪の実行を教唆したところ、Bは自分では実行せずにCを教唆して犯罪を実行させた場合、Aに錯誤がありますが、「大は小を包含する」が妥当し、教唆犯の故意は阻却されず、Aに間接教唆犯が成立します。また、㋑AがBに対し、「Cを教唆して犯罪を実行させるように」と教唆した場合も間接教唆に当たります。

　間接教唆者をさらに教唆する形態又はその者を**再間接教唆**といいますが、61条2項を適用して処罰ができるのでしょうか。

　肯定説[3]は、61条2項の「教唆者」を間接教唆に限定する理由はない、正犯が実行に着手し、教唆者が処罰される以上、再間接教唆者も可罰的となるのが

---

1) 大塚仁・311頁、大谷・433頁、前田・375頁。

2) 西田・339頁、浅田・438頁、山口・334頁。

3) 大判大正11・03・01刑集1・99、通説です。

446　第35講　狭義の共犯論

共犯従属性説の帰結であることを根拠とします。

　これに対し、**否定説**[4]は、61条2項の「教唆者」は第一次的な教唆者を意味する、正犯の背後関係を無限に拡大するのは法的確実性・法的安定性を害し、罪刑法定原則に抵触することを根拠とします。

　教唆犯は正犯を修正・拡張した犯罪形態であり、その処罰は例外である、間接教唆の処罰はさらに例外であるがゆえに明文の処罰規定が存在することを考慮するならば、処罰を根拠づける明文規定のない再間接教唆を処罰することは許されないでしょう。実質的な処罰根拠論が条文規定によって遮断されていると考えるべきで、**否定説**が妥当です。

　② **教唆の形態**　**過失による教唆**、すなわち、不注意により他人に犯罪意思を生じさせ、犯罪を実行させた場合、処罰されるでしょうか。

　故意による教唆に限定するとの明文規定が存在しない、過失犯処罰規定の存在を前提にし、過失正犯者に適用される過失犯の刑によって過失による教唆者を処断すれば何の問題もないことを根拠に**肯定説**[5]も主張されていました。

　現在では、制限的正犯概念に立脚し、過失による教唆を処罰するのは例外であり明文規定が必要である、そもそも教唆は他人に犯罪実行の決意を生じさせることであるから、過失による教唆は教唆の観念になじまないことを根拠に**否定説**[6]が主張されており、妥当です。

　教唆は他人に働きかけて犯罪意思を生じさせることですから、**不作為による教唆犯**は認められません。例えば、自分の実子Bがコンビニ店で万引する決意を固めようとしていることを知った父親Aが、それを黙認し、Bが万引するのを放置した場合や、Aが不注意によりBにコンビニ店で万引する犯罪意思を生じさせたにもかかわらず、それを黙認し、意図的に放置したがゆえに、Bによって万引がなされた場合に、Aは父親であること、あるいは過失先行行為によりBに犯罪意思を生じさせたことのゆえに作為義務が生じ、その義務に違反して犯罪阻止のための作為を行わなかったAに不作為による教唆犯が成立するとするのは、事態を精確に分析するものではありませんし、教唆の概念を混乱させるものです。

4）福田・288頁、大塚仁・318頁、中山・510頁。

5）木村亀二・412頁、佐伯千仞・354頁。

6）通説です。

複数の者が共同して他人を教唆し、犯罪を実行させる**共同教唆犯**は認められるでしょうか。

> 通常の共同正犯に必要な要件を充たす限り、60条を介して共同教唆犯も認められるはずである、共同の教唆行為が共同教唆者の相互利用・補充関係の下に行われたと解することができる以上、共同して教唆を実現したと解すべきであることを根拠に、共同教唆犯は認められるとする**肯定説**[7]が主張されています。この説によると、各教唆者が教唆行為の一部・全部を分担・遂行する**実行共同教唆犯**と、各教唆共謀者の一部の者のみが共謀に基づき教唆行為を行った**共謀共同教唆犯**の2つの形態が存在することになります。

> **大判明治41・05・18**（刑録14・539）は、教唆を協議した者は共に教唆犯であるとし、**最判昭和23・10・23**（刑集2・11・1386）は、公務員に公文書無形偽造罪を犯すよう教唆することを共謀したAとBのうち、Bが、Aに図ることなく、公文書有形偽造の教唆により当初の目的を達成した場合は、Aは、法律上、本件公文書偽造の教唆につき故意の責任を負わなければならないとし、共同教唆を肯定します。

基本的法律要件と修正・拡張的法律要件との質的相違を考慮するならば、基本犯罪の原則処罰と修正・拡張犯罪の例外処罰との区別を消失させ、ひいては実行行為・正犯行為と共犯行為の区別、正犯と共犯の区別を消失させてしまう解釈はすべきではありません。ここでも、実質的な処罰根拠論が条文規定によって遮断されているのであり、**否定説**が妥当です。

片面的教唆、すなわち、教唆者は教唆の故意をもって教唆行為を行ったが、被教唆者はその教唆行為の存在を認識することなく犯罪決意を生じた場合、教唆犯として可罰的でしょうか。

> 教唆者は教唆の故意に基づき教唆行為を行い、それによって犯罪の決意を生じさせれば足りるので、被教唆者が教唆されている事実を認識することまで必要としないことを根拠に、片面的教唆犯の可罰性を肯定する**肯定説**[8]があります。

本書によると、共同正犯においては共同正犯者間に意思連絡が必要ですが、教唆犯においては、教唆者と被教唆者の間にそうした密度の濃い意思連絡までは必要でなく、教唆行為に当たる事実的行為の存在を被教唆者が認識していれば足ります。というのは、共同正犯にあっては、一部独立性志向・一部従属性志向の複合体という面が強いため、独立性志向の面から意思連絡が要

7）西原・下・401頁、大谷・437頁、高橋・492頁。

8）通説です。

448　第35講　狭義の共犯論

求されますが、共犯（教唆犯・従犯）にあっては、独立性志向の面が後方に退き、従属性志向の面が前面に出ているため、厳密な意思連絡は必要ではないからです。それでも、被教唆者は、少なくとも教唆者の教唆行為に当たる事実的行為の存在は認識している必要があるので、典型的な片面的教唆の事案については、その可罰性を肯定することはできません[9]。

　③　**教唆の対象犯罪**　犯罪の既遂を教唆したところ、被教唆者が実行に着手する前の予備・陰謀にとどまった場合に、予備罪・陰謀罪規定の存在を前提に、その**予備罪・陰謀罪の教唆**は可罰的でしょうか。

> 　予備罪・陰謀罪は修正・拡張された法律要件ですが、予備行為・陰謀行為それ自体を実行行為と考えることもできる、正犯者が予備・陰謀として処罰できる程度の危険性を生じさせた以上、教唆行為によってその危険性に関与した教唆者も処罰されるべきことを根拠に**可罰説**[10]が主張されています。

　刑法上、未遂犯処罰は例外と位置づけられており、予備罪・陰謀罪処罰はさらに例外であり、予備罪・陰謀罪の教唆を明文の規定もなく処罰するのは、罪刑法定原則の趣旨から疑問がありますし、刑法の謙抑主義からも妥当ではありません。**不可罰説**[11]が妥当です[12]。

　未遂犯に対する教唆の可罰性が問題となりますが、特に、最初から未遂に終わらせる目的で被教唆者を教唆した場合の、いわゆる**未遂の教唆**の可罰性が議論されます。これは、教唆犯の成立には、教唆の故意として結果発生の認識まで必要とすべき〔結果認識説〕か、実行行為までの認識で足りる〔行為認識説〕かを問うもので、**アジャン・プロヴォカトウール**（agent provocateur）の問題でもあります。

> 　これを共同正犯・共犯の処罰根拠論から見ると、**因果共犯論**によると、教唆者は結果発生の認識までも必要であり、未遂の教唆は不可罰となります。これ

---

9) 植松・381頁、西原・375頁、曽根・250頁。

10) 平野・Ⅱ・351頁、内田・316頁、大谷・438頁、川端・570頁、山中・951頁、前田・328頁、高橋・449頁。

11) 植松・383頁、大塚仁・316頁。

12) 私戦予備罪（93条）のような独立罪としての予備の場合には、予備罪の教唆は可罰的であるが、内乱予備罪（78条）、殺人予備罪（201条）、強盗予備罪（237条）などのような非独立罪としての予備罪の場合には、予備罪の教唆は不可罰とする二分説も主張されています。西原・上・318頁、福田・258頁。

に対し、**不法共犯論**によると、教唆者は被教唆者が実行行為に出ることまでを認識していれば足り、未遂の教唆は可罰的となります。また、**責任共犯論**によれば、教唆者は被教唆者に犯罪の実行行為を行う決意を生じさせる認識があれば足り、未遂の教唆は可罰的となります。

実際には、共犯の処罰根拠論との理論的関連性は薄くなっています。

可罰説 [13] は、**不法共犯論**の立場から、教唆行為は基本的法律要件該当の実行行為ではないので、教唆の故意は基本的法律要件の全内容にまで及ぶ必要はない、それゆえ、教唆者は被教唆者が実行行為に出ることまでを認識していればよく、未遂の教唆は教唆の故意に欠けるところがないこと、また、**因果共犯論**の立場から、未遂の教唆にあっても、正犯者に未遂行為を行わせることによって結果発生の具体的危険を生じさせており、教唆者はそのような危険結果を認識しているはずであり、教唆の故意に欠けることがないことを根拠とします。

不可罰説 [14] は、教唆の故意は、被教唆者の実行行為を通じて一定の犯罪結果を実現しようとする意思であり、当然に結果発生の認識を含むのであるから、未遂の教唆者が、被教唆者の犯行を阻止しよう、阻止しうると考えている以上、終局結果へと連なる危険の発生は認識されていないことを根拠とします。

本書によると、教唆の故意の内容は、正犯者の実行する犯罪の性質、正犯者の実現した犯罪の段階等に応じて異なり、正犯既遂の故意が必要な犯罪にあっては結果認識説と同じ結論になり、正犯未遂の故意で足りる犯罪にあっては行為認識説と同じ結論になります。

教唆者が他人を教唆して不作為犯の実行を決意させ、不作為犯の実行行為を行わせた場合、**不作為犯に対する教唆犯**が成立するかが問題となります。この問題は、3つの類型に分けるのが有益です。㋐溺れかけている幼児 X をその母親 B が救助しようとしているとき、第三者 A が B を教唆して救助行為を思いとどまらせ、X を溺死させた事例のように、作為義務ある者 B を作為義務なき者 A が教唆した場合、B は保障人的地位にあり作為義務があるので不作為による殺人罪（正犯）が成立し、第三者 A は保障人的地位にはないけれども、65 条 1 項により不作為の殺人罪の教唆犯が成立します。また、㋑溺れかけている幼児 X を第三者 A が救助しようとしているとき、X の父

---

13) 平野・Ⅱ・350 頁、大塚仁・312 頁、香川・384 頁、西原・下・400 頁、大谷・435 頁、内田・317 頁、川端・590 頁、前田・375 頁。

14) 植松・378 頁、福田・284 頁（なお、285 頁）、曽根・261 頁、山中・954 頁。なお、最決昭和 28・03・05 刑集 7・3・482 参照。

450 第35講 狭義の共犯論

親BがAを教唆して救助行為を思いとどまらせ、Xを溺死させた事例のように、作為義務なき第三者Aを作為義務ある者Bが教唆した場合、第三者Aは保障人的地位にはなく作為義務がないので、不作為による殺人罪（正犯）は成立しないが、Bは保障人的地位にあり作為義務があるので、いわゆる**義務なき故意ある道具の利用**として、殺人罪の間接正犯（場合によっては、Bは殺人罪の共謀共同正犯か教唆犯、Aはその従犯）となります。さらに、⑦溺れかけている幼児Xを第三者Aが救助しようとしているとき、第三者BがAを教唆して救助行為を思いとどまらせ、Xを溺死させた事例のように、作為義務なき第三者Aを作為義務なき第三者Bが教唆した場合、AもBも保障人的地位になく作為義務がないので、不作為による殺人罪やその教唆犯は成立しないことになります。

　また、他人の不注意を喚起して危険な行為を行わせ、犯罪結果を実現した場合、**過失犯に対する教唆犯**として可罰的でしょうか。教唆とは他人をして犯意を起こさせることを要素とする行為であるから、過失犯に対する教唆という観念はこれを認める余地がないことを根拠に、他人の過失行為を一方的に利用して犯罪を実現したものであり、間接正犯が成立するとするのが通説であり、**東京高判昭和26・11・07**（高裁刑事判決特報25・31）も同旨です。確かに、当初から他人の過失行為を誘発しようと教唆に当たる行為を積極的に仕掛けていき、犯罪結果を実現した場合には、他人を一方的に利用したといえるので間接正犯を認めることができますが、そのような場合はきわめて稀です。その場合、他人の過失行為が介在している以上、背後の利用者に正犯性を認めることは困難であり、**教唆犯**を認めるべきです。

3　従　犯

⑴　意　義

　従犯とは、実行行為以外の方法で正犯の実行行為を援助し、その実現を容易にする場合及びその者をいい、**幇助犯**ともいいます。従犯は、実行行為以外の行為でもって犯罪に関与する共犯である点で、自らの手で実行行為を行う（直接）正犯と異なりますし、犯罪の決意を有する正犯の犯罪を援助する点で、他人に犯罪の決意を生じさせて犯罪を積極的に誘発する教唆犯と異な

ります。すなわち、「助言を以て他人の犯罪に加功したる場合に於て、該助言が他人をして犯意を決定せしめたるものとすれば之を教唆罪に問擬す可く、之に反し特に他人の犯意を決定せしむることなく単に他人の既発の犯意を強固ならしめたるに止まるものとすれば之を従犯に問擬す可きは亦明白なり」（大判大正6・05・25刑録23・519）ということになります。従犯は、教唆犯よりも軽い共犯形態であり、刑の必要的減軽（63条）がその趣旨を明らかにしています。

(2) 成立要件

○客観要件　①　幇助行為が存在すること〔幇助行為〕
　　　　　　②　被幇助者が犯罪の実行行為を行うこと〔実行行為〕
○主観要件　③　幇助について故意が存在すること〔従犯の故意〕

　①　**幇助行為**　従犯が成立するには、実行行為以外の行為によって正犯の犯罪を援助し、その実現を容易にする幇助行為が存在しなければなりません。幇助行為の方法には、凶器の貸与、犯罪場所の提供などの有形的方法による**有形的従犯**（物理的幇助犯）、助言、激励、忠告などの無形的方法による**無形的従犯**（精神的幇助）があります[15]。また、積極的な**作為による従犯**だけでなく、一定のなすべき作為をしないことによる**不作為による従犯**もあります。

　大阪高判平成2・01・23（高刑集43・1・1）は、料理店を開店しその客室を売春の場所に提供するのを業としようと企てていた経営者の依頼により、右事情を知らずに営業許可の名義貸しを行ったがその営業には全く関与していない被告人が、その後同店で売春の場所提供が行われていることを知った後も、営業許可の使用を禁止するなどせずこれを放置していた事案につき、「直ちにそれらの提供者について、自己の行為の予想外の結果である被提供者の売春場所の提供を業とする罪の犯行を、提供にかかる物の使用をやめさせるなどして防止する（中止させる）法的義務まで認めるのは相当でなく、また、その義務の内容、発生時期等は非常に曖昧であって、罪刑法定主義の要請を充たし得るものでなく、刑法上の見地において到底このような法的義務を認めることはできない」として、売春防止法11条違反（業として売春の場所提供）の不作為による従犯の成立を否定しました。
　逆に、**札幌高判平成12・03・16**（判時1711・170、判タ1044・263）は、被告人A女が、自分の実子X（3歳）に対して内縁の夫Bがせっかんをし、激しい暴行を加えるのを制止することなく放置したところ、Xが死亡した事案につき、「被

---

15) **最決平成25・04・15**刑集67・4・437、判時2202・144、判タ1394・139（了解と黙認継続による幇助）参照。

452 第35講 狭義の共犯論

告人の行為は、不作為による幇助犯の成立要件に該当し、被告人の作為義務の
程度が極めて強度であり、比較的容易なものを含む前記一定の作為によってB
のXに対する暴行を阻止することが可能であったことにかんがみると、被告人
の行為は、作為による幇助犯の場合と同視できるものというべきである」とし
て、傷害致死罪の従犯の成立を認めました。また、**名古屋高判平成 17・11・07**
（高等裁判所刑事裁判速報集平 17・292）は、「幇助行為は、正犯の行為を容易にす
る行為をすべて包含するものであり、正犯者の行為を通じて結果に寄与するも
のであれば足りるのであって、不作為による幇助を認める場合にのみ、所論の
ように『犯罪の実行をほぼ確実に阻止できたのに放置した』との要件を必要と
するものでない」としました。

　従犯は正犯の実行行為を幇助するのが典型ですが、実行行為の終了後、結
果発生の段階に至るまであります。また、監禁罪のような継続犯の場合には、
既遂段階以後も、実行行為行われている限り幇助が可能です。

　②　**実行行為**　従犯が成立するには、現に被幇助者が基本法律要件に該当
する実行行為に着手することが必要です〔**共犯従属性説**〕。例えば、Aが、
犯罪意思を有するXを幇助したが、⑦Xが実行の着手に至らなかった場合、
⑦Xが実行に着手したが未遂にとどまった場合、共犯従属性説によると、
実行行為がなされた⑦の場合が可罰的となります。また、Xが実行行為を
行い犯罪結果も発生したが、Aの幇助行為とXの実行行為・結果との間に
因果関係がない場合には従犯は成立しません。被幇助者が犯罪の実行行為を
行ったが未遂にとどまった場合、幇助者に**未遂犯の従犯**〔未遂犯に対する従
犯〕が成立します。幇助者が被幇助者と犯罪行為を共同にしたときは、共同
正犯が成立し、従犯は重い共同正犯に吸収され、また、教唆者が幇助行為を
行ったときは、重い教唆犯に吸収されます。

　③　**従犯の故意**

> 　従犯にも従犯の故意が必要ですが、その内容については、幇助行為によって
> 被幇助者が特定の犯罪の実行行為を行うことを認識し、かつ、その実行を幇助
> 行為によって容易にさせることの故意で足りるとする**行為認識説**と、幇助行為
> によって被幇助者の犯罪の実行を容易にさせることだけでなく、犯罪結果が発
> 生することの故意までも必要であるとする**結果認識説**が対立しています。

　正犯の故意に既遂の故意と未遂の故意があるように、従犯の故意にも正犯
既遂の故意と正犯未遂の故意があります。**正犯既遂の故意**とは、幇助行為に
よって被幇助者が特定の犯罪の実行行為に出ることだけでなく、犯罪結果が

発生することの故意であるのに対し、**正犯未遂の故意**とは、幇助行為によって被幇助者が特定の犯罪の実行行為に出ること、及び未遂結果発生の故意があるにとどまるものです。

(3) 法効果

　従犯が成立すると、幇助者には「正犯の刑を減軽」した刑が科されます（63条）。正犯について成立した犯罪の法定刑を68条に従って減軽して処断する趣旨であり、正犯者が現実に処罰されたことを要しませんし、幇助者に対する宣告刑が正犯者に対する宣告刑よりも重いこともありえます。

(4) 問題類型

　①　**間接の従犯**　**従犯の教唆**、すなわち、正犯者を幇助する意思のない者を教唆し、幇助の意思を生ぜしめ、幇助行為を行わせた者については、明文の処罰規定があり、「従犯の刑」が科されます（62条2項）。しかし、幇助者をさらに幇助する**間接従犯**については、明文の処罰規定がありませんので、可罰的なのかについて議論があります。

> **肯定説**[16]　は、従犯の処罰根拠は正犯の犯罪を容易にすることにあるので、正犯の犯罪を容易にするものであれば直接・間接を問わないのが一貫している、間接従犯も結局は正犯の実行行為を幇助したと考えうる、従犯も修正された法律要件に該当する実行行為であり「正犯」といえるので、これに対する幇助も可能であることを根拠とします。

> **最決昭和44・07・17**（刑集23・8・1061、判時567・90、判タ238・198〔百選Ⅰ・84〕）も、「被告人が、Aまたはその得意先の者において不特定の多数人に観覧せしめるであろうことを知りながら、本件の猥せつ映画フイルムを右Aに貸与し、Aからその得意先であるBに右フイルムが貸与され、Bにおいてこれを映写し十数名の者に観覧させて公然陳列するに至つたという本件事案につき、被告人は正犯たるBの犯行を間接に幇助したものとして、従犯の成立を認めた原判決の判断は相当である」とし、間接従犯の可罰性を肯定しています。

> **否定説**[17]　は、62条1項の「正犯」には従犯は含まれないと解するのが一般的な解釈である、間接教唆犯（62条2項）のような明文の処罰規定を欠く以上間接従犯は不可罰のはずである、幇助行為は実行行為ではないので、従犯の幇助という観念を入れる余地はないことを根拠とします。

---

16)　平野・Ⅱ・352頁、大谷・448頁、西田・388頁、前田・382頁、山中・930頁、山口・336頁、伊東・348頁、松原・358頁。

17)　福田・291頁、大塚仁・327頁、西原・下・404頁、川端・605頁、野村・427頁、佐久間・393頁。

454　第35講　狭義の共犯論

　従犯は正犯を修正・拡張した犯罪形態であり、その処罰は例外であり、間接従犯の処罰はさらに例外であり、間接教唆犯のように明文の処罰規定を欠く以上、間接従犯を処罰することは許されません。ここでも、実質的な共犯の処罰根拠論による可罰性は条文規定により遮断されており、それが罪刑法定原則の趣旨です。**否定説**が妥当です。但し、間接幫助者の幫助行為が、直接に正犯の実行行為を援助し、その実現を容易にしていると認められる場合には、それは典型的な従犯ですから、その可罰性を肯定できます。間接従犯の可罰性が認められない以上、再間接従犯の可罰性も否定されます。

　教唆犯の従犯、すなわち、教唆者の教唆行為を幫助し、その教唆行為を容易にする従犯の可罰性についても、教唆行為も修正された法律要件に該当する実行行為であることを根拠に**肯定説**が主張されていますが、この見解は「悪しき定型的思考の帰結」といわざるをえません。これを処罰する明文の規定が存在しないので、**否定説**が妥当です。

　②　**幫助の形態**　**過失による幫助**、すなわち、犯罪意思を有する他人に不注意により物理的援助・心理的援助をし、その実行を容易にした場合、処罰されるのでしょうか。過失犯処罰は例外であり、特別の処罰規定が必要ですから、過失による幫助を処罰するのは、罪刑法定原則に違反しますし、そもそも従犯は従犯幫助の故意を要しますので、過失による幫助は不可罰です。

　複数の者が共同して幫助行為を行い、他人の犯罪の実行を容易にする**共同従犯**は認められるのでしょうか。

> 　通常の共同正犯に必要な要件を充たす限り、60条を介して共同従犯も認められるはずである、共同の幫助行為が共同幫助者の相互利用・補充関係のもとに行われたと解することができる以上、共同して幫助を実現したと解すべきであることを根拠に、これを認める**肯定説**[18]が主張されています。肯定説によると、各幫助者が幫助行為の一部・全部を分担・遂行する**実行共同従犯**と、各幫助共謀者の一部の者のみが共謀に基づき幫助行為を行う**共謀共同従犯**とが存在することになります。

　肯定説は、基本法律要件と修正・拡張法律要件との質的相違を無視するもので、基本犯罪の原則処罰と修正・拡張犯罪の例外処罰との区別を消失させるだけでなく、実行行為・正犯行為と共犯行為の区別、正犯と共犯の区別を

---

18)　大谷・444 頁。

消失させ、妥当ではありません。**否定説**が妥当です。

片面的従犯、すなわち、幇助者は幇助の故意をもって幇助行為を行ったが、被幇助者はその幇助行為の存在を認識することなく犯罪を実行した場合、従犯として可罰的でしょうか。

> 従犯は幇助の故意に基づき幇助行為を行い、それによって正犯の犯罪を容易にすれば足りるので、被幇助者が幇助されている事実を認識することまで必要ない、62条の条文も幇助者と被幇助者との間に意思連絡があることを要求していないことを根拠に、これを肯定する**肯定説**が支配的です[19]。

> **大判大正14・01・22**（刑集3・921）、**大判昭和8・12・09**（刑集12・2272）は、「従犯成立の主観的要件としては、従犯者に於て正犯の行為を認識し之を幇助するの意思あるを以て足り、従犯者と正犯者との間に相互の意思連絡あることを必要とせざるを以て、正犯者が従犯の幇助行為を認識するの必要なきものなる」としています[20]。

本書によると、共犯（教唆犯・従犯）にあっては、一部独立性志向の面が後方に退き、一部従属性志向の面が前面に出ているため、厳密な意思連絡は必要ありません。しかし、被幇助者は、少なくとも幇助行為に当たる幇助者の事実的行為の存在は認識している必要があります。したがって、典型的な片面的幇助については、その可罰性を肯定することはできません[21]。

承継的従犯、すなわち、正犯者が犯罪の実行行為の一部を終了した後に関与して幇助行為を行い、それ以降の正犯の犯罪を容易にした場合、幇助者は正犯者の実現した犯罪のどの範囲まで責任を負うのかが問題となります。基本的には、承継的共同正犯と同じように考察することになります。

> **大判昭和13・11・18**（刑集17・839）は、金銭強奪の目的で被害者を殺害した後に加担し、蝋燭をかざして金銭奪取を援助した事案につき、「刑法第240条後段の罪は強盗罪と殺人罪若は傷害致死罪より組成せられ右各罪種が結合せられて単純一罪を構成するものなるをもって、他人が強盗の目的を以て人を殺害した事実を知悉し、其の企図する犯行を容易ならしむる意思の下に該強盗殺人罪の一部たる強取行為に加担し之を幇助したるときは、其の所為に対しては強盗殺人罪の従犯を以て問擬するを相当」とするとしました。

本書によると、単純一罪であることを根拠に承継的従犯を肯定するのは、

---

19) 通説です。

20) 不作為による従犯の判例ですが、大判昭和3・03・09刑集7・172参照。

21) 曽根・250頁、佐久間・374頁。

いわゆる構成要件論の類型思考法にとらわれたものであり、因果共犯論の立場によるならば、先の判例の事案は窃盗罪の従犯となります。

ここで、**見張り**について説明しておきます。実行正犯者が犯罪を遂行しているときに、見張りをして犯罪に関与した者は、単なる従犯にすぎないように見えます。判例は、一般的には（共謀）共同正犯を肯定し、例外として、自己の犯罪を実現する意思ではなく専ら他人の犯罪実現に奉仕するものと認定できる場合には、従犯に落とすという思考方法を採っています。学説では、共謀共同正犯の理論を肯定する見解であっても、見張りを直ちに共同正犯とするのではなく、見張りの存在が犯罪の完成にとって主観的・客観的に必要不可欠のとき、あるいは、主観的に「積極的な犯罪遂行の意欲」と客観的に「謀議において積極的役割を果たした」ときは、共同正犯とします。他方、共謀共同正犯の理論を否定する見解は、見張りは従犯であるが、例えば、監禁の見張りのように、見張り行為自体が実行行為の一部分担と認めることができる場合は共同正犯とします。

③ **幇助の対象犯罪**　事前に犯罪の実行を幇助したところ、被幇助者が実行に着手する前の予備・陰謀にとどまった場合に、予備罪・陰謀罪規定の存在を前提に、**予備罪・陰謀罪の幇助**は可罰的でしょうか。

> 予備罪・陰謀罪は修正・拡張された法律要件ですが、予備行為・陰謀行為それ自体を実行行為と考えることもできる、正犯者が予備・陰謀として処罰できる程度の危険性を生じさせた以上、幇助行為によってその危険性に関与した幇助者も処罰されるべきことを根拠に**可罰説**[22]が主張されています。

刑法上、未遂犯処罰は例外と位置づけられており、予備罪・陰謀罪処罰はさらにその例外であり、予備罪・陰謀罪の幇助を明文の規定もなく処罰するのは、罪刑法定原則の趣旨を没却させるものですし、刑法の謙抑主義からも妥当でありません。**不可罰説**が妥当です。

未遂犯に対する幇助の可罰性が問題となりますが、特に、最初から未遂に終わらせる目的で正犯の犯罪を幇助した場合の、いわゆる**未遂の幇助**の可罰性が問題となります。これは、未遂の教唆と同じく、従犯の故意として、結果発生の認識まで必要とすべき〔結果認識説〕か、実行行為までの認識で足

22）平野・Ⅱ・351頁、大谷・445頁、前田・328頁、高橋・449頁。

りる〔行為認識説〕かを問うものです。本書によると、正犯既遂の故意が必要な犯罪では結果認識説と同じ結論になり、正犯未遂の故意で足りる犯罪では行為認識説と同じ結論になります。

　幇助行為によって被幇助者の不作為犯の実行を容易にした場合、**不作為犯に対する従犯**が成立するか問題となります。3類型に分けるのが有益です。㋐溺れかけている幼児Xをその母親Bが放置して溺死させようとしているとき、第三者AがBの不作為を容易にする幇助行為を行い、Xを溺死させた事例のように、作為義務あるBを作為義務なきAが幇助した場合、Bは保障人的地位にあり作為義務があるので、不作為による殺人罪（正犯）が成立し、第三者Aは保障人的地位にはないけれども、65条1項により、不作為の殺人罪の従犯が成立します。また、㋑溺れかけている幼児Xを第三者Aが放置して溺死させようとしているとき、Xの父親BがAの不作為を容易にする幇助行為を行い、Xを溺死させた事例のように、作為義務なき第三者Aを作為義務あるBが幇助した場合、第三者Aは保障人的地位にはないので、不作為による殺人罪（正犯）は成立しないが、Bは保障人的地位にあり作為義務があるので、（自らの不作為による殺人罪のほかに）いわゆる義務なき故意ある道具の利用として、殺人罪の間接正犯（場合によっては、殺人罪の共謀共同正犯か従犯）となります。さらに、㋒溺れかけている幼児Xを第三者Aが放置して溺死させようとしているとき、第三者Bがその不作為を容易にする幇助行為を行い、Xを溺死させた事例のように、作為義務なき第三者Aを作為義務なき第三者Bが幇助した場合、AもBも保障人的地位になく作為義務がないので、不作為による殺人罪やその従犯は成立しません。

　また、幇助行為によって他人の不注意による犯罪結果実現を容易にした場合、**過失犯に対する従犯**として可罰的でしょうか。従犯の場合は、教唆犯の場合と異なり、正犯の犯罪意思を形成する必要はなく、犯罪の実行を容易にすれば足りるので、**肯定説**が有力です[23]。しかし、過失犯は、通常、結果発生が必要な犯罪ですから、幇助者には正犯既遂の故意が必要です。他方、被幇助者は、幇助行為に当たる幇助者の事実的行為の存在は認識している必要

23）大塚仁・323頁、大谷・444頁。

があります。したがって、過失犯に対する従犯が問題となる典型的事例では可罰性を肯定できませんが、幇助者の幇助行為の形態など、幇助者の関与の如何によっては、間接正犯ないし従犯が成立することがあります。

④ **中立的行為による幇助　中立的行為**とは、通常であれば日常的・業務的な行為としてなすことが一般に許容されている行為を意味し、**価値中立的行為**ともいいます。問題は、例えば、これから他人を殺害する意図で犯行現場に行こうとする者を、それと知りながら、タクシー運転手がタクシーに乗車させ、犯行現場まで運搬する行為は、殺人罪の従犯として可罰的なのでしょうか。これが、中立的行為による幇助の問題です。

> 　学説では、ⓐ有用性と危険性との比較衡量により有用性が優るか、許された危険の範囲を超えて危険性が上回るかで従犯の成否を決すべきであるとする見解[24]、ⓑ業務行為のような、社会的に通常的で、援助が与えられるべき正犯者の行為と完全に遮断された行為予期が存在する幇助行為については、幇助を禁ずる行為規範が後退するので、幇助行為が行われた具体的状況の下でそうした通常的業務行為を逸脱していない限り従犯は成立しないとする見解[25]、また、ⓒそのタクシー運転手が行為者を運搬しなくても、ほかのタクシー運転手が運搬したと考えられ、別の代替原因を想定できるので、当該タクシー運転手の運搬行為は行為者（正犯者）の犯罪の危険性を有意に高めたといえず不可罰であるとする見解[26]、ⓓ行為者の犯罪計画を知ったにもかかわらず敢えて幇助した確定的故意の場合にのみ可罰性を肯定する見解[27]、さらに、ⓔ関与時における関与行為の主要な意味が犯罪法律要件該当結果の実現にある場合は従犯が成立するが、そうでない場合は従犯は成立しないとする見解[28]、そして、ⓕ中立的行為を類型化して、客観的帰属論により処理すべきであるとする見解[29]などが主張されています[30]。

---

24) 林幹人『判例刑法』（2011 年）175 頁参照。

25) 松生光正「中立的行為による幇助（2・完）」姫路獨協大学・姫路法学 31=32 号（2001 年）291頁以下参照。

26) 島田聡一郎「広義の共犯の一般的成立要件——いわゆる『中立的行為による幇助』に関する近時の議論を手がかりとして——」立教大学・立教法学 57 号（2001 年）76 頁以下参照。

27) 曲田統「日常的行為と従犯(2)」中央大学・法学新報 112 巻 1 = 2 号（2005 年）458 頁以下参照。

28) 豊田兼彦「共犯の一般的成立要件について」『理論刑法学の探究③』（2010 年）27 頁参照。

29) 山中・972 頁以下、高橋・499 頁参照。

30) ほかに、学説の諸見解は相互に排他的ではないとし、複数の客観的・主観的な規準を取り込んで説明する見解として、松原・449 頁以下参照。

> **ウィニー事件・最決平成 23・12・19**（刑集 65・9・1380、判時 2141・135、判タ 1366・103〔百選 I・87〕）は、ファイル共有ソフト Winny を開発・改良してインターネットを介して不特定多数の者に提供した行為が、著作権者の有する著作物の公衆送信権（著作権法 23 条 1 項）を侵害する犯行を幇助する従犯に当たるとして、開発者が起訴された事案につき、「被告人において、本件 Winny を公開、提供した場合に、例外的とはいえない範囲の者がそれを著作権侵害に利用する蓋然性が高いことを認識、認容していたとまで認めることは困難である。」として従犯の故意を欠くとし、原審の無罪判決を維持しました。

　共同正犯・共犯の処罰根拠について**混合惹起説**に立つ本書によれば、従犯の違法性は、法益侵害の間接惹起に自ら加担した独立的要素と、正犯者の行為から導かれる従属的要素とが結合したものですが、従犯においては独立的要素が後退し、従属的要素が前面に出ています。この点、中立的行為は、社会的に許容される日常的業務や新開発技術の有する通常性・有用性のゆえに、それ自体独立的要素の強い行為です。他方、中立的行為は、確かに、正犯者の犯罪を実際に援助しており、かつそれに従属する従属的要素も認めることができますが、その幇助性は、それを利用する正犯者の側に強く依存するため、従属的要素はきわめて稀薄になっています。つまり、中立的行為の中には、従犯としての実体を具備しておらず、その主観への反映である従犯の故意も認められない場合があるのです。

　これを踏まえて Winny 事件を考察すると、従犯の成立が微妙な案件であることは疑いありませんが、被告人の行為は、新しい技術開発の有用性のゆえに、それ自体独立的要素の強い行為ですし、正犯の行為に依存する従属的要素がきわめて稀薄な行為といえるのです。

今日の一言

悪と考えられていたものが　実は善であった
善と考えられていたものが　実は悪であった
常識に囚われていては見えてこない

第36講　間接正犯・共同正犯・共犯の錯誤論

1　問題性

　正犯者・共犯者の間で、認識した犯罪事実と実行・実現した犯罪事実に齟齬がある場合に、正犯者や共犯者の故意や罪責はどうなるのでしょうか。

　①　**間接正犯の錯誤**　㋐間接正犯の意思で教唆を実現した場合、㋑教唆の故意で間接正犯を実現した場合、㋒情を知らない被利用者が途中で情を知ったがそれでも被利用者が犯行を継続した場合を説明します。

　②　**共同正犯の錯誤**　㋐具体的事実の錯誤として客体の錯誤と方法の錯誤を、㋑抽象的事実の錯誤として客体の錯誤、方法の錯誤、結果的加重犯の錯誤、法律要件の重なりを説明します。

　③　**教唆犯の錯誤**　㋐具体的事実の錯誤として客体の錯誤と方法の錯誤を、㋑抽象的事実の錯誤として、重い罪を教唆したら正犯者が軽い罪を実現した場合と、軽い罪を教唆したら正犯者が重い罪を実現した場合、結果的加重犯の錯誤、法律要件の重なりを説明します。

　④　**従犯の錯誤**　㋐具体的事実の錯誤、㋑抽象的事実の錯誤と結果的加重犯の錯誤を説明します。

2　間接正犯の錯誤

(1)　間接正犯の意思で教唆を実現

> **【事例 01】** A は、B が重篤な精神病を患って責任無能力者だと思い、一方的に利用して X 殺害を実現しようと考えて B に対して利用行為をしたら、実は B は責任能力者であって、B は A に説得される形で X 殺害を決意し、X を殺害した。

　教唆犯は共犯、間接正犯は正犯ですから、前者よりも後者が重い。この事例で、B は殺人罪（199条）となりますが、問題は利用者 A の罪責です。間接正犯における実行の着手時期につき**利用行為標準説**を採るならば、A には殺人罪（の間接正犯）の未遂（203条、199条）と殺人罪の教唆犯（61条1項、

199条）が成立し、法条競合により重い殺人罪の教唆犯となります。これに対し、間接正犯における実行の着手時期につき**被利用行為標準説、個別化説**あるいは**実行行為・実行着手分離説**を採って被利用行為に求めるならば、Aには殺人予備罪（201条、199条）と殺人罪の教唆犯（61条1項、199条）が成立し、法条競合により重い殺人罪の教唆犯となります。

　本書は間接正犯における実行の着手時期につき**個別化説**を採り、実行の着手・実行行為と未遂結果とを分けるので、後者の結論になります。

(2)　教唆の意思で間接正犯を実現

> **【事例02】**Aは、Bが責任能力者と思ってX殺害を唆したところ、実はBは重篤な精神病を患って責任無能力者であって、BはAに言われるがままXを殺害した。

　教唆犯よりも間接正犯の方が重いですし、また、38条2項の適用を念頭におく必要があります。Bは責任無能力であるため、殺人罪（199条）の罪責を負いません。Aには殺人罪の教唆犯（61条1項、199条）と殺人罪の間接正犯（199条）との間で錯誤がありますが、重なり合う軽い殺人罪の教唆犯が成立することになります。

(3)　被利用者が途中で情を知ったが犯行を継続

> **【事例03】**医師Aは、傲慢な態度を取る患者Xに看護師や患者の前でいわれなき罵倒を受けたことを契機に、看護師を利用してXを殺害しようと、投与薬物棚のX用の棚の中に、「患者Xは夜よく眠れないと訴えるので、これを定時に患者Xに投与すること」と書いたメモを付けて毒薬入りの投与薬を入れておいたところ、担当看護師Bがこれを取り出し、患者Xに投与すべくチェックしたところ、いつもと違う薬剤であるし、メモにいつもなら記入されているはずの医師の署名もないので不審に思い、これをXに投与したら何か良からぬこと、恐ろしいことが起こるのではないかと思ったが、患者Xの傲慢な態度、セクハラに近い言動に憤慨していたこともあり、そのままXに投与したところ、約20分後、同人は眠るようにして死亡した。

　看護師Bに殺意があるか微妙ですが、「これをXに投与したら何か良からぬこと、恐ろしいことが起こるのではないかと思った」にもかかわらず、Xの言動等に憤慨してそのまま投与していることから、少なくとも未必の殺意は認められ、Bは殺人罪（199条）となります。医師Aについては、@その利用行為が殺人の実行行為である点に変わりはない、被利用者Bの故意行為の介入は、利用者Aにとって因果の軽微なズレにすぎず、因果関係及び故意を否定すること

462　第36講　間接正犯・共同正犯・共犯の錯誤論

にならないことを根拠に、殺人罪（間接正犯）（199条）とする見解[1]、ⓑ被利用者Bの故意行為が介在した以上、Aを間接正犯の既遂とすることは不可能であるところ、遅くとも患者Xの所に毒薬が到達したときに実行の着手を認めることができるが、その場合、主観的には間接正犯、客観的には教唆犯が成立しており、実質的に重なり合う軽い殺人罪の教唆犯（61条1項、199条）とする見解[2]、ⓒ看護師Bが途中で情を知ったにもかかわらず犯行を続行するなどということは通常の事態とはいえないので、因果関係はそこで切れたと考える、Bが途中に殺意が生じた時点で教唆が実現されていることを根拠に、殺人未遂罪（203条、199条）（又は殺人予備罪〔201条、199条〕）と殺人罪の教唆犯（61条1項、199条）が成立し、法条競合とする見解[3]があります[4]。

　本書によると、殺人罪の未遂結果としての具体的危険性は、**個別化説**により被利用者Bの行為に認められるので、Aの利用行為は殺人予備罪（201条、199条）に当たり、その後に、主観的には間接正犯、客観的には教唆犯が成立していますが、実質的に重なり合う軽い教唆犯が成立し、結局、殺人予備罪は重い殺人罪の教唆犯（61条1項、199条）に吸収されます。

3　共同正犯の錯誤

(1)　具体的事実の錯誤

①　客体の錯誤

> **【事例04】**　AとBは、X殺害を共謀し、2人でそれぞれXと思ってピストルを発射し、Aの弾丸が命中したが、実はそれはYであり、Yが死亡した。

　法定的符合説の数故意犯説（判例）・一故意犯説（通説）によると、AとBは殺人罪の共同正犯（60条、199条）になり、**具体的符合説**も同様の結論になります。

　本書の**具体的危険符合説**によると、共同正犯者の故意の射程範囲は危険性に係る**危険場**に関する行為者の認識の内容・範囲によって画されます。主観要件事実（X殺害）は危険場に関する危険性の内容・範囲において客観要件事実（Y殺害）と具体的に符合しているので、Y殺害について故意が認められ、

---

1)　団藤・429頁、内田・334頁。正犯の背後の（間接）正犯を認めることになり、妥当ではありません。

2)　通説です。

3)　平野・Ⅱ・390頁。

4)　なお、**松山地判平成24・02・09判タ1378・251**（窃盗罪の間接正犯ではなく窃盗罪の教唆犯を認定）参照。

AとBは殺人罪の共同正犯（60条、199条）の罪責を負います。

② **方法の錯誤**

> **【事例05】** AとBは、X殺害を共謀し、2人でそれぞれXを狙ってピストルを発射したところ、AとBの弾丸はXに当たらなかったが、Aの弾丸はXのはるか後方にいた予想外のYに当たり同人を死亡させた。

　この事例におけるAとBは、法定的符合説の**数故意犯説**によると、Xに対する殺人未遂罪の共同正犯（60条、203条、199条）とYに対する殺人罪の共同正犯（60条、199条）が成立し、両罪は観念的競合（54条1項前段）となります。**一故意犯説**によると、Yに対する殺人罪の共同正犯（60条、199条）となります[5]。これに対し、**具体的符合説**によると、Xに対する殺人未遂罪の共同正犯（60条、203条、199条）が成立し、過失の共同正犯を肯定すれば、Yに対する過失致死罪の共同正犯（60条、210条）となり、過失の共同正犯を否定すれば、AはYに対する過失致死罪（210条）、Bは無罪（又はAの過失致死罪に対する個別の過失責任）となり、成立する2罪については観念的競合となります。

　本書の**具体的危険符合説**によると、AとBに、Xに対する殺人未遂罪の共同正犯（60条、203条、199条）が成立します。Aの弾丸が予想外のYに当たって死亡させたことは、行為者A・Bの認識において、危険場の範囲を超える結果であり、Aには過失致死罪（210条）が成立します。過失の共同正犯は認められませんので、BはY死亡について罪責を負いません（但し、個別の過失責任が肯定されるときには過失致死罪〔210条〕となり、殺人未遂罪〔共同正犯〕との観念的競合）。

(2)　抽象的事実の錯誤

① **客体の錯誤**

> **【事例06】** AとBは、X殺害を共謀し、2人でそれぞれXと思ってピストルを発射し、Aの弾丸が命中したが、実はそれはXの飼い犬であって、同犬を死亡させた。

　抽象的事実の錯誤の場合、**法定的符合説**（数故意犯説・一故意犯説）も**具体的符合説**も、意図した犯罪の未遂犯、発生した犯罪の過失犯を検討します。こ

---

5) この事例を変型して、狙った客体Xに弾丸が当たり負傷した場合、過失犯の共同正犯を肯定すれば、AとBにはXに対する過失傷害罪の共同正犯（60条、209条）が成立し、過失犯の共同正犯を否定すれば、AはYに対する過失傷害罪（209条）、Bは無罪（又はAの行為に対する個別の過失責任）となります。

464　第36講　間接正犯・共同正犯・共犯の錯誤論

の事例に当てはめると、AとBは、Xに対する殺人未遂罪の共同正犯（60条、203条、199条）ですが、Xは現場にいなかったので不能犯の余地があります。さらに、AとBは、Xの犬に対する過失動物傷害で不処罰となります。

②　方法の錯誤

【事例07】AとBは、X殺害を共謀し、2人でそれぞれXを狙ってピストルを発射したが、AとBの弾丸はXに当たらなかったが、Aの弾丸はそばにいたAの犬に当たり、同犬を死亡させた。

抽象的事実の錯誤の場合、**法定的符合説**（数故意犯説・一故意犯説）も**具体的符合説**も、意図した犯罪の未遂犯、発生した犯罪の過失犯を検討します。この事例に当てはめると、AとBはXに対する殺人未遂罪の共同正犯（60条、203条、199条）となり、Xの犬に対する過失動物傷害については処罰規定無しで不処罰となります。

③　結果的加重犯の錯誤

【事例08】AとBは、Xへの暴行・傷害を共謀し、ともにXに暴行を振るったが、AがXに対して極度に激しい暴行を加え、同人を死亡させた。

結果的加重犯の共同正犯について、**肯定説**[6]によると、AとBには傷害致死罪の共同正犯（60条、205条）が成立します。

本書は結果的加重犯の共同正犯を否定します〔**否定説**〕。Aには（傷害罪の共同正犯を内含した）傷害致死罪（205条）が成立し、Bには傷害罪の共同正犯（60条、204条）が成立します。Bにつき、死亡結果を惹起しないように共同者Aを監督・指導すべき注意義務を肯定でき、その注意義務への違反を認めることができるときには、Bに（傷害罪の共同正犯を内含した）傷害致死罪が単独で成立することになります。

④　法律要件の重なり

【事例09】暴力団組長Aと同組合員Bが、敵対する暴力団組長Xへの暴行・傷害を共謀して犯行に及んだところ、犯行の際にBが殺意をもってXを殺害した。

（部分）**犯罪共同説**によると、AとBには傷害致死罪の共同正犯（60条、205条）

6）最判昭和22・11・05刑集1・1・1（強盗傷人罪）、最判昭和24・07・12刑集3・8・1237（強姦致傷罪）、最判昭和26・03・27刑集5・4・686（強盗致死罪）〔百選I・79〕。

と殺人罪の共同正犯（60条、199条）の重なり合う軽い傷害致死罪の共同正犯が成立し、殺意のあるBは傷害致死罪の共同正犯を内含した殺人罪（199条）の罪責を単独で負います。

（法律要件）**行為共同説**によると、AとBには傷害致死罪と殺人罪の重なり合う軽い傷害致死罪につき共同正犯が成立し、Bは傷害致死罪の共同正犯を内含した殺人罪（199条）の罪責を単独で負います。

本書によると、Xへの暴行・傷害を共謀して犯行に及んだAとBは傷害罪の共同正犯（60条、204条）が成立していることを前提にして、まず、殺意のあるBには、（傷害罪を内含した）殺人罪（199条）が成立します。そして、殺意のないBにつき、共同者Aが死亡結果を惹起しないように監督・指導すべき注意義務を肯定でき、その注意義務への違反を認めることができるときには、Bにも（傷害罪の共同正犯を内含した）傷害致死罪が単独で成立することになります。

判例でも法律要件の実質的な重なりが考慮されており、**最決昭54・04・13**（刑集33・3・179〔百選Ⅰ・90〕）は、被告人Aら7名がXに対して暴行・傷害を加える旨共謀し、被告人らがこもごもXに罵声・怒声を浴びせたところ、これに応答したXの言動に激昂したBが未必の殺意をもってXを刺殺した事案につき、「殺人罪と傷害致死罪とは殺意の有無という主観的な面に差異があるだけで、その余の犯罪構成要件要素はいずれも同一であるから、暴行・傷害を共謀したAら7名のうちBがXに対して未必の故意をもって殺人罪を犯した本件において、殺意のなかったAら6名については、殺人罪の共同正犯と傷害致死罪の共同正犯の構成要件が重なり合う限度で軽い傷害致死罪の共同正犯が成立するものと解すべきである」として、殺人罪と傷害致死罪との間の抽象的事実の錯誤につき法律要件の実質的な重なりを認定しました。

4 教唆犯の錯誤

(1) 具体的事実の錯誤

① 客体の錯誤

【事例10】 AがBに「Xを殺せ」と言って、Xの容貌を説明したところ、Bがその容貌のXを探しまわってそれらしい容貌の者をXと思って殺害したところ、実はそれはYであった。

法定的符合説（数故意犯説・一故意犯説）によると、BにはYに対する殺人罪（199条）が成立し、Aには殺人罪の教唆犯（61条1項、199条）が成立します。**具体**

466 第 36 講 間接正犯・共同正犯・共犯の錯誤論

的符合説に立って、被教唆者(正犯者)Bにとっての客体の錯誤は、教唆者Aにとっても**客体の錯誤である** [7] とすると、BにはYに対する殺人罪(199条)が成立し、Aには殺人罪の教唆犯(61条1項、199条)が成立します。これに対し、被教唆者(正犯者)Bにとっての客体の錯誤は、教唆者Aにとっては**方法の錯誤**であるとすると、Aは、教唆の未遂で不可罰とする見解 [8]、過失致死罪(210条)の正犯とする見解 [9]、さらに、Xに対する殺人予備罪の教唆犯(61条1項、201条、199条)とYに対する過失致死罪の正犯(210条)の観念的競合とする見解 [10] があります。

　本書の**具体的危険符合説**によると、被教唆者(正犯者)にとっての客体の錯誤は教唆者にとって客体の錯誤なのか方法の錯誤なのかは重要ではありません。被教唆者(正犯者)が実現した犯罪結果は、教唆者が教唆行為を通じて設定した危険場に関する内容・範囲内にある事実といえるのかが重要であり、故意の射程範囲は危険場に関する行為者の認識の内容・範囲によって画されます。この事例では、教唆者Aの教唆行為に係る危険場は、同人がX殺害につきBに指示した内容によって決まり、その点についてのAの認識が、教唆犯の故意の内容・範囲を決定することになります。

　例えば、Aが、Bに対して、Xの容貌を詳細に説明してX殺害を指示した場合には、教唆者Aにとって、危険場は被殺者Xを特定する形で設定されているので、被教唆者(正犯者)BがYを殺害した事実は、教唆者Aにとって危険場に関する内容・範囲を超えており、Aは、殺人予備罪の教唆犯(61条1項、201条、199条)と、場合によってはYに対する過失致死罪(210条)も成立し、両罪の観念的競合となります。これに対し、教唆者Aが、Bに対して、Xの容貌を漠然と説明したが同人の通る時間・場所を告げて殺害を指示した場合には、教唆者Aにとって、危険場は殺害行為の時間・場所を特定する形で設定されているので、被教唆者(正犯者)BがYを殺害した事実は、教唆者Aにとって危険場に関する内容・範囲内にあり、Aは、殺人罪の教唆犯(61条1項、199条)が成立します。

---

7) 中森喜彦「錯誤論 2」法教 107 号(1989 年)51 頁、山中・349 頁。

8) 浅田・457 頁。

9) 中義勝『刑法上の諸問題』(1991 年)326 頁。

10) 西田典之『共犯理論の展開』(2010 年)312 頁、西田・231 頁。

② 方法の錯誤

> 【事例11】AがBにXの殺害を教唆し、BがXを狙って発砲したところ、Xには当たらず、近辺にいた意外のYに命中し、Yが死亡した。

> 法定的符合説の**数故意犯説**によると、BにはXに対する殺人未遂罪（203条、199条）とYに対する殺人罪（199条）が成立し、両罪は観念的競合となり、AにはXに対する殺人未遂罪の教唆犯（61条1項、203条、199条）とYに対する殺人罪の教唆犯（61条1項、199条）が成立し、両罪は観念的競合となります。**一故意犯説**によると、BにはYに対する殺人罪（199条）が成立し、AにはYに対する殺人罪の教唆犯（61条1項、199条）が成立します。これに対し、**具体的符合説**によると、BはXに対する殺人未遂罪（203条、199条）とYに対する過失致死罪（210条）が成立し、両罪は観念的競合となり、AにはXに対する殺人未遂罪の教唆犯（61条1項、203条、199条）とYに対する過失致死罪の教唆犯（61条1項、210条）が成立し、両罪は観念的競合となります。

具体的危険符合説を採る本書によると、Bには、Xに対する殺人未遂罪（203条、199条）とYに対する過失致死罪（210条）が成立し、両罪は観念的競合となります。Aには、Xに対する殺人未遂罪の教唆犯（61条1項、203条、199条）が成立します（過失犯に対する教唆犯を肯定すると、Yに対する過失致死罪〔210条〕の教唆犯が成立し、殺人未遂罪の教唆犯との観念的競合）。

(2) 抽象的事実の錯誤

① 重い犯罪を教唆したら正犯者は軽い犯罪を実現

> 【事例12】AはBにXの殺害を教唆したところ、Bの行為は殺人未遂にとどまった。

殺人罪（199条）と殺人未遂罪（203条、199条）は、厳密にいえば、法律要件の異なる犯罪であり、両罪の錯誤は抽象的事実の錯誤ですが、死亡結果発生の有無、既遂・未遂の故意の点が異なるのみで、その余の法律要件は実質的に重なっていますので、重なり合う軽い殺人未遂罪が成立することになります。したがって、この事例では、Bには殺人未遂罪（203条、199条）が成立し、Aには殺人未遂罪の教唆犯（61条1項、203条、199条）が成立します。

② 軽い犯罪を教唆したら正犯者は重い犯罪を実現

> 【事例13】AはBに対し、Xの財物への窃盗を教唆したところ、BはXに対して強盗を実行し、既遂となった。

窃盗罪（235条）と財物強盗罪（236条1項）は法律要件の異なる犯罪であり、

両罪の錯誤は抽象的事実の錯誤ですが、手段としての暴行・脅迫の有無、相手方の生命・身体の安全への危害の点で異なりますが、占有侵害、財物の領得等の法律要件は実質的に重なっていますので、重なり合う軽い窃盗罪の範囲で責任を負うことになります〔法律要件の重なり〕。この事例では、Bには財物強盗罪（236条1項）が成立しますが、（38条2項により）Aには窃盗罪の教唆犯（61条1項、235条）が成立するにとどまります。

③ 結果的加重犯の錯誤

> **【事例14】** AはBに対し、「Xを懲らしめてやれ、多少怪我をさせてもいいから。でも殺すんじゃないぞ」と教唆したところ、Bは暴行・傷害の故意でXに暴行をふるったところ、Xは死亡した。

　結果的加重犯について、基本犯と加重結果との間に客観的な因果関係のほかに主観的な過失（予見可能性）が必要かについて議論があります。結果的加重犯と教唆犯が交錯する事例では、この議論が重要であり、教唆者Aの罪責について3つの見解が対立しています。ⓐ基本犯から加重結果が発生した以上、基本犯を教唆した教唆者には結果的加重犯の教唆犯が成立するとする見解に立つと、教唆者Aは、X死亡結果を惹起する危険性を有する暴行・傷害を教唆し、その教唆行為と暴行・傷害の行為及びX死亡結果との間に因果関係が存在する以上、傷害致死罪の教唆犯（61条1項、205条）が成立します。これに対し、ⓑ被教唆者（正犯者）につき、基本犯の実行行為によって加重結果を惹起したことについて因果関係のほか過失（予見可能性）が認められる場合に限り結果的加重犯の教唆犯が成立するとする見解に立つと、教唆者Aにつき、その教唆行為と暴行・傷害の行為及びX死亡結果との間に因果関係のほか過失（予見可能性）が認められるときには、教唆者Aに傷害致死罪の教唆犯（61条1項、205条）が成立します。さらに、ⓒ教唆行為は本来の実行行為ではないから、教唆者が正犯の加重結果について過失（予見可能性）があっても、結果的加重犯の教唆犯を認めるべきではなく、基本犯の教唆犯にとどめるべきであるとする見解に立つと、教唆者Aには、基本犯たる傷害罪の教唆犯（61条1項、204条）が成立するにとどまります。

　本書によると、加重結果の発生について、基本犯との間に（社会的因果関係・）刑法的因果関係があっても、行為者に過失が認められないときには責任原則から行為者を法的に非難することはできないので、結果的加重犯の教唆犯についても、教唆者に、加重結果の発生について少なくとも過失がない限り結果的加重犯の教唆犯の成立は認められません。

④ **法律要件の重なり**　　単独犯の場合に限らず、共同正犯・共犯の場合

にも、意図した犯罪と実現した犯罪とが異なる抽象的事実の錯誤が問題となることがあります。その場合には、法律要件の実質的な重なりを意識してください。

> **最判昭和23・10・23**（刑集2・11・1386）は、「本件故意の内容は刑法第156条の罪の教唆であり、結果は同法第155条の罪の教唆である。そしてこの両者は犯罪の構成要件を異にするも、その罪質を同じくするものであり且法定刑も同じである」ところ、「被告人等は最初その目的を達する手段として刑法第156の公文書無形偽造の罪を教唆することを共謀したが、結局共謀者の一人たるAが公文書有形偽造教唆の手段を選び、これによつて遂に目的を達したものである。それであるから、AのBに対する本件公文書偽造の教唆行為は被告人とAとの公文書無形偽造教唆の共謀と全然無関係に行われたものと云うことはできないのであつて、矢張り右共謀に基づいてたまたまその具体的手段を変更したに過ぎないから、両者の間には相当因果関係があるものと認められる。然らば被告人は事実上本件公文書偽造教唆に直接に関与しなかつたとしても、なおその結果に対する責任を負わなければならないのである。即ち被告人は法律上本件公文書偽造教唆につき故意を阻却しないのである」としています[11]し、**最判昭和25・07・11**（刑集4・7・1261〔百選Ⅰ・89〕）は、「犯罪の故意ありとなすには、必ずしも犯人が認識した事実と、現に発生した事実とが、具体的に一致（符合）することを要するものではなく、右両者が犯罪の類型（定型）として規定している範囲において一致（符合）することを以て足るものと解すべきものであるから、いやしくも右Mの判示住居侵入強盗の所為が、被告人Kの教唆に基いてなされたものと認められる限り、被告人Mは住居侵入窃盗の範囲において、右Mの強盗の所為について教唆犯としての責任を負うべきは当然」としています。

5　従犯の錯誤

⑴　具体的事実の錯誤

> **【事例15】** Aは、BがX宅で侵入盗を犯すものと信じて屋外で見張りをしていたところ、BはY宅で侵入盗を犯した。

被幇助者（正犯者）BにY宅への住居侵入罪（130条前段）と窃盗罪（235条）が成立することは疑問の余地がありません。幇助者Aの罪責については、**法定的符合説**（数故意犯説・一故意犯説）によると、Y宅への住居侵入罪の従犯（62条1項、130条前段）と窃盗罪の従犯（62条1項、235条）が成立し、両罪は観念

---

11) 大判大正元・11・28刑録18・1445参照。

470 第36講 間接正犯・共同正犯・共犯の錯誤論

的競合となります。これに対し、**具体的符合説**では、この事例の錯誤が幇助者
Aにとって客体の錯誤である場合は、Y宅への住居侵入罪の従犯（62条1項、
130条前段）と窃盗罪の従犯（62条1項、235条）が成立し、観念的競合となります。
これに対し、幇助者Aにとって方法の錯誤である場合は、従犯の未遂で不可罰
となります。

具体的危険符合説を採る本書によると、幇助者Aが、被幇助者（正犯者）
BのX宅・Y宅への住居侵入行為及び窃取行為をどのように認識していた
のかによって、危険場に関するAの認識の内容・範囲が決まりますので、
その罪責は変わります。

(2) 抽象的事実の錯誤

> **【事例16】** AがXへの窃盗行為を援助する意図でBを幇助したところ、B
> はXへの強盗を犯した。

被幇助者（正犯者）Bに強盗罪（236条1項）が成立することは疑問の余地が
ありません。幇助者Aの罪責については、**法定的符合説**（数故意犯説・一故意
犯説）・**具体的符合説**によると、（38条2項により）強盗罪と窃盗罪の重なり合
う軽い窃盗罪の限度で従犯（62条1項、235条）が成立します。

ここでも、法律要件の実質的な重なりが重要です。

> **【事例17】** Aは、もしかしたらBが被害者Xに怪我を負わせるかもしれな
> いと認識しながら、匕首（あいくち）を貸与して「これを使ったらいい」
> と幇助したところ、Bは殺意をもってその匕首を使ってXを刺殺した。

> この事例と類似の事案につき、**最判昭和25・10・10**（刑集4・10・1965）は、「被
> 告人の認識したところ即ち犯意と現に発生した事実とが一致しない場合である
> から、刑法第38条第2項の適用上、軽き犯意についてその既遂を論ずべきであ
> つて、重き事実の既遂を以つて論ずることはできない。原判決は右の法理に従
> つて法律の適用を示したもので、所論幇助の点は客観的には殺人幇助として刑
> 法第199条62条第1項に該当するが、軽き犯意に基き傷害致死幇助として同
> 法第205条62条第1項を以つて処断すべきものであることを説示したもので
> あることは判文上極めて明か」としました。判例は、Aが正犯者Bを幇助した
> 点は、客観的には殺人罪の従犯（62条1項、199条）に該当するが、傷害致死罪
> の従犯（62条1項、205条）により処断すべきであるとしたわけです。

結果的加重犯の錯誤の場合、現在の判例は、この判例のように罪名（成立
犯罪）と科刑（処断刑）を分離させる罪名・科刑分離説を採っておらず、**罪名・**

科刑一致説[12] を採っており、学説もこれを支持しています。ですから、B には殺人罪（199 条）が、A には傷害致死罪の従犯（62 条 1 項、205 条）が成立することになります。

今日の一言

まぶしい光が作り出す影も　知らなければならない
それを知れば
モノには　両義があることを　理解することができる
そして　その理解は　それだけで
視野をぐっと広くしてくれる

---

12) **最決昭和 54・04・13** 刑集 33・3・179、判時 923・21、判タ 386・97〔百選 I・90〕。さらに、麻薬を覚せい剤と誤認して営利目的で輸入した事案に関する**最決昭和 54・03・27** 刑集 33・2・140、覚せい剤を麻薬と誤認して所持した事案に関する**最決昭和 61・06・09** 刑集 40・4・269、判時 1198・157、判タ 606・54〔百選 I・43〕参照。

第37講　共同正犯・共犯と身分論

1　問題性

　共同正犯・共犯と身分について規定した 65 条は、1 項で、身分があることによって犯罪となる行為に非身分者が関与した場合、身分が非身分者にも連帯して作用するため非身分者も共同正犯・共犯となるという**身分の連帯性**を規定し、2 項で、身分があることによって刑に軽重がある犯罪に非身分者が関与した場合、身分が各共同正犯者・共犯者に個別的に作用するため、非身分者には通常の刑が科されるという**身分の個別性**を規定しています。

　身分の連帯性（65 条 1 項）と個別性（65 条 2 項）という一見矛盾する内容をいかに調和的に解釈するかが問題となります [1]。

2　身分の意義・種類

(1)　意　義

　身分とは、「男女の性別内外国人の別、親族の関係、公務員たるの資格のような関係のみに限らず、総て一定の犯罪行為に関する犯人の人的関係である特殊の地位又は状態を指称する」（大判明治 44・03・16 刑録 17・405、最判昭和 27・09・19 刑集 6・8・1083）とするのが判例の一貫した立場であり、通説もこれを支持します。

　しかし、判例・通説の身分概念は相当に拡散・弛緩しています。本書は、**身分**とは、一定の犯罪行為に関する行為者の社会関係における継続的な人的関係である特殊の地位・資格をいうと解します。身分には一定の継続性が必要であり、また、目的などの主観・心理的な要素は含みません。身分は、行為者の有責性にのみ影響を与える身分と、行為者の有責性だけでなく行為の違法性にも影響を与える身分とがあります。

---

1) 共同正犯・共犯と身分については、西田典之『共犯と身分』（新版・2003 年）、十河太朗『身分犯の共犯』（2009 年）、西田典之『共犯理論の展開』（2010 年）323 頁以下参照。

(2) 種　類

①　**構成身分**　身分には、それがあることによって犯罪が構成される**構成身分**（真正身分）があります。例えば、収賄罪（197 条以下）における公務員 [2]、秘密漏示罪（134 条）における医師等、横領罪（252 条）における他人の物の占有者 [3]、偽証罪（169 条）における法律により宣誓した証人 [4]、背任罪（247 条）における他人のために事務を処理する者 [5] などがあげられ [6]、この身分を要する犯罪を**構成身分犯**（真正身分犯）といいます。

②　**加減身分**　身分には、それがあることによって刑が加重され、ないことによって刑が減軽される**加減身分**（不真正身分）があります。例えば、業務上堕胎罪（214 条）における医師等 [7]、業務上横領罪（253 条）における業務者 [8]、常習賭博罪（186 条）における常習者 [9] などがあげられ、この身分が定められている犯罪を**加減身分犯**（不真正身分犯）といいます。

構成身分犯と加減身分犯の区別について、例えば、秘密漏示罪（134 条）では、他人の秘密を漏示する医師等を罰するもので、他人の秘密を漏示する行為をするすべての者を罰する規定は存在していませんので、秘密漏示罪は構成身分犯です。これに対し、例えば、業務上横領罪（253 条）では、自己の占有する他人の物を横領する単純横領罪を処罰する規定（252 条）があり、その上に業務上横領罪を処罰する規定があるので、業務上横領罪は加減身分犯です。つまり、基盤となる犯罪が処罰されていれば加減身分犯、処罰されていなければ構成身分犯なのです。

③　**消極身分**　身分には、それを有することが行為の可罰性を阻却する**消極身分**があります。例えば、無免許運転罪（道交法 84 条・118 条 1 項 1 号）や無

---

2) 大判大正 3・06・24 刑録 20・1329。

3) 大判明治 44・05・16 刑録 17・874。

4) 大判昭和 9・11・20 刑集 13・1514。

5) 大判昭和 8・09・29 刑集 12・1683。

6) 収賄における公務員、秘密漏示罪における医師等については問題ありませんが、性別、横領罪における他人の物の占有者、偽証罪における法律により宣誓した証人、背任罪における他人のために事務を処理する者などを「身分」とするのは疑問です。

7) 大判大正 9・06・03 刑録 26・382。

8) 最判昭和 32・11・19 刑集 11・12・3073。

9) 大判大正 2・03・18 刑録 19・353。

474　第37講　共同正犯・共犯と身分

免許医業罪（医師法17条・31条1項1号）における免許を有する者のような**正当化身分**が、偽証罪（169条）における自己の刑事事件のような**有責性阻却身分**が、犯人蔵匿罪（103条）・証拠隠滅罪（104条）における親族蔵匿・親族証拠隠滅（105条）、窃盗罪（235条）・不動産侵奪罪（235条の2）における親族相盗（244条）や、盗品等罪（256条）における親族盗品等罪（257条）のような**刑罰阻却身分**があげられ、これらの犯罪を**消極身分犯**といいます。

3　身分の範囲

(1)　営利目的

例えば、営利目的略取誘拐罪（235条）は**営利目的**で人を略取・誘拐した者を罰していますが、営利目的は身分に当たるのでしょうか。

①　学説・判例の状況

> 刑法上身分が問題となるのは、人的要素が犯罪の成否や刑の軽重に関連する場合であり、犯罪の成否に係る目的だけでなく刑の軽重に関連する営利目的も身分に含まれると解する**身分肯定説**[10]が主張されています。

> **最判昭和42・03・07**（刑集21・2・417、判時474・5、判タ204・144〔百選Ⅰ・91〕）は、旧麻薬取締法64条2項の営利目的による密輸入罪に関し、「同条は、同じように同法12条1項の規定に違反して麻薬を輸入した者に対しても、犯人が営利の目的をもっていたか否かという犯人の特殊な状態の差異によって、各犯人に科すべき刑に軽重の区別をしているものであって、刑法65条2項にいう『身分ニ因リ特ニ刑ニ軽重アルトキ』に当るものと解するのが相当である」とし、また、**東京高判平成10・03・25**（判時1672・157、判タ984・287）は、営利目的を有する大麻輸入の正犯者を営利目的をもたない被告人が幇助した場合、「被告人に対しては、刑法65条2項により、刑法62条1項、大麻取締法24条1項を適用すべきであった」としており、いずれも営利目的を加減身分（65条2項）としています。

> これに対し、身分は一定の継続的な関係が存在することを前提とする概念なので、目的のような一時的な主観要素は含まないことを根拠に、営利目的は身分ではないとする**身分否定説**[11]も主張されています。**大判大正14・01・28**（刑集4・14）も、「刑法第225条の営利の目的は同法第65条1項、2項の犯人の身分には該当せざる」としていました。

②　**本書の立場**　営利目的のような主観要素でかつ一時的な要素は身分概

---

10)　平野・Ⅱ・372頁、大谷・450頁、山口・349頁、内藤・下Ⅱ・1414頁、井田・571頁など多数説です。
11)　福田・292頁、大塚仁・329頁、山中・942頁、林・433頁、前田・335頁、高橋・508頁、松宮・303頁。

念にはなじみません。**身分否定説**が妥当です。目的は責任要素であり身分には当たらないと解すると、目的を欠く関与者に当該犯罪の共同正犯・共犯の成立を肯定することができず問題であることを根拠に、営利目的は身分に当たると解する見解があります。結論の妥当性を確保しようとの意図は理解できますが、それは身分概念で処理すべき問題ではありませんし、そもそも問題の処理の仕方が逆転しています。

(2) 事後強盗罪

　事後強盗罪（238条）における窃盗犯人は身分なのでしょうか。

① 学説・判例の状況

　　事後強盗罪を構成身分犯とする**構成身分犯説**[12]によると、本罪は窃盗犯人でなければ犯し得ない犯罪であるが、非窃盗犯人（非身分者）も窃盗犯人（身分者）を通じて本罪の違法内容（法益侵害）を実現でき、身分の連帯性を肯定することができるので、犯行の途中から関与し、暴行・脅迫のみに加担した者であっても、65条1項により事後強盗罪の共同正犯・共犯となるとします。つまり、本罪は、窃盗犯人を構成身分とする構成身分犯であるとします。

　　大阪高判昭和62・07・17（判時1253・141、判タ654・260〔百選Ⅰ・93〕）も、「事後強盗罪は、暴行罪、脅迫罪に窃盗犯人たる身分が加わつて刑が加重される罪ではなく、窃盗犯人たる身分を有する者が、刑法238条所定の目的をもつて、人の反抗を抑圧するに足りる暴行、脅迫を行うことによつてはじめて成立するものであるから、真正身分犯であつて、不真正身分犯と解すべきではない」としています。

　　これに対し、事後強盗罪を加減身分犯とする**加減身分犯説**[13]によると、本罪は誰でも犯しうる暴行罪・脅迫罪につき、窃盗犯人たる身分が加わることにより刑が加重されている犯罪であるから加減身分犯であり、犯行の途中から関与し、暴行・脅迫のみに加担した者は、65条2項により暴行（傷害）罪・脅迫罪の共同正犯・共犯となるとします。

　　新潟地判昭和42・12・05（判時509・77）は、窃盗犯人でない者が、窃盗犯人の逮捕を免れさせる目的で窃盗犯人と共謀の上、追跡者に暴行を加え傷害を与えたときは、65条1項により強盗致傷罪の共同正犯（60条、240条前段）に該当するが、窃盗犯人の身分がないので、65条2項により傷害罪（204条）の限度において科刑するとし、**東京地判昭和60・03・19**（判時1172・155）も、「事後強盗罪は、窃盗という身分を有する者が主体となる身分犯の一種であって、被告

---

12) 堀内・280頁、前田・335頁、井田・574頁。
13) 大塚仁・各論・224頁、内田・各論・285頁、大谷・各論・245頁、岡野・各論・145頁、松宮・各論・233頁。

人Bはその身分がないのであるから、本件では承継的共同正犯の問題ではなく、共犯と身分の問題として把握すべき」であり、それゆえ、「身分のない被告人Bには、刑法65条1項により強盗致傷罪の共同正犯となるものと解するが、その刑は、同法65条2項によって傷害の限度にとどまると判断するのが相当である」とします。しかし、現在の判例は**罪名・科刑一致説**を採っているので、窃盗犯人でない者については、傷害罪（204条）が成立することになります。

事後強盗罪の成立に必要な目的の相違に応じて区別する**目的区分説**[14]によると、財物取還阻止の目的の場合は、「窃盗」は違法身分であって、構成身分として65条1項が適用されて連帯的に作用するのに対し、逮捕免脱・罪跡隠滅の目的の場合は、「窃盗」は責任身分であって、加減身分として65条2項が適用されて個別的に作用するので、身分のない者には暴行（傷害）罪・脅迫罪の共同正犯・共犯となるとします。

以上の見解に対し、事後強盗罪は身分犯ではなく単なる結合犯であるとする**結合犯説**[15]は、本罪を身分犯と解し、また「窃盗」には窃盗未遂も含むと解すると、本罪の未遂・既遂を窃盗の未遂・既遂で分ける判例・通説の解釈と矛盾するし身分概念と相容れない、身分としての「窃盗」に窃盗未遂犯人を含むと、先行する窃盗が未遂の場合でも、逮捕免脱・罪跡隠滅の目的で暴行・脅迫を行っただけで本罪が既遂になってしまう、本罪の法律要件を充足する暴行・脅迫は反抗を抑圧するに足る程度のものでなければならず、暴行罪・脅迫罪に窃盗罪を加えた加重類型と捉えることはできないなどを根拠とし、本罪は窃盗と暴行・脅迫という2つの犯罪が結合した結合犯にすぎないとします。

② **本書の立場**　窃盗犯を身分とし、事後強盗罪を身分犯と解すると、窃取行為が本罪の実行行為に包摂されず、犯罪行為の主体に解消されてしまうことになりますが、こうした構成は本罪の実体に合致しない、誰でも犯しうる窃盗を身分概念に包摂するのは身分概念を弛緩させる、窃盗の既遂・未遂によって本罪の既遂・未遂を決めている判例・通説の考え方と矛盾することなどから、本罪を身分犯と解するのは困難です。目的区分説はきわめて精妙な考え方ですが、違法身分・責任身分と65条1項（連体性）・2項（個別性）とを連動させている点で疑問があります。**結合犯説**が妥当です。ただ、本罪は結合犯といっても、「窃盗」行為を先行条件とし、財物取還阻止・逮捕免脱・罪跡隠滅の目的による暴行・脅迫を実行行為とする結合犯です[16]。

---

14) 曽根・各論・134頁、佐伯仁志「事後強盗罪の共犯」研修632号（2001年）3頁以下。

15) 西田・406頁、山口・350頁、高橋・507頁、山中・各論・318頁、中森・各論・128頁、伊東・各論・179頁。

16) 小田直樹「事後強盗罪の共犯関係」刑法雑誌38巻1号（1998年）97頁は、事後強盗罪（238条）

なお、事後強盗罪につき、犯行の途中から関与した者について**承継的共同正犯**の問題が生じます。この点、既に実現された事態について遡って共同正犯となることはありえず、承継的共同正犯は原則として認められないとする**否定説**が妥当です。事後の関与者には、暴行罪・傷害罪・脅迫罪の共同正犯（60条、208条・204条・222条）が成立することになります（事後強盗罪の従犯（62条1項、238条）も成立し、観念的競合となると解することもできます。）。

> 強度の暴行・脅迫の行われることが強盗罪の重い不法を根拠づけているので、途中からの関与者はまさに重罰の根拠である暴行・脅迫を共同にして強盗罪の不法を完成させている以上、一層強い理由をもって事後強盗罪の共同正犯にできることを根拠に、**肯定説**[17] が主張されていますが、妥当ではありません。

4　学説の状況

(1)　65条1項・2項

①　学説・判例の状況

> 1項は、構成身分犯に関し共同正犯・共犯の成立と科刑について身分の連帯的作用を規定し、2項は、加減身分犯に関し共同正犯・共犯の成立と科刑について身分の個別的作用を規定したものであると解する**構成身分犯・加減身分犯説**が判例・通説[18] です。この見解によると、身分の存在によって行為が初めて可罰的となる場合は65条1項の構成身分犯の共同正犯・共犯に対する連帯性を、可罰的行為の刑が身分の存在によって加重される場合は65条2項の加減身分犯の共同正犯・共犯に対する個別性を規定していると解し、65条1項・2項ともに共同正犯・共犯の成立・科刑に関する規定であると解する点に特徴があります。
> 1項は構成身分犯・加減身分犯に適用される共犯の成立についての規定であり、共犯従属性説からの中核的規定、2項は加減身分犯について科刑を調整する規定であるとする**共犯成立・科刑説**[19] は、加減身分犯も「犯人の身分により構成すべき犯罪」である点で構成身分犯と同様に解しうるし、1項の身分の連帯性を基調とする解釈し、また、共犯の成立の次元では従属性の観点を重視する点を特徴とします。

　共犯成立・科刑説は、加減身分犯について重い身分犯の犯罪が成立すると

にいう「窃盗が」は身分でも実行行為でもなく行為状況であるとします。魅力的な見解ですが、行為ないし行為主体を状況に読み替える点で無理があります。

17)　中森・各論・128頁。

18)　大判大正2・03・18刑録19・353、最判昭和31・05・24刑集10・5・734、西原・下・409頁、香川・406頁、内田・319頁、前田・336頁、大谷・454頁、川端・612頁、高橋・504頁。

19)　福田・293頁、大塚仁・331頁、佐久間・413頁。

解しながら、科刑については軽い通常の刑が科されるとする理論的説明が説得的でない、犯罪成立（成立する犯罪名）と科刑（科される刑罰）とを分離しており、疑問があります。

> 1項は違法身分に関する共同正犯・共犯の成否に関する規定で連帯的に作用すること、2項は責任身分に関する共同正犯・共犯の成否に関する規定では個別的に作用することを規定しているとする**違法身分・責任身分説**[20]が反対有力説であり、「違法性は客観的に、有責性は主観的に」のテーゼを前提にし、法益侵害に直接関わる身分であれば違法身分で連帯的に作用するが、法益侵害に直接関わらない身分であれば責任身分で個別的に作用するとし、違法評価の客観性・連帯性を違法身分の連帯性に連動させ、責任評価の主観性・個別性を責任身分の個別性に連動させている点に特徴があります。例えば、違法身分としては、特別公務員職権濫用罪（194条）における「裁判の職務を行う者」などがあり、これは逮捕監禁罪（220条1項）を基本とした違法身分とし、業務上横領罪（253条）における業務者、常習賭博罪（186条1項）における常習性などを責任身分とします。

違法身分・責任身分説に対しては、例えば、同意殺人罪（202条後段）は、普通殺人罪（199条）を減軽した加減身分犯であり、「同意を得た者」は違法身分ではあっても構成身分ではない、にもかかわらず、違法身分ということで65条1項が適用されると、「犯人の身分によって構成すべき犯罪行為」という法文言に抵触する、また、違法身分犯のすべてが構成身分犯であるとは限らないため、65条1項と矛盾する、例えば、利益目的面会強請（暴力行為等処罰ニ関スル法律2条1項）における利益目的のように、構成身分ではあっても責任身分とされるものがある、そもそも違法身分と責任身分との区別が容易でないなど、この説は問題を抱えているとの批判がなされます。

② **本書の立場**　その犯罪の基盤となる別の軽い犯罪を罰する規定がないときはその犯罪は構成身分犯、それがあるときはその犯罪は加減身分犯です。構成身分犯か加減身分犯かは立法者の刑事政策的な考慮に依拠するところが大きく、純粋理論的な原理で割り切ろうとしても無理です。1項は構成身分犯に関し、共同正犯・共犯の成立・科刑について身分の連帯的作用を規定し、2項は加減身分犯に関し共同正犯・共犯の成立・科刑について身分の個別的作用を規定したものであり、**構成身分犯・加減身分犯説**が妥当です。

20）平野・Ⅱ・366頁、内藤・下Ⅱ・1403頁、中山・493頁、曽根・298頁、堀内・279頁、林・431頁、山口・351頁以下、井田・570頁、西田・409頁、浅田・449頁。

(2) 65条1項の「共犯」

65条1項にいう「共犯」に、共同正犯は含まれるのでしょうか。

> **共同正犯・教唆犯・従犯のすべてを含むとする説**は、非身分者といえども共同正犯者と共同して法益の侵害・危殆化を惹起しうる、共謀共同正犯を肯定する以上、「共犯」には当然に共同正犯も含むことになることを根拠に、「共犯」には共同正犯・教唆犯・従犯を含むとする見解で、判例[21]、構成身分犯・加減身分犯説や違法身分・責任身分説から主張される支配的見解です。
>
> **構成身分犯については共同正犯を含まないが、加減身分犯については共同正犯を含むとする説**は、1項は加減身分犯にも適用されることを前提にして、身分犯は身分に伴う義務違反性が認められるが、非身分者に特別の義務違反は考えられない、構成身分犯の場合非身分者の行為は実行行為としての定型性を欠く、立法時の立案関係者の見解にも合致することを根拠に、構成身分犯については「共犯」は共同正犯を含まないが、加減身分犯については共同正犯も含むとする見解で、共犯成立・科刑説から主張されます。
>
> **教唆犯・従犯のみであるとする説**は、1項の「共犯」は狭義の共犯（教唆犯・従犯）のみを意味し共同正犯を含まない、構成身分犯は身分のある者のみが実行できる犯罪であることを根拠に、共同正犯を含まず、教唆犯・従犯に限られるとする見解で、結果無価値を重視する立場から主張されます[22]。

④ **本書の立場** 本書は、共同正犯・共犯の処罰根拠論につき**混合惹起説**を妥当とし、共同正犯・共犯の違法性は、法益侵害の共同惹起・間接惹起に自ら加担したという独立的要素と、(直接) 正犯行為から導かれる従属的要素とが結合したものと解します。この見解によると、共同正犯・教唆犯・従犯には共通に共犯性が認められる、1項は共同正犯・共犯の連帯性について定めたものである、しかも、非身分者といえども共同正犯者・共犯者と共同して法益の侵害・危殆化を惹起する実行行為を分担しうることなどから、1項の「共犯」は共同正犯・教唆犯・従犯のすべてを含むと解すべきです。

5 問題類型

(1) 構成身分犯

① 非身分者Bが身分者Aに関与

---

21) 大判大正4・03・02刑録21・194、最決昭和40・03・30刑集19・2・125。
22) 山中・1002頁、松宮・300頁。

480　第37講　共同正犯・共犯と身分

　　【事例01】非公務員Ｂが公務員Ａの収賄行為に関与した。

　収賄罪（197条以下）は公務員が主体の構成身分犯なので、65条1項の「共犯」は共同正犯も含むとする**構成身分犯・加減身分犯説**（判例・通説）及び**違法身分・責任身分説**によると、65条1項が適用され、ＡとＢは収賄罪の（共謀）共同正犯としますが、Ａは収賄罪の（間接）正犯、Ｂは収賄罪の教唆犯・従犯とする見解もあります。これに対し、構成身分犯につき1項の「共犯」は共同正犯を含まないとする**共犯成立・科刑説**によると、65条1項が適用されますが、罪責は後者と同じとなります。

　②　身分者Ａが非身分者Ｂに関与

　　【事例02】公務員Ａが非公務員Ｂに指示して賄賂を要求・収受させた。

　　身分なき故意ある道具の利用について、**共犯成立・科刑説**の立場の中には、義務違反は正犯原理であり、非身分者Ｂの行為は身分犯の正犯行為とはいえず、正犯なきところに教唆犯が存在しえない以上、間接正犯として処断せざるを得ない、身分犯における法規範の命令・禁止は身分者だけに向けられており、実行行為は身分者だけが行いうる、規範的観点からすれば、利用者Ａは自ら正犯となりえないＢを利用して犯罪を実現しているといえることを根拠に、Ａは収賄罪の間接正犯、Ｂは収賄罪の従犯とします。

　　また、Ｂは事実上の正犯といえようが、法律上は従犯とせざるを得ない、身分を欠くＢを正犯とすることはできない、被利用者Ｂは十分に規範的障害に直面しており単なる道具とは言えず、身分者たる利用者の行為に間接正犯としての実行行為性を認めることはできないことを根拠に、「正犯なき共犯」を肯定し、Ａは収賄罪の教唆犯、Ｂは収賄罪の従犯とする見解も主張されています。

　非公務員Ｂは、直接単独犯としては収賄罪の禁止規範に違反することができないが、公務員Ａとの共同によって本罪の主体となりうる、非身分者であっても、犯罪行為の事実面に加担することによって共同正犯の罪責を問われることがあることを根拠に、ＡとＢは収賄罪の（共謀）共同正犯とする見解も主張されており、多数説です。本書もこの見解を妥当とします。

(2)　**加減身分犯**

　身分が加減身分であることを確定したら、65条1項により共同正犯・共犯の成立を処理してから同条2項により科刑を処理するのか、それとも、直ちに65条2項により共同正犯・共犯の成立・科刑を処理するのか争われて

おり、後者のやり方が判例・通説です。

① 非身分者 B が身分者 C に関与

【事例 03】 占有者 B が業務上占有者 C の横領行為に関与した。

ショクンは、業務上横領罪（253 条）は、占有者身分の上に業務上占有者身分が重層的に乗っている犯罪であることは分かりますね。

構成身分犯・加減身分犯説（判例・通説）によると、業務上占有者身分は単なる占有者身分との関係では加減身分なので、65 条 2 項が適用され、C は業務上横領罪の正犯、B は 65 条 2 項により、単純横領罪の共同正犯・教唆犯・従犯となります。また、**違法身分・責任身分説**によると、占有者身分は違法身分として連帯的に作用し、業務上占有者身分は責任身分として個別的に作用するので、業務上占有者 C は業務上横領罪の正犯、B は 65 条 2 項により、単純横領罪の共同正犯・教唆犯・従犯となります。

> **共犯成立・科刑説**によると、65 条 1 項は構成身分犯・加減身分犯を問わず身分犯についての共犯の成立についての規定であり、業務上占有者身分は、単なる占有者との関係では加減身分なので、まず 65 条 1 項が適用され、次に、加減身分犯について科刑を定めた 65 条 2 項が適用されて科刑が決まることになるので、C は業務上横領罪の正犯、B は 65 条 1 項により業務上横領罪の教唆犯・従犯となり、65 条 2 項により単純横領の刑で処断されることになります。しかし、この見解は罪名と科刑を分離するので、妥当ではありません。

【事例 04】 非常習者 B が賭博常習者 C を教唆して賭博行為をやらせた。

非身分者（非常習者）B と身分者（常習者）C、単純賭博罪（185 条）と常習賭博罪（186 条 1 項）を念頭において検討します。**構成身分犯・加減身分犯説**（判例・通説）によると、常習者身分は単純賭博罪との関係では加減身分なので 65 条 2 項が適用され、C は常習賭博罪の正犯、B は 65 条 2 項により単純賭博罪の教唆犯（従犯・共同正犯）となります。

> **違法身分・責任身分説**によると、常習賭博者身分は責任身分であり、常習賭博者 C は常習賭博罪の正犯、B は 65 条 2 項により単純賭博罪の教唆犯（従犯・共同正犯）となります。他方、**共犯成立・科刑説**によると、65 条 1 項は構成身分犯・加減身分犯を問わず身分犯についての共犯の成立についての規定であり、常習賭博者身分は、単なる賭博者との関係では加減身分なので、まず 65 条 1 項が適用され、次に、加減身分犯について科刑を定めた 65 条 2 項が適用されて科刑が決まることになるので、C は常習賭博罪の正犯、B は 65 条 1 項により常習賭博

罪の教唆犯（従犯）となり、65条2項により単純賭博罪の刑で処断されることになります。

② **身分者Cが非身分者Bに関与**

【事例05】業務上占有者Cが占有者Bを教唆して横領行為をさせた。

身分者（業務上占有者）Cと非身分者（占有者）B、単純横領罪（252条）と業務上横領罪（253条）を念頭において、しかも、共同正犯・共犯の従属性、罪名の従属性をどこまで貫徹できるかが問われます。

構成身分犯・加減身分犯説（判例・通説）によると、65条2項を反対解釈し、身分者には身分犯の刑を、非身分者には通常の刑を科すと解釈できる、非身分者に通常の刑を科するというのは、その反面として、身分者には身分に応じた重い刑が科せられることを意味する、身分者が自ら遂行すれば重く罰せられるのに、他人に依頼して同様の目的を遂げると重罰を免れるとするのは不都合であるし、身分者に特に科せられている義務が非身分者を正犯とする行為に加功すると軽減してしまうとするのは不都合であることを根拠に、Cは業務上横領罪の教唆犯（共同正犯）、Bは65条に2項により単純横領罪の（共同）正犯となります。

共犯成立・科刑説及び**違法身分・責任身分説**によると、65条2項を反対解釈して適用を認めることは共犯独立性説からの帰結であり妥当でない、共犯従属性説を貫徹する限り罪名も含めて正犯に従属すべきである、判例・通説に従うと、「業務上占有者ではない」という消極的身分を一種の身分とするほかなく、これは身分概念の自殺に等しいことを根拠に、Cは単純横領罪の教唆犯、Bは単純横領罪の正犯とします。

【事例06】業務上占有者Cと占有者Bとが共同して横領行為を行った。

この事例で、AとBには、単純横領罪と業務上横領罪との間で重なり合う軽い単純横領罪について共同正犯が成立し、業務上占有者Cには、単純横領罪の共同正犯を内含した業務上横領罪が単独で成立します。

【事例07】賭博常習者Cが非常習者Bを教唆して賭博行為をやらせた。

構成身分犯・加減身分犯説（判例・通説）によると、常習者身分は単なる賭博者との関係では加減身分なので、65条2項（反対解釈の趣旨）が適用され、Bは単純賭博罪の正犯、Cは65条2項により常習賭博罪の教唆犯となります。

違法身分・責任身分説によると、常習賭博者身分は責任身分であるので、B
は単純賭博罪の正犯、Cは65条2項により常習賭博罪の教唆犯となります。
　共犯成立・科刑説によると、65条1項は構成身分犯・加減身分犯を問わず身
分犯についての共犯の成立についての規定であり、共犯従属性からは共犯は正
犯に成立する犯罪に従属するはずである、65条2項の反対解釈をして「身分の
ないこと」を身分概念に包摂することは身分概念の自殺であることを根拠に、B
は単純賭博罪の正犯、Cは単純賭博罪の教唆犯となります。

⑶　身分の競合

　業務上横領罪（253条）を素材に検討しておきます。本罪は、「他人の物の
占有者」という占有者身分の上に業務上占有者身分が重層的に乗っています。
非占有者Aと単純占有者Bの関係では占有者身分は構成身分であり、65条
1項により連帯的に作用することになりますし、単純占有者Bと業務上占有
者Cの関係では業務上占有者身分は加減身分であり、65条2項により個別
的に作用します。問題は、非占有者Aと業務上占有者Cの関係で、65条1項・
2項はどのように作用するかです。

> 　**【事例08】**非占有者Aが業務上占有者Cに関与し、一緒になって横領行為
> を行った。

　構成身分犯・加減身分犯説、しかも罪名と科刑を一致させる判例・通説に
よると、非占有者Aは単純横領罪の共同正犯、業務上占有者Cは単純横領
罪の共同正犯を内含した業務上横領罪の正犯となります[23]。

　違法身分・責任身分説によると、「委託を受けている」身分（占有者身分）は
違法身分であり、65条1項により連帯的に作用するので、非占有者Aは単純横
領罪の共同正犯となり、業務者身分は責任身分であり、2項により個別的に作用
するので、非占有者Aは単純横領罪の共同正犯となります。
　共犯成立・科刑説によると、業務上占有者身分は、単なる占有者との関係で

---

23)　最判昭32・11・19（刑集11・12・3073〔百選Ⅰ・92〕）。しかし、現在、判例・通説は**罪名と科
刑とを一致**させます。なお、業務上横領罪は非占有者Aとの関係では二重の構成身分犯であり、
非占有者Aは65条1項により業務上横領罪の共同正犯・共犯となり、刑の不均衡の点は解釈上
の技巧により適宜解決されるべきであるとの見解（内田・320頁）、業務者への責任非難の増大根
拠を業務性に基づく法益侵害の拡大に求め、非占有者Aは65条1項により業務上横領罪の共同
正犯・共犯とする見解（林・各論・296頁、伊東・各論・224頁）もありますが、こうした技巧的
な解釈は、身分の概念、とりわけ加減身分の概念を変質させ、加減身分犯に65条1項を強引に適
用しようとするもので、理論的に妥当ではありません。

484　第37講　共同正犯・共犯と身分

は加減身分なので65条1項が適用され、次に65条2項が適用されて科刑が決まることになり、非占有者Aは65条1項により業務上横領罪の教唆犯（従犯）となるが、65条2項により単純横領罪の刑で処断されることになります。

(4) 消極身分

　消極身分とは、一定の身分を有することが行為の可罰性を阻却する身分であり、これには、正当化身分（例：無免許運転罪〔道交法84条・118条1項1号〕・無免許医業罪〔医師法17条・31条1項1号〕における免許を有する者）、責任阻却身分（例：偽証罪〔169条〕における自己の刑事事件）、さらに刑罰阻却身分（例：犯人蔵匿罪〔103条〕・証拠隠滅罪〔104条〕における親族蔵匿・親族証拠隠滅〔105条〕、窃盗罪〔235条〕、不動産侵奪罪〔235条の2〕における親族相盗（244条）、盗品等罪〔256条〕における親族盗品等罪〔257条〕）があります。

① 正当化身分

> **【事例09】** 無免許者（非身分者）Bが免許者（身分者）Aに関与して行為を行わせた。

　この事例のように、無免許者Bが免許者Aの行為に関与した場合、正犯者である免許者Aの行為は適法行為なので、これに加功した無免許者Bに共同正犯・共犯は不成立です。

> **【事例10】** 免許者（身分者）Aが無免許者（非身分者）Bに関与して違反行為を行わせた。

> 　免許者Aが無免許者Bの行為に関与した場合につき、**65条の適用を否定する見解**[24] は、無免許者Bは無免許罪、免許者Aは無免許罪の教唆犯（共同正犯・従犯）となります。

> 　**大判大正3・09・21**（刑録20・1719）も、医師の免許を受けている者が、他人が無免許医業の行為をすることの情を知りながら自己の出張所の看板を掲げさせる行為は、無免許医業の犯罪行為を幇助するものに外ならないとしましたし、**大判昭和12・10・29**（刑集16・1417）は、衆議院議員選挙に際し選挙事務長が無資格選挙運動者と共謀し、候補者に当選を得させる目的で金員を選挙運動者に供与した事案につき、衆議院議員選挙法を直接適用して、選挙事務長もまた無資格運動をしたものとして衆議院議員選挙法96条1項の罪責を免れないのであり、刑法65条1項を適用すべきではないとしました。

---

24) 西田・404頁、高橋・511頁。

65条の適用を肯定する見解[25] は、無免許罪の法益侵害は無免許者であって初めて可能であるが、免許者も無免許者を介してであれば、その法益を間接的に侵害しうること、無免許罪は構成的な違法身分犯（65条1項）であることを根拠に、無免許者Bは無免許罪、免許者Aは65条1項により無免許罪の教唆犯（共同正犯・従犯）とします。

本書によると、無免許罪における免許者の行為が正当化されるのは、形式的な資格取得を考慮してのことであり、免許の有無が法益の侵害・危殆化の有無・程度を直接に決定してはいません。65条も実質的な法益の侵害・危殆化を創設する機能を有しておらず、処罰を創設・拡張する機能を有しているにすぎません。免許者が無免許者に関与したときは、構成身分犯に関与したとはいえない類型ですから、本条を適用する必要はありません。

【事例11】 免許者（身分者）Aが無免許者（非身分者）Bに関与し、共同して行為を行った。

免許者Aと無免許者Bが共同関与した場合につき、**違法性の連帯的効果を認める見解**は、違法行為の主体となりうる者が他者を巻き込む場合に自己の行為の違法性が消滅すると解するのは不合理であることを根拠に、無免許者Bと免許者Aは無免許罪の共同正犯であるとします。

東京高判昭和47・01・25（判タ277・357）は、医師法17条・31条1項1号の無免許医業の罪に関し、医師資格のない者と医師が共同関与したときは、いわゆる身分により構成すべき犯罪に加功したことにはならないから、当該犯人に医師の資格がないことは刑法65条1項にいう身分には当らないので、刑法60条を適用すれば足り、「医師の資格があるからといって、他人の無免許医業に協力、加功することまでを許されているわけではないのであるから、医師が他人の無免許医業に加功すれば、その加功の程度に応じた責任を負うのは当然である」としました。

違法な行為と正当行為との共同正犯はありえないとする見解は、違法行為の直接の主体となりえない者が他者を巻き込んで間接的に行為に関与したからといって、自己の行為の適法性が消滅すると解するのは不合理であることを根拠に、無免許者Bは無免許罪の単独正犯、免許者Aは、自己の直接の正犯行為は正当化され、無免許罪の教唆犯・従犯となります。

本書は、**混合惹起説**を妥当とし、共同正犯・共犯の違法性は一部独立性志向・一部従属性志向の複合体と解します。この見解によると、一部独立的要

25）平野・Ⅱ・369頁、内藤・下Ⅱ・1412頁、曽根・270頁、山口・349頁。

素は、免許資格によってその行為の違法性が形式的に排除されたと解することになりますので、無免許者Bは無免許罪の単独正犯、免許者Aは無免許罪の（共同）正犯ではなく教唆犯・従犯となります。

② 有責性阻却身分

【事例12】親Bが刑事未成年のわが子Aに窃盗行為を指示して行わせた。

　非身分者（成人）Bが身分者（刑事未成年者）Aに関与して窃盗行為を行わせた場合、子Aの是非弁別能力が完全に欠如するときは、Aは窃盗罪の法律要件を充足するも責任がなく無罪、親Bは窃盗罪の**間接正犯**となるが、子Aが是非弁別能力を有するときは、Aは窃盗罪の法律要件を充足するも無罪ですが、親Bは、窃盗罪の間接正犯とする見解、窃盗罪の**教唆犯**とする見解、及び、窃盗罪の**共謀共同正犯**とする見解があります。

　本書によれば、利用者Bの正犯性は、利用者Bの行為に係る事情と被利用者Aの行為に係る事情の相関関係により決まります。その際、犯罪行為の遂行を利用・支配していた点だけでなく、犯罪結果の発生を支配・操縦していた点に係る諸事情も考慮に入れて、利用者Bの正犯性を判断することになります。この事例では、Bの罪責については、窃盗罪の間接正犯、共謀共同正犯、及び教唆犯の順にその成否を検討していくことになります。

【事例13】刑事未成年の子Aが親Bに窃盗行為を指示して行わせた。

　刑事未成年者Aが成人Bに加功して窃盗行為を行わせた場合、親Bは窃盗罪の単独正犯、子Aは刑事未成年者として責任がなく無罪となります。

【事例14】被告人Aが自己の刑事被告事件について他人Bに証人として虚偽の陳述をするように教唆して虚偽の証言をさせた。

　偽証罪（169条）においては、被告人自身は自己の刑事事件について証人適格を欠くのですが、これは、一般に虚偽の陳述を行わないことにつき被告人には期待可能性がないからと説明されます。この事例について、他人Bは偽証罪の正犯となりますが、被告人Aには期待可能性がないとはいえない、偽証罪は他人を犯罪に巻き込むまでも不処罰とするものではないことを根拠に、偽証罪の**教唆犯**が成立するとする見解が主張されています。

　被告人Aに**期待可能性**がない点は自分の刑事事件について他人Bを唆す場合にも妥当することを根拠に、被告人Aに偽証罪の教唆犯は成立しないとする見解があり、妥当です。

③ 刑罰阻却身分

5　問題類型　487

> **【事例 15】** 第 3 者 B が A を教唆して、A 親族間の犯人蔵匿を犯させた。

　犯人蔵匿罪（103 条）における親族間特例（105 条）の刑の任意的免除は第 3 者 B には及ばないので、第 3 者 B は犯人蔵匿罪の**教唆犯**となるとするのが支配的見解です。親族間特例は、期待不可能性を理由とする有責性消滅・減少にあり、有責性阻却身分に当たります。

> **【事例 16】** 親族 A が第 3 者 B を教唆して、A 親族間の犯人蔵匿を犯させた。

> 　第 3 者 B を巻き込んで犯罪に陥れるのは権利濫用である、親族 A には期待可能性がないとはいえないことを根拠に、第 3 者 B は犯人蔵匿罪の正犯、親族 A は犯人蔵匿罪の教唆として可罰的であるとする**可罰説**が判例・通説です。

　親族 A に自らの法益侵害について期待可能性がない以上、間接侵害である教唆の場合にも期待可能性がない、親族 A 自らが犯行を行った場合（105 条）と同様に、刑の免除が認められるべきことを根拠に、第 3 者 B は犯人蔵匿罪の正犯、親族 A は犯人蔵匿罪の教唆としては不可罰であるとする**不可罰説**[26]も主張されており、妥当です。

> **【事例 17】** 第 3 者 B が A を教唆して、A 親族間の窃盗を犯させた。

> 　親族相盗例（244 条）に関する刑の必要的免除効果は第 3 者 B には及ばないので、第 3 者 B は窃盗罪の**教唆犯**となるとするのが支配的見解です。ただ、親族相盗例の刑の必要的免除効果は、消費共同体を根拠とする違法性消滅・減少にあるとするときには違法性阻却身分になりますし、親族相盗例の刑の必要的免除効果は期待不可能性を理由とする有責性消滅・減少にあるとするときには有責性阻却身分になります。

　本書によれば、親族相盗例の刑の必要的免除効果は、違法性消滅・減少と有責性消滅・減少の双方にあり、**違法性減少・阻却身分**でもあり**有責性減少・阻却身分**でもあります。

今日の一言

若さが美しいと思うのは　幻想です
年齢に相応しい美しさこそ
本当の意味の美だと思えるから

26）平野・Ⅱ・369 頁、曽根・271 頁。

488

第 38 講　罪数論

1　総　説

(1)　問題性

　ショクンは、行為者の行為が犯罪事実を実現した場合に、それが一罪なの
か数罪なのか、数罪とされた場合に、その科刑はどうなるかが気になると思
います。犯罪の個数とその関係、及び科刑を考察する罪数論[1]は、実は、単
純な単独の直接正犯においても問題となります。

> **【事例】** A は、X を射殺する意図で拳銃を 1 回発射し、X を殺した。

　この事例で、A が X 殺害のために行った準備行為はどう評価されるのか、
被害者 X の死亡結果が発生する前の殺人の未遂行為はどう評価されるのか、
また、被害者 X の着衣に弾丸で穴を開けた器物損壊行為はどう評価される
のかなどが問題となるのです。

(2)　基　準

> 　罪数を決定する基準については、従来から、行為者の犯罪意思の個数によっ
> て罪数を決定する**犯意標準説**[2]、犯罪行為の数によって罪数を論じる**行為標準
> 説**[3]、犯罪の結果、すなわち法益の侵害の個数によって罪数を定める**結果標準説**[4]
> も主張されていましたが、現在では、法律要件的評価の回数によって罪数を決
> 定する**法律要件標準説**[5]が判例・通説です。

　犯罪・犯罪者は法律要件に即して認定されるので、罪数の決定に当たって
法律要件が基本となるのは当然です。ただ、法律要件には、行為、結果（法
益の侵害・危殆化）だけでなく、行為客体、行為状況、犯罪意思、目的などを

---

1) 罪数論については、中野次雄『刑事法と裁判の諸問題』(1987 年) 78 頁以下、127 頁以下、虫明満『包
　括一罪の研究』(1992 年)、林幹人『刑法の基礎理論』(1995 年) 215 頁以下、只木誠『罪数論の研究』
　(補訂版・2009 年) 参照。

2) 大判明治 41・06・22 刑録 14・688。

3) 大判明治 44・11・16 刑録 17・1994。

4) 大判明治 41・03・05 刑録 14・161。

5) 最大判昭和 24・05・18 刑集 3・6・796、最判昭和 28・03・20 刑集 7・3・605、福田・305 頁、大
　塚仁・317 頁、大谷・477 頁、高橋・523 頁。

必要とする犯罪もありますので、法律要件を基準とするということは、当該
犯罪に必要な法律要件を前提にして個別に罪数を判断していくことになりま
す[6]。ということは、犯罪及びその法律要件の個性に応じて罪数を決定して
いく**個別化説**[7] が妥当ということになります。

(3) 体 系

① **体系A** 論者[8] によると、㋐犯罪事実が1個の法律要件によって1回評
価される本来的一罪があり、これには、外形上1個の法律要件に1回該当する
ことが明白で、特に法律要件上の評価を加える必要のない**単純一罪**（一行為一結
果と法条競合〔特別関係・補充関係・択一関係・結合犯〕）と、犯罪事実が外形上法
律要件に数回該当するようにみえても、1回の法律要件的評価に包括すべき**包括
一罪**（同質的包括一罪として集合犯、法律要件上の包括・接続犯・連続犯があり、異
質的包括一罪として共罰的事前行為・共罰的事後行為・法益侵害の一体性・被害法益の
同一性がある）があり、㋑数罪には、**科刑上の一罪**（観念的競合・牽連犯）、**併合罪**、
単純数罪があるとします。

② **体系B** 別の論者[9] によると、㋐法律要件に該当する犯罪事実が1回発
生する**単純一罪**（認識上一罪）があり、㋑単純一罪が複数存在するにもかかわら
ず一罪と評価される評価上一罪があり、これには**法条競合**（特別関係・補充関係・
択一関係・吸収関係）と**包括一罪**（一個の行為・数個の行為）があり、さらに、㋒
評価上数罪も、1個の行為が数個の罪名に触れる観念的競合と、犯罪の手段若し
くは結果である行為が他の罪名に触れる牽連犯からなる**科刑上一罪**、**併合罪**及
び**単純数罪**を合わせた数罪があるとします。

③ **本書の体系** まず、**犯罪事実の認定**により、一罪であることに疑問が
ない単純一罪と数罪とに分かれます。後者の数罪は、**犯罪事実の評価**により、
評価上一罪と評価上数罪に分かれ、前者の評価上一罪には、集合犯（常習犯、
職業犯・営業犯）と包括一罪（一犯罪の完成を目指し同一機会に行われた数個の行為、
狭義の包括一罪、接続犯、連続犯）があります。後者の評価上数罪は、**条文相互
の関係**により、さらに一罪と数罪とに分かれ、前者の条文相互上の一罪には、
法条競合（特別関係・補充関係・択一関係・吸収関係）と不可罰的事前行為・不可
罰的事後行為があります。後者の条文相互上の数罪は、**科刑上の処理**により、

---

6) 西原・下・421 頁参照。

7) 平野・Ⅱ・408 頁、西原・下・421 頁以下、前田・391 頁以下、山口・391 頁以下。

8) 大谷・477 頁以下。

9) 前田・390 頁以下。

科刑上一罪と科刑上数罪に分かれ、前者の科刑上一罪には観念的競合と牽連犯があり、後者の科刑上数罪には併合罪と単純数罪があります。

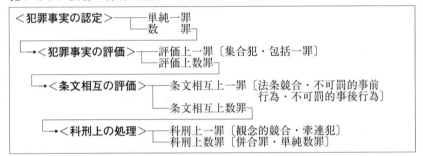

このように、「犯罪事実の認定→犯罪事実の評価→条文相互の関係→科刑上の処理」というように、順次観点を移動させながら、各段階において一罪と数罪とに振り分け、数罪となったら次の観点に移動するという判断を行っていったとき、最終的に残る数罪が併合罪と単純数罪なのです。

2　本来的一罪

(1)　単純一罪

単純一罪とは、犯罪事実の認定において、事実上1つの行為、1つの結果が存在し、罰条の重なり合いがまったくないものをいい、一罪であることに疑問がない事実認定上の一罪を意味します。例えば、行為者Aが、繁華街の道路を歩いていたXを拳銃を1発発射して射殺した場合などです。

ここでは、全体総括的な法益を1個侵害するため一罪とされるものに注意してください。例えば、1個の放火行為によって数個の建造物を焼損した場合、全体として1個の公共の安全を観念するので、1個の重大な現住建造物等放火罪（108条）が成立します。また、1個の占有・支配内にある数人の所有物を窃取しても、1個の占有を侵害した点を考慮して1個の窃盗罪（235条）が成立します。

他方、一身専属的な法益が複数存在するため一罪としえない場合があります。例えば、1通の告訴状で数人を虚偽告訴した場合、個々の被害者の名誉・私生活の平穏を考慮するので、被害者の人数に応じた虚偽告訴罪（172条）が成立し、観念的競合となります。また、1個の過失行為によって数人を死

亡させた場合、生命は一身専属的法益ですので、被害者の人数だけ（業務上）過失致死罪（210条・211条1文）が成立し、観念的競合となります。さらに、複数の法益が行為客体に接着しているため一罪とできないときがあります。例えば、1個の行為で数人の公務員を贈賄した場合、各公務員につき公務の誠実執行を侵害する危険性を考慮するので、公務員の人数だけの贈賄罪（198条）が成立し、観念的競合となります。

⑵ 集合犯

　集合犯とは、犯罪行為として数個の同種行為の反復が予定されているため一罪とされるものをいい、犯罪事実の評価により一罪とされる1つです。

　そのうち、**常習犯**は、常習性を有する行為者の反復的な犯罪行為を予定しており、例えば、賭博の常習者が逮捕されるまでに数十回の賭博行為を繰り返した場合、1個の常習賭博罪（186条）が成立します。**職業犯**は、行為者が業として一定の同種行為を反復することを予定しており、例えば、医師でない者が、反覆して多数の者に医療行為を行った場合、1個の無免許医業罪（医師法31条1号、17条）が成立します。**営業犯**は、行為者が営利目的をもって一定の同種行為の反復を予定しており、例えば、反覆の意思をもって猥褻図画を数回にわたって頒布した場合、1個の猥褻図画頒布罪（175条1項）が成立します。

⑶ 包括一罪

　包括一罪とは、数個の犯罪行為間に密接な関係が認められるので、包括して1回的評価をして一罪として処断するのが適当と考えられるものをいい、犯罪事実の評価により一罪とされる1つです。ここにいう密接な関係の判断にあたっては、機会の同一性・近接性、犯意の単一性・連続性、法益侵害の単一性・近似性、手段の同一性・連続性などが考慮されます。

　①　**1個の犯罪の完成を目指して同一の機会に行われた数個の行為**については、複数の反復された行為が1個の犯罪の完成に向けられているため、包括して1罪とされます。例えば、Aが殺人の目的で同一の機会にXの身体を短刀で数回刺して殺害した場合、殺人の予備の行為も未遂の行為も、すべて1個の殺人罪（199条）に包括されます。

492　第38講　罪数論

> 同一被害者を殺害する目的で、6月から10月までの間に東京及び樺太で、5
> 回にわたり毒殺行為を試みたが失敗したため、11月に至って出刃包丁で刺殺し
> た事案につき、**大判昭和13・12・23**（刑集17・980）は1個の殺人既遂罪を認め
> ています。また、2時間ほどの間に同一の場所で同種の客体を3回に分けて窃取
> した事案につき、**最判昭和24・07・23**（刑集3・8・1373〔百選Ⅰ・99〕）は、「僅
> か2時間余の短時間のうちに同一場所で為されたもので同一機会を利用したも
> のであることは挙示の証拠からも窺われるのであり、且ついずれも米俵の窃取
> という全く同種の動作であるから単一の犯意の発現たる一連の動作であると認
> めるのが相当であつて原判決挙示の証拠によるもそれが別個独立の犯意に出で
> たものであると認むべき別段の事由を発見することはできないのである」とし
> ています。
> 　他方、**最決昭和53・03・22**（刑集32・2・381、判時885・172、判タ362・216〔百
> 選Ⅰ・14〕）は、被告人が被害者を熊と誤認して猟銃を2発発射し、下腹部に命
> 中させて瀕死の重傷を負わせたうえ、誤射に気づき、故意にさらに猟銃を1発
> 発射し、胸部に命中させて被害者を即死させた事案につき、業務上過失傷害罪
> と殺人罪が成立し、両罪は併合罪であるとしました。同一主体の同一法益であっ
> ても、過失行為と故意行為は包括できないとしたのです。

　②　**狭義の包括一罪**とは、1個の犯罪法律要件が相互に手段・目的又は原因・
結果の関係に立つ数種の行為を含む場合に、同一法益の侵害を目指して行わ
れた複数の行為を包括して一個の犯罪とするものをいい、犯罪事実の評価に
より一罪とされる1つです。例えば、同一犯人を蔵匿し、隠避させたときは、
包括して1個の犯人蔵匿罪（103条）が成立し、同一人を逮捕し、引き続き監
禁したときは、包括して1個の逮捕監禁罪（220条）が成立し、公務員が同一
人に賄賂を要求し、約束し、収受したときは、包括して1個の収賄罪（197条）
が成立し、情を知りながら窃盗犯人から、盗品を譲り受けかつ保管したとき
は、包括して1個の盗品等の罪（256条）が成立するがごときです。

　③　**接続犯**とは、時間的・場所的に接続して行われた数個の同一犯罪法律
要件に該当する行為により、同一被害者に対して数個の同一法益を侵害した
場合をいい、接近した事情のもとで同一の法益の侵害に向けて数個の同一犯
罪法律要件を充足する行為が行われた場合として、犯罪事実の評価により一
罪とされる1つです。

> **最判昭和24・07・23**（刑集3・8・1373〔百選Ⅰ・99〕）は、同一倉庫から3時
> 間に3回にわたって米俵を3俵ずつ運び出して窃取した事案につき、「僅か2時
> 間余の短時間のうちに同一場所で為されたもので同一機会を利用したもの」で
> あり、「且ついずれも米俵の窃取という全く同種の動作であるから単一の犯意の

発現たる一連の動作」であるとして、1個の窃盗罪（235条）の成立を認め、**最決平成 26・03・17**（刑集 68・3・368、判時 2229・112、判タ 1404・99）は、約 4 か月間又は約 1 か月間という期間内に、限定された場所で、共通の動機から繰り返し犯意を生じ、同態様の暴行を反復累行して一人の被害者の身体に一定の傷害を負わせた行為は、「その全体を一体のものと評価し、包括して一罪と解することができる」としました。

④　**連続犯**とは、接続犯のうち、犯罪行為の日時・場所の接近性を欠くけれども、複数の同種犯罪行為の連続性に着目して包括一罪とされるものをいいます。

最判昭和 32・07・23（刑集 11・7・2018）は、医師で麻薬施用者としての免許を受けている者が、同一麻薬中毒患者に対し、その中毒治療の目的で、約 4 か月間に 38 回にわたり数日おきに塩酸モルヒネ 0.1 ないし 0.2 グラムずつ合計 5.75 グラムを交付した行為につき、麻薬取締法 27 条 3 項、65 条 1 項の包括一罪としました。

⑷　法条競合

法条競合とは、1個の行為について数個の罰条に該当して複数の犯罪が成立するように見えるけれども、結局はそれらの中のいずれか 1 個の罰条だけが適用されるものをいいます。

①　**特別関係**とは、競合する 2 つの罰条が特別法・一般法の関係にあるため、**特別法は一般法に優先する**原則が妥当する関係です。例えば、業務上横領罪（253 条）は単純横領罪（252 条）に優先し、保護責任者遺棄罪（218 条）は単純遺棄罪（217 条）に優先し、特別背任罪（会社法 960 条以下）は単純背任罪（247 条）に優先するがごときです。

②　**補充関係**とは、競合する 2 つの罰条が基本法・補充法の関係にあるため、**基本法は補充法を排斥する**原則が妥当する関係です。例えば、傷害罪（204 条）は暴行罪（208 条）を排斥し、文書毀棄罪（258 条、259 条）は器物損壊罪（261 条）を排斥し、建造物損壊罪（260 条）は器物損壊罪（261 条）を排斥するがごときです。

③　**択一関係**とは、論理的に両立しえない複数の犯罪罰条が排他的関係にあるため、いずれか一方のみが成立することになる関係です。例えば、横領罪（252 条）と背任罪（247 条）、窃盗罪（235 条）と占有離脱物横領罪（254 条）は、いずれか一方のみが成立する関係にあるというがごときです。

494　第38講　罪数論

④　**吸収関係**とは、ある犯罪行為が別の犯罪行為を予定し、通常随伴するものとして含んでいるという全部法・部分法の関係にあるため、**全部法は部分法に優先する**原則が妥当する関係です。例えば、殺人罪（199条）は殺人予備罪（201条）・傷害罪（204条）に優先し、強盗罪（236条）は強盗予備罪（237条）に優先するがごときです。

⑤　**結合犯**とは、数個の行為は格別に犯罪を構成しうるが、刑法の法規定上、数個の犯罪行為が一個の犯罪罰条として規定されているものをいいます。例えば、強盗犯人が強盗の機会に被害者を殺害したときは、1個の強盗殺人罪（240条後段）が成立し、強盗犯人が強盗の機会に強制性交等をしたときは、1個の強盗・強制性交等罪（241条1項）が成立するがごときです。

(5)　広義の吸収一罪

①　**不可罰的事前行為**とは、同一法益に向けられた複数の行為が、手段・目的、原因・結果のように密接な関係にあり、軽い犯罪が重い犯罪の一部として吸収評価されるものをいい、**共罰的事前行為**ともいいます。例えば、予備行為が基本犯罪に吸収される例として、殺人予備罪を犯し、さらに殺人を完遂したときは殺人罪（199条）のみが成立し、通貨偽造準備罪を犯し、さらに通貨を偽造したときは通貨偽造罪（148条）のみが成立するがごときです。また、従犯は教唆犯に、教唆犯は共同正犯に吸収される例として、教唆者が後に正犯を幇助したとしても重い教唆犯のみが成立し、教唆者、幇助者がすすんで実行行為を分担したときは重い共同正犯のみが成立するがごときです。さらに、同じ法益の侵害に向けられた複数の犯罪行為が重大な犯罪に吸収される例として、当初からその意図で無銭飲食をした後に暴行・脅迫によって代金請求を免れたときは財物詐欺罪（246条1項）は利益強盗罪（236条2項）に包括評価され、利益強盗罪のみが成立するがごときです [10]。

②　**不可罰的事後行為**とは、犯罪の完成後にその違法状態の継続のゆえに状態犯とされる犯罪によって包括的に評価し尽くされており、事後の行為が別罪を構成しないものをいい、**共罰的事後行為**ともいいます。例えば、窃盗

10）財物詐欺罪（246条1項）は利益強盗罪（236条2項）に包括評価されず、両罪は併合罪であるとする見解もありますが、中心にある財産的法益（財物・利益）は同一ですから、併合罪とするのは妥当ではありません。

犯人が、窃取した財物を消費又は破壊したときは、窃盗罪（235条）のみが成立し、器物損壊罪は成立しません。

　他方、事後の行為が、先行して成立した犯罪とは別の新たな法益を侵害しており、不可罰的事後行為とはならない例として、窃取した預金通帳を使用して窓口で預金を引き出したときは新たに詐欺罪（246条1項）が成立し、強盗を幇助した者が強取した現金の一部を強盗犯人から貰い受けたときは新たに盗品等収受罪（256条）が成立し、また、窃取した持参人払式小切手を支払銀行の係員に呈示し、正当な所持人がその支払を請求するものと誤信させたうえ小切手の支払名下に金員を交付させたときは、右小切手の窃盗罪のほかに金員の詐欺罪が成立します[11]。

> 　無銭飲食をした後にそれに相当する代金の請求を受けて、その支払いを免れるために暴行によって被害者を負傷させた事案につき、**札幌高判昭和32・06・25**（高刑集10・5・423）は、「一旦詐欺罪が成立したうえは、被欺罔者は、欺罔者に対しその被害物の返還ないしその対価に相当する金員の支払を請求し得ることも明らかであつて、かかる新たな請求につき詐欺手段を用いるのはともかく、暴行または脅迫を用いてその債務を免れることは、その手段の点からみて、詐欺罪におけるとは自らその保護法益を異にするところであるから、これを別個独立の犯罪として評価することこそむしろ法の要求するものと解する」とし、詐欺罪のほかに強盗致傷罪の成立も認めています。
> 　**最大判平成15・04・23**（刑集57・4・467、判時1829・32、判タ1127・89〔百選Ⅱ・68〕）は、委託を受けて他人の不動産を占有する者が勝手に抵当権を設定・登記した後において、これをほしいままに売却等の所有権移転行為を行いその旨の登記を完了した事案につき、「売却等による所有権移転行為について、横領罪の成立自体は、これを肯定することができるというべきであり、先行の抵当権設定行為が存在することは、後行の所有権移転行為について犯罪の成立自体を妨げる事情にはならない」として、別に横領罪の成立を認めています。

3　科刑上一罪

　科刑上一罪とは、複数の犯罪が成立し、競合するけれども、刑事政策的な事由により、科刑の上で一罪として取り扱われるものをいい、観念的競合と牽連犯が規定されています。

(1)　観念的競合

　① **意義・要件**　観念的競合とは、1個の行為にして数個の罪名にふれる

11）最決昭和38・05・17刑集17・4・336。

496　第38講　罪数論

場合（54条1項前段）をいい、要件として、まず、㋐一個の行為が存在することが必要です。これは、法的評価を離れ、犯罪法律要件的な観点を捨象した自然的観察のもとで、行為者の動態が社会的見解上、1個であるとの評価を受ける場合をいいます[12]。さらに、㋑数個の罪名に触れること、すなわち、刑法的評価において、数個の犯罪法律要件に該当し、数個の犯罪が認められることが必要です。

②　**類　型**　**同種犯罪の観念的競合**として、1個の行為により数名を殺害した場合〔殺人罪〕[13]、不注意な行為により複数の人を負傷させた場合〔（業務上）過失傷害罪〕、男女2人がいる小屋の外からカギをかけて監禁した場合〔監禁罪〕、1個の欺罔手段により数人から財物を騙取した場合〔1項詐欺罪〕、同時に数人の公務員を贈賄した場合〔贈賄罪〕[14]などがあります。

異種犯罪の観念的競合として、殺意をもって強制性交等をし死亡させた場合〔強制性交等（致死）罪と殺人罪〕、虚偽の風説を流布して他人の信用を毀損しかつ名誉を毀損した場合〔信用毀損罪と名誉毀損罪〕、1個の石を投げて窓ガラスを破りかつ人を傷つけた場合〔建造物損壊罪と傷害罪〕、職務執行中の警察官に暴行を加えて負傷させた場合〔公務執行妨害罪と傷害罪〕、人の秘密を漏らして名誉を毀損した場合〔秘密漏示罪と名誉毀損罪〕、放火して死体を損壊した場合〔放火罪と死体損壊罪〕など[15]があります。

③　**法効果**　複数の犯罪が観念的競合となったときは、**その最も重い刑により処断する**（54条1項）ことになります。これは、他の法条も加えて、各法条の法定刑の最上限も最下限もともに重い刑の範囲内で処断することを意味します〔**吸収主義**〕。

> **最判昭和28・04・14**（刑集7・4・850）も、「刑法54条1項前段の一個の行為にして数個の罪名に触れる場合において、『其最モ重キ刑ヲ以テ処断ス』と定めているのは、その数個の罪名中もつとも重い刑を定めている法条によつて処断するという趣旨と共に、他の法条の最下限の刑よりも軽く処断することはできないという趣旨を含むと解するを相当とすると説明しています。

---

12) 最大判昭和49・05・29刑集28・4・114、判時739・41、判タ309・234〔百選Ⅰ・103〕。

13) 大判大正6・11・09刑録23・1261。

14) 大判大正5・06・21刑録22・1146。

15) 最判昭和25・07・13刑集4・7・1319。

例えば、X 罪の法定刑が「10 年以下の懲役又は 50 万円以下の罰金」で、Y 罪の法定刑が「3 月以上 1 年以下の懲役又は 10 万円以下の罰金」である場合、処断刑は「3 月以上 10 年以下の懲役」となります。他の法条に 2 個以上の没収があれば、これを付加的に併科することができます。

④　**注意すべき類型**　複数の犯罪が観念的競合なのか併合罪なのか微妙な事案があります。

> 例えば、同一の日時・場所における無免許運転の罪（道路交通法 118 条 1 項 1 号、64 条）と酒酔い運転の罪（同法 117 条の 2 第 1 号、65 条 1 項）は観念的競合とするもの [16] がある一方で、無免許運転の罪と速度違反の罪（同法 22 条 1 項、118 条 1 項 2 号、同法施行令 11 条 1 号）は併合罪とするもの [17] があります。また、信号無視の罪（道路交通法 119 条 1 項 1 号、4 条 2 項、同法施行令 2 条 1 項）と自動車運転中の業務上過失傷害罪（211 条。現在の過失運転致傷罪）は観念的競合であるとするもの [18] がある一方で、酒酔い運転の罪と自動車運転中の業務上過失致死罪（211 条。現在の過失運転致傷罪）[19] 酒酔い運転の罪と重過失致傷罪（211 条 2 文）[20] は併合罪とするものがあります。さらに、道路交通法 72 条 1 項前段・後段に違反する救護義務違反罪と報告義務違反罪は観念的競合とするもの [21] もあります。

　これらの判例は、**点と線の理論**でうまく説明できます。複数の犯罪が、㋐線と線で競合しているとき、あるいは㋑点と点で競合しているときは、観念的競合となり、㋒点と線（あるいは線と点）で競合しているときは併合罪となるのです。例えば、㋐無免許運転の罪も酒酔い運転の罪も時間的継続のある行為を前提とする線の犯罪ですので、**線と線**で競合しており観念的競合になります。また、㋑信号無視の罪と過失運転致傷罪、救護義務違反の罪と報告義務違反の罪は、いわば一時点の行為を前提とする点の犯罪ですので、**点と点**で競合しており観念的競合になります。これに対し、㋒酒酔い運転の罪は線の犯罪ですが、自動車運転過失致死傷罪は点の犯罪ですので、**線と点**で競合しており併合罪になります。注意を要するのは、無免許運転の罪と速度違反の罪を併合罪とした判例です。両罪とも線の犯罪ですが、無免許運転の罪

16）最大判昭和 49・05・29 刑集 28・4・151、判時 739・38、判タ 309・244。

17）最判昭和 49・11・28 刑集 28・8・385、最判昭和 50・05・23 判時 777・102。

18）最決昭和 49・10・14 刑集 28・7・372。

19）最大判昭和 49・05・29 刑集 28・4・114、判時 739・41、判タ 309・234〔百選 I・103〕。

20）最決昭和 50・05・27 刑集 29・5・348。

21）最大判昭和 51・09・22 刑集 30・8・1640、判時 825・3、判タ 340・114〔百選 I・104〕。

498 第38講 罪数論

は運転継続中ずっと継続して成立する犯罪ですが、速度違反の罪はそうでは
ないので、併合罪としたものと思われます。

(2) 牽連犯

① 意義・要件　牽連犯とは、犯罪の手段若しくは結果たる行為にして他
の罪名に触れる場合（54条1項後段）をいい、要件として、⑦複数の犯罪が手
段・結果の関係にあること、④複数の犯罪が、それぞれ各別の罪名に触れる
ことが必要です。

手段・結果の関係については、客観的見地から判断し、経験則上、2個の
犯罪行為が通常手段若しくは結果として行われたものと目しうることをいう
とする**客観説**（通説）と、主観的見地から判断し、行為者が、成立する数罪
を主観的に犯罪の手段とし、結果と考えた場合に牽連犯となるとする**主観説**
の対立があります。

> **最大判昭和24・12・21**（刑集3・12・2048）は、「数罪が牽連犯となるために
> は犯人が主観的にその一方を他方の手段又は結果の関係において実行したとい
> うだけでは足らず、その数罪間にその罪質上通例手段結果の関係が存在すべき
> ものたることを必要とする」としており、**客観説**に立っています[22]。

② 類　型　牽連犯が認められたものとして、住居侵入罪とその侵入後に
なされた放火罪・殺人罪[23]・傷害罪・強盗罪・窃盗罪[24]などの犯罪、文書の
偽造罪と行使罪[25]、文書偽造・同行使罪と詐欺罪[26]、住居侵入罪と軽犯罪法の
窃視罪（軽犯罪法1条23号）[27]などがあります。

③ 法効果　複数の犯罪が牽連犯となったときは、**その最も重い刑により
処断する**（54条1項）ことになります。これは、他の法条も加えて、各法条
の法定刑の最上限も最下限もともに重い刑の範囲内で処断することを意味し
ます〔**吸収主義**〕。他の法条に2個以上の没収があれば、これを付加的に併

---

22) 最大判昭和44・06・18刑集23・7・950、判時559・21、判タ236・220〔百選Ⅱ・99〕参照。

23) 大判明治43・06・17刑録16・1220。

24) 大判明治45・05・23刑録18・658、大判大正6・02・26刑録23・134、最決昭和25・06・08刑
　　集4・6・972。

25) 大判明治42・07・27刑録15・1048、東京高判昭和41・03・29高刑集19・2・125、判時448・
　　63、最判昭和47・05・30民集26・4・826判時684・54、判タ285・154。

26) 大判明治42・01・22刑録15・27。

27) 最判昭和57・03・16刑集36・3・260。

科することができます。

④　**注意すべき類型**　複数の犯罪が牽連犯なのか併合罪なのか微妙な事案があります。牽連犯が否定されたものとして、殺人罪と死体遺棄罪[28]、刀剣類不法所持の罪と殺人未遂罪[29]、監禁罪と恐喝罪[30]、刀剣不法所持罪と強盗罪[31]、凶器準備集合罪とその直後の数人共同の集団的暴行・脅迫の罪（暴力行為等処罰ニ関スル法律1条)[32]などがあります。

⑶　**かすがい現象**

①　**意義・類型**　かすがい現象とは、併合罪の関係にある複数の罪が、同時にそれぞれの犯罪が他の犯罪との間に観念的競合又は牽連犯の関係に立つ場合に、それらの数罪が全体として科刑上一罪になることをいいます。

これには、科刑上一罪の類型に対応して2つの類型があります。1つは、㋐**牽連犯のかすがい現象**であり、**最判昭和29・05・27**（刑集8・5・741〔百選I・105〕）は、住居に侵入して順次3人を殺害した事案につき、3個の殺人の行為が、1個の住居侵入の所為とそれぞれ牽連犯の関係にある場合は、刑法54条1項後段、10条を適用し、一罪としてその最も重い罪の刑に従い処断すべきであるとし、全体として科刑上一罪（牽連関係）の処理をしました。いま1つは、㋑**観念的競合のかすがい現象**であり、**最判昭和33・05・06**（刑集12・7・1297）は、被告人が、法定の除外事由がないのに、業として同一の婦女を公衆衛生又は公衆道徳上有害な売春婦の業に就かせる目的で、婦女に売淫させることを業としている者に接客婦として就業を斡旋し、雇主から紹介手数料として金員を受領し利益を得たという事案につき、労基法違反の罪は営業犯として単一の犯罪を構成するとともに、それを構成する個々の犯罪事実は被害女性ごとに成立する職安法違反の罪と観念的競合の関係にあるから、結果として、労基法違反の罪を媒介として、複数の職安法違反の罪も一罪の関係に立つとして科刑上一罪の処理を認めました[33]。

28）大判明治44・07・06刑録17・1388。
29）最判昭和31・07・04裁判集刑114・75。
30）最判平成17・04・14刑集59・3・283、判時1897・3、判タ1181・156〔百選I・102〕。
31）最判昭和24・12・08刑集3・12・1915、最判昭和25・05・02刑集4・5・725。
32）最判昭和48・02・08刑集27・1・1。
33）包括一罪のかすがい現象として最決平成21・07・07刑集63・6・507。

500 第 38 講 罪数論

② **学説の状況** 屋外で順次 3 人を殺害した場合には、3 つの殺人罪が併合罪の関係となって刑が加重されるのに、住居に侵入して順次 3 人を殺害した場合には、住居侵入罪がかすがいとなって殺人罪 1 罪で処断されるのは不均衡[34]ということで、いくつかの処理法が提案されました。

> 罪数処理としては、ⓐ 1 つの住居侵入罪と 3 つの殺人罪が全体として 1 罪となるとしながらも、科刑処理としては、3 つの殺人罪の併合罪の刑と、住居侵入罪と殺人罪の牽連犯の刑の、いずれか重い方で処断すべきであるとの処理[35]が提案されました。しかし、この処理は、罪数処理と科刑処理を分断する点で問題があります。
> また、ⓑ 1 つの殺人罪については住居侵入罪と牽連関係を認めるが、他の 2 つの殺人罪については住居侵入罪との牽連関係から切断し、併合罪とする処理[36]が考案されました。しかし、3 つ成立する殺人罪につき、1 つには牽連関係を認め、他の 2 つにはそれを認めないことについて合理的説明がなされていません。
> さらに、ⓒかすがい作用をする犯罪が、連結される犯罪と同等又はそれより重い不法内容を有する場合にだけかすがい作用を肯定し、そうでない場合はかすがい作用を否定し、連結される複数の犯罪は併合罪の関係にあるとする処理も提案されました。これによると、先の事案は、住居侵入罪は殺人罪より重い不法内容を有していませんので、かすがい作用は否定され、3 つの殺人罪は併合罪の関係にあることになります。しかし、この処理も、そうした区別をすることについて合理的な説明が困難です。

広範に認められている牽連犯を合理的な範囲に限定すべきことは考慮する必要がありますが、かすがい現象を否定する合理的論拠は見出しかねます。

4 併合罪

(1) 意 義

併合罪とは、確定裁判を経ていない数罪（45 条）をいい、複数の犯罪を同時に審判できる状況にあるので、それらを一括して処理するのが手続上便宜である、確定裁判を経ていない数罪は、裁判による感銘力に服しながらさらに罪を犯した場合とは異なるので、各別に処理するのではなく一括して刑の加重により処理するのが相当であることを根拠とするものです。

---

34) かすがい現象により、刑の不均衡が生じるほか、一事不再理効との関係で不都合が生じると指摘されています。
35) 中野次雄『刑事法と裁判の諸問題』（1987 年）127 頁以下参照。
36) 高橋・537 頁。

(2) 類　型

　併合罪には、例えば、A罪、B罪、C罪と順次犯されていた場合に、①これら3つの犯罪が発覚したが、未だ何の確定裁判も経ていないときは、これら3罪が併合罪となります。また、②A罪だけが発覚して確定裁判を経た後に、B罪、C罪もまたA罪の確定裁判前に行われていたことが発覚したときは、これら3罪が併合罪となり、確定裁判を経た罪（A罪）と未だ確定裁判を経ていない罪（B罪・C罪）が競合する場合として50条・51条が適用されます。以上の①②の場合を**同時的併合罪**といいます。さらに、③A罪につき既に禁錮以上の刑に処する確定裁判があった後に、B罪もまたA罪の確定裁判前に行われていたことが発覚したときは、A罪とB罪が併合罪となり50条・51条が適用されますが、C罪は別の裁判となります。この場合を**事後的併合罪**といいます。

　ここでいう**確定裁判**とは、有罪・無罪の判決、免訴判決、略式命令、交通事件即決裁判など一事不再理効を有する裁判をいいます。**経ていない**とは、その犯罪についての裁判（判決）が未だ確定していない状態をいい、裁判の審理が進行中であるかどうかは問いません。また、**禁錮以上の刑に処する確定裁判があったとき**とは、有期・無期の禁錮・懲役、死刑のいずれかに処する裁判（判決）が確定した状態をいい、**その裁判が確定する前**とは、その犯罪についての裁判（判決）が確定する前であることをいいます。

(3) 法効果

　刑法は、被告人が数罪を犯し、一括して同時に審判できる状況にある場合は、一括処理の感銘力に期待して、刑を合算するのではなく刑を加重する**加重主義**を基調にし、補充的に**吸収主義**と**併科主義**を採用しました。

　① **加重主義（47条、48条2項）**　併合罪の中に2個以上の有期懲役又は有期禁錮に処すべき罪があるときは、その最も重い罪について定めた刑の長期を1.5倍したものを長期とします。但し、複数の犯罪のそれぞれの罪につき定めた刑の長期を合算したものを超えることはできません（47条）。また、併合罪について、2個以上の罪について罰金に処するときは、複数の犯罪のそれぞれの罪につき定めた罰金の合算額以下で処断します（48条2項）。

502　第38講　罪数論

　　加重主義の方法について、**新潟女性監禁事件・最判平成 15・07・10**（刑集 57・7・
903）は、未成年者略取罪（224 条：3 月以上 7 年以下の懲役）と逮捕監禁致傷罪（221
条：平成 16 年改正前は 10 年以下の懲役）は観念的競合の関係で、両罪（結局は重
い逮捕監禁致傷罪）と窃盗罪（235 条：10 年以下の懲役、50 万円以下の罰金）が併合
罪の関係にある事案の処理について、刑法 47 条は、「同条が定めるところに従っ
て併合罪を構成する各罪全体に対する統一刑を処断刑として形成し、修正され
た法定刑ともいうべきこの処断刑の範囲内で、併合罪を構成する各罪全体に対
する具体的な刑を決することとした規定」であり、「刑法 45 条前段の併合罪の
関係にある第 1 審判決の判示第 1 の罪（未成年者略取罪と逮捕監禁致傷罪が観念的
競合の関係にあって後者の刑で処断されるもの）と同第 2 の罪（窃盗罪）について、
同法 47 条に従って併合罪加重を行った場合には、同第 1、第 2 の両罪全体に対
する処断刑の範囲は、懲役 3 月以上 15 年以下となるのであって、量刑の当否と
いう問題を別にすれば、上記の処断刑の範囲内で刑を決するについて、法律上
特段の制約は存しないものというべきである」としました。すなわち、逮捕監
禁致傷罪と窃盗罪の併合罪加重によって「3 月以上 15 年以下の懲役」の処断刑
の範囲を決め、次に、当該犯罪に関する犯情等を考慮して量刑判断をし、処断
刑の範囲内で宣告刑を決するという処理方法を明らかにしたのです。

　　②　**吸収主義（46条）**　併合罪の中の一罪について死刑に処すべきときは、
他の刑を科さないことにしましたが、没収はこれを併科することができます
（46条1項）。また、併合罪の中の一罪について無期懲役又は無期禁錮に処す
べきときも、他の刑を科さないことにしましたが、罰金、科料、没収はこれ
を併科することができます（46条2項）。

　　③　**併科主義（48条1項、53条1項・2項）**　併合罪において、罰金・拘留・
科料と他の刑は併科しますが、その一罪について死刑、無期懲役・無期禁
錮に処すべきときは併科しません（48条1項、53条1項）。また、併合罪中に、
重い罪に没収が定められていなくとも、他の罪に没収があるときは、これを
付加することができます（49条1項）。2個以上の拘留・科料・没収は併科し
ます（53条2項、49条2項）。

⑷　併合罪の刑の執行

　　①　**併合罪中の余罪（50条、51条）**　原則として、言い渡された確定裁判の
刑を併せて執行します。但し、㋐死刑を執行するときは、没収以外は執行し
ませんし、㋑無期懲役・無期禁錮を執行するときは、罰金・科料・没収以外
は執行しません。また、㋒有期懲役・有期禁錮を執行するときは、その最も

重い罪につき定めた刑の長期を 1.5 倍した上限を超えることはできません。

　② **大赦の処理**（52条）　併合罪について処断された者が、ある罪について大赦を受けたときは、大赦を受けていない罪について、改めて刑を定めることになります。

5　判　例

(1)　併合罪ではなく観念的競合

□**最大判昭和 49・05・29**（刑集 28・4・168、判時 739・40、判タ 309・246）
　「被告人が本件自動車を運転するに際し、無免許で、かつ、自動車検査証の有効期間が満了した後であつたことは、車両運転者又は車両の属性にすぎないから、被告人がこのように無免許で、かつ、自動車検査証の有効期間が満了した自動車を運転したことは、右の自然的観察のもとにおける社会的見解上明らかに一個の車両運転行為であつて、それが道路交通法 118 条 1 項 1 号、64 条及び昭和 44 年法律第 68 号による改正前の道路運送車両法 108 条 1 号、58 条の各罪に同時に該当するものであるから、右両罪は刑法 54 条 1 項前段の観念的競合の関係にある」。

　＜要点＞　同一の日時・場所において、無免許で、かつ自動車検査証の有効期間が満了した自動車を運転する所為は、自然的観察の下における社会見解上 1 個の車両運転行為であるから、道路交通法 118 条 1 項 1 号、64 条の**無免許運転の罪**と、**道路運送車両法 108 条 1 号、58 条**（昭和 44 年法律 68 号による改正前）の罪とは**観念的競合**である。

□**最大判昭和 49・05・29**（刑集 28・4・151、判時 739・38、判タ 309・244）
　「被告人が本件自動車を運転するに際し、無免許で、かつ、酒に酔つた状態であつたことは、いずれも車両運転者の属性にすぎないから、被告人がこのように無免許で、かつ、酒に酔つた状態で自動車を運転したことは、右の自然的観察のもとにおける社会的見解上明らかに 1 個の車両運転行為であつて、それが道路交通法 118 条 1 項 1 号、64 条及び同法 117 条の 2 第 1 号、65 条 1 項の各罪に同時に該当するものであるから、右両罪は刑法 54 条 1 項前段の観念的競合の関係にある」。

　＜要点＞　同一の日時・場所において、無免許で、かつ酒に酔った状態で自動車を運転する所為は、自然的観察の下における社会的見解上一個の車両運転行為であるから、道路交通法 118 条 1 項 1 号、64 条の**無免許運転の罪**と、同法 117 条の 2 第 1 号、65 条 1 項の**酒酔い運転の罪**とは**観念的競合**である。

(2)　観念的競合ではなく併合罪

□**最大判昭和 49・05・29**（刑集 28・4・114、判時 739・41、判タ 309・234〔百選 I・103〕）

504 第 38 講 罪数論

「酒に酔つた状態で自動車を運転中に過つて人身事故を発生させた場合につ
いてみるに、もともと自動車を運転する行為は、その形態が、通常、時間的継
続と場所的移動とを伴うものであるのに対し、その過程において人身事故を発
生させる行為は、運転継続中における一時点一場所における事象であつて、前
記の自然的観察からするならば、両者は、酒に酔つた状態で運転したことが事
故を惹起した過失の内容をなすものかどうかにかかわりなく、社会的見解上別
個のものと評価すべきであつて、これを一個のものとみることはできない。」「し
たがつて、本件における酒酔い運転の罪とその運転中に行なわれた業務上過失
致死の罪とは併合罪の関係にある」。

　＜要点＞　酒に酔った状態で自動車を運転中に誤って人身事故を起こした場合
は、酒に酔った状態で運転したことが事故を惹起した過失の内容をなすものか
どうかにかかわりなく、社会的見解上別個のものと評価すべきであって、道路
交通法 65 条、117 条の 2 第 1 号（昭和 45 年法律 86 号による改正前）の酒酔い運転
と業務上過失致死は併合罪の関係にある。

(3) 牽連犯ではなく併合罪

□**最決昭和 58・09・27**（刑集 37・7・1078、判時 1093・148、判タ 511・138）
　「みのしろ金取得の目的で人を拐取した者が、更に被拐取者を監禁し、その間
にみのしろ金を要求した場合には、みのしろ金目的拐取罪とみのしろ金要求罪
とは牽連犯の関係に、以上の各罪と監禁罪とは併合罪の関係にある」。

　＜要点＞　身の代金取得の目的で人を拐取した者が、更に被拐取者を監禁し、そ
の間に身の代金を要求した場合には、身の代金目的拐取罪と身の代金要求罪は
牽連犯の関係に、以上の各罪と監禁罪は併合罪の関係にある。

□**最判平成 17・04・14**（刑集 59・3・283、判時 1897・3、判タ 1181・156〔百選 I・
102〕）
　「恐喝の手段として監禁が行われた場合であっても、両罪は、犯罪の通常の形
態として手段又は結果の関係にあるものとは認められず、牽連犯の関係にはない」。

　＜要点＞　恐喝目的のために、その手段として監禁行為が行われた場合であって
も、恐喝罪と監禁罪は牽連犯の関係にはなく併合罪である。

(4) 包括一罪ではなく併合罪

□**最決昭和 62・02・23**（刑集 41・1・1、判時 1227・138、判タ 632・109〔百選 I・
100〕）
　「本件起訴にかかる常習累犯窃盗罪は被告人が常習として昭和 60 年 5 月 3 日
午前 3 時ころ大阪市住吉区内の寿司店において金員を窃取したことを内容とす
るものであり、また、確定判決のあつた侵入具携帯罪は、被告人が同月 30 日午
前 2 時 20 分ころ同市阿倍野区内の公園において住居侵入・窃盗の目的で金槌等

を隠して携帯していたというものであつて、このように機会を異にして犯された常習累犯窃盗と侵入具携帯の両罪は、たとえ侵入具携帯が常習性の発現と認められる窃盗を目的とするものであつたとしても、併合罪の関係にある」。

＜要点＞　常習累犯窃盗と軽犯罪法１条３号の**侵入具携帯の罪**とが機会を異にして犯された場合には、たとい侵入具携帯が常習性の発現と認められる窃盗を目的とするものであったとしても、両罪は**併合罪**の関係にある。

(5)　併合罪ではなく包括一罪

□**最決平成 22・03・17**（刑集 64・2・111、判時 2081・157、判タ 1325・86〔百選Ⅰ・101〕）

本件街頭募金詐欺の犯行は、「個々の被害者ごとに区別して個別に欺もう行為を行うものではなく、不特定多数の通行人一般に対し、一括して、適宜の日、場所において、連日のように、同一内容の定型的な働き掛けを行って寄付を募るという態様のものであり、かつ、被告人の１個の意思、企図に基づき継続して行われた活動であった」と認められ、加えて、「このような街頭募金においては、これに応じる被害者は、比較的少額の現金を募金箱に投入すると、そのまま名前も告げずに立ち去ってしまうのが通例であり、募金箱に投入された現金は直ちに他の被害者が投入したものと混和して特定性を失うものであって、個々に区別して受領するものではない」のであり、「以上のような本件街頭募金詐欺の特徴にかんがみると、これを一体のものと評価して包括一罪」。

＜要点＞　本件**街頭募金詐欺**は、不特定多数の通行人一般に対し、一括して、同一内容の定型的な働き掛けを行って寄付を募るという態様のものであり、被告人の１個の意思に基づき継続して行われた活動であったと認められることに加え、被害者は現金を募金箱に投入すると、そのまま立ち去ってしまうのが通例であり、現金は直ちに他の被害者が投入したものと混和して特定性を失うものであって、個々に区別して受領するものではないことなどの特徴にかんがみると**包括一罪**とすべきである。

今日の一言

今日の自分が　昨日の自分と違うのなら

毎日が　新たな自分との出逢い

ならば　自分との一期一会

新しい自分との出逢いとして

新たな気持ちをもって

やっていこう

第39講　刑罰論

1　刑罰の意義

(1)　意　義

　刑罰とは、国家刑罰権を背景にした物理的強制力として科される、害悪賦課（利益の剥奪）を内容とする強制処分をいいます[1]。刑罰は、行為・法律要件該当性・（行為の）違法性・（行為者の）有責性を充たした法効果として犯罪者に科せられる強制処分です。

(2)　国家刑罰権

　刑罰を科す権限は、犯罪を根拠にして犯罪者を処罰できる国家の権能で、**国家刑罰権**といわれます。国家刑罰権は、まず、抽象的に、犯罪を行った犯罪者を処罰することができる国家の**一般的刑罰権**として存在しており、これは、ある種の資格・権能にすぎません。したがって、それは、現実に具体的な犯罪が行われたときに、その犯罪を行った具体的な犯罪者を処罰することができる国家の**具体的刑罰権**として認められることが必要です。

　具体的刑罰権が認められても、具体的な犯罪者を実際に罰することができないときもあります。というのは、客観的な処罰条件（本書でいう**結果条件**）が必要な犯罪（例：事前収賄罪〔197条2項〕）がありますし、**人的処罰阻却事由**（例：親族関係〔105条、244条1項、257条1項〕）の不存在を前提とする犯罪があるからです。

2　刑罰の本質

(1)　理論状況

　刑罰は、犯罪に対する法効果として犯罪者に科せられる、法が国家に認めた最大の利益剥奪であり、強制的な害悪賦課です。こうした特徴を有する刑罰の本質について、理論モデルを提示しておきます。

---

1) 刑罰論については、高橋則夫『修復的司法の探求』（2003年）、大越義久『刑罰論序説』（2008年）、佐伯仁志『制裁論』（2009年）、吉岡一男『自由刑論の新展開』（1997年）、永田憲史『財産的刑事制裁の研究』（2013年）参照。

2　刑罰の本質　507

①　**応報刑論**とは、刑罰は犯罪を根拠に犯罪者が負う責任の質量に応じて科される害悪的処分であり、刑罰の本質は国家社会の害悪的反動にあるとするものです。

> この純粋理論的な考え方は**絶対主義**であり、刑罰は国家により犯罪者に加えられる法的反動であり、刑罰は応報であること自体に意味があり、他の目的手段に奉仕するものではないと説きます。
>
> この中には、犯罪行為によって失われた正義を回復するために、犯罪者にその犯罪の責任に応じた刑罰を害悪として賦課するとする、カント、ヘーゲルの**正義説**があり、これによると、刑罰は、失われた正義を回復するために、犯罪を行ったことに対する道義的反動として存在し、刑罰が正当化されるのは、犯罪に対する均衡を保った正しい応報であること自体によってであって、犯罪防止の効果とは無関係であるとします。ここでは、「正しい応報」が求められており、行為・結果の軽重と均衡がとれ、犯罪者の責任と均衡がとれた応報が探求されます。
>
> 絶対主義の中にはさらに、責任に応じた刑罰が科されることによって、犯罪者はその責任を償い、自由な人間として社会に復帰することができるとする**贖罪説**があり、これによると、刑罰は、犯罪者が刑罰を償いとして内心で受け止め、その悪しき意思を浄化して自らの犯罪的な態度を改め、再び社会に立ち帰っていく贖罪のためにあるとします。

②　**目的刑論**とは、刑罰の中に何らかの目的を看取し、刑罰の本質は反社会的性格の改善・教育にあるとするもので、**教育刑論、改善刑論**ともいわれます。

> この純粋理論的な考え方は**相対主義**であり、刑罰は犯罪防止の効果があり、そのために必要な手段であると説きます。
>
> これには、刑罰が正当化されるのは、犯罪者以外の社会一般人を威嚇し、犯罪に陥ることを予防するために必要かつ有効であるとする**一般予防論**[2]があり、刑罰の機能は、社会一般人が犯罪を行うことを防止すること、具体的には、ある行為を犯罪とし、犯罪者に刑罰を科すと警告（威嚇）し、かつ刑罰を実際に科すことにより、社会一般人に法律で禁止されている犯罪を教え、それに違反しないように感化していくことにあるとします。一般予防論もさらに、こういう犯罪を行えばこういう刑罰を科されると警告（威嚇）することによって、同じような犯罪行為をする危険のある社会一般人にそれを止めさせる影響を与えようとする**消極的一般予防論**（威嚇刑論）と、社会一般人に現在の法秩序が存続しているという信頼をもたせ、その信頼を強化していくために、犯罪に対して刑罰を科すという**積極的一般予防論**（統合的一般予防論）があります[3]。

2）一般予防は、刑罰予告（立法）による一般予防、刑罰宣告（司法）による一般予防、刑罰執行（行刑）による一般予防という3つの側面を考えることができます。
3）消極的一般予防論はフォイエルバッハが、積極的一般予防論はヤコブスが、代表的な論者です。

508 第39講 刑罰論

　これに対し、刑罰が正当化されるのは、犯罪者が将来再び犯罪に陥ることを予防するために必要かつ有効であることによるとする**特別予防論**[4] があり、これによると、刑罰の機能は、犯罪者自身が将来再び犯罪を行うことがないように予防すること、具体的には、犯罪者を威嚇し、その規範意識を覚醒させ、改善・教育することで社会復帰を促すことにあり、刑罰の目的は特定の個人（犯罪者）の改善・教育・矯正・社会復帰・再社会化による予防にあるとします。

　③　**併合説**とは、いくつかの要素を組み合わせて説明する見解です。

　例えば、応報刑論を基調としながら、そこに一般予防・特別予防をも採り入れていく**応報的併合説**があります。その中には、応報、一般予防・特別予防のすべてが刑罰の目的であり、刑罰の内容と限界を画するとする**純粋応報的併合説**がある一方で、応報、一般予防、特別予防を並列させる同等の刑罰目的とはせず、必要に応じていずれかの目的を強調していく**修正応報的併合説**もあります。後者は一種の相対的応報刑論であり、刑罰が正当化されるのは、犯罪に対する均衡を保った正しい応報であるとともに、犯罪防止にとって必要かつ有効であることによるとするもので、いわば応報刑論と目的刑論を統合し、応報刑の範囲内で一般予防・特別予防を追求する考え方といえます。さらに応報的併合説には、M.E.マイヤーの**分配説**のように、立法段階では応報の原理が、科刑の段階では法の確証の原理が、そして行刑の段階では目的刑の原理が作用するとする見解もあります。
　これに対し、一般予防・特別予防を基調としながらも、責任の量による刑の上限設定を考慮する**予防的併合説**（弁証法的併合説）[5] によると、刑罰の機能は特別予防・一般予防にあるが、刑罰は責任の量を超えることはできず、特別予防の必要性があり、一般予防の最小限の要請が満たされる限り、刑罰は責任の量を下回ることができると説きます。また、特別予防の要請と一般予防の要求とが衝突する場合、一般予防の最小限の要求が満たされる限り、特別予防の要請が優先するし、責任の量を上限とし、一般予防の最小限の要求を下限として、その範囲の中で特別予防（社会復帰）の要請を充足するもっとも適切な刑罰を科していくことになるとします。

(2)　学説の状況

　相対的応報刑論によると、刑罰は、犯罪によって侵害された国法秩序を回復するために、国家によって犯人に加えられる、害悪・苦痛を内容とする法的反

積極的一般予防の効果については、刑事司法の活動によって社会一般人に法秩序を守ることを学習させる学習的効果、法秩序が実現されることで社会一般人が法秩序に対する信頼を強化していく信頼的効果、及び、法律に違反した者に制裁を科すことで社会一般人が法秩序に満足する満足的効果があると分析されています。
4) リストが代表的な論者です。
5) ロクシンが代表的な論者です。

動（道義的・倫理的応報）であり、倫理的・価値的に犯罪に相応した害悪・苦痛の程度である必要があるという絶対主義的な応報原理が作用するとします。他方、刑罰は、抽象的に法定され、また具体的に適用・執行されることにより、社会一般人をして、犯罪に出ようとする衝動を抑制する一般予防とともに、受刑者を改善・教育することによりその将来的な犯罪を防止する特別予防を期するという相対主義的な有用性と合目的性が要請されるとします[6]。

相対的応報刑論に対抗する**抑止刑論**によると、刑罰は、応報として、犯罪をしたことを前提条件に、それに対する反作用として科せられる、法益の剥奪を内容とする苦痛であると同時に、犯罪防止による生活利益の保護というという犯罪予防効果をはたしており、そのうち、一般予防は刑罰による一般人の規範意識の覚醒、特別予防は刑罰による犯罪者への威嚇・規範意識の覚醒であると説きます。しかも、刑罰は、一方で、一般予防・特別予防の効果を測定することの困難性による限界を、他方で、責任原則による非難可能性による限界を常に抱えており、刑罰以外の社会統制手段が有効であるときには、そちらの手段に委ねるべきであるとする刑法の謙抑性・断片性が横たわっているとします[7]。

3 刑罰の種類と制裁

(1) 種　類

刑罰は、一般に、①**生命刑**（受刑者の生命を剥奪する刑罰、具体的には死刑）[8]、②**身体刑**（受刑者の身体を傷つける刑罰）[9]、③**自由刑**（受刑者の自由を剥奪する刑罰、具体的には懲役、禁錮、拘留など）、④**名誉刑**（受刑者から一定の資格・権能を剥奪する刑罰、具体的には剥奪公権、停止公権など）、そして、⑤**財産刑**（受刑者から一定の財産を剥奪する刑罰、具体的には罰金、科料、没収など）に分類されます。

(2) 刑法の刑罰

①　**主刑**　刑法は、それだけで独立して言い渡すことができる**主刑**として、以下を規定しています。

○**生命刑**
　⑦　死刑（11条）────絞首刑（11条1項）
　　　　　　　　　　　⇒減軽するときは長期30年以下の懲役・禁錮（14条1項）

---

6) 大塚仁・52頁参照。
7) 内藤・上・119頁以下参照。
8) 従来は、火焙り（焚殺）、溺殺、撃殺、圧殺、生き埋め、礫、斬首、毒殺、八つ裂き、牛裂き、車裂きなどがありましたが、現在は、絞首、銃殺、電気殺、ガス殺、薬殺（注射殺）などに替わっています。
9) 今はありませんが、従来は、笞刑（ちけい）、鯨刑（げいけい、入れ墨）などがありました。

510 第39講 刑罰論

> ○**自由刑**
> 　㋑　懲役（12条・14条）――刑事施設に拘置し、定役（刑務作業）に服する
> 　　　　　　　・無期懲役　⇒減軽するときは、長期30年以下の懲役（14条1項）
> 　　　　　　　・有期懲役：1月以上（1月未満への減軽も可）20年以下（加重は30年以下）
> 　㋒　禁錮（13条・14条）――刑事施設に拘置し、定役に服さない（希望により刑務作業に従事できる）
> 　　　　　　　・無期禁錮　⇒減軽するときは長期30年以下の禁錮（14条1項）
> 　　　　　　　・有期禁錮：1月以上（1月未満への減軽も可）20年以下（加重は30年以下）
> 　㋓　拘留（16条）――拘留場に拘置し、定役なし：1日以上30日未満
> ○**財産刑**
> 　㋔　罰金（15条）――1万円以上（未満への減軽も可）
> 　㋕　科料（17条）――千円以上1万円未満

　②　**附加刑**　刑法は、主刑を言い渡すときにのみ付加的に言い渡すことができる**附加刑**として、以下を規定しています。

> ○**財産刑**
> 　㋖　没収（19条・20条）――犯罪を原因として、物の所有権を剥奪して国庫に帰属させる処分
> 　　　　・犯罪組成物件（1号物件）
> 　　　　　　例）逃走援助罪の逃走器具、通貨偽造準備罪の器械・原料など
> 　　　　・犯罪供用物件（2号物件）
> 　　　　　　例）文書偽造罪の用に供した偽造印章、住居侵入窃盗に用いた鉄棒など
> 　　　　・犯罪生成・取得・報酬物件（3号物件）
> 　　　　　　例）通貨偽造・変造罪の偽造・変造通貨、賭博罪により得た金品、殺人行為の報酬など
> 　　　　・3号の対価物件（4号物件）
> 　　　　　　例）盗品等の売得金など
> 　㋗　追徴（19条の2）――没収が不可能な場合に、それに代わる一定の金額を国庫に納付すべきことを命ずる処分〔没収に代わる代替財産刑〕）
> ○**代替自由刑**（罰金・科料を完納できなかった場合の代替自由刑）
> 　㋘　労役場留置（18条）――罰金・科料を完納できない者について、労役場に留置して労役を賦課
> 　　　　　　・罰金不完納――1日〜2年⇒併科の場合は3年以下
> 　　　　　　・科料不完納――1日〜30日⇒併科の場合は60日以下

(3)　刑罰以外の制裁

　ここで、法令違反行為につき行為者に加えられる害悪的制裁で、刑罰以外

の主なものを見ておきます。これらは刑罰ではありませんので、刑罰と併せて賦課しても、二重処罰の禁止（憲法 39 条後段）に抵触しません。

---

① **秩序罰**
　○過料──行政上の秩序維持のために課せられる制裁　例）民法 37 条 8 項、会社法 976 条
② **懲戒罰**──公法上の特別の監督関係の規律を維持するために課される懲戒処分
　○免職・停職・減給・戒告など　例）国会法 122 条、国家公務員法 82 条など
③ **行政罰**──行政取締り目的の実現のために課せられる制裁
　○反則金──道路交通法の定める違反行為に対する制裁　例）道路交通法 125 条
④ **資格制限・剥奪**
　○資格制限──刑罰の言渡に伴って、他の法令において行われる種々の資格の制限や剥奪　例）公職その他一定の業務に就く資格の喪失（国家公務員法 38 条、検察庁法 20 条）
　○権利喪失──選挙権・被選挙権その他の権利の喪失　例）公職選挙法 11 条・252 条

4　死刑の存廃論

⑴　死刑犯罪

　法定刑に死刑が規定されている犯罪として、刑法典では、内乱罪（首魁：77 条 1 項 1 号）、外患誘致罪（81 条）〔絶対的死刑犯罪〕、外患援助罪（82 条）、現住建造物等放火罪（108 条）、激発物破裂罪（117 条）、現住建造物等浸害罪（119 条）、列車転覆等致死罪（126 条）、往来危険汽車電車転覆破壊罪（127 条）、水道毒物混入致死罪（146 条）、殺人罪（199 条）、強盗殺人・強盗致死罪（240 条後段）、強盗・強制性交等致死罪（241 条 3 項）があり、特別刑法では、治安を妨げ又は人の身体・財産を害する目的で爆発物を使用した者・使用させた者（爆発物使用罪〔爆発物取締罰則 1 条〕）、航空機強取等によって人を死亡させた者（航空機強取等致死罪〔航空機の強取等の処罰に関する法律 2 条〕）、航空機を墜落・転覆・覆没・破壊し、よって人を死亡させた者（航空機墜落致死罪〔航空機の危険を生じさせる行為等の処罰に関する法律 2 条〕）、2 人以上が凶器を示して人質による強要行為等を行った者、又は、航空機の強取を行った者が、人質を殺した（人質殺害罪〔人質による強要行為等の処罰に関する法律 4 条〕）、決闘によって相手を殺害した者（決闘致死罪〔決闘に関する件 3 条〕）、団体の活動（団体の意思決定に基づ

512　第39講　刑罰論

く行為であって、その効果又はこれによる利益が当該団体に帰属するものをいう。）として、殺人罪に当たる行為を実行するための組織により行ったとき（組織的殺人罪〔組織的な犯罪の処罰及び犯罪収益の規制等に関する法律3条1項7号〕）があります。

　なお、罪を犯すとき18歳未満であった者に対しては死刑を科すことはできません（少年法51条）。

(2)　死刑存廃の対立

　日本は、法定刑として死刑を定め、死刑判決を下し、死刑を執行している死刑存置国です。このまま死刑を存置すべきであるとする死刑存置論と、廃止すべきであるとする死刑廃止論の主張内容を要約しておきます[10]。

A　死刑存置論

　①　**人道主義**　他人の生命を奪う等の凶悪な犯罪を行った犯罪者こそ人道主義に反したのであり、凶悪な犯罪を行った犯罪者の生命を尊重し、保障することは、必ずしも人道主義とはいえない。人を殺しておきながら、自分が死刑になるのは不当だなどと主張することが許されるとは思えない。

　②　**法哲学**　殺人犯などの極悪非道の犯罪者等に対しては死刑をもって臨み、その犯罪者の生命を否定すべきとするのが、一般国民の法的確信であるし、この法的確信は社会生活の維持・治安の維持にとって不可欠である。また、他人の生命を奪う等の凶悪な犯罪を行った者は自らの生命も奪われることを覚悟すべきであり、それが現代の社会においても当然要請される正義である。

　③　**憲法論**　死刑は、現代の多数の文明国家においてなお承認されている制度である。これは、犯罪者個人の生命についての人道観よりも、国民全体・社会全体についての人道観を優先させた結果として認められたものであり、憲法13条も「公共の福祉」という表現でもって死刑制度の必要性を明らかにしている。同条は、公共の福祉という基本原則に反する場合には、生命に対する国民の権利といえども、立法上・行政上制限を受けることを当然の前提としている。また、国民個人の生命を奪う死刑であるが、法律の定める適正な手続をもって科せられることが、憲法にも法律にも明確に規定されており、憲法31条に違反することはない。確かに、裁判には誤判の可能性がつきまとうけれども、それは死刑制度に限ったことではなく、自由刑についても同様である。それでも、死刑廃止論者が根拠として誤判の可能性を持ち出すのは、刑事裁判の否定につながる論理である。そこまでいかなくとも、現在の死刑判決がきわめて例外的な場合に慎重に宣告されている状況に鑑みると、誤判の可能性が死刑廃止論の積極的

---

10)　死刑存廃論については、森達也＝藤井誠二『死刑のある国ニッポン』（2009年）、団藤重光『死刑廃止論』（第6版・2011年）、三原憲三『誤判と死刑廃止論』（2011年）、小早川義則『裁判員裁判と死刑判決』（増補版・2012年）、井田良＝太田達也編『いま死刑制度を考える』（2014年）参照。

な根拠となるか疑問である。さらに、刑罰制度としての死刑及びその執行方法等が、その時代と環境において、国民全体の感情により、一般に残虐性を有し、忍びがたいと認められるならば、残虐な刑罰といわなければならず憲法36条に違反することになろう。しかし、今日の日本において、現在の死刑制度が残虐な刑罰であるという国民意識に達したということはできない。

④　**犯罪対策**　死刑には、犯罪を抑止する機能がある。すなわち、刑罰には一般に威嚇力があると考えられ、死刑も、凶悪犯罪を犯そうとする者に対して威嚇力を発揮しており、凶悪な犯罪から社会を守り、社会秩序を維持する機能を果たしていると考えられる。また、犯罪者の中には、どのような刑罰を科しても改善することのできない者がいるのであり、そうした犯罪者の生命を剥奪することによって、社会から永久に隔離し、再犯の可能性を消滅させることが必要である。

⑤　**社会状況**　社会が安定して平和な状況であれば死刑制度の必要性もそれほど高くないかもしれないが、政治状況が混乱し、社会が不安定な状況になったときには、社会を維持するために極刑をもって臨まなければならない場合がある。

B　死刑廃止論

①　**人道主義**　死刑は、いかなる方法によって執行されようとも、現在の文明に照らして野蛮であり、残酷であり、人道主義に反する。

②　**法哲学**　国家は、自ら与えることのできない個人の生命を剥奪する資格も権限を有していない。また、社会契約論においても、契約に違反したからといって、契約当事者の一方が他方を抹殺することを許す契約などありえない。

③　**憲法論**　憲法13条は、個人の尊厳を基礎として個人の尊重を宣言しているが、個人の尊厳の基礎である「生命に対する権利」をも基本的人権として保障している。にもかかわらず、個人を死刑に処することによって個人の尊厳を尊重するなどということは矛盾であり、あり得ないのであるから、憲法13条は死刑を認めていないと考えざるを得ない。また、死刑は、ひとたび執行されたならば、もはや取り返しがつかないし、事態を回復することもできない。誤判の危険のある裁判手続によって、被告人を極刑である死刑に処することは、誤りのない刑事手続の観点からすれば、許されない手続で、憲法31条に違反するものであり、その極限に死刑の判決があると考えられる。したがって、「疑わしきは死刑宣告せず、使用せず」の原則を前提とすべきである。さらに、死刑は、どのような方法で執行されようとも、それ自体、現在の文明に照らして残酷・残虐であり、憲法36条に違反する。

④　**犯罪対策**　死刑は、刑罰の本質的機能に反する。現代の刑罰制度は、自由刑と財産刑を中心としており、刑罰の機能として犯罪者を改善し教育する機能が重視されている。教育・改善の機能を完全に放棄してしまっている死刑制度は、現在の刑罰制度の理念からいって異物の制度である。また、犯罪者の性格や状況に応じて刑罰の執行方法を柔軟に変えていこうという刑罰の動的性質にとっても、死刑は不適切な刑罰である。死刑に威嚇力があるというのは、一般国民の迷信であり、期待に基づく幻想にすぎない。むしろ、外国等の調査・

研究においては、死刑の威嚇力は証明されなかったというのが真実である。犯罪者は、その時の激情に基づいて犯行を行うことが多いのであり、そうでない場合であっても、犯罪者は、自分に科せられる刑罰の質量よりも、犯行が発覚して捕まる可能性の方に関心がある。逆に、死刑があるにもかかわらず、犯罪者が凶悪な犯罪を行ったということは、正に死刑に威嚇力がないことの証拠でもある。むしろ、死刑によって犯罪者の生命を奪うよりも、犯罪被害者やその家族への賠償を行わせる方が、犯罪の償いとしては適切ではないか。また、被害者補償制度を充実させることによって、被害者側の応報感情も和らぐのではないか。現在の死刑制度は、こうした考慮や努力がなされておらず、矛盾の集約された制度と化している。死刑存置論者が死刑に期待する機能は、現在の自由刑（有期・無期）によっても充分に果たしうるのであって、あえて死刑を存置しておくべき理由はない。

⑤　**社会状況**　現在の日本の状況は、比較的安定した社会状況・治安状況を呈しており、凶悪犯罪も多くない。そのような状況において、死刑を存置しておく必要性も必然性もないし、国際的な潮流を考慮すると、むしろ死刑廃止の流れの先頭に立つべきである。

⑥　**その他**　死刑の執行に携わる刑務職員の苦悩にも関心を払うべきである。国民の意見や世論というものを超えたところに人権があるのであり、死刑廃止において世論にこだわることは適当でない。

(3)　判例の死刑選択判断

永山事件・最判昭和 58・07・08（刑集 37・6・609、判時 1099・148、判タ 506・73）は、「死刑制度を存置する現行法制の下では、犯行の罪質、動機、態様ことに殺害の手段方法の執拗性・残虐性、結果の重大性ことに殺害された被害者の数、遺族の被害感情、社会的影響、犯人の年齢、前科、犯行後の情状等各般の情状を併せ考察したとき、その罪責が誠に重大あつて、罪刑の均衡の見地からも一般予防の見地からも極刑がやむをえないと認められる場合には、死刑の選択も許されるものといわなければならない」とし、一般論ですが、死刑適用の基準を明らかにし、犯行時 19 歳余りの被告人に死刑を言い渡しました。**光市母子殺害事件・最決平成 18・06・20**（判時 1941・38、判タ 1213・89）も、永山事件・最高裁判決の死刑適用の基準を踏襲し、犯行時 18 歳 1 か月の被告人に死刑を言い渡しました。

判例における死刑選択の判断を構造化すると、次のようになります。死刑は「究極の峻厳な刑」であり、慎重に適用すべきであるところ、犯行の罪質、動機、態様、ことに殺害の手段方法の執拗性・残虐性、結果の重大性、ことに殺害された被害者の数、遺族の被害感情、社会的影響、犯人の年齢、前科、犯行後の情状等各般の情状を併せ考察したとき、被告人の「罪責は誠に重大であり、極刑もやむを得ない」と認められる場合には、被告人に有利な「特に酌量すべき事情がない限り」、死刑の選択をするほかないというものです。

⑷　本書の立場

　被害者やその遺族等（以下、「被害者等」という）が、「犯人を極刑に処してもらいたい」、「犯人を死刑にしても飽き足らない」と思い、報復感情・復讐感情を抱くのは自然ですし、それを非難することはできません。そうした被害者等の感情は、他の人が共有できないきわめて個人的・主観的な感情です。それが刑事司法において、特に現行の死刑を頂点とする刑罰によって解消されることなどおよそありえないと考えるべきです。それでも、被害者等のそうした感情も時間の経過とともに変化し、和らぎ、被害者等がそれを乗り超えて、平穏な気持ちで生きてほしい、前向きに生活していってほしいと願わずにはいられません。ですから、極刑こそが被害者の被害感情・報復感情を解消しうるというのは幻想です。むしろ、加害者の処罰と被害者等の被害感情・報復感情の緩和・解消とは別次元の課題と考えるべきで、被害感情・報復感情等の柔和・緩和を期待できるのは、刑事司法の場、刑罰ではなく、被害者等をサポートする別の場における別の制度によってです。

5　刑の適用

⑴　刑罰の段階的類型

　刑罰は、段階に応じて名称が変化します。まず、刑罰法規の各本条に規定された刑を**法定刑**といい、法定刑に一定の加重・減軽を施して、具体的な刑の範囲を画した刑を**処断刑**といい、さらに、有罪を宣告された者に対して現実に言い渡される刑を**宣告刑**といい、そして、宣告された刑に未決勾留日数を算入して実際に執行される刑を**執行刑**といいます。

⑵　刑の軽重

　刑は、①一般的には、死刑＞懲役＞禁錮＞罰金＞拘留＞科料という順で軽くなります（10条）。無期禁錮は有期懲役よりも重く、有期禁錮の長期が有期懲役の2倍のときは有期禁錮が重い。②同種の刑は、長期の長いもの・多額の多いものが重く、長期・多額が同じときは、短期の長いもの・寡額の多いものが重い。③2個以上の死刑、長期・短期も多額・寡額も同一である同種の刑は、犯情の重いものを重いとします。④異種類の刑が選択刑・併科刑として規定されている場合は、重い刑だけを比較対照して決め、軽い選択

516　第39講　刑罰論

刑又は併科刑を考慮してはなりません。

(3)　法定刑の加重・減軽

① **概　要**　法定刑が処断刑となるときに、加重事由・減軽事由によって修正を施されることがあります。

	刑の加重事由	刑の減軽（・免除）事由
法律上の事由	併合罪 累　犯	必要的減軽（・免除）事由 任意的減軽（・免除）事由
裁判上の事由	（一般には想定外）	酌量減軽

② **刑の減軽・免除の事由**

	必要的減軽・免除事由	任意的減軽・免除事由
減軽のみ	○心神耗弱（39条2項） ○従犯（63条） ○身の代金目的拐取の解放（228条の2）	○法律の不知（38条3項但書） ○自首・首服（42条） ○障害未遂犯（43条本文） ○酌量減軽（66条）
減軽・免除	○外国裁判の効力（5条但書） ○中止犯（43条但書） ○身の代金目的拐取予備の着手前の自首（228条の3但書）	○過剰防衛（36条2項） ○過剰避難（37条1項但書） ○偽証の自白（170条） ○虚偽告訴の自白（173条）
免除のみ	○内乱予備・陰謀・幇助の自首(80条) ○私戦予備・陰謀の自首(93条但書) ○親族相盗（244条1項） ○親族間の盗品譲受け等（257条1項）	○親族間の犯人蔵匿・証拠隠滅(105条) ○放火予備（113条但書） ○殺人予備（201条但書）

(4)　累犯の加重

① **意義・加重根拠**　累犯とは、**最広義**では、刑に処せられた者が累次的に犯行を重ねた犯罪をいい、**広義**では、確定裁判を経た犯罪（前犯）に対して、その後に行われた犯罪（後犯）をいい、**狭義**では、広義の累犯中、一定の要件を具備することによって刑を加重される犯罪をいいます。

　累犯が刑を加重されるのは、累犯者の性格・人格のもつ社会的危険性が特に大きいからであるとする見解もありますが、前に刑を科されたにもかかわらず犯罪を繰り返した点に、1回だけ犯罪を行った場合に比べて、行為者に対して強い非難可能性が生じるからであるとする見解（通説）が妥当です。

② **要　件（56条）**　第1に、⑦前犯として懲役に処せられた者（1項）、前犯として懲役に当たる罪と同質の罪により死刑に処せられた者（2項）、又は

併合罪について処断された者（3項）であることが必要です。第2に、⑦前犯について刑の宣告があり、かつ、実際にその執行を終わり、又はその執行の免除があったことが必要です。第3に、⑦前犯の刑の執行が終わった日、又は執行の免除があった日から5年以内に後犯が犯されたことが必要です。第4に、⑤再犯となるには、前に懲役刑に処せられた者がさらに後犯につき有期懲役に処すべき場合であることが必要です。

③ **効 果（57条）**　再犯の刑は、その後犯の罪につき定められた懲役の長期の2倍以下ですが、30年を超えることはできません（14条）。なお、3犯以上の者についても、再犯の刑により同様に処断されます（59条）。

⑸ **常習犯の加重**

① **意 義**　累犯は普通累犯と常習犯に分けられます。**常習犯**とは、一定の種類の犯罪を反復・累行して行う常習性を有する累犯者のことで、常習賭博罪（186条1項）、常習窃盗・常習強盗罪（盗犯等ノ防止及処分ニ関スル法律3条）が規定されています。

② **類 型**　常習として賭博をした者は、常習賭博罪として3年以下の懲役に処せられます。単純賭博罪（185条）の法定刑の上限は50万円の罰金ですから、相当に重い責任非難が加えられます。

他方、常習として、窃盗・強盗・事後強盗・昏酔強盗、あるいはこれらの未遂を犯した者で、⑦その行為の前10年以内に、⑦これらの犯罪、又はこれらの犯罪と他の犯罪との併合罪について3回以上、6月の懲役以上の刑の執行を受け、又は、その執行の免除を得た者に対して刑を科すべきときは、窃盗をもって論ずべきときは3年以上の有期懲役、強盗をもって論ずべきときは7年以上の有期懲役に処します。

⑹ **自首・首服・自白による減軽**

① **自首（42条1項）**とは、犯罪を行った犯人が捜査機関の取り調べを待たずに、自発的に自己の犯罪事実を申告し、その処分を求める意思表示をいい、その刑は任意的に減軽されます。それは、改悛による行為者の責任非難の事後的な減少という刑事政策的な理由と、犯罪捜査に協力することで捜査及び処罰を容易にしたという犯罪捜査上の理由が認められるからです。

ここでいう**捜査機関に発覚する前**とは、犯罪事実が捜査機関（検察官・司法

警察員〔警官〕）にまったく発覚していない場合だけでなく、犯罪事実は発覚しているが、その犯人が誰であるか発覚していない場合を含みます。犯罪事実及び犯人が判明していれば、捜査機関に犯人の所在場所が認知されていなくとも、発覚した場合になります[11]。

捜査機関への申告方法は、自ら直接行う場合だけでなく他人を介して行う場合をありえますし、書面・口頭のいずれの方法も認められます。また、捜査機関に発覚する前に自己の犯罪事実を捜査機関に申告したのであれば、虚偽の事実が含まれていても自首の成立を妨げるものではありません[12]。

②　**首服（42条2項）**とは、親告罪を行った犯人が、自己の犯罪事実を告訴権者に告白し、その告訴に委ねる行為をいい、その刑は任意的に減軽されます。それは、自首と同様、改悛による行為者の責任非難の事後的な減少という刑事政策的な理由と、犯罪捜査に協力することで捜査及び処罰を容易にしたという犯罪捜査上の理由が認められるからです。

首服については、捜査機関に発覚する前であり、かつ告訴権者に発覚する前であることが必要であるとする見解もありますが、条文上、告訴権者に発覚する前であることを要する趣旨はうかがえないし、首服も自首と同様の理由に基づくので、捜査機関に発覚する前であれば足りると解すべきです。

③　**自白**とは、捜査機関に対して自ら自己の犯罪事実を認める犯人の供述をいいます。自白は主に刑法各則（170条、173条）に規定されており、刑は任意的に減軽・免除されます。捜査官の取り調べを受けた際に、犯罪事実の一部又は全部を自ら認める場合も含みます。

⑺　酌量減軽

酌量減軽（66条・67条）とは、犯罪の具体的情状に照らして、法定刑又は処断刑の最下限でもなお重すぎる場合になされる裁判上の減軽事由であり、法律によって刑を加重・減軽する場合でも、なお酌量減軽ができます。

犯罪の情状には、犯罪の性質の軽重、法益侵害・危殆化の程度などの客観事情のほか、犯罪行為者の犯行動機、目的・意図、平素の行状、犯罪後の態度・心情などの主観事情の一切を含みます。

11）最判昭和24・05・14刑集3・6・721。
12）最決平成13・02・09刑集55・1・76。

(8) 刑の加減例

　法律によって刑を減軽すべき 1 個又は数個の事由があるとき、法律上の減軽事由が数個存在する場合であっても、法律上の軽減は 1 回だけです。

　①死刑を減軽するときは、無期懲役・無期禁錮又は 10 年以上の懲役・禁錮にします。②無期懲役・無期禁錮を減軽するときは、7 年以上の有期懲役・有期禁錮にします。③有期懲役・有期禁錮を減軽するときは、長期・短期の 2 分の 1 を減じます。④罰金を減軽するときは、多額・寡額の 2 分の 1 を減じます。⑤拘留を減軽するときは、長期の 2 分の 1 を減じます。また、⑥科料を減軽するときは、多額の 2 分の 1 を減じます（68 条）。懲役・禁錮・拘留を減軽するとき、1 日に満たない端数が生じたらこれを切り捨てます（70 条）。

　なお、酌量減軽も、68 条・70 条に従って行います（71 条）。また、同時に刑を加重・減軽すべきときは、再犯加重⇒法律上の減軽⇒併合罪加重⇒酌量減軽の順で行います（72 条）。

6　刑の執行

(1)　死刑の執行

　①　**執行手続**　死刑判決が確定すると、公判記録が裁判所から検察庁へ、検察庁から法務省へと移され、刑事・矯正・保護の各局、大臣官房において公判記録の審査がなされ、刑の執行停止の事由、再審の事由、非常上告の事由、恩赦相当情状の存否の検討がなされます。その後、刑事局付検事が起案書を作成し、死刑執行命令書の決裁を法務大臣に求めます。原則として、死刑判決確定の日から 6 か月以内に、法務大臣は死刑執行命令書へ署名・押印することが定められています（刑訴法 475 条）。

　法務大臣の署名・押印がなされ、死刑執行命令書が発効すると、5 日以内に、死刑執行を行うことになります（刑訴法 476 条）。但し、死刑執行をしない日があります（刑事収容施設法 178 条 2 項）。

　死刑執行のために、刑務所・拘置所の所長は、死刑執行人員を選定しますが、その際に、人員の妻が妊娠していないか、親や子に病人がいないか、最近身内に不幸がなかったか、本人は病気でないかなどを考慮して人選すると

520 第39講 刑罰論

いわれています。人選が済むと、執行前日に、刑場でリハーサルをし、死刑
囚の身長・体重等に合わせて縄の調整等をします。

死刑確定者は拘置所に収容されますが、それがあるのは、札幌・仙台・東
京・名古屋・大阪・広島・福岡です。また、死刑の執行を停止すべき事由は、
心神喪失状態にあるとき、女子が懐胎しているとき（刑訴法479条）、及び精
神的動揺がきわめて激しいときです。

②　**執行方法**　死刑は、刑事施設内において絞首して執行されます（11条
1項）。死刑の言渡を受けた者は、その執行に至るまで刑事施設内に拘置しま
す（11条2項）。

死刑の執行方法については、刑事収容施設法（正式には、「刑事収容施設及び被収
容者等の処遇に関する法律」）178・179条に規定されており、地下絞架式です。死
刑囚に目隠しをし、平坦な床を歩かせ、踏み板の上に立たせます。施設長が合
図を送り、死刑執行員の刑務官が3つ又は5つの電動式ボタンを押すと、床が
開いて死刑囚が降下します。絞首状態の死刑囚の脈を医務技官が取り、胸に聴
診器を当てて死亡が確認されると、その5分後に死刑囚の縄を解き、刑務官が
遺体の処理をします。刑務所・拘置所の所長、各部の部長、刑務官、教誨師、
検察官、検察事務官など15人から20人が立ち会います（刑訴法477条、478条）。

> **最大判昭和36・07・19**（刑集15・7・1106）は、絞首による死刑執行方法は憲
> 法36条にいう「残虐な刑罰」に当たらないこと、死刑執行方法に関する事項を
> 定めた明治6年太政官布告65号（絞罪器械図式）は、「新憲法下において、法律
> と同一の効力を有するものとして有効に存続」しており、「これらの諸規定に基
> づきなされた本件死刑の宣告は、憲法31条にいう法律の定める手続によってな
> されたものであることは明らかである」とし、合憲であるとしています[13]。

(2)　自由刑の執行

①　**執行方法・執行停止**　懲役・禁錮・拘留は、刑事施設に拘置して執行
します（12条2項、13条2項、16条）。但し、**必要的な執行停止事由**として、⑦
心神喪失状態にあるときがあり、検察官は、この受刑者を監護義務者又は地
方公共団体の長に引き渡し、病院その他適当な場所に入れさせることになり
ます（刑訴法480条、481条、精神保健法29条、33条）。また、**任意的な執行停止**

---

13)　最近でも、最高裁のこの見解は維持されています。最判平成26・06・13裁判集刑314・1。

事由として、⑦刑の執行によって、著しく健康を害する、又は生命を保つことができない虞があるとき、⑦年齢が70歳以上であるとき、⑤受胎後150日以上であるとき、⑦出産後60日を経過していないとき、⑦刑の執行によって、回復できない不利益を生ずる虞があるとき、⑪祖父母・父母が年齢70歳以上又は重病若しくは不具で、他にこれを保護する親族がいないとき、⑦その他重大な事由があるとき、検察官の指揮により刑の執行を停止することができます（刑訴法482条）。

② **期間の計算**　懲役・禁錮・拘留の自由刑の刑期は、裁判確定の日から起算します。但し、拘禁されない日数は裁判確定後であっても刑期に算入しません（23条）。受刑の初日は、その長短を問わず1日に算入します（時効の初日も同じです）。刑の執行からの放免は、刑期満了の翌日に行います（24条）。

未決勾留の日数は、その全部又は一部を本刑に算入します（21条）が、未決勾留日数の6割から7割を刑期に算入するのが相場だといわれています。

(3)　財産刑の執行

罰金・科料・没収・追徴の裁判の執行は検察官の命令によりなされますが、この命令は執行力ある債務名義と同様の効力を有するとされています（刑訴法490条1項）。その執行については、民事執行法、その他強制執行の手続に関する法令の規定が準用されますが、執行前に裁判送達の手続を履践する必要はありません（刑訴法490条2項）。

罰金等の言渡を受けた者が死亡した場合、没収、租税その他の公課・専売に関する法令の規定により言い渡された罰金・追徴に関しては、相続財産に対して執行できるとしています（刑訴法491条）。また、法人が合併によって消滅した場合、合併後に存続する法人又は合併によって設立された法人に対して、罰金等を執行することができるとしています（刑訴法492条）。

7　刑の執行猶予

(1)　意義・目的

刑の執行猶予は、刑を言い渡すに当たって、犯情により必ずしも刑の全部又は一部の現実的な執行を必要としない場合に、一定の期間、刑の執行を猶予し、猶予期間を無事に経過したときは、刑罰権の消滅を肯定する制度です。

522 第39講 刑罰論

全部執行猶予は、①短期自由刑（6月未満の懲役・禁錮）の執行による弊害、具体的には、⑦刑執行による短期の身体拘束にもかかわらず職を失い、再就職が難しくなること、⑦受刑者が家計支持者であるとき、家族に経済的な負担をかけることになること、⑦刑務所内で犯罪者と一緒になることによって反って悪風に感染してしまうことを回避するという消極的な目的、及び、②前科のもたらす弊害を回避することという消極的な目的を有し、また、③刑の執行猶予の取消による刑の執行の可能性を警告することによって、犯人の善行を保持させ、犯罪者が再び犯罪をすることを防ぐという積極的な目的を有しています。

また、2013年（平成25年）に一部改正法（法律49号）により新設され、2016年（平成28年）06月から施行された**一部執行猶予** [14] は、犯罪者が再び犯罪をすることを防ぐという積極的な目的を実現する趣旨で、特に、刑事施設内の処遇と社会内処遇との有機的な連携により、犯罪者の改善更生と再犯防止の一層の充実を図るとともに、仮釈放制度の限界を克服する趣旨で導入されました。

(2) 刑の全部執行猶予（25条以下）

〈要 件〉

◇初度の場合
　①〔前科〕　⑦　前に禁錮以上の刑に処せられたことがない者であること
　　　　　又は、⑦　禁錮以上の刑に処せられた者ではあるが、その執行が終わった日から又はその執行の免除を得た日から5年以内に禁錮以上の刑に処せられたことがない者であること
　②〔宣告刑〕　3年以下の懲役・禁錮又は50万円以下の罰金であること
　③〔情状〕（条文にはない）
　　　　　○犯罪自体の情状：犯情が軽微であること、動機に宥恕すべきものがあること、犯人が年少であること、精神に障害があることなど

---

14) 刑の一部執行猶予の制度については、今福章二ほか「座談会：刑の一部執行猶予制度の施行とその課題」論究ジュリ17号（2016年）194頁以下、小池信太郎「刑の一部執行猶予の現状と相対的応報刑論」刑事法ジャーナル54号（2017年）26頁以下参照。なお、違法薬物犯罪についての刑の一部執行猶予の制度は、「薬物使用等の罪を犯した者に対する刑の一部の執行猶予に関する法律」（2013年・平成25年・法律50号）に規定されています。

〇犯罪後の情状：改悛の情が認められること、被害の弁償がなされ
　　　　　　たこと、家族の保護監督が存在することなど
◇再度の場合
　①〔前科〕　⑦　前に禁錮以上の刑に処せられた者であること
　　　　　　　④　執行猶予中であること
　　　　　　　⑨　保護観察に付せられ、その期間内にさらに罪を犯した者で
　　　　　　　　ないこと
　②〔宣告刑〕　1年以下の懲役・禁錮であること
　③〔情状〕　情状に特に酌量すべきものがあること

〈宣　告〉　刑の全部執行猶予を認めるか否かは、裁判所（裁判官・裁判員）の裁量です。全部執行猶予の期間は1年以上5年以下ですので、裁判所は、この期間内において具体的な猶予期間を言い渡します。保護観察は、初度の場合は任意的ですが、再度の場合は必要的となります。

　なお、懲役・禁錮と罰金が同時に言い渡される場合に、懲役・禁錮についてのみ執行猶予を言い渡すことは許されますが、懲役・禁錮の一部とか罰金の一部についてのみ執行猶予とすることは許されないと解されていました[15]が、改正により、後述の刑の一部執行猶予の制度が導入されましたので、この点は部分的に解消されました。

〈法効果〉　刑の全部執行猶予の期間中は、刑の執行が猶予されます。但し、刑罰執行権はいわば潜在的に存在しており、消滅したわけではありません。執行猶予の期間が経過すると、刑の言い渡しが効力を失います。

〈執行猶予の取消〉　刑の全部執行猶予は、一定の事由が存在すると取り消されるのですが、その取消には必要的なものと裁量的なものがあります。

①　必要的取消事由（26条）
　⑦　執行猶予期間中にさらに罪を犯して禁錮以上の刑に処せられ、その刑について執行猶予の言渡がないとき
　④　執行猶予の言渡前に犯した他の犯罪について禁錮以上の刑に処せられ、その刑の全部について執行猶予の言渡がないとき、又は、
　⑨　執行猶予の言渡前に、他の犯罪について禁錮以上の刑に処せられたことが発覚したとき（但し、25条1項2号に記載した者及び26条の2第3号に当たる者を除く）

---

15)　福岡高判昭和26・12・14高刑集4・14・211。反対なのは、大津地判昭和42・09・18下刑集9・9・1171。

524　第39講　刑罰論

② **裁量的取消事由**（26条の2）
　㋐　執行猶予の期間中にさらに罪を犯して罰金に処せられたとき
　㋑　25条の2第1項の規定によって保護観察に付せられた者が遵守すべき事項を遵守せず、その情状が重いとき、又は、
　㋒　執行猶予の言渡前に、他の犯罪について禁錮以上の刑に処せられ、その刑の全部の執行を猶予されたことが発覚したとき

　26条、26条の2の規定によって、禁錮以上の刑の執行猶予の言渡を取り消したときは、執行猶予中の他の禁錮以上の刑についても、その猶予の言渡を取り消さなければなりません。執行猶予の取消の請求者は検察官で、取消の決定者は裁判所です。

(3)　刑の一部執行猶予（27条の2以下）

〈要　件〉

①〔前科〕　㋐　前に禁錮以上の刑に処せられたことがない者であること
　　　　　　㋑　前に禁錮以上の刑に処せられた者ではあるが、その刑の全部の執行を猶予された者であること
　　又は、　㋒　前に禁錮以上の刑に処せられた者ではあるが、その執行を終わった日又はその執行の免除を得た日から5年以内に禁錮以上の刑に処せられたことがない者であること
②〔宣告刑〕　3年以下の懲役・禁錮であること
③〔必要性・相当性〕　㋐　必要性——再び犯罪をすることを防ぐために必要であること
　　　　　　　　及び、㋑　相当性——刑の一部執行猶予にするのが相当であること
④〔情状〕　犯情の軽重、犯人の境遇、その他の情状を考慮

　刑の一部執行猶予は、犯情の軽重、犯人の境遇、その他の情状を考慮して、㋐再び犯罪をすることを防ぐために必要であるという必要性、具体的には、犯罪者に再犯の恐れがあるけれども、社会内に有効な処遇の機関、更生の施設等が存在するので、それに委ねる方が改善更生・再犯防止に資すると認められること、及び、㋑刑の一部執行猶予にするのが相当であるという相当性、具体的には、本人が社会内の処遇を受ける意欲があり、かつ、そうした処遇を受けることができる環境・状況にあることが必要です。

〈宣　告〉　執行猶予を認めるか否かは、裁判所の裁量処分です。執行猶予の期間は1年以上5年以下ですので、裁判所は、この期間内において具体的な

猶予期間を言い渡します。保護観察は、刑の一部執行猶予では任意的です。

　なお、刑の一部執行猶予は、判決では、例えば、「主文：被告人を懲役3年に処する。その刑の一部である懲役6月の執行を2年間（保護観察付きで）猶予する。」というような宣告になります。

〈法効果〉　刑の一部執行猶予の言渡がなされると、被告人は、まず執行が猶予されなかった部分の刑期を服役し、その後、一部執行猶予の期間、釈放され、執行猶予を取り消されることなくその期間を経過すれば、刑は猶予されなかった部分に減軽されたことになります。残りの一部執行猶予期間については、刑の言い渡しが効力を失います。したがって、実刑の終了日が、刑の執行終了日となります。

　この制度は、被告人を刑事施設で服役させ、刑期満了時よりも一定期間早期に同人を釈放することを認めることで、社会内処遇を実現し、改善更生の実をあげようとするもので、いわば実刑の判決が前提となっています。

〈一部執行猶予の取消〉　刑の一部執行猶予は、一定の事由が存在すると取り消されるのですが、その取消には必要的なものと裁量的なものがあります。

---

① **必要的取消事由**（27条の4）
　⑦　猶予の言渡後にさらに罪を犯して禁錮以上の刑に処せられたとき
　④　執行猶予の言渡前に犯した他の犯罪について禁錮以上の刑に処せられたとき、又は、
　⑨　猶予の言渡前に、他の犯罪について禁錮以上の刑に処せられ、その刑の全部について執行猶予の言渡がたないことが発覚したとき（但し、27条の2第1項3号に記載した者を除く）
② **裁量的取消事由**（27条の5）
　⑦　猶予の言渡後にさらに罪を犯して罰金に処せられたとき
　④　27条の3第1項の規定によって保護観察に付せられた者が遵守すべき事項を遵守しなかったとき

　刑の一部執行猶予が（必要的・裁量的に）取り消されたときは、執行猶予中の他の禁錮以上の刑についても、その猶予の言渡を取り消さなければなりません。執行猶予の取消の請求者は検察官で、取消の決定者は裁判所です。

8　仮釈放

⑴　意義・目的

　　仮釈放とは、言い渡された自由刑の執行が未だ完全に終了してはいないが、それまでの執行の状況に鑑みて執行を続ける必要がないとみられる場合に、仮に受刑者を釈放し、その後、刑の残余期間を無事に経過したときはその執行を免除する制度で、懲役刑・禁錮刑の受刑者の仮釈放と、拘留場・労役場に留置中の者の仮出場とを含む**広義の仮釈放**（28条以下）、さらには、少年院や婦人補導員の収容者の仮退院をも含む最広義の仮釈放を指すこともあります。ここでは、広義の仮釈放を説明します。

　　仮釈放は、無用の拘禁を回避すること、受刑者の改善を促進すること、受刑者の社会復帰を企図することなどの目的に奉仕する制度と考えられています。

⑵　要　件

　　仮釈放の適用要件は、①懲役・禁錮に処せられた者であること、②改悛の情が認められ、再犯のおそれがないこと、③有期懲役刑・有期禁錮刑についてその刑期の3分の1を、無期懲役刑・無期禁錮刑について10年を経過したこと（28条）、④行政官庁（地方更生保護委員会〔更生保護法39条1項〕）の仮釈放の処分がなされることが必要です。

　　仮釈放中の者は保護観察に付されます。また、少年時に懲役・禁錮の言渡を受けた者には、無期懲役刑・無期禁錮刑について7年を経過したとき、18歳未満であるため無期刑が減軽された場合の有期懲役刑・有期禁錮刑について3年が経過したとき、また、（相対的）不定期刑についてその刑期の短期の3分の1を経過したときは、仮釈放をすることができます（少年法58条）。

　　一定の事由が存在するとき、仮釈放を取り消すことができます（29条1項）。**取消事由**には、①仮釈放中にさらに罪を犯して、罰金以上の刑に処せられたとき、②仮釈放前に犯した他の罪について、罰金以上の刑に処せられたとき、③仮釈放前、他の犯罪について罰金以上の刑に処せられた者であって、その刑の執行をすべきとき、④仮釈放中、遵守すべき事項を遵守しなかったとき、があります。仮釈放が取り消されると、仮釈放中の日数は刑期に算入されません（29条2項）。

(3) 仮出場

仮出場の適用要件（30条）は、①拘留に処せられた者、又は罰金・科料不完納のため労役場に留置された者であること、②情状により、③いつでも、④行政官庁（地方更生保護委員会）の仮出場の処分がなされることです（更生保護法39条）。

仮出場の手続は仮釈放に準じます。仮出場が認められると、刑の執行は直ちに終了し、保護観察には付されません。

9 刑の消滅

(1) 犯人の死亡、法人の消滅

宣告され、確定した刑は、罪を犯し、刑を言い渡された者（自然人・法人）に対する一身的な効果を有するので、犯人が死亡しあるいは法人が消滅すれば、刑罰権が消滅します。裁判確定前に、被告人が死亡し、又は被告人である法人が存続しなくなったときは、刑事訴追が不可能となりますので、公訴棄却の決定をします（刑訴法339条1項4号）。それが裁判確定後であったときは、刑の執行が不能となりますので、刑罰の執行権が消滅することになります。

但し、没収、租税その他の公課・専売に関する法令の規定により言い渡された罰金・追徴に関しては、相続財産に対して執行できます（刑訴法491条）し、法人が合併によって消滅した場合、合併後に存続する法人又は合併によって設立された法人に対して罰金等を執行することができます（刑訴法492条）。

(2) 恩 赦

① 意 義 恩赦とは、司法機関の権限によらず行政機関によって国家刑罰権を消滅させ、その効力を減殺する制度をいいます。現代の国家において、恩赦制度が存在する意義は、国家的・国民的な祝賀の気持ちを国家刑罰権（ないし刑罰執行権）の柔軟な運用によって表現する点にあるといわれます。

国家刑罰権の弾力的運用は、それ自体望ましいことですが、国家的・国民的な祝賀の気持ちを表現することと刑罰権（ないし刑罰の執行権）のあり様、国家的慶事と国家刑罰権は次元が異なること、それが行政機関によってなされる点で問題があること、国家主権の重要な側面である刑罰権を行政的な考慮をもって改訂することは適当でないことなど、大いに疑問があります。こ

528 第39講 刑罰論

の制度は廃止すべきです。

② **種　類**　恩赦法は、5つの類型を定めています（同法1条）。いずれも、天皇の認証を必要とし、内閣がこれを決定します（憲法7条6号、73条7号）。

㋐ある特定の種類の犯罪者全体について一般的に刑罰権を消滅させるもので、政令で罪の種類を定めて行う**大赦**（恩赦法2条、3条）があります。有罪の言渡を受けた者に恩赦があると、刑の言渡の効力を消滅させますし、有罪の言渡を受けていない者に恩赦があると、公訴権が消滅します。さらに、㋑有罪の言渡を受けた特定の者について有罪の言渡の効力を失わせる**特赦**（恩赦法4条、5条）があります。また、㋒**減刑**（恩赦法6条、7条）には、刑の言渡を受けた者（政令で罪・刑種を定めています）についての減刑で、原則として、言い渡された刑を減軽する一般減刑と、刑の言渡を受けた特定の者についての減刑で、刑を減軽又は刑の執行を減軽する特別減刑とがあります。さらに、㋓刑の言渡を受けた特定の者、特に無期懲役・無期禁錮の仮釈放者について保護観察を終了させ、精神的負担を軽減させて社会復帰を促進させる制度として、**刑の執行の免除**（恩赦法8条）があります。そして、㋔**復権**（恩赦法9条、10条）には、有罪の言渡を受けて、法令により資格喪失又は停止された者で政令の要件に該当する者について、その喪失資格を将来に向かって回復させる一般復権と、有罪の言渡を受けて、法令により資格喪失又は停止された者で政令の要件に該当する特定の者について、喪失資格を将来に向かって回復させる特別復権とがあります。復権は、前科の抹消と同じ趣旨の制度と考えられます。

(3) 時　効

時効には、公訴の時効（刑訴法250条以下）と刑の時効（刑法32条以下）があります。時効制度の趣旨については、犯罪に対する社会的な規範感情が時間の経過とともに次第に緩和され、必ずしも現実的な処罰を要求しないまでになることを考慮したものとする**規範感情緩和説**が支配的ですが、規範感情が緩和するとともに、社会において秩序が回復し、犯人においても一般人と同様の社会生活関係が生じているなど、そこに形成されている事実状態を尊重することを趣旨とするという**事実状態尊重説**も有力に主張されています。

① **公訴の時効**とは、一定期間の経過を条件として、未だ判決の確定して

いない事件に関する公訴権を消滅させ、ひいては刑罰権をも消滅させるものをいいます。⑦公訴の時効の**期間**は、「人を死亡させた罪であって禁錮以上の刑に当たるもの」については、無期懲役・無期禁錮に当たる罪は 30 年、長期 20 年の懲役・禁錮に当たる罪は 20 年、それ以外の罪は 10 年となっています。また、「人を死亡させた罪であって禁錮以上の刑にあたるもの」以外については、死刑に当たる罪は 25 年、無期懲役・無期禁錮に当たる罪は 15 年、長期 15 年以上の懲役・禁錮に当たる罪は 10 年、長期 15 年未満の懲役・禁錮に当たる罪は 7 年、長期 10 年未満の懲役・禁錮に当たる罪は 5 年、長期 5 年未満の懲役・禁錮に当たる罪は 3 年、拘留・科料に当たる罪は 1 年となっています（刑訴法 250 条）。④時効の**起算点**は、原則として、犯罪行為が終わった時点から進行しますが、共犯の場合には、最終の行為の終了時点から全共犯者について時効が進行します。しかし、⑨公訴の時効は、当該事件についての公訴の提起により、犯人が国外にいることにより、あるいは、犯人が逃げ隠れているため、有効に起訴状の謄本の送達もしくは略式命令の告知ができなかったことにより、期間の進行が**停止**します（刑訴法 255 条）。

　公訴の時効が期間満了により完成したときは、公訴提起がなされても裁判所は免訴の言渡をしなければなりません（刑訴 337 条 4 号）。

　②　**刑の時効**とは、一定期間の経過を条件として、刑罰権を消滅させるものをいいます。⑦刑の時効の**期間**は、死刑は時効なし、無期懲役・無期禁錮は 30 年、10 年以上の有期懲役・有期禁錮は 20 年、3 年以上 10 年未満の懲役・禁錮は 10 年、3 年未満の懲役・禁錮は 5 年、罰金は 3 年、拘留・科料は 1 年となっています（32 条）。④時効の**起算点**は、刑の言渡が確定した時点から進行します（32 条）。しかし、⑨刑の時効は、法令により執行を猶予されたことにより（25 条以下）、あるいは、法令により刑の執行を停止されたことにより（33 条）、期間の進行が**停止**します。さらに、懲役・禁錮・拘留については刑の執行のために拘束したことによって、また、罰金・科料・没収については執行行為をすることによって**中断**します（34 条 2 項）。

　刑の時効が期間満了により完成したときは、刑の執行の免除を受けます（31 条）。刑の言渡の効力自体は失われず、単に刑罰権ないしその執行権が消滅するにすぎません。

530 第39講 刑罰論

③ **刑の消滅**（34条の2）とは、一定期間の経過によって刑の言渡の効果そのものを失わせ、前科を抹消することによって、刑の言渡に伴う法令上の各種資格制限（例：弁護士法6条、裁判所法46条など）を一掃しようとするもので、刑の消滅というよりも前科の抹消、法律上の復権というのが適当です。

これには、㋐禁錮以上の刑の執行を終わり、又は執行の免除を得た者が、罰金以上の刑に処せられることなく10年を経過したとき、㋑罰金以下の刑の執行を終わり、又は執行の免除を得た者が、罰金以上の刑に処せられることなく5年を経過したとき、刑の言渡はその効力を失いますし、それに伴って、犯罪人名簿（前科者名簿）の抹消をすることになります。「刑の言渡しは、効力を失う」（34条の2）とあるのは、刑の言渡に基く法効果が将来に向つて消滅するという趣旨であつて、刑の言渡を受けたという既往の事実そのものまで全くなくなるという意味ではないし、犯罪の審理において前科の有無を審問し、これを量刑の資料とすることは憲法13条、14条に違反しないとされています[16]。そして、㋒刑の免除の言渡を受けた者が、その言渡の確定後、罰金以上の刑に処せられることなく2年を経過したときは、刑の免除の言渡はその効力を失います。

今日の一言

自分に　正直であること
女に　誠実であること
ライバルに　敬意を払うこと
人に　礼節を守ること

---

16) 最判昭和29・03・11刑集8・3・270、判時24・27、判タ40・25。

第 40 講　刑法の適用範囲

刑法典の総則規定は他の法令の罪についても適用される（8条）のですが、刑法の適用範囲について、時間的な範囲（6条）、場所的な範囲（1条～5条）及び人的な範囲に分けて説明します[1]。

1　時間的適用範囲

(1)　時間的範囲

刑法（刑法典に限らない実質的意義の刑法）の時間的適用範囲は、刑法の効力が生じる発効の時点から失効する時点までです。発効は刑法の施行をいい、原則として、「公布の日より起算して満20日」を経過したとき（法例1条）ですが、例外として、当該法律が特別の規定を設けているときは、その規定に従います（「法の適用に関する通則法」2条）。公布は、法令等を一般国民に周知させる目的で、一定の方式により一般国民が知りうる状態におくことをいい、具体的には、法令の掲載されている官報を閲覧し又は購入することができる時点がそれに当たります（ネットの活用も図られています）。

(2)　事前法主義

①　**意　義**　刑罰法規は、その施行以後の行為に適用され、施行前の行為に遡って適用することは許されません（**事前法主義**〔遡及処罰の禁止〕）（憲法39条1文前段）。刑法の遡及適用を認めることは、「後出しジャンケン」を認めるようなもので、個人の自由・人権を不当に侵害するからです。

この点で、**不利益判例の遡及適用**、すなわち判例に法源性があるかが議論されます[2]。判例は法令の有権的解釈である、国民は「判例のように解釈された成文法」を行為の準則として生活している、その意味で、判例のように

---

1) 刑法の適用範囲については、芝原邦爾『刑事司法と国際準則』（1985年）、山本草二『国際刑事法』（1991年）、香川達夫『場所的適用範囲の法的性格』（1999年）、森下忠『刑法適用法の理論』（2005年）、渡邊卓也『電脳空間における刑事的規制』（2006年）10頁以下参照。
2) 最高裁判所の判例の拘束性については、刑訴法405条、裁判所法4条に規定があります。

解釈された成文法が社会的事実として拘束力を有している、法源性を肯定しないと判例の不利益変更によって国民の予測可能性が侵害されることになることを根拠に、被告人に不利益に変更された判例の遡及適用は禁止されるとする見解[3]が主張されています。しかし、判例それ自体は、立法機関の定めた成文法に対する司法機関による有権的解釈にすぎず、立法機関の定めた成文法とはなりえませんし、そもそも判例に刑法の法源性を認めることは法理論的にも無理があります。むしろ、不利益判例を遡及適用することが許されるかではなく、当該刑罰法規について裁判所（裁判官）による解釈の大幅な変更は許容されるのかを問うべきです。

② **刑法6条** 刑法6条は、「犯罪後の法律によって刑の変更があったときは、その軽いものによる」と定めています。行為時の刑法（行為時法）が改正されて裁判時の刑法（裁判時法）と異なるとき、行為時法の方が軽いときにこれを適用するのは罪刑法定原則の趣旨に合致します。逆に、裁判時法の方が軽いとき、本条により裁判時法を適用するのは、形式的には事前法主義に反するように見えますが、実質的には、罪刑法定原則の思想的基盤である自由主義の思想に適合するのです。

⑦ 本条にいう**犯罪後**は、犯罪行為の時を基準にしてその後ということで、「実行行為終了の時から判決言渡の時まで」の意味であり、「犯罪結果発生の時から判決言渡の時まで」の意味ではありません。その際に、刑法の時間的基準は、公布の時点ではなく施行の時点です。**法律**は、狭義の法律、政令その他の命令をいい、行為時法と裁判時法の間に中間時法があるときも、6条が適用されて最も軽い法が適用されます。

④ **刑の変更**については、主刑の変更のみをいい附加刑である没収の変更は含まないとする見解[4]もありますが、主刑・附加刑を問わず、実質的に処罰に変更が加えられたときは、すべて刑の変更に当たるとする見解[5]が多数説です。労役場留置期間の変更は刑の変更に当たります。刑の執行猶予の条件に関する規定の変更は、判例[6]によると刑の変更に当たりませんが、多数

---

3) 西原・上・41頁、団藤・50頁以下、大塚仁・65頁、大谷・60頁、山中・74頁。

4) 大判大正2・01・31刑録19・151、佐伯千仭・105頁、福田・42頁、野村・61頁。

5) 大塚仁・71頁、前田・53頁以下、山中・112頁。

6) 最大判昭和23・11・10刑集2・12・1660。また、**最決平成28・07・27**刑集70・6・571、判時2314・139、判タ1432・74（刑の一部執行猶予に関する規定の新設は「刑の変更」に当たらない）。

説ではこれに当たります。また、保護観察、情状の変更は、刑の変更に当たりません。さらに、刑の時効、告訴の要否、公訴時効期間の変更[7]、直系尊属の身分の変更なども、刑の変更に当たりません。犯罪法律要件の変更は、通説によると、刑罰自体に直接的な影響を及ぼす実体法上の規定の変更があったと解しますので、刑の変更に当たります。

　㋒　犯罪の**実行行為**が法律改廃の前後にまたがる場合、判例[8]・通説は、それが単純一罪、継続犯、包括一罪であるとき、犯罪行為終了時の法律（新法）を適用すべきとします。それが観念的競合・牽連犯などの科刑上一罪であるときは、判例[9]は行為終了時の法律（新法）適用説を採りますが、多数説[10]は、新法時の行為には新法を適用し、旧法時の行為には6条により軽いものを適用し、その後で54条により両者いずれかの重いもので処断すべきとします。

　㋓　**共同正犯・共犯**において、法律の改廃が共謀時・共犯行為時と正犯の実行行為時にまたがる場合、戦前の大審院判例は正犯の実行行為時を基準とすべき[11]としていましたが、戦後の下級審裁判例は共謀時・共犯行為時を基準とすべき[12]としています。学説では、共同正犯については、正犯の実行行為終了時の法が適用されると解する見解[13]も主張されています。

　㋔　**犯罪後の刑の変更**が存在するとき、ⓐ行為時法によると犯罪でなかった行為が、裁判時法によって犯罪となった場合は、事後法の禁止（遡及処罰の禁止）により、その行為を犯罪として処罰することは許されません。ⓑ行為時法によると犯罪であった行為が、裁判時法によっても依然として犯罪として処罰されるが、法定刑が重い刑から軽い刑へ、逆に軽い刑から重い刑へと変更になった場合は、6条により軽いものを適用することになります。刑に変更がないときは、新法優先主義の考え方もありますが、罪刑法定原則の事前法主義の趣旨を考慮して、行為時法を適用すべきでしょう。ⓒ行為時法によると犯罪であった行為が、裁判時法によって犯罪でなくなった場合は、免訴の言渡をすることになります（刑訴337条2号）。但し、**限時法の理論**があるので、注意が必要です。

---

7) 最判昭和42・05・19刑集21・4・494。

8) 最決昭和27・09・25刑集6・8・1093。

9) 大判明治44・06・23刑録17・1311。

10) 大塚仁・71頁、内田・115頁、大谷・506頁など。

11) 大判明治44・06・23刑録17・1252。

12) 教唆犯につき東京高判昭和28・06・26高刑集6・10・1274、従犯につき大阪高判昭和43・03・12高刑集21・2・126。

13) 大谷・506頁、前田・53頁。

534 第40講 刑法の適用範囲

(3) 限時法

① **意 義** **限時法**とは、一定の適用期間を限って制定された法律をいい、狭義では、失効の期日を明文で定めているもの、広義では、有効期間が漠然としているもの、しかも、法律の性質により臨時的な事態に対処するものであることがうかがえるものをいいます。

② **問題性** 限時法に当たる刑罰法規について、有効期間中の違反行為について失効後もその法律を適用して処罰することができるのでしょうか。まず、当該刑罰法規が、失効後も適用する追及効に関する明文の規定をおいているときは、刑訴法337条2号（「免訴」）は罪刑法定原則の直接の要請ではありませんので、処罰可能です。これに対し、当該刑罰法規が、追及効に関する明文の規定をおいていないときは、見解の対立があります。

> **肯定説**は、刑罰法規の実効性を確保するには、有効期間内の違反行為は常に処罰できるものとしなければならない、明文をもって犯罪とされ刑罰が法定されている以上、その行為を処罰するのは罪刑法定原則からも問題はないことを根拠に、一律に処罰可能であるとします[14]。
> 刑罰法規・刑の廃止が国の法律的見解の変更によるのか否かを基準に区別する**動機説**[15] によると、刑罰法規・刑の廃止が行為の可罰性に関する国の法律的見解の変更による場合は、追及効を認めず免訴を言い渡すべきであるし、刑罰法規・刑の廃止が行為の可罰性に関する国の法律的見解の変更によるのではなく、単に事実関係・状況の変化による場合は、追及効を認め、処罰できるとします。
> 犯罪法律要件の重要部分の変更か否かで区別する**区分説**[16] によると、重要部分の変更の場合は追及効を認めず免訴を言い渡すべきであり、重要部分の変更でない場合は追及効を認め、処罰できるとします。

明文の根拠もなしに刑法6条の趣旨に反して処罰するのは罪刑法定原則に反する、明文をもって失効後の処罰も可能にする規定を置くことができたのにそれをしなかったにもかかわらず追及効を認めて処罰するのは、立法者の怠慢を糊塗するものである、動機説・区分説にいう区別の基準が曖昧で相対的なものであるなどを考慮すると、追及効を否定して処罰は認められないとする**否定説**が妥当です[17]。

---

14) 江家・76頁。
15) 植松・84頁。
16) 前田・56頁。
17) 通説です。

2 場所的適用範囲

(1) 基本原則

刑法（刑法典に限らない実質的意義の刑法）の場所的適用範囲については、原則として、**属地主義**（1条1項）が採られており、日本国内で行われた犯罪である限り、行為者の国籍の如何を問わず、日本国の刑罰法規の適用があります。法律要件に該当する行為（予備罪の行為、未遂犯の行為、正犯の実行行為、共同正犯の行為、共犯の行為など）が行われた地、犯罪結果の発生した地、及び因果経過が生じた地など、犯罪事実の一部でも日本国内であれば、日本国の刑罰法規が適用されます。

ここでいう**日本国内**は、日本国の領土、領海（基線の外側12カイリまで）、領空（領土と領海の上方の大気圏空間）を意味します。日本国の領土内にある外国国家の大使館内・公使館内、日本国の領海内にある外国籍船舶内も、もちろん日本国内に当たります。

（実行・共謀）**共同正犯**において、そのうちの1人についての犯罪地が日本国内であるときには、他の共同者の犯罪地も国内ということになります[18]し、**教唆犯・従犯**の犯罪地は、教唆行為・幇助行為の場所だけでなく、正犯行為の場所も犯罪地となります。但し、正犯者にとっては自分の正犯行為が犯罪となりますので、正犯行為が国外で行われ、教唆行為・幇助行為が国内で行われたときは、教唆犯・従犯のみが国内犯ということになります。

(2) 補充原則

① 属地主義を補充する**旗国主義**（1条2項）とは、日本国外を航行中の自国の船舶・航空機内で行われた犯罪について、日本国の刑罰法規を適用することをいいます。日本船舶とは日本国籍を有する船舶（船舶法1条）をいい、船籍のない船舶であっても日本国民所有の船舶も含みます[19]。また、日本航空機とは日本国籍を有する航空機（航空法3条の2）をいいます。

② 属地主義を補充する**属人主義**（3条）とは、日本国民の国外犯に日本国の刑罰法規を適用し処罰することをいいます。属人主義の根拠については、㋐日本国民は日本国の刑罰法規を遵守すべきであるとする国家忠誠説、㋑処

---

18) 最判平成6・12・09刑集48・8・576。

19) 最決昭和58・10・26刑集37・8・1228。

罰されるべき行為を外国に代わって日本国が処罰するものであるとする代理処罰説、⑰日本国の社会秩序を維持するために、処罰すべき行為を処罰するのであるとする社会秩序維持説（多数説）が対立しています。行為が犯罪となるか否かは国家主権に関わる相対的な概念である、3条1号ないし16号に列挙された犯罪は日本国の刑罰法規が犯罪としているもので、外国でも同様に犯罪としているかは別であることを考慮すると、国外犯とされている犯罪は外国である行為地の刑罰法規においても犯罪として定められていることが必要でしょう。それは、属地主義を基盤にしてその上に属人主義が補充的に重なって重層構造をなしており、一方で、日本国民が、日本国の刑罰法規が列挙している犯罪（3条）を行ったことを考慮するとともに、他方で、属地主義の趣旨の反面として、行為地の刑罰法規を考慮するのは当然と考えられるからです。この見解は、代理処罰説ではなく、属地主義の趣旨を考慮したうえでの属人主義であって、いわば**属地主義的属人主義**ともいうべきものです。

　日本国民は日本国籍を有する者をいい、犯罪行為の時に日本国民であることが必要ですし、それで足ります。国外犯につき、犯罪行為の時は日本国民であったのですが、訴追・裁判の時は日本国民でなくなった者に対しても、3条により日本国の刑罰法規を適用することができます。逆に、犯罪行為の時は日本国民でなかったのですが、訴追・裁判の時は日本国民となった者に対しては、日本国の刑罰法規を適用することはできないことになります。

　③　属地主義を補充する**保護主義**とは、広く日本国の法益、日本国民の法益を侵害する犯罪について、犯人の国籍や犯罪地の如何を問わず、日本国の刑罰法規を適用することをいいます。

　これには、⑦**国益保護主義**（2条）、すなわち、日本国又は日本国民の利益を侵害する罪について、犯人の国籍や犯罪地の如何を問わず、日本国の刑罰法規を適用し処罰する類型があり、これにはさらに、ⓐ国家体制を保護する国家保護主義の形態、ⓑ国家的・公的利益を保護する国益保護主義の形態があります。保護主義には、次に、⑦**国民保護主義**（3条の2）、すなわち、日本国民以外の者が、日本国外において、日本国民に対して行った犯罪に日本国の刑罰法規を適用し処罰する類型があります。さらに保護主義には、⑰**公**

務保護主義 (4条)、すなわち、日本国の公務員が、日本国外で犯した場合に、日本国の刑罰法規を適用し処罰する類型[20] があります。

④　属地主義を補充する**世界主義**とは、犯人の国籍、犯罪地の如何を問わず、また、日本国の利益を侵害するものであるかどうかを問わず、日本国の刑罰法規を適用し処罰することをいいます。日本国の刑法典自体は世界主義を正面から採用しているわけではありませんが、1987年（昭和62年）の刑法一部改正で、**包括的国外犯処罰規定** (4条の2) を導入しました。これは、刑法各則の定める犯罪の法律要件に該当する罪につき、2条から4条によって国外犯が処罰できない場合であっても、国際条約の要請により一定の範囲で処罰できるとするもので、世界主義へと歩を進めた規定と解されています。これは、「国際的に保護される者（外交官を含む。）に対する犯罪の防止及び処罰に関する条約」(1987年・昭和62条約3号) 3条及び「人質をとる行為に関する条約」(1987年・昭和62条約4号) 5条による裁判権創設の要請に応えるもので、同じ趣旨の規定は、「暴力行為等処罰に関する法律」1条の2第3項、「人質による強要行為等の処罰に関する法律」5条、及び「核原料物質、核燃料物質及び原子炉の規制に関する法律」76条の4にあります。

(3)　外国判決の効力

外国で有罪の確定判決を受けた者であっても、同一の行為について、さらに日本国の刑罰法規によって処罰することは可能です。それは、国家主権からすれば、外国の裁判権や刑罰権とは別に、独立して日本国の裁判権や刑罰権を行使することは一向に構わないからです[21]。但し、犯人が既に外国で言い渡された刑の全部又は一部の執行を受けたときは、刑の執行を必要的に減軽又は免除するとして、**必要的算入主義**を採っています (5条)。これも世界主義の一側面ととらえることができます。

なお、外国にいる犯罪人に対して日本国の裁判権を行使するには、当該犯罪人の日本国への引渡しが必要となります。これは**国際司法共助**といわれ、「逃亡犯罪人引渡法」(1953年・昭和28年法律68号) により、特定の犯罪につい

---

20) 4条の法的性質については、属人主義の規定と解する見解、保護主義の規定と解する見解、保護主義と属人主義の併用の規定と解する見解が対立しています。

21) 最大判昭和28・07・22刑集7・7・1621。

538　第 40 講　刑法の適用範囲

て犯罪人の引渡しを相互に義務づける相互主義、政治犯罪人の不引渡しの原則などが規定されています。これらもまた、世界主義の流れに数えることができます。また、国家間をまたぐ重要犯罪、国境を超える国際犯罪を各国が協力して捜査しようという**国際捜査共助**も重要となっており、ロッキード事件の捜査を契機に「国際捜査共助等に関する法律」(1980 年・昭和 55 年法律 69 号)(通称、「国際捜査共助法」) が制定されました。

3　人的適用範囲

⑴　原　則

　時間的適用範囲・場所的適用範囲に属している行為者である限り、何人に対しても日本国の刑罰法規が適用されるのが原則です（1 条 1 項、2 条）。

⑵　例　外

　但し、一定の事由が存在する者に対して、日本国の刑罰法規が適用できないことがあり、この事由を**人的障害事由**ということがあります。これには、人的処罰阻却事由と人的訴訟障害事由があります（通説）。

　①　**国内法上の例外**　㋐皇室典範 21 条には、**摂政**は在任中訴追されないことが規定されていますので、**天皇**（憲法 1 条）も当然に在任中は訴追されないと解されています。これは、その身分・資格に随伴して直ちに訴訟の実体審理を打ち切らなければならないことを意味しているので、身分・資格を喪失すれば、公訴時効のない限り訴追は可能であり、人的訴訟障害事由とされています。

　また、㋑**衆参両議院の議員**は、議院で行った演説、討論又は表決について院外で責任を問われません（憲法 51 条）。これは、議員の院内活動を保障する趣旨ですが、裁判権、訴追の権利を制限した人的訴訟障害事由との見解もありますが、刑罰権の発動を制限したものとする人的処罰阻却事由とする見解が多数説です。

　さらに、㋒**国務大臣**は、在任中、内閣総理大臣の同意がない限り、訴追されません（憲法 75 条）。これは人的訴訟障害事由です。

　②　**国際法上の例外**　㋓**外国の元首・外交官・使節**は、国際法上の慣例に基づき、日本国の裁判権は及ばないとされています。これは、外国人のその

地位に基づいて裁判権、訴追の権利を制限した人的訴訟障害事由です（通説）。

　また、**日本国に駐留するアメリカ合衆国軍隊の構成員、軍属並びにそれらの家族**が、日本国の刑罰法規に違反したときは、日米安全保障条約6条に基づく「地位協定」17条[22]により、「合衆国の法令によっては罰することができないもの（日本国の安全に関する罪を含む。）」について、日本国に専属的裁判権を行使する権利がある（同協定17条2項（b））のですが、日米間で「裁判権を行使する権利が競合する」場合、「もっぱら合衆国の財産若しくは安全のみに対する罪又はもっぱら合衆国軍隊の他の構成員若しくは軍属若しくは合衆国軍隊の構成員若しくは軍属の家族の身体若しくは財産のみに対する罪」、あるいは、「公務執行中の作為又は不作為から生ずる罪」を行った場合については、合衆国の軍当局が、「合衆国軍隊の構成員又は軍属に対して裁判権を行使する第一次の権利を有する」（同協定17条3項（a））と規定されています。これも人的訴訟障害事由です。

今日の一言

ボクは戦場にいた　兵器を持って
ボクは　キミを知らない　キミの家族を知らない　キミの国のことを知らない
ボクは　キミに恨みはない
キミの家族に敵意はない　キミの国に思いはない
それでも　ボクは　キミを殺さなければならないのか
それでも　キミは　ボクを殺したいのか
ボクには　君を殺す理由がない
キミの家族を哀しませる理由がない　キミの国を憎む理由がない
ボクは戦場にいた　殺人兵器を持って

---

22)「地位協定」の正式名称は、「日本国とアメリカ合衆国との間の相互協力及び安全保障条約第6条に基づく施設及び区域並びに日本国における合衆国軍隊の地位に関する協定」（1960年・昭和35年条約7号）です。

事項索引

あ

あおり……………………… 150
明石歩道橋事件………… 431
悪しき犯罪意思………… 196
アジャン・プロヴォカト
　ウール………………… 448
あてはめの錯誤………… 293
新たな科学知見………… 129
安死術…………………… 157
アンシャン・レジーム……50
安全体制確立義務……… 318
安楽死…………………… 157
　──違法論…………… 158
　──適法論…………… 158

い

硫黄殺人事件…………… 343
威嚇刑論………………55, 507
医学準則………………… 155
医学的後見……………… 156
遺棄逃走事件…………… 121
池転倒死事件…………… 134
生駒トンネル事件……… 322
意識障害………………… 245
意思決定能力……………41
意思決定論………………41
意思自由論………………40
意思責任論……………… 239
意思的要素……………72, 266
意思の自由……………… 237
意思表示説……………… 165
意思方向説……………… 165
異常酩酊………………… 245
意思抑圧型……………… 376
一過失犯説……………… 309
一元説…………………177, 212
一故意犯説……………… 274

一部実行全部責任の法理
　………………………… 402
一部従属性志向…………
　………………… 394, 403, 443, 447
一部独立性志向
　………………… 394, 403, 443, 447
一身専属的法益………… 282
一身的処罰阻却事由………82
一般人基準説…………… 113
一般正当行為…………… 147
一般的刑罰権…………… 506
一般要件………………82, 88
一般予防・特別予防政策説…
　………………………… 351
一般予防機能………………15
一般予防政策説………… 351
一般予防論………41, 55, 507
一方関与者不処罰……… 383
稲苗事件………………… 218
違法減少・消滅説……… 351
違法減少・政策説……… 352
違法減少・責任減少説… 351
違法行為類型説………61, 77
違法拘束命令…………… 148
違法性…………………65, 66
　──減少事由……………82
　──減少説……… 204, 440
違法性阻却……………… 142
　──事由…………………82
　──二分説…………… 213
違法性の意識…………… 288
　──の可能性…… 290, 294
　──不要説……… 289, 291
違法性の錯誤… 207, 273, 293
違法性・有責性加重説… 315
違法性・有責性減少説………
　………………… 205, 225
違法性・有責性消滅・減少
　事由………………………82

違法な行為……………… 138
違法な状態……………… 138
違法法律要件…………64, 81
違法身分・責任身分説………
　………………… 478, 480
違法有責行為類型説… 62, 78
違法要件………………64, 83
違法要素説………… 108, 113
意味的人間像………… 56, 57
因果関係……… 115, 358, 370
　──錯誤説…………… 286
　──遮断説… 355, 425, 427
　──認識必要説……… 264
　──認識不要説… 264, 283
　──の基本部分……… 308
　──の競合…………… 129
　──の錯誤……… 274, 283
　──の相当性………… 125
　──の認識…………… 264
　──必要説……… 122, 358
　──不要説……… 122, 358
因果共犯論………… 393, 419
因果経時の錯誤………… 283
因果経路錯誤不要論…… 283
因果経路の錯誤………… 283
因果性…………………… 424
　──の解消…………… 424
　──の切断……… 423, 425
因果的影響力…………… 414
因果的結果帰属説……… 402
印象説…………………… 342
インフォームド・コンセン
　ト……………………… 155
陰謀罪………………………96
陰謀の中止……………… 362

う

ウィニー事件…………… 459

ウェーバーの概括的故意の
　事例……………… 272
疑わしきは患者の利益のた
　めに………………… 157
疑わしきは死刑宣告せず、
　使用せず………… 513
疑わしきは生命の利益に……
　………………………… 168
裏返された不能犯……… 112
裏返された負の危険性… 118

え

映画黒い雪事件…… 291, 294
営業犯……………… 491
英国騎士道事件…… 208
営利目的…………… 474
疫学的因果関係……… 131
エホバの証人輸血拒否事件…
　………………………… 156
縁座制……………… 234

お

オイタナジー……… 157
応報………………… 507
応報刑論………… 41, 55, 507
応報の併合説……… 508
大阪南港事件…… 131, 134
大森銀行ギャング事件… 405
遅すぎた結果発生……… 283
「おれ帰る」事件 ……… 427
恩赦………………… 527

か

害悪的反動……………… 507
概括的故意……………… 271
害権衡性……… 145, 218
外国判決の効力……… 537
介在事情の誘発……… 134
改善刑論……………… 507
蓋然性説……………… 266
回避可能性…………… 294
外務省秘密漏洩事件… 152
火焔瓶事件………………26

科学主義…………… 127, 244
科学的一般人……… 342
科学法則…………… 348
書かれざる法律要件………64
覚醒剤少女死亡事件…………
　…………… 116, 121, 320
各則の共犯…… 100, 381
拡張解釈………………25
拡張要件………………83
確定故意…………… 270
学派の争い……… 40, 50
科刑上一罪…… 495, 499
加減身分犯…… 91, 473, 480
過失………………… 302
　──過剰避難…… 226
　──過剰防衛…… 205
　──擬制説………92
　──構造論……… 303
　──推定説… 92, 94
　──相殺…… 311, 317
　──による教唆…… 446
　──による偶然防衛… 195
　──による原自行為
　　………………… 256
　──による正当防衛… 195
　──による幇助…… 454
　──の競合……… 316
　──の自招危難… 221
　──の種類……… 314
　──の同時犯…… 317
過失犯……………… 302
　──処罰の例外… 261
　──に対する教唆犯… 450
　──に対する従犯…… 457
　──の共同正犯… 429
過失併存説……… 316
加重結果…… 324, 432
過剰自救行為………… 230
過剰性の認識… 209, 225
過剰避難…………… 224
過剰防衛…………… 202
　──の相対化…… 440
かすがい現象……… 499

ガソリンカー事件………26
加重主義…………… 501
過程結果…… 352, 353, 357
仮定的蓋然性説……… 342
可能的最小犠牲による可能
　的最大効率…………19
可能的最小利益犠牲による
　可能的最大利益保全………
　……………… 145, 177
可能未遂犯………………98
可罰的違法性……… 212
可罰的責任論………38
神棚蝋燭事件……… 119
空ピストル事件…… 343
狩勝トンネル事件… 224
仮釈放……………… 526
仮出場……………… 527
科料…………… 509, 521
過料……………… 511
カルネアデスの板事例………
　……………… 211, 214
川崎協同病院事件…… 161
川治プリンスホテル火災事
　件……… 308, 319, 322
患者の自己決定権…… 154
患者の承諾…… 155, 156
慣習刑法の禁止… 23, 24
間接教唆…………… 445
間接従犯…………… 453
間接正犯………… 99, 366
　──意思……… 371
　──の錯誤…… 460
　──の正犯性… 368
　──類似説… 253, 407
間接的安楽死……… 158
間接の教唆犯……… 445
間接の従犯………… 453
完全犯罪共同説…… 387
監督過失…………… 317
観念的競合………… 495
観念的指導形象説………77
管理過失…………… 318
関連性の原理……… 145

事項索引　543

き

期間の計算……………… 521
危惧感説………… 307, 308
危険結果………… 257, 349
危険源管理監督型義務… 111
危険故意……………… 271
危険支配説……………… 173
危険社会……………… 31, 48
危険性の減少・消滅…… 357
危険創出・排他的支配説……
…………………………… 112
危険同意説……………… 173
危険の現実化…… 125, 133
危険の引き受け………… 172
危険場………… 276, 280
　　──の支配性………… 175
　　──への自発的進入… 175
　　──への接近度……… 345
危険犯………… 101, 122
旗国主義……………… 535
既遂故意………… 264, 271
既遂故意………………98
既遂犯刑基準説………… 365
規制的機能………… 14, 140
期待可能性…… 239, 294, 487
北ガス事件……………… 319
危難………………… 216
　　──共同体型… 214, 223
　　──の現在性………… 216
　　──引き込み型… 215, 223
機能の二分説…………… 111
既発危険の利用意思…… 118
規範違反意識説………… 288
規範違反説…………44, 140
規範違反法益侵害説………33
規範心理的人間像…… 37, 57
規範の障害欠如説……… 369
規範の責任論…………… 239
規範的人間像……………56
基本犯………………… 324
基本要件………………83
義務緊急避難…………… 232

義務衝突……………… 231
義務なき故意ある道具の利
　用………… 456, 457
客体による区別説……… 283
客体の錯誤……………… 274
客体の錯誤と方法の錯誤の
　区別………………… 281
客観主義…………40, 332
客観的違法性論………… 137
客観的危険説……… 335, 342
客観的帰属論…………… 131
客観的主観説…………… 360
客観的処罰条件………82, 506
客観的責任……………… 234
客観的相当因果関係説… 124
客観的注意義務………… 305
客観的未遂犯論…… 329, 335
客観要件………………83
旧過失論……………… 304
旧刑法…………………21
吸収一罪……………… 494
吸収関係……………… 494
吸収主義………… 496, 498
旧派………………… 40, 51
急迫性………… 179, 201
　　──欠如説………… 201
　　──の相対化……… 439
急迫不正の侵害………… 179
教育刑論……………… 507
教唆行為……………… 444
教唆犯………………99, 443
　　──の故意………… 445
　　──の錯誤…… 460, 465
　　──の従犯………… 454
行政刑法……………… 9
行政罰………………… 511
共同意思関係説………………
………………… 389, 403, 426
共同意思主体説… 389, 403
共同教唆……………… 447
共同実行の意思…… 404, 409
共同実行の事実…… 404, 410
共同従犯……………… 454

共同正犯…………99, 400
　　──意思…… 401, 404, 410
　　──関係からの離脱… 427
　　──関係の解消……… 427
　　──と身分………… 472
　　──における離脱…… 424
　　──の錯誤…… 460, 462
　　──の処罰根拠……… 393
　　──の二重構造… 403, 432
　　──の本質………… 387
共同注意義務…………… 321
　　──の共同違反……… 431
共同犯行意思… 401, 404, 409
共罰的事後行為………… 494
共罰的事前行為………… 494
共犯………… 381, 443
　　──と身分………… 472
　　──の処罰根拠……… 393
　　──の本質………… 387
共犯従属性説…………… 391
共犯性………………… 399
共犯成立・科刑説… 477, 480
共犯独立性説………… 391, 444
京踏切事件……………… 130
共謀………… 403, 409
共謀関係からの離脱…… 425
共謀関係の解消………… 425
共謀共同教唆犯………… 447
共謀共同正犯… 400, 404
　　──肯定説………… 406
　　──の理論…… 404, 422
　　──否定説………… 406
共謀事実……… 401, 404, 410
業務上過失……………… 315
業務上失火事件………… 430
業務上特別の義務がある者
………………………… 224
極端従属形式…………… 366
極刑………………… 514
挙動犯………… 100, 330, 339
緊急行為………… 176, 228
緊急避難……………… 211
禁錮………… 510, 520

544　事項索引

均衡性の原理‥‥‥‥　145, 177
近代学派‥‥‥‥‥‥　41, 53

く

空気注射事例‥‥‥‥‥‥　344
偶然自救行為‥‥‥‥‥‥　230
偶然承諾‥‥‥‥‥‥‥‥　165
偶然避難‥‥‥‥‥‥‥‥　219
偶然防衛‥‥‥‥‥‥‥‥　192
具体的危険説‥‥‥‥　342, 345
具体的危険犯‥‥‥‥‥97, 101
具体的危険符合説‥‥‥‥‥‥
　‥‥‥‥‥‥　276, 309, 462
具体的刑罰権‥‥‥‥‥‥　506
具体的事実の錯誤‥‥　273, 279
具体的符合説‥‥‥　275, 462, 470
具体的予見可能性説‥‥‥　307
熊誤射事件‥‥‥‥‥‥‥　134
クロスボー事件‥‥‥‥‥‥26
企て‥‥‥‥‥‥‥‥‥‥　150

け

刑‥‥‥‥‥‥‥‥‥‥‥　506
　——の減軽・免除事由‥‥‥‥
　‥‥‥‥‥‥‥‥‥‥‥　516
　——の時効‥‥‥‥‥‥　529
　——の執行の免除‥‥‥　528
　——の執行猶予‥‥‥‥　521
　——の消滅‥‥‥‥　527, 530
　——の変更‥‥‥‥‥27, 532
経験則‥‥‥‥‥‥‥　129, 133
経験則上の予測可能性‥‥　135
傾向犯‥‥‥‥‥‥‥‥‥‥90
経済刑法‥‥‥‥‥‥‥‥‥ 9
形式・実質総合説‥‥‥‥　112
形式・実質多元説‥‥‥‥　383
形式三分説‥‥‥‥‥‥‥　110
形式的意義の刑法‥‥‥‥‥ 8
形式的違法性論‥‥‥‥‥　138
形式的客観説‥‥‥‥　332, 386
形式的自手犯‥‥‥‥‥‥　379
形式的犯罪理論‥‥‥‥46, 98
形式犯‥‥‥‥‥‥‥‥‥　100

刑事政策説‥‥‥‥‥‥‥　315
刑事法‥‥‥‥‥‥‥‥‥‥ 9
刑事未成年者‥‥‥‥　247, 376
継続犯‥‥‥‥‥‥‥‥‥　102
刑罰‥‥‥‥‥‥‥‥‥‥　506
刑罰権画定機能‥‥‥‥‥‥16
刑罰権の消滅‥‥‥‥‥‥　521
刑罰阻却身分‥‥‥‥　474, 486
刑罰適応能力説‥‥‥‥‥　242
刑罰法規‥‥‥‥‥‥‥‥‥24
　——の適正‥‥‥‥‥24, 29
　——の不知‥‥‥‥‥‥　293
　——の明確‥‥‥‥‥24, 107
　——不遡及の原則‥‥‥‥21
刑罰法令不知事件‥‥‥‥　296
刑法‥‥‥‥‥‥‥‥‥‥‥ 8
　——の意義‥‥‥‥‥‥‥ 8
　——の機能‥‥‥‥‥‥‥13
　——の適用範囲‥‥‥‥　531
　——の本質的機能‥‥　15, 33
刑法違反意識説‥‥‥‥‥　288
刑法解釈学‥‥‥‥‥‥40, 59
刑法各論‥‥‥‥‥‥　3, 59, 83
刑法総論‥‥‥‥‥‥　3, 59, 83
刑法の因果関係‥‥‥‥‥　115
刑法の非難‥‥‥‥‥‥35, 37
契約‥‥‥‥‥‥‥　109, 110
結果意思実現説‥‥‥‥‥　254
結果違法性説‥‥‥‥‥‥　193
結果回避可能性‥‥‥　117, 130
結果回避義務‥‥‥‥‥‥　305
結果危険‥‥‥‥‥‥　345, 358
結果原因支配説‥‥‥‥‥　112
結果原因説‥‥‥‥‥‥‥　307
結果原因の形成‥‥‥‥‥　134
結果行為‥‥‥‥‥‥　254, 257
結果行為時説‥‥‥‥‥‥　335
結果行為説‥‥‥‥‥‥‥　254
結果時基準説‥‥‥‥‥‥　204
結果条件‥‥‥‥‥‥‥‥　506
結果責任‥‥‥‥‥‥‥‥　234
結果説‥‥‥‥‥‥‥‥‥　332
結果的加重犯‥‥‥‥　101, 324

　——の共同正犯‥‥　432, 464
　——の錯誤‥‥　464, 468, 470
　——の同時犯‥‥‥‥‥　434
結果認識説‥‥‥‥‥　445, 452
結果犯‥‥‥‥‥‥‥‥‥　101
結果標準説‥‥‥‥‥‥‥　488
結果無価値論‥‥‥‥‥44, 139
結合説‥‥‥‥‥‥‥　117, 352
結合犯‥‥‥‥‥　337, 414, 494
決定規範‥‥‥‥‥‥‥‥‥14
原因行為時説‥‥‥‥‥‥　335
原因行為説‥‥‥‥‥‥‥　253
原因行為の違法性‥‥　200, 222
原因説‥‥‥‥‥‥‥‥‥　386
原因において違法な行為の
　理論‥‥‥‥‥‥‥　200, 222
原因において自由な行為‥‥‥‥
　‥‥‥‥‥‥‥‥‥‥‥　252
　——の理論‥‥‥‥‥‥　252
厳格故意説‥‥‥‥‥‥‥　289
厳格責任説‥‥‥‥‥‥‥　234
減刑‥‥‥‥‥‥‥‥‥‥　528
現在性‥‥‥‥‥‥‥‥‥　216
現在の危難‥‥‥‥‥‥‥　216
原自行為‥‥‥‥‥‥　252, 335
　——の理論‥‥‥‥‥‥　252
現実主義‥‥‥‥‥‥‥‥‥40
限時法‥‥‥‥‥‥‥‥‥　534
　——の理論‥‥‥‥‥‥　533
顕著な優越説‥‥‥‥‥‥　213
限定主観説‥‥‥‥‥‥‥　359
限定責任能力‥‥‥‥‥‥　252
現場共謀‥‥‥‥‥‥‥‥　401
謙抑主義‥‥‥‥‥‥‥18, 30
権利・義務行為‥‥‥‥‥　148
権利能力‥‥‥‥‥‥‥‥‥91
権力分立制‥‥‥‥‥‥‥‥22
権利濫用説‥‥‥‥‥‥‥　200
牽連犯‥‥‥‥‥‥‥‥‥　498
　——のかすがい現象‥‥　499

こ

故意‥‥‥‥‥‥‥　88, 261, 371

――ある幇助道具……… 374
――過剰避難………… 225
――過剰防衛………… 205
――正犯の背後の故意正
犯………………… 129
――責任…………… 263
――提訴機能………… 207
――による偶然防衛… 193
――による原自行為… 255
――の個数…………… 281
――の自招危難……… 221
故意・過失規制機能… 77, 81
故意・予見可能性分離説……
………………………… 309
故意・予見可能性連動説……
………………………… 309
故意犯処罰の原則……… 261
故意犯説………………… 208
行為………………… 63, 66
合意……………………… 163
行為・法律要件説……… 123
行為違法性説…………… 193
行為危険………… 345, 349
行為規範…………………48
行為客体…………………85
行為共同説……… 388, 435
行為原則…………… 30, 66
行為後の介在事情… 131, 133
行為時基準説…… 185, 204
行為支配説……… 369, 386
行為時法……………27, 532
行為者基準説…………… 113
行為者主義………………41
行為主義…………………40
行為準則維持機能…… 14, 18
行為準則違反説…………33
行為責任………… 235, 241
行為説…………………… 122
合一的評価説…………… 274
行為と責任能力の同時存在
の原則………………… 252
行為認識説………… 445, 452
行為標準説……………… 488

行為無価値論…………44, 139
行為類型説…………… 61, 78
後期古典学派……………52
公共の福祉……………… 512
攻撃的緊急避難………… 217
口実防衛………………… 191
公衆浴場法違反事件…… 296
公序良俗違反説…………32
構成身分犯…………91, 473
構成身分犯・加減身分犯説
………………… 477, 478
構成要件…………… 61, 76
公選法法定外文書頒布事件
………………………… 294
高速道路進入事件……… 135
高速道路停車追突事件………
………………… 134, 135
公訴権の消滅…………… 528
剛速球退治治安刑法………31
公訴の時効……… 528, 529
後部荷台無断同乗者死亡事
件………………… 309
合法則的因果関係論…… 126
合法則的条件の理論…… 126
公務保護主義…………… 536
拘留………………… 502, 510
国益保護主義…………… 536
国際司法共助…………… 537
国際捜査共助…………… 538
国民保護主義…………… 536
個人責任……………35, 234
個人的要保護性…… 15, 34
誤想過剰自救行為……… 230
誤想過剰避難…………… 226
誤想過剰防衛…………… 207
誤想自救行為…………… 230
誤想避難………………… 226
誤想防衛………………… 206
誇張従属形式…………… 368
国家刑罰権…………10, 506
国家公務員政党機関誌配布
事件………………24
国家忠誠説……………… 535

国家の後見的保護……… 169
国家保護主義…………… 536
古典学派…………… 40, 51
言葉の可能な意味…………26
個別化説…………………
………… 336, 337, 378, 461, 489
個別的注意能力説……… 315
混合惹起説…… 393, 438, 485
混合的要素説…………… 244

さ

再間接教唆……………… 445
再間接従犯……………… 454
罪刑専断主義……………51
罪刑法定原則……… 20, 66
最後の必要悪………………18
財産刑…………………… 509
罪質符合説……………… 274
最小従属形式…… 368, 392
罪数……………………… 588
再犯……………………… 103
裁判規範…………………48
裁判時法……………27, 532
罪名・科刑一致説… 471, 476
罪名・科刑分離説……… 470
裁量の取消……………… 525
「先に帰る」事件 ……… 426
作為…………………73, 105
――可能性…………… 112
――との同価値性…… 114
――による従犯……… 451
――による中止行為 … 355
――容易性…………… 113
作為義務………… 108, 116
――違反説…………… 335
――と作為義務の衝突……
………………………… 232
――と不作為義務の衝突
………………………… 232
――の発生事由……… 108
作為犯………………73, 105
錯誤による承諾………… 169
桜木町駅事件…………… 135

546 事項索引

札幌医大電気メス事件… 314
砂末吸引事例………………286
残業職員火鉢事件………119
三罰規定…………………92

し

資格制限………………511
時間的適用範囲…………531
時期犯……………………85
自救意思…………………230
自救行為…………180, 228
死刑………………………509
——選択判断…………314
——の執行…………519
——の存廃論…………511
——犯罪…………511
事後違法の禁止…………27
時効………………………528
思考の往復運動……………2
自己危殆化自由説……172
四国巡礼窃盗事件………376
自己決定…………156, 160
——権…………153, 168
——の自由尊重…144, 163
——優越説…………164
事後重罰の禁止……………27
事後処理型刑法観……47, 48
事後的併合罪…………501
自己答責性説…………173
事後の故意………………272
事後罰則の禁止……………27
自己法益保護義務違反説……
…………………………173
事後法の禁止…………23, 533
自己保全・法確証利益説……
…………………………178
自己保存…………………178
私事性………………159, 163
事実状態尊重説…………528
事実上の引き受け………119
事実上の引き受け説……111
事実の対向犯…………382
事実の欠缺論…………347

事実の錯誤……207, 273, 295
——と違法性の錯誤との
区別………………295
自首………………517
自手犯……………………379
自招危難…………………221
自招侵害…………………200
自然科学的な人間像…37, 41, 53
事前共謀…………………401
自然的行為共同説…390, 429
自然的行為論………………69
事前の積極加害意思………
…………………180, 192, 439
事前の故意………………272
自然犯・法定犯区別説…289
事前法主義………23, 27, 531
事前予防型刑法観…………47
自損行為…………………153
実害犯………97, 101, 122
実現意思説………………268
実行教唆犯…………447
実行共同正犯…………99, 402
執行刑………………515
実行行為………257, 319, 401
実行行為・実行着手分離説
…………………378, 461
「実行行為・中止行為の分
離」論…………353
実行行為性説…………369
実行行為と責任能力の同時
存在の原則………252, 257
実行後不自由行為……258
実行従属性………………390
実行の着手………………331
実在根拠説…………61, 77
実在的危険性説…………342
実質的意義の刑法…………8
実質的違法性………65, 139
実質的客観説………332, 386
実質的自手犯…………380
実質的責任論…………239
実質的犯罪理論……46, 98
実質的有責性………………65

実質犯……………………100
実体的適正主義………23, 28
実体的デュー・プロセス理
論…………………24
質的過剰…………………202
私的自治論…………………172
支配領域性…………………111
自白………………518
事務管理…………………109
社会管理……………12, 17
社会規範違反説……………32
社会侵害性…………30, 34, 65
——の原理………………34
社会推進の原理…………146
社会秩序維持説…………536
社会的因果関係………74, 123
社会的価値秩序原理…144
社会的行為ルール…………14
社会的行為論………………70
社会的人格行為論…………71
社会的責任論……37, 41, 237
社会的相当性説…………
…………………143, 163, 172
社会的人間像………39, 237
社会的要保護性………16, 34
社会統制…………………13
社会倫理説…………………140
社会倫理的機能…………140
シャクティパット事件………
…………………120, 390
酌量減軽…………………518
重過失…………………315
終局結果…………353, 354, 357
住居侵入事件…………297
自由刑…………………509
集合犯………100, 382, 491
修正応報の併合説…………508
修正客観的危険説…………342
修正具体的符合説………275
修正惹起説………393, 439
修正道義的責任論………236
従属性……………………403
——の有無…………391

事項索引　547

――の程度……………… 390
重大錯誤説……………… 171
重大傷害説……………… 169
集団暴行不阻止事件…… 437
柔道整復師事件………… 134
従犯………………99, 450
――の教唆…………… 453
――の故意…………… 452
――の錯誤……… 460, 469
重要な役割……… 386, 406
主観主義…………41, 331
主観責任…………35, 234
主観的違法性論………… 137
主観的違法要素……89, 262
主観的危険説…………… 341
主観的客観説…………… 331
主観的選択自由説……… 361
主観的相当因果関係説… 124
主観的法律要件要素…… 262
主観的未遂犯論… 329, 338
主観的予見可能性……… 310
主観要件…………… 83, 88
主刑………………… 509
主体の人間像……… 37, 56
手段の相当性…………… 150
出火原因の予見可能性… 321
主導性……… 387, 401, 410
主導の役割説……… 387, 409
首服………………… 518
受容……………… 269, 299
――説……………… 269, 299
受領行為標準説………… 337
純過失説………………93
準間接正犯……………… 408
準間接正犯論…………… 173
純客観的相当因果関係説……
………………… 125
準緊急避難説…………… 166
順次共謀………………… 401
準実行共同正犯論……… 406
純主観説……………331, 341
純粋安楽死……………… 158
純粋応報的併合説……… 508

純粋惹起説……… 393, 438
純粋同意説……………… 172
準正当防衛説…………… 188
準同意説………………… 172
「障害未遂原則・中止未遂
例外」論……………… 353
状況犯…………………85
消極的安楽死……… 158, 160
消極的一般予防……55, 507
消極的構成要件要素の理論
…………………82
消極的構成要件要素論……62
消極的責任原則………… 235
消極的動機説…………… 268
消極身分……… 473, 484
消極身分犯……………… 474
消極要件………………81
承継的共同正犯……………
……… 412, 419, 477
承継的従犯……………… 455
条件関係………74, 123
条件説…………………… 385
条件付故意……………… 271
常習犯……… 104, 491
常習累犯………………… 104
状態犯………………… 102
承諾…………………… 162
――能力……………… 164
――の推定…………… 166
――の認識…………… 165
情報受領後同意…… 155, 156
将来の侵害……………… 180
条理…………………… 110
条例…………………25
職業犯………………… 491
贖罪…………………… 507
職務行為………………… 148
処断刑…………………… 515
処罰条件………………… 264
白石中央病院事件… 314, 323
素人仲間の並行評価…… 298
侵害原則……… 32, 66
侵害故意………………… 271

侵害の急迫性…………… 179
侵害の不正性…………… 181
人格形成責任…………… 240
人格障害………………… 246
人格責任論……………… 240
人格的行為論……………70
新過失論……… 305, 313
新客観的危険説………… 342
新旧過失論争…………… 304
神経症………………… 246
人権保障機能……… 76, 78
人事院規則事件…………26
真摯性………………… 356
新社会的責任論…………37
新・新過失論… 140, 305
心神耗弱………………… 244
心神喪失………………… 244
真正自手犯……………… 380
真正不作為犯…………… 106
真正身分犯………91, 473
親族間特例……………… 487
身体刑………………… 509
身体動静論………………71
人的客観的違法性論…… 138
人的障害事由…………… 538
人的処罰阻却事由……82, 506
人的訴訟障害事由……… 538
人的適用範囲…………… 538
人的不法概念……………44
新道義的責任論…………37
新派………………… 41, 53
信頼の原則……… 310, 322
信頼の相当性…………… 312
心理学的要素説………… 243
心理的因果性…………… 426
心理的責任論…………… 237

す

推定違法………………… 168
推定根拠説………………61
数過失犯説……………… 309
数故意犯説……………… 275
数人一罪………………… 412

数人数罪……………… 412
スクーター事件………… 174
推定的承諾……………… 165
スポーツ競技…………… 152
スワット事件……… 401, 405

せ

正確証の利益…………… 145
性格責任論……………… 239
性格論的責任論………… 240
生活関係別過失理論…… 305
税関検査事件……………28
制御能力………… 244, 246
制限故意説……………… 290
制限従属形式…………… 367
制限的正犯概念…… 366, 446
制裁規範…………………48
政策説…………………… 350
政策的理由に基づく行為……
………………………… 148
精神鑑定………………… 246
精神的幇助……………… 451
精神保健及び精神障害者福
祉に関する法律……… 245
正対正の関係……… 198, 212
性転換手術……………… 156
正当化…………………… 142
――の一般原理… 142, 144
正当化事由……………… 142
――の観念的競合…… 199
――の錯誤…… 207, 299
――の前提事実……… 265
正当化説………… 154, 212
正当業務行為……… 147, 151
正当行為………………… 173
正当防衛………………… 176
――と共同正犯……… 438
――の相対化…… 438, 442
正当利益の原理…… 145, 177
正は不正に譲歩する必要は
ない……………… 145, 177
正犯………………99, 368
――既遂の故意… 445, 452

――となりえない者の共
犯………………… 396
――のない共犯……… 395
――未遂の故意… 445, 453
正犯・共犯混合方式…… 382
正犯性…………………… 399
――メルクマール………
………………… 366, 371
正不譲歩の思想………… 145
生物学的要素説………… 243
成文法主義…………………20
生命刑…………………… 509
生命身体説……………… 213
世界主義………………… 537
責任…………………… 234
――の本質………37, 234
――法律要件…… 64, 81
責任共犯論…… 141, 394, 449
責任原則………… 35, 235
責任故意………………… 261
責任説…………… 290, 293
責任前提説……………… 242
責任阻却身分…………… 484
責任能力………………… 242
責任無能力……… 181, 244
責任モデル……………… 253
責任要件………… 64, 83
責任要素………… 89, 242
責任要素説…89, 113, 242, 263
関根橋事件……………… 288
世田谷ケーブル火災事件……
………………………… 431
積極加害意思……… 180, 192
積極的安楽死…………… 158
積極的一般予防論…55, 507
積極的責任原則………… 235
積極的動機説…………… 267
積極要件…………………81
接続犯…………………… 492
絶対強制下の動作……… 186
絶対主義………………… 507
絶対的応報刑論……52, 55
絶対的死刑犯罪………… 511

絶対的不確定刑の禁止……28
絶対不能・相対不能説… 342
折衷的相当因果関係説… 124
前期古典学派……………51
先行行為………………… 110
先行行為説……………… 111
宣告刑…………………… 515
仙台全司法事件………… 151
専断的治療行為…… 155, 156
選任・監督上の過失……92
全農林事件……… 149, 151

そ

躁鬱病…………………… 245
争議権…………………… 151
争議行為………………… 150
遡及禁止論……………… 130
遡及処罰の禁止… 23, 27
総合的行為無価値論…… 140
相互的行為帰属説… 403, 435
相互利用・補充関係解消説
………………… 425, 427
相互利用・補充関係説………
………… 402, 408, 414
総則の共犯………… 100, 381
相対自由的人間像………38
相対的応報刑論……55, 508
相対的不確定刑……………28
相当因果関係……… 122, 254
相当因果関係説の危機… 131
相当因果関係適用説…… 254
相当性………… 125, 145, 220
相当理由説……………… 294
属人主義………………… 535
即成犯…………………… 102
属地主義………………… 535
属地主義的属人主義…… 536
唆し……………………… 150
尊厳死………… 158, 160

た

ダートトライアル事件… 174
体系的思考…………………42

事項索引　549

対向的過失競合………… 317
対向犯……………… 100, 381
大赦……………… 503, 528
代替策不存在の原則………19
対物防衛……………… 187
大麻密輸入事件………… 405
大洋デパート火災事件… 320
代理処罰説……………… 536
択一関係……………… 493
択一故意………… 271, 282
多元説………… 179, 212
タテ型共謀共同正犯…… 407
たぬき・むじな事件…… 295
タリオ……………52
段階説……………… 179
段階的過失……………… 316
短期自由刑……………55
単純一罪……………… 489
単純行為犯……………… 101
単純酩酊……………… 245
団体交渉……………… 150
単独正犯………99

ち

秩序維持機能…… 14, 44, 141
秩序罰……………… 511
知的障害……………… 246
千葉大チフス事件………… 131
地方更生保護委員会…… 526
着手後の離脱……… 422, 427
着手前の離脱……… 422, 424
チャタレイ事件…… 291, 298
注意義務……………… 173
中間項の理論……………… 307
中間時法……………… 532
中止・離脱分離説……… 423
中止行為……………… 354
　　——と結果不発生との因
　　　果関係……………… 358
中止犯………… 328, 350
抽象的危険説……… 141, 341
抽象的危険犯……… 101, 257
抽象的事実の錯誤… 274, 276

抽象的符合説……… 274, 276
懲役……………… 510
懲戒罰……………… 511
超人格的価値尊重の思想
　………………… 140
徴表主義………………41
超法規的事由………82
超法規的正当化事由…… 142
直接正犯………99, 368
直接法令行為……………… 148
直球型治安刑法………31
直近過失一個説………… 317
治療行為………… 154, 158
治療行為中止……………… 160

つ

追及効………………23
追徴………… 510, 521
通常過失……………… 315
償い……………… 507
吊り橋爆破事件………… 218

て

提訴機能……………… 261
適応性の原則………19
適正手続の保障………23
適法行為……………… 374
　　——の期待可能性…… 247
　　——の利用……………… 374
デニーズ事件……………… 441
テレフォンカード事件……26
転嫁型緊急避難……… 217
電気窃盗事件………26
典型的過剰防衛………… 205
典型的誤想避難………… 226
典型的誤想防衛………… 206
点と線の理論……………… 497
天六ガス爆発事故……… 307

と

同意……………… 163
統一的共犯方式……… 382
統一的正犯方式……… 382

東海大安楽死事件… 159, 161
同害報復の法理……………52
動機説………… 267, 534
道義的責任論……… 37, 236
動機の錯誤……………… 171
東京中郵事件……………… 151
道具理論……………… 253
統合失調症……………… 245
統合主義……………55
統合的一般予防論……55, 507
同時過失犯……………… 317
同時共謀……………… 401
同時存在の原則…… 252, 257
同時的積極加害意思……
　………………… 180, 191
同時的併合罪……………… 501
同時犯……………… 420
同種犯罪の観念的競合… 496
到達主義……………… 337
盗犯等防止法……………… 209
都教組事件………… 149, 151
徳島市公安条例事件………28
特赦……………… 528
特定委任……………24
特別関係……………… 493
特別義務者……………… 224
特別刑法……………… 8, 9
特別要件……………… 82, 89
特別予防機能……………15
特別予防政策説………… 351
特別予防論……………… 508
都市ガス心中事件……… 344
とどめ刺突事件………… 343
トランク内死亡事件…… 134

な

仲間割れ失神事件……… 427
永山事件……………… 514
名古屋中郵事件………… 151

に

新潟女性監禁事件……… 502
二・一ゼネスト事件…… 182

二元的無価値論…………140
二重の絞り論……………151
二分説………………300
日本アエロジル事件……323
日本航空機…………535
日本航空機ニアミス事件……
………………135
日本国内…………535
日本国民…………536
日本船舶…………535
任意性…………359
任意的共犯………99,381
認識ある過失………314
認識根拠説…………77
認識なき過失………314
認容説…………267,270

ね

練馬事件……………405

は

ハードディスク事件………26
排他的支配…………111
排他的支配領域性説……111
ハイドロプレーニングバス
　事故…………307
場所的適用範囲…………535
場所犯…………85
裸の行為論…………60,68
罰金…………510,521
バックミラー事件…………130
発送行為標準説………337
発送主義…………337
羽田空港ビル内デモ事件……
………………292
羽田空港ロビー事件……297
早すぎた結果発生………283
犯意の飛躍的表動………331
犯意標準説…………488
反撃型緊急避難…………217
犯罪…………63,76
　──の害悪性………32,34
　──の個数…………488

──個別化機能……76,80
犯罪共同説……387,429,430
犯罪結果…………257
犯罪後…………532
犯罪者…………76,234
　──個別化機能…………81
犯罪遂行優越説…………272
犯罪被害者…………87
犯罪類型説…………413
犯罪論…………59
犯罪論体系…………63,67
反射運動…………186
反則金…………511
反対動機…………289
坂東三津五郎事件…………174
犯人の死亡…………527
判例法主義…………20

ひ

被害感情…………515
被害者…………87,162
　──の自己答責性……173
　──の承諾…………162
　──の同意…………162
被害者不養生事件………134
光市母子殺害事件…………514
引き受け…………109
ピケッティング…………149
被侵害利益優位性…………177
必要がもたらした悪しき最
　後の手段…………18
必要性…………183
　──の原則…………18
　──の思想…………145
必要的共犯…………100,381
必要的算入主義…………537
避難意思…………199,217
　──必要説…………219
　──不要説…………219
非難可能性…………36,65
非難均衡性…………36
避難行為の相当性…………220
避難認識説…………219

非難必要性…………36
百円札模造事件……………
………292,294,297
評価規範…………14
表現犯…………90
表象説…………266
美容整形…………156
病的酩酊…………245,256
被利用行為標準説……………
………336,378,461

ふ

フィリピンパブ事件……439
フォトコピー事件………26
不確定故意…………270
附加刑…………510
不可知論…………56
不可罰的事後行為…102,494
不可罰的事前行為…………494
武器対等の原則…………184
福岡県青少年保護育成条例
　事件…………28
複雑酩酊…………245
福知山線脱線事故………308
不合理決断説…………360
不作為…………73,86,105
　──と共同正犯…………436
　──に対する共同正犯……
………………436
　──による安楽死……160
　──による教唆犯……446
　──による共同正犯…437
　──による従犯……451
　──による中止行為…355
　──の実行行為性……114
不作為犯…………73,87,105
　──に対する教唆犯…449
　──に対する共同正犯
………………437
　──に対する従犯……457
　──の未遂…………114
藤枝ガス漏れ事故………307
不真正自手犯…………380

事項索引　551

不真正不作為犯………… 106
不真正身分犯…………91, 473
不正な侵害………… 181, 197
復権……………………… 528
物的客観的違法性論…… 138
物理的因果性…………… 426
物理的幇助……………… 451
不能犯………………98, 341
部分社会の特別規範説… 172
部分の責任能力………… 243
部分犯罪共同説………… 388
不法・責任符合説……… 274
不法共犯論……… 394, 449
プライバシー……… 159, 160
ブラックホール見解…… 200
フランクの公式………… 359
不利益判例の遡及適用………
………………………27, 531
ブルーボーイ事件……… 156
分配説………………55, 508

へ

併科主義………… 501, 502
併合罪…………………… 500
──中の余罪………… 502
併合説…………………… 508
併発事実………………… 274
米兵轢き逃げ事件… 133, 135
並列的過失競合………… 317
変化球型治安刑法…………31
弁識能力………… 242, 244
弁証法的併合説………… 508
片面的教唆……………… 447
片面的共同正犯………… 464
片面的従犯……………… 455
片面的対向犯…………… 381

ほ

保安処分…………………55
防衛………………183, 185
防衛意思………… 189, 198
──必要説……… 191, 195
──不要説……… 191, 194

防衛結果の相当性……… 184
防衛行為………………… 183
──と第三者………… 196
──の相当性………… 184
防衛手段の必要最小限度性
………………………… 184
防衛的緊急避難………… 217
防衛認識説……………… 192
──の相当性… 184, 202
──の必要性…… 183, 185
法益……………………16, 34
──の侵害・危殆化… 140
──の脆弱性………… 112
──の比較衡量……… 213
──の平和的共存…… 177
──の平和的共存の理念
………………………… 143
──の優越的要保護性の
原理………………34, 65
──の要保護性…………
……………… 172, 178, 181
法益関係的錯誤説… 170, 171
法益共存の思想…… 142, 177
法益欠缺の原理………… 145
法益権衡性……… 145, 218
法益衡量説……… 139, 150
法益侵害説…………44, 140
法益性欠如説…………… 177
法益性の欠如…………… 439
法益同価値説…………… 213
法益保護型……………… 111
法益保護機能…………15, 34
法益要保護性・帰責性説……
………………………… 178
防火管理者……………… 320
法確証の利益…… 145, 438
包括一罪………………… 489
包括的国外犯処罰規定… 537
謀議………………404, 410
法条競合………………… 493
幇助犯…………………… 450
法人………………………91
──の消滅…………… 527

──の犯罪能力肯定説…93
──の犯罪能力否定説…93
包摂の錯誤……………… 293
法治国原理…………………10
法定刑…………………… 515
法定事由……………………82
法定的符合説… 274, 276, 462
法定手続の保障……… 12, 21
法定犯…………………… 289
法的安定性の原理……… 228
法的救済優先の原理………
………………… 176, 228
法的責任………………… 237
法的手続優先主義…………10
法的要保護性…………16, 34
放任行為………………… 174
法の確証の利益………… 178
報復感情………………… 515
方法の錯誤……… 274, 279
法律違反意識説………… 288
法律主義……………………23
法律説…………………… 351
法律的対向犯…………… 382
法律の委任…………………21
法律要件………… 63, 79
──該当事実…………80
──該当性……… 64, 80
──の重なり…………
……… 277, 339, 464, 468
法律要件該当性阻却説… 154
法律要件行為共同説
………………… 388, 429
法律要件説……………… 122
法律要件的同価値要素説……
………………………… 113
法律要件標準説………… 488
法律要件符合説…… 274, 277
法律要件要素説… 108, 113
法令………………109, 110
法令行為………………… 147
北ガス事件……………… 319
牧師蔵匿事件…………… 153
保護主義………………… 536

保護法益欠如説………… 164
補充関係……………… 493
補充性……… 159, 217, 233
保障人…………………… 115
——的義務………… 117
——的地位………… 117
保障人説………… 108, 301
没収……………… 510, 521
ホテルニュージャパン火災
事件……………… 308, 319
本来的一罪……………… 490

ま

マグナ・カルタ…………20
マクノートン・ルール… 246
丸正事件………………… 152

み

未遂…………………97, 328
——故意…… 264, 271, 339
——の教唆……… 398, 448
——の幇助…………… 456
未遂犯……………97, 328
——に対する教唆…… 448
——に対する幇助…… 456
——の処罰根拠……… 349
ミニョネット号難破事件……
…………………… 214
見張り…………… 410, 456
未必の故意……………… 271
身分…………………91, 472
——の競合…………… 483
——の個別性………… 472
——の連帯性………… 472
身分なき故意ある道具………
…………………… 373, 480
身分犯…………………91
民法上の緊急避難……… 188

む

無意識の挙動…………… 186
無過失責任説……………92
無鑑札犬撲殺事件……… 296

無形的従犯……………… 451
むささび・もま事件…… 295

め

明示の意思表示…… 158, 160
名誉刑………………… 509
命令・禁止機能…………14
メーメル河事件………… 174
メタノール事件………… 430
メタノール譲渡事件…… 296
メディカル・パターナリズ
ム………………… 156

も

黙示共謀………………… 401
目的刑……………………55
目的刑論…………41, 507
目的説………… 143, 150, 163
目的的・機能的な行為支配
…………………… 402
目的的行為論…………69, 386
目的なき故意ある道具… 372
目的の正当性…………… 149
目的犯……………………89
目的論的解釈……………19
森永ドライミルク事件………
…………………… 307, 314
問題的思考………………42

や

夜間潜水講習事件… 134, 135
夜警国家…………………51
やむを得ずにした行為………
…………………… 183, 217
柔らかな決定論…………56

ゆ

優越支配共同正犯説…… 408
優越の要保護性… 34, 65, 177
優越の要保護性説…………
………………… 143, 155, 177, 201, 223
優越の利益説……… 140, 142
有形的従犯……………… 451

有責行為能力説………… 242
有責性……………65, 234
——減少・消滅 354, 424
——減少事由………82
——推定機能………78
——阻却………… 212
——阻却事由………82, 215
有責性減少説……… 205, 440
有責性阻却説………… 212
有毒飲食物取締令事件… 291
許された危険……… 172, 311
許された危険説………… 166

よ

養育義務者殺人事件…… 120
要件……………………63
——該当性……64, 66, 80
要件過失………………… 306
要件故意………………… 261
要件事実……………63, 80
要件モデル……………… 253
要素従属性……… 367, 390
養父殺害事件…………… 118
要保護性……………15, 34
——放棄（欠如）の原理
…………………… 144, 163
抑止刑論………………… 509
予見可能性……… 307, 321
ヨコ型共謀共同正犯…… 407
予備罪……………………95
予備の中止……………… 350
予防刑法…………………49
予防的併合説…………55, 508

り

利益衡量説………… 140, 150
利益衝突状況……… 188, 201
——の先鋭化………… 181
利益侵害型……………… 167
利益の要保護性………… 229
利益剥奪………………… 506
利益不正性説…………… 193
利益不存在の原則……… 145

利益保全型……………… 167
離隔犯………………… 329
理性的人間像………37, 40, 51
離脱…………………… 424
離脱意思の表明…… 425, 427
立法者意思説…………… 383
猟犬事件………………… 218
利用行為標準説…………
……………… 336, 377, 460
量的過剰………………… 203
両罰規定…………………92

る

類型的注意能力説……… 315
類推解釈の禁止… 23, 25, 107
累犯………………… 103, 516
累犯加重………………… 104

れ

連座制…………………… 250
連続犯…………………… 234

ろ

労役場留置……………… 510
労働争議権……………… 150
労働争議行為…………… 149

わ

猥褻性…………………… 299

判例索引

大判明治 24・04・27 刑録明治 24・4 〜 9・45 … 404
大判明治 29・03・03 刑録 2・3・10 ……………… 404
大判明治 36・05・21 刑録 9・874 ……………… 26
大判明治 41・03・05 刑録 14・161 …………… 488
大判明治 41・05・18 刑録 14・539 …………… 447
大判明治 41・06・22 刑録 14・688 …………… 488
大判明治 42・01・22 刑録 15・27 …………… 498
大判明治 42・07・27 刑録 15・1048 ………… 497
大判明治 43・02・03 刑録 16・113 …………… 419
大判明治 43・06・17 刑録 16・1220 ………… 498
大判明治 44・03・16 刑録 17・405 ………91, 472
大判明治 44・05・16 刑録 17・874 …………… 473
大判明治 44・06・23 刑録 17・1252 ………… 533
大判明治 44・06・23 刑録 17・1311 ………… 533
大判明治 44・07・06 刑録 17・1388 ………… 499
大判明治 44・11・16 刑録 17・1994 ………… 488
大判明治 44・11・20 刑録 17・2014 ………… 419
大判明治 45・05・23 刑録 18・658 …………… 498
大判大正元・11・28 刑録 18・1445 ………… 469
大判大正 2・03・18 刑録 19・353 ………… 473, 477
大判大正 3・02・04 法律新聞 923・27 ………… 392
大判大正 3・04・24 刑録 20・619 …………… 315
大判大正 3・06・24 刑録 20・1329 ………… 473
大判大正 3・09・21 刑録 20・1719 ………… 484
大判大正 4・02・10 刑録 21・90 …………… 120
大判大正 4・03・02 刑録 21・194 …………… 479
大判大正 5・06・21 刑録 22・1146 ………… 496
大判大正 5・08・28 刑録 22・1332 ………… 336
大判大正 6・02・26 刑録 23・134 …………… 498
大判大正 6・05・25 刑録 23・519 ………… 444, 451
大判大正 6・09・10 刑録 23・999 …………… 343
大判大正 6・11・09 刑録 23・1261 ………… 496
大判大正 7・11・06 刑録 24・1352 ………… 336
大判大正 7・11・16 刑録 24・1352 ………… 378
大判大正 7・12・18 刑録 24・1558 ………… 118
大判大正 9・06・03 刑録 26・382 …………… 473
大判大正 10・05・07 刑録 27・257 ………… 375
大判大正 11・02・04 刑集 1・32 …………… 279

大判大正 11・02・25 刑集 1・79 …………… 435
大判大正 11・03・01 刑集 1・99 …………… 445
大判大正 12・04・30 刑集 2・378 …………… 286
大判大正 13・04・25 刑集 3・364 …………… 295
大判大正 13・12・12 刑集 3・867 …………… 222
大判大正 14・01・22 刑集 3・921 ………… 435, 455
大判大正 14・06・09 刑集 4・378 …………… 295
大判昭和 3・03・09 刑集 7・172 …………… 455
大判昭和 3・06・19 法律新聞 2891・14 ……… 185
大判昭和 4・04・11 法律新聞 3006・15 ……… 130
大判昭和 4・09・17 刑集 8・446 …………… 358
大判昭和 6・12・03 刑集 10・682 …………… 245
大判昭和 8・04・19 刑集 12・471 …………… 371
大判昭和 8・06・29 刑集 12・1001 ………… 207
大判昭和 8・09・29 刑集 12・1683 ………… 473
大判昭和 8・11・21 刑集 12・2072 ………… 248
大判昭和 8・11・30 刑集 12・2160 ……… 216, 218
大判昭和 8・12・09 刑集 12・2272 ………… 455
大判昭和 9・08・27 刑集 13・1086 ………… 164
大判昭和 9・09・28 刑集 13・1230 ……… 292, 297
大判昭和 9・11・20 刑集 13・1514 ………… 473
大判昭和 11・03・06 刑集 16・272 ………… 360
大判昭和 11・05・28 刑集 15・715 ………… 405
大判昭和 11・11・06 刑集 15・1378 ………… 392
大判昭和 12・06・25 刑集 16・998 ……… 356, 357
大判昭和 12・10・29 刑集 16・1417 ………… 484
大判昭和 12・11・06 判例体系 30・957 ……… 218
大判昭和 13・03・11 刑集 17・237 ………… 119
大判昭和 13・04・19 刑集 17・336 ………… 356
大判昭和 13・11・18 刑集 17・839 ………… 455
大判昭和 13・12・23 刑集 17・980 ………… 492
大判昭和 15・04・22 刑集 19・253 ………… 392
大判昭和 15・08・22 刑集 19・540 …………… 26
最判昭和 22・11・05 刑集 1・1・1 ……… 433, 464
最判昭和 22・11・14 刑集 1・1・6 …………… 133
最判昭和 23・03・16 刑集 2・3・227 ………… 268
最判昭和 23・05・01 刑集 2・5・435 ………… 278
最判昭和 23・07・06 刑集 2・8・785 ………… 244

最大判昭和 23·07·14 刑集 2·8·889 ····· 291, 296
最判昭和 23·10·23 刑集 2·11·1386 ············
····················· 278, 447, 469
最大判昭和 23·11·10 刑集 2·12·1660 ········ 532
最判昭和 24·04·05 刑集 3·4·421 ········· 203, 205
最判昭和 24·04·09 刑集 3·4·501 ············· 288
最判昭和 24·05·14 刑集 3·6·721 ············· 518
最大判昭和 24·05·18 刑集 3·6·772 ····· 216, 228
最大判昭和 24·05·18 刑集 3·6·796 ········· 488
最判昭和 24·07·09 刑集 3·8·1174 ············ 360
最判昭和 24·07·12 刑集 3·8·1237 ········ 433, 464
最大判昭和 24·07·22 刑集 3·8·1363 ········· 171
最判昭和 24·07·23 刑集 3·8·1373 ············· 492
最判昭和 24·08·18 刑集 3·9·1465 ············
················· 179, 179, 182, 216
最判昭和 24·10·13 刑集 3·10·1655 ····· 216, 218
最判昭和 24·11·08 裁判集刑 14·477 ········· 268
最判昭和 24·12·08 刑集 3·12·1915 ········· 499
最判昭和 24·12·17 刑集 3·12·2028 ········· 427
最大判昭和 24·12·21 刑集 3·12·2048 ········ 498
最判昭和 25·03·31 刑集 4·3·469 ············· 133
最判昭和 25·04·11 判例体系 30·1018 ······· 278
最判昭和 25·05·02 刑集 4·5·725 ············· 499
最決昭和 25·06·08 刑集 4·6·972 ············· 498
最判昭和 25·07·06 刑集 4·7·1178 ············ 374
最判昭和 25·07·11 刑集 4·7·1261 ············ 469
最判昭和 25·07·13 刑集 4·7·1319 ············ 496
東京高判昭和 25·09·14 高刑集 3·3·407 ····· 425
福岡高判昭和 25·09·26 高刑集 3·3·438 ····· 268
最判昭和 25·10·10 刑集 4·10·1965 ····· 278, 470
最大判昭和 26·01·17 刑集 5·1·20 ············ 256
最判昭和 26·01·30 刑集 5·2·374 ············· 296
最判昭和 26·03·27 刑集 5·4·686 ········ 433, 464
最判昭和 26·06·07 刑集 5·7·1236 ············ 315
最判昭和 26·08·17 刑集 5·9·1789 ············ 296
最判昭和 26·09·20 刑集 5·10·1937 ········· 325
東京高判昭和 26·11·07 高裁刑事判決特報 25·31
····················· 450
福岡高判昭和 26·12·14 高刑集 4·12·211 ····· 523
最決昭和 27·02·21 刑集 6·2·275 ············· 164
最決昭和 27·03·04 刑集 6·3·345 ············· 230

最判昭和 27·09·19 刑集 6·8·1083 ········· 91, 472
最決昭和 27·09·25 刑集 6·8·1093 ············ 533
福岡高判昭和 28·01·12 高刑集 6·1·1 ······· 425
最判昭和 28·01·23 刑集 7·1·30 ············· 430
最決昭和 28·03·05 刑集 7·3·482 ············· 449
最判昭和 28·03·20 刑集 7·3·605 ············· 488
最判昭和 28·04·14 刑集 7·4·850 ············· 496
東京高判昭和 28·06·26 高刑集 6·10·1274 ··· 533
札幌高判昭和 28·06·30 高刑集 6·7·859 ····· 417
最大判昭和 28·07·22 刑集 7·7·1621 ········· 537
福岡高判昭和 28·11·10 高裁刑事判決特報 26·58
····················· 343
最決昭和 28·12·24 刑集 7·13·2646 ········· 256
最判昭和 28·12·25 刑集 7·13·2671 ········· 224
最大判昭和 29·01·20 刑集 8·1·41 ············ 363
最判昭和 29·03·11 刑集 8·3·270 ············· 530
最判昭和 29·05·27 刑集 8·5·741 ············· 499
最判昭和 30·03·01 刑集 9·3·381 ·············26
仙台高判昭和 30·03·22 高裁刑事裁判特報
2·6·167 ················· 246
最判昭和 30·10·14 刑集 9·11·2173 ········· 148
最判昭和 30·11·11 刑集 9·12·2438 ····· 228, 230
名古屋高判昭和 31·04·19 高刑集 9·5·411 ··· 256
最判昭和 31·05·24 刑集 10·5·734 ············ 477
最大判昭和 31·06·27 刑集 10·6·921 ·············26
最決昭和 31·07·03 刑集 10·7·955 ············ 371
最判昭和 31·07·04 裁判集刑 114·75 ········· 499
最判昭和 31·12·11 刑集 10·12·1605 ········· 248
最判昭和 32·02·26 刑集 11·2·906 ······· 133, 325
最大判昭和 32·03·13 刑集 11·3·997 ····· 291, 298
最決昭和 32·03·14 刑集 11·3·1075 ········· 133
札幌高判昭和 32·06·25 高刑集 10·5·423 ····· 495
最判昭和 32·07·23 刑集 11·7·2018 ········· 493
最決昭和 32·09·10 刑集 11·9·2202 ········· 360
最判昭和 32·10·18 刑集 11·10·2663 ········· 288
名古屋高裁金沢支部判決昭和 32·10·29 高裁刑事裁
判特報 4·21·558 ················· 222
東京高判昭和 32·11·19 東高時報 8·12·402 ··· 314
最判昭和 32·11·19 刑集 11·12·3073 ····· 473, 483
最大判昭和 32·11·27 刑集 11·12·3113 ·············92
神戸地判昭和 33·01·10 第一審刑集 1·1·5 ··· 245

東京高判昭和 33・01・23 判夕 78・59 ………… 278

浦和地判昭和 33・03・28 判時 146・33 ………… 416

最判昭和 33・05・06 刑集 12・7・1297 ………… 499

最大判昭和 33・05・28 刑集 12・8・1718 ……… 405

大阪高判昭和 33・06・10 高裁刑事裁判特報
　5・7・270 ……………………………………… 361

最判昭和 33・07・10 刑集 12・11・2471 ………… 248

最判昭和 33・09・09 刑集 12・13・2882 ………… 119

最判昭和 33・11・21 刑集 12・15・3519 ………… 171

東京高判昭和 33・12・03 高裁刑事裁判特報
　5・12・494…………………………………… 256

東京地判昭和 33・12・25 第一審刑集 1・12・2134 …
　………………………………………………… 245

最判昭和 34・02・05 刑集 13・1・1 ……………… 203

広島高判昭和 34・02・27 高刑集 12・1・36 …… 417

最判昭和 34・07・24 刑集 13・8・1163 ………… 121

福岡高裁宮崎支部判昭和 34・09・11 下刑集
　1・9・1900……………………………………… 294

東京高判昭和 34・12・02 東高時報 10・12・435
　………………………………………………… 416

東京高判昭和 34・12・07 高刑集 12・10・980 … 417

最判昭和 35・02・04 刑集 14・1・61 …………… 218

最決昭和 35・04・15 刑集 14・5・591 …………… 135

大阪高判昭和 35・04・15 下刑集 2・3=4・363 … 256

東京高判昭和 35・07・15 下刑集 2・7=8・989 … 278

福岡高判昭和 35・07・20 下刑集 2・7=8・994 … 361

東京高判昭和 35・11・11 高刑集 23・4・759 …… 156

札幌高判昭和 36・02・09 下刑集 3・1=2・34…… 360

福岡高判昭和 36・02・16 下刑集 3・1=2・40…… 419

広島高判昭和 36・07・10 高刑集 14・5・310 …… 343

最大判昭和 36・07・19 刑集 15・7・1106 ……… 520

最決昭和 36・11・21 刑集 15・10・1731 ………… 133

東京地判昭和 37・03・17 下刑集 4・3=4・224 … 356

最判昭和 37・03・23 刑集 16・3・305 …………… 344

大阪地判昭和 37・04・24 下刑集 4・7=8・696 ……73

最判昭和 37・05・04 刑集 16・5・510 …………… 303

最大判昭和 37・05・30 刑集 16・5・577 …………25

名古屋高判昭和 37・12・22 高刑集 15・9・674 … 159

最決昭和 38・05・17 刑集 17・4・336 …………… 495

徳島地判昭和 38・10・25 下刑集 5・9=10・977… 314

東京地判昭和 38・12・20 判時 366・19 ………… 246

東京高判昭和 39・08・05 高刑集 17・6・557 …… 361

大阪高判昭和 39・09・29 〔判例集不登載〕………73

福岡地判昭和 40・02・24 下刑集 7・2・227 …… 417

最決昭和 40・03・09 刑集 19・2・69 …………… 333

札幌高判昭和 40・03・20 高刑集 18・2・117 …… 316

最決昭和 40・03・30 刑集 19・2・125 …………… 479

静岡地裁浜松支部判昭和 40・07・09 下刑集
　7・7・1426……………………………………… 246

東京地判昭和 40・08・10 判夕 181・192 ……… 416

東京高判昭和 41・03・29 高刑集 19・2・125 …… 498

高松高判昭和 41・03・31 高刑集 19・2・136 …… 307

最判昭和 41・06・14 刑集 20・5・449 …………… 311

大阪高判昭和 41・06・24 高刑集 19・4・375 …… 425

最決昭和 41・07・07 刑集 20・6・554 …………… 208

福岡家裁小倉支部判昭和 41・08・16 家裁月報
　19・7・121……………………………………… 245

東京高判昭和 41・10・12 下刑集 8・10・1297 … 246

最大判昭和 41・10・26 刑集 20・8・901 ……… 151

最判昭和 41・12・20 刑集 20・10・1212 ………… 311

最判昭和 42・03・07 刑集 21・2・417 …………… 474

最判昭和 42・05・19 刑集 21・4・494 …………… 533

最決昭和 42・05・26 刑集 21・4・710 …………… 210

東京高判昭和 42・06・23 判時 501・105 ……… 256

大津地判昭和 42・09・18 下刑集 9・9・1171 …… 523

最判昭和 42・10・13 刑集 21・8・1097 ………… 313

最決昭和 42・10・24 刑集 21・8・1116 …… 133, 135

新潟地判昭和 42・12・05 判時 509・77 ………… 475

最判昭和 43・02・27 刑集 22・2・67 …………… 256

大阪高判昭和 43・03・12 高刑集 21・2・126 …… 533

東京地判昭和 43・12・04 下刑集 10・12・1195 … 245

最判昭和 43・12・24 刑集 22・13・1625 ………… 383

最大判昭和 44・04・02 刑集 23・5・305 …… 149, 151

最大判昭和 44・04・02 刑集 23・5・685 ………… 151

最決昭和 44・06・05 刑集 23・7・935 …………… 104

最大判昭和 44・06・18 刑集 23・7・950 ………… 498

最決昭和 44・07・17 刑集 23・8・1061 ………… 453

東京高判昭和 44・09・17 高刑集 22・4・595 ……
　……………………………………………… 291, 294

最決昭和 44・09・26 刑集 23・9・1154 ………… 104

大阪高判昭和 44・10・17 判夕 244・290 ……… 356

最決昭和 44・11・11 刑集 23・11・1471 ………… 375

最判昭和 44・12・04 刑集 23・12・1573 ………… 184
最判昭和 45・01・29 刑集 24・1・1 ……………… 90
大阪高判昭和 45・05・01 高刑集 23・2・367 … 219
岡山地判昭和 45・06・09 刑裁月報 2・6・679 … 416
最決昭和 45・07・28 刑集 24・7・585 ………… 333
大阪高判昭和 45・08・21 高刑集 23・3・577 … 314
大阪高判昭和 45・10・27 刑裁月報 2・10・1025 ……
………………………………………………… 415
最判昭和 45・11・17 刑集 24・12・1622 ……… 313
東京高判昭和 45・11・26 東高時報 21・11・408　223
最決昭和 46・06・17 刑集 25・4・567 ………… 133
最決昭和 46・07・30 刑集 25・5・756 ………… 228
東京高判昭和 46・10・25 東高時報 22・10・277 ……
………………………………………………… 316
最判昭和 46・11・16 刑集 25・8・996 … 179, 180, 191
東京高判昭和 47・01・17 東高時報 23・1・1 … 316
東京高判昭和 47・01・25 判タ 277・357 ……… 485
最判昭和 47・05・30 民集 26・4・826 ………… 498
東京高判昭和 47・07・25 東高時報 23・7・148 … 316
名古屋高判昭和 47・07・27 刑裁月報 4・7・1284 ……
………………………………………………… 415
最判昭和 48・02・08 刑集 27・1・1 …………… 498
大阪地判昭和 48・03・16 判タ 306・304 ……… 246
最大判昭和 48・04・25 刑集 27・4・547 …… 149, 151
徳島地判昭和 48・11・28 判時 721・7 ………… 307
最大判昭和 49・05・29 刑集 28・4・151 …72, 497, 503
最大判昭和 49・05・29 刑集 28・4・114 ………
………………………………………… 496, 497, 503
最大判昭和 49・05・29 刑集 28・4・168 ……… 503
最決昭和 49・07・05 刑集 28・5・194 ………… 133
東京高判昭和 49・07・19 東高時報 25・7・60 … 245
最決昭和 49・10・14 刑集 28・7・372 ………… 497
最大判昭和 49・11・06 刑集 28・9・393 ……… 24, 29
最判昭和 49・11・28 刑集 28・8・385 ………… 497
神戸簡判昭和 50・02・20 刑裁月報 7・2・104 … 153
最判昭和 50・04・03 刑集 29・4・132 ………… 148
最判昭和 50・05・23 判時 777・102 ………… 497
大阪地判昭和 50・05・26 判時 796・111 ……… 246
最決昭和 50・05・27 刑集 29・5・348 ………… 497
名古屋高判昭和 50・07・01 判時 806・108 …… 415
最大判昭和 50・09・10 刑集 29・8・489 ………… 28

最判昭和 50・11・28 刑集 29・10・983 ……191, 191
大阪地判昭和 51・03・04 判時 822・109 ……… 255
札幌高判昭和 51・03・18 高刑集 29・1・78 …………
………………………………………………314, 322
最決昭和 51・03・23 刑集 30・2・229 ………… 152
最判昭和 51・04・30 刑集 30・3・453 …………… 26
大阪高判昭和 51・05・25 判時 827・123 ……… 307
東京高判昭和 51・06・01 高刑集 29・2・301　291, 297
最大判昭和 51・09・22 刑集 30・8・1640 …… 497
松江地判昭和 51・11・02 刑裁月報 8・11=12・495
………………………………………………… 425
最大判昭和 52・05・04 刑集 31・3・182 ………… 151
最決昭和 52・07・21 刑集 31・4・747 …………
………………………………… 180, 191, 201, 439
最決昭和 53・03・22 刑集 32・2・381 …… 134, 492
大阪高判昭和 53・03・28 判タ 364・298 ……… 246
最決昭和 53・05・31 刑集 32・3・457 ………… 152
最判昭和 53・06・29 刑集 32・4・967 …… 292, 297
最判昭和 53・07・28 刑集 32・5・1068 …… 275, 309
東京地判昭和 53・11・06 判時 913・123 ……… 259
最決昭和 54・03・27 刑集 33・2・140 …… 278, 471
最決昭和 54・04・13 刑集 33・3・179 … 390, 465, 471
東京高判昭和 54・05・15 判時 937・123 ……… 256
最決昭和 55・04・18 刑集 34・3・149 ………… 174
最決昭和 55・11・13 刑集 34・6・396 ……… 163, 168
札幌高判昭和 56・01・22 刑裁月報 13・1=2・12 ……
………………………………………………314, 323
東京高判昭和 56・01・26 高刑集 24・2・276 …… 245
横浜地判昭和 56・07・17 判時 1011・142 ……… 418
札幌地判昭和 56・11・09 判時 1049・168 ……… 417
最決昭和 56・12・21 刑集 35・9・911 ………… 271
最判昭和 57・03・16 刑集 36・3・260 ………… 499
最決昭和 57・05・25 判時 1046・15 ………… 131
東京高判昭和 57・07・13 判時 1082・141 ……… 418
最決昭和 57・07・16 刑集 36・6・695 ………… 405
東京高判昭和 57・11・29 刑裁月報 14・11=12・804
………………………………………………… 225
名古屋高判昭和 58・01・13 判時 1084・144 …… 418
大阪地判昭和 58・03・18 判時 1086・158 ……… 259
最判昭和 58・07・08 刑集 37・6・609 ………… 514
横浜地判昭和 58・07・20 判時 1108・138 ……… 334

東京高判昭和 58・08・10 判時 1104・147 ········· 165

最決昭和 58・09・13 裁判集刑 232・95 ············· 244

最決昭和 58・09・21 刑集 37・7・1070 ··········· 376

最決昭和 58・09・27 刑集 37・7・1078 ··········· 504

最決昭和 58・10・26 刑集 37・8・1228 ··········· 535

最判昭和 59・03・06 刑集 38・5・1961 ··········· 271

最決昭和 59・07・03 刑集 38・8・2783 ······ 244, 245

最決昭和 59・07・06 刑集 38・8・2793 ··········· 134

東京高判昭和 59・08・29 東高時報 35・8=9・70 ·····
·· 278

東京高判昭和 59・11・22 高刑集 37・3・414 ······ 207

最大判昭和 59・12・12 民集 38・12・1308 ···········28

札幌高判昭和 60・03・12 判タ 554・304 ··· 292, 294

東京地判昭和 60・03・19 判時 1172・155 ········· 475

東京高判昭和 60・04・25 判時 1168・154 ········· 245

東京高判昭和 60・05・28 判時 1174・160 ········· 268

最大判昭和 60・10・23 刑集 39・8・413 ···········28

福岡高裁那覇支部判昭和 61・02・06 判時 1184・158
·· 130

札幌地判昭和 61・02・13 刑裁月報 18・1=2・68 319

福岡高判昭和 61・03・06 高刑集 39・1・1 ········· 361

最決昭和 61・06・09 刑集 40・4・269 ············
··································· 274, 277, 278, 471

名古屋高判昭和 61・09・30 高刑集 39・4・371 ··· 430

最決昭和 62・02・23 刑集 41・1・1 ················· 504

最決昭和 62・03・26 刑集 41・2・182 ············· 208

大阪高判昭和 62・07・10 高刑集 40・3・720 ···········
·· 416, 420

最決昭和 62・07・16 刑集 41・5・237 ········· 292, 297

大阪高判昭和 62・07・17 判時 1253・141 ········· 475

千葉地判昭和 62・09・17 判時 1256・3 ··········· 186

東京地裁八王子支部判昭和 62・09・18 判時
1256・120 ····································· 185

岐阜地判昭和 62・10・15 判タ 654・261 ········· 344

最決昭和 63・05・11 刑集 42・5・807 ············· 134

大阪地判昭和 63・07・28 判タ 702・269 ········· 415

最判昭和 63・10・27 刑集 42・8・1109 ··········· 323

最決平成元・03・14 刑集 43・3・262 ········· 275, 309

最決平成元・06・26 刑集 43・6・567 ············· 427

最判平成元・07・18 刑集 43・7・752 ············· 296

最判平成元・11・13 刑集 43・10・823 ············· 184

最決平成元・12・15 刑集 43・13・879 ·····················
··································· 116, 121, 320

大阪高判平成 2・01・23 高刑集 43・1・1 ········· 451

東京高判平成 2・04・24 判時 1350・156 ········· 307

名古屋高判平成 2・07・17 判タ 739・245 ········· 356

最決平成 2・11・16 刑集 44・8・744 ··· 308, 319, 322

最決平成 2・11・20 刑集 44・8・837 ········· 131, 134

大阪高判平成 3・03・22 判時 1458・18 ··········· 307

最決平成 3・04・05 刑集 45・4・171 ···············26

最判平成 3・11・14 刑集 45・8・221 ············· 320

長崎地判平成 4・01・14 判時 1415・142 ··· 256, 259

東京地判平成 4・01・23 判時 1419・133 ········· 431

浦和地判平成 4・02・27 判タ 795・263 ··········· 361

最決平成 4・06・05 刑集 46・4・245 ············· 439

最判平成 4・07・10 判時 1430・145 ············· 130

最決平成 4・12・17 刑集 46・9・683 ········· 134, 135

最決平成 5・11・25 刑集 47・9・242 ········· 308, 319

最判平成 6・06・30 刑集 48・4・21 ··············· 210

最判平成 6・12・06 刑集 48・8・509 ············· 441

最判平成 6・12・09 刑集 48・8・576 ············· 535

横浜地判平成 7・03・28 判時 1530・28 ······ 159, 161

東京地判平成 7・10・09 判時 1598・155 ········· 417

大阪高判平成 7・11・09 高刑集 48・3・177 ····· 376

千葉地判平成 7・12・13 判時 1565・144 ········· 174

最判平成 8・02・08 刑集 50・2・221 ···············26

東京地判平成 8・06・26 判時 1578・39 ······ 225, 248

東京高判平成 8・08・07 判タ 1408・45 ··········· 416

最判平成 8・11・18 刑集 50・10・745 ···········28

最判平成 9・06・16 刑集 51・5・435 ············· 180

大阪地判平成 9・08・20 判タ 995・286 ······ 416, 420

最決平成 9・10・30 刑集 51・9・816 ············· 375

東京高判平成 10・03・25 判時 1672・157 ········· 474

大阪高判平成 10・06・24 高刑集 51・2・116 ····· 225

最判平成 12・02・29 民集 54・2・582 ············· 156

札幌高判平成 12・03・16 判時 1711・170 ········· 451

最決平成 12・12・20 刑集 54・9・1095 ··········· 322

最判平成 13・02・09 刑集 55・1・76 ············· 518

札幌高判平成 13・05・10 判タ 1089・198 ········· 361

大阪高判平成 13・06・21 判タ 1085・292 ··· 401, 437

最決平成 13・07・16 刑集 55・5・317 ···············27

名古屋高判平成 14・08・29 判時 1831・158 ······ 427

判例索引　559

大阪高判平成 14・09・04 判タ 1114・293 … 199, 441
最判平成 15・01・24 判時 1806・157 ………… 130
東京高判平成 15・01・29 判時 1835・157 ……… 162
最大判平成 15・04・23 刑集 57・4・467 ………… 495
最決平成 15・05・01 刑集 57・5・507 ……… 401, 405
最判平成 15・07・10 刑集 57・7・903 …………… 502
最決平成 15・07・16 刑集 57・7・950 …………… 135
最決平成 16・02・17 刑集 58・2・169 …………… 134
最決平成 16・03・22 刑集 58・3・187 …………… 285
甲府地判平成 16・05・06D1-Law.com 判例体系
　No.28095531 ……………………………… 245
千葉地判平成 16・05・25 判タ 1188・347 ……… 334
東京高判平成 16・06・22 東高時報 55・1 ～ 12・50 …
　………………………………………………… 417
最決平成 16・10・19 刑集 58・7・645 ……… 134, 135
東京高判平成 16・11・11 高等裁判所刑事裁判速報
　集平 16・114 ……………………………… 314
福岡高裁那覇支部判平成 16・11・25 高等裁判所刑
　事裁判速報集平 16・205 ………………… 245
さいたま地判平成 16・12・10D1-Law.com 判例体系
　No.28105174 ……………………………… 245
東京地判平成 17・03・23 判タ 1182・129 ……… 245
最判平成 17・04・14 刑集 59・3・283 …… 499, 504
名古屋高裁金沢支部判平成 17・06・09 刑集
　60・2・232………………………………… 162
最決平成 17・07・04 刑集 59・6・403 ……… 120, 390
東京高判平成 17・11・01 東高時報 56・1 ～ 12・75 …
　………………………………………………… 417
名古屋高判平成 17・11・07 高等裁判所刑事裁判速
　報集平 17・292 …………………………… 452
最決平成 17・11・08 刑集 59・9・1449 ………… 179
神戸地判平成 18・02・01D1-Law.com 判例体系
　No.28115162 ……………………………… 246
最決平成 18・03・27 刑集 60・3・382 …………… 134
最決平成 18・06・20 判時 1941・38 …………… 514
神戸地判平成 18・09・08L1-Law.com 判例体系
　No.28135005 ……………………………… 245

札幌高判平成 19・08・31LEX ／ DB28135425 ……
　………………………………………………… 355
福岡高裁那覇支部判平成 19・09・20 高等裁判所刑
　事裁判速報集平 19・454 ………………… 269
最判平成 20・04・25 刑集 62・5・1559 ………… 244
最決平成 20・05・20 刑集 62・6・1786 ………… 202
最決平成 20・06・25 刑集 62・6・1859 ………… 204
東京高判平成 20・10・06 判タ 1309・292 ……… 437
最決平成 21・02・24 刑集 63・2・1 …………… 204
東京高判平成 21・03・10 東高時報 60・35 …… 418
最決平成 21・06・30 刑集 63・5・475 …………… 426
最決平成 21・07・07 刑集 63・6・507 …………… 499
最決平成 21・07・16 刑集 63・6・711 …………… 184
最決平成 21・12・07 刑集 63・11・1899 ………… 161
最決平成 21・12・08 刑集 63・11・2829 ………… 244
最決平成 22・03・17 刑集 64・2・111 …………… 505
東高判平成 22・04・20 判タ 1371・251 ………… 333
最決平成 22・10・26 刑集 64・7・1019 ………… 135
大阪地判平成 23・07・22 判タ 1359・251 ……… 300
最決平成 23・12・19 刑集 65・9・1380 ………… 459
松山地判平成 24・02・09 判タ 1378・251 ……… 459
最決平成 24・11・06 刑集 66・11・1281 ………… 416
最決平成 24・12・07 刑集 66・12・1337 …………24
最決平成 24・12・07 刑集 66・12・1722 …………24
東京高判平成 24・12・18 判時 2212・123 ……… 218
最決平成 25・04・15 刑集 67・4・437 …………… 451
東京高判平成 25・08・28 高刑集 66・3・13 …… 278
最決平成 26・03・17 刑集 68・3・368 …………… 493
最判平成 26・06・13 裁判集刑 314・1 ………… 520
最決平成 28・07・12 刑集 70・6・411 …………… 431
最決平成 28・07・27 刑集 70・6・571 …………… 532
最決平成 29・04・26 刑集 71・4・275 ……… 179, 181
最決平成 29・06・12 刑集 71・5・315 …………… 308
最大判平成 29・11・29 刑集 71・9・467 …………90
最決平成 29・12・11 刑集 71・10・535 ………… 419
最判平成 30・03・22 刑集 72・1・82 …………… 333

著者略歴

関　哲夫（せき　てつお）

　　　　新潟県に生まれる
　　　　早稲田大学法学部卒業
　　　　その後，同大学大学院法学研究科
　　　　博士前期課程・後期課程修了
現　在　國學院大學法学部教授
法学博士（早稲田大学），弁護士

主要著書

　　住居侵入罪の研究（1995 年・成文堂）
　　続・住居侵入罪の研究（2001 年・成文堂）
　　続々・住居侵入罪の研究（2012 年・成文堂）
　　刑法解釈の研究（2006 年・成文堂）
　　入門少年法（2013 年・学事出版）
　　講義　刑法各論（2017 年・成文堂）
　　不正融資における借手の刑事責任（2018 年・成文堂）

講義　刑法総論〔第 2 版〕

2015年10月 1 日　初　版第 1 刷発行
2018年11月20日　第 2 版第 1 刷発行

著　者　関　　　哲　夫
発行者　阿　部　成　一

〒162-0041　東京都新宿区早稲田鶴巻町514番地
発行所　株式会社　成　文　堂
電話 03(3203)9201(代)　Fax (3203)9206
http://www.seibundoh.co.jp

製版・印刷・製本　藤原印刷
☆落丁・乱丁本はおとりかえいたします☆　検印省略
ⓒ2018 T. Seki　　　Printed in Japan
ISBN 978-4-7923-5253-0　C3032

定価（本体 4500 円 + 税）